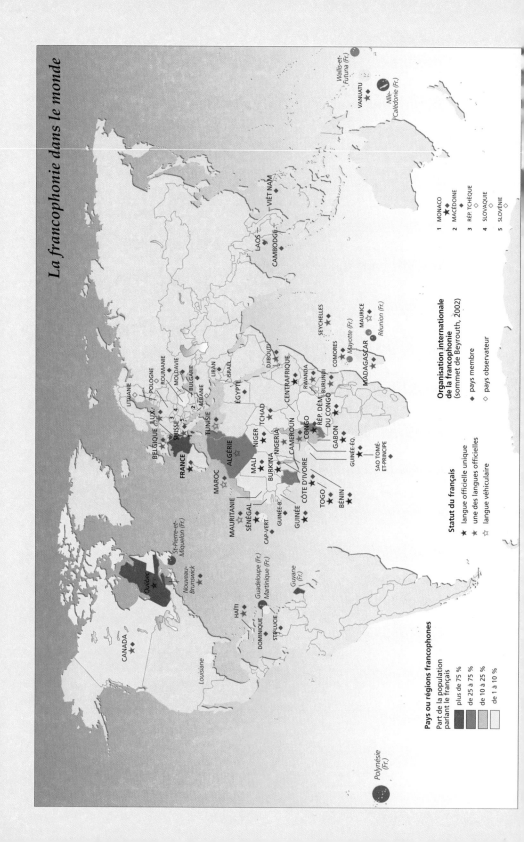

La francophonie dans le monde

Pays ou régions francophones

Part de la population
parlant le français

- plus de 75 %
- de 25 à 75 %
- de 10 à 25 %
- de 1 à 10 %

Statut du français

- ★ langue officielle unique
- ★ une des langues officielles
- ☆ langue véhiculaire

**Organisation internationale
de la francophonie**
(sommet de Beyrouth, 2002)

- ◆ pays membre
- ◇ pays observateur

1 MONACO
2 MACÉDOINE
3 RÉP. TCHÈQUE
4 SLOVAQUIE
5 SLOVÉNIE

CANADA
Louisiane
St-Pierre-et-Miquelon (Fr.)
Nouveau-Brunswick
Québec
HAÏTI
DOMINIQUE
STE-LUCIE
Guadeloupe (Fr.)
Martinique (Fr.)
Guyane (Fr.)

LITUANIE
POLOGNE
BELGIQUE
LUX.
SUISSE 3 4
FRANCE
MAROC
ALGÉRIE
MAURITANIE
SÉNÉGAL
CAP-VERT
GUINÉE-B.
GUINÉE
TUNISIE
MALI
NIGER
BURKINA
CÔTE D'IVOIRE
TOGO
BÉNIN
ROUMANIE
MOLDAVIE
BULGARIE
ALBANIE
LIBAN
ISRAËL
ÉGYPTE
TCHAD
CENTRAFRIQUE
NIGERIA
CAMEROUN
GUINÉE-ÉQ.
SAO TOMÉ-ET-PRINCIPE
GABON
CONGO
RÉP. DÉM.
DU CONGO
RWANDA
BURUNDI
DJIBOUTI
COMORES
Mayotte (Fr.)
SEYCHELLES
MADAGASCAR
MAURICE
Réunion (Fr.)

VIÊT NAM
LAOS
CAMBODGE

Polynésie (Fr.)

Wallis-et-Futuna (Fr.)
VANUATU
Nlle-Calédonie (Fr.)

Chers membres,

C'est avec grand plaisir que je vous présente cette édition spéciale du *Petit atlas mondial* conçue pour Québec Loisirs. Avec ses cartes détaillées et la multitude de renseignements qu'elle renferme, elle saura intéresser toute la famille.

En effet, cet ouvrage compact de grande qualité, tout en couleurs, contient les données géographiques, économiques, historiques et statistiques les plus récentes, ce qui constitue un précieux atout en cette période de grands bouleversements.

Je vous félicite du choix que vous avez fait. Je suis certain que vous saurez apprécier cet excellent atlas à sa juste valeur. Il vous permettra de parfaire vos connaissances et d'aller à la découverte de pays méconnus.

Le monde est maintenant à la portée de votre main…

Président de Québec Loisirs

PETIT
ATLAS
MONDIAL

PETIT
ATLAS
MONDIAL

LAROUSSE

21 RUE DU MONTPARNASSE - 75283 PARIS CEDEX 06

direction éditoriale

Yves Garnier, Philippe Lacrouts

édition

coordination éditoriale
Nadine Martrès

repères historiques, aperçus culturels
Catherine Bruguière, Christelle Grisat

données statistiques
Anne Charrier, Michel Giraud

cartographie

Editerra pour les cartes des continents
et des pays du monde
Michel Mazoyer pour les cartes thématiques

lecture-correction

Édith Zha

informatique éditoriale

Serge Boucher, Fabrice Jansen

conception graphique et mise en pages

Guy Calka

fabrication

Martine Toudert

couverture

Caumon

ISBN 2-03-577524-5

SOMMAIRE

5

7

GLOSSAIRE

Apport journalier moyen en calories. Équivalent en calories de l'approvisionnement alimentaire national net (production locale majorée des importations et minorée des exportations), divisé par le nombre d'habitants du pays.

Budget de la défense. Expression en pourcentage du PIB des sommes inscrites au budget national pour les dépenses militaires.

Densité. Précisément *densité moyenne*, grandeur obtenue en divisant le chiffre de la population totale par celui de la superficie du pays. Ce chiffre est localement souvent très éloigné de la densité réelle (agglomérations urbaines, étendues désertiques).

Dette publique brute. Précisément *déficit/ excédents des finances publiques*, somme des engagements financiers concernant le secteur des administrations publiques. Les engagements financiers de l'administration centrale, des administrations locales et du secteur de la Sécurité sociale sont consolidés.

Effectifs des forces armées. Ensemble des personnels d'active et des appelés des armes terrestre, navale, aérienne et stratégique, de leur administration et des forces de soutien, ainsi que des forces de gendarmerie. Les réservistes ne sont pas comptabilisés.

Espérance de vie moyenne hommes et femmes. Précisément *espérance de vie moyenne pour les hommes ou pour les femmes à la naissance*, grandeur établie une année donnée en affectant à la génération actuelle masculine ou féminine (c'est-à-dire l'ensemble des garçons ou des filles nés durant cette année) toutes les pertes observées l'année donnée pour toutes les générations.

Exportations de biens. Valeur des marchandises qui sortent d'un État à destination d'un autre État. Les chiffres présentés ne prennent pas en compte le coût des assurances (CAF, coût assurance fret) et sont calculés free on board (FOB). La part des exportations par rapport au PIB est un bon indicateur du degré d'engagement du pays dans l'économie mondiale.

IDH (indice composite de dévelop-pement humain). Indice créé en 1990 par le PNUD (Programme des Nations unies pour le développement), pour disposer d'une mesure statistique du développement humain plus réaliste que le PNB par habitant. Le calcul de cet indice prend en compte, à parts égales, trois éléments : la longévité, le savoir et les conditions de vie, par les indicateurs que sont l'espérance de vie à la naissance, le niveau d'alphabétisation des adultes et le nombre moyen d'années d'études, et le revenu par habitant exprimé en parité de pouvoir d'achat. Les pays à développement humain élevé ont un IDH égal ou supérieur à 0,800, les pays à développement humain moyen un IDH compris entre 0,500 et 0,799, et les pays à faible développement humain un IDH inférieur à 0,500. Les statistiques couvrent les États membres de l'Organisation des Nations unies, mais des données manquent pour 18 d'entre eux.

Importations de biens. Valeur des marchandises qui entrent sur le territoire d'un État venant d'États étrangers. Comme pour les exportations, les chiffres sont présentés free on board.

Nombre d'automobiles. Nombre d'automobiles en service pour 1 000 habitants d'un pays donné pour une année donnée. Compte tenu des différentes méthodes de calcul selon les pays, les comparaisons entre pays doivent être établies avec prudence.

Nombre de téléviseurs. Nombre de téléviseurs en service pour 1 000 habitants d'un pays donné pour une année donnée.

Nombre d'habitants pour un médecin. Chiffre obtenu en divisant le chiffre de la population totale d'un pays par celui du nombre de médecins, qui comprend les praticiens et tous les diplômés des facultés et écoles de médecine en activité dans tout domaine médical (pratique, enseignement, administration et recherche).

PNB (produit national brut). Précisément, *produit national brut global (PNB global)*, somme totale du produit intérieur brut et du solde des revenus de facteurs de production transférés par l'étranger ou à l'étranger.

PNB/hab. (produit national brut par habitant). Somme du produit intérieur brut et du solde des revenus de facteurs de production transférés par l'étranger ou à l'étranger, divisée par le nombre d'habitant du pays.

PNB/hab.PPA. Précisément *produit national brut par habitant exprimé en parité de pouvoir d'achat.* La parité de pouvoir d'achat s'établit en définissant le nombre d'unités de compte monétaires du pays nécessaires pour acheter un panier représentatif de biens et de services en le rapportant au même achat aux États-Unis exprimés en dollars US et en le rapportant à un dollar fictif, appelé « dollar international ». Le produit national brut par habitant exprimé en parité de pouvoir d'achat fournit des valeurs strictement comparables de pays à pays.

Population. Précisément *population totale,* ensemble des personnes présentes dans le pays à une date donnée. Les données issues de l'ONU sont des prévisions pour 2002, effectuées à partir d'estimations de 2000, selon un taux de fécondité moyen. Ces estimations sont elles-mêmes fondées sur les données des instituts démographiques nationaux, qui effectuent plus ou moins régulièrement des recensements et proposent des estimations. L'estimation de la population en milieu d'année inclut tous les résidents du pays, indépendamment du statut juridique et de la citoyenneté. Les réfugiés qui ne sont pas établis à titre permanent dans le pays où ils ont trouvé asile sont comptés dans la population de leur pays d'origine. Les estimations fournies par l'ONU peuvent s'avérer parfois sensiblement différentes de celles fournies par les pays eux-mêmes, en raison de modes de calcul différents, notamment en ce qui concerne le taux de fécondité. Cet indice est exprimé en nombre d'habitants.

Population active. Ensemble des personnes au-dessus d'un âge donné (le plus souvent 15 ans), qui, lors de la période considérée, disposent d'un emploi rémunéré ou sont au chômage (sans travail, disponibles pour chercher un emploi ou exercer un travail).

Population urbaine. Part de la population totale, exprimée en pourcentage, qui réside dans les zones définies comme urbaines dans chaque pays. Cette définition peut varier sensiblement d'un pays à l'autre.

Recettes touristiques. Somme des dépenses effectuées par les touristes internationaux sur le territoire du pays d'accueil. Elles incluent les dépenses de transports internationaux payées aux transporteurs nationaux et tous les prépaiements

pour des biens ou des services dans le pays d'accueil.

Superficie. Étendue du territoire métropolitain, sans les dépendances. Elle est calculée, pour la plupart des pays, en prenant en compte les eaux intérieures, mais en excluant les eaux territoriales. Les données pour Chypre concernent l'ensemble de l'île.

Taux annuel d'inflation. Mesure de l'évolution des prix à la consommation d'une année sur l'autre.

Taux de chômage. Pourcentage de la population active que représentent les personnes sans travail, disponibles pour rechercher un emploi et pour exercer une profession.

Taux de croissance annuelle du PIB. Variation du PIB deux années successives, calculée à prix constants.

Taux de mortalité. Précisément *taux brut de mortalité,* rapport, pour une année ou pour une période donnée, entre le nombre des décès et la population totale, exprimé pour 1 000 personnes.

Taux de natalité. Précisément *taux brut de natalité,* rapport, pour une année ou pour une période donnée, entre le nombre des naissances et la population totale, exprimé pour 1 000 personnes.

Taux de mortalité infantile. Rapport entre le nombre annuel de décès d'enfants âgés de moins de un an et le nombre de naissances totales, exprimé pour 1 000 naissances vivantes.

SOURCES PRINCIPALES

2002 World Development Indicators, The World Bank, Washington, 2002, 399 p. et cédérom.

Rapport mondial sur le développement humain 2002, Programme des Nations unies pour le développement, Éditions De Boeck Université, Bruxelles, 2002, 277 p.

Population Division, Databases of Population, Estimates and Projections, Population Division Organisation des Nations unies, New York, 2000.

FAOSTAT 2002, Bases statistiques de la FAO, Organisation des Nations unies pour l'alimentation et l'agriculture, FAO, Rome, 2002, cédérom.

Statistiques financières internationales, Fonds monétaire international, Washington, janvier 2003, 973 p.

The Military Balance 2001-2002, The International Institute for Strategic Studies, Oxford University Press, Londres, 2002, 320 p.

DONNÉES GÉNÉRALES

Espérance de vie moyenne à la naissance, hommes-femmes : les dix premiers pays pour la période 2000-2005 (en années)	
Japon	81,6
Suède	80,1
Islande	79,8
Espagne	79,3
Canada	79,3
Israël	79,2
Australie	79,2
Suisse	79,1
France	79
Norvège	78,9

Produit national brut : les dix premiers pays en 2001 (en milliards de dollars)	
États-Unis	9 781
Japon	4 523
Allemagne	1 940
Grande-Bretagne	1 477
France	1 381
Chine	1 131
Italie	1 124
Canada	682
Espagne	588
Mexique	550

Pétrole : les dix premiers pays producteurs en 2001 (en milliers de tonnes)	
Arabie saoudite	422 900
États-Unis	351 228
Russie	348 100
Iran	182 900
Venezuela	176 200
Mexique	175 446
Chine	164 900
Norvège	161 451
Canada	126 723
Iraq	117 900
Monde	3 565 942

Espérance de vie moyenne à la naissance hommes- femmes : les dix derniers pays pour la période 2000-2005 (en années)	
Zambie	32,4
Zimbabwe	33,1
Sierra Leone	34,2
Swaziland	34,4
données générales	35,1
Malawi	37,5
Mozambique	38,1
Rwanda	39,3
centrafricaine (République)	39,5
Botswana	39,7

Produit national brut par habitant exprimé en parité de pouvoir d'achat : les dix premiers pays en 2001 (en dollars internationaux)	
Luxembourg	48 560
Etats-Unis	34 280
Suisse	30 970
Norvège	29 340
Islande	28 850
Danemark	28 490
Pays-Bas	27 390
Irlande	27 170
Canada	26 530
Autriche	26 380

Gaz : les dix premiers pays producteurs en 2001 (en millions de m³)	
États-Unis	549 939
Russie	542 400
Canada	186 062
Grande-Bretagne	112 721
Algérie	78 200
Pays-Bas	77 797
Indonésie	62 900
Iran	60 600
Norvège	56 619
Arabie saoudite	53 700
Monde	2 585 930

Taux de fécondité : les plus élévés pour la période 2000-2005 (en nombre d'enfants par femme)	
Niger	8
Somalie	7,25
Angola	7,2
Guinée-Bissau	7,1
Ouganda	7,1
Yémen	7,01
Mali	7
Afghanistan	6,8
Burundi	6,8
Liberia	6,8

Produit national brut par habitant exprimé en parité de pouvoir d'achat : les dix derniers pays en 2001 (en dollars internationaux)	
Sierra Leone	460
Tanzanie	520
Malawi	560
Congo (Rép. dém. du)	630
Burundi	680
Congo (République du)	680
Yémen	730
Zambie	750
Mali	770
Nigeria	790

Houille : les dix premiers pays producteurs en 2001 (en milliers de tonnes)	
Chine	1 032 201
États-Unis	937 435
Inde	284 870
Australie	257 264
Afrique du Sud	225 573
Russie	155 689
Pologne	102 490
Indonésie	90 370
Kazhakstan	77 584
Tchèque (République)	65 640
Monde	3 833 000

Taux de fécondité : les plus bas pour la période 2000-2005 (en nombre d'enfants par femme)	
Bulgarie	1,1
Lettonie	1,1
Russie	1,14
Slovénie	1,14
Arménie	1,15
Espagne	1,15
Ukraine	1,15
Tchèque(République)	1,16
Biélorussie	1,2
Hongrie	1,2

Produit intérieur brut : les dix premiers pays en 2001 (en milliards de dollars)	
Etats-Unis	10 065
Japon	4 141
Allemagne	1 846
Grande-Bretagne	1 424
France	1 310
Chine	1 159
Italie	1 089
Canada	694
Mexique	618
Espagne	582

Électricité : les dix premiers pays producteurs en 2001 (en millions de kWh)	
États-Unis	3 719 485
Chine	1 420 349
Japon	1 036 798
Russie	846 455
Canada	566 310
Allemagne	544 828
Inde	533 335
France	520 149
Grande-Bretagne	360 926
Brésil	321 165
Monde	14 732 800

Blé : les dix premiers pays producteurs en 2001 (en milliers de tonnes)	
Chine	93 873
Inde	68 763
États-Unis	53 262
Russie	46 871
France	31 572
Australie	23 760
Allemagne	22 838
Ukraine	21 348
Canada	20 568
Pakistan	19 024
Monde	587 449

Soja : les dix premiers pays producteurs en 2001 (en milliers de tonnes)	
Etats-Unis	78 668
Brésil	37 675
Argentine	26 737
Chine	15 450
Inde	5 600
Paraguay	3 585
Canada	2 040
Italie	885
Indonésie	863
Bolivie	834
Monde	176 506

Sorgho : les dix premiers pays producteurs en 2001 (en milliers de tonnes)	
États-Unis	13 070
Inde	8 390
Nigeria	7 081
Mexique	6 567
Argentine	2 905
Chine	2 718
Soudan	2 488
Australie	2 107
Éthiopie	1 538
Burkina	1 372
Monde	60 714

Riz : les dix premiers pays producteurs en 2001 (en milliers de tonnes)	
Chine	181 515
Inde	131 900
Indonésie	50 096
Bangladesh	39 112
Viêt Nam	31 925
Thaïlande	25 200
Birmanie	20 600
Philippines	12 955
Japon	11 320
Brésil	10 207
Monde	595 268

Agrumes : les dix premiers pays producteurs en 2001 (en milliers de tonnes)	
Brésil	18 473
Etats-Unis	14 861
Chine	9 633
Mexique	5 907
Espagne	5 384
Inde	4 870
Iran	3 449
Nigeria	3 240
Italie	3 126
Argentine	2 706
Monde	102 648

Acier : les dix premiers pays producteurs en 2001 (en milliers de tonnes)	
Chine	141 392
Japon	102 863
Etats-Unis	89 711
Russie	57 529
Allemagne	44 801
Corée du Sud	43 851
Ukraine	33 110
Inde	27 291
Brésil	26 718
Italie	26 461
Monde	851 000

Maïs : les dix premiers pays producteurs en 2001 (en milliers de tonnes)	
États-Unis	241 486
Chine	115 805
Brésil	41 411
Mexique	18 616
France	16 491
Argentine	15 350
Inde	11 836
Italie	10 588
Indonésie	9 090
Canada	8 171
Monde	614 234

Coton à graines : les dix premiers pays producteurs en 2001 (en milliers de tonnes)	
Chine	15 972
États-Unis	11 186
Inde	6 100
Pakistan	5 415
Ouzbékistan	3 275
Brésil	2 643
Turquie	2 348
Australie	1 660
Grèce	1 326
Turkménistan	1 100
Monde	60 509

Automobiles : les dix premiers pays producteurs en 2001 (en milliers d'unités)	
Japon	8 118
Allemagne	5 301
Etats-Unis	4 879
France	3 182
Corée du Sud	2 471
Espagne	2 211
Grande-Bretagne	1 492
Brésil	1 482
Canada	1 275
Italie	1 272
Monde	40 144

Café : les dix premiers pays producteurs en 2001 (en milliers de tonnes)	
Brésil	1 780
Viêt Nam	800
Colombie	560
Indonésie	377
Mexique	330
Inde	301
Côte d'Ivoire	280
Guatemala	276
Éthiopie	228
Honduras	206
Monde	7 199

Igname : les dix premiers pays producteurs en 2001 (en milliers de tonnes)	
Nigeria	26 201
Ghana	3 670
Côte d'Ivoire	3 000
Bénin	1 773
Togo	563
Centrafricaine (République)	360
Éthiopie	270
Cameroun	260
Congo (Rép. dém. du)	255
Brésil	235
Monde	38 569

Recettes touristiques : les dix premiers pays en 2000 (en millions de dollars)	
États-Unis	85 153
Espagne	31 000
France	29 900
Italie	27 439
Grande-Bretagne	19 544
Allemagne	17 812
Chine	16 231
Autriche	11 440
Canada	10 768
Grèce	9 221
Monde	475 817

CARTES
THÉMATIQUES

INSTITUTIONS

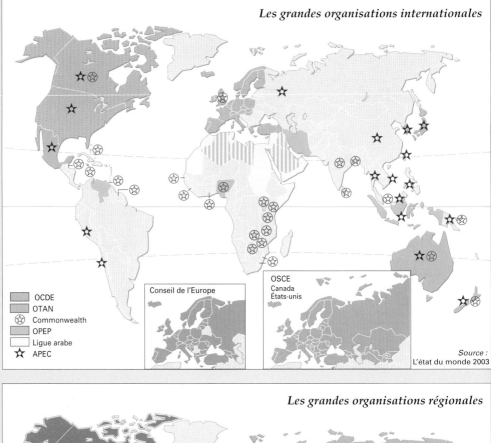

Les grandes organisations internationales

| | OCDE |
| | OTAN |
| Commonwealth |
	OPEP
	Ligue arabe
☆	APEC

Conseil de l'Europe

OSCE
Canada
États-unis

Source :
L'état du monde 2003

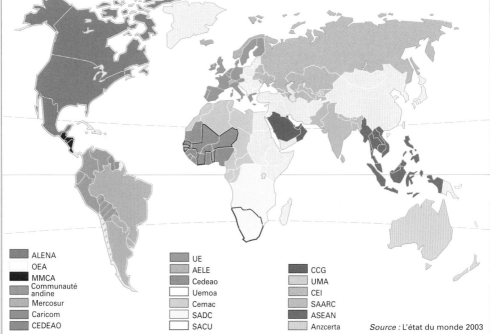

Les grandes organisations régionales

	ALENA			UE			CCG
	OEA			AELE			UMA
	MMCA			Cedeao			CEI
	Communauté andine			Uemoa			SAARC
	Mercosur			Cemac			ASEAN
	Caricom			SADC			Anzcerta
	CEDEAO			SACU		

Source : L'état du monde 2003

14

Les langues de grande diffusion

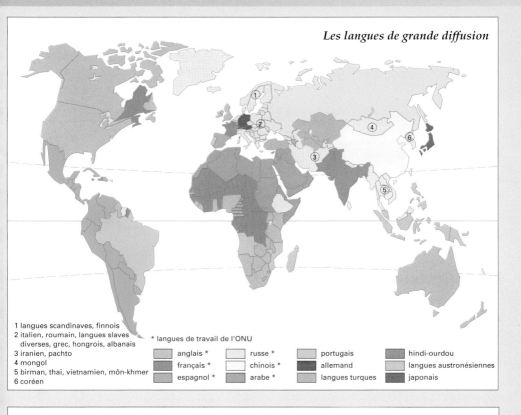

1 langues scandinaves, finnois
2 italien, roumain, langues slaves
  diverses, grec, hongrois, albanais
3 iranien, pachto
4 mongol
5 birman, thaï, vietnamien, môn-khmer
6 coréen

* langues de travail de l'ONU

anglais *	russe *	portugais	hindi-ourdou
français *	chinois *	allemand	langues austronésiennes
espagnol *	arabe *	langues turques	japonais

Les principales religions dans le monde

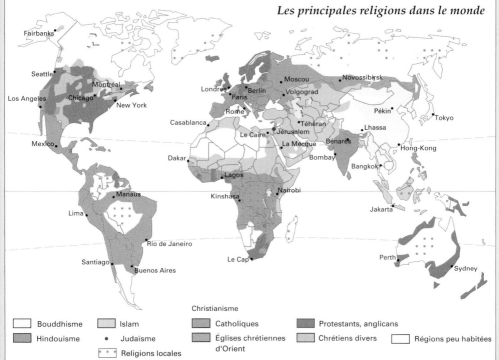

Christianisme

Bouddhisme	Islam	Catholiques	Protestants, anglicans
Hindouisme	• Judaïsme	Églises chrétiennes d'Orient	Chrétiens divers	Régions peu habitées
	∴ Religions locales		

POPULATION

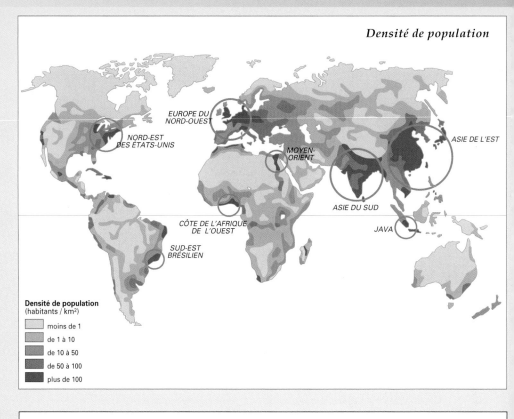

Densité de population

EUROPE DU
NORD-OUEST

NORD-EST
DES ÉTATS-UNIS

MOYEN-
ORIENT

ASIE DE L'EST

CÔTE DE L'AFRIQUE
DE L'OUEST

ASIE DU SUD

JAVA

SUD-EST
BRÉSILIEN

Densité de population
(habitants / km²)

- moins de 1
- de 1 à 10
- de 10 à 50
- de 50 à 100
- plus de 100

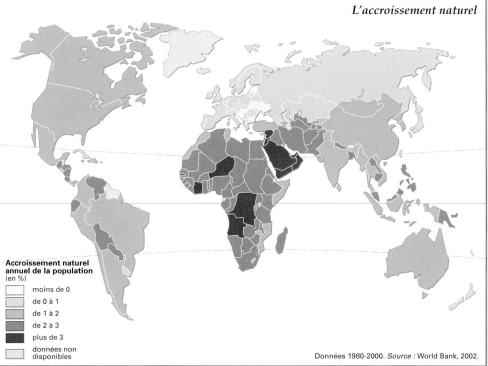

L'accroissement naturel

**Accroissement naturel
annuel de la population**
(en %)

- moins de 0
- de 0 à 1
- de 1 à 2
- de 2 à 3
- plus de 3
- données non
  disponibles

Données 1980-2000. *Source :* World Bank, 2002.

La population de moins de 15 ans

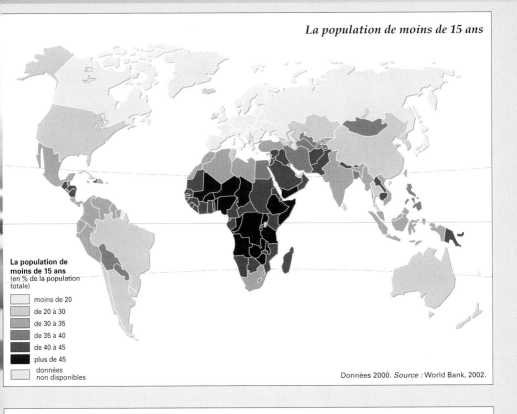

La population de moins de 15 ans
(en % de la population totale)

- moins de 20
- de 20 à 30
- de 30 à 35
- de 35 à 40
- de 40 à 45
- plus de 45
- données non disponibles

Données 2000. *Source :* World Bank, 2002.

La population de 65 ans et plus

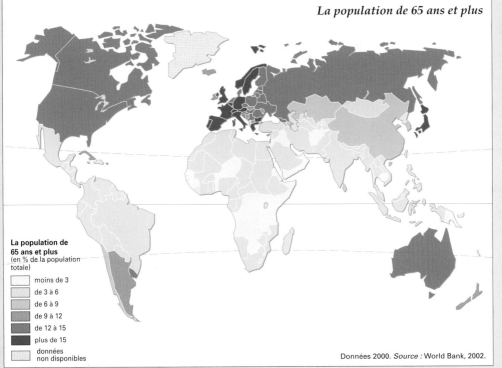

La population de 65 ans et plus
(en % de la population totale)

- moins de 3
- de 3 à 6
- de 6 à 9
- de 9 à 12
- de 12 à 15
- plus de 15
- données non disponibles

Données 2000. *Source :* World Bank, 2002.

POPULATION

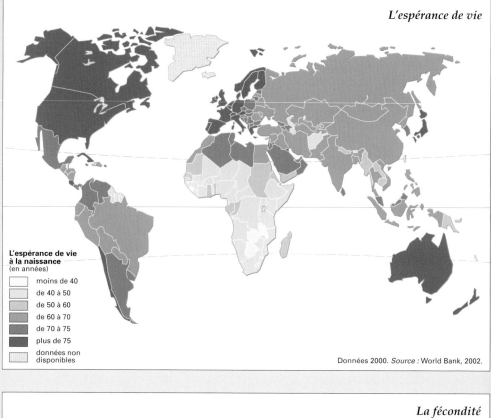

L'espérance de vie

L'espérance de vie à la naissance
(en années)

- moins de 40
- de 40 à 50
- de 50 à 60
- de 60 à 70
- de 70 à 75
- plus de 75
- données non disponibles

Données 2000. *Source :* World Bank, 2002.

La fécondité

Nombre d'enfants par femme

- de 0 à 2
- de 2 à 4
- de 4 à 6
- de 6 à 7
- plus de 7
- données non disponibles

Données 2000. *Source :* World Bank 2002.

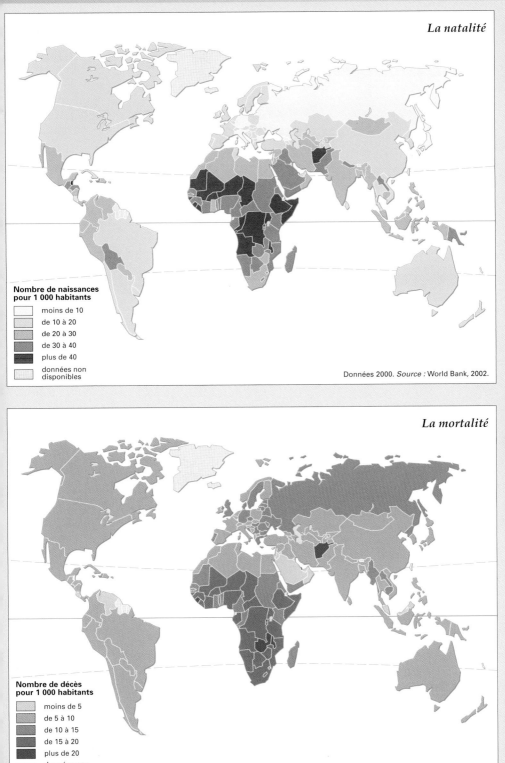

La natalité

Nombre de naissances pour 1 000 habitants
- moins de 10
- de 10 à 20
- de 20 à 30
- de 30 à 40
- plus de 40
- données non disponibles

Données 2000. *Source :* World Bank, 2002.

La mortalité

Nombre de décès pour 1 000 habitants
- moins de 5
- de 5 à 10
- de 10 à 15
- de 15 à 20
- plus de 20
- données non disponibles

Données 2000. *Source :* World Bank, 2002.

ENVIRONNEMENT NATUREL

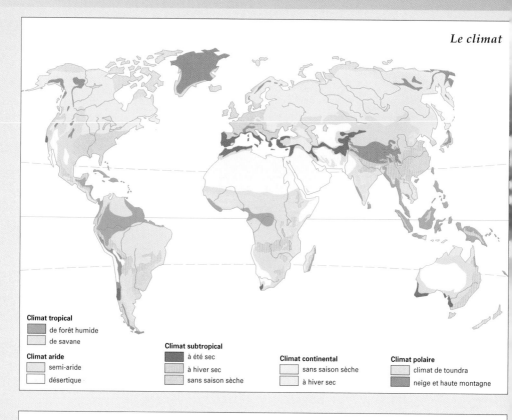

Le climat

Climat tropical
- de forêt humide
- de savane

Climat aride
- semi-aride
- désertique

Climat subtropical
- à été sec
- à hiver sec
- sans saison sèche

Climat continental
- sans saison sèche
- à hiver sec

Climat polaire
- climat de toundra
- neige et haute montagne

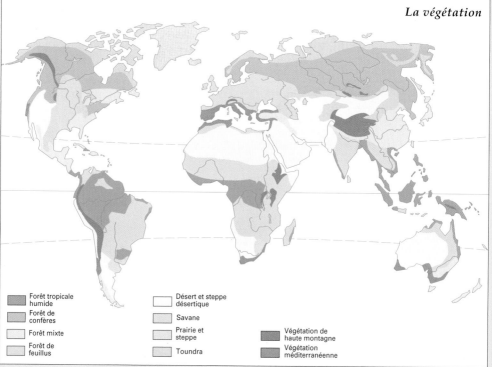

La végétation

- Forêt tropicale humide
- Forêt de conifères
- Forêt mixte
- Forêt de feuillus
- Désert et steppe désertique
- Savane
- Prairie et steppe
- Toundra
- Végétation de haute montagne
- Végétation méditerranéenne

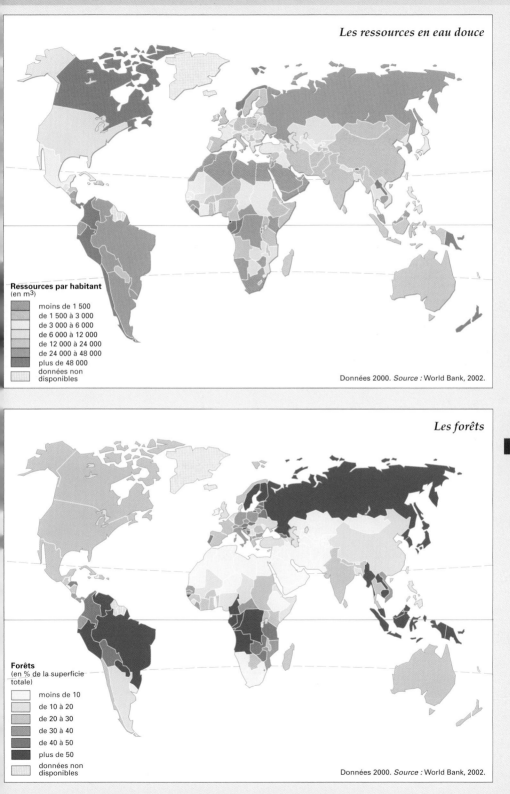

Les ressources en eau douce

Ressources par habitant
(en m³)

moins de 1 500
de 1 500 à 3 000
de 3 000 à 6 000
de 6 000 à 12 000
de 12 000 à 24 000
de 24 000 à 48 000
plus de 48 000
données non
disponibles

Données 2000. *Source :* World Bank, 2002.

Les forêts

Forêts
(en % de la superficie
totale)

moins de 10
de 10 à 20
de 20 à 30
de 30 à 40
de 40 à 50
plus de 50
données non
disponibles

Données 2000. *Source :* World Bank, 2002.

URBANISATION

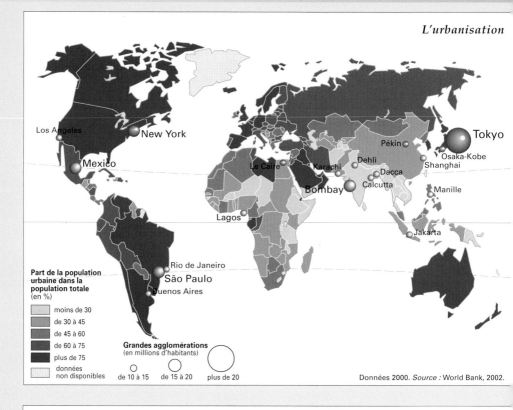

L'urbanisation

Los Angeles
New York
Mexico
Le Caire
Karachi
Pékin
Dehli
Dacca
Shanghai
Osaka-Kobe
Tokyo
Bombay
Calcutta
Manille
Lagos
Jakarta
Rio de Janeiro
São Paulo
Buenos Aires

Part de la population urbaine dans la population totale (en %)

- moins de 30
- de 30 à 45
- de 45 à 60
- de 60 à 75
- plus de 75
- données non disponibles

Grandes agglomérations (en millions d'habitants)

de 10 à 15   de 15 à 20   plus de 20

Données 2000. *Source :* World Bank, 2002.

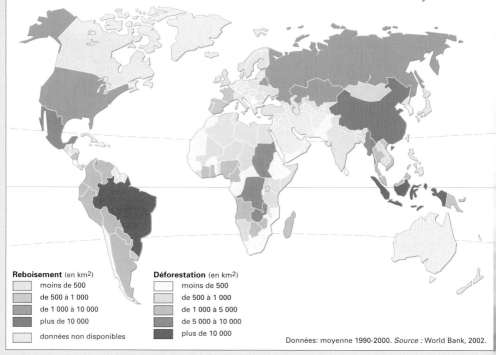

La déforestation

Reboisement (en km²)
- moins de 500
- de 500 à 1 000
- de 1 000 à 10 000
- plus de 10 000
- données non disponibles

Déforestation (en km²)
- moins de 500
- de 500 à 1 000
- de 1 000 à 5 000
- de 5 000 à 10 000
- plus de 10 000

Données: moyenne 1990-2000. *Source :* World Bank, 2002.

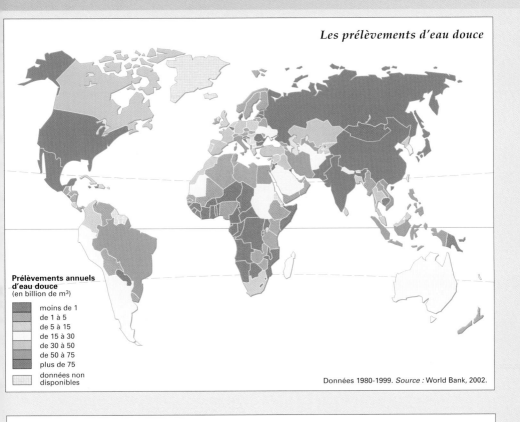

Les prélèvements d'eau douce

Prélèvements annuels d'eau douce
(en billion de m³)

- moins de 1
- de 1 à 5
- de 5 à 15
- de 15 à 30
- de 30 à 50
- de 50 à 75
- plus de 75
- données non disponibles

Données 1980-1999. *Source* : World Bank, 2002.

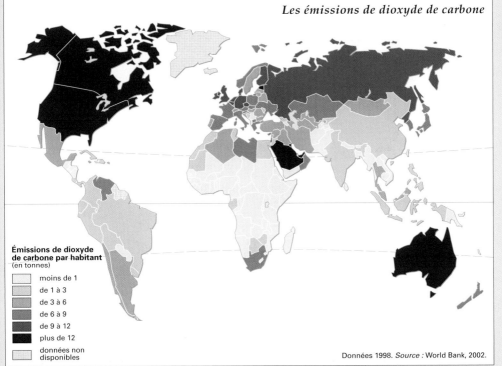

Les émissions de dioxyde de carbone

23

Émissions de dioxyde de carbone par habitant
(en tonnes)

- moins de 1
- de 1 à 3
- de 3 à 6
- de 6 à 9
- de 9 à 12
- plus de 12
- données non disponibles

Données 1998. *Source* : World Bank, 2002.

SCOLARITÉ

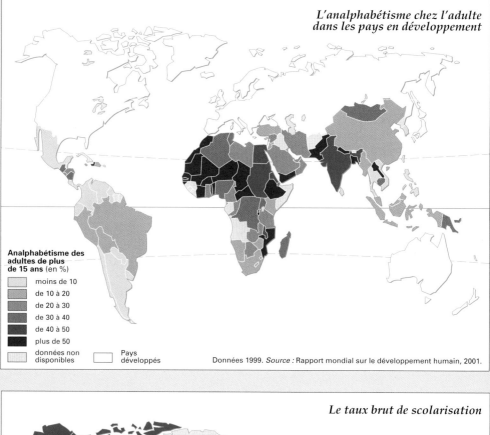

*L'analphabétisme chez l'adulte
dans les pays en développement*

**Analphabétisme des
adultes de plus
de 15 ans** (en %)

- moins de 10
- de 10 à 20
- de 20 à 30
- de 30 à 40
- de 40 à 50
- plus de 50
- données non disponibles
- Pays développés

Données 1999. *Source :* Rapport mondial sur le développement humain, 2001.

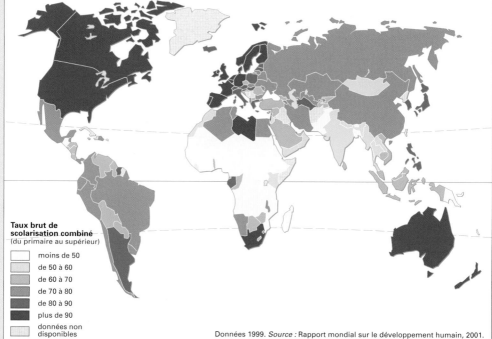

Le taux brut de scolarisation

**Taux brut de
scolarisation combiné**
(du primaire au supérieur)

- moins de 50
- de 50 à 60
- de 60 à 70
- de 70 à 80
- de 80 à 90
- plus de 90
- données non disponibles

Données 1999. *Source :* Rapport mondial sur le développement humain, 2001.

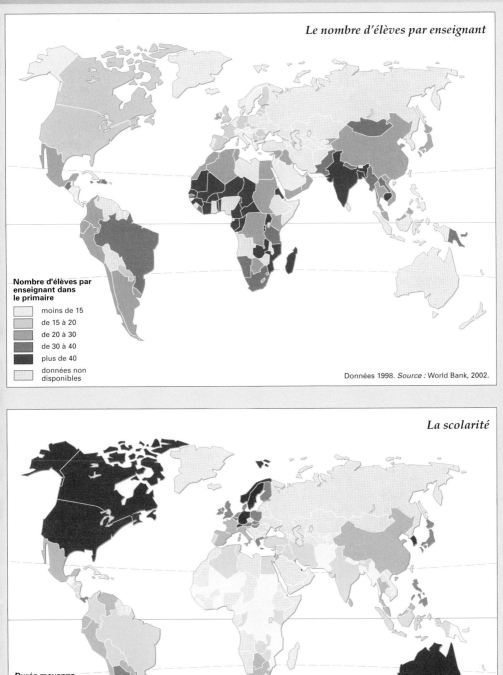

Le nombre d'élèves par enseignant

Nombre d'élèves par enseignant dans le primaire

- moins de 15
- de 15 à 20
- de 20 à 30
- de 30 à 40
- plus de 40
- données non disponibles

Données 1998. *Source :* World Bank, 2002.

La scolarité

Durée moyenne de la scolarité (en années)

- moins de 4
- de 4 à 6
- de 6 à 8
- de 8 à 10
- plus de 10
- données non disponibles

Données 2000. *Source :* World Bank, 2002.

NIVEAU DE VIE

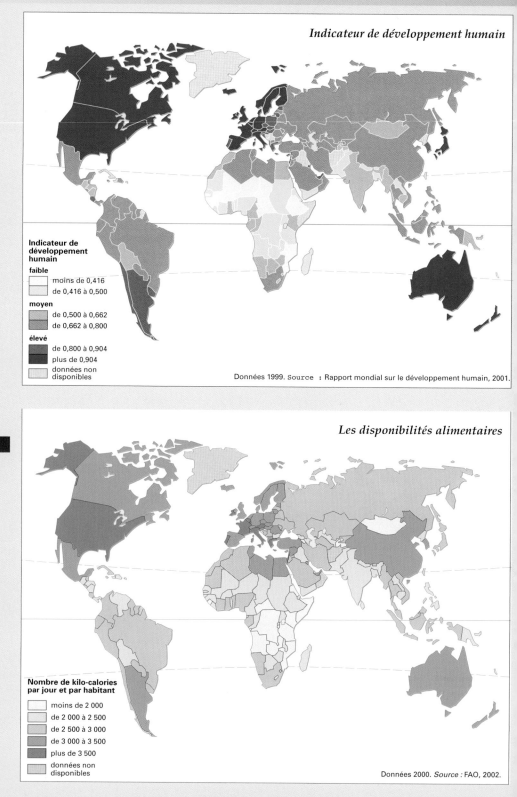

Indicateur de développement humain

Indicateur de développement humain

faible
- moins de 0,416
- de 0,416 à 0,500

moyen
- de 0,500 à 0,662
- de 0,662 à 0,800

élevé
- de 0,800 à 0,904
- plus de 0,904
- données non disponibles

Données 1999. Source : Rapport mondial sur le développement humain, 2001.

Les disponibilités alimentaires

Nombre de kilo-calories par jour et par habitant
- moins de 2 000
- de 2 000 à 2 500
- de 2 500 à 3 000
- de 3 000 à 3 500
- plus de 3 500
- données non disponibles

Données 2000. Source : FAO, 2002.

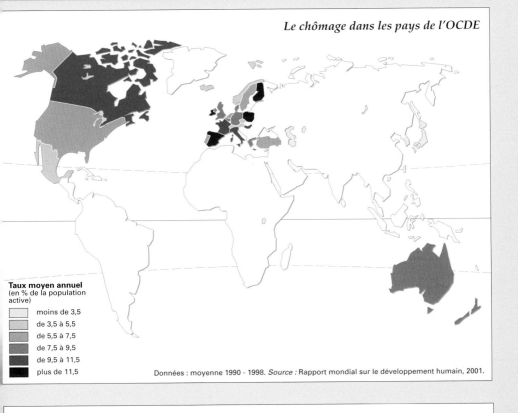

Le chômage dans les pays de l'OCDE

Taux moyen annuel
(en % de la population
active)

- moins de 3,5
- de 3,5 à 5,5
- de 5,5 à 7,5
- de 7,5 à 9,5
- de 9,5 à 11,5
- plus de 11,5

Données : moyenne 1990 - 1998. *Source :* Rapport mondial sur le développement humain, 2001.

La croissance annuelle du PIB

**Croissance
annuelle du PIB
par habitant**
(en %)

Négative
- moins de - 5
- de - 5 à - 2,5
- de - 2,5 à 0

Positive
- de 0 à 1
- de 1 à 2
- de 2 à 3
- de 3 à 4
- plus de 4
- données non
  disponibles

Données : moyenne 1990 - 1999. *Source :* Rapport mondial sur le développement humain, 2001.

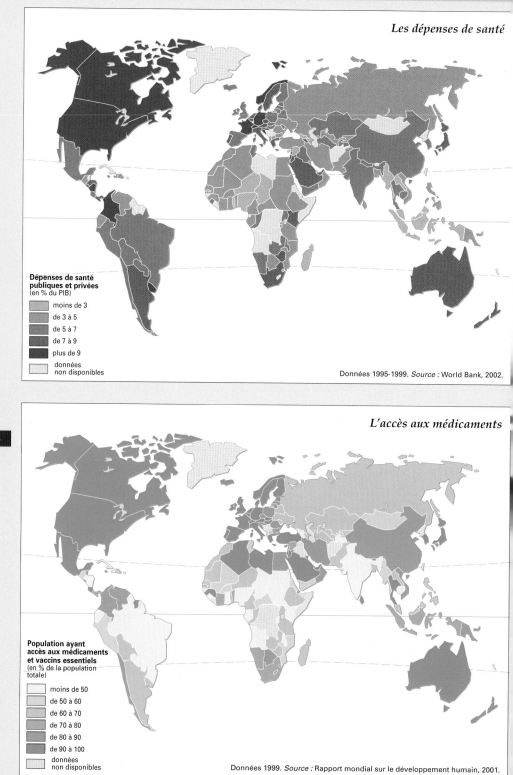

Les dépenses de santé

**Dépenses de santé
publiques et privées**
(en % du PIB)

- moins de 3
- de 3 à 5
- de 5 à 7
- de 7 à 9
- plus de 9
- données
  non disponibles

Données 1995-1999. *Source :* World Bank, 2002.

L'accès aux médicaments

**Population ayant
accès aux médicaments
et vaccins essentiels**
(en % de la population
totale)

- moins de 50
- de 50 à 60
- de 60 à 70
- de 70 à 80
- de 80 à 90
- de 90 à 100
- données
  non disponibles

Données 1999. *Source :* Rapport mondial sur le développement humain, 2001.

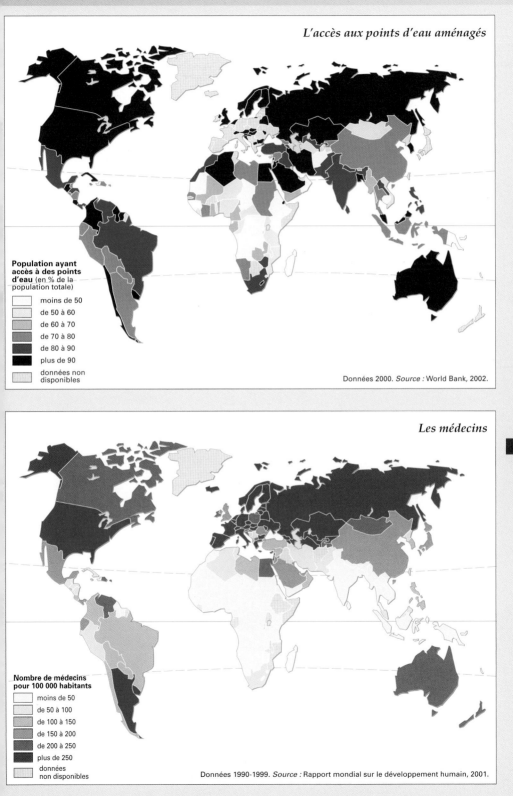

L'accès aux points d'eau aménagés

Population ayant accès à des points d'eau (en % de la population totale)

- moins de 50
- de 50 à 60
- de 60 à 70
- de 70 à 80
- de 80 à 90
- plus de 90
- données non disponibles

Données 2000. *Source :* World Bank, 2002.

Les médecins

Nombre de médecins pour 100 000 habitants

- moins de 50
- de 50 à 100
- de 100 à 150
- de 150 à 200
- de 200 à 250
- plus de 250
- données non disponibles

Données 1990-1999. *Source :* Rapport mondial sur le développement humain, 2001.

29

ÉNERGIE

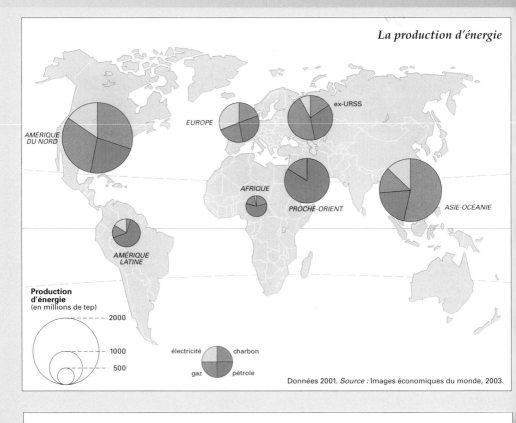

La production d'énergie

AMÉRIQUE DU NORD

EUROPE

ex-URSS

AFRIQUE

PROCHE-ORIENT

ASIE-OCÉANIE

AMÉRIQUE LATINE

Production d'énergie
(en millions de tep)

— 2000
— 1000
— 500

électricité — charbon
gaz — pétrole

Données 2001. *Source :* Images économiques du monde, 2003.

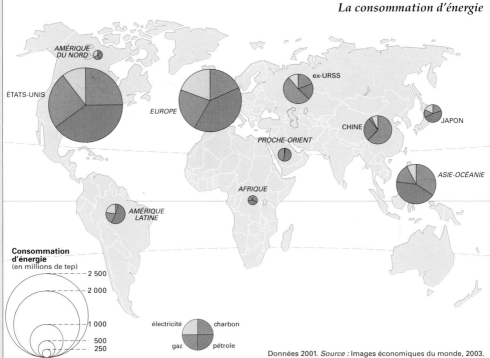

La consommation d'énergie

AMÉRIQUE DU NORD

ex-URSS

ÉTATS-UNIS

EUROPE

CHINE

JAPON

PROCHE-ORIENT

ASIE-OCÉANIE

AFRIQUE

AMÉRIQUE LATINE

Consommation d'énergie
(en millions de tep)

— 2 500
— 2 000
— 1 000
— 500
— 250

électricité — charbon
gaz — pétrole

Données 2001. *Source :* Images économiques du monde, 2003.

LES
PAYS
DU
MONDE

PLANISPHÈRE

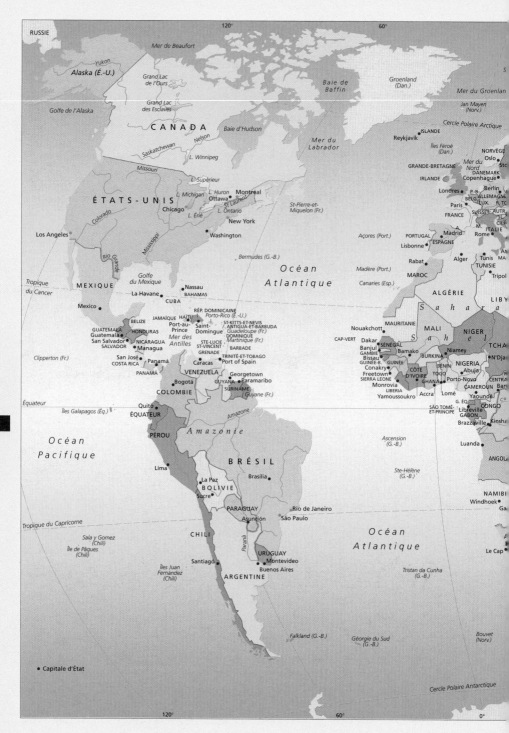

RUSSIE

Mer de Beaufort

Alaska (É.-U.)
Yukon

Grand Lac
de l'Ours

Golfe de l'Alaska

Grand Lac
des Esclaves

Baie de
Baffin

Groenland
(Dan.)

Mer du Groenlan

Jan Mayen
(Norv.)

CANADA

Baie d'Hudson

Mer du
Labrador

Cercle Polaire Arctique

ISLANDE

Reykjavík

Îles Féroé
(Dan.)

NORVÈGE

Oslo

Stc

Nelson

Saskatchewan

L. Winnipeg

Missouri

L. Supérieur

ÉTATS-UNIS

L. Michigan

L. Huron

Montréal

Ottawa

St-Laurent

GRANDE-BRETAGNE

IRLANDE

Mer du
Nord

DANEMARK
Copenhague

Berlin

P.-B.

ALLEMAGNE

Londres

BELG.

LUX.

Chicago

L. Érié

L. Ontario

New York

Paris

FRANCE

SUISSE

AUTR.

A

ITALIE

Los Angeles

Colorado

Washington

Bermudes (G.-B.)

Océan

Atlantique

Açores (Port.)

PORTUGAL

ESPAGNE

Madrid

Rome

Lisbonne

At

Rio Grande

Mississippi

Madère (Port.)

Rabat

Alger

Tunis

MA

TUNISIE

Tropique
du Cancer

MEXIQUE

Golfe
du Mexique

Nassau

BAHAMAS

MAROC

Canaries (Esp.)

Tripol

Mexico

La Havane

CUBA

ALGÉRIE

LIBY

RÉP. DOMINICAINE

Porto-Rico (É.-U.)

Sahara

GUATEMALA

Guatemala

San Salvador

SALVADOR

BELIZE

HONDURAS

NICARAGUA

JAMAÏQUE

HAÏTI

Saint-
Domingue

Port-au-
Prince

Mer des
Antilles

ST-KITTS-ET-NEVIS

ANTIGUA-ET-BARBUDA

Guadeloupe (Fr.)

DOMINIQUE

Martinique (Fr.)

STE-LUCIE

ST-VINCENT

BARBADE

Nouakchott

MAURITANIE

CAP-VERT

Dakar

Banjul

GAMBIE

Bissau

SÉNÉGAL

Bamako

MALI

Sahel

NIGER

Niamey

BURKINA

TCHA

N'Dja

Clipperton (Fr.)

San José

COSTA RICA

Managua

Panamá

GRENADE

TRINITÉ-ET-TOBAGO

Port of Spain

GUINÉE-B.

Conakry

GUINÉE

BÉNIN

TOGO

NIGERIA

Abuja

Porto-Novo

CENTRA

PANAMÁ

Caracas

VENEZUELA

Georgetown

GUYANA

Paramaribo

SURINAME

Freetown

SIERRA LEONE

Monrovia

LIBERIA

CÔTE
D'IVOIRE

GHANA

Accra

Lomé

CAMEROUN

Ban

Yaoundé

Bogotá

COLOMBIE

Guyana (Fr.)

Yamoussoukro

G. ÉQ.

SÃO TOMÉ-
ET-PRINCIPE

Libreville

GABON

CONGO

Équateur

Îles Galapagos (Éq.)

Quito

ÉQUATEUR

Amazone

Brazzaville

Kinsha

PÉROU

Amazonie

BRÉSIL

Ascension
(G.-B.)

Luanda

ANGOL

Océan

Pacifique

Lima

Brasilia

Ste-Hélène
(G.-B.)

La Paz

BOLIVIE

Sucre

NAMIBIE

Windhoek

Ga

Tropique du Capricorne

Sala y Gomez
(Chili)

Île de Pâques
(Chili)

PARAGUAY

Asunción

CHILI

Rio de Janeiro

São Paulo

Paraná

Océan

Atlantique

Le Cap

Îles Juan
Fernández
(Chili)

Santiago

URUGUAY

Montevideo

Buenos Aires

ARGENTINE

Tristan da Cunha
(G.-B.)

Falkland (G.-B.)

Géorgie du Sud
(G.-B.)

Bouvet
(Norv.)

● Capitale d'État

Cercle Polaire Antarctique

120°

60°

0°

60° 120° 180°

Océan Glacial Arctique

CANADA

Mer des Tchouktches

Alaska (É.-U.)

Mer de Béring

Mer de Barents

Iénissei

Lena

Sibérie

RUSSIE

Mer d'Okhotsk

Ob

Îles Aléoutiennes (É.-U.)

L. Baïkal

Amour

Kouriles (Russie)

Volga

Astana

KAZAKHSTAN

L. Balkhach

Oulan-Bator

MONGOLIE

Pékin

CORÉE DU NORD

Pyongyang

Séoul

JAPON

Tokyo

Mer Caspienne

Mer d'Aral

GÉORGIE

OUZBÉKISTAN

Tachkent

Bichkek

KIRGHIZISTAN

ÉNIE AZERB.

TURKMÉNISTAN

TADJIKISTAN

Douchanbé

CHINE

Huang He

CORÉE DU SUD

Achgabat

Téhéran

Kaboul

AFGHANISTAN

Islamabad

Yangzi Jiang

Shanghai

Midway (É.-U.)

Bagdad

IRAQ

IRAN

Indus

Tibet

Mer de Chine orientale

KOWEÏT

PAKISTAN

NÉPAL

BHOUT.

Taipei

ABIE

BAHR.

New Delhi

Gange

Dacca

TAÏWAN

iyad

QATAR

É.A.U.

Mascate

Calcutta

BANGLADESH

Mariannes du Nord (É.-U.)

Wake (É.-U.)

SAOUDITE

OMAN

INDE

BIRMANIE

LAOS

Hanoi

Mer de Chine méridionale

Sanaa

Bombay

Rangoon

THAÏLANDE

Vientiane

Mer des Philippines

Guam (É.-U.)

narâ

YÉMEN

Mer d'Oman

Golfe du Bengale

Bangkok

VIÊT NAM

Manille

DJIBOUTI

CAMBODGE

Phnom Penh

PHILIPPINES

ÉTATS FÉDÉRÉS DE MICRONÉSIE

MARSHALL

dis-Abeba

PIE

Socotra (Y.)

SRI LANKA

Colombo

PALAOS

SOMALIE

Muqdisho

MALDIVES

Kuala Lumpur

BRUNEI

MALAISIE

Mer de Célèbes

Océan Pacifique

SINGAPOUR

NAURU

KIRIBATI

a

r es-Salaam

SEYCHELLES

Jakarta

INDONÉSIE

PAPOUASIE-NLLE-GUINÉE

ÎLES SALOMON

TUVALU

COMORES

Océan

Îles Cocos (Austr.)

I. Christmas (Austr.)

Port Moresby

Honiara

Wallis-et-Futuna (Fr.)

Mayotte (Fr.)

Indien

SAMOA

QUE

Antananarivo

MAURICE

Mer de Corail

VANUATU

ADAGASCAR

Réunion (Fr.)

Port-Vila

FIDJI

Suva

Nlle-Calédonie (Fr.)

AUSTRALIE

Amsterdam (Fr.)

Darling

St-Paul (Fr.)

Sydney

Canberra

Îles Kermadec (N.-Z.)

Murray

Îles Crozet (Fr.)

Mer de Tasman

re-Édouard du S.)

Kerguelen (Fr.)

Tasmanie

NOUVELLE-ZÉLANDE

Wellington

Île Heard (Austr.)

Îles Chatham (N.-Z.)

I. Bounty (N.-Z.)

I. Macquarie (Austr.)

I. Auckland (N.-Z.)

I. Antipodes (N.-Z.)

I. Campbell (N.-Z.)

ntarctique

60° 120° 180°

FUSEAUX HORAIRES

nombre d'heures à soustraire du fuseau 0 pour obtenir l'heure locale

pour la France et les pays limitrophes concernés, l'heure d'hiver a été retenue

DIFFÉRENCE D'HEURES À PARTIR DU F

FUSEAUX HORAIRES

| 12:00 | 13:00 | 14:00 | 15:00 | 16:00 | 17:00 | 18:00 | 19:00 | 20:00 | 21:00 | 22:00 | 23:00 |

Méridien de Greenwich

Svalbard (Norv.)
Archipel François Joseph
Nouvelle-Zemble
Severnaya Zemlya (Terre du Nord)
Archipel de Nouvelle-Sibérie

an Mayen (Norv.)
enland
roé (Dan.)

NORVÈGE SUÈDE FINLANDE
Helsinki
Oslo St-Pétersbourg R U S S I E
Stockholm ESTONIE Moscou Iekaterinbourg
Copenhague LETTONIE LITUANIE Novossibirsk Iakoutsk
RANDE- DAN. BIÉL. Sakhaline Magadan
ETAGNE P.B. Berlin POLOGNE
ondres BELG. ALL. Varsovie Kiev Astana
Bruxelles Prague SLOVAQUIE UKRAINE KAZAKHSTAN
Paris Vienne R. TCHÈQUE Oulan-Bator MONGOLIE
FRANCE S. AUTR.H. Budapest M. Bichkek Pekin CORÉE DU NORD
CRB. ITALIE ROUM. Bucarest OUZBÉKISTAN Pyongyang JAPON
Madrid Rome ALB. M. BULG. GÉORGIE Bakou Tachkent KIRGHIZISTAN Séoul CORÉE DU SUD Tokyo
SPAGNE Tunis GRÈCE Istanbul Ankara ARM. AZERB. TADJIKISTAN C H I N E
Rabat Alger TUNISIE CHYPRE SYRIE Beyrouth TURQUIE Achgabat Islamabad Chengdu Shangai OCÉAN
ALGÉRIE LIBYE Tripoli Le Caire Méditerranée L. Jérusalem IRAN AFGHANISTAN 15:30 16:30 New Delhi BHOUTAN PACIFIQUE
ÉGYPTE ISR. IRAK Bagdad Téhéran Kaboul PAKISTAN 17:45 BANGLA-DESH
MALI NIGER TCHAD BAHREÏN KOWEÏT Karachi I N D E 17:30 Dacca 18:30 Hanoi Hongkong Taipei
amako Niamey ÉRYTHRÉE QATAR Riyad E.A.U. Mascate Bombay BIRMANIE Rangoun LAOS TAIWAN Marriannes du Nord (É.-U.)
BURKINA N'Djamena Khartoum ARABIE SAOUDITE OMAN Îles Laquedives (Inde) THAÏLANDE Bangkok CAMBODGE Manille Guam (É.-U.)
NIGERIA Aden YÉMEN Îles Andaman (Inde) Phnom Penh PHILIPPINES MICRONÉSIE
ijan Lagos CENTRAFR. SOUDAN DJIBOUTI SRI LANKA Ho Chi Minh-Ville BRUNEI PALAOS
Yaoundé Bangui Addis-Abeba ÉTHIOPIE Colombo 17:30 MALAISIE Singapour
Libreville GUINÉE ÉQ. RÉP. DÉM. OUGANDA SOMALIE Muqdisho MALDIVES PAPOUASIE-NOUVELLE-GUINÉE
GABON DU KENYA Nairobi I N D O N É S I E SALOMON
-Hélène Brazzaville CONGO RWANDA BURUNDI Jakarta Port Moresby
(G.-B.) Kinshasa TANZANIE Dar es-Salaam SEYCHELLES OCÉAN
Luanda ANGOLA ZAMBIE MALAWI COMORES Mayotte (Fr.) INDIEN Cocos (Austr.) 18:30 Nouvelle-Calédonie (Fr.)
QUE Lusaka Harare Antananarivo 21:30 A U S T R A L I E
NAMIBIE ZIMBABWE MOZAMBIQUE MADAGASCAR MAURICE Réunion (Fr.) 22:30
BOTSWANA Perth Adélaïde Sydney Lord Howe (Austr.)
Windhoek Pretoria Maputo SWAZILAND Melbourne Canberra
AFRIQUE DU SUD LESOTHO Tasmanie
Le Cap

Îles Crozet (Fr.)
Île Kerguelen (Fr.)
Île Heard (Austr.)

A N T A R C T I Q U E

| 0 | +1 | +2 | +3 | +4 | +5 | +6 | +7 | +8 | +9 | +10 | +11 |

35

nombre d'heures à ajouter à l'heure du fuseau 0 pour obtenir l'heure locale

• capitale d'État

ALBANIE
ALLEMAGNE
ANDORRE
AUTRICHE
BELGIQUE
BIÉLORUSSIE
BOSNIE-HERZÉGOVINE
BULGARIE
CROATIE
DANEMARK
ESPAGNE
ESTONIE
FINLANDE
FRANCE
GRANDE-BRETAGNE

GRÈCE
HONGRIE
IRLANDE
ISLANDE
ITALIE
LETTONIE
LIECHTENSTEIN
LITUANIE
LUXEMBOURG
MACÉDOINE
MALTE
MOLDAVIE
MONACO
NORVÈGE

PAYS-BAS
POLOGNE
PORTUGAL
ROUMANIE
RUSSIE
SAINT-MARIN
SERBIE-ET-MONTÉNÉGRO
SLOVAQUIE
SLOVÉNIE
SUÈDE
SUISSE
TCHÈQUE
(RÉPUBLIQUE)
UKRAINE
VATICAN

Europe

200 500 1000 2000 4000 m

● plus de 5 000 000 h.
● de 1 000 000 à 5 000 000 h.
● de 100 000 à 1 000 000 h.
● moins de 100 000 h.

EUROPE

EUROPE
10 500 000 km²
726 millions d'habitants

AFRIQUE
30 310 000 km²
812 millions d'habitants

AMÉRIQUE
42 000 000 km²
843 millions d'habitants

ASIE
44 000 000 km²
3 700 millions d'habitants

OCÉANIE
9 000 000 km²
30 millions d'habitants

Les Chaînes Dinariques occupent l'ensemble du pays, à l'exception de la partie centrale et le long du rivage de l'Adriatique où s'étendent des plaines et des collines. Le climat est méditerranéen sur une étroite frange littorale ; dans l'intérieur, il est de type continental.

Superficie : 28 748 km²
Population (2002) : 3 164 000 hab.
Capitale : Tirana 299 000 hab. (e. 2001)
Nature de l'État et du régime politique :
république à régime parlementaire
Chef de l'État : (président de
la République) Alfred Moisiu
Chef du gouvernement : (Premier
ministre) Fatos Nano
Organisation administrative :
12 préfectures
Langue officielle : albanais
Monnaie : lek

DÉMOGRAPHIE
Densité : 107 hab./km²
Part de la population urbaine (2000) :
39,1 %
Structure de la population par âge (2000) :
moins de 15 ans : 30 %, 15-65 ans :
64,1 %, plus de 65 ans : 5,9 %
Taux de natalité (2000) : 17 ‰
Taux de mortalité (2000) : 6 ‰
Taux de mortalité infantile (2000) :
25 ‰
Espérance de vie (2000) : hommes :
70,9 ans, femmes : 76,7 ans

ÉCONOMIE
PNB (2000) : 3,83 milliards de $
PNB/hab. (2000) : 1 120 $
PNB/hab. PPA (2000) : 3 600 dollars
internationaux
IDH (2000) : 0,733
Taux de croissance annuelle du PIB (2001) :
6,5 %
Taux annuel d'inflation (2000) : 0,05 %
Structure de la population active :
agriculture : n.d., mines
et industries : n.d., services : n.d.
Structure du PIB (2000) : agriculture :
51 %, mines et industries : 26,3 %,

services : 22,7 %
Dette publique brute : n.d.
Taux de chômage : n.d.

Agriculture
Cultures
betterave à sucre (2001) : 50 000 t.
blé (2001) : 282 000 t.
maïs (2001) : 215 000 t.
olives (2001) : 48 000 t.
pommes de terre (2001) : 180 000 t.
raisin (2001) : 75 000 t.
tournesol (2001) : 2 600 t.
Élevage et pêche
bovins (2001) : 720 000 têtes
caprins (2001) : 1 120 000 têtes
ovins (2001) : 1 941 000 têtes
pêche (1999) : 3 060 t.

Énergie et produits miniers
chrome (2001) : 130 000 t.
cuivre (2000) : 900 t.
électricité totale (2000) : 4 738 millions
de kWh
pétrole (2001) : 300 000 t.

Productions industrielles
sucre (2001) : 3 000 t.
vin (2001) : 142 000 hl
tabac (2001) : 4 100 t.

cuivre (2000) : 350 t.
laine (2001) : 3 500 t.
ciment (2000) : 110 000 t.

Tourisme
Recettes touristiques (1999) :
211 millions de $

Commerce extérieur
Exportations de biens (2000) :
255,7 millions de $
Importations de biens (2000) :
1 070 millions de $

Défense
Forces armées (1999) : 47 000 hommes
Budget de la Défense (1999) :
1,1 % du PIB

Niveau de vie
Nombre d'habitants pour un
médecin (1995) : 714
Apport journalier moyen en
calories (2000) : 2 823
(minimum FAO : 2 400)
Nombre d'automobiles pour
1 000 hab. (1999) : 29
Nombre de téléviseurs pour
1 000 hab. (1998) : 113

Albanie
● plus de 100 000 h.
● de 30 000 à 100 000 h.
● de 10 000 à 30 000 h.
• moins de 10 000 h.

|200|500|1000|1500 m|

★ site touristique important
— route
— voie ferrée
✈ aéroport

REPÈRES HISTORIQUES

**Des origines
à l'indépendance**
D'abord occupée par les Illyriens, l'Albanie est colonisée par les Grecs (VIIᵉ s. av. J.-C.) puis par Rome (IIᵉ s. av. J.-C.). À la fin du VIᵉ s., les Slaves s'y installent en grand nombre.
xvᵉ - xıxᵉ s. : malgré la rébellion (1443-1468) de Skanderbeg, le pays tombe sous la domination ottomane et est largement islamisé. Plusieurs tentatives de révolte échouent, notamment celle d'Ali Pacha de Tebelen (1822).

**L'Albanie
indépendante**
1912 : l'Albanie devient une principauté indépendante.
1920 : elle entre à la SDN.
1925 - 1939 : Ahmed Zogu dirige le pays comme président de la République, puis comme roi (Zog Iᵉʳ).
1939 : invasion de l'Albanie par les troupes italiennes.
1946 : la République populaire est proclamée. Elle rompt avec l'URSS (1961), puis avec la Chine (1978).
1985 : sous la conduite de Ramiz Alia, le pays sort de son isolement politique et économique, et, à partir de 1990, se démocratise.
1997 : un mouvement insurrectionnel populaire déstabilise le pays.
1998 : une nouvelle Constitution est approuvée par référendum.

Sur un territoire inférieur aux deux tiers du territoire français, l'Allemagne est la première puissance économique d'Europe. Elle se caractérise par une géographie complexe. Le Nord, région de plaines, se rattache à l'Europe du Nord, mais surtout à l'Europe centrale et orientale, tandis que le Sud, plus montagneux, se rattache à la France et à l'Autriche.

Superficie : 357 022 km²
Population (2002) : 81 990 000 hab.
Capitale : Berlin 3 319 000 hab. (e. 2001) dans l'agglomération
Nature de l'État et du régime politique : république à régime parlementaire
Chef de l'État : (président de la République) Johannes Rau
Chef du gouvernement : (chancelier) Gerhard Schröder
Organisation administrative : 16 Länder
Langue officielle : allemand
Monnaie : euro

DÉMOGRAPHIE

Densité : 230 hab./km²
Part de la population urbaine (2000) : 87,5 %
Structure de la population par âge (2000) : moins de 15 ans : 15,5 %, 15-65 ans : 68,1 %, plus de 65 ans : 16,4 %
Taux de natalité (2000) : 9 ‰
Taux de mortalité (2000) : 11 ‰
Taux de mortalité infantile (2000) : 4,6 ‰

Espérance de vie (2000) :
hommes : 75 ans, femmes : 81,1 ans

ÉCONOMIE

PNB (2001) : 1 948 milliards de $
PNB/hab. (2001) : 23 700 $
PNB/hab. PPA (2001) : 25 530 dollars internationaux
IDH (2000) : 0,925
Taux de croissance annuelle du PIB (2001) : 0,7 %
Taux annuel d'inflation (2000) : 1,95 %
Structure de la population active (2000) : agriculture : 2,7 %, mines et industries : 33,4 %, services : 63,9 %
Structure du PIB (2000) : agriculture : 1,2 %, mines et industries : 31,5 %, services : 67,3 %
Dette publique brute (1998) : 63,1 % du PIB
Taux de chômage (2001) : 7,7 %

Agriculture et pêche

Cultures
avoine (2001) : 1 138 000 t.
betterave à sucre (2001) : 24 398 000 t.
blé (2001) : 22 838 000 t.
colza (2001) : 4 168 000 t.
orge (2001) : 13 589 000 t.
pommes (2001) : 2 500 000 t.
pommes de terre (2001) : 10 903 000 t.
raisin (2001) : 1 430 000 t.
seigle (2001) : 5 158 000 t.
Élevage et pêche
bovins (2001) : 14 568 000 têtes
chevaux (2001) : 520 000 têtes
ovins (2001) : 2 140 000 têtes
pêche (1999) : 312 000 t.
porcins (2001) : 25 767 000 têtes

Énergie et produits miniers

électricité nucléaire (2000) : 160 300 millions de kWh
électricité totale (2000) : 537 329 millions de kWh
houille (2000) : 37 338 000 t.
lignite (1999) : 161 282 000 t.

Productions industrielles

lait (2001) : 28 322 000 t.
beurre (2001) : 420 000 t.

viande (2001) : 6 472 000 t.
sucre (2001) : 4 047 000 t.
bière (2000) : 103 257 000 hl
vin (2001) : 9 081 000 hl
fonte (1998) : 30 215 000 t.
acier (2001) : 44 801 000 t.
aluminium (2001) : 652 000 t.
cuivre (2000) : 710 000 t.
plomb (2001) : 374 000 t.
zinc (2001) : 358 300 t.
automobiles (2001) : 5 301 000 unités
véhicules utilitaires (1998) : 373 000 unités
construction navale (1998) : 1 204 000 tpl
caoutchouc synthétique (1998) : 531 000 t.
ciment (2000) : 38 000 000 t.
filés de coton (1998) : 131 000 t.
textiles artificiels (1998) : 196 000 t.
textiles synthétiques (1998) : 869 000 t.
production de bois (2000) : 51 088 000 m³
papier (2000) : 18 182 000 t.

Tourisme

Recettes touristiques (2000) : 17 812 millions de $

Commerce extérieur

Exportations de biens (2000) : 549 170 millions de $
Importations de biens (2000) : 491 870 millions de $

Défense

Forces armées (1999) : 321 000 hommes
Budget de la Défense (1999) : 1,3 % du PIB

Niveau de vie

Nombre d'habitants pour un médecin (1996) : 294
Apport journalier moyen en calories (2000) : 3 451 (minimum FAO : 2 400)
Nombre d'automobiles pour 1 000 hab. (1998) : 508
Nombre de téléviseurs pour 1 000 hab. (1999) : 580

REPÈRES HISTORIQUES

Les origines
Iᵉʳ millénaire av. J.-C. : les Germains s'installent entre Rhin et Vistule, refoulant les Celtes en Gaule. Ils sont repoussés vers l'est par les Romains.
Vᵉ - VIᵉ s. : lors des Grandes Invasions, les Barbares germaniques fondent des royaumes parmi lesquels celui des Francs s'impose aux autres.
800 : fondation de l'Empire carolingien.
843 : le traité de Verdun partage l'Empire en trois royaumes : à l'est, la *Francia orientalis* de Louis le Germanique constituera la Germanie.

Le Saint Empire
962 : Otton Iᵉʳ fonde le Saint Empire romain germanique.
1138 - 1250 : la dynastie souabe (Hohenstaufen), avec Frédéric Iᵉʳ Barberousse

(1152 - 1190) et Frédéric II (1220 - 1250), engage la lutte du Sacerdoce et de l'Empire.
1273 - 1438 : la couronne impériale passe aux Habsbourg, puis aux maisons de Bavière et de Luxembourg.
1356 : Charles IV de Luxembourg promulgue la Bulle d'or, véritable Constitution du Saint Empire.
XVIᵉ s. : l'Empire, à son apogée avec Maximilien Iᵉʳ (1493 - 1519) et Charles Quint (1519 - 1556), voit son unité religieuse brisée par la Réforme protestante.
1618 - 1648 : la guerre de Trente Ans ravage le pays.
1648 : les traités de Westphalie confirment la faiblesse du pouvoir impérial.
XVIIIᵉ s. : le royaume de Prusse, dirigé par

les Hohenzollern (à partir de 1701), domine l'Allemagne et devient une grande puissance sous Frédéric II.
1806 : Napoléon écrase la Prusse à Iéna et remplace le Saint Empire par une Confédération du Rhin excluant l'Autriche et la Prusse.

L'unité allemande
1815 : le congrès de Vienne crée la Confédération germanique (39 États, dont la Prusse et l'Autriche).
1834 : union douanière entre les États allemands (*Zollverein*).
1848 - 1850 : échec des mouvements nationaux et libéraux.
1862 - 1871 : Bismarck réalise l'unité allemande, après avoir éliminé l'Autriche (Sadowa, 1866) et vaincu la France (1870 - 1871).

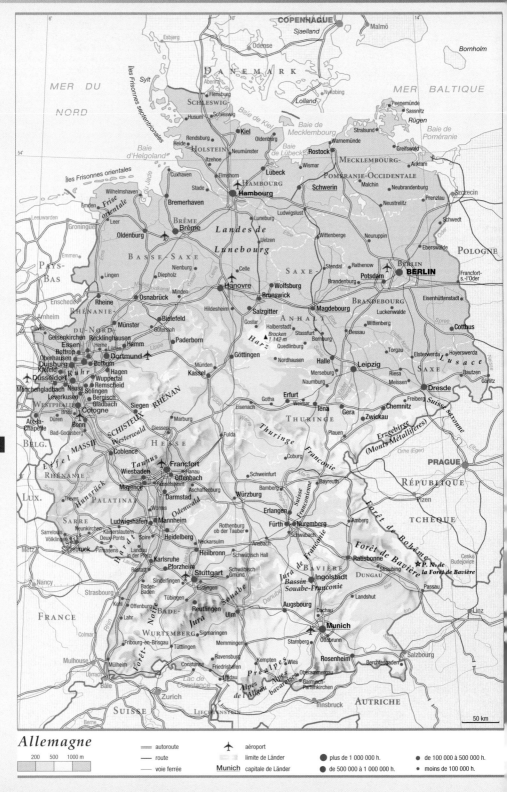

Allemagne

200   500   1000 m

═══ autoroute	✈ aéroport
─── route	▮ limite de Länder
─── voie ferrée	**Munich** capitale de Länder

● plus de 1 000 000 h.	● de 100 000 à 500 000 h.
● de 500 000 à 1 000 000 h.	• moins de 100 000 h.

50 km

REPÈRES HISTORIQUES

1871 : proclamation de l'« Empire allemand ».

1871 - 1914 : l'Allemagne connaît de grands progrès économiques et politiques (expansion coloniale).

1914 - 1918 : la Première Guerre mondiale s'achève par la défaite de l'Allemagne.

De Weimar à la partition

1919 - 1933 : la république de Weimar écrase les spartakistes. L'humiliation causée par le traité de Versailles, l'occupation de la Ruhr par la France (1923 - 1925) et la crise économique favorisent la montée du nazisme.

1933 - 1934 : Hitler, chancelier et « Führer », inaugure le IIIᵉ Reich, un État dictatorial et centralisé.

1936 : remilitarisation de la Rhénanie.

1938 - 1939 : l'Allemagne annexe l'Autriche (*Anschluss*) et une partie de la Tchécoslovaquie, puis attaque la Pologne.

1939 - 1945 : Seconde Guerre mondiale.

1945 - 1949 : vaincue, l'Allemagne est occupée par les armées alliées ; sa frontière avec la Pologne est limitée à l'est par la ligne Oder-Neisse.

1949 : création de la République fédérale d'Allemagne ou RFA et, dans la zone d'occupation soviétique, de la République démocratique allemande ou RDA.

Chacun des deux États allemands se donne pour but de refaire l'unité allemande à son profit.

La République fédérale d'Allemagne

1949 : bénéficiant de l'aide américaine (plan Marshall), la RFA amorce un redressement économique rapide.

1951 : elle entre dans la CECA.

1955 : elle devient membre de l'OTAN.

1956 : création de la Bundeswehr.

1958 : la RFA entre dans la CEE.

1963 : traité d'amitié et de coopération franco-allemande.

1969 - 1974 : après avoir conclu un traité avec l'URSS et reconnu la ligne Oder-Neisse comme frontière germano-polonaise (1970), la RFA signe avec la RDA le traité interallemand de reconnaissance mutuelle (1972).

1989 : la RFA est confrontée aux problèmes posés par un afflux massif de réfugiés est-allemands et par les changements intervenus en RDA.

La République démocratique allemande

Organisée économiquement et politiquement sur le modèle soviétique, la RDA est dirigée par le Parti socialiste unifié (SED).

1950 : la RDA adhère au Comecon.

1953 : des émeutes ouvrières éclatent.

1955 : la RDA adhère au pacte de Varsovie.

1961 : afin d'enrayer la forte émigration des Allemands de l'Est vers la RFA, un mur est construit pour séparer Berlin-Est et Berlin-Ouest.

1972 : le traité interallemand de reconnaissance mutuelle est signé, ouvrant la voie à la reconnaissance de la RDA par les pays occidentaux.

1989 : un exode massif de citoyens est-allemands vers la RFA et d'importantes manifestations réclamant la démocratisation du régime provoquent à partir d'octobre la démission des principaux dirigeants, l'ouverture du mur de Berlin et de la frontière interallemande, l'abandon de toute référence au rôle dirigeant du SED.

L'Allemagne réunifiée

1990 : l'union économique et monétaire entre la RFA et la RDA intervient en juillet. Le traité de Moscou (septembre) entre les deux États allemands, les États-Unis, la France, la Grande-Bretagne et l'URSS fixe les frontières de l'Allemagne unie, dont il restaure l'entière souveraineté. L'unification de l'Allemagne est proclamée le 3 octobre.

les Länder

Le mot allemand *Land* (au pluriel *Länder*) désigne chacun des 16 États qui constituent la République fédérale d'Allemagne.

Länder	superficie en km²	population*	capitale
Bade-Wurtemberg	35 751	10 600 906	Stuttgart
Bavière	70 553	12 329 714	Munich
Berlin	889	3 388 434	Berlin
Brandebourg	29 059	2 593 040	Potsdam
Brême	404	659 651	Brême
Hambourg	753	1 726 363	Hambourg
Hesse	21 114	6 077 826	Wiesbaden
Mecklembourg-Poméranie-Occidentale	23 838	1 759 877	Schwerin
Rhénanie-du-Nord-Westphalie	34 070	18 052 092	Düsseldorf
Rhénanie-Palatinat	19 847	4 049 066	Mayence
Sarre	2 568	1 066 470	Sarrebruck
Saxe	18 337	4 384 192	Dresde
Basse-Saxe	47 344	7 956 416	Hanovre
Saxe-Anhalt	20 445	2 580 626	Magdebourg
Schleswig-Holstein	15 727	2 804 249	Kiel
Thuringe	16 251	2 411 387	Erfurt

* estimation pour 2001.

ANDORRE

Andorre

● plus de 15 000 h.   ● de 5 000 à 10 000 h.
● de 10 000 à 15 000 h.   ● moins de 5 000 h.

1000 1500 2000 2500 m   — route
— voie ferrée

Située entre la France et l'Espagne, la principauté d'Andorre est une région montagneuse (altitude moyenne de 1 800 m), au climat rude, qui vit essentiellement du tourisme.

Superficie : 468 km²
Population (2002) : 64 000 hab.
Capitale : Andorre-la-Vieille
21 000 hab. (e. 2001)
Nature de l'État et du régime politique :
régime parlementaire
Chefs de l'État : (coprinces) Jacques Chirac et Joan Martí Alanis
Chef du gouvernement : (chef du gouvernement) Marc Forné Molné
Organisation administrative : 7 paroisses
Langue officielle : catalan
Monnaie : euro

DÉMOGRAPHIE
Densité : 168 hab./km²
Part de la population urbaine (1999) :
93,0 %
Structure de la population par âge : moins de 15 ans : n.d., 15-65 ans : n.d., plus de 65 ans : n.d.

Taux de natalité (1990) : 12,2 ‰
Taux de mortalité (1990) : 3,7 ‰
Taux de mortalité infantile (1997) :
4,1 ‰
Espérance de vie (1990) : hommes : 74 ans, femmes : 81 ans

ÉCONOMIE
PNB : n.d.
PNB/hab. : n.d.
PNB/hab. PPA : n.d.
IDH : n.d.
Taux de croissance annuelle du PIB : n.d.
Taux annuel d'inflation : n.d.
Structure de la population active :
agriculture : n.d., mines
et industries : n.d., services : n.d.
Structure du PIB : agriculture : n.d.,
mines et industries : n.d.,
services : n.d.
Dette publique brute : n.d.
Taux de chômage : n.d.

Tourisme
Recettes touristiques : n.d.
Commerce extérieur
Exportations de biens (1995) : 49 millions de $
Importations de biens (1995) :
1 069 millions de $
Défense
Forces armées : n.d.
Budget de la Défense : n.d.
Niveau de vie
Nombre d'habitants pour un médecin : n.d.
Apport journalier moyen en calories (1995) : 3 670
(minimum FAO : 2 400)
Nombre d'automobiles pour 1 000 hab. : n.d.
Nombre de téléviseurs pour 1 000 hab. (1998) : 400

REPÈRES HISTORIQUES
1278 : Andorre est organisée par une sentence arbitrale lui donnant une organisation politique, administrative et judiciaire, d'inspiration féodale. Le pays est placé sous la double suzeraineté de l'évêque de Seo de Urgel (Espagne) et du comte de Foix, coprinces.
1607 : le roi de France puis le président de la République héritent des droits du comte de Foix.
1982 : le Premier ministre est élu au suffrage universel : il remplace le procureur général jusqu'à présent élu par le Conseil général.
1993 : l'approbation, par référendum, d'une Constitution qui établit un régime parlementaire est suivie par l'admission d'Andorre à l'ONU.

les micro-États d'Europe

L e cas d'**Andorre** n'est pas unique en Europe, qui, comme l'Océanie, possède plusieurs de ces « micro-États ». Ceux-ci sont recensés dans le tableau ci-dessous et classés selon leur superficie, du plus grand au plus petit. À titre de comparaison, l'État européen précédant Andorre dans ce classement serait le Luxembourg (2 586 km², 447 000 hab.), soit un pays environ cinq fois plus grand.

Andorre, le **Liechtenstein** et **Monaco** sont des principautés anciennes. Saint-Marin est une république depuis le XIIIe s. ! L'État le plus « jeune » est Malte (indépendant depuis 1964). Quant au **Vatican**, le plus petit de tous, il a été créé en 1929. C'est le seul à ne pas être membre de l'ONU.

États	*superficie en km²*	*population*
Andorre	468	64 000 (1)
Malte	316	394 000 (1)
Liechtenstein	160	30 000 (1)
Saint-Marin	61	27 000 (1)
Monaco	2	30 000 (1)
Vatican	0,44	524 (2)

(1) estimation pour 2002.   (2) estimation pour 2000.

La majeure partie du pays s'étend sur les Alpes, qui culminent dans les Hohe Tauern, découpées par de profondes vallées ouvrant des bassins où se concentre la vie humaine. Les plaines et les collines ne se développent qu'au nord et à l'est.

Superficie : 83 859 km²
Population (2002) : 8 070 000 hab.
Capitale : Vienne 1 539 848 hab. (r. 1991)
Nature de l'État et du régime politique : république à régime semi-présidentiel
Chef de l'État : (président fédéral) Thomas Klestil
Chef du gouvernement : (chancelier) Wolfgang Schüssel
Organisation administrative : 9 Länder
Langue officielle : allemand
Monnaie : euro

DÉMOGRAPHIE

Densité : 98 hab./km²
Part de la population urbaine (2000) : 64,7 %
Structure de la population par âge (2000) : moins de 15 ans : 16,6 %, 15-65 ans : 67,8 %, plus de 65 ans : 15,6 %
Taux de natalité (2000) : 10 ‰
Taux de mortalité (2000) : 10 ‰
Taux de mortalité infantile (2000) : 4,7 ‰
Espérance de vie (2000) : hommes : 75,4 ans, femmes : 81,5 ans

ÉCONOMIE

PNB (2001) : 194 milliards de $
PNB/hab. (2001) : 23 940 $
PNB/hab. PPA (2001) : 27 080 dollars internationaux
IDH (2000) : 0,926
Taux de croissance annuelle du PIB (2001) : 1 %
Taux annuel d'inflation (2000) : 2,35 %
Structure de la population active (2000) : agriculture : 5,8 %, mines et industries : 30,6 %, services : 63,6 %
Structure du PIB (2000) : agriculture : 2,2 %, mines et industries : 33,3 %, services : 64,5 %
Dette publique brute (1998) : 63,1 % du PIB
Taux de chômage (2001) : 3,6 %

Agriculture

Cultures
betterave à sucre (2001) : 2 742 000 t.
blé (2001) : 1 508 000 t.
maïs (2001) : 1 493 000 t.
orge (2001) : 1 012 000 t.
pommes (2001) : 490 000 t.
pommes de terre (2001) : 695 000 t.
raisin (2001) : 304 000 t.
Élevage
bovins (2001) : 2 155 000 têtes
porcins (2001) : 3 427 000 têtes

Énergie et produits miniers

électricité totale (2000) : 60 285 millions de kWh
fer (2001) : 575 000 t.
gaz naturel (2000) : 1 803 millions de m³
hydroélectricité (2000) : 41 380 millions de kWh
lignite (2000) : 1 255 000 t.
pétrole (2001) : 1 020 000 t.

Productions industrielles

lait (2001) : 3 364 000 t.
beurre (2001) : 37 129 t.
fromage (2001) : 145 320 t.
acier (2001) : 5 869 000 t.
aluminium (1996) : 90 000 t.
cuivre (2000) : 79 000 t.
plomb (2001) : 22 000 t.
automobiles (2001) : 131 000 unités
filés de coton (1998) : 16 000 t.
textiles artificiels (1998) : 148 000 t.
production de bois (2000) : 10 416 000 m³

Tourisme

Recettes touristiques (2000) : 11 440 millions de $

Commerce extérieur

Exportations de biens (2000) : 64 684 millions de $
Importations de biens (2000) : 67 415 millions de $

Défense

Forces armées (1999) : 35 500 hommes
Budget de la Défense (1999) : 0,8 % du PIB

Niveau de vie

Nombre d'habitants pour un médecin (1996) : 357
Apport journalier moyen en calories (2000) : 3 757 (minimum FAO : 2 400)
Nombre d'automobiles pour 1 000 hab. (1999) : 495
Nombre de téléviseurs pour 1 000 hab. (1998) : 516

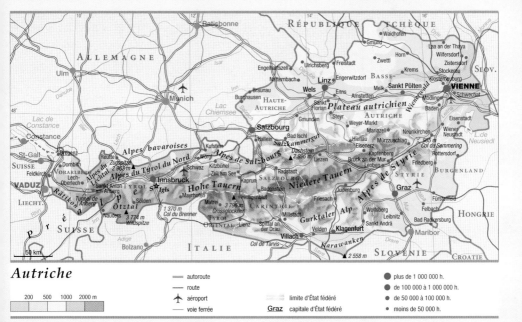

Autriche

200   500   1000   2000 m

autoroute
route
aéroport
voie ferrée
limite d'État fédéré
Graz   capitale d'État fédéré

● plus de 1 000 000 h.
● de 100 000 à 1 000 000 h.
● de 50 000 à 100 000 h.
● moins de 50 000 h.

50 km

REPÈRES HISTORIQUES

Les origines

Centre de la civilisation de Hallstatt au Ier millénaire av. J.-C., l'Autriche est occupée par les Romains, puis envahie par les Barbares.

803 : Charlemagne fonde la marche de l'Est (Österreich depuis 996).

1156 : elle devient un duché héréditaire aux mains des Babenberg.

1253 - 1278 : le duché est rattaché à la Bohême puis conquis par Rodolphe Ier de Habsbourg.

L'Autriche des Habsbourg

Les Habsbourg, maîtres du pays, sont aussi les possesseurs de la couronne impériale après 1438.

1493 - 1519 : grâce à une habile politique matrimoniale, Maximilien Ier jette les bases du futur empire de Charles Quint.

1521 : Ferdinand Ier reçoit de son frère Charles Quint (empereur depuis 1519) les domaines autrichiens et devient, en 1526, roi de Bohême et de Hongrie.

XVIe - XVIIe s. : l'Autriche est le rempart de l'Europe contre la progression ottomane.

Foyer de la Réforme catholique pendant la guerre de Trente Ans, elle échoue à éviter l'émiettement politique et religieux de l'Allemagne (traités de Westphalie, 1648).

XVIIIe s. : après le règne éclairé de Marie-Thérèse (1740 - 1780) et le règne centralisateur de Joseph II (1780 - 1790), la longue lutte contre la France révolutionnaire et impériale vaut à l'Autriche de graves amputations territoriales.

1804 : François II prend le titre d'empereur d'Autriche. Il doit renoncer, par la volonté de Napoléon Ier, à la couronne du Saint-Empire, qui disparaît (1806).

1814 - 1815 : au congrès de Vienne, les territoires conquis par Napoléon Ier sont rendus à l'Autriche, qui apparaît comme l'arbitre de l'Europe par l'entremise de Metternich.

1866 : l'Autriche est vaincue par la Prusse à Sadowa.

1867 : François-Joseph Ier accepte le compromis donnant naissance à la monarchie austro-hongroise.

1879 - 1882 : l'Autriche signe avec l'Allemagne et l'Italie la Triple-Alliance.

1914 : l'assassinat de l'archiduc François-Ferdinand, héritier du trône, à Sarajevo (28 juin) déclenche la Première Guerre mondiale.

1918 : la défaite provoque l'éclatement de la monarchie austro-hongroise.

La République autrichienne

1919 - 1920 : les traités de Saint-Germain-en-Laye et de Trianon reconnaissent l'existence des États nationaux nés de la double monarchie.

1920 : la république d'Autriche est proclamée et se dote d'une constitution fédérative.

1938 : le pays est rattaché à l'Allemagne nazie à la suite de l'*Anschluss* et fait partie du IIIe Reich jusqu'en 1945.

1955 : après dix ans d'occupation par les forces alliées, l'Autriche, à nouveau république fédérale, devient un État neutre.

1995 : Elle adhère à l'Union européenne.

14

A E I O U

C ette liste des voyelles de l'alphabet français est en fait l'abréviation de la devise de la maison impériale des Habsbourg. Elle peut se lire à la fois en latin (*Austriae est imperare orbi universo :* « Il appartient à l'Autriche de régner sur tout l'univers ») et en allemand (*Alles Erdreich ist Österreich untertan :* « Toute la Terre est sujette de l'Autriche »). Adoptée par Frédéric III au XVe s., elle témoigne à la fois de l'ambition des Habsbourg et de l'immensité de l'empire sur lequel ils régnèrent.

Disposant d'une façade maritime sur la mer du Nord, ce pays aux dimensions réduites est constitué de plaines et de bas plateaux s'élevant au sud-est vers le massif ardennais (culminant seulement à 694 m). Le climat océanique, tempéré, aux amplitudes thermiques réduites, aux précipitations régulières, y est doux et humide.

Superficie : 30 528 km²
Population (2002) : 10 275 000 hab.
Capitale : Bruxelles 136 730 hab.
(e. 2002), 1 134 000 hab. (e. 2001) dans l'agglomération
Nature de l'État et du régime politique : monarchie constitutionnelle à régime parlementaire
Chef de l'État : (roi) Albert II
Chef du gouvernement : (Premier ministre) Guy Verhofstadt
Organisation administrative : 3 régions
Langues officielles : allemand, français et néerlandais
Monnaie : euro

DÉMOGRAPHIE

Densité : 333 hab./km²
Part de la population urbaine (2000) : 97,3 %
Structure de la population par âge (2000) : moins de 15 ans : 17,3 %, 15-65 ans : 65,7 %, plus de 65 ans : 17 %
Taux de natalité (2000) : 11 ‰
Taux de mortalité (2000) : 10 ‰
Taux de mortalité infantile (2000) : 4,2 ‰
Espérance de vie (2000) : hommes : 75,7 ans, femmes : 81,9 ans

ÉCONOMIE

PNB (2001) : 240 milliards de $
PNB/hab. (2001) : 23 340 $
PNB/hab. PPA (2001) : 28 210 dollars internationaux
IDH (2000) : 0,939
Taux de croissance annuelle du PIB (2001) : 0,8 %
Taux annuel d'inflation (2000) : 1,58 %
Structure de la population active (2000) : agriculture : 2,2 %, mines et industries : 24 %, services : 73,8 %
Structure du PIB (2000) : agriculture : 1,4 %, mines et industries : 27,7 %, services : 70,9 %
Dette publique brute (1998) : 115,9 % du PIB
Taux de chômage (2001) : 6,6 %

Agriculture
Les données incluent les productions du Luxembourg.
Cultures
avoine (2001) : 41 800 t.
betterave à sucre (2001) : 5 300 000 t.
blé (2001) : 1 442 000 t.
orge (2001) : 423 000 t.
pommes de terre (2001) : 2 497 000 t.
Élevage
bovins (2001) : 3 245 000 têtes
porcins (2001) : 7 349 000 têtes

Énergie et produits miniers
électricité nucléaire (2000) : 45 700 millions de kWh
électricité totale (2000) : 79 348 millions de kWh

Productions industrielles
lait (2001) : 3 700 000 t.
fromage (2001) : 65 000 t.
sucre (2001) : 913 000 t.
bière (2000) : 15 471 000 hl
viande (2001) : 1 803 000 t.
acier (2001) : 10 781 000 t.
fonte (1998) : 8 618 000 t.
cuivre (2000) : 423 000 t.
étain : (2001) 8 000 t.
plomb (2001) : 96 000 t.
zinc (2001) : 259 300 t.
automobiles (2001) : 1 059 000 unités

véhicules utilitaires (1998) : 98 000 unités
caoutchouc synthétique (1998) : 120 000 t.
filés de coton (1998) : 37 000 t.
lin (2001) : 16 500 t.
textiles artificiels (1991) : 52 000 t.

Tourisme
Recettes touristiques (1999) : 7 039 millions de $

Commerce extérieur
Exportations de biens (2000) : 162 508 millions de $
Importations de biens (2000) : 157 173 millions de $

Défense
Forces armées (1999) : 39 250 hommes
Budget de la Défense (1999) : 1,1 % du PIB

Niveau de vie
Nombre d'habitants pour un médecin (1994) : 270
Apport journalier moyen en calories (2000) : 3 701 (minimum FAO : 2 400)
Nombre d'automobiles pour 1 000 hab. (1999) : 448
Nombre de téléviseurs pour 1 000 hab. (1999) : 523

REPÈRES HISTORIQUES

Des origines à la domination autrichienne
La Belgique est peuplée dès le paléolithique.
57 - 51 av. J.-C. : la Gaule Belgique, occupée par des Celtes, est conquise par César.
IVe - VIe s. : le Nord est envahi par les Francs.
IXe - XIIIe s. : affaibli par des divisions territoriales (traité de Verdun, 843), le pays se décompose en de multiples principautés. Aux XIIe et XIIIe s., les villes connaissent un essor remarquable (draperie flamande).
XIVe - XVe s. : les « Pays-Bas », dans lesquels la Belgique est intégrée, se constituent en un ensemble progressivement unifié entre les mains des ducs de Bourgogne.
1477 : le mariage de Marie de Bourgogne avec Maximilien d'Autriche fait passer les Pays-Bas à la maison de Habsbourg.

De la domination des Habsbourg à l'indépendance
1515 : Charles Quint porte à dix-sept le nombre des provinces des Pays-Bas.
1572 : l'absolutisme de son successeur Philippe II et les excès du duc d'Albe provoquent la révolte des Pays-Bas.
1579 : les provinces du Nord deviennent indépendantes et forment les Provinces-Unies ; celles du Sud, qui forment la Belgique actuelle, se replacent sous l'autorité espagnole.
XVIIe s. : le cadre territorial de la Belgique se précise à la suite des guerres menées par Louis XIV.
1713 : le traité d'Utrecht remet les Pays-Bas espagnols à la maison d'Autriche.
1789 : les réformes imposées par l'empe-

reur Joseph II provoquent l'insurrection et la proclamation de l'indépendance (1790) des *États belgiques unis*.
1795 - 1815 : les Français occupent le pays.
1815 : les futures provinces belges et les anciennes Provinces-Unies sont réunies en un royaume des Pays-Bas, créé au profit de Guillaume Ier.
1830 : les provinces belges proclament leur indépendance.

Du royaume de Belgique à nos jours
1831 : la conférence de Londres reconnaît l'indépendance de la Belgique, dont Léopold Ier devient le premier roi.
1865 - 1909 : sous le règne de Léopold II, l'essor industriel se double d'une implantation en Afrique.
1909 - 1945 : sous Albert Ier (1909 - 1934) et sous Léopold III (1934 - 1951), la Belgique, État neutre, est occupée par les Allemands pendant les deux guerres mondiales.
1951 : Léopold III abdique en faveur de son fils, Baudouin Ier.
1958 : la Belgique devient membre de la CEE.
1960 : le Congo belge devient indépendant.
1977 : le pacte d'Egmont découpe la Belgique en trois Régions : Flandre, Wallonie, Bruxelles. Cette régionalisation est adoptée pour la Flandre et la Wallonie en 1980, et pour Bruxelles en 1989.
1993 : Albert II succède à son frère Baudouin Ier. Une révision constitutionnelle transforme la Belgique en un État fédéral aux pouvoirs décentralisés.

BELGIQUE

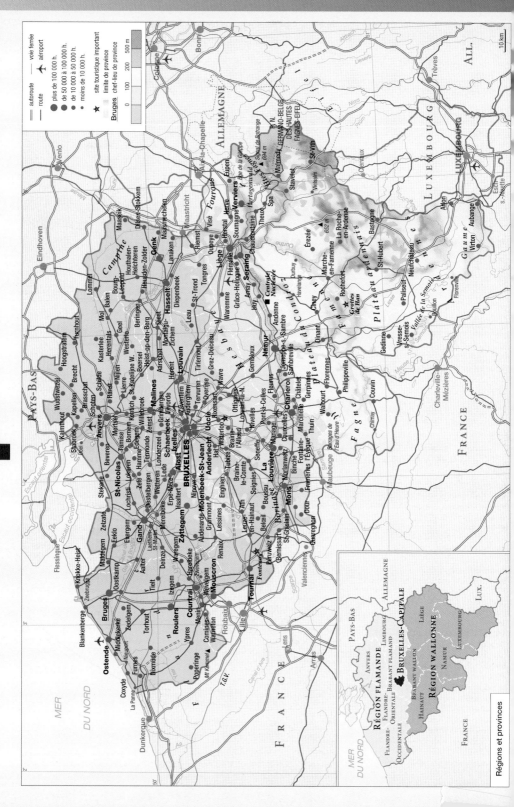

Régions et provinces

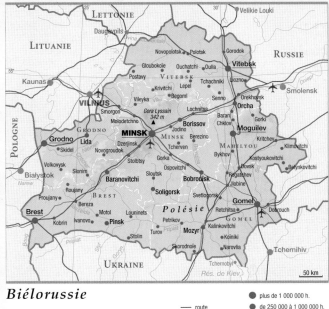

Biélorussie

200 m
limite de région
Brest chef-lieu de région

— route
— voie ferrée
✈ aéroport

● plus de 1 000 000 h.
● de 250 000 à 1 000 000 h.
● de 100 000 à 250 000 h.
• moins de 100 000 h.

La Biélorussie est un pays au relief peu contrasté, au climat frais et humide, en partie boisé et marécageux. Les liens économiques et culturels demeurent importants avec la Russie. La population compte environ 80 % de Biélorusses de souche, mais encore plus de 10 % de Russes.

Superficie : 207 600 km²
Population (2002) : 10 106 000 hab.
Capitale : Minsk 1 664 000 hab. (e. 2001)
Nature de l'État et du régime politique : république à régime semi-présidentiel
Chef de l'État : (président de la République) Aleksandr Loukachenko
Chef du gouvernement : (président du Conseil des ministres) Guennadi Novitski
Organisation administrative : 6 régions
Langues officielles : biélorusse et russe
Monnaie : rouble biélorusse

DÉMOGRAPHIE

Densité : 49 hab./km²
Part de la population urbaine (2000) : 70,3 %
Structure de la population par âge (2000) : moins de 15 ans : 18,7 %, 15-65 ans : 68 %, plus de 65 ans : 13,3 %
Taux de natalité (2000) : 9 ‰
Taux de mortalité (2000) : 14 ‰
Taux de mortalité infantile (2000) : 12,5 ‰
Espérance de vie (2000) : hommes : 62,8 ans, femmes : 74,4 ans

ÉCONOMIE

PNB (2001) : 11,9 milliards de $
PNB/hab. (2001) : 1 190 $
PNB/hab. PPA (2001) : 8 030 dollars internationaux
IDH (2000) : 0,788
Taux de croissance annuelle du PIB (2001) : 4,1 %
Taux annuel d'inflation (2000) : 168,62 %
Structure de la population active : agriculture : n.d., mines et industries : n.d., services : n.d.
Structure du PIB (2000) : agriculture : 15,3 %, mines et industries : 37,4 %, services : 47,3 %
Dette publique brute : n.d.
Taux de chômage (2001) : 2,3 %

Agriculture

Cultures
avoine (2001) : 600 000 t.
betterave à sucre (2001) : 1 480 000 t.

blé (2001) : 1 050 000 t.
orge (2001) : 1 750 000 t.
pommes de terre (2001) : 8 700 000 t.
Élevage
bovins (2001) : 4 221 000 têtes
porcins (2001) : 3 431 000 têtes

Énergie et produits miniers

électricité totale (2000) : 24 656 millions de kWh
gaz naturel (1998) : 300 millions de m³
pétrole (2001) : 1 700 000 t.

Productions industrielles

lait (2001) : 4 300 000 t.
sucre (2001) : 191 000 t.
viande (2001) : 630 000 t.
acier (2001) : 1 488 000 t.
ciment (2000) : 1 800 000 t.
lin (2001) : 35 000 t.

Tourisme

Recettes touristiques (2000) : 17 millions de $

Commerce extérieur

Exportations de biens (2000) : 6 986,8 millions de $
Importations de biens (2000) : 7 824,9 millions de $

Défense

Forces armées (1999) : 83 500 hommes
Budget de la Défense (1999) : 1 % du PIB

Niveau de vie

Nombre d'habitants pour un médecin (1996) : 233

Apport journalier moyen en calories (2000) : 2 902 (minimum FAO : 2 400)
Nombre d'automobiles pour 1 000 hab. (1999) : 135
Nombre de téléviseurs pour 1 000 hab. (1999) : 322

47

REPÈRES HISTORIQUES

IXᵉ - XIIᵉ s. : la région, peuplée de Slaves orientaux, fait partie des États de Kiev.
XIIIᵉ - XIVᵉ s. : appelée Russie blanche, elle est intégrée dans le grand-duché de Lituanie, uni à la Pologne à partir de 1385.
XIVᵉ - XVIIᵉ s. : l'influence polonaise devient prépondérante.
1772 - 1793 : les deux premiers partages de la Pologne donnent la Biélorussie à l'Empire russe.
1919 : une république socialiste soviétique (RSS) de Biélorussie, indépendante, est proclamée.
1921 : la partie occidentale de la Biélorussie est rattachée à la Pologne.
1922 : la RSS de Biélorussie adhère à l'URSS.
1939 : la Biélorussie occidentale lui est rattachée.
1945 : la RSS de Biélorussie devient membre de l'ONU.
1991 : le Soviet suprême proclame l'indépendance du pays, qui adhère à la CEI.

BOSNIE-HERZÉGOVINE

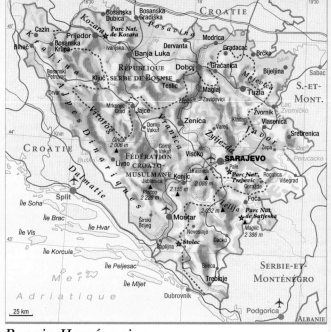

La Bosnie-Herzégovine est un pays montagneux au climat continental, pratiquement sans accès à la mer, où les communications sont difficiles et où cohabitent trois groupes principaux : les Musulmans, les Serbes et les Croates. De la vallée de la Save à la Dalmatie, le pays associe principalement forêts et pâturages.

Superficie : 51 197 km²
Population (2002) : 4 127 000 hab.
Capitale : Sarajevo 552 000 hab. (e. 2001)
Nature de l'État et du régime politique :
république à régime semi-présidentiel
Chef de l'État : (président de la présidence collégiale) Mirko Šarović (président serbe)
[Autres membres de la présidence collégiale : Dragan Čović (président croate) et Sulejman Tihić (président musulman).]
Chef du gouvernement : (Premier ministre) Adnan Terzić
Organisation administrative : 2 entités
Langues officielles : bosniaque, croate et serbe
Monnaie : mark convertible

48

DÉMOGRAPHIE

Densité : 78 hab./km²
Part de la population urbaine (2000) : 43 %
Structure de la population par âge (2000) :
moins de 15 ans : 18,9 %, 15-65 ans : 71,2 %, plus de 65 ans : 9,9 %
Taux de natalité (2000) : 12 ‰
Taux de mortalité (2000) : 8 ‰
Taux de mortalité infantile (2000) : 13,5 ‰
Espérance de vie (2000) : hommes : 71,3 ans, femmes : 76,7 ans

ÉCONOMIE

PNB (2001) : 5 milliards de $
PNB/hab. (2001) : 1 240 $
PNB/hab. PPA : n.d.
IDH : n.d.
Taux de croissance annuelle du PIB (2001) : 2,3 %
Taux annuel d'inflation : n.d.
Structure de la population active :
agriculture : n.d., mines et industries : n.d., services : n.d.
Structure du PIB (2000) : agriculture : 12,2 %, mines et industries : 26 %, services : 61,8 %
Dette publique brute : n.d.
Taux de chômage : n.d.

Bosnie-Herzégovine

★ site touristique important
200   500   1000   2000 m

— route
— voie ferrée
--- limite inter-entités
✈ aéroport

● plus de 500 000 h.
● de 100 000 à 500 000 h.
● de 30 000 à 100 000 h.
• moins de 30 000 h.

25 km

Agriculture

Cultures
betterave à sucre (1997) : 1 000 t.
blé (2001) : 270 000 t.
maïs (2001) : 640 000 t.
pommes de terre (2001) : 320 000 t.
Élevage
bovins (2001) : 440 000 têtes
ovins (2001) : 640 000 têtes
porcins (2001) : 330 000 têtes

Énergie et produits miniers

électricité totale (2000) : 2 615 millions de kWh
zinc (2001) : 300 t.

Productions industrielles

vin (2001) : 50 000 hl
tabac (2001) : 3 440 t.

Tourisme

Recettes touristiques (2000) : 17 millions de $

Commerce extérieur

Exportations de biens (2000) :
1 066,2 millions de $
Importations de biens (2000) :
2 896 millions de $

Défense

Forces armées (1999) : 70 000 hommes
Budget de la Défense (1998) : 4,63 % du PIB

Niveau de vie

Nombre d'habitants pour un médecin (1990) : 625
Apport journalier moyen en calories (2000) : 2 661
(minimum FAO : 2 400)

Nombre d'automobiles pour 1 000 hab. (1996) : 23
Nombre de téléviseurs pour 1 000 hab. (1999) : 112

REPÈRES HISTORIQUES

La région est conquise par les Ottomans (la Bosnie en 1463, l'Herzégovine en 1482) et islamisée. Administrée par l'Autriche-Hongrie (1878), puis annexée par elle en 1908, elle est intégrée au royaume des Serbes, Croates et Slovènes (1918), puis devient une république de la Yougoslavie (1945-1946).
1991 : éclatement de la Fédération yougoslave.
1992 : après la proclamation de l'indépendance, une guerre meurtrière oppose les Musulmans, les Croates et les Serbes qui, ayant unilatéralement proclamé une République serbe de Bosnie-Herzégovine, pratiquent une politique de purification ethnique. Une force de protection de l'ONU est établie.
1995 : conclu à Dayton sous l'égide des États-Unis, un accord prévoit le maintien d'un État unique de Bosnie-Herzégovine, composé de deux entités : la Fédération croato-musulmane et la République serbe de Bosnie.
1996 : les premières élections après la fin du conflit voient la victoire des partis nationalistes.

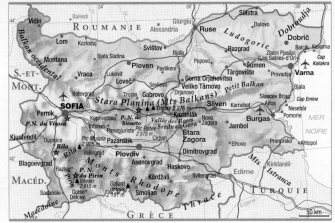

La population, qui compte une minorité d'origine turque, se concentre dans des bassins intérieurs (Sofia) et des plaines (vallée du Danube et vallée de la Marica), séparées par le mont Balkan. Le massif du Rhodope occupe le sud du pays.

Bulgarie

★ site touristique important

200 500 1000 2000 m

━━━ autoroute
━━━ route
━━━ voie ferrée
✈ aéroport

● plus de 1 000 000 h.
● de 250 000 à 1 000 000 h.
● de 100 000 à 250 000 h.
● de 50 000 à 100 000 h.
• moins de 50 000 h.

Superficie : 110 912 km²
Population (2002) : 7 790 000 hab.
Capitale : Sofia 1 096 389 hab. (r. 2001)
Nature de l'État et du régime politique : république à régime semi-présidentiel
Chef de l'État : (président de la République) Gueorgui Parvanov
Chef du gouvernement : (président du Conseil des ministres) Siméon de Saxe-Cobourg Gotha
Organisation administrative : 28 régions
Langue officielle : bulgare
Monnaie : lev bulgare

DÉMOGRAPHIE

Densité : 74 hab./km²
Part de la population urbaine (2000) : 69,6 %
Structure de la population par âge (2000) : moins de 15 ans : 15,7 %, 15-65 ans : 68,2 %, plus de 65 ans : 16,1 %
Taux de natalité (2000) : 9 ‰
Taux de mortalité (2000) : 14 ‰
Taux de mortalité infantile (2000) : 15,2 ‰
Espérance de vie (2000) : hommes : 67,1 ans, femmes : 74,8 ans

ÉCONOMIE

PNB (2001) : 12,64 milliards de $
PNB/hab. (2001) : 1 560 $
PNB/hab. PPA (2001) : 5 950 dollars internationaux
IDH (2000) : 0,779
Taux de croissance annuelle du PIB (2001) : 4 %
Taux annuel d'inflation (2000) : 10,32 %
Structure de la population active (1998) : agriculture : 25,7 %, mines et industries : 30,8 %, services : 43,5 %
Structure du PIB (2000) : agriculture : 14,5 %, mines et industries : 27,8 %, services : 57,7 %
Dette publique brute : n.d.
Taux de chômage (2001) : 19,4 %

Agriculture

Cultures
blé (2001) : 3 800 000 t.
maïs (2001) : 520 000 t.
orge (2001) : 830 000 t.
pommes de terre (2001) : 450 000 t.
tournesol (2001) : 310 000 t.

Élevage
bovins (2001) : 640 000 têtes
ovins (2001) : 2 286 000 têtes
porcins (2001) : 1 144 000 têtes

Énergie et produits miniers
cuivre (2000) : 75 000 t.
électricité nucléaire (2000) : 21 300 millions de kWh
électricité totale (2000) : 38 839 millions de kWh
fer (2001) : 350 000 t.
plomb (2001) : 11 000 t.
zinc (2001) : 11 000 t.

Productions industrielles
sucre (2001) : 2 500 t.
vin (2001) : 2 000 000 hl
tabac (2001) : 40 900 t.
acier (2001) : 2 035 000 t.
cuivre (2000) : 30 500 t.
plomb (2001) : 80 000 t.
zinc (2001) : 85 000 t.
filés de coton (2001) : 2 800 t.
laine (2001) : 8 000 t.

Tourisme
Recettes touristiques (2000) : 1 074 millions de $

Commerce extérieur
Exportations de biens (2000) : 4 812,2 millions de $
Importations de biens (2000) : 5 987,6 millions de $

Défense
Forces armées (1999) : 79 760 hommes
Budget de la Défense (1999) : 2,2 % du PIB

Niveau de vie
Nombre d'habitants pour un médecin (1995) : 286
Apport journalier moyen en calories (2000) : 2 467 (minimum FAO : 2 400)
Nombre d'automobiles pour 1 000 hab. (1999) : 233
Nombre de téléviseurs pour 1 000 hab. (1998) : 408

REPÈRES HISTORIQUES

Des origines à la domination ottomane

Peuplée de Thraces, la région est conquise par les Romains (Ier s. apr. J.-C.). Elle appartient ensuite à l'Empire byzantin. Les Slaves s'y établissent à partir du VIe s.

V. 680 : des peuples d'origine turque s'installent sur le bas Danube et fondent le premier Empire bulgare.

865 : Boris Ier se convertit au christianisme.

1018 : les Byzantins établissent leur domination sur la Bulgarie.

1187 : fondation du second Empire bulgare.

Milieu du XIVe s. : menacée par les Mongols et par les Tatars, la Bulgarie est divisée en plusieurs principautés.

1396 - 1878 : sous domination ottomane, la Bulgarie est partiellement islamisée.

La Bulgarie indépendante

1878 : le congrès de Berlin décide de créer une Bulgarie autonome et de maintenir l'administration ottomane en Macédoine et en Roumélie-Orientale.

1908 : le pays accède à l'indépendance.

1912 - 1913 : à l'issue de la seconde guerre balkanique la Bulgarie est défaite.

1915 : la Bulgarie s'engage dans la Première Guerre mondiale aux côtés des empires centraux.

1941 - 1944 : d'abord neutre dans la Seconde Guerre mondiale, la Bulgarie adhère au pacte tripartite, puis entre en guerre aux côtés de l'URSS.

1946 : la Bulgarie devient une démocratie populaire.

1990 : le Parti communiste renonce à son rôle dirigeant ; démocrates et socialistes (ex-communistes) alternent au pouvoir à partir de 1991.

49

Étirée en forme de croissant, du Danube à l'Adriatique, la Croatie est formée de collines et de plaines dans le nord et l'est, de reliefs (Alpes Dinariques) dominant la côte dalmate à l'ouest. Le littoral (vers Split et Dubrovnik) est une grande région touristique.

Superficie : 56 538 km^2
Population (2002) : 4 657 000 hab.
Capitale : Zagreb 809 701 hab. (r. 2001), 1 081 000 hab. (e. 2001) dans l'agglomération
Nature de l'État et du régime politique : république à régime semi-présidentiel
Chef de l'État : (président de la République) Stjepan Mesić, dit Stipe Mesić
Chef du gouvernement : (président du gouvernement) Ivica Račan
Organisation administrative : 20 comtés
Langue officielle : croate
Monnaie : kuna croate

DÉMOGRAPHIE

Densité : 79 hab./km^2
Part de la population urbaine (2000) : 57,7 %
Structure de la population par âge (2000) : moins de 15 ans : 18 %, 15-65 ans : 67,9 %, plus de 65 ans : 14,1 %
Taux de natalité (2000) : 10 ‰
Taux de mortalité (2000) : 12 ‰
Taux de mortalité infantile (2000) : 8,1 ‰
Espérance de vie (2000) : hommes : 70,3 ans, femmes : 78,1 ans

ÉCONOMIE

PNB (2001) : 20,4 milliards de $
PNB/hab. (2001) : 4 650 $
PNB/hab. PPA (2001) : 8 440 dollars internationaux
IDH (2000) : 0,809
Taux de croissance annuelle du PIB (2001) : 4,1 %
Taux annuel d'inflation (2000) : 5,42 %
Structure de la population active (1998) : agriculture : 16,8 %, mines et industries : 29,8 %, services : 53,4 %
Structure du PIB (2000) : agriculture : 9,5 %, mines et industries : 32,8 %, services : 57,7 %
Dette publique brute : n.d.
Taux de chômage (2001) : 15,8 %

Agriculture

Cultures
betterave à sucre (2001) : 1 040 000 t.

blé (2001) : 965 000 t.
maïs (2001) : 2 006 000 t.
olives (2001) : 16 200 t.
pommes de terre (2001) : 634 000 t.
Élevage
bovins (2001) : 438 000 têtes
ovins (2001) : 539 000 têtes
porcins (2001) : 1 234 000 têtes
Énergie et produits miniers
électricité totale (2000) : 10 578 millions de kWh
gaz naturel (1999) : 1 567 millions de m^3
houille (1999) : 50 000 t.
pétrole (2001) : 1 100 000 t.
Productions industrielles
acier (2001) : 50 000 t.
aluminium (2001) : 15 000 t.
construction navale (1998) : 443 000 tpl
Tourisme
Recettes touristiques (2000) : 2 758 millions de $
Commerce extérieur
Exportations de biens (2000) : 4 567 millions de $
Importations de biens (2000) : 7 770,7 millions de $
Défense
Forces armées (1999) : 61 000 hommes
Budget de la Défense (1999) : 4,3 % du PIB
Niveau de vie
Nombre d'habitants pour un médecin (1994) : 500
Apport journalier moyen en calories (2000) : 2 483 (minimum FAO : 2 400)

Nombre d'automobiles pour 1 000 hab. (1996) : 175
Nombre de téléviseurs pour 1 000 hab. (1998) : 279

REPÈRES HISTORIQUES

Peuplée d'Illyriens, la région appartient à partir de 6-9 apr. J.-C. à l'Empire romain et est envahie par les Slaves au VIe s.
925 : Tomislav (910 - 928) réunit sous son autorité les Croaties pannonienne et dalmate et prend le titre de roi.
1102 : le roi de Hongrie est reconnu roi de la Croatie.
1526 - 1527 : une partie du pays tombe sous la domination des Ottomans, le reste est intégré aux possessions de la maison d'Autriche.
1867 - 1868 : le compromis austro-hongrois rattache la Croatie à la Hongrie.
1918 - 1941 : la Croatie adhère au royaume des Serbes, Croates et Slovènes qui devient la Yougoslavie en 1929. Les Croates s'opposent au centralisme serbe.
1941 - 1945 : l'État indépendant croate contrôlé par les Allemands et les Italiens est gouverné par Ante Pavelić.
1945 : la Croatie devient une des six républiques de la Fédération yougoslave.
1991 : la Croatie déclare son indépendance. De violents combats opposent les Croates aux Serbes de Croatie et à l'armée fédérale.
1992 - 1995 : la Croatie restaure son autorité sur la totalité du territoire, appuie la contre-offensive des forces croato-musulmanes en Bosnie et cosigne l'accord de paix sur la Bosnie-Herzégovine (1995).

Croatie

★ site touristique important

| 200 | 500 | 1000 m |

autoroute
route
voie ferrée
aéroport

● plus de 500 000 h.
● de 100 000 à 500 000 h.
● de 50 000 à 100 000 h.
● moins de 50 000 h.

50 km

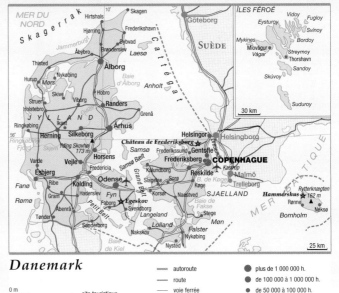

Danemark

━━━ autoroute	● plus de 1 000 000 h.
━━━ route	● de 100 000 à 1 000 000 h.
━━━ voie ferrée	● de 50 000 à 100 000 h.
✈ aéroport	• moins de 50 000 h.

0 m

★ site touristique important

Constitué de la péninsule du Jylland, où vit un peu moins de la moitié de la population, et de plus de 500 îles, le Danemark est un pays de plaines et de bas plateaux (culminant à 173 m), au climat océanique et relativement humide. Le Groenland est une dépendance danoise depuis le XVIIᵉ s. et a obtenu l'autonomie interne en 1979.

Superficie : 43 094 km²
Population (2002) : 5 342 000 hab.
Capitale : Copenhague 500 131 hab. (e. 2002), 1 332 000 hab. (e. 2001) dans l'agglomération
Nature de l'État et du régime politique : monarchie constitutionnelle à régime parlementaire
Chef de l'État : (reine) Marguerite II
Chef du gouvernement : (Premier ministre) Anders Fogh Rasmussen
Organisation administrative : 14 comtés et 2 municipalités
Langue officielle : danois
Monnaie : krone (couronne danoise)

DÉMOGRAPHIE

Densité : 123 hab./km²
Part de la population urbaine (2000) : 85,1 %
Structure de la population par âge (2000) : moins de 15 ans : 18,3 %, 15-65 ans : 66,7 %, plus de 65 ans : 15 %
Taux de natalité (2000) : 12 ‰
Taux de mortalité (2000) : 11 ‰
Taux de mortalité infantile (2000) : 5,0 ‰
Espérance de vie (2000) : hommes : 74,2 ans, femmes : 79,1 ans

ÉCONOMIE

PNB (2001) : 166 milliards de $
PNB/hab. (2001) : 31 090 $
PNB/hab. PPA (2001) : 27 950 dollars internationaux
IDH (2000) : 0,926
Taux de croissance annuelle du PIB (2001) : 1 %
Taux annuel d'inflation (2000) : 2,92 %

Structure de la population active (2000) : agriculture : 3,3 %, mines et industries : 26,4 %, services : 70,3 %
Structure du PIB (2000) : agriculture : 2,6 %, mines et industries : 27,3 %, services : 70,1 %
Dette publique brute (1998) : 59,5 % du PIB
Taux de chômage (2001) : 4,3 %

Agriculture et pêche
Cultures
betterave à sucre (2001) : 3 100 000 t.
blé (2001) : 4 886 000 t.
colza (2001) : 350 000 t.
orge (2001) : 4 100 000 t.
pommes de terre (2001) : 1 602 000 t.
seigle (2001) : 350 000 t.
Élevage et pêche
bovins (2001) : 1 891 000 têtes
ovins (2001) : 235 000 têtes
pêche (1999) : 2 005 000 t.
porcins (2001) : 12 125 000 têtes

Énergie et produits miniers
électricité totale (2000) : 35 797 millions de kWh
gaz naturel (2000) : 8 157 millions de m³
hydroélectricité (2000) : 95 millions de kWh
pétrole (2001) : 17 099 000 t.

Productions industrielles
lait (2001) : 4 660 000 t.
beurre (2001) : 50 000 t.
fromage (2001) : 300 000 t.
sucre (2001) : 520 000 t.
viande (2001) : 2 090 000 t.
acier (2001) : 778 000 t.
construction navale (1998) : 508 000 tpl

Tourisme
Recettes touristiques (2000) : 4 025 millions de $

Commerce extérieur
Exportations de biens (2000) : 50 692 millions de $
Importations de biens (2000) : 43 493 millions de $

Défense
Forces armées (1999) : 21 810 hommes
Budget de la Défense (1999) : 1,5 % du PIB

Niveau de vie
Nombre d'habitants pour un médecin (1996) : 344
Apport journalier moyen en calories (2000) : 3 396 (minimum FAO : 2 400)
Nombre d'automobiles pour 1 000 hab. (1999) : 353
Nombre de téléviseurs pour 1 000 hab. (1999) : 621

51

REPÈRES HISTORIQUES

Des origines au Moyen Âge chrétien
Peuplé dès le néolithique, le pays connaît à l'âge du bronze une culture très élaborée.
IXᵉ s. : les Danois participent aux expéditions vikings qui ravagent les côtes de l'Europe occidentale.

Xᵉ s. : la dynastie du Jylland unifie le pays, qui se christianise peu à peu.
XIᵉ s. : Svend Iᵉʳ (vers 986 - 1014) s'empare de l'Angleterre. Son fils, Knud Iᵉʳ le Grand, règne sur l'Angleterre, le Danemark et une partie de la Scandinavie.
1042 : l'Angleterre s'affranchit du Danemark.

XIIᵉ s. : le régime féodal s'implante, tandis que l'influence de l'Église romaine se renforce.
1167 : l'évêque Absalon (1128 - 1201) fonde Copenhague.
1157 - 1241 : « l'ère des Valdemar » marque l'apogée de la civilisation médiévale du Danemark. ⟶

DANEMARK

REPÈRES HISTORIQUES

1397 : Marguerite Valdemarsdotter réalise l'union des trois royaumes scandinaves sous la domination danoise (union de Kalmar).

La Réforme et la lutte avec la Suède

1523 : l'union de Kalmar est définitivement rompue avec l'élection de Gustave Vasa au trône de Suède.

1536 : le luthéranisme devient religion d'État.

1563 - 1570 : la guerre dano-suédoise pour la possession des détroits (Sund) consacre la suprématie du Danemark sur la Baltique et la fin de la domination hanséatique.

1625 - 1629 : le Danemark participe à la guerre de Trente Ans ; c'est un échec.

1645 : attaqué et vaincu par les Suédois, il doit renoncer à percevoir de la Suède les péages du Sund et des Belts (paix de Brömsebro).

1658 : la paix de Roskilde attribue la Scanie à la Suède.

1720 : au traité de Frederiksborg, le Danemark obtient le sud du Slesvig.

1770 - 1772 : Christian VII laisse le pouvoir à Struensee, qui gouverne en despote éclairé.

Les XIXᵉ et XXᵉ s.

1801 : le Danemark entre dans la ligue des Neutres contre la Grande-Bretagne, mais la pression anglaise (bombardements de Copenhague en 1801 et 1807) le fait basculer dans le camp français.

1814 : à la paix de Kiel, le Danemark perd la Norvège, mais reçoit le Lauenburg.

1849 : Frédéric VII promulgue une constitution démocratique.

1864 : à la suite de la guerre des Duchés, le Danemark doit céder le Slesvig, le Holstein et le Lauenburg à la Prusse et à l'Autriche.

1918 : l'Islande devient indépendante, mais reste unie au royaume par la personne du roi.

1940 - 1945 : le Danemark est occupé par les Allemands. Le roi Christian X reste au pouvoir tout en encourageant la résistance.

1944 : l'Islande se détache complètement du Danemark.

1972 : la reine Marguerite II succède à son père, Frédéric IX.

1973 : le Danemark entre dans le Marché commun.

52

presque un État : le Groenland

Plus grande île du monde, immense terre glacée de 2 186 000 km² (plus de cinquante fois la superficie du Danemark !), le Groenland fut découvert vers 985 par le Viking Erik le Rouge et redécouvert au XVIᵉ s. par le navigateur anglais John Davis. Colonisé par les Danois à partir de 1721, département danois depuis 1953, il est doté depuis 1979 d'un statut d'autonomie interne. Le sous-sol appartient à l'État danois. Une commission dano-groenlandaise gère les ressources naturelles et les deux pays sont des partenaires égaux pour tout ce qui concerne les ressources énergétiques. Le Groenland compte plus de 55 000 habitants. Les Inuits groenlandais, rendus célèbres notamment par les expéditions du Danois Knud Rasmussen (1879-1933) et des Français Paul-Émile Victor (1907-1995) et Jean Malaurie (né en 1922), sont le peuple le plus septentrional de la planète. Leur mode de vie traditionnel a été bouleversé par l'installation, à partir de 1945, de la grande base américaine de Thulé.

ESPAGNE

uverte sur l'océan Atlantique et sur la
er Méditerranée, l'Espagne est consti-
ée d'un vaste plateau intérieur (la
eseta), au climat assez sec, chaud en été,
de en hiver, coupé par la Cordillère cen-
e et profondément entaillé par les val-
s du Tage et du Duero. Il est bordé de
uteurs notables : cordillères Canta-
ique et Ibérique au nord, Sierra Morena
sud. Celles-ci sont séparées des Pyré-
es au nord et des chaînes Bétiques au
d par les bassins ouverts par l'Èbre et le
uadalquivir.

perficie : 505 992 km²
pulation (2002) : 39 924 000 hab.
pitale : Madrid 2 938 723 hab.
2001), 5 423 384 hab. (r. 2001) dans
gglomération
ature de l'État et du régime politique :
onarchie constitutionnelle à régime
rlementaire
ef de l'État : (roi) Juan Carlos Iᵉʳ
Bourbon
ef du gouvernement : (président du
uvernement) José María Aznar López
rganisation administrative :
communautés autonomes
2 territoires
ngue officielle : espagnol
onnaie : euro

DÉMOGRAPHIE

ensité : 78 hab./km²
rt de la population urbaine (2000) : 77,6 %
ructure de la population par âge (2000) :
oins de 15 ans : 14,7 %, 15-65 ans :
,3 %, plus de 65 ans : 17 %

Taux de natalité (2000) : 10 ‰
Taux de mortalité (2000) : 9 ‰
Taux de mortalité infantile (2000) : 5,3 ‰
Espérance de vie (2000) :
hommes : 75,4 ans, femmes : 82,3 ans

ÉCONOMIE

PNB (2001) : 587 milliards de $
PNB/hab. (2001) : 14 860 $
PNB/hab. PPA (2001) : 20 150 dollars
internationaux
IDH (2000) : 0,913
Taux de croissance annuelle du PIB (2001) :
2,7 %
Taux annuel d'inflation (2000) : 3,43 %
Structure de la population active (2000) :
agriculture : 6,8 %, mines et industries :
31 %, services : 62,2 %
Structure du PIB (2000) : agriculture :
3,6 %, mines et industries : 30,5 %,
services : 65,9 %
Dette publique brute (1998) : 73,3 %
du PIB
Taux de chômage (2001) : 10,6 %

Agriculture et pêche
Cultures
betterave à sucre (2001) : 6 737 000 t.
blé (2001) : 4 938 000 t.
citrons (2001) : 961 000 t.
maïs (2001) : 5 108 000 t.
mandarines (1998) : 1 737 000 t.
olives (2001) : 5 647 000 t.
oranges (2001) : 2 734 000 t.
orge (2001) : 6 245 000 t.
pêches (2001) : 1 031 000 t.
pommes de terre (2001) : 2 975 000 t.
raisin (2001) : 5 188 000 t.
riz (2001) : 888 000 t.
tomates (2001) : 3 730 000 t.
tournesol (2001) : 871 000 t.
Élevage et pêche
bovins (2001) : 6 164 000 têtes
ovins (2001) : 24 400 000 têtes
pêche (1999) : 1 485 000 t.
porcins (2001) : 23 348 000 têtes
poulets (2001) : 128 000 000 têtes

Énergie et produits miniers
cuivre (2000) : 23 000 t.
électricité nucléaire (2000) :
59 500 millions de kWh
électricité totale (2000) :
211 640 millions de kWh
fer (1999) : 32 000 t.

gaz naturel (2000) : 160 millions de m³
houille (2000) : 6 681 000 t.
hydroélectricité (2000) : 26 429 millions
de kWh
pétrole (2001) : 338 000 t.
plomb (2001) : 49 500 t.
uranium (2001) : 30 t.
zinc (2001) : 183 000 t.

Productions industrielles
sucre (2001) : 1 032 000 t.
huile d'olive (2001) : 1 072 000 t.
vin (2001) : 30 937 000 hl
bière (2000) : 25 000 000 hl
viande (2001) : 5 049 000 t.
acier (2001) : 16 719 000 t.
aluminium (2001) : 376 000 t.
cuivre (2001) : 315 800 t.
plomb (2001) : 98 000 t.
zinc (2001) : 340 000 t.
automobiles (2001) : 2 211 000 unités
véhicules utilitaires (1998) :
596 000 unités
construction navale (1998) : 660 000 tpl
caoutchouc synthétique (1998) :
104 000 t.
filés de coton (2001) : 104 000 t.
laine (2001) : 30 800 t.
textiles artificiels (1998) : 34 000 t.
textiles synthétiques (1998) : 328 000 t.
production de bois (2000) :
13 160 000 m³
pâte à papier (2001) : 5 131 000 t.

Tourisme
Recettes touristiques (2000) :
31 000 millions de $

Commerce extérieur
Exportations de biens (2000) :
115 081 millions de $
Importations de biens (2000) :
147 836 millions de $

Défense
Forces armées (1999) : 166 050 hommes
Budget de la Défense (1999) : 1,3 % du PIB

Niveau de vie
**Nombre d'habitants pour un
médecin (1996) :** 238
**Apport journalier moyen en
calories (2000) :** 3 352
(minimum FAO : 2 400)
**Nombre d'automobiles pour
1 000 hab. (1997) :** 385
**Nombre de téléviseurs pour
1 000 hab. (1999) :** 547

53

REPÈRES HISTORIQUES

es premiers temps
Espagne est peuplée dès le paléoli-
ique. Ses premiers habitants histori-
ement connus sont les Ibères. À la fin
u IIᵉ millénaire, Phéniciens et Grecs
ndent des comptoirs sur les côtes.
ᵉ s. av. J.-C. : les Celtes fusionnent avec
s Ibères pour former les Celtibères.
ᵉ - IIᵉ s. av. J.-C. : enjeu des guerres
niques, l'Espagne est sous la domina-
on de Carthage (à l'est du pays) puis de
ome (201 av J.-C.).

19 av. J.-C. : elle est totalement soumise
par Rome.
vᵉ s. apr. J.-C. : les Vandales envahissent
le pays.
412 : les Wisigoths pénètrent en Espagne.
Ils y établissent une monarchie brillante,
catholique à partir du roi Reccared Iᵉʳ
(587).

L'islam et la Reconquista
711 : début de la conquête arabe.
756 : l'émirat omeyyade de Cordoue se
déclare indépendant. Califat en 929, il se

maintient jusqu'en 1031. Son émiettement favorise ensuite la *Reconquista*
(Reconquête) depuis le Nord, où subsis-
taient des États chrétiens (Castille, León,
Aragon...).
1085 : prise de Tolède par Alphonse VI.
1212 : les Arabes sont vaincus à Las Navas
de Tolosa.
1248 : prise de Séville par Ferdinand III.
Au milieu du xiiiᵉ s., les musulmans
refoulés dans le Sud sont réduits au
royaume de Grenade. ⇗

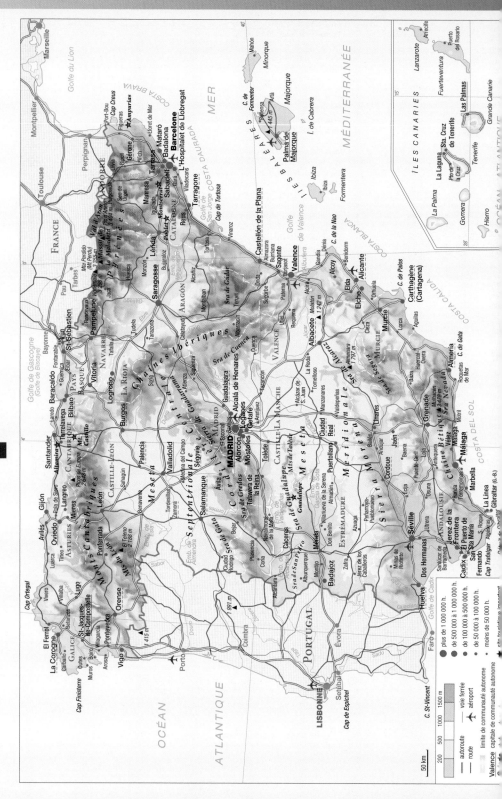

REPÈRES HISTORIQUES

1492 : ils en sont chassés par les « Rois Catholiques », Ferdinand d'Aragon et Isabelle de Castille, mariés en 1469.

L'âge d'or

XVIe s. : outre ses conquêtes coloniales d'Amérique, Charles Ier (1516 - 1556), devenu l'empereur Charles Quint en 1519, incorpore à ses domaines les territoires autrichiens des Habsbourg. Philippe II (1556 - 1598) hérite du Portugal (1580), et son règne inaugure le « Siècle d'or » des arts et des lettres espagnols. Mais la défaite de l'Invincible Armada (1588) contre l'Angleterre prélude au déclin.

Le déclin

1640 : le Portugal se détache de l'Espagne.
1700 : l'extinction de la maison de Habsbourg permet l'avènement de Philippe V de Bourbon, petit-fils de Louis XIV : c'est la guerre de la Succession d'Espagne (1701 - 1714).
1759 - 1788 : Charles III, despote éclairé, s'efforce de redresser le pays.
1808 : Napoléon Ier impose comme roi son frère Joseph. Une émeute sanglante (*Dos de Mayo*, 2 mai) puis une répression (*Tres de Mayo*) marquent le début de la guerre d'indépendance.
1814 : les Bourbons sont restaurés.

1814 - 1833 : Ferdinand VII, aidé par l'intervention française en 1823, établit une monarchie absolue et perd les colonies d'Amérique.

Des guerres fratricides

1833 - 1868 : la reine Isabelle II doit lutter contre les carlistes, partisans de son oncle don Carlos, et est finalement renversée.
1874 : retour des Bourbons après une éphémère république. Alphonse XII (1874 - 1885) est proclamé roi.
1885 - 1931 : la régence de Marie-Christine (jusqu'en 1902) puis le règne d'Alphonse XIII sont marqués par des troubles. Au terme de la guerre contre les États-Unis (1898), l'Espagne perd Cuba, les Philippines et Porto Rico. À l'intérieur du pays, anarchie et mouvements nationalistes (basque, catalan) se développent.
1923 - 1930 : Primo de Rivera met en place une première dictature.
1931 : après la victoire républicaine aux élections, Alphonse XIII quitte l'Espagne et la république est proclamée.
1936 : en février, le Front populaire gagne les élections. En juillet, le soulèvement du général Franco marque le début de la guerre civile.

Le régime franquiste

1939 - 1975 : Franco, « caudillo », chef d'État à vie, gouverne avec un parti unique et organise un État autoritaire. Le pouvoir législatif est dévolu aux Cortes, assemblées non élues (1942). Pendant la Seconde Guerre mondiale, l'Espagne, favorable à l'Axe, reste en position de non-belligérance.
1947 : la loi de succession réaffirme le principe de la monarchie.
1955 : l'Espagne entre à l'ONU. Parallèlement, elle connaît, dès la fin des années 1960, une modernisation économique rapide.
1969 : Franco choisit Juan Carlos comme successeur.

L'Espagne démocratique

1975 : Franco meurt. Juan Carlos Ier devient roi d'Espagne. Il entreprend la démocratisation du régime, aidé par le gouvernement centriste d'Adolfo Suárez (1976 - 1981).
1978 : la nouvelle Constitution rétablit les institutions représentatives et crée des gouvernements autonomes dans les dix-sept régions du pays.
1982 : l'Espagne adhère à l'OTAN.
1986 : elle entre dans la CEE.

les communautés

communautés autonomes	superficie en km²	population*	noms des habitants	capitale	nombre de provinces
Andalousie	87 268	7 357 558	Andalous	Séville	8
Aragón	47 650	1 204 215	Aragonais	Saragosse	3
Asturies	10 565	1 062 998	Asturiens	Oviedo	1
Baléares	5 014	841 669	Baléares	Palma de Majorque	1
Pays basque	7 254	2 082 587	Basques	Vitoria	2
Canaries	7 300	1 694 477	Canariens	Cantabrique	2
Cantabrique	5 289	535 131		Santander	1
Castille-La Manche	79 500	1 760 516		Tolède	5
Castille-Léon	94 200	2 456 474		Valladolid	9
Catalogne	32 100	6 343 110	Catalans	Barcelone	4
Estrémadure	41 602	1 058 503		Mérida	2
Galice	29 734	2 695 880	Galiciens	Saint-Jacques-de-Compostelle	4
Madrid	8 028	5 423 384		Madrid	1
Murcie	11 317	1 197 646		Murcie	1
Navarre	10 421	555 829		Pampelune	1
La Rioja	5 034	276 702		Logroño	1
Valence	23 305	4 162 776		Valence	3

villes autonomes	population*
Ceuta et Melilla	137 916

* recensement de 2001.

ESTONIE

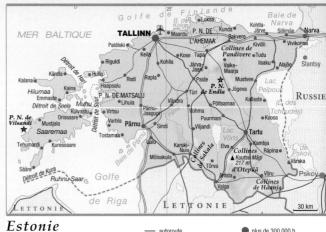

Estonie

★ site touristique important	══ autoroute	● plus de 300 000 h.
100 200 m	── route	● de 100 000 à 300 000 h.
	── voie ferrée	● de 50 000 à 100 000 h.
	✈ aéroport	• moins de 50 000 h.

Ouverte sur la mer Baltique, l'Estonie est un pays au relief plat, partiellement boisé et au climat frais. La population comporte une forte minorité russe (environ 30 %).

Superficie : 45 100 km²
Population (2002) : 1 360 000 hab.
Capitale : Tallinn 404 000 hab. (r. 2000)
Nature de l'État et du régime politique : république à régime parlementaire
Chef de l'État : (président de la République) Arnold Rüütel
Chef du gouvernement : (Premier ministre) Siim Kallas
Organisation administrative : 15 régions
Langue officielle : estonien
Monnaie : kroon (couronne estonienne)

DÉMOGRAPHIE

Densité : 31 hab./km²
Part de la population urbaine (2000) : 68,6 %
Structure de la population par âge (2000) : moins de 15 ans : 17,7 %, 15-65 ans : 67,9 %, plus de 65 ans : 14,4 %
Taux de natalité (2000) : 9 ‰
Taux de mortalité (2000) : 13 ‰
Taux de mortalité infantile (2000) : 9,7 ‰
Espérance de vie (2000) : hommes : 65,8 ans, femmes : 76,4 ans

ÉCONOMIE

PNB (2001) : 5,26 milliards de $
PNB/hab. (2001) : 3 880 $
PNB/hab. PPA (2001) : 10 020 dollars internationaux
IDH (2000) : 0,826
Taux de croissance annuelle du PIB (2001) : 5 %
Taux annuel d'inflation (2000) : 4,03 %
Structure de la population active (1998) : agriculture : 9,5 %, mines et industries : 33,2 %, services : 57,3 %
Structure du PIB (2000) : agriculture : 6 %, mines et industries : 26,7 %, services : 67,3 %
Dette publique brute : n.d.
Taux de chômage (2001) : 12,6 %

Agriculture et pêche

Cultures
avoine (2001) : 84 000 t.
betterave à sucre (1998) : 1 000 t.
blé (2001) : 133 000 t.
orge (2001) : 284 000 t.
pommes de terre (2001) : 400 000 t.
seigle (2001) : 40 800 t.
Élevage et pêche
bovins (2001) : 253 000 têtes
ovins (2001) : 29 000 têtes
pêche (1999) : 112 000 t.
porcins (2001) : 300 000 têtes
Énergie et produits miniers
électricité totale (2000) : 7 056 millions de kWh
Productions industrielles
lait (2001) : 687 000 t.
beurre (2001) : 10 800 t.
viande (2001) : 57 000 t.
bière (2000) : 950 000 hl
production de bois (2000) : 7 270 000 m³
Tourisme
Recettes touristiques (2000) : 505 millions de $
Commerce extérieur
Exportations de biens (2000) : 3 291,6 millions de $
Importations de biens (2000) : 4 080,5 millions de $
Défense
Forces armées (1999) : 4 800 hommes
Budget de la Défense (1999) : 1,5 % du PIB

Niveau de vie

Nombre d'habitants pour un médecin (1996) : 333
Apport journalier moyen en calories (2000) : 3 376 (minimum FAO : 2 400)
Nombre d'automobiles pour 1 000 hab. (1999) : 331
Nombre de téléviseurs pour 1 000 hab. (1999) : 555

REPÈRES HISTORIQUES

D'origine finno-ougrienne, les Estoniens s'unissent contre les envahisseurs vikings (IXᵉ s.), russes (XIᵉ - XIIᵉ s.), puis sont écrasés en 1217 par les Danois et les chevaliers allemands (Porte-Glaive).
1346 - 1561 : la région est gouvernée par les chevaliers Porte-Glaive.
1629 : elle passe sous domination suédoise.
1721 : elle est intégrée à l'Empire russe.
1920 : la Russie soviétique reconnaît son indépendance.
1940 : conformément au pacte germano-soviétique, l'Estonie est annexée par l'URSS.
1941 - 1944 : elle est occupée par les Allemands.
1944 : elle redevient une république soviétique.
1991 : l'indépendance restaurée est reconnue par la communauté internationale (septembre).
1994 : les troupes russes achèvent leur retrait du pays.

La Finlande est un vaste plateau de roches anciennes, troué de milliers de lacs. En dehors du Nord, domaine de la toundra, le pays est couvert par la forêt de conifères, dont l'exploitation constitue sa principale ressource.

Superficie : 338 145 km²
Population (2002) : 5 183 000 hab.
Capitale : Helsinki 555 474 hab.
(r. 2000), 936 000 hab. (e. 2001) dans l'agglomération
Nature de l'État et du régime politique : république à régime parlementaire
Chef de l'État : (présidente de la République) Tarja Halonen
Chef du gouvernement : (Premier ministre) Paavo Lipponen
Organisation administrative : 6 provinces
Langues officielles : finnois et suédois
Monnaie : euro

DÉMOGRAPHIE

Densité : 15 hab./km²
Part de la population urbaine (2000) : 67,3 %
Structure de la population par âge (2000) : moins de 15 ans : 18 %, 15-65 ans : 67,1 %, plus de 65 ans : 14,9 %
Taux de natalité (2000) : 11 ‰
Taux de mortalité (2000) : 10 ‰
Taux de mortalité infantile (2000) : 4 ‰
Espérance de vie (2000) : hommes : 74,4 ans, femmes : 81,5 ans

ÉCONOMIE

PNB (2000) : 130 milliards de $
PNB/hab. (2000) : 25 130 $
PNB/hab. PPA (2000) : 24 570 dollars internationaux
IDH (2000) : 0,93
Taux de croissance annuelle du PIB (2001) : 0,7 %
Taux annuel d'inflation (2000) : 3,37 %
Structure de la population active (2000) : agriculture : 6,1 %, mines et industries : 27,6 %, services : 66,3 %
Structure du PIB (2000) : agriculture : 3,7 %, mines et industries : 34,2 %, services : 62,1 %
Dette publique brute (1998) : 49,8 % du PIB
Taux de chômage (2001) : 9,1 %

Agriculture et pêche

Cultures
avoine (2001) : 1 287 000 t.
betterave à sucre (2001) : 1 070 000 t.
orge (2001) : 1 786 000 t.
Élevage et pêche
bovins (2001) : 1 085 000 têtes
pêche (1999) : 176 000 t.
porcins (2001) : 1 300 000 têtes

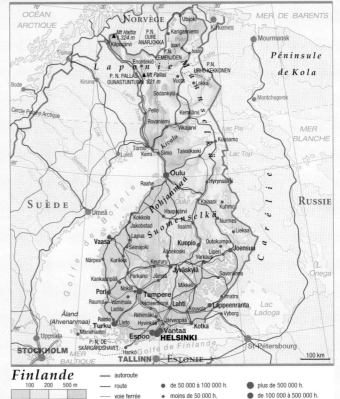

Finlande
100   200   500 m

— autoroute
— route
— voie ferrée

● de 50 000 à 100 000 h.
● moins de 50 000 h.
● plus de 500 000 h.
● de 100 000 à 500 000 h.

Énergie et produits miniers
électricité nucléaire (2000) : 21 600 millions de kWh
électricité totale (2000) : 75 358 millions de kWh
hydroélectricité (2000) : 14 481 millions de kWh
zinc (2001) : 20 100 t.

Productions industrielles
lait (2001) : 2 500 000 t.
beurre (2001) : 51 500 t.
fromage (2001) : 106 000 t.
acier (2001) : 3 938 000 t.
cuivre (2001) : 114 000 t.
nickel (2000) : 54 330 t.
zinc (2001) : 248 800 t.
construction navale (1998) : 42 000 tpl
textiles artificiels (1998) : 59 000 t.
textiles synthétiques (1997) : 62 000 t.
production de bois (2000) : 50 147 000 m3
papier (2000) : 13 509 000 t.

Tourisme
Recettes touristiques (2000) : 1 401 millions de $

Commerce extérieur
Exportations de biens (2000) : 45 703 millions de $
Importations de biens (2000) : 32 019 millions de $

Défense
Forces armées (1999) : 31 700 hommes
Budget de la Défense (1999) : 1,2 % du PIB

Niveau de vie
Nombre d'habitants pour un médecin (1996) : 357
Apport journalier moyen en calories (2000) : 3 227 (minimum FAO : 2 400)
Nombre d'automobiles pour 1 000 hab. (1999) : 403
Nombre de téléviseurs pour 1 000 hab. (1999) : 643

REPÈRES HISTORIQUES

Iᵉʳ s. av. J.-C. - Iᵉʳ s. apr. J.-C. : les Finnois occupent progressivement le sol finlandais.
XIIᵉ - XVIᵉ s. : la Finlande est occupée par la Suède, qui en fait un duché (1353).
1710 - 1721 : les armées de Pierre le Grand ravagent le pays.
1809 : la Finlande devient un grand-duché de l'Empire russe. Sous le règne d'Alexandre III et de Nicolas II, la russification s'intensifie, tandis que se développe la résistance nationale.
1917 : la Finlande proclame son indépendance.
1939 - 1944 : après une lutte héroïque contre l'Armée rouge, la Finlande est amputée de la Carélie. Elle combat l'URSS aux côtés du Reich à partir de 1941.
1948 : la Finlande signe un traité d'assistance mutuelle avec l'URSS (renouvelé en 1970 et en 1983).
1995 : la Finlande adhère à l'Union européenne.

FRANCE

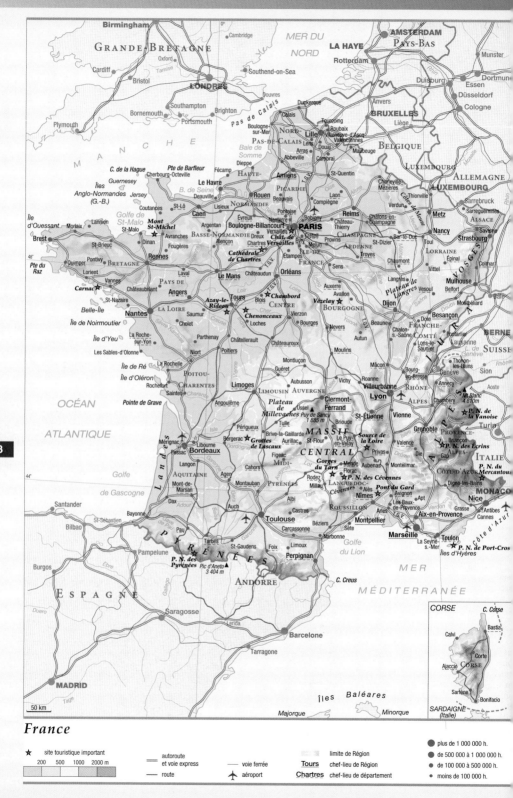

France

★	site touristique important		
200 500 1000 2000 m			

50 km

━━ autoroute et voie express
━━ route
── voie ferrée
✈ aéroport

limite de Région
Tours chef-lieu de Région
Chartres chef-lieu de département

● plus de 1 000 000 h.
● de 500 000 à 1 000 000 h.
● de 100 000 à 500 000 h.
● moins de 100 000 h.

58

e milieu naturel est caractérisé par l'ex-
nsion des plaines et des bas plateaux ; la
ontagne elle-même est souvent bordée
a pénétrée par des vallées, voies de circu-
tion et de peuplement. La latitude, la
roximité de l'Atlantique et aussi la dispo-
tion du relief expliquent la dominante
éanique du climat, caractérisé par l'ins-
bilité des types de temps, la faiblesse des
arts de température, la relative abon-
ance et la fréquence des précipitations.
a rigueur de l'hiver s'accroît cependant
rs l'intérieur, alors que le Sud-Est
nnaît un climat de type méditerranéen,
arqué surtout par la chaleur et la séche-
sse de l'été. La forêt occupe encore
viron le quart du territoire.

uperficie : 551 500 km²
opulation (2002) : 61 411 000 hab.
apitale : Paris 2 147 857 hab. (r. 1999),
658 000 hab. (e. 2001) dans
agglomération
ature de l'État et du régime politique :
publique à régime semi-présidentiel
hef de l'État : (président de
République) Jacques Chirac
hef du gouvernement : (Premier
inistre) Jean-Pierre Raffarin
rganisation administrative : 21 Régions,
départements d'outre-mer,
territoires d'outre-mer, 3 collectivités
rritoriales
angue officielle : français
onnaie : euro

DÉMOGRAPHIE
ensité : 110 hab./km²
rt de la population urbaine (2000) :
5,6 %

Structure de la population par âge (2000) :
moins de 15 ans : 18,7 %, 15-65 ans :
65,3 %, plus de 65 ans : 16 %
Taux de natalité (2000) : 13 ‰
Taux de mortalité (2000) : 9 ‰
Taux de mortalité infantile (2000) : 5 ‰
Espérance de vie (2000) : hommes :
75,2 ans, femmes : 82,8 ans

ÉCONOMIE
PNB (2000) : 1 438 milliards de $
PNB/hab. (2000) : 24 090 $
PNB/hab. PPA (2000) : 24 420 $ intern.
IDH (2000) : 0,928
Taux de croissance annuelle du PIB (2001) :
1,8 %
Taux annuel d'inflation (2000) : 1,7 %
Structure de la population active (2000) :
agriculture : 4 %, mines et industries :
24,5 %, services : 71,5 %
Structure du PIB (2000) : agriculture :
2,9 %, mines et industries : 26,2 %,
services : 70,9 %
Dette publique brute (1998) : 66,5 % du PIB
Taux de chômage (2001) : 8,5 %

Agriculture et pêche
Cultures
bananes (2001) : 431 964 t.
betterave à sucre (2001) : 26 715 000 t.
blé (2001) : 31 572 000 t.
colza (2001) : 2 906 000 t.
maïs (2001) : 16 491 000 t.
miel (2001) : 18 251 t.
noix (2001) : 28 000 t.
olives (2001) : 20 000 t.
orge (2001) : 9 799 000 t.
pêches (2001) : 452 000 t.
pommes (2001) : 2 032 000 t.
pommes de terre (2001) : 6 547 000 t.
raisin (2001) : 7 800 000 t.
riz (2001) : 130 000 t.
Élevage et pêche
bovins (2001) : 20 780 000 têtes
chevaux (2001) : 367 000 têtes
ovins (2001) : 10 043 000 têtes
pêche (1999) : 899 000 t.
porcins (2001) : 14 879 000 têtes
poulets (2001) : 230 000 000 têtes
Énergie et produits miniers
bauxite (1995) : 1 600 000 t.
électricité nucléaire (2000) :
397 200 millions de kWh
électricité totale (2000) :
513 924 millions de kWh

fer (1998) : 150 000 t.
gaz naturel (2000) : 1 623 millions de m³
houille (2000) : 3 166 000 t.
hydroélectricité (2000) : 66 695 millions
de kWh
nickel (2001) : 117 554 t.
pétrole (2001) : 1 897 000 t.
uranium (2001) : 124 t.
Productions industrielles
lait (2001) : 25 629 000 t.
beurre (2001) : 445 000 t.
fromage (2001) : 1 666 850 t.
viande (2001) : 6 585 000 t.
sucre (2001) : 4 297 000 t.
vin (2001) : 56 005 000 hl
tabac (2001) : 24 800 t.
acier (2001) : 19 350 000 t.
fonte (1998) : 13 603 000 t.
aluminium (2001) : 462 000 t.
plomb (2001) : 238 000 t.
zinc (2001) : 347 000 t.
nickel (2000) : 10 100 t.
caoutchouc synthétique (1998) : 606 000 t.
véhicules utilitaires (1997) :
479 000 unités
construction navale (1998) : 13 000 tpl
lin (2001) : 75 000 t.
filés de coton (1998) : 94 000 t.
laine (2001) : 22 000 t.
textiles artificiels (1993) : 2 000 t.
textiles synthétiques (1998) : 185 000 t.
papier (2000) : 10 006 000 t.
production de bois (2000) : 43 440 000 m³
Tourisme
Recettes touristiques (2000) :
29 900 millions de $
Commerce extérieur
Exportations de biens (2000) :
295 530 millions de $
Importations de biens (2000) :
294 400 millions de $
Défense
Forces armées (1999) : 294 430 hommes
Budget de la Défense (1999) : 2,1 % du PIB
Niveau de vie
Nombre d'habitants pour un
médecin (1996) : 344
Apport journalier moyen en
calories (2000) : 3 591
(minimum FAO : 2 400)
Nombre d'automobiles pour
1 000 hab. (1999) : 469
Nombre de téléviseurs pour
1 000 hab. (1999) : 623

REPÈRES HISTORIQUES

es premiers occupants du territoire
onstituant la France actuelle apparais-
ent il y a environ un million d'années.
u début du Ier millénaire, les Celtes
installent sur le sol gaulois.
8 - 51 av. J.-C. : après les résistances
itiales (Vercingétorix), la Gaule est
onquise par les légions romaines de Jules
ésar.
e s. : le pays subit les invasions barbares :
s Vandales et les Wisigoths traversent le

pays ; les Huns sont arrêtés aux champs
Catalauniques.

Francs
et Mérovingiens
V. 481 - 508 : Clovis, roi des Francs,
conquiert la Gaule et fonde le royaume
franc.
511 : à sa mort se forment les trois
royaumes mérovingiens d'Austrasie, de
Neustrie et de Bourgogne, qui se combattent.

687 : Pépin de Herstal, maire du palais, se
rend maître des trois royaumes.
732 : son fils, Charles Martel, arrête les
Sarrasins à Poitiers.

Les Carolingiens
751 : Pépin le Bref est couronné roi des
Francs et fonde la dynastie des Carolin-
giens.
800 : Charlemagne est couronné empereur d'Occident et règne sur un vaste
empire.

REPÈRES HISTORIQUES

843 : au traité de Verdun, l'Empire est partagé en trois royaumes.

Les Capétiens

987 : Hugues Capet, élu roi, fonde la dynastie capétienne.

1226 - 1270 : règne de Louis IX (Saint Louis).

1337 - 1453 : la guerre de Cent Ans oppose Français et Anglais. La monarchie ne peut résister à l'alliance du duché de Bourgogne et de l'Angleterre et, après la défaite d'Azincourt (1415), l'Angleterre acquiert la maîtrise du pays. Charles VII (1422 - 1461), le « roi de Bourges », bénéficie de l'aide de Jeanne d'Arc (délivrance d'Orléans en 1429). Les Anglais sont « boutés hors de France ».

1515 - 1547 : François Iᵉʳ renforce la monarchie et favorise la Renaissance.

1515 : bataille de Marignan.

1572 : massacre de la Saint-Barthélemy, point culminant des guerres de Religion qui divisent la France.

Les Bourbons

1589 - 1610 : règne d'Henri IV, qui fonde la dynastie des Bourbons.

1598 : l'édit de Nantes assure la liberté de culte aux protestants.

1610 - 1643 : Louis XIII, aidé de Richelieu, développe l'absolutisme.

1643 - 1715 : pendant la minorité de Louis XIV, les troubles de la Fronde menacent l'autorité royale. Après la mort de Mazarin (1661), Louis XIV gouverne en monarque absolu.

1685 : révocation de l'édit de Nantes.

1715 - 1774 : le règne de Louis XV, qui commence par la régence de Philippe d'Orléans (1715 - 1723), est marqué par les désastres de la guerre de Sept Ans et la perte de la plus grande partie de l'empire colonial au profit de l'Angleterre.

1774 - 1789 : Louis XVI est impuissant à résoudre le problème financier et la crise économique et sociale des années 1780. À l'extérieur, l'intervention française assure l'indépendance américaine.

La Révolution

1789 : les États généraux se proclament Assemblée nationale constituante et abolissent les privilèges et droits féodaux.

1791 - 1792 : sous la Législative a lieu une tentative de monarchie constitutionnelle, qui échoue et entraîne la chute de la royauté (10 août 1792).

1792 - 1795 : la Convention nationale sauve la France de l'invasion étrangère. La Iʳᵉ République est proclamée (21 septembre 1792). Le roi est exécuté (21 janvier 1793). Un gouvernement révolutionnaire est institué (juin 1793 - juillet 1794) : il instaure la Terreur et repousse la coalition ennemie. La chute de son chef, Robespierre, est suivie de la réaction thermidorienne (juillet 1794 - octobre 1795).

1795 - 1799 : le Directoire succède à la Convention.

Du Consulat au second Empire

1799 - 1804 : le Consulat. Bonaparte accède au pouvoir par le coup d'État du 18 brumaire an VIII.

1804 - 1814 : le premier Empire. Bonaparte est sacré empereur des Français sous le nom de Napoléon Iᵉʳ.

1814 - 1815 : la première Restauration. Après l'abdication de Napoléon, les Bourbons sont restaurés. Louis XVIII octroie une charte constitutionnelle.

1815 : la tentative de retour de Napoléon pendant les Cent-Jours s'achève à Waterloo (18 juin). Il abdique une seconde fois.

1815 - 1830 : la seconde Restauration. Charles X succède à Louis XVIII en 1824.

1830 - 1848 : la monarchie de Juille[t] Louis-Philippe Iᵉʳ devient « roi des Fra[n]çais ».

1848 - 1851 : la IIᵉ République. Lou[is] Napoléon Bonaparte est triomphaleme[nt] élu président le 10 décembre 1848. [Le] 2 décembre 1851, par un coup d'É[tat] qu'entérine un plébiscite, il institue u[n] régime présidentiel autoritaire.

1852 - 1870 : le second Empire. Lou[is] Napoléon Bonaparte devient empere[ur] sous le nom de Napoléon III.

De la IIIᵉ République à nos jours

1870 - 1946 : la IIIᵉ République. Elle e[st] proclamée après la défaite de l'Empi[re] lors de la guerre franco-allemande. S[es] débuts sont marqués par la Commune [de] Paris (18 mars - 28 mai 1871) et par l'a[f]faire Dreyfus (1894 - 1899).

1914 - 1918 : Première Guerre mondia[le]. La France sort du conflit victorieus[e] mais très affaiblie.

1936 : victoire électorale du Front pop[u]laire qui met en œuvre d'important[es] réformes sociales.

1939 - 1945 : Seconde Guerre mondia[le]. Dès 1940, la France est sous occupatio[n] allemande. Le maréchal Pétain install[e] régime de Vichy en zone libre. En 194[4] les alliés débarquent en Normandie.

1946 - 1958 : la IVᵉ République. L[es] guerres d'Indochine (1946 - 1954), pu[is] d'Algérie (1954 - 1962), et l'instabili[té] ministérielle minent le régime.

Depuis 1958 : la Vᵉ République. La cri[se] algérienne ramène Charles de Gaulle a[u] pouvoir. Lui succèdent Georges Pom[pidou en 1969, Valéry Giscard d'Estain[g] en 1974, François Mitterrand en 1981 [et] Jacques Chirac en 1995.

1958 : la France devient membre de [la] CEE.

Le Royaume-Uni comprend quatre parties principales : l'Angleterre proprement dite, le pays de Galles, l'Écosse et l'Irlande du Nord (avec l'Irlande du Sud, ou république d'Irlande, ces régions forment les îles Britanniques). Le milieu naturel (sinon peut-être l'insularité) n'a pas été le support de la prospérité passée : une superficie modeste (moins de la moitié de celle de la France), beaucoup de hautes terres et peu de plaines (sauf le bassin de Londres), un climat humide et frais, souvent plus favorable à l'élevage qu'aux cultures, à la lande qu'à la forêt.

Superficie : 242 900 km²
Population (2002) : 59 657 000 hab.
Capitale : Londres 2 765 975 hab.
(r. 2001), 7 172 000 hab. (r. 2001)
dans l'agglomération
Nature de l'État et du régime politique :
monarchie constitutionnelle à régime parlementaire
Chef de l'État : (reine) Élisabeth II
Chef du gouvernement : (Premier ministre) Anthony Blair, dit Tony Blair
Organisation administrative : 6 divisions
Langue officielle : anglais
Monnaie : livre sterling

DÉMOGRAPHIE

Densité : 232 hab./km²
Part de la population urbaine (1999) :
89,4 %
Structure de la population par âge (2000) :
moins de 15 ans : 19 %, 15-65 ans :
65,2 %, plus de 65 ans : 15,8 %
Taux de natalité (2000) : 11 ‰
Taux de mortalité (2000) : 11 ‰
Taux de mortalité infantile (2000) : 5,4 ‰
Espérance de vie (2000) : hommes :
75,7 ans, femmes : 80,7 ans

ÉCONOMIE

PNB (2000) : 1 460 milliards de $
PNB/hab. (2000) : 24 430 $
PNB/hab. PPA (2000) : 23 550 dollars internationaux
IDH (2000) : 0,928
Taux de croissance annuelle du PIB (2001) :
2 %
Taux annuel d'inflation (2000) : 2,93 %
Structure de la population active (2000) :
agriculture : 1,5 %, mines et industries :
25,4 %, services : 73,1 %
Structure du PIB (2000) : agriculture :
1,1 %, mines et industries : 28,7 %,
services : 70,2 %
Dette publique brute (1998) : 56,6 %
du PIB
Taux de chômage (2001) : 5 %

Agriculture et pêche

Cultures
avoine (2001) : 615 000 t.
betterave à sucre (2001) : 8 180 000 t.
blé (2001) : 11 570 000 t.
colza (2001) : 1 159 000 t.
orge (2001) : 6 700 000 t.
pommes de terre (2001) : 6 641 000 t.
Élevage et pêche
bovins (2001) : 10 619 000 têtes
ovins (2001) : 37 399 000 têtes
pêche (1999) : 1 041 000 t.
porcins (2001) : 5 849 000 têtes
poulets (2001) : 167 604 000 têtes

Énergie et produits miniers

électricité nucléaire (2000) :
78 300 millions de kWh
électricité totale (2000) :
355 761 millions de kWh
gaz naturel (2000) : 115 214 millions de m³
houille (2000) : 31 175 000 t.
hydroélectricité (2000) : 5 206 millions de kWh
pétrole (2001) : 117 862 000 t.

Productions industrielles

lait (2001) : 14 722 000 t.
beurre (2001) : 126 000 t.
fromage (2001) : 382 000 t.
sucre (2001) : 1 200 000 t.
viande (2001) : 3 270 000 t.
bière (2000) : 55 279 000 hl
acier (2001) : 13 571 000 t.
fonte (1998) : 13 215 000 t.
aluminium (2001) : 341 000 t.
cuivre (2000) : 50 000 t.
plomb (2001) : 366 000 t.
zinc (2001) : 100 000 t.
automobiles (2001) :
1 492 000 unités
véhicules utilitaires (1998) :
238 000 unités
construction navale (1998) :
74 000 tpl
caoutchouc synthétique (1998) :
254 000 t.
laine (2001) : 49 339 t.
textiles artificiels (1998) :
99 000 t.
textiles synthétiques (1998) :
237 000 t.
papier (2000) : 6 868 000 t.

Tourisme

Recettes touristiques (2000) :
19 544 millions de $

Commerce extérieur

Exportations de biens (2000) :
283 180 millions de $
Importations de biens (2000) :
326 760 millions de $

Défense

Forces armées (1999) :
212 450 hommes
Budget de la Défense (1999) :
2,6 % du PIB

Niveau de vie

Nombre d'habitants pour un médecin (1993) : 667
Apport journalier moyen en calories (2000) : 3 334
(minimum FAO : 2 400)
Nombre d'automobiles pour 1 000 hab. (1998) : 375
Nombre de téléviseurs pour 1 000 hab. (1999) : 652

61

REPÈRES HISTORIQUES

Des origines au Royaume-Uni
Peuplée dès le IIIᵉ millénaire av. J.-C.,
l'Angleterre est occupée par les Celtes.
43 - 83 apr. J.-C. : conquise par Rome, elle
forme la province de Bretagne.
Vᵉ s. : invasion des peuples germaniques
(Saxons, Angles, Jutes) qui refoulent les
Celtes vers l'est.
IXᵉ s. : invasion des Danois ; Knud le Grand
(1016-1035) est roi de toute l'Angleterre.
1066 : vainqueur à Hastings de son rival
anglo-saxon Harold, Guillaume de Normandie est couronné roi (Guillaume Iᵉʳ le
Conquérant).

1154 : Henri II fonde la dynastie Plantagenêt. Outre son empire continental
(Normandie, Aquitaine, Bretagne, etc.), il
entreprend la conquête du pays de Galles
et de l'Irlande.
1215 : la Grande Charte, reconnaissance
écrite des libertés traditionnelles, est
octroyée par Jean sans Terre.
1327-1377 : les prétentions d'Édouard III
au trône de France et la rivalité des deux
pays en Aquitaine déclenchent la guerre
de Cent Ans (1337 - 1475).
1450 - 1485 : la guerre des Deux-Roses
oppose deux branches de la famille
royale, les York et les Lancastres.

1485 : Henri VII, héritier des Lancastres,
inaugure la dynastie Tudor.
1509 - 1547 : Henri VIII rompt avec
Rome et se proclame chef de l'Église
anglicane (1534).
1558 - 1603 : règne d'Élisabeth Iʳᵉ, dont la
victoire contre l'Espagne (Invincible
Armada, 1588) préfigure l'avènement de
la puissance maritime anglaise.
1603 : Jacques Stuart, roi d'Écosse,
devient roi d'Angleterre sous le nom de
Jacques Iᵉʳ, réunissant à titre personnel
les Couronnes des deux royaumes.
Le XVIIᵉ s. : est un siècle de crises politiques et religieuses où le despotisme

⟱

GRANDE-BRETAGNE

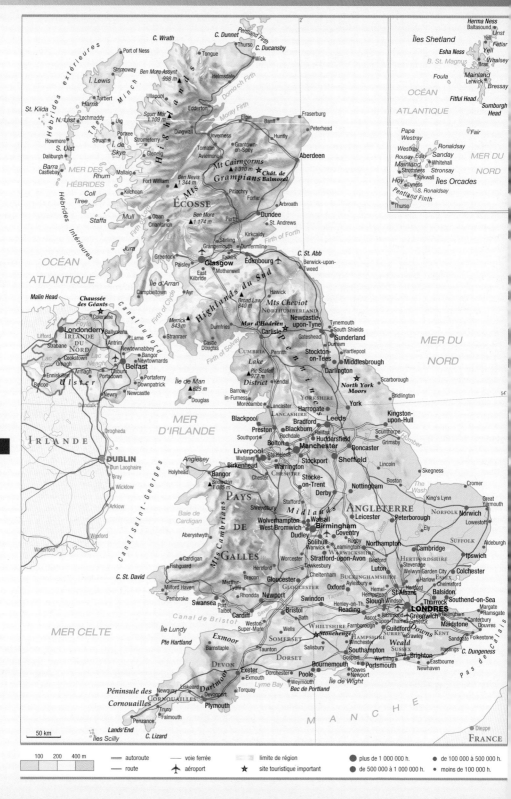

100 200 400 m	═══ autoroute	─── voie ferrée	limite de région	● plus de 1 000 000 h.	● de 100 000 à 500 000 h.
50 km	─── route	✈ aéroport	★ site touristique important	● de 500 000 à 1 000 000 h.	• moins de 100 000 h.

REPÈRES HISTORIQUES

uart s'oppose au Parlement. Après la évolution de 1688, ce dernier offre la ouronne à Marie II Stuart et à son mari uillaume d'Orange (Guillaume III).

689 : Déclaration des droits.

707 : l'Acte d'union lie définitivement s royaumes d'Écosse et d'Angleterre.

a montée e la prépondérance britannique

714 : le pays passe sous la souveraineté s Hanovre.

714 - 1760 : les règnes de George Ier 1714 - 1727) et de George II 1727 - 1760) renforcent le rôle du Pre- ier ministre tel Robert Walpole et celui u Parlement. Les whigs dominent la vie olitique.

756 - 1763 : à la suite de la guerre de Sept ns, la Grande-Bretagne obtient au traité e Paris (1763) des gains territoriaux onsidérables (Canada, Inde).

760 - 1820 : George III essaie de res- aurer la prérogative royale. La première volution industrielle fait de la Grande- retagne la première puissance écono- ique mondiale.

775 - 1783 : le soulèvement des colonies méricaines aboutit à la reconnaissance es États-Unis d'Amérique.

793 - 1815 : la Grande-Bretagne lutte ictorieusement contre la France révolu- onnaire et napoléonienne.

800 : formation du Royaume-Uni par union de la Grande-Bretagne et de l'Ir- nde.

L'hégémonie britannique

1820 - 1830 : sous le règne de George IV, l'émancipation des catholiques est votée (1829).

1837 : avènement de la reine Victoria ; l'Angleterre affirme son hégémonie par une diplomatie d'intimidation face aux puissances rivales et par des opéra- tions militaires (guerre de Crimée, 1854 - 1856). À l'intérieur, le chartisme permet au syndicalisme de se développer (Trade Union Act, 1871).

1876 : Victoria est proclamée impératrice des Indes.

1895 : la politique impérialiste des conservateurs ne va pas sans créer de multiples litiges internationaux (Fachoda, 1898 ; guerre des Boers, 1899 - 1902).

1901 - 1910 : Édouard VII, successeur de Victoria, s'attache à promouvoir l'En- tente cordiale franco-anglaise (1904).

1910 : avènement de George V.

D'une guerre à l'autre

1914 - 1918 : la Grande-Bretagne parti- cipe activement à la Première Guerre mondiale.

1921 : le problème irlandais trouve sa solution dans la reconnaissance de l'État libre d'Irlande (Éire). Le pays prend le nom de Royaume-Uni de Grande-Bre- tagne et d'Irlande du Nord.

1931 : création du Commonwealth.

1936 : Édouard VIII succède à George V, mais il abdique presque aussitôt au profit de son frère George VI.

1935 - 1940 : les conservateurs cherchent,

en vain, à sauvegarder la paix (accords de Munich, 1938).

1939 - 1945 : au cours de la Seconde Guerre mondiale, la Grande-Bretagne, dirigée par Churchill, résiste victorieuse- ment à l'invasion allemande.

La Grande-Bretagne depuis 1945

1945 - 1951 : la Grande-Bretagne adhère à l'OTAN.

1952 : Élisabeth II succède à son père, George VI.

1973 : entrée de la Grande-Bretagne dans le Marché commun.

1982 : la Grande-Bretagne repousse la tentative de conquête des îles Falkland par l'Argentine.

1985 : un accord est signé entre la Grande-Bretagne et la république d'Ir- lande sur la gestion des affaires de l'Ulster.

1991 : la Grande-Bretagne participe mili- tairement à la guerre du Golfe.

1993 : le traité de Maastricht est ratifié, en dépit d'une forte opposition à l'intégra- tion européenne. Le processus de paix en Irlande du Nord est relancé.

1997 : l'Écosse et le pays de Galles se voient accorder un statut de plus grande autonomie. Le territoire de Hongkong est rétrocédé à la Chine.

1999 : conformément à l'accord conclu en 1998, un gouvernement semi-auto- nome est installé en Irlande du Nord.

2003 : une offensive militaire américaine - contestée par une grande partie de la communauté internationale - est lancée contre l'Iraq.

les monarchies européennes

Divers pays européens connaissent des régimes dits de « monarchie constitutionnelle », dans lesquels le souverain a très peu ou pas du tout de pouvoir politique, l'exécutif étant dirigé par un chef de gouvernement élu directement ou indirectement.

État	titre	nom	dynastie/maison
Belgique	roi	Albert II	Saxe-Cobourg-Gotha
Danemark	reine	Marguerite II	Schleswig-Holstein-Sonderburg-Glücksburg
Espagne	roi	Juan Carlos Ier	Bourbon
Grande-Bretagne	reine	Élisabeth II	Windsor (Hanovre-Saxe-Cobourg-Gotha)
Norvège	roi	Harald V	Norvège (Schleswig-Holstein-Sonderburg-Glücksburg)
Pays-Bas	reine	Béatrice	Orange-Nassau
Suède	roi	Charles VI Gustave	Bernadotte

Mentionnons également les trois principautés européennes (Andorre, Liechtenstein, Monaco) et le grand-duché de Luxem- bourg, qui n'ont pour point commun que de n'être ni des républiques ni des monarchies.

État	titre	nom	dynastie / maison
Andorre	2 coprinces	l'évêque de Seo de Urgel, le président de la République française	
Liechtenstein	prince	Hans-Adam II	Liechtenstein
Luxembourg	grand-duc	Henri de Luxembourg	Luxembourg (Nassau-Weilburg)
Monaco	prince	Rainier III	Grimaldi

GRÈCE

Continentale, péninsulaire (Péloponnèse) et insulaire (îles Ioniennes, Cyclades, Sporades, Crète), la Grèce est un pays montagneux (2 917 m à l'Olympe), au relief fragmenté et à la faible étendue des bassins et des plaines. Le climat est méditerranéen au sud, dans les îles et sur l'ensemble du littoral, mais il se dégrade vers le nord, où les hivers peuvent être rudes.

Superficie : 131 957 km²
Population (2002) : 10 631 000 hab.
Capitale : Athènes 772 072 hab. (r. 1991), 3 120 000 hab. (e. 2001) dans l'agglomération
Nature de l'État et du régime politique : république à régime parlementaire
Chef de l'État : (président de la République) Konstandínos Stefanópoulos, dit Kostís Stefanópoulos
Chef du gouvernement : (Premier ministre) Konstandínos Simitis, dit Kóstas Simitis
Organisation administrative : 13 régions et le mont Athos
Langue officielle : grec
Monnaie : euro

DÉMOGRAPHIE

Densité : 81 hab./km²
Part de la population urbaine (2000) : 60,1 %

Structure de la population par âge (2000) : moins de 15 ans : 15,1 %, 15-65 ans : 67,3 %, plus de 65 ans : 17,6 %
Taux de natalité (2000) : 12 ‰
Taux de mortalité (2000) : 11 ‰
Taux de mortalité infantile (2000) : 6,3 ‰
Espérance de vie (2000) : hommes : 75,9 ans, femmes : 81,2 ans

ÉCONOMIE

PNB (2000) : 126 milliards de $
PNB/hab. (2000) : 11 960 $
PNB/hab. PPA (2000) : 16 860 dollars internationaux
IDH (2000) : 0,885
Taux de croissance annuelle du PIB (2001) : 4,1 %
Taux annuel d'inflation (2000) : 3,15 %
Structure de la population active (2000) : agriculture : 17 %, mines et industries : 22,5 %, services : 60,5 %
Structure du PIB (2000) : agriculture : 7,6 %, mines et industries : 21,2 %, services : 71,2 %
Dette publique brute (1998) : 106,3 % du PIB
Taux de chômage (2001) : 10,5 %

Agriculture et pêche

Cultures
amandes (2001) : 47 000 t.
blé (2001) : 2 084 000 t.
citrons (2001) : 145 000 t.
maïs (2001) : 1 658 000 t.
miel (2001) : 14 000 t.
noisettes (2001) : 2 500 t.
noix (2001) : 20 000 t.
olives (2001) : 2 200 000 t.
oranges (2001) : 950 000 t.
orge (2001) : 195 000 t.
pêches (2001) : 914 000 t.
raisin (2001) : 1 200 000 t.
riz (2001) : 160 000 t.
tomates (2001) : 1 820 000 t.

Élevage et pêche
bovins (2001) : 585 000 têtes
ovins (2001) : 9 000 000 têtes
pêche (1999) : 216 000 t.
porcins (2001) : 905 000 têtes

Énergie et produits miniers

bauxite (2001) : 2 052 000 t.
électricité totale (2000) : 49 581 millions de kWh
hydroélectricité (2000) : 3 274 millions de kWh
lignite (2000) : 65 000 000 t.
nickel (2000) : 17 470 t.
pétrole (2001) : 191 000 t.
zinc (2001) : 20 000 t.

Productions industrielles

fromage (2001) : 236 200 t.
huile d'olive (2001) : 422 000 t.
vin (2001) : 4 277 000 hl
tabac (2001) : 136 000 t.
acier (2001) : 1 157 000 t.
aluminium (2001) : 163 000 t.
nickel (2000) : 17 470 t.
filés de coton (2001) : 442 000 t.
laine (2001) : 9 600 t.

Tourisme

Recettes touristiques (2000) : 9 221 millions de $

Commerce extérieur

Exportations de biens (2000) : 10 202 millions de $
Importations de biens (2000) : 30 440 millions de $

Défense

Forces armées (1999) : 159 170 hommes
Budget de la Défense (1999) : 3,2 % du PI.

Niveau de vie

Nombre d'habitants pour un médecin (1994) : 250
Apport journalier moyen en calories (2000) : 3 705 (minimum FAO : 2 400)
Nombre d'automobiles pour 1 000 hab. (1998) : 251
Nombre de téléviseurs pour 1 000 hab. (1999) : 480

64

REPÈRES HISTORIQUES

La Grèce antique
VIIᵉ millénaire : premiers établissements humains.
IIᵉ millénaire : les Achéens s'installent dans la région.
2000 - 1500 : la Crète minoenne domine le monde égéen.
V. 1600 av. J.-C. : la civilisation mycénienne se développe.
IIᵉ s. av. J.-C. : les invasions doriennes marquent le début du « Moyen Âge » grec.
VIIIᵉ - VIᵉ s. av. J.-C. : dans les cités, le régime oligarchique se substitue aux régimes monarchiques. L'expansion de la colonisation progresse vers l'Occident, le nord de l'Égée et la mer Noire.

490 - 479 : les guerres médiques opposent les Grecs et les Perses, qui doivent se retirer en Asie Mineure.
431 - 404 : la guerre du Péloponnèse oppose Athènes et Sparte, qui substitue son hégémonie à celle d'Athènes.
371 - 362 : Thèbes, victorieuse de Sparte, établit son hégémonie sur la Grèce continentale.
359 - 336 av J.-C. : Philippe II de Macédoine étend sa domination sur les cités grecques.
336 - 323 : Alexandre le Grand, maître de la Grèce, conquiert l'Empire perse.
323 - 168 : après le partage de l'empire d'Alexandre, la Grèce revient aux rois antigonides de Macédoine, en lutte contre Rome.

146 : vaincue par Rome, la Grèce devien une province romaine.

La Grèce byzantine
395 : la Grèce est intégrée à l'Empir d'Orient.
1204 : la quatrième croisade aboutit à l création de l'Empire latin de Constanti nople, du royaume de Thessalonique, d la principauté d'Achaïe et de diver duchés.
XIVᵉ - XVᵉ s. : Vénitiens, Génois et Catalan se disputent la possession de la Grèce tandis que les Ottomans occupent l Thrace, la Thessalie et la Macédoine.
1456 : les Ottomans conquièrent Athène et le Péloponnèse.

REPÈRES HISTORIQUES

**a Grèce
moderne**

e sentiment national se développe au
VIIIᵉ s. en réaction contre la décadence
rque et la volonté hégémonique de la
ussie de prendre sous sa protection tous
s orthodoxes.
327 - 1830 : la Grande-Bretagne, la
rance et la Russie soutiennent les Grecs
ontre les Ottomans et obtiennent la
réation d'un État grec indépendant sous
ur protection (1830).
863 - 1913 : Georges Iᵉʳ tente de récu-

pérer les régions peuplées de Grecs mais
est défait par les Ottomans (1897) .
1912 - 1913 : à l'issue des guerres balkaniques, la Grèce obtient la plus grande
partie de la Macédoine, le sud de l'Épire,
la Crète et les îles de Samos, Chio, Myti-
lène et Lemnos.
1917 : la Grèce entre en guerre aux côtés
des Alliés.
1921 - 1922 : la guerre gréco-turque se
solde par l'écrasement des Grecs.
1924 : la proclamation de la république

instaure une période d'instabilité politique.
1940 - 1944 : la Grèce est occupée par les
forces de l'Axe.
1946 - 1949 : la guerre civile oppose les
forces gouvernementales aux communistes, qui échouent.
1952 : la Grèce est admise à l'OTAN.
1965 : l'affaire de Chypre provoque une
crise intérieure grave.
1974 : fin du régime dictatorial des colo-
nels, instauré en 1967.
1981 : la Grèce adhère à la CEE.

Grèce

200	400	1000 m	

autoroute
route
voie ferrée

★ site touristique important
✈ aéroport

▨ limite de région
Patras capitale de région

● plus de 1 000 000 h.
● de 100 000 à 1 000 000 h.

● de 30 000 à 100 000 h.
• moins de 30 000 h.

65

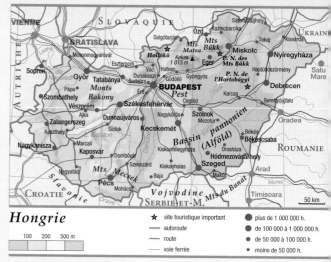

Hongrie

100	200	500 m

★ site touristique important   ● plus de 1 000 000 h.
═ autoroute   ● de 100 000 à 1 000 000 h.
— route   ● de 50 000 à 100 000 h.
--- voie ferrée   • moins de 50 000 h.

Entre Alpes et Carpates, la Hongrie est un pays danubien. Le fleuve y sépare la Grande Plaine, à l'est, l'Alföld et la moitié occidentale, la Transdanubie, plus accidentée, notamment par les monts Bakony. Le climat est de type continental

Superficie : 93 032 km²
Population (2002) : 9 867 000 hab.
Capitale : Budapest 1 812 000 hab. (e. 2001)
Nature de l'État et du régime politique : république à régime parlementaire
Chef de l'État : (président de la République) Ferenc Mádl
Chef du gouvernement : (Premier ministre) Peter Medgyessy
Organisation administrative : 19 comtés, 22 municipalités et la capitale
Langue officielle : hongrois
Monnaie : forint

DÉMOGRAPHIE

Densité : 108 hab./km²
Part de la population urbaine (2000) : 64 %
Structure de la population par âge (2000) : moins de 15 ans : 16,9 %, 15-65 ans : 68,5 %, plus de 65 ans : 14,6 %
Taux de natalité (2000) : 10 ‰
Taux de mortalité (2000) : 14 ‰
Taux de mortalité infantile (2000) : 8,7 ‰
Espérance de vie (2000) : hommes : 67,8 ans, femmes : 76,1 ans

ÉCONOMIE

PNB (2001) : 48,9 milliards de $
PNB/hab. (2001) : 4 800 $
PNB/hab. PPA (2001) : 12 570 dollars internationaux
IDH (2000) : 0,835
Taux de croissance annuelle du PIB (2001) : 3,8 %
Taux annuel d'inflation (2000) : 9,79 %
Structure de la population active (2000) : agriculture : 6,7 %, mines et industries : 34,5 %, services : 58,8 %
Structure du PIB (2000) : agriculture : 4,4 %, mines et industries : 34,2 %, services : 61,4 %
Dette publique brute : n.d.
Taux de chômage (2001) : 5,8 %

Agriculture et pêche

Cultures
betterave à sucre (2001) : 2 900 000 t.
blé (2001) : 5 197 000 t.
maïs (2001) : 7 686 000 t.
orge (2001) : 1 301 000 t.
pommes de terre (2001) : 800 000 t.

Élevage et pêche
bovins (2001) : 805 000 têtes
ovins (2001) : 1 129 000 têtes
pêche (1999) : 19 500 t.
porcins (2001) : 4 834 000 têtes

Énergie et produits miniers
bauxite (2001) : 1 000 000 t.
électricité nucléaire (2000) : 14 200 millions de kWh
électricité totale (2000) : 33 436 millions de kWh
gaz naturel (2000) : 3 189 millions de m³
pétrole (2001) : 1 797 000 t.
uranium (1999) : 10 t.

Productions industrielles
lait (2001) : 2 184 000 t.
fromage (2001) : 89 240 t.
sucre (2001) : 472 000 t.
vin (2001) : 5 406 000 hl
acier (2001) : 1 953 000 t.
fonte (1998) : 1 259 000 t.
aluminium (2001) : 35 000 t.
ciment (2000) : 3 000 000 t.
filés de coton (1998) : 220 000 t.
textiles synthétiques (1996) : 25 000 t.

Tourisme
Recettes touristiques (2000) : 3 424 millions de $

Commerce extérieur
Exportations de biens (2000) : 25 366 millions de $
Importations de biens (2000) : 27 472 millions de $

Défense
Forces armées (1999) : 43 790 hommes
Budget de la Défense (1999) : 1,6 % du PIB

Niveau de vie
Nombre d'habitants pour un médecin (1995) : 270
Apport journalier moyen en calories (2000) : 3 458 (minimum FAO : 2 400)
Nombre d'automobiles pour 1 000 hab. (1999) : 238
Nombre de téléviseurs pour 1 000 hab. (1999) : 448

REPÈRES HISTORIQUES

Des origines à Béla III
V. 500 av. J.-C. : la région est peuplée par des Illyriens et des Thraces.
35 av. J.-C. - 9 apr. J.-C. : elle est conquise par Rome.
IVe - VIe s. : elle est envahie par les Huns, les Ostrogoths, les Lombards, puis par les Avars.
896 : menés par Árpád, les Hongrois arrivent dans la plaine danubienne.
1172 - 1196 : sous Béla III, la Hongrie médiévale est à son apogée.

Les Habsbourg (1526-1918)
1526 : Ferdinand Ier de Habsbourg (1526-1564) est élu par la Diète roi de Hongrie
1699 : les Habsbourg reconquièrent sur les Turcs la plaine hongroise perdue en 1540.
1703 - 1711 : à la suite de l'insurrection dirigée par Férenc Rákóczi, l'Autriche reconnaît l'autonomie de l'État hongrois
1848 : la révolution de Budapest, dirigée par Kossuth, est écrasée par les forces austro-russes.
1867 : grâce au compromis austro-hongrois, la Hongrie est à nouveau un État autonome.

La Hongrie depuis 1918
1918 : Károlyi proclame l'indépendance de la Hongrie.
1938 - 1945 : alliée aux puissances de l'Axe, entrée en guerre contre l'URSS (1941), la Hongrie est occupée par l'armée soviétique (1944-1945).
1949 : Rákosi proclame la république populaire hongroise et impose un régime stalinien.
Oct.-novembre 1956 : Imre Nagy, chef du gouvernement, qui a amorcé la déstalinisation, proclame la neutralité de la Hongrie. Les troupes soviétiques brisent l'insurrection populaire.
1989 : le parti communiste ouvrier hongrois renonce à son rôle dirigeant.
1999 : la Hongrie est intégrée dans l'OTAN.

Irlande

★ site touristique important

100   200 m

— route
--- voie ferrée
✈ aéroport
--- limite de province

● plus de 500 000 h.
● de 100 000 à 500 000 h.
● de 50 000 à 100 000 h.
● moins de 50 000 h.

L'Irlande, au climat doux et humide, est formée à la périphérie de hautes collines et de moyennes montagnes, et, au centre, d'une vaste plaine tourbeuse, parsemée de lacs, difficilement drainée par le Shannon.

Superficie : 70 273 km²
Population (2002) : 3 878 000 hab.
Capitale : Dublin 481 854 hab. (r. 1996), 993 000 hab. (e. 2001) dans l'agglomération
Nature de l'État et du régime politique : république à régime semi-présidentiel
Chef de l'État : (présidente de la République) Mary McAleese
Chef du gouvernement : (Premier ministre) Bertie Ahern
Organisation administrative : 4 provinces
Langues officielles : anglais et gaélique
Monnaie : euro

DÉMOGRAPHIE

Densité : 53 hab./km²
Part de la population urbaine (2000) : 59 %
Structure de la population par âge (2000) : moins de 15 ans : 21,6 %, 15-65 ans : 67,1 %, plus de 65 ans : 11,3 %
Taux de natalité (2000) : 14 ‰
Taux de mortalité (2000) : 8 ‰
Taux de mortalité infantile (2000) : 6 ‰
Espérance de vie (2000) : hommes : 74,4 ans, femmes : 79,6 ans

ÉCONOMIE

PNB (2000) : 86 milliards de $
PNB/hab. (2000) : 22 660 $
PNB/hab. PPA (2000) : 25 520 dollars internationaux
IDH (2000) : 0,925
Taux de croissance annuelle du PIB (2001) : 6 %
Taux annuel d'inflation (2000) : 5,56 %
Structure de la population active (2000) : agriculture : 7,9 %, mines et industries : 28,6 %, services : 63,5 %
Structure du PIB (2000) : agriculture : 3,6 %, mines et industries : 41,4 %, services : 55 %
Dette publique brute (1998) : 56,6 % du PIB
Taux de chômage (2001) : 3,9 %

Agriculture et pêche

Cultures
avoine (2001) : 121 000 t.
betterave à sucre (2001) : 1 700 000 t.
blé (2001) : 760 000 t.
orge (2001) : 1 276 000 t.
pommes de terre (2001) : 400 000 t.
Élevage et pêche
bovins (2001) : 6 459 000 têtes
chevaux (2001) : 70 000 têtes
ovins (2001) : 5 130 000 têtes
pêche (1999) : 330 000 t.
porcins (2001) : 1 732 000 têtes

Énergie et produits miniers
électricité totale (2000) : 22 285 millions de kWh
gaz naturel (2000) : 1 188 millions de m³
hydroélectricité (2000) : 840 millions de kWh
plomb (2001) : 44 500 t.
zinc (2001) : 225 000 t.

Productions industrielles
lait (2001) : 5 416 000 t.
beurre (2001) : 129 300 t.
fromage (2001) : 93 750 t.
sucre (2001) : 226 000 t.
viande (2001) : 1 013 000 t.
acier (2001) : 150 000 t.

plomb (2000) : 12 000 t.
filés de coton (1998) : 21 000 t.
laine (2001) : 12 000 t.
textiles synthétiques (1998) : 104 000 t.

Tourisme
Recettes touristiques (2000) : 3 571 millions de $

Commerce extérieur
Exportations de biens (2000) : 73 433 millions de $
Importations de biens (2000) : 48 017 millions de $

Défense
Forces armées (1999) : 11 460 hommes
Budget de la Défense (1999) : 0,9 % du PIB

Niveau de vie
Nombre d'habitants pour un médecin (1996) : 476
Apport journalier moyen en calories (2000) : 3 613 (minimum FAO : 2 400)
Nombre d'automobiles pour 1 000 hab. (1996) : 277
Nombre de téléviseurs pour 1 000 hab. (1999) : 406

IRLANDE

REPÈRES HISTORIQUES

Les origines

IVᵉ s. av. J.-C. : une population celtique, les Gaëls, s'implante sur le sol irlandais. Les nombreux petits royaumes qui se fondent s'agrègent en cinq grandes unités politiques.

IIᵉ s. apr. J.-C. : les rois de Connacht affirment leur prééminence.

432 - 461 : saint Patrick évangélise l'Irlande.

VIᵉ - VIIᵉ s. : les moines irlandais créent d'importantes abbayes sur le continent.

Fin du VIIᵉ s. - début du XIᵉ s. : l'Irlande est envahie par les Scandinaves.

1014 : l'expansion de ces derniers est stoppée par Brian Boru (victoire de Clontarf).

La domination anglaise

1175 : Henri II d'Angleterre impose sa souveraineté à l'Irlande.

1541 : Henri VIII prend le titre de roi d'Irlande. Sa réforme religieuse provoque la révolte des Irlandais, attachés à la foi catholique. Il réplique en redistribuant les terres irlandaises à des Anglais. Les confiscations se poursuivent sous Édouard VI et Élisabeth Iʳᵉ.

XVIIᵉ - XVIIIᵉ s. : les Irlandais multiplient les révoltes en s'appuyant sur les adversaires de l'Angleterre : Espagnols et Français.

1649 : Oliver Cromwell mène une sanglante répression contre les Irlandais, qui ont pris le parti des Stuarts (massacre de Drogheda). Cette répression est suivie d'une spoliation générale des terres.

1690 : Jacques II est défait à la Boyne par Guillaume III. Le pays est désormais complètement dominé par l'aristocratie anglaise.

1796 - 1798 : les Irlandais se révoltent sous l'influence des révolutions américaine et française.

1800 : Pitt fait proclamer l'union de l'Irlande et de l'Angleterre.

1829 : Daniel O'Connell obtient l'émancipation des catholiques.

1846 - 1848 : une effroyable crise alimentaire (Grande Famine) plonge l'île dans la misère ; une énorme émigration (notamment vers les États-Unis) dépeuple le pays.

1902 : Arthur Griffith fonde le Sinn Féin, partisan de l'indépendance.

1916 : une insurrection nationaliste est durement réprimée.

L'Irlande indépendante

1921 : le traité de Londres donne naissance à l'État libre d'Irlande, membre du Commonwealth, et maintient le nord-est du pays au sein du Royaume-Uni (Irlande du Nord).

1922 : une véritable guerre civile oppose le gouvernement provisoire à ceux qui refusent la partition de l'Irlande.

1937 : une nouvelle Constitution est adoptée et l'Irlande prend le nom d'Éire.

1948 : l'Éire devient la république d'Irlande et rompt avec le Commonwealth.

1973 : l'Irlande entre dans la CEE.

1985 : un accord est signé entre Dublin et Londres sur la gestion des affaires de l'Irlande du Nord.

1993 - 1994 : le processus de paix en Irlande du Nord est relancé.

1999 : conformément à l'accord conclu en 1998, des institutions semi-autonomes sont mises en place en Irlande du Nord.

---

les orangistes et Guillaume d'Orange

Les traditionnels défilés « orangistes » des extrémistes protestants sont chaque année l'occasion d'affrontements avec les catholiques. Les protestants célèbrent ainsi les victoires de Guillaume d'Orange sur les Irlandais catholiques (partisans des Stuarts), à la fin du XVIIᵉ s. Né à La Haye en 1650, fils posthume de Guillaume II de Nassau et de Marie Stuart, fille de Charles Iᵉʳ, Guillaume d'Orange devient stathouder des Provinces-Unies en 1672. Il sauve sa patrie de l'invasion française en ouvrant les écluses afin d'inonder le pays, et préserve l'intégrité du territoire néerlandais au traité de Nimègue (1678). Défenseur du protestantisme, il va s'opposer pendant près de trente ans aux ambitions territoriales de Louis XIV. Inquiet de la politique profrançaise du roi d'Angleterre Jacques II, son beau-père, s'appuyant sur l'opposition anglaise, il débarque en Angleterre. Il détrône le roi, et, après avoir ratifié la Déclaration des droits (1689), est proclamé roi en 1689, et son épouse, Marie II Stuart, devient reine. C'est par la victoire de la Boyne (1690) qu'il s'impose par la force en Irlande. Il se consacre ensuite à la guerre contre la France aux Pays-Bas. À la paix de Ryswick (1697), Louis XIV doit reconnaître Guillaume comme roi d'Angleterre. La présence presque continue du roi sur le continent contribue à étendre les droits du Parlement britannique. Après la mort du fils d'Anne Stuart, l'Acte d'établissement (1701) résout le problème de la succession au trône d'Angleterre. Mais Guillaume meurt au moment où commence la guerre de la Succession d'Espagne (1702).

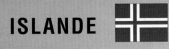

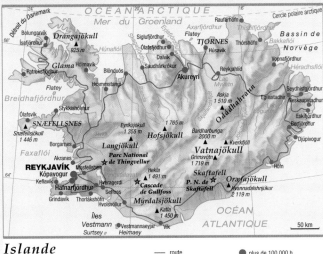

Islande

ays de glaciers (ils occupent le dixième
u territoire) et de volcans, bordé par le
ercle polaire, mais avec un climat plus
umide que réellement froid, l'Islande vit
e l'élevage des moutons et surtout de la
êche. Reykjavik regroupe plus de la
noitié de la population totale.

uperficie : 103 000 km²
Population (2002) : 283 000 hab.
Capitale : Reykjavík 175 000 hab.
e. 2001) dans l'agglomération
Nature de l'État et du régime politique :
épublique à régime semi-présidentiel
Chef de l'État : (président de la
République) Ólafur Ragnar Grímsson
Chef du gouvernement : (Premier
ministre) Davíd Oddsson
Organisation administrative : 9 régions
Langue officielle : islandais
Monnaie : krona (couronne islandaise)

DÉMOGRAPHIE

Densité : 3 hab./km²
Part de la population urbaine (2000) :
92,5 %
Structure de la population par âge (2000) :
moins de 15 ans : 23,3 %, 15-65 ans :
65 %, plus de 65 ans : 11,7 %
Taux de natalité (1999) : 14,8 ‰
Taux de mortalité (1999) : 6,68 ‰
Taux de mortalité infantile (2000) :
4,5 ‰
Espérance de vie (2000) : hommes :
77,1 ans, femmes : 81,8 ans

ÉCONOMIE

PNB (2001) : 8,20 milliards de $
PNB/hab. (2001) : 28 880 $
PNB/hab. PPA (2001) : 29 830 dollars
internationaux
IDH (2000) : 0,936

Taux de croissance annuelle du PIB (2001) :
3,7 %
Taux annuel d'inflation (2000) :
5,16 %
Structure de la population active (2000) :
agriculture : 8,3 %, mines et industries :
23 %, services : 68,7 %
Structure du PIB (1997) : agriculture :
9,4 %, mines et industries : 28,2 %,
services : 62,4 %
Dette publique brute (1998) : 45,6 %
du PIB
Taux de chômage (2001) : 2,3 %

Agriculture et pêche

Cultures
pommes de terre (2001) :
9 800 t.

Élevage et pêche
bovins (2001) : 72 000 têtes
chevaux (2001) : 78 000 têtes
ovins (2001) : 465 000 têtes
pêche (1999) : 1 740 000 t.
porcins (2001) : 44 000 têtes

Énergie et produits miniers

électricité totale (2000) : 7 549 millions
de kWh
hydroélectricité (2000) : 6 288 millions
de kWh

Productions industrielles

lait (2001) : 108 000 t.
beurre (2001) : 1 600 t.
fromage (2001) : 4 860 t.
aluminium (2001) : 243 000 t.
laine (2001) : 1 000 t.
ciment (2000) : 144 000 t.

Tourisme

Recettes touristiques (2000) : 227 millions
de $

Commerce extérieur

Exportations de biens (2000) :
1 901 millions de $
Importations de biens (2000) :
2 377 millions de $

Défense

L'Islande n'a pas d'armée.

Niveau de vie

Nombre d'habitants pour un
médecin (1994) : 333
Apport journalier moyen en
calories (2000) : 3 342
(minimum FAO : 2 400)
Nombre d'automobiles pour
1 000 hab. (1999) : 546
Nombre de téléviseurs pour
1 000 hab. (1999) : 520

69

REPÈRES HISTORIQUES

xe s. : les Scandinaves commencent la
colonisation de l'Islande.
930 : l'Althing, assemblée des hommes
libres, est constituée.
1056 : le premier évêché autonome est
créé.
1262 : Haakon IV de Norvège soumet l'île
à son pouvoir.

1380 : l'Islande et la Norvège tombent
sous l'autorité du Danemark.
1550 : Christian III impose la réforme
luthérienne.
1602 : le monopole commercial est
conféré aux Danois.
XVIIIe s. : la variole, des éruptions volcaniques et une terrible famine déciment la
population.

1903 : l'île devient autonome.
1918 : elle est indépendante tout en
conservant le même roi que le Danemark.
1944 : la République islandaise est proclamée.
1958 - 1961 : un conflit au sujet de la
pêche (« guerre de la morue ») oppose
l'Islande à la Grande-Bretagne.

ITALIE

▲ volcan

200 400 1000 2000 m

═══ autoroute
——— route
——— voie ferrée

✈ aéroport
★ site touristique important

▓ limite de province
Milan capitale de région
Urbino chef-lieu de province

● plus de 1 000 000 h.
● de 500 000 à 1 000 000 h.

● de 100 000 à 500 000 h.
● moins de 100 000 h.

50 km

Taux de natalité (2000) : 9 ‰
Taux de mortalité (2000) : 10 ‰
Taux de mortalité infantile (2000) : 5,4 ‰
Espérance de vie (2000) : hommes :
75,5 ans, femmes : 81,9 ans

ÉCONOMIE

PNB (2001) : 1 123 milliards de $
PNB/hab. (2001) : 19 470 $
PNB/hab. PPA (2001) : 24 340 dollars
internationaux
IDH (2000) : 0,913
Taux de croissance annuelle du PIB (2001) :
1,8 %
Taux annuel d'inflation (2000) : 2,54 %
Structure de la population active (2000) :
agriculture : 5,4 %, mines et industries :
32,4 %, services : 62,2 %
Structure du PIB (2000) : agriculture :
2,9 %, mines et industries : 29,2 %,
services : 67,9 %
Dette publique brute (1998) : 119,9 % du
PIB
Taux de chômage (2001) : 9,4 %

Agriculture et pêche

Cultures
betterave à sucre (2001) : 11 569 000 t.
blé (2001) : 6 510 000 t.
citrons (2001) : 537 000 t.
maïs (2001) : 10 588 000 t.
mandarines (1998) : 505 000 t.
noisettes (2001) : 120 000 t.
olives (2001) : 2 862 000 t.
oranges (2001) : 1 935 000 t.
pêches (2001) : 1 680 000 t.
pommes (2001) : 2 255 000 t.
pommes de terre (2001) : 1 984 000 t.
raisin (2001) : 9 200 000 t.
riz (2001) : 1 222 000 t.
soja (2001) : 885 000 t.
tomates (2001) : 6 529 000 t.
Élevage et pêche
bovins (2001) : 7 211 000 têtes
caprins (2001) : 1 375 000 têtes
ovins (2001) : 11 089 000 têtes
pêche (1999) : 541 000 t.
porcins (2001) : 8 329 000 têtes

Énergie et produits miniers

électricité totale (2000) :
257 408 millions de kWh
gaz naturel (2000) : 16 698 millions
de m³

hydroélectricité (2000) : 43 951 millions
de kWh
pétrole (2001) : 3 420 000 t.

Productions industrielles

lait (2001) : 13 048 000 t.
fromage (2001) : 1 020 712 t.
huile d'olive (2001) : 558 000 t.
sucre (2001) : 1 395 000 t.
tabac (2001) : 130 000 t.
viande (2001) : 4 163 000 t.
vin (2001) : 52 560 000 hl
acier (2001) : 26 461 000 t.
aluminium (2001) : 187 000 t.
fonte (1998) : 10 704 000 t.
plomb (2001) : 203 000 t.
zinc (2001) : 177 800 t.
automobiles (2001) :
1 272 000 unités
véhicules utilitaires (1998) :
272 000 unités
construction navale (1998) : 284 000 tpl
filés de coton (1998) : 230 000 t.
laine (2001) : 10 504 t.
textiles artificiels (1998) : 33 000 t.
textiles synthétiques (1998) : 651 000 t.
ciment (2000) : 36 000 000 t.
caoutchouc synthétique (1991) :
300 000 t.
papier (2000) : 9 129 000 t.

Tourisme

Recettes touristiques (2000) :
27 439 millions de $

Commerce extérieur

Exportations de biens (2000) :
238 736 millions de $
Importations de biens (2000) :
228 019 millions de $

Défense

Forces armées (1999) : 250 600 hommes
Budget de la Défense (1999) :
1,4 % du PIB

Niveau de vie

**Nombre d'habitants pour
un médecin (1996) :** 181
**Apport journalier moyen en
calories (2000) :** 3 661
(minimum FAO : 2 400)
**Nombre d'automobiles pour
1 000 hab. (1996) :** 528
**Nombre de téléviseurs pour
1 000 hab. (1998) :** 488

Étirée sur plus de 10° de latitude, l'Italie présente des paysages variés, avec prédominance des collines (42 % du territoire), devant la montagne (35 %) et la plaine (23 %). Trois ensembles naturels se dégagent. Au nord, l'Italie possède le versant méridional de l'arc alpin, élevé mais coupé de nombreuses vallées. Il domine la plaine du Pô (50 000 km²), qui s'élargit vers l'Adriatique. Au sud enfin, de la Ligurie à la Calabre, l'Apennin forme l'ossature du pays ; en Italie centrale, il est bordé de collines, de plateaux et de plaines alluviales. Le climat méditerranéen ne se manifeste véritablement que sur l'Italie centrale et méridionale (îles incluses), les Alpes ayant un climat plus rude, et la plaine du Pô, un climat à tendance continentale.

Superficie : 301 318 km²
Population (2002) : 57 450 000 hab.
Capitale : Rome 2 655 970 hab. (e. 2000)
Nature de l'État et du régime politique :
république à régime parlementaire
Chef de l'État : (président de la
République) Carlo Azeglio Ciampi
Chef du gouvernement : (président
du Conseil) Silvio Berlusconi
Organisation administrative : 20 régions
Langue officielle : italien
Monnaie : euro

DÉMOGRAPHIE

Densité : 190 hab./km²
Part de la population urbaine (2000) : 67 %
Structure de la population par âge (2000) :
moins de 15 ans : 14,3 %, 15-65 ans :
67,6 %, plus de 65 ans : 18,1 %

71

REPÈRES HISTORIQUES

L'Antiquité

L'Italie est peuplée dès le IIIᵉ millénaire. **VIIIᵉ s. av. J.-C. :** les Étrusques s'installent entre Pô et Campanie ; les Grecs établissent des comptoirs sur les côtes méridionales. **IVᵉ s. :** les Celtes occupent la plaine du Pô. **Vᵉ - IIᵉ s. :** Rome (fondée en 753, selon la légende) profite des dissensions entre ces différents peuples pour conquérir progressivement l'ensemble de la péninsule, en même temps que, après sa victoire sur Carthage, elle domine l'ensemble de la Méditerranée occidentale.

58 - 51 av. J.-C. : avec César, l'Italie devient maîtresse de la Gaule.
42 av. J.-C. : Octave incorpore la Gaule Cisalpine à l'Italie.
27 av. J.-C. - Vᵉ s. apr. J.-C. : à partir d'Auguste, l'Italie est le centre d'un vaste empire. Le christianisme, introduit au Iᵉʳ s., longtemps persécuté, triomphe au IVᵉ s. à Rome, qui devient le siège de la papauté.

Le Moyen Âge

Vᵉ s. : les invasions barbares réduisent l'empire d'Occident à l'Italie, qui n'est pas elle-même épargnée (sacs de Rome, 410 et 476).
Vᵉ s. : l'Italie se développe autour de trois pôles : Milan, centre du royaume lombard ; Ravenne, sous domination byzantine ; le territoire pontifical, autour de Rome.
VIIIᵉ s. : contre les progrès lombards, le pape fait appel aux Francs ; Charlemagne devient roi des Lombards (774), avant d'être couronné empereur (800).
Xᵉ s. : le roi de Germanie Otton Iᵉʳ est couronné empereur à Rome (962) et l'Italie est intégrée dans le Saint Empire romain germanique. ⇢

REPÈRES HISTORIQUES

1075 - 1122 : la querelle des Investitures s'achève par la victoire de la papauté sur l'Empire.
1122 - 1250 : une nouvelle force se constitue, celle des cités (Pise, Gênes, Florence, Milan, Venise). Lorsque le conflit entre Rome et l'Empire rebondit, les cités se déchirent entre guelfes (partisans du pape) et gibelins (qui soutiennent l'empereur).
1309 - 1376 : la papauté doit quitter Rome pour Avignon ; elle est affaiblie par le Grand Schisme d'Occident (1378 - 1417).
xve s. : une nouvelle puissance naît dans le Nord, le duché de Savoie ; les cités voient l'apogée de la Renaissance.

Du déclin du xvie s. au Risorgimento

1494 - 1559 : les guerres d'Italie s'achèvent par l'établissement de la prépondérance espagnole sur la péninsule.
1713 : le pays passe sous la domination des Habsbourg d'Autriche.

1792 - 1799 : la France annexe la Savoie et Nice et occupe la république de Gênes.
1802 - 1804 : Bonaparte conquiert l'ensemble de la péninsule, et constitue le Nord en une « République italienne ».
1805 - 1814 : celle-ci, devenue royaume d'Italie, a pour souverain Napoléon ; le royaume de Naples est occupé en 1806.
1814 : la domination autrichienne est restaurée dans le Nord et le Centre.
1846 - 1849 : l'entreprise de libération nationale, le *Risorgimento*, échoue devant la résistance autrichienne ; mais le Piémont, avec Victor-Emmanuel II et son ministre Cavour, s'impose à sa tête, et obtient l'appui de la France.
1859 : les troupes franco-piémontaises sont victorieuses de l'Autriche.
1860 : la Savoie et Nice reviennent à la France. Des mouvements révolutionnaires, en Italie centrale et dans le royaume de Naples conquis par Garibaldi, aboutissent à l'union de ces régions avec le Piémont.
1861 : le royaume d'Italie est proclamé,

avec pour souverain Victor-Emmanuel I
1866 : il s'agrandit de la Vénétie grâce l'aide prussienne.

Du royaume d'Italie à nos jours

1900 : Victor-Emmanuel III accède a trône.
1915 - 1918 : l'Italie participe à la Pre mière Guerre mondiale aux côtés de Alliés.
1922 : Mussolini est appelé au pouvoi par le roi après la « marche sur Rome de ses Chemises noires. Il instaure ur régime fasciste.
1929 : accords du Latran.
1935 - 1936 : conquête de l'Éthiopie.
1943 : Mussolini, qui était entré en guerr aux côtés de l'Allemagne en 1940, s réfugie dans le Nord où il constitue l république de Salo ; il est arrêté et fusill en 1945.
1944 : Victor-Emmanuel III abdique.
1946 : la république est proclamée.
1958 : l'Italie entre dans la CEE.

les régions

région	superficie (en km²)	population *	capitale ou chef-lieu	provinces
Abruzzes	10 798	1 243 690	L'Aquila	4 (L'Aquila, Chieti, Pescara et Teramo).
Aoste (Val d')	3 263	115 397	Aoste	
Basilicate	9 992	605 940	Potenza	2 (Matera et Potenza).
Calabre	15 080	2 037 686	Catanzaro	5 (Catanzaro, Cosenza, Crotone, Reggio di Calabria et Vibo Valentia).
Campanie	13 595	5 589 587	Naples	5 (Avellino, Bénévent, Caserte, Naples et Salerne).
Émilie-Romagne	22 124	3 899 170	Bologne	8 (Bologne, Ferrare, Forli, Modène, Parme, Plaisance, Ravenne et Reggio nell'Emilia).
Frioul-Vénétie Julienne	7 855	1 193 520	Trieste	4 (Gorizia, Trieste, Udine et Pordenone).
Latium	17 203	5 031 230	Rome	5 (Frosinone, Latina, Rieti, Rome et Viterbe).
Ligurie	5 421	1 668 078	Gênes	4 (Gênes, Imperia, Savone et La Spezia).
Lombardie	23 850	8 882 000	Milan	9 (Bergame, Brescia, Côme, Crémone, Mantoue, Milan, Pavie, Sondrio et Varèse).
Marches	9 694	1 427 666	Ancône	4 (Pesaro et Urbino, Ancône, Macerata et Ascoli Piceno).
Molise	4 438	327 893	Campobasso	2 (Campobasso et Isernia).
Ombrie	8 456	804 054	Pérouse	2 (Pérouse et Terni).
Piémont	25 399	4 290 412	Turin	6 (Alexandrie, Asti, Cuneo, Novare, Turin et Verceil).
Pouille	19 362	3 986 430	Bari	5 (Bari, Brindisi, Foggia, Lecce et Tarente).
Sardaigne	24 090	1 637 705	Cagliari	4 (Cagliari, Nuoro, Oristano et Sassari).
Sicile	25 708	4 961 383	Palerme	9 (Agrigente, Caltanisetta, Catane, Enna, Messine, Palerme, Raguse, Syracuse et Trapani).
Toscane	22 997	3 510 114	Florence	9 (Arezzo, Florence, Grosseto, Livourne, Lucques, Massa e Carrare, Pise, Pistoia et Sienne).
Trentin-Haut-Adige	13 607	886 914	Trente	2 (Trente et Bolzano).
Vénétie Vérone	18 391	4 363 157	Venise	7 (Belluno, Padoue, Rovigo, Trévise, Venise, et Vicence).

* Estimation pour 2000.

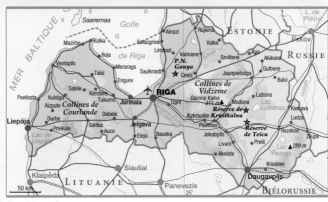

Traversée par le Daugava, la Lettonie possède un relief faiblement accidenté et largement couvert de forêts ou d'herbages, sous un climat humide et frais.

Lettonie

★ site touristique important

100   200 m

autoroute
route
voie ferrée
✈ aéroport

● plus de 500 000 h.
● de 100 000 à 500 000 h.
● de 50 000 à 100 000 h.
· moins de 50 000 h.

Superficie : 64 600 km²
Population (2002) : 2 392 000 hab.
Capitale : Riga 764 328 hab. (r. 2000)
Nature de l'État et du régime politique :
République à régime parlementaire
Chef de l'État : (présidente de
la République) Vaira Vike-Freiberga
Chef du gouvernement : (Premier
ministre) Einars Repše
Organisation administrative : 26 districts
et 7 municipalités
Langue officielle : letton
Monnaie : lats letton

DÉMOGRAPHIE

Densité : 37 hab./km²
Part de la population urbaine (2000) : 69 %
Structure de la population par âge (2000) :
moins de 15 ans : 17,4 %, 15-65 ans :
67,8 %, plus de 65 ans : 14,8 %
Taux de natalité (2000) : 9 ‰
Taux de mortalité (2000) : 14 ‰
Taux de mortalité infantile (2000) : 13,6 ‰
Espérance de vie (2000) : hommes :
65,7 ans, femmes : 76,2 ans

ÉCONOMIE

PNB (2001) : 7,72 milliards de $
PNB/hab. (2001) : 3 300 $
PNB/hab. PPA (2001) : 7 870 dollars
internationaux
IDH (2000) : 0,8

Taux de croissance annuelle du PIB (2001) :
7,6 %
Taux annuel d'inflation (2000) : 2,65 %
Structure de la population active (1998) :
agriculture : 18,8 %, mines et
industries : 26,2 %, services : 55 %
Structure du PIB (2000) : agriculture :
4,5 %, mines et industries : 25,3 %,
services : 70,2 %
Dette publique brute : n.d.
Taux de chômage (2001) : 12,8 %

Agriculture et pêche

Cultures
betterave à sucre (2001) : 446 000 t.
blé (2001) : 452 000 t.
orge (2001) : 256 000 t.
pommes de terre (2001) : 706 000 t.
production de bois (2000) :
12 624 000 m3
Élevage et pêche
bovins (2001) : 367 000 têtes
ovins (2001) : 28 600 têtes
pêche (1999) : 126 000 t.
porcins (2001) : 394 000 têtes

Énergie et produits miniers
électricité totale (2000) : 3 301 millions
de kWh

Productions industrielles
sucre (2001) : 56 000 t.

Tourisme
Recettes touristiques (2000) : 131 millions
de $

Commerce extérieur
Exportations de biens (2000) :
2 058 millions de $
Importations de biens (2000) :
3 116 millions de $

Défense
Forces armées (1999) :
5 050 hommes
Budget de la Défense (1999) :
0,9 % du PIB

Niveau de vie
Nombre d'habitants pour un
médecin (1996) : 333
Apport journalier moyen en
calories (2000) : 2 855
(minimum FAO : 2 400)
Nombre d'automobiles pour
1 000 hab. (1999) : 218
Nombre de téléviseurs pour
1 000 hab. (1999) : 741

73

REPÈRES HISTORIQUES

Au début de l'ère chrétienne, des peuples du groupe finno-ougrien et du groupe balte s'établissent dans la région.
Début du XIIIᵉ s. - 1561 : les chevaliers Teutoniques et Porte-Glaive fusionnent (1237) pour former l'ordre livonien. Celui-ci gouverne et christianise le pays.
1561 : la Livonie est annexée par la Pologne, et la Courlande, érigée en duché sous suzeraineté polonaise.

1795 : après le troisième partage de la Pologne, la totalité du pays est intégrée à l'Empire russe.
1918 : la Lettonie proclame son indépendance.
1920 : celle-ci est reconnue par la Russie soviétique au traité de Riga.
1940 : conformément au pacte germano-soviétique, la Lettonie est annexée par l'URSS.

1941 - 1944 : elle est occupée par l'Allemagne.
1944 : la Lettonie redevient république soviétique.
1991 : l'indépendance, restaurée par référendum (mars), est reconnue par l'URSS et par la communauté internationale (septembre).
1994 : les troupes russes achèvent leur retrait du pays.

LIECHTENSTEIN

L'extrémité alpestre du Vorarlberg (2 500 m) domine la plaine du Rhin, élargie seulement au nord.

Superficie : 160 km²
Population (2002) : 30 000 hab.
Capitale : Vaduz 5 000 hab. (e. 2001)
Nature de l'État et du régime politique : monarchie constitutionnelle à régime parlementaire
Chef de l'État : (prince) Hans Adam II
Chef du gouvernement : (chef du gouvernement) Otmar Hasler
Organisation administrative : 11 communes
Langue officielle : allemand
Monnaie : franc suisse

DÉMOGRAPHIE
Densité : 205 hab./km²
Part de la population urbaine (1999) : 22,3 %
Structure de la population par âge (1993) : moins de 15 ans : 19 %, 15-65 ans : 71 %, plus de 65 ans : 10 %
Taux de natalité (1993) : 14 ‰
Taux de mortalité : n.d.
Taux de mortalité infantile : n.d.

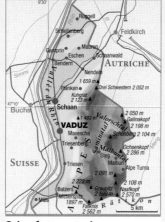

Liechtenstein

=== autoroute
— route
— voie ferrée

● plus de 5 000 h.
● moins de 5 000 h.

500 800 1000 1500 2000 m

Espérance de vie : hommes : n.d., femmes : n.d.

ÉCONOMIE
PNB : n.d.
PNB/hab. : n.d.
PNB/hab. PPA : n.d.
IDH : n.d.
Taux de croissance annuelle du PIB : n.d.
Taux annuel d'inflation : n.d.
Structure de la population active : agriculture : n.d., mines et industries : n.d., services : n.d.
Structure du PIB (1995) : agriculture : 2 %, mines et industries : 45 %,

services : 53 %
Dette publique brute : n.d.
Taux de chômage : n.d.

Énergie et produits miniers
électricité totale (1996) : 81 millions de kWh

Tourisme
Recettes touristiques : n.d.

Commerce extérieur
Exportations de biens (1996) : 1 400 millions de $
Importations de biens (1996) : 700 millions de $

Défense
Forces armées : n.d.
Budget de la Défense : n.d.

Niveau de vie
Nombre d'habitants pour un médecin : n.d
Apport journalier moyen en calories (1995) : 3 440 (minimum FAO : 2 400)
Nombre d'automobiles pour 1 000 hab. : n.d.
Nombre de téléviseurs pour 1 000 hab. (1998) : 469

REPÈRES HISTORIQUES
1719 : constitué par la réunion des se gneuries de Vaduz et de Schellenberg, Liechtenstein est érigé en principauté.
1806 - 1813 : il entre dans la Confédéra tion du Rhin.
1815 - 1866 : il est rattaché à la Confédé ration germanique.
1921 : le pays est doté d'une Constitutio démocratique.
1923 : il est lié économiquement à Suisse (Union douanière et financière).
1990 : le Liechtenstein devient membr de l'ONU.

le dernier vestige du Saint Empire romain germanique

L
e Liechtenstein est le dernier vestige du Saint Empire romain germanique, désignation officielle de l'empire fondé en 962 par Otton Ier. Le Saint Empire comprenait les royaumes de Germanie, d'Italie et, à partir de 1032, celui de Bourgogne. Affaibli par la querelle des Investitures (1076 - 1122) et la lutte du Sacerdoce et de l'Empire (1157 - 1250), il perdit, de la fin du XIIIe s. au XVe s., ses possessions italiennes, bourguignonnes et suisses, tendant à se confondre avec le domaine germanique. Pourtant, l'un de ses empereurs les plus célèbres fut Charles Quint, qui gouvernait un immense territoire « sur lequel jamais le soleil ne se couche ». À la fin de la guerre de Trente Ans, les traités de Westphalie (1648) consacrèrent le morcellement territorial de l'Empire. Celui-ci ne put résister aux conquêtes napoléoniennes et fut dissous en 1806 lors de la renonciation de l'empereur François II à la couronne impériale d'Allemagne.

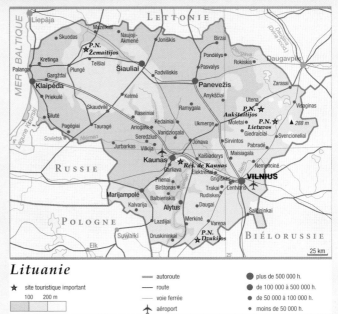

Lituanie

★ site touristique important

100	200 m	

═══ autoroute
──── route
···· voie ferrée
✈ aéroport

● plus de 500 000 h.
● de 100 000 à 500 000 h.
● de 50 000 à 100 000 h.
○ moins de 50 000 h.

e plus grand et le plus peuplé des États
altes a, contrairement à ses voisins, long-
emps eu une vocation continentale.
ocager et boisé, il occupe une région de
ollines morainiques parsemée de lacs et
e petites plaines.

uperficie : 65 200 km²
opulation (2002) : 3 681 000 hab.
apitale : Vilnius 554 800 hab. (r. 2001)
ature de l'État et du régime politique :
épublique à régime semi-présidentiel
hef de l'État : (président de
a République) Rolandas Paksas
hef du gouvernement : (Premier
inistre) Algirdas Brazauskas
rganisation administrative : 10 régions
angue officielle : lituanien
onnaie : litas lituanien

DÉMOGRAPHIE
ensité : 56 hab./km²
art de la population urbaine (2000) :
8,4 %
ructure de la population par âge (2000) :
oins de 15 ans : 19,5 %, 15-65 ans :
7,1 %, plus de 65 ans : 13,4 %
aux de natalité (2000) : 9 ‰
aux de mortalité (2000) : 11 ‰
aux de mortalité infantile (2000) : 8,9 ‰
spérance de vie (2000) : hommes :
7,6 ans, femmes : 77,7 ans

ÉCONOMIE
NB (2001) : 11,4 milliards de $
NB/hab. (2001) : 3 270 $
NB/hab. PPA (2001) : 7 610 dollars
nternationaux
DH (2000) : 0,808
aux de croissance annuelle du PIB (2001) :
,9 %
aux annuel d'inflation (2000) : 1,01 %
ructure de la population active (1998) :
griculture : 18,6 %, mines et
ndustries : 29 %, services : 52,4 %
ructure du PIB (2000) : agriculture :
,6 %, mines et industries : 32,9 %,
ervices : 59,5 %
ette publique brute : n.d.
aux de chômage (2001) : 17 %

Agriculture et pêche
ultures
etterave à sucre (2001) :
00 000 t.
lé (2001) : 1 076 000 t.
rge (2001) : 1 050 000 t.

pommes de terre (2001) : 1 300 000 t.
seigle (2001) : 260 000 t.
Élevage et pêche
bovins (2001) : 748 000 têtes
ovins (2001) : 11 500 têtes
pêche (1999) : 35 200 t.
porcins (2001) : 856 000 têtes
poulets (2001) :
5 576 000 têtes

Énergie et produits miniers
électricité nucléaire (2000) :
8 700 millions de kWh
électricité totale (2000) : 10 966 millions
de kWh

Productions industrielles
sucre (2001) : 109 000 t.
lin (2001) : 7 200 t.

Tourisme
Recettes touristiques (2000) : 391 millions
de $

Commerce extérieur
Exportations de biens (2000) :
4 050,4 millions de $
Importations de biens (2000) :
5 154,1 millions de $

Défense
Forces armées (1999) :
12 700 hommes
Budget de la Défense (1999) :
1,7 % du PIB

Niveau de vie
Nombre d'habitants pour un
médecin (1996) : 250
Apport journalier moyen en
calories (2000) : 3 040
(minimum FAO : 2 400)
Nombre d'automobiles pour
1 000 hab. (1999) : 294
Nombre de téléviseurs pour
1 000 hab. (1999) : 420

REPÈRES HISTORIQUES

Vᵉ s. environ : des tribus balto-slaves de la
région s'organisent pour lutter contre les
invasions scandinaves.
V. 1240 : Mindaugas fonde le grand-
duché de Lituanie.
Seconde moitié du XIIIᵉ s. - XIVᵉ s. : cet État
combat les chevaliers Teutoniques et
étend sa domination sur les principautés
russes du Sud-Ouest.
1385 - 1386 : la Lituanie s'allie à la
Pologne ; le grand-duc de Jagellon
devient roi de Pologne sous le nom de
Ladislas II (1386 - 1434).
1392 - 1430 : sous Vytautas, qui règne sur
le grand-duché sous la suzeraineté de son
cousin Ladislas II, la Lituanie s'étend jusqu'à la mer Noire.
1569 : l'Union de Lublin crée l'État
polono-lituanien.
1795 : la majeure partie du pays est
annexée par l'Empire russe.
1915 - 1918 : la Lituanie est occupée par
les Allemands.
1918 : elle proclame son indépendance.
1920 : la Russie soviétique la reconnaît.
1940 : conformément au pacte germano-
soviétique, la Lituanie est annexée par
l'URSS.
1941 - 1944 : elle est occupée par l'Allemagne.
1944 : la Lituanie redevient une république soviétique.
1991 : l'indépendance, proclamée en
1990, est reconnue par la communauté
internationale (septembre).
1993 : les troupes russes achèvent leur
retrait du pays.

La région septentrionale (Ösling) appartient au plateau ardennais, souvent forestier, entaillé par des vallées encaissées (Sûre) et dont la mise en valeur est limitée par des conditions naturelles défavorables. Elle s'oppose au Sud (Gutland), prolongement de la Lorraine, où la fertilité des sols et un climat moins rude ont favorisé l'essor d'une agriculture variée et de l'élevage bovin.

Superficie : 2 586 km^2
Population (2002) : 447 000 hab.
Capitale : Luxembourg 76 687 hab.
(r. 2000)
Nature de l'État et du régime politique :
monarchie constitutionnelle à régime
parlementaire
Chef de l'État : (grand-duc) Henri
Chef du gouvernement : (président du
gouvernement) Jean-Claude Juncker
Organisation administrative : 3 districts
Langues officielles : luxembourgeois,
allemand et français
Monnaie : euro

DÉMOGRAPHIE

Densité : 167 hab./km^2
Part de la population urbaine (2000) :
91,5 %
Structure de la population par âge (2000) :
moins de 15 ans : 18,7 %, 15-65 ans :
66,9 %, plus de 65 ans : 14,4 %
Taux de natalité (1999) : 12,90 ‰
Taux de mortalité (1999) : 8,78 ‰
Taux de mortalité infantile (2000) :
5,6 ‰
Espérance de vie (2000) : hommes :
74,6 ans, femmes : 80,9 ans

ÉCONOMIE

PNB (2001) : 1,86 milliards de $
PNB/hab. (2001) : 41 770 $
PNB/hab. PPA (2001) : 48 080 dollars
internationaux
IDH (2000) : 0,925
Taux de croissance annuelle du PIB (2001) :
1 %
Taux annuel d'inflation (2000) : 3,15 %
Structure de la population active (2000) :
agriculture : 1,9 %, mines et industries :
23,9 %, services : 74,2 %
Structure du PIB (2000) : agriculture :
0,7 %, mines et industries : 20,8 %,
services : 78,5 %
Dette publique brute : n.d.
Taux de chômage (2001) : 2 %

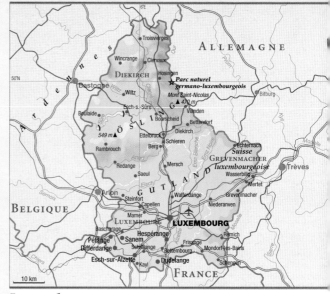

Luxembourg

200	500 m	autoroute	limite de district ● plus de 50 000 h.
		route	voie ferrée ● de 10 000 à 50 000 h.
		✈ aéroport	● moins de 10 000 h.

Agriculture et pêche
Les données du Luxembourg sont incluses dans celles de la Belgique.

Énergie et produits miniers
électricité totale (2000) : 468 millions de kWh

Productions industrielles
acier (2001) : 2 725 000 t.
ciment (2000) : 700 000 t.

Tourisme
Recettes touristiques (1998) : 309 millions de $

Commerce extérieur
Exportations de biens (2000) :
8 615 millions de $

Importations de biens (2000) :
10 436 millions de $

Défense
Forces armées (1998) : 768 hommes
Budget de la Défense (1999) : 0,6 % du PI

Niveau de vie
Nombre d'habitants pour un
médecin (1993) : 455
Apport journalier moyen en
calories (2000) : 3 701
(minimum FAO : 2 400)
Nombre d'automobiles pour
1 000 hab. (1999) : 587
Nombre de téléviseurs pour
1 000 hab. (1998) : 389

REPÈRES HISTORIQUES

963 : issu du morcellement de la Lotharingie, le comté de Luxembourg est créé au sein du Saint Empire romain germanique.
1354 : Charles IV de Luxembourg érige le comté en duché de Luxembourg.
1441 : le Luxembourg passe à Philippe le Bon, duc de Bourgogne.
1506 : il devient possession des Habsbourg d'Espagne.
1714 : au traité de Rastatt, le Luxembourg est cédé à l'Autriche.
1795 : il est annexé par la France.
1815 : le congrès de Vienne en fait un grand-duché, lié à titre personnel au roi des Pays-Bas et membre de la Confédération germanique.
1831 : la moitié occidentale du grand-duché devient belge (province de Luxembourg).

1867 : le traité de Londres fait du Luxembourg un État neutre, sous la garantie de grandes puissances.
1890 : la couronne passe à la famille d Nassau.
1912 : la loi salique est abrogée et Marie Adélaïde devient grande-duchesse.
1914 - 1918 : le Luxembourg est occup par les Allemands.
1919 : Charlotte de Nassau devien grande-duchesse et donne une Constitution démocratique au pays.
1940 - 1944 : nouvelle occupation alle mande.
1948 : le Luxembourg abandonne sa neu tralité.
1958 : il entre dans la CEE.
1964 : Jean devient grand-duc.
2000 : il abdique en faveur de son fi Henri.

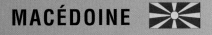

En grande partie montagneuse, ouverte cependant par quelques bassins et vallées (dont celle du Vardar), la Macédoine associe élevage et cultures. Le pays souffre de son enclavement.

Superficie : 25 713 km²
Population (2002) : 2 051 000 hab.
Capitale : Skopje 437 000 hab. (e. 2001) dans l'agglomération
Nature de l'État et du régime politique : république à régime semi-présidentiel
Chef de l'État : (président de la République) Boris Trajkovski
Chef du gouvernement : (Premier ministre) Branko Crvenkovski
Organisation administrative : 123 municipalités
Langues officielles : macédonien et albanais
Monnaie : denar

DÉMOGRAPHIE

Densité : 79 hab./km²
Part de la population urbaine (2000) : 62 %
Structure de la population par âge (2000) : moins de 15 ans : 22,6 %, 15-65 ans : 67,4 %, plus de 65 ans : 10 %
Taux de natalité (2000) : 13 ‰
Taux de mortalité (2000) : 8 ‰
Taux de mortalité infantile (2000) : 16 ‰
Espérance de vie (2000) : hommes : 71,4 ans, femmes : 75,8 ans

ÉCONOMIE

PNB (2001) : 3,45 milliards de $
PNB/hab. (2001) : 1 690 $
PNB/hab. PPA (2001) : 4 860 dollars internationaux
IDH (2000) : 0,772
Taux de croissance annuelle du PIB (2001) : – 4,1 %
Taux annuel d'inflation (1999) : -1,26 %
Structure de la population active : agriculture : n.d., mines et industries : n.d., services : n.d.
Structure du PIB (2000) : agriculture : 11,8 %, mines et industries : 33,1 %, services : 55,1 %
Dette publique brute : n.d.
Taux de chômage (2001) : 30,5 %

Agriculture et pêche

Cultures
betterave à sucre (2001) : 38 000 t.
blé (2001) : 246 000 t.
maïs (2001) : 118 000 t.

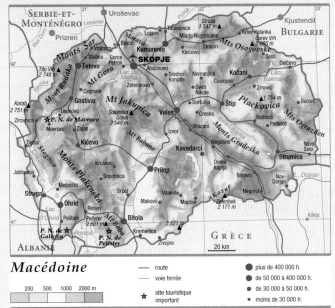

Macédoine

— route
— voie ferrée
200 500 1000 2000 m
★ site touristique important

● plus de 400 000 h.
● de 50 000 à 400 000 h.
● de 30 000 à 50 000 h.
• moins de 30 000 h.

orge (2001) : 92 000 t.
pommes de terre (2001) : 176 000 t.
raisin (2001) : 230 000 t.

Élevage et pêche

bovins (2001) : 265 000 têtes
ovins (2001) : 1 251 000 têtes
porcins (2001) : 204 000 têtes
poulets (2001) : 3 350 000 têtes

Énergie et produits miniers

cuivre (2000) : 10 000 t.
électricité totale (2000) : 6 397 millions de kWh
plomb (2001) : 20 000 t.
zinc (2001) : 65 000 t.

Productions industrielles

vin (2001) : 1 000 000 hl
sucre (2001) : 4 700 t.
plomb (2001) : 25 000 t.
zinc (2001) : 12 000 t.

Tourisme

Recettes touristiques (2000) : 37 millions de $

Commerce extérieur

Exportations de biens (2000) : 1 317,1 millions de $
Importations de biens (2000) : 1 875,2 millions de $

Défense

Forces armées (1998) : 16 000 hommes
Budget de la Défense (1999) : 1,9 % du PIB

Niveau de vie

Nombre d'habitants pour un médecin (1995) : 435
Apport journalier moyen en calories (2000) : 3 006 (minimum FAO : 2 400)
Nombre d'automobiles pour 1 000 hab. (1996) : 142
Nombre de téléviseurs pour 1 000 hab. (1999) : 250

REPÈRES HISTORIQUES

VIIᵉ - VIᵉ s. av. J.-C. : les tribus de Macédoine sont unifiées.
356 - 336 : Philippe II porte le royaume à son apogée et impose son hégémonie à la Grèce.
336 - 323 : Alexandre le Grand conquiert l'Égypte et l'Orient.
323 - 276 : après sa mort, ses généraux (les diadoques) se disputent la Macédoine.
276 - 168 : les Antigonides règnent sur le pays.
168 : la victoire romaine de Pydna met un terme à l'indépendance macédonienne.
148 av. J.-C. : la Macédoine devient province romaine.
IVᵉ s. apr. J.-C. : elle est rattachée à l'Empire romain d'Orient.
VIIᵉ s. : les Slaves occupent la région.
IXᵉ - XIVᵉ s. : Byzantins, Bulgares et Serbes se disputent le pays.
1371 - 1912 : la Macédoine fait partie de l'Empire ottoman.
1912 - 1913 : la première guerre balkanique la libère des Turcs.
1913 : la question du partage de la Macédoine oppose la Serbie, la Grèce et la Bulgarie au cours de la seconde guerre balkanique.
1915 - 1918 : la région est le théâtre d'une campagne menée par les Alliés contre les forces austro-germano-bulgares.
1945 : la république fédérée de Macédoine est créée au sein de la Yougoslavie.
1991 : elle se déclare indépendante.
1993 : elle est admise à l'ONU sous le nom d'ex-république yougoslave de Macédoine.

MALTE

Situé au centre de la Méditerranée, l'archipel commande le bassin oriental de cette mer et constitue une position stratégique remarquable. L'île de Malte, formée de terrains calcaires, a un relief accidenté, mais peu élevé (258 m). Le climat doux, aux pluies d'hiver, permet des cultures variées.

Superficie : 316 km²
Population (2002) : 394 000 hab.
Capitale : Valette 82 000 hab. (e. 2001) dans l'agglomération
Nature de l'État et du régime politique : république à régime parlementaire
Chef de l'État : (président de la République) Guido de Marco
Chef du gouvernement : (Premier ministre) Edward Fenech-Adami, dit Eddie Fenech-Adami
Organisation administrative : pas de division
Langues officielles : maltais et anglais
Monnaie : livre maltaise

DÉMOGRAPHIE

Densité : 1 230 hab./km²
Part de la population urbaine (2000) : 90,5 %
Structure de la population par âge (2000) : moins de 15 ans : 20,2 %, 15-65 ans : 67,4 %, plus de 65 ans : 12,4 %
Taux de natalité (1999) : 11,98 ‰
Taux de mortalité (1999) : 8,1 ‰
Taux de mortalité infantile (2000) : 7 ‰
Espérance de vie (2000) : hommes : 75,9 ans, femmes : 81 ans

Malte

★ site touristique important
200   500 m

— route
✈ aéroport
● plus de 10 000 h.
● moins de 10 000 h.
50 km

ÉCONOMIE

PNB (2000) : 3,56 milliards de $
PNB/hab. (2000) : 9 120 $
PNB/hab. PPA (2000) : 16 530 dollars internationaux
IDH (2000) : 0,875
Taux de croissance annuelle du PIB (2001) : – 1 %
Taux annuel d'inflation (2000) : 2,37 %
Structure de la population active : agriculture : n.d., mines et industries : n.d., services : n.d.
Structure du PIB (1993) : agriculture : 3,2 %, mines et industries : 34,9 %, services : 61,9 %
Dette publique brute : n.d.
Taux de chômage (2001) : 6,5 %

Agriculture et pêche

Cultures
pommes de terre (2001) : 26 900 t.
raisin (2001) : 1 100 t.
Élevage et pêche
bovins (2001) : 19 200 têtes
ovins (2001) : 16 000 têtes
pêche (1999) : 3 040 t.
porcins (2001) : 80 000 têtes
poulets (2001) : 820 000 têtes

Énergie et produits miniers

électricité totale (2000) : 1 750 millions de kWh

Tourisme

Recettes touristiques (2000) : 650 millions de $

Commerce extérieur

Exportations de biens (2000) : 2 476,2 millions de $
Importations de biens (2000) : 3 097 millions de $

Défense

Forces armées (1998) : 1 900 hommes
Budget de la Défense (1999) : 0,8 % du PIB

Niveau de vie

Nombre d'habitants pour un médecin (1993) : 400
Apport journalier moyen en calories (2000) : 3 543 (minimum FAO : 2 400)
Nombre d'automobiles pour 1 000 hab. (1998) : 462
Nombre de téléviseurs pour 1 000 hab. (1999) : 549

REPÈRES HISTORIQUES

IVe - IIe millénaire : Malte est le centre d'une civilisation mégalithique.
IXe s. av. J.-C. : l'île devient un poste phénicien. Elle est occupée ensuite par les Grecs (VIIIe s.) puis par les Carthaginois (VIe s.).
218 av. J.-C. : Malte est annexée par les Romains.
870 : l'île est occupée par les Arabes.
1090 : Roger Ier s'empare de Malte, dont le sort est lié au royaume de Sicile jusqu'au XVIe s.
1530 : Charles Quint cède l'île aux chevaliers de Saint-Jean de Jérusalem, à condition que ceux-ci s'opposent à l'avancée ottomane.
1798 : Bonaparte occupe l'île.
1800 : la Grande-Bretagne en fait une base stratégique.
1940 - 1943 : Malte joue un rôle déterminant dans la guerre en Méditerranée.
1964 : l'île accède à l'indépendance, dans le cadre du Commonwealth.
1974 : Malte devient une république.

l'ordre de Malte

Son titre exact est : « ordre souverain militaire et hospitalier de Saint-Jean-de-Jérusalem ». Il est issu des Frères de l'hôpital Saint-Jean-de-Jérusalem, fondé vers 1070.
Lors de l'entrée des croisés à Jérusalem (1099), les hospitaliers de Saint-Jean constituent un ordre religieux dont la règle servira de modèle aux autres ordres hospitaliers. Après la prise de Saint-Jean-d'Acre, l'ordre s'installe à Chypre (1191), à Rhodes (1309) puis à Malte (1530) jusqu'à la prise de l'île par Bonaparte (1798). Alors divisé en 8 langues (ou nations), il est placé sous l'autorité d'un grand maître élu dont dépendent environ 600 commanderies ; il s'installe à Rome en 1834 et se dote d'une nouvelle Constitution, approuvée par le Saint-Siège. L'action des 10 000 membres de l'ordre s'exerce essentiellement dans le domaine caritatif avec ses léproseries, hôpitaux, dispensaires, ambulances. Des branches non catholiques existent en Allemagne, en Scandinavie, aux Pays-Bas.

La Moldavie présente un relief ondulé de collines et de plaines alluviales très fertiles, un climat doux et humide, des ressources en eau pour l'irrigation, conditions naturelles propices au développement de l'agriculture.

Superficie : 33 851 km^2
Population (2002) : 4 273 000 hab.
Capitale : Chişinău 662 000 hab. (e. 2001)
Nature de l'État et du régime politique : république à régime semi-présidentiel
Chef de l'État : (président de la République) Vladimir Voronine
Chef du gouvernement : (Premier ministre) Vasile Tarlev
Organisation administrative : 10 districts, un territoire autonome et 1 municipalité
Langue officielle : roumain
Monnaie : leu moldave

DÉMOGRAPHIE

Densité : 129 hab./km^2
Part de la population urbaine (2000) : 46,1 %
Structure de la population par âge (2000) : moins de 15 ans : 23,1 %, 15-65 ans : 67,6 %, plus de 65 ans : 9,3 %
Taux de natalité (2000) : 10 ‰
Taux de mortalité (2000) : 11 ‰
Taux de mortalité infantile (2000) : 20,5 ‰
Espérance de vie (2000) : hommes : 62,8 ans, femmes : 70,3 ans

ÉCONOMIE

PNB (2001) : 1,4 milliards de $
PNB/hab. (2001) : 380 $
PNB/hab. PPA (2001) : 2 420 dollars internationaux
IDH (2000) : 0,701
Taux de croissance annuelle du PIB (2001) : 6,1 %

Moldavie

— route
— voie ferrée
✈ aéroport
200 m
● plus de 500 000 h.
● de 100 000 à 500 000 h.
● de 50 000 à 100 000 h.
● moins de 50 000 h.

Taux annuel d'inflation (2000) : 31,29 %
Structure de la population active (1998) : agriculture : 45,7 %, mines et industries : 14,6 %, services : 39,7 %.
Structure du PIB (2000) : agriculture : 28 %, mines et industries : 20 %, services : 52 %
Dette publique brute : n.d.
Taux de chômage (2001) : 7,3 %

Agriculture et pêche
Cultures
avoine (2001) : 3 200 t.
betterave à sucre (2001) : 1 138 000 t.
blé (2001) : 1 180 000 t.
maïs (2001) : 825 000 t.
noisettes (2001) : 850 t.
orge (2001) : 269 000 t.
pommes de terre (2001) : 425 000 t.
raisin (2001) : 430 000 t.
tabac (2001) : 15 100 t.

Énergie et produits miniers
électricité totale (2000) : 3 317 millions de kWh

Productions industrielles
sucre (2001) : 115 000 t.
vin (2001) : 1 400 000 hl

tabac (2001) : 15 100 t.
acier (2001) : 966 000 t.

Tourisme
Recettes touristiques (2000) : 4 millions de $

Commerce extérieur
Exportations de biens (2000) : 476,6 millions de $
Importations de biens (2000) : 783,2 millions de $

Défense
Forces armées (1999) : 9 500 hommes
Budget de la Défense (1999) : 0,5 % du PIB

Niveau de vie
Nombre d'habitants pour un médecin (1996) : 278
Apport journalier moyen en calories (2000) : 2 763 (minimum FAO : 2 400)
Nombre d'automobiles pour 1 000 hab. (1999) : 54
Nombre de téléviseurs pour 1 000 hab. (1999) : 297

REPÈRES HISTORIQUES

1538 : la Bessarabie, qui constitue la majeure partie de la Moldavie, est annexée par l'Empire ottoman.
1812 : elle est cédée à la Russie.
1918 : la Bessarabie est rattachée à la Roumanie.
1924 : les Soviétiques créent, sur la rive droite du Dniestr, une république autonome de Moldavie, rattachée à l'Ukraine.
1940 : conformément au pacte germano-soviétique, les Soviétiques annexent la Bessarabie, dont le sud est rattaché à l'Ukraine. Le reste de la Bessarabie et une partie de la république autonome de Moldavie forment, au sein de l'URSS, la république socialiste soviétique de Moldavie.
1941 - 1944 : celle-ci est occupée par la Roumanie alliée à l'Allemagne.
1991 : la Moldavie proclame son indépendance et adhère à la CEI.
1994 : l'éventualité d'un rattachement de la Moldavie à la Roumanie est rejetée par référendum. Une nouvelle Constitution prévoit un statut d'autonomie pour la Transnistrie et la minorité gagaouze.

MONACO

Divisé en quatre districts, Monaco est un micro-État, dont le site, rocailleux, ne permet aucune forme d'exploitation agricole.

Superficie : 2 km²
Population (2002) : 30 000 hab.
Capitale : Monaco 34 000 hab. (e. 2001)
Nature de l'État et du régime politique : monarchie constitutionnelle
Chef de l'État : (prince) Rainier III
Chef du gouvernement : (ministre d'État) Patrick Leclercq
Organisation administrative : pas de division
Langue officielle : français
Monnaie : euro

DÉMOGRAPHIE

Densité : 16 798 hab./km²
Part de la population urbaine (1999) : 100 %
Structure de la population par âge :
moins de 15 ans : n.d.,
15-65 ans : n.d.,
plus de 65 ans : n.d.
Taux de natalité : n.d.
Taux de mortalité : n.d.
Taux de mortalité infantile : n.d.
Espérance de vie : hommes : n.d., femmes : n.d.

ÉCONOMIE

PNB : n.d.
PNB/hab. : n.d.
PNB/hab. PPA : n.d.
IDH : n.d.
Taux de croissance annuelle du PIB : n.d.
Taux annuel d'inflation : n.d.
Structure de la population active : agriculture : n.d., mines et industries : n.d., services : n.d.
Structure du PIB : agriculture : n.d., mines et industries : n.d., services : n.d.
Dette publique brute : n.d.
Taux de chômage : n.d.

Tourisme

Recettes touristiques : n.d.

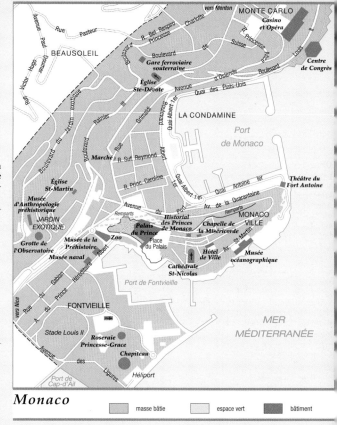

Monaco

| | masse bâtie | | espace vert | | bâtiment |

Commerce extérieur

Exportations de biens : n.d.
Importations de biens : n.d.

Défense

Forces armées : n.d.
Budget de la Défense : n.d.

Niveau de vie

Nombre d'habitants pour un médecin : n.d.
Apport journalier moyen en calories : n.d.
Nombre d'automobiles pour 1 000 hab. (1996) : 528
Nombre de téléviseurs pour 1 000 hab. (1995) : 750

REPÈRES HISTORIQUES

Colonie phénicienne dans l'Antiquité, elle passe sous la domination de la colonie grecque de Marseille et prend le nom de Monoïkos.
1297 : la ville échoit à la famille Grimaldi mais, enjeu des querelles génoises entre guelfes et gibelins, elle ne lui revient définitivement qu'en 1419.
1512 : la France reconnaît son indépendance.
1793 - 1814 : les Français annexent la principauté.

1815 - 1817 : le protectorat français est remplacé par celui de la Sardaigne.
1865 : Monaco se replace sous la protection de la France en signant avec elle l'union douanière.
1911 : un régime libéral y remplace l'absolutisme.
1949 : Rainier III devient prince de Monaco.
1962 : Rainier III libéralise encore la Constitution.
1993 : la principauté est admise à l'ONU.

Occupant la partie occidentale de la péninsule scandinave, la Norvège, étirée sur plus de 1 500 km, est une région montagneuse (en dehors du Nord, où dominent les plateaux) et forestière. Le littorral est découpé de fjords, sur lesquels se sont établies les principales villes, Oslo, Bergen, Trondheim, Stavanger.

Superficie : 323 877 km^2
Population (2002) : 4 506 000 hab.
Capitale : Oslo 512 589 hab. (e. 2002), 787 000 hab. (e. 2001) dans l'agglomération
Nature de l'État et du régime politique : monarchie constitutionnelle à régime parlementaire
Chef de l'État : (roi) Harald V
Chef du gouvernement : (Premier ministre) Kjell Magne Bondevik
Organisation administrative : 19 comtés et 2 régions métropolitaines
Langue officielle : norvégien
Monnaie : krone (couronne norvégienne)

DÉMOGRAPHIE

Densité : 14 hab./km^2
Part de la population urbaine (2000) : 75,5 %
Structure de la population par âge (2000) : moins de 15 ans : 19,8 %, 15-65 ans : 64,8 %, plus de 65 ans : 15,4 %
Taux de natalité (2000) : 13 ‰
Taux de mortalité (2000) : 10 ‰
Taux de mortalité infantile (2000) : 4,5 ‰
Espérance de vie (2000) : hommes : 76 ans, femmes : 81,9 ans

ÉCONOMIE

PNB (2001) : 161 milliards de $
PNB/hab. (2001) : 35 530 $
PNB/hab. PPA (2001) : 30 440 dollars internationaux
IDH (2000) : 0,942
Taux de croissance annuelle du PIB (2001) : 1,4 %
Taux annuel d'inflation (2000) : 3,09 %
Structure de la population active (2000) : agriculture : 4,2 %, mines et industries : 21,9 %, services : 73,9 %
Structure du PIB (2000) : agriculture : 1,9 %, mines et industries : 43 %, services : 55,1 %
Dette publique brute (1998) : 33,4 % du PIB
Taux de chômage (2001) : 3,6 %

Norvège

★ site touristique important
200 400 1000 1500 m

═══ autoroute
──── route
──── voie ferrée
✈ aéroport

● plus de 500 000 h.
● de 100 000 à 500 000 h.
● de 50 000 à 100 000 h.
● moins de 50 000 h.

120 km

Agriculture et pêche
Cultures
avoine (2001) : 389 000 t.
blé (2001) : 252 000 t.
orge (2001) : 610 000 t.
pommes de terre (2001) : 388 000 t.
Élevage et pêche
bovins (2001) : 980 000 têtes
ovins (2001) : 2 400 000 têtes
pêche (1999) : 3 086 000 t.
porcins (2001) : 391 000 têtes

Énergie et produits miniers
cuivre (1998) : 3 000 t.
électricité totale (2000) : 141 162 millions de kWh
fer (2001) : 340 000 t.
gaz naturel (2000) : 52 403 millions de m^3
houille (2000) : 330 000 t.
hydroélectricité (2000) : 140 187 millions de kWh
nickel (2000) : 2 500 t.
pétrole (2001) : 161 451 000 t.
zinc (1999) : 12 000 t.

Productions industrielles
lait (2001) : 1 690 000 t.
beurre (2001) : 13 500 t.
fromage (2001) : 81 700 t.
acier (2001) : 635 000 t.
aluminium (2001) : 1 068 000 t.

cuivre (2000) : 2 700 t.
nickel (2000) : 58 679 t.
zinc (2001) : 129 300 t.
construction navale (2001) : 71 000 tpl
laine (2001) : 5 250 t.
production de bois (2000) : 7 478 000 m^3
papier (2000) : 2 300 000 t.

Tourisme
Recettes touristiques (1999) : 2 229 millions de $

Commerce extérieur
Exportations de biens (2000) : 60 062 millions de $
Importations de biens (2000) : 34 562 millions de $

Défense
Forces armées (1999) : 26 700 hommes
Budget de la Défense (1999) : 2,2 % du PIB

Niveau de vie
Nombre d'habitants pour un médecin (1996) : 357
Apport journalier moyen en calories (2000) : 3 414 (minimum FAO : 2 400)
Nombre d'automobiles pour 1 000 hab. (1999) : 407
Nombre de téléviseurs pour 1 000 hab. (1999) : 648

REPÈRES HISTORIQUES

Des origines au Moyen Âge

viiie - xie s. : les Vikings s'aventurent vers les îles Britanniques, l'Empire carolingien, le Groenland.

ixe s. : Harald Ier Hârfager unifie la Norvège.

995 - 1000 : le roi Olav Ier Tryggvesson commence à convertir ses sujets au christianisme.

1016 - 1030 : son œuvre est poursuivie par Olav II Haraldsson, ou saint Olav.

xiie s. : les querelles dynastiques affaiblissent le pouvoir royal.

1163 : Magnus V Erlingsson est sacré roi de Norvège. L'Église donne ainsi une autorité spirituelle à la monarchie norvégienne.

1223 - 1263 : Haakon IV Haakonsson établit son autorité sur les îles de l'Atlantique (Féroé, Orcades, Shetland) ainsi que sur l'Islande et le Groenland.

1263 - 1280 : son fils, Magnus VI Lagaböte, améliore la législation et l'administration.

xiiie s. : les marchands de la Hanse établissent leur suprématie économique sur le pays.

1319 - 1343 : Magnus VII Eriksson unit momentanément la Norvège et la Suède.

1363 : son fils, Haakon VI Magnusson, épouse Marguerite, fille de Valdemar IV, roi de Danemark.

1380 : devenue régente à la mort de son mari, Marguerite Ire Valdemarsdotter gouverne le Danemark et la Norvège au nom de son fils mineur, Olav, puis seule à la mort de celui-ci en 1387. Profitant alors d'une révolte des Suédois contre leur roi, elle se fait proclamer reine de Suède.

De l'union à l'indépendance

1397 : l'union de Kalmar unit le Danemark, la Norvège et la Suède sous l'autorité d'Erik de Poméranie, désigné comme héritier par Marguerite Ire Valdemarsdotter.

1523 : alors que la Suède retrouve son indépendance, la Norvège tombe pour trois siècles sous la domination des rois de Danemark, qui lui imposent le luthéranisme et la langue danoise.

xviie s. : le pays, entraîné dans les conflits européens, doit céder des territoires à la Suède.

1814 : par le traité de Kiel, le Danemark cède la Norvège à la Suède. La Norvège obtient une Constitution propre, avec une Assemblée, ou *Storting*, chaque État formant un royaume autonome sous l'autorité d'un même roi.

1884 : le chef de la résistance nationale, Johan Sverdrup (1816 - 1892), obtient un régime parlementaire.

La Norvège indépendante

1905 : après un plébiscite décidé par le Storting, c'est la rupture avec la Suède. La Norvège choisit un prince danois, qui devient roi sous le nom de Haakon VII.

1940 - 1945 : les Allemands occupent la Norvège.

1957 : Olav V devient roi.

1991 : Harald V lui succède.

Vikings, Normands, Varègues

Les Vikings Norvégiens, Danois et Suédois furent appelés Normands à l'époque carolingienne, quand, poussés par la surpopulation et la recherche de débouchés commerciaux et de butins, ils déferlèrent sur l'Europe à partir du viiie s. Sous le nom de « Varègues », les Suédois occupèrent, vers le milieu du ixe s., la vallée supérieure du Dniepr et atteignirent même Constantinople. Ils furent les intermédiaires entre Byzance et l'Occident, entre chrétiens et musulmans. Ils découvrirent l'Islande (vers 860) et le Groenland (xe s.). Les Norvégiens colonisèrent le nord de l'Écosse et l'Irlande. Les Danois s'installèrent dans le nord-est de l'Angleterre (xie s.). Dans l'Empire carolingien, les Normands se livrèrent à des actes de piraterie fréquents après la mort de Charlemagne. Organisés en petites bandes, embarqués sur des flottilles de snekkja (ou drakkar), ils menèrent des raids dévastateurs dans l'arrière-pays, en remontant les fleuves. Charles II le Chauve dut acheter plus d'une fois leur retraite. En 885 - 886, les Normands assiégèrent Paris, vaillamment défendue par le comte Eudes et l'évêque Gozlin, mais Charles III le Gros leur versa une énorme rançon et les autorisa à piller la Bourgogne. En 911, au traité de Saint-Clair-sur-Epte, Charles III le Simple abandonna au chef normand Rollon le pays appelé aujourd'hui Normandie, d'où les Normands partirent au xie s. pour conquérir l'Angleterre. Rollon et ses sujets reçurent le baptême, et reconnurent Charles III le Simple comme suzerain. Les Normands fondèrent également des principautés en Italie du Sud et en Sicile aux xie et xiie s.

Situés sur la mer du Nord, les Pays-Bas sont avant tout un pays plat, dont une partie (polders), située au-dessous du niveau de la mer, est préservée de l'océan par des digues. Le climat est océanique, doux et humide pour une latitude relativement élevée, avec des précipitations suffisantes (700 à 800 mm en moyenne) et qui, régulièrement réparties dans l'année, sont favorables à l'agriculture.

Superficie : 41 526 km²
Population (2002) : 15 990 000 hab.
Capitale : Amsterdam 734 594 hab.
(e. 2001), 1 105 000 hab. (e. 2001) dans l'agglomération
Nature de l'État et du régime politique : monarchie constitutionnelle à régime parlementaire
Chef de l'État : (reine) Béatrice
Chef du gouvernement : (Premier ministre) Jan Pieter Balkenende
Organisation administrative : 12 provinces
Langue officielle : néerlandais
Monnaie : euro

DÉMOGRAPHIE

Densité : 464 hab./km²
Part de la population urbaine (2000) : 89,4 %
Structure de la population par âge (2000) : moins de 15 ans : 18,3 %, 15-65 ans : 68,1 %, plus de 65 ans : 13,6 %
Taux de natalité (2000) : 13 ‰
Taux de mortalité (2000) : 9 ‰
Taux de mortalité infantile (2000) : 4,5 ‰
Espérance de vie (2000) : hommes : 75,6 ans, femmes : 81 ans

ÉCONOMIE

PNB (2001) : 385 milliards de $
PNB/hab. (2001) : 24 040 $
PNB/hab. PPA (2001) : 26 440 dollars internationaux
IDH (2000) : 0,935
Taux de croissance annuelle du PIB (2001) : 1,3 %
Taux annuel d'inflation (2000) : 2,52 %
Structure de la population active (2000) : agriculture : 3,3 %, mines et industries : 21,3 %, services : 75,4 %
Structure du PIB (2000) : agriculture : 2,7 %, mines et industries : 27,2 %, services : 70,1 %
Dette publique brute (1998) : 67,4 % du PIB
Taux de chômage (2001) : 2,5 %

Agriculture et pêche

Cultures
betterave à sucre (2001) : 6 500 000 t.
blé (2001) : 991 000 t.
lin (2001) : 25 600 t.
orge (2001) : 425 000 t.
pommes de terre (2001) : 7 700 000 t.
Élevage et pêche
bovins (2001) : 4 051 000 têtes
ovins (2001) : 1 407 000 têtes
pêche (1999) : 624 000 t.
porcins (2001) : 12 824 000 têtes
poulets (2001) : 100 469 000 têtes
Énergie et produits miniers
électricité nucléaire (2000) : 3 700 millions de kWh
électricité totale (2000) : 87 953 millions de kWh
gaz naturel (2000) : 72 719 millions de m³
pétrole (2001) : 2 263 000 t.
Productions industrielles
beurre (2001) : 125 000 t.
lait (2001) : 10 500 000 t.
fromage (2001) : 660 000 t.
bière (2000) : 20 143 000 hl
acier (2001) : 6 037 000 t.
aluminium (2001) : 294 000 t.
zinc (2001) : 204 800 t.

automobiles (2001) : 189 000 unités
véhicules utilitaires (1998) : 40 000 unités
construction navale (2001) : 164 000 tpl
filés de coton (1996) : 3 000 t.
caoutchouc synthétique (2001) : 188 000 t.

Tourisme
Recettes touristiques (2000) : 6 951 millions de $

Commerce extérieur
Exportations de biens (2000) : 205 653 millions de $
Importations de biens (2000) : 187 107 millions de $

Défense
Forces armées (1999) : 51 940 hommes
Budget de la Défense (1999) : 1,7 % du PIB

Niveau de vie
Nombre d'habitants pour un médecin (1991) : 398
Apport journalier moyen en calories (2000) : 3 294 (minimum FAO : 2 400)
Nombre d'automobiles pour 1 000 hab. (1999) : 383
Nombre de téléviseurs pour 1 000 hab. (1999) : 600

PAYS-BAS

REPÈRES HISTORIQUES

Des origines à la période espagnole

La présence ancienne de l'homme est attestée par des monuments mégalithiques et des tumulus de l'âge du bronze.

57 av. J.-C. : César conquiert le pays, peuplé par des tribus celtes et germaniques.

15 av. J.-C. : les futurs Pays-Bas forment la province de Gaule Belgique.

IVe s. : les envahisseurs saxons s'établissent à l'est, tandis que les Francs occupent les territoires méridionaux.

VIIe - VIIIe s. : la christianisation de ces peuples ne s'achève qu'avec Charlemagne.

Xe - XIIe s. : affaibli au IXes. par les invasions normandes et les divisions territoriales (traité de Verdun, 843), le pays se décompose en de multiples principautés féodales.

XIIe - XIIIe s. : les villes connaissent un essor remarquable (Gand, Bruges).

XVe s. : par achats, mariages, héritages, les ducs de Bourgogne incorporent peu à peu tous les Pays-Bas.

1477 : à la mort de Charles le Téméraire, le mariage de sa fille avec Maximilien d'Autriche fait passer le pays sous la domination des Habsbourg.

1515 : Charles Quint porte à dix-sept le nombre des provinces et érige l'ensemble en cercle d'Empire (1548). Les idées de la Réforme se diffusent largement dans le pays.

Les Pays-Bas du XVIe au XVIIIe s.

1566 : la politique de Philippe II, absolutiste et hostile aux protestants, provoque le soulèvement de la Flandre, du Hainaut, puis des provinces du Nord.

1567 - 1573 : la répression menée par le duc d'Albe débouche sur la révolte générale de la Hollande et de la Zélande (1568) sous la direction de Guillaume d'Orange, bientôt suivies des autres provinces.

1579 : les provinces du Sud, en majorité catholiques, se soumettent à l'Espagne (Union d'Arras) ; celles du Nord, calvinistes, proclament l'Union d'Utrecht, qui pose les bases des Provinces-Unies.

1648 : l'indépendance des Provinces-Unies est reconnue par l'Espagne, qui conserve cependant les provinces méridionales.

1714 : les Pays-Bas espagnols passent sous domination autrichienne.

1795 : ils sont annexés par la France ; les Provinces-Unies deviennent la République batave.

Du royaume des Pays-Bas à nos jours

1815 : le congrès de Vienne réunit l'ensemble des provinces en un royaume des Pays-Bas. Guillaume Ier devient roi.

1839 : il reconnaît l'indépendance de la Belgique, proclamée en 1830.

1890 : Wilhelmine accède au pouvoir.

1914 - 1918 : la neutralité néerlandaise est maintenue pendant la Première Guerre mondiale.

1940 - 1945 : les Pays-Bas sont occupés par l'Allemagne.

1948 : Wilhelmine abdique en faveur de sa fille Juliana.

1949 : l'Indonésie accède à l'indépendance.

1958 : les Pays-Bas entrent dans la CEE.

1980 : Béatrice accède au trône.

le plan Delta

Les gigantesques travaux de génie hydraulique du plan Delta ont été réalisés de 1958 à 1986 pour relier par des digues les îles de la Hollande-Méridionale (Voorne, Overflakkee) et de la Zélande (Schouwen, Noord-Beveland, Walcheren). Conçu à la suite du raz-de-marée désastreux de 1953, le plan Delta était destiné essentiellement à la lutte contre l'inondation ; il a permis la constitution de réserves d'eau douce, l'amélioration des communications routières, l'aménagement de la navigation intérieure entre l'Escaut et le Rhin, l'accroissement du potentiel touristique régional et, enfin, dans une certaine mesure, la création de nouveaux polders.

En bordure de la Baltique, la Pologne est d'abord un pays de plaines (parfois lacustres) et de plateaux, avec une frange montagneuse qui occupe le sud du pays. S'y juxtaposent les montagnes jeunes des Carpates (Beskides) dans l'Est et les massifs anciens du Nord-Ouest (montagne de Sainte-Croix) et de l'Ouest (Sudètes). Le climat est continental, les hivers sont rudes, souvent enneigés, et les étés relativement chauds et humides.

Superficie : 323 250 km²
Population (2002) : 38 543 000 hab.
Capitale : Varsovie 1 615 369 hab. (e. 1999), 2 282 000 hab. (e. 2001) dans l'agglomération
Nature de l'État et du régime politique : république à régime semi-présidentiel
Chef de l'État : (président de la République) Aleksander Kwasniewski
Chef du gouvernement : (président du Conseil des ministres) Leszek Miller
Organisation administrative : 16 voïévodies
Langue officielle : polonais
Monnaie : złoty

DÉMOGRAPHIE

Densité : 124 hab./km²
Part de la population urbaine (2000) : 65,6 %
Structure de la population par âge (2000) : moins de 15 ans : 19,2 %, 15-65 ans : 68,7 %, plus de 65 ans : 12,1 %
Taux de natalité (2000) : 10 ‰
Taux de mortalité (2000) : 10 ‰
Taux de mortalité infantile (2000) : 9,1 ‰
Espérance de vie (2000) : hommes : 69,8 ans, femmes : 78 ans

ÉCONOMIE

PNB (2001) : 164 milliards de $
PNB/hab. (2001) : 4 240 $
PNB/hab. PPA (2001) : 9 280 dollars internationaux
IDH (2000) : 0,833
Taux de croissance annuelle du PIB (2001) : 1 %
Taux annuel d'inflation (2000) : 10,13 %
Structure de la population active (2000) : agriculture : 18,8 %, mines et industries : 30,8 %, services : 50,4 %
Structure du PIB (2000) : agriculture : 3,8 %, mines et industries : 35 %, services : 61,2 %
Dette publique brute : n.d.
Taux de chômage (2001) : 18,2 %

Pologne

★ site touristique important
200 500 1000 m

autoroute
route
voie ferrée
✈ aéroport

● plus de 1 000 000 h.
● de 500 000 à 1 000 000 h.
● de 100 000 à 500 000 h.
• moins de 100 000 h.

50 km

Agriculture et pêche
Cultures
avoine (2001) : 1 331 000 t.
betterave à sucre (2001) : 13 000 000 t.
blé (2001) : 9 283 000 t.
colza (2001) : 1 073 000 t.
orge (2001) : 3 340 000 t.
pommes (2001) : 2 224 000 t.
pommes de terre (2001) : 20 401 000 t.
seigle (2001) : 4 921 000 t.
Élevage et pêche
bovins (2001) : 5 723 000 têtes
chevaux (2001) : 550 000 têtes
ovins (2001) : 337 000 têtes
pêche (1999) : 269 000 t.
porcins (2001) : 16 992 000 têtes

Énergie et produits miniers
argent (2000) : 1 100 t.
cuivre (2000) : 456 000 t.
électricité totale (2000) : 135 161 millions de kWh
gaz naturel (2000) : 5 209 millions de m³
houille (2000) : 102 200 000 t.
lignite (2000) : 59 500 000 t.
pétrole (2001) : 865 000 t.
plomb (2001) : 60 000 t.
zinc (2001) : 151 000 t.

Productions industrielles
beurre (2001) : 163 000 t.
lait (2001) : 12 031 000 t.
fromage (2001) : 460 100 t.
viande (2001) : 2 924 000 t.
acier (2001) : 8 788 000 t.
fonte (1998) : 6 178 000 t.

aluminium (2001) : 55 000 t.
cuivre (2000) : 486 000 t.
plomb (2001) : 45 000 t.
zinc (2001) : 175 000 t.
filés de coton (1998) : 110 000 t.
laine (2001) : 1 350 t.
textiles artificiels (1998) : 4 000 t.
textiles synthétiques (1998) : 92 000 t.
caoutchouc synthétique (2001) : 90 000 t.
ciment (2000) : 14 807 000 t.
production de bois (2000) : 24 489 000 m³

Tourisme
Recettes touristiques (2000) : 6 100 millions de $

Commerce extérieur
Exportations de biens (2000) : 35 902 millions de $
Importations de biens (2000) : 48 210 millions de $

Défense
Forces armées (1999) : 217 290 hommes
Budget de la Défense (1999) : 2 % du PIB

Niveau de vie
Nombre d'habitants pour un médecin (1996) : 416
Apport journalier moyen en calories (2000) : 3 376 (minimum FAO : 2 400)
Nombre d'automobiles pour 1 000 hab. (1999) : 240
Nombre de téléviseurs pour 1 000 hab. (1999) : 387

REPÈRES HISTORIQUES

Les origines et la dynastie des Piast

v^e - vi^e s. : les Slaves s'établissent entre l'Odra et l'Elbe.

viie - xe s. : l'ethnie polonaise se particularise au sein de la communauté des Slaves occidentaux, entre les bassins de l'Odra et de la Vistule.

966 : baptême du duc Mieszko Ier (vers 960 - 992), fondateur de la dynastie des Piast.

1025 : Boleslas Ier le Vaillant (992 - 1025) est couronné roi.

xiie s. : les partages successoraux morcellent et affaiblissent le pays, en proie aux incursions des Germains.

1226 : pour repousser les Prussiens païens, Conrad de Mazovie fait appel aux chevaliers Teutoniques, qui conquièrent la Prusse (1230 - 1283), puis la Poméranie orientale (1308 - 1309).

1320 - 1333 : Ladislas Ier Łokietek restaure l'unité du pays, dont le territoire demeure amputé de la Silésie et de la Poméranie.

1333 - 1370 : Casimir III le Grand, fils de Łokietek, lance l'expansion vers l'est (Ruthénie, Volhynie) et fonde l'université de Cracovie (1364).

1370 : la couronne passe à Louis Ier le Grand, roi de Hongrie.

Les Jagellons et la république nobiliaire

1385 - 1386 : l'acte de Krewo établit une union personnelle entre la Lituanie et la Pologne ; Jogaila, grand-duc de Lituanie, roi de Pologne sous le nom de Ladislas II (1386 - 1434), fonde la dynastie des Jagellons.

1506 - 1572 : les règnes de Sigismond Ier le Vieux (1506 - 1548) et de Sigismond II Auguste (1548 - 1572) voient l'apogée de la Pologne, marqué par la diffusion de l'humanisme, la tolérance religieuse et l'essor économique.

1569 : l'Union de Lublin assure la fusion de la Pologne et de la Lituanie en une « république » gouvernée par une Diète unique et un souverain élu en commun.

1587 - 1632 : Sigismond III Vasa mène des guerres ruineuses contre la Russie, les Ottomans et la Suède.

1648 - 1660 : la Russie conquiert la Biélorussie et la Lituanie, tandis que la Suède occupe presque tout le pays.

xviiie s. : l'ingérence des puissances étrangères dans les affaires intérieures du pays conduit à la guerre de Succession de Pologne.

Les trois partages de la Pologne et la domination étrangère

1772 : la Russie, l'Autriche et la Prusse procèdent au premier partage de la Pologne.

1788 - 1791 : les patriotes réunissent la Grande Diète et adoptent la Constitution du 3 mai 1791.

1793 : la Russie et la Prusse réalisent le deuxième partage de la Pologne.

1794 : l'insurrection de Kościuszko est écrasée.

1795 : le troisième partage de la Pologne supprime même le nom du pays.

1807 - 1813 : Napoléon crée le grand-duché de Varsovie.

1815 : le congrès de Vienne crée un royaume de Pologne réuni à l'Empire russe.

1864 - 1918 : après les insurrections de 1830 et de 1864, la partie prussienne et la partie russe de la Pologne sont soumises à une politique d'assimilation.

La Pologne indépendante

1918 : Piłsudski proclame à Varsovie la république indépendante de Pologne.

1920 - 1921 : à l'issue de la guerre polono-soviétique, la frontière est reportée à 200 km à l'est de la ligne Curzon.

1926 - 1935 : Piłsudski, démissionnaire en 1922, reprend le pouvoir et le conserve jusqu'en 1935. La Pologne signe des pactes de non-agression avec l'URSS (1932) et avec l'Allemagne (1934).

1939 : la Pologne est envahie par les troupes allemandes, puis soviétiques. L'Allemagne et l'URSS se partagent la Pologne conformément au pacte germano-soviétique.

1940 : le gouvernement en exil, dirigé par Sikorski, s'établit à Londres.

1943 : insurrection et anéantissement du ghetto de Varsovie.

1945 : les troupes soviétiques pénètrent à Varsovie et y installent le comité de Lublin, qui se transforme en gouvernement provisoire. Les frontières du pays sont fixées à Yalta et à Potsdam.

La Pologne depuis 1945

1948 : Gomułka, partisan d'une voie polonaise vers le socialisme, est écarté au profit de Bierut, qui s'aligne sur le modèle soviétique.

1956 : Gomułka revient au pouvoir après les émeutes ouvrières de Poznań.

1970 : Gierek veut remédier aux problèmes de la société polonaise en modernisant l'économie avec l'aide de l'Occident.

1978 : élection de Karol Wojtyła, archevêque de Cracovie, à la papauté (sous le nom de Jean-Paul II).

1980 : le syndicat Solidarność est créé avec à sa tête Lech Wałęsa.

Décembre 1981 - décembre 1982 : le général Jaruzelski instaure l'« état de guerre ».

1989 : des négociations entre le pouvoir et l'opposition aboutissent au rétablissement du pluralisme syndical et à la démocratisation des institutions.

1990 : L. Wałęsa est élu à la présidence de la République au suffrage universel.

1991 : à l'issue des premières élections législatives entièrement libres, une trentaine de partis sont représentés à la Diète.

1997 : une nouvelle Constitution est adoptée.

1999 : la Pologne est intégrée dans l'OTAN.

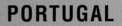

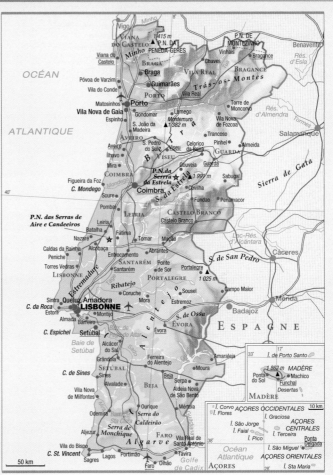

Largement ouvert sur l'Atlantique, le Portugal occupe l'extrémité sud-ouest de l'Europe et a l'Espagne pour seul voisin. Son climat devient plus chaud et plus sec du nord au sud, et ses reliefs prolongent ceux de la Meseta espagnole ; le socle ancien est modelé en plateaux qui descendent en gradins vers l'Atlantique. Les altitudes les plus élevées se rencontrent dans le Nord : près de 2 000 m dans les serras de Lousã et da Estrela. Le pays ne possède que le cours inférieur de ses trois grands fleuves : Douro, Tage et Guadiana.

Superficie : 91 982 km²
Population (2002) : 10 048 000 hab.
Capitale : Lisbonne 559 248 hab.
(r. 2001), 3 942 000 hab. (e. 2001) dans l'agglomération
Nature de l'État et du régime politique : république à régime semi-présidentiel
Chef de l'État : (président de la République) Jorge Sampaio
Chef du gouvernement : (Premier ministre) José Manuel Durão Barroso
Organisation administrative : 18 districts et 2 régions autonomes
Langue officielle : portugais
Monnaie : euro

DÉMOGRAPHIE

Densité : 107 hab./km²
Part de la population urbaine (2000) : 64,4 %
Structure de la population par âge (2000) : moins de 15 ans : 16,7 %, 15-65 ans : 67,7 %, plus de 65 ans : 15,6 %
Taux de natalité (2000) : 12 ‰
Taux de mortalité (2000) : 11 ‰
Taux de mortalité infantile (2000) : 6,1 ‰
Espérance de vie (2000) : hommes : 72,6 ans, femmes : 79,6 ans

ÉCONOMIE

PNB (2001) : 109 milliards de $
PNB/hab. (2001) : 10 670 $
PNB/hab. PPA (2001) : 17 270 dollars internationaux
IDH (2000) : 0,88
Taux de croissance annuelle du PIB (2001) : 1,6 %
Taux annuel d'inflation (2000) : 2,87 %
Structure de la population active (2000) : agriculture : 12,6 %, mines et industries : 35,3 %, services : 52,1 %

Portugal

★ site touristique important
✈ aéroport
200 500 1000 1500 m

═══ autoroute
── route
┈┈ voie ferrée
┈┈ limite de région
Braga chef-lieu de région

● plus de 500 000 h.
● de 100 000 à 500 000 h.
● de 50 000 à 100 000 h.
• moins de 50 000 h.

50 km

87

Structure du PIB (2000) : agriculture : 3,7 %, mines et industries : 30,6 %, services : 65,7 %
Dette publique brute (1998) : 57,6 % du PIB
Taux de chômage (2001) : 4,1 %

Agriculture et pêche

Cultures
avoine (2001) : 45 000 t.
blé (2001) : 159 000 t.
citrons (2001) : 10 000 t.
maïs (2001) : 975 000 t.
mandarines (1998) : 36 000 t.
noisettes (2001) : 800 t.
olives (2001) : 271 000 t.
oranges (2001) : 230 000 t.
orge (2001) : 13 000 t.
pommes de terre (2001) : 1 250 000 t.
raisin (2001) : 893 000 t.
riz (2001) : 151 000 t.

Élevage et pêche
bovins (2001) : 1 250 000 têtes
ovins (2001) : 5 900 000 têtes
pêche (1999) : 215 000 t.
porcins (2001) : 2 350 000 têtes

Énergie et produits miniers
cuivre (2000) : 76 000 t.
électricité totale (2000) : 43 242 millions de kWh
étain (2000) : 1 200 t.
houille (1990) : 280 000 t.
hydroélectricité (2000) : 11 204 millions de kWh
uranium (1999) : 10 t.

Productions industrielles
beurre (2001) : 24 000 t.
fromage (2001) : 72 800 t.
vin (2001) : 7 015 000 hl
huile d'olive (2001) : 41 400 t.
acier (2001) : 776 000 t.

PORTUGAL

construction navale (2001) : 17 000 tpl
filés de coton (1998) : 119 000 t.
laine (2001) : 8 500 t.
textiles synthétiques (1998) : 73 000 t.
ciment (2000) : 9 200 000 t.
production de bois (2000) : 10 231 000 m³

Tourisme
Recettes touristiques (2000) :
5 206 millions de $

Commerce extérieur
Exportations de biens (2000) :
24 750 millions de $
Importations de biens (2000) :
38 891 millions de $

Défense
Forces armées (1999) :
44 650 hommes
Budget de la Défense (1999) :
1,5 % du PIB

Niveau de vie
Nombre d'habitants pour un
médecin (1996) : 333
Apport journalier moyen en
calories (2000) : 3 716
(minimum FAO : 2 400)
Nombre d'automobiles pour
1 000 hab. (1997) : 309
Nombre de téléviseurs pour
1 000 hab. (1999) : 560

REPÈRES HISTORIQUES

La formation de la nation
Le pays est occupé par des tribus en relation avec les Phéniciens, les Carthaginois et les Grecs.
IIᵉ s. av. J.-C. : l'ouest de la Péninsule est conquis par les Romains. La province de Lusitanie est créée par Auguste.
Vᵉ s. apr. J.-C. : elle est envahie par les Suèves et les Alains, puis par les Wisigoths.
711 : les musulmans conquièrent le pays.
866 - 910 : Alphonse III, roi des Asturies, reprend le contrôle de la région de Porto.
1064 : Ferdinand Iᵉʳ, roi de Castille, libère la région située entre Douro et Mondego.
1097 : Alphonse VI, roi de Castille et de León, confie le comté de Portugal à son gendre, Henri de Bourgogne, fondateur de la dynastie de Bourgogne.
1139 - 1185 : son fils, Alphonse Henriques, prend le titre de roi de Portugal après sa victoire d'Ourique sur les Maures (1139) et fait reconnaître l'indépendance du Portugal.
1249 : Alphonse III (1248 - 1279) parachève la Reconquête en occupant l'Algarve.
1385 : Jean Iᵉʳ (1385 - 1433) fonde la dynastie d'Aviz et remporte sur les Castillans la victoire d'Aljubarrota.

L'âge d'or
XVᵉ - XVIᵉ s. : le Portugal joue un grand rôle dans les voyages de découvertes, animés par Henri le Navigateur (1394 - 1460).
1488 : Bartolomeu Dias double le cap de Bonne-Espérance.
1494 : le traité de Tordesillas établit une ligne de partage entre les possessions extraeuropéennes de l'Espagne et celles du Portugal.
1497 : Vasco de Gama découvre la route des Indes.
1500 : Cabral prend possession du Brésil.
1505 - 1515 : l'Empire portugais des Indes est constitué.

Les crises et le déclin
1580 : Philippe II d'Espagne s'empare du Portugal.
1640 : les Portugais se soulèvent et proclament roi le duc de Bragance, Jean IV (1640 - 1656).
1668 : l'Espagne reconnaît l'indépendance du Portugal.
Fin du XVIIᵉ s. : se résignant à l'effondrement de ses positions en Asie et à son recul en Afrique, le Portugal se consacre à l'exploitation du Brésil.
1707 - 1750 : sous Jean V, l'or du Brésil ne parvient pas à stimuler l'économie métropolitaine.
1750 - 1777 : Joseph Iᵉʳ fait appel à Pombal, qui impose un régime de despotisme éclairé et reconstruit Lisbonne après le séisme de 1755.

1807 : Jean VI s'enfuit au Brésil tandis que les Anglo-Portugais, dirigés par le régent Beresford, luttent jusqu'en 1811 contre les Français qui ont envahi le pays.
1822 : Jean VI (1816 - 1826) revient à Lisbonne. Son fils, Pierre Iᵉʳ, se proclame empereur du Brésil, dont l'indépendance est reconnue en 1825.
1826 : à la mort de Jean VI, un conflit dynastique oppose Pierre Iᵉʳ, devenu roi du Portugal sous le nom de Pierre IV, sa fille Marie II (1826-1853) et son frère Miguel qui s'était proclamé roi sous le nom de Michel Iᵉʳ.
1852 - 1908 : le Portugal connaît sous les rois Pierre V (1853 - 1861), Louis Iᵉʳ (1861 - 1889) et Charles Iᵉʳ (1889 - 1908) un véritable régime parlementaire ; le pays tente de se reconstituer un empire colonial autour de l'Angola et du Mozambique.

La république
1910 : la république est proclamée.
1933 - 1968 : Salazar instaure l'« État nouveau » (Estado Novo), corporatiste et nationaliste.
1974 : une junte prend le pouvoir et inaugure la « révolution des œillets ».
1975 : les anciennes colonies portugaises accèdent à l'indépendance.
1986 : le Portugal entre dans la CEE.
1999 : le territoire de Macao est rétrocédé à la Chine.

es Carpates constituent les principaux
eliefs. La chaîne forme un arc de cercle qui
ntoure la Transylvanie, d'où émergent les
onts Apuseni. À la périphérie de cet
nsemble se succèdent plateaux et plaines.
e climat est de type continental.

uperficie : 238 391 km²
opulation (2002) : 22 332 000 hab.
apitale : Bucarest 1 998 000 hab. (e. 2001)
ature de l'État et du régime politique :
épublique à régime semi-présidentiel
hef de l'État : (président de
a République) Ion Iliescu
hef du gouvernement : (Premier
inistre) Adrian Nastase
rganisation administrative :
0 départements et 1 municipalité
angue officielle : roumain
onnaie : leu

DÉMOGRAPHIE

ensité : 94 hab./km²
art de la population urbaine (2000) : 56,3 %
ructure de la population par âge (2000) :
oins de 15 ans : 18,3 %, 15-65 ans :
8,4 %, plus de 65 ans : 13,3 %
aux de natalité (2000) : 10 ‰
aux de mortalité (2000) : 11 ‰
aux de mortalité infantile (2000) : 22,1 ‰
spérance de vie (2000) : hommes :
6,5 ans, femmes : 73,3 ans

ÉCONOMIE

NB (2001) : 38,4 milliards de $
NB/hab. (2001) : 1 710 $
NB/hab. PPA (2001) : 6 980 $ intern.
DH (2000) : 0,775
aux de croissance ann. du PIB (2000) : 1,6 %
aux annuel d'inflation (2000) : 45,67 %
ructure de la population active (1998) :
griculture : 40 %, mines et industries :
9,4 %, services : 30,6 %
ructure du PIB (2000) : agriculture :
2,8 %, mines et industries : 36,3 %,
rvices : 50,9 %
ette publique brute : n.d.
aux de chômage (2001) : 6,6 %

Agriculture

ultures
voine (2001) : 520 000 t.
é (2001) : 7 735 000 t.
n (2001) : 3 000 t.
aïs (2001) : 7 500 000 t.
ix (2001) : 30 000 t.
ge (2001) : 1 500 000 t.
ommes de terre (2001) : 3 800 000 t.
isin (2001) : 1 100 000 t.

soja (2001) : 70 000 t.
tournesol (2001) : 700 000 t.

Élevage
bovins (2001) : 2 965 000 têtes
chevaux (2001) : 858 000 têtes
ovins (2001) : 7 800 000 têtes
porcins (2001) : 5 076 000 têtes
poulets (2001) : 70 076 000 têtes

Énergie et produits miniers
bauxite (1998) : 162 000 t.
électricité totale (2000) : 49 787 M. de kWh
fer (1996) : 47 000 t.
gaz naturel (2000) : 13 600 M. de m³
houille (2000) : 3 300 000 t.
hydroélectricité (2000) : 18 382 M. de kWh
lignite (2000) : 25 900 000 t.
pétrole (2001) : 6 200 000 t.
uranium (2001) : 115 t.

Productions industrielles
vin (2001) : 5 500 000 hl
sucre (2001) : 78 000 t.
acier (2001) : 4 891 000 t.
fonte (1998) : 4 525 000 t.
aluminium (2001) : 175 000 t.
automobiles (2001) : 57 000 unités
véhicules utilitaires (1996) : 23 000 unités
construction navale (2001) : 96 000 tpl
filés de coton (2001) : 6 t.
laine (2001) : 22 000 t.
soie (2001) : 130 t.
textiles artificiels (1998) : 16 000 t.
textiles synthétiques (1998) : 75 000 t.
caoutchouc synthétique (2001) : 23 200 t.
ciment (2000) : 8 264 000 t.
production de bois (2000) : 10 116 000 m³

Tourisme
Recettes (2000) : 364 millions de $

Commerce extérieur
Exportations de biens (2000) : 10 366 M. de $
Importations de biens (2000) : 12 050 M. de $

Défense
Forces armées (1999) : 207 000 hommes
Budget de la Défense (1999) : 1,8 % du PIB

Niveau de vie
Nombre d'hab. pour un médecin (1996) : 556
Apport journalier moyen en
calories (2000) : 3 274 (min. FAO : 2 400)
Nombre d'automobiles pour
1 000 hab. (1999) : 133
Nombre de téléviseurs pour
1 000 hab. (1999) : 312

REPÈRES HISTORIQUES

Les Daces sont les premiers habitants
connus de l'actuelle Roumanie.
106 apr. J.-C. : Trajan conquiert la Dacie.
VIe s. : les Slaves s'établissent dans la
région.
XIe s. : les Hongrois conquièrent la Transylvanie.
XIVe - XIXe s. : les principautés de Valachie
et de Moldavie, formées au XIVe s.,
deviennent vassales de l'Empire ottoman.
1829 - 1856 : protectorats ottoman et
russe sur la Moldavie et la Valachie.
1878 : l'indépendance du pays, qui prend
le nom de Roumanie en 1866, est
reconnue.
1919 - 1920 : à l'issue de la Première
Guerre mondiale, les traités de paix attribuent à la Roumanie la Dobroudja, la
Bucovine, la Transylvanie et le Banat.
1944 : le dictateur Antonescu, qui a
engagé le pays, aux côtés d'Hitler, contre
l'URSS (1941), est renversé.
1947 : une république populaire est proclamée.
1974 : Ceauşescu, président du Conseil
d'État depuis 1967, est président de la
République. Il maintient un régime centralisé et répressif.
1989 : une insurrection renverse
Ceauşescu, qui est exécuté avec son
épouse. Un Conseil du Front de salut
national assure la direction du pays.
1990 : les premières élections libres sont
remportées par le Front de salut national.

RUSSIE

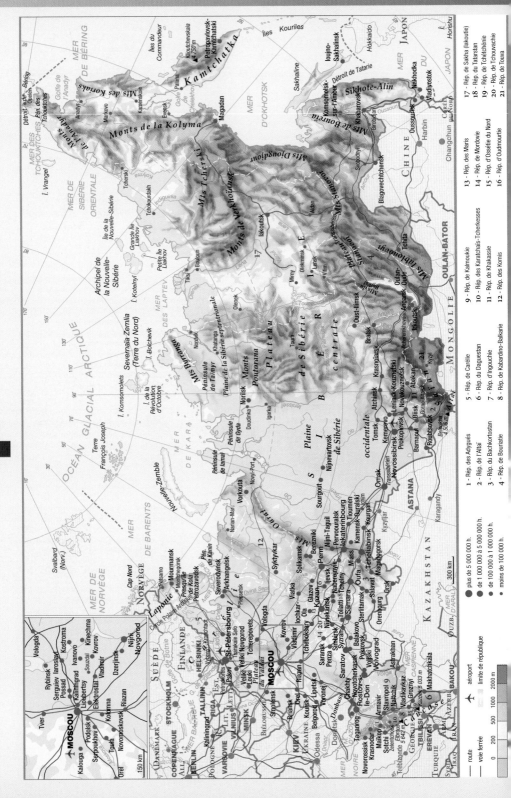

Légende des républiques :

1 - Rép. des Adygués
2 - Rép. de l'Altaï
3 - Rép. du Bachkortostan
4 - Rép. de Bouriatie
5 - Rép. de Carélie
6 - Rép. du Daguestan
7 - Rép. d'Ingouchie
8 - Rép. de Kabardino-Balkarie
9 - Rép. de Kalmoukie
10 - Rép. des Karatchaïs-Tcherkesses
11 - Rép. de Khakassie
12 - Rép. des Komis
13 - Rép. des Maris
14 - Rép. de Mordovie
15 - Rép. d'Ossétie du Nord
16 - Rép. d'Oudmourtie
17 - Rép. de Sakha (Iakoutie)
18 - Rép. du Tatarstan
19 - Rép. de Tchétchénie
20 - Rép. de Tchouvachie
21 - Rép. de Touva

● plus de 5 000 000 h.
● de 1 000 000 à 5 000 000 h.
● de 100 000 à 1 000 000 h.
○ moins de 100 000 h.

✈ aéroport
— limite de république

— route
— voie ferrée

0   200   500   1000   2000 m

0   150 km

0   300 km

La Russie est, de loin, le plus vaste pays du monde (plus de trente fois la superficie de la France), s'étendant sur environ 10 000 km d'ouest en est, de la Baltique au Pacifique (onze fuseaux horaires). Elle est formée essentiellement de plaines et de plateaux, la montagne apparaissant toutefois dans le Sud (Caucase, confins de la Mongolie et de la Chine) et l'Est (en bordure du Pacifique). L'Oural constitue une barrière traditionnelle entre la Russie d'Europe à l'ouest et la Russie d'Asie (la Sibérie) à l'est. La latitude mais surtout l'éloignement de l'océan et la disposition du relief expliquent la continentalité (forts écarts de température) du climat, marquée vers l'est avec des hivers très rigoureux, ainsi que la disposition zonale des formations végétales : du nord au sud se succèdent la toundra, la taïga, les feuillus et les steppes herbacées.

Superficie : 17 075 400 km²
Population (2002) : 143 752 000 hab.
Capitale : Moscou 8 316 000 hab.
(e. 2001) dans l'agglomération
Nature de l'État et du régime politique :
république à régime semi-présidentiel
Chef de l'État : (président
de la République) Vladimir
Vladimirovitch Poutine
Chef du gouvernement : (président du gouvernement) Mikhaïl Mikhaïlovitch Kassianov
Organisation administrative :
7 arrondissements fédéraux
Langue officielle : russe
Monnaie : rouble russe

DÉMOGRAPHIE

Densité : 9 hab./km²
Part de la population urbaine (2000) :
73,1 %
Structure de la population par âge (2000) :
moins de 15 ans : 18 %, 15-65 ans :
69,5 %, plus de 65 ans : 12,5 %
Taux de natalité (2000) : 9 ‰
Taux de mortalité (2000) : 15 ‰

Taux de mortalité infantile (2000) : 16,8 ‰
Espérance de vie (2000) : hommes :
60 ans, femmes : 72,5 ans

ÉCONOMIE

PNB (2001) : 253 milliards de $
PNB/hab. (2001) : 1 750 $
PNB/hab. PPA (2001) : 8 660 dollars internationaux
IDH (2000) : 0,781
Taux de croissance annuelle du PIB (2001) :
5 %
Taux annuel d'inflation (2000) : 20,75 %
Structure de la population active :
agriculture : n.d., mines et industries :
n.d., services : n.d.
Structure du PIB (2000) : agriculture :
7,1 %, mines et industries : 38,7 %,
services : 54,2 %
Dette publique brute : n.d.
Taux de chômage (2000) : 11,4 %

Agriculture et pêche
Cultures
avoine (2001) : 8 010 000 t.
betterave à sucre (2001) : 14 539 000 t.
blé (2001) : 46 871 000 t.
maïs (2001) : 831 000 t.
millet (2001) : 1 315 000 t.
noisettes (2001) : 2 000 t.
orge (2001) : 19 500 000 t.
pêches (2001) : 32 000 t.
pommes (2001) : 1 800 000 t.
pommes de terre (2001) : 34 500 000 t.
riz (2001) : 497 000 t.
seigle (2001) : 6 000 000 t.
soja (2001) : 262 000 t.
tomates (2001) : 1 850 000 t.
tournesol (2001) : 2 700 000 t.
Élevage et pêche
bovins (2001) : 27 300 000 têtes
caprins (2001) : 1 700 000 têtes
chevaux (2001) : 1 750 000 têtes
ovins (2001) : 14 000 000 têtes
pêche (1999) : 4 210 000 t.
porcins (2001) : 15 700 000 têtes
poulets (2001) : 332 500 000 têtes

Énergie et produits miniers
argent (2000) : 370 t.
bauxite (2001) : 4 000 000 t.
chrome (2001) : 70 000 t.
cuivre (2000) : 570 000 t.
diamant (2001) : 23 200 000 carats
électricité nucléaire (2000) :
128 900 millions de kWh
électricité totale (2000) :
835 572 millions de kWh
étain (2000) : 5 000 t.
fer (2001) : 48 000 000 t.
gaz naturel (2000) : 545 000 millions de m³
houille (2000) : 169 200 000 t.

hydroélectricité (2000) : 157 806 millions de kWh
lignite (2000) : 116 700 000 t.
molybdène (2001) : 2 600 t.
nickel (2000) : 270 000 t.
or (2001) : 152 000 kg
pétrole (2001) : 348 100 000 t.
phosphate (2001) : 10 500 000 t.
plomb (2001) : 12 300 t.
uranium (2001) : 2 000 t.
zinc (2001) : 124 000 t.

Productions industrielles
beurre (2001) : 269 000 t.
fromage (2001) : 433 000 t.
lait (2001) : 32 285 000 t.
miel (2001) : 50 000 t.
sucre (2001) : 1 760 000 t.
vin (2001) : 3 000 000 hl
œufs (2001) : 1 956 000 t.
viande (2001) : 4 474 000 t.
acier (2001) : 57 529 000 t.
fonte (1998) : 34 736 000 t.
aluminium (2001) : 3 300 000 t.
cuivre (2000) : 840 000 t.
nickel (2000) : 248 000 t.
plomb (2001) : 67 500 t.
zinc (2001) : 237 000 t.
automobiles (2001) : 1 022 000 unités
véhicules utilitaires (1998) :
117 000 unités
filés de coton (1998) : 156 000 t.
jute (1997) : 45 000 t.
laine (2001) : 38 000 t.
lin (2001) : 48 000 t.
caoutchouc synthétique (2001) :
920 000 t.
production de bois (2000) :
105 800 000 m3
papier (2000) : 5 310 000 t.

Tourisme
Recettes touristiques (1999) :
7 510 millions de $

Commerce extérieur
Exportations de biens (2000) :
105 565 millions de $
Importations de biens (2000) :
44 862 millions de $

Défense
Forces armées (1999) : 1 004 100 hommes
Budget de la Défense (1999) : 2,5 % du PIB

Niveau de vie
Nombre d'habitants pour un
médecin (1995) : 263
Apport journalier moyen en
calories (2000) : 2 917
(minimum FAO : 2 400)
Nombre d'automobiles pour
1 000 hab. (1997) : 120
Nombre de téléviseurs pour
1 000 hab. (1999) : 421

REPÈRES HISTORIQUES

Les origines et les principautés médiévales

Ve s. apr. J.-C. : les Slaves de l'Est descendent vers le sud-est, où ils recueillent les vestiges des civilisations scythe et sarmate.

VIIIe - IXe s. : des Normands, les Varègues, dominent les deux voies du commerce entre Baltique et mer Noire, le Dniepr et la Volga. Ils fondent des principautés dont les chefs sont semi-légendaires (Askold à Kiev, Riourik à Novgorod).

882 : Oleg, prince riourikide, fonde l'État de Kiev.
989 : Vladimir Ier (vers 980 - 1015) impose à ses sujets le « baptême de la Russie ».
1019 - 1054 : sous Iaroslav le Sage, la

REPÈRES HISTORIQUES

Russie kiévienne connaît une brillante civilisation, inspirée de Byzance.

1169 : Vladimir est choisie pour capitale du second État russe, la principauté de Vladimir-Souzdal.

1238 - 1240 : les Mongols conquièrent presque tout le pays.

L'État moscovite

xivᵉ s. : la principauté de Moscou acquiert la suprématie sur les autres principautés russes.

1380 : Dimitri Donskoï bat les Mongols à Koulikovo.

1462 - 1505 : Ivan III organise un État puissant et centralisé et met fin à la suzeraineté mongole (1480).

1533 - 1584 : Ivan IV le Terrible, qui prend le titre de tsar (1547), commence la conquête de la Sibérie.

1605 - 1613 : après le règne de Boris Godounov (1598 - 1605), la Russie connaît des troubles politiques et sociaux ; elle est envahie par les Suédois et les Polonais.

1649 : le Code fait du servage une institution.

1666 - 1667 : la condamnation des vieux-croyants par l'Église orthodoxe russe provoque le schisme.

L'Empire russe jusqu'au milieu du xixᵉ s.

1682 - 1725 : Pierre le Grand entreprend l'occidentalisation du pays et crée l'Empire russe (1721).

1762 - 1796 : Catherine II mène une politique d'expansion et de prestige. En 1774, la Russie obtient un accès à la mer Noire ; à l'issue des trois partages de la Pologne, elle acquiert la Biélorussie, l'Ukraine occidentale et la Lituanie.

1796 - 1801 : règne de Paul Iᵉʳ, qui participe aux deux premières coalitions contre la France.

1801 - 1825 : règne d'Alexandre Iᵉʳ qui, vaincu par Napoléon, s'allie ensuite avec lui (Tilsit, 1807) puis prend une part active à sa chute (campagne de Russie, 1812). En 1815, il participe au congrès de Vienne et adhère à la Sainte-Alliance.

1825 - 1835 : Nicolas Iᵉʳ mène une politique autoritaire en matant la conspiration décabriste (1825) et la révolte polonaise (1831).

1854 - 1856 : la Russie est battue par la France et la Grande-Bretagne, alliées de l'Empire ottoman pendant la guerre de Crimée.

La modernisation et le maintien de l'autocratie

1860 : la Russie annexe la région comprise entre l'Amour, l'Oussouri et le Pacifique, puis conquiert l'Asie centrale (1865 - 1897).

1861 - 1864 : Alexandre II (1855 - 1881) affranchit les serfs. Insatisfaite, l'intelligentsia révolutionnaire adhère au nihilisme puis, dans les années 1870, au populisme.

1881 - 1894 : Alexandre III limite l'application des réformes du règne précédent. Le pays connaît une rapide industrialisation à la fin des années 1880.

1904 - 1905 : la guerre russo-japonaise est un désastre pour la Russie et favorise la révolution de 1905. Après avoir fait des concessions libérales, Nicolas II revient à l'autocratisme. La Russie se rapproche de la Grande-Bretagne pour former avec elle et la France la Triple-Entente.

1915 : engagée dans la Première Guerre mondiale, elle subit de lourdes pertes lors des offensives austro-allemandes en Pologne, en Galicie et en Lituanie.

1917 : la révolution de Février abat le tsarisme ; la révolution d'Octobre donne le pouvoir aux bolcheviques.

L'URSS

1918 - 1920 : la république socialiste fédérative soviétique de Russie (RSFSR) est proclamée. L'Allemagne lui impose le traité de Brest-Litovsk. La guerre civile oppose l'Armée rouge et les armées blanches. Le « communisme de guerre » est instauré et les nationalisations sont généralisées.

1920 : la Russie soviétique reconnaît l'indépendance des États baltes. L'Armée rouge occupe l'Arménie.

1921 : la nouvelle politique économique (NEP) est adoptée.

1922 : Staline devient secrétaire général du Parti communiste. La Russie, la Transcaucasie, l'Ukraine et la Biélorussie s'unissent au sein de l'URSS.

1929 : la NEP est abandonnée. Le premier plan quinquennal donne la priorité à l'industrie lourde, et la collectivisation massive des terres est entreprise.

1936 : une Constitution précise l'organisation de l'URSS en 11 républiques fédérées : Russie, Ukraine, Biélorussie Kazakhstan, Kirghizistan, Ouzbékistan Tadjikistan, Turkménistan, Arménie Azerbaïdjan, Géorgie.

1939 : le pacte germano-soviétique es conclu.

1939 - 1940 : l'URSS annexe la Pologne orientale, les États baltes, la Carélie, la Bessarabie et la Bucovine du Nord.

1941 : l'Allemagne envahit l'URSS.

1943 : l'Armée rouge remporte la bataille de Stalingrad.

1944 - 1945 : les forces soviétiques progressent en Europe orientale et, conformément aux accords de Yalta (février 1945), occupent la partie orientale de l'Allemagne.

1947 - 1949 : le Kominform est créé. La guerre froide se développe.

1955 : l'URSS signe avec sept démocraties populaires le pacte de Varsovie.

1956 : l'armée soviétique écrase la tentative de libéralisation de la Hongrie.

1962 : l'installation à Cuba de missiles soviétiques provoque une grave crise avec les États-Unis.

1968 : l'URSS intervient militairement en Tchécoslovaquie.

1979 : les troupes soviétiques occupent l'Afghanistan.

1985 - 1987 : M. Gorbatchev met en œuvre la *perestroïka*.

1989 : l'URSS achève le retrait de ses troupes d'Afghanistan. Les premières élections à candidatures multiples on lieu, les revendications nationales se développent.

1990 : le rôle dirigeant du parti est abo et un régime présidentiel est instauré L'URSS, en signant le traité de Moscou accepte l'unification de l'Allemagne.

La Fédération de Russie

1991 : la restauration de l'indépendance des pays Baltes est suivie par la dissolu tion de l'URSS. La Russie, l'Ukraine, l Biélorussie, la Moldavie, les républiques d'Asie centrale et celles du Caucas (excepté la Géorgie), qui ont proclam leur indépendance, créent la Communauté d'États indépendants (CEI). L Russie prend le nom officiel de Fédération de Russie.

Saint-Marin

```
200    300   500 m
—  route

●  plus de 4 000 h.
•  moins de 4 000 h.
```

nclavé en plein territoire italien, au sud
e Rimini, et accroché sur les pentes
bruptes du monte Titano dans l'Apennin
alcaire, Saint-Marin est la plus ancienne
épublique d'Europe.

uperficie : 61 km²
opulation (2002) : 27 000 hab.
apitale : Saint-Marin 5 000 hab.
e. 2001) dans l'agglomération
ature de l'État et du régime politique :
épublique
hefs de l'État et du gouvernement :
apitaines-régents) Giuseppe
laria Morganti et Mauro Chiaruzzi
rganisation administrative :
municipalités et la citadelle
ngue officielle : italien
onnaie : euro

DÉMOGRAPHIE

ensité : 435 hab./km²
art de la population urbaine (1999) :
0,4 %
ructure de la population par âge (1993) :
oins de 15 ans : 16 %,

15-65 ans : 70 %,
plus de 65 ans : 14 %
Taux de natalité : n.d.
Taux de mortalité : n.d.
Taux de mortalité infantile : n.d.
Espérance de vie : hommes : n.d.,
femmes : n.d.

ÉCONOMIE

PNB (1995) : 0,4 milliard de $
PNB/hab. (1995) : 17 000 $
PNB/hab. PPA : n.d.
IDH : n.d.
Taux de croissance annuelle du PIB : n.d.
Taux annuel d'inflation : n.d.
Structure de la population active (1998) :
agriculture : 1,4 %,

mines et industries : 40,6 %,
services : 58 %
Structure du PIB : agriculture : n.d.,
mines et industries : n.d., services : n.d.
Dette publique brute : n.d.
Taux de chômage (1999) : 3 %

Tourisme
Recettes touristiques : n.d.

Commerce extérieur
Exportations de biens : n.d.
Importations de biens : n.d.

Défense
Forces armées : n.d.
Budget de la Défense : n.d.

Niveau de vie
Nombre d'habitants pour un médecin : n.d.
Apport journalier moyen en
calories (1995) : 3 561
(minimum FAO : 2 400)
Nombre d'automobiles pour
1 000 hab. : n.d.
Nombre de téléviseurs pour
1 000 hab. (1995) : 360

REPÈRES HISTORIQUES

Selon la tradition, Saint-Marin est fondé
au IVe s. par un ermite retiré sur le mont
Titano, dont la réputation de sainteté
attira une petite communauté qui s'élargit
peu à peu en une communauté laïque.
IXe s. : la ville accède à l'autonomie.
XIIIe s. : Saint-Marin devient une république.
1992 : il est admis à l'ONU.

une république différente

Issue d'une commune médiévale établie sur le sol italien, la république de Saint-Marin a échappé à l'unification italienne. Cet État
souverain est régi par une Constitution datant de 1600 ; c'est la plus
ancienne Constitution encore en vigueur. Le pouvoir exécutif est exercé
par deux capitaines-régents élus en son sein, tous les six mois, par le
Grand Conseil général. Aucun autre pays ne connaît un renouvellement
aussi fréquent de son chef d'État, fonction qui, en outre, est exercée ici
collégialement. Les deux capitaines-régents sont assistés par un Conseil
d'État composé de dix secrétaires d'État. Le pouvoir législatif est dévolu
au Grand Conseil général, dont les 60 membres sont élus au suffrage
universel direct pour cinq ans. Saint-Marin est divisé en neuf collectivités locales dont chacune a son propre conseil local.

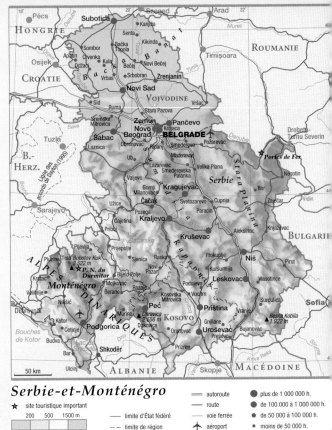

Du Danube à l'Adriatique, l'État de Serbie-et-Monténégro, héritier de l'ancienne Yougoslavie, juxtapose une partie septentrionale basse, intensément cultivée, et une partie méridionale plus étendue, appartenant aux Alpes Dinariques, au relief accidenté, encore largement forestière et pastorale.

Superficie : 102 173 km²
Population (2002) : 10 523 000 hab.
Capitale : Belgrade 1 687 000 hab.
(e. 2001) dans l'agglomération
Nature de l'État et du régime politique :
république à régime parlementaire
Chef de l'État : (président de
la République) Svetozar Marović
Chef du gouvernement : (Premier
ministre) Dragiša Pešić
Organisation administrative :
2 républiques
Langue officielle : serbe
Monnaie : dinar

Serbie-et-Monténégro

★ site touristique important

200	500	1500 m

━━ autoroute
─── route
╌╌╌ limite d'État fédéré
─ ─ limite de région
━━━ voie ferrée
✈ aéroport

● plus de 1 000 000 h.
● de 100 000 à 1 000 000 h.
● de 50 000 à 100 000 h.
• moins de 50 000 h.

94

DÉMOGRAPHIE

Densité : 104 hab./km²
Part de la population urbaine (1999) :
52 %
Structure de la population par âge (2000) :
moins de 15 ans : 20 %, 15-65 ans :
66,9 %, plus de 65 ans : 13,1 %
Taux de natalité (2000) : 12 ‰
Taux de mortalité (2000) : 11 ‰
Taux de mortalité infantile (2000) :
13 ‰
Espérance de vie (2000) : hommes :
70,9 ans, femmes : 75,6 ans

ÉCONOMIE

PNB (2000) :
10,03 milliards de $
PNB/hab. (2000) : 940 $
PNB/hab. PPA : n.d.
IDH : n.d.
Taux de croissance annuelle du PIB (2000) :
5 %
Taux annuel d'inflation : n.d.
Structure de la population active :
agriculture : n.d.,
mines et industries : n.d.,
services : n.d.
Structure du PIB (1999) : agriculture :
22 %, mines et industries : 38,8 %,
services : 39,2 %
Dette publique brute : n.d.
Taux de chômage : n.d.

Agriculture et pêche

Cultures
betterave à sucre (2001) : 2 500 000 t.
blé (2001) : 2 530 000 t.
maïs (2001) : 5 828 000 t.
noix (2001) : 23 776 t.
orge (2001) : 252 000 t.
pommes de terre (2001) : 690 000 t.
soja (2001) : 230 000 t.
tournesol (2001) : 450 000 t.
Élevage et pêche
bovins (2001) : 1 831 000 têtes
caprins (2001) : 241 000 têtes
ovins (2001) : 1 917 000 têtes
pêche (1999) : 9 940 t.
porcins (2001) : 4 372 000 têtes
Énergie et produits miniers
bauxite (2001) : 610 000 t.
cuivre (2000) : 41 000 t.
électricité totale (2000) : 32 984 millions
de kWh
lignite (1999) : 30 967 000 t.
pétrole (2001) : 800 000 t.
plomb (2001) : 15 000 t.
zinc (2001) : 1 200 t.
Productions industrielles
sucre (2001) : 209 000 t.
vin (2001) : 1 980 000 hl
aluminium (2001) : 70 000 t.

cuivre (2000) : 85 600 t.
zinc (2001) : 13 467 t.
automobiles (2001) : 7 500 unités
laine (2001) : 2 968 t.
ciment (2000) : 2 117 000 t.

Tourisme
Recettes touristiques (1999) : 17 millions
de $

Commerce extérieur
Exportations de biens (1997) :
1 088 millions de $
Importations de biens (1997) :
2 527 millions de $

Défense
Forces armées (1999) :
97 700 hommes
Budget de la Défense (1999) :
8,3 % du PIB

Niveau de vie
**Nombre d'habitants pour un
médecin (1995) :** 500
**Apport journalier moyen en
calories (2000) :** 2 570
(minimum FAO : 2 400)
**Nombre d'automobiles pour
1 000 hab. (1998) :** 173
**Nombre de téléviseurs pour
1 000 hab. (1999) :** 273

REPÈRES HISTORIQUES

La formation d'un État yougoslave

...e s. av. J.-C. : la région, peuplée d'Illy-riens, de Thraces puis de Celtes, est inté-rée à l'Empire romain.

...e - viie s. : elle est submergée par les ...laves.

... moitié du ixe s. : sous l'influence de ...yzance, les Serbes sont christianisés.

...e s. : la région, appelée Dioclée puis ...eta (actuel Monténégro), devient le ...entre d'un État.

...ers 1170 - vers 1196 : Étienne Nemanja ...mancipe les terres serbes de la tutelle ...yzantine.

...217 : son fils Étienne Ier Nemanjić (vers ...196 - 1227) devient roi. Il crée une ...glise serbe indépendante.

...360 : inclus dans le royaume serbe aux ...iiie - xive s., le royaume de Zeta redevient ...dépendant.

...489 - 1830 : défaits par les Turcs à ...osovo (1389), les Serbes sont intégrés à ...Empire ottoman. Le Monténégro est ...galement sous domination ottomane de ...479 à 1878.

...304 - 1813 : les Serbes se révoltent sous ... conduite de Karageorges.

...830 : Michel Obrenović, reconnu ...rince de Serbie par les Ottomans (1815), ...btient l'autonomie complète.

...378 : le Monténégro et la Serbie obtien-...ent leur indépendance (congrès de San ...efano et de Berlin).

...908 : Pierre Karadjordjević (1903 - ...921) se rapproche de la Russie. Il doit ...ccepter l'annexion de la Bosnie-Herzé-...ovine par l'Autriche.

...912 - 1913 : la Serbie participe aux deux guerres balkaniques et obtient la majeure partie de la Macédoine.

1914 : à la suite de l'attentat de Sarajevo, la Serbie rejette l'ultimatum autrichien, déclenchant ainsi la Première Guerre mondiale.

1915 - 1918 : elle est occupée par les forces des puissances centrales et de la Bulgarie.

1918 : le royaume des Serbes, Croates et Slovènes est créé au profit de Pierre Ier Karadjordjević. Il réunit les Slaves du Sud, qui, avant la Première Guerre mon-diale, étaient divisés entre la Serbie et l'Empire austro-hongrois.

1919 - 1920 : les traités de Neuilly-sur-Seine, de Saint-Germain-en-Laye, de Tria-non et de Rapallo fixent ses frontières.

1921 : une Constitution centraliste et parlementaire est adoptée.

1929 : le pays prend le nom de Yougos-lavie.

1941 : la résistance est organisée par D. Mihailović, Serbe de tendance royaliste et nationaliste, d'une part, et par le Croate et communiste J. Broz Tito, d'autre part. Pierre II se réfugie à Londres.

La république socialiste fédérale de Yougoslavie sous Tito

1945 - 1946 : la république populaire fédérative est créée, constituée de six républiques. Tito dirige le gouverne-ment.

1948 - 1949 : Staline exclut la Yougo-slavie du monde socialiste et du Komin-form.

1950 : l'autogestion est instaurée.

1963 : la république socialiste fédérative de Yougoslavie (RSFY) est instaurée.

1974 : une nouvelle constitution renforce les droits des républiques.

1980 : après la mort de Tito, les fonctions présidentielles sont exercées collégiale-ment.

L'éclatement de la fédération yougoslave

À partir de 1988 : les tensions interethn-iques se développent (notamment au Kosovo) et la situation économique, poli-tique et sociale se détériore.

1990 : la Ligue communiste yougoslave renonce au monopole politique. La Croatie et la Slovénie, désormais diri-gées par l'opposition démocratique, s'opposent à la Serbie et cherchent à redéfinir leur statut dans la fédération yougoslave.

1991 : elles proclament leur indépen-dance. Après des affrontements, l'armée fédérale se retire de Slovénie ; des com-bats meurtriers opposent les Croates à l'armée fédérale et aux Serbes de Croatie. La Macédoine proclame son indépen-dance (septembre).

1992 : la communauté internationale reconnaît l'indépendance de la Croatie et de la Slovénie, puis celle de la Bosnie-Herzégovine, où éclate une guerre meur-trière. La Serbie et le Monténégro créent la république fédérale de Yougoslavie.

1999 : en réponse à la répression serbe au Kosovo, l'OTAN intervient militairement en Yougoslavie. Le Kosovo est placé pro-visoirement sous administration interna-tionale.

2003 : la république fédérale de Yougo-slavie prend le nom de Serbie-et-Monté-négro.

les Balkans, une péninsule agitée

La péninsule des Balkans (ou péninsule balkanique) est limitée approximativement au N. par la Save et le Danube. La péninsule englobe l'Albanie, la Bosnie-Herzégovine, la Bulgarie, la Croatie, la Grèce, la Macédoine, la Turquie d'Europe et l'État de Serbie-et-Monté-négro. La région, creuset où se mêlèrent divers peuples, est depuis long-temps une zone de grande instabilité politique.

La péninsule balkanique fut soumise aux Turcs (Ottomans) à partir de la fin du xive s. L'Europe chrétienne (et particulièrement la maison d'Autriche et la Russie) amorça sa reconquête au xviiie s. La lutte des peuples balkaniques contre la domination ottomane, les dissensions religieuses entre orthodoxes, catholiques et musulmans, et la rivalité des grandes puissances ont donné lieu à de nombreux conflits : guerres russo-turque (1877 - 1878) et gréco-turque (1897), guerres balkaniques (1912 - 1913), campagnes des Dardanelles, de Serbie et de Macédoine pendant la Première Guerre mondiale, campagne des Balkans (1940 - 1941). Les problèmes des minorités nationales et des frontières étatiques ont ressurgi lors de l'éclatement de la Yougoslavie en 1991 - 1992 et sont à l'origine de la guerre en Croatie (1991 - 1992) et en Bosnie-Herzégo-vine (1992 - 1995), ainsi que du conflit du Kosovo (1999).

SLOVAQUIE

Slovaquie

★ site touristique important

200 500 1000 2000 m

═══ autoroute
─── route
─── voie ferrée
✈ aéroport

● plus de 100 000 h.
● de 50 000 à 100 000 h.
● de 10 000 à 50 000 h.
● moins de 10 000 h.

Occupant principalement l'extrémité nord-ouest des Carpates, la Slovaquie est un pays en grande partie montagneux, au climat continental. Le noyau le plus élevé est occupé par les Hautes Tatras (2 655 m), séparées des Basses Tatras par le Vah supérieur. Au nord s'étend l'arc des Beskides.

Superficie : 49 012 km^2
Population (2002) : 5 408 000 hab.
Capitale : Bratislava 464 000 hab.
(e. 2001) dans l'agglomération
Nature de l'État et du régime politique : république à régime parlementaire
Chef de l'État : (président de la République) Rudolf Schuster
Chef du gouvernement : (Premier ministre) Mikuláš Dzurinda
Organisation administrative : 8 régions
Langue officielle : slovaque
Monnaie : koruna (couronne slovaque)

DÉMOGRAPHIE
Densité : 110 hab./km^2
Part de la population urbaine (2000) : 57,4 %
Structure de la population par âge (2000) : moins de 15 ans : 19,5 %, 15-65 ans : 69,1 %, plus de 65 ans : 11,4 %
Taux de natalité (2000) : 10 ‰
Taux de mortalité (2000) : 10 ‰
Taux de mortalité infantile (2000) : 8 ‰
Espérance de vie (2000) : hommes : 69,8 ans, femmes : 77,6 ans

ÉCONOMIE
PNB (2001) : 20 milliards de $
PNB/hab. (2001) : 3 700 $
PNB/hab. PPA (2001) : 11 610 dollars internationaux
IDH (2000) : 0,835
Taux de croissance annuelle du PIB (2001) : 3,3 %
Taux annuel d'inflation (2000) : 12,04 %
Structure de la population active (2000) : agriculture : 6,6 %, mines et industries : 37,3 %, services : 56,1 %
Structure du PIB (2000) : agriculture : 4,6 %, mines et industries : 34,6 %, services : 60,8 %
Dette publique brute : n.d.
Taux de chômage (2001) : 19,3 %

Agriculture et pêche
Cultures
betterave à sucre (2001) : 1 293 000 t.
blé (2001) : 1 894 000 t.
maïs (2001) : 721 000 t.
orge (2001) : 685 000 t.

pommes de terre (2001) : 401 000 t.
seigle (2001) : 119 000 t.
Élevage et pêche
bovins (2001) : 646 000 têtes
chevaux (2001) : 10 000 têtes
ovins (2001) : 348 000 têtes
pêche (1999) : 2 260 t.
porcins (2001) : 1 488 000 têtes
poulets (2001) : 14 621 000 têtes
Énergie et produits miniers
électricité totale (2000) : 27 530 millions de kWh
gaz naturel (1998) : 260 millions de m^3
houille (1993) : 2 286 000 t.
lignite (1999) : 3 745 000 t.
Productions industrielles
sucre (2001) : 172 000 t.
vin (2001) : 378 000 hl
acier (2001) : 3 997 000 t.
zinc : n.d.
automobiles (2001) : 182 000 unités
filés de coton (1997) : 17 000 t.
lin (2001) : 2 000 t.
ciment (2000) : 3 000 000 t.
production de bois (2000) : 5 046 000 m^3
papier (2000) : 925 000 t.
Tourisme
Recettes touristiques (2000) : 432 millions de $
Commerce extérieur
Exportations de biens (2000) : 11 896 millions de $
Importations de biens (2000) : 12 791 millions de $
Défense
Forces armées (1999) : 38 600 hommes
Budget de la Défense (1999) : 1,8 % du PIB
Niveau de vie
Nombre d'habitants pour un médecin (1995) : 333
Apport journalier moyen en calories (2000) : 3 133
(minimum FAO : 2 400)
Nombre d'automobiles pour 1 000 hab. (1999) : 229
Nombre de téléviseurs pour 1 000 hab. (1999) : 417

REPÈRES HISTORIQUES

xe s. : les Hongrois détruisent la Grande Moravie et annexent la Slovaquie, q constitue dès lors la Haute-Hongrie.
1526 : celle-ci entre avec le reste de Hongrie dans le domaine des Habsbour
Apr. 1540 : la plaine hongroise éta occupée par les Ottomans, le gouvern ment hongrois s'établit à Presbou (aujourd'hui Bratislava) et y demeu jusqu'en 1848.
xixe s. : le mouvement national slovaq se développe.
1918 : la Slovaquie est intégrée à l'Ét tchécoslovaque.
1939 : un État slovaque séparé, sous pr tectorat allemand, est créé.
1945 - 1948 : la région est réintégrée à la Tchécoslovaquie, et la centralisatio rétablie.
1948 - 1953 : le communiste Gottwa préside à l'alignement sur l'URSS. D procès (1952 - 1954) condamne Slánský et les « nationalistes slovaques
1968 : lors du « printemps de Prague le parti, dirigé par Dubček, tente d s'orienter vers un « socialisme à visa humain ». L'intervention soviétique, août, met un terme au cours novateur.
1969 : la Slovaquie est dotée du statut république fédérée. Husák rempla Dubček à la tête du parti. C'est le déb de la « normalisation ».
1989 : à la suite d'importantes manife tations, les principales autorités dém sionent et le rôle dirigeant du parti e aboli. Le dissident Havel est élu préside
1990 : les députés slovaques obtienne que la Tchécoslovaquie prenne le nom République fédérative tchèque et slovaq
1992 : Havel démissionne. Le process de partition de la Tchécoslovaquie deux États indépendants est négocié p les gouvernements tchèque et slovaqu
1er janvier 1993 : la Slovaquie devient État indépendant.

96

Slovénie

200 1000 2000 3000 m

— autoroute   ✈ aéroport   ● plus de 250 000 h.
— route   ● de 100 000 à 250 000 h.
— voie ferrée   ★ site touristique important   ● de 30 000 à 100 000 h.
   ● moins de 30 000 h.

Ouverte par les vallées de la Drave et de la Save, la Slovénie s'étend sur trois régions naturelles : les Alpes slovènes (2 863 m au Triglav), le plateau du karst au sud-ouest, humide et boisé, et les plaines et les collines du piémont alpin.

Superficie : 20 256 km²
Population (2002) : 1 984 000 hab.
Capitale : Ljubljana 250 000 hab.
(e. 2001) dans l'agglomération
Nature de l'État et du régime politique : république à régime semi-présidentiel
Chef de l'État : (président de la République) Janez Drnovšek
Chef du gouvernement : (Premier ministre) Anton Rop
Organisation administrative : 12 régions
Langue officielle : slovène
Monnaie : tolar

DÉMOGRAPHIE

Densité : 98 hab./km²
Part de la population urbaine (2000) : 50,4 %
Structure de la population par âge (2000) : moins de 15 ans : 15,9 %, 15-65 ans : 70,2 %, plus de 65 ans : 13,9 %
Taux de natalité (2000) : 9 ‰
Taux de mortalité (2000) : 10 ‰
Taux de mortalité infantile (2000) : 5,6 ‰
Espérance de vie (2000) : hommes : 72,3 ans, femmes : 79,6 ans

ÉCONOMIE

PNB (2001) : 19,4 milliards de $
PNB/hab. (2001) : 97 800 $
PNB/hab. PPA (2001) : 18 160 dollars internationaux
IDH (2000) : 0,879
Taux de croissance annuelle du PIB (2001) : %
Taux annuel d'inflation (2000) : 10,85 %
Structure de la population active (1998) : agriculture : 12 %, mines et industries : 39,5 %, services : 48,5 %
Structure du PIB (2000) : agriculture : 3,3 %, mines et industries : 38,3 %, services : 58,4 %
Dette publique brute : n.d.
Taux de chômage (2001) : 5,9 %

Agriculture et pêche

Cultures
betterave à sucre (2001) : 400 000 t.
blé (2001) : 180 000 t.

maïs (2001) : 286 000 t.
pommes (2001) : 130 000 t.
pommes de terre (2001) : 191 000 t.
raisin (2001) : 127 000 t.
Élevage et pêche
bovins (2001) : 494 000 têtes
ovins (2001) : 96 000 têtes
pêche (1999) : 3 220 t.
porcins (2001) : 604 000 têtes

Énergie et produits miniers
électricité totale (2000) : 12 816 millions de kWh

Productions industrielles
sucre (2001) : 24 000 t.
vin (2001) : 768 000 hl
bière (2000) : 1 490 000 hl
viande (2001) : 171 000 t.
acier (2001) : 457 000 t.
aluminium (2001) : 100 000 t.
ciment (2000) : 1 300 000 t.

Tourisme
Recettes touristiques (2000) : 957 millions de $

Commerce extérieur
Exportations de biens (2000) : 8 805,9 millions de $
Importations de biens (2000) : 9 887,3 millions de $

Défense
Forces armées (1999) : 9 000 hommes
Budget de la Défense (1999) : 1,4 % du PIB

Niveau de vie
Nombre d'habitants pour un médecin (1995) : 476
Apport journalier moyen en calories (2000) : 3 168 (minimum FAO : 2 400)
Nombre d'automobiles pour 1 000 hab. (1999) : 418
Nombre de téléviseurs pour 1 000 hab. (1999) : 356

REPÈRES HISTORIQUES

VIᵉ s. : des tribus slaves (Slovènes) s'établissent dans la région.
788 : celle-ci est incorporée à l'empire de Charlemagne.
VIIIᵉ s. : christianisée par des missionnaires de Salzbourg, elle adopte la Réforme, qui contribue au développement du slovène, puis revient au catholicisme.
1278 : elle passe sous la domination des Habsbourg.
XVIᵉ et XVIIᵉ s. : les incursions turques, rendant le pays peu sûr, arrêtent la colonisation allemande pour un temps.
1809 - 1813 : l'administration française (en Istrie depuis 1805, en Carinthie et en Carniole depuis 1809) des Provinces illyriennes prépare le réveil national qui s'accentue lors de la restitution des régions slovènes à l'Autriche (1914).
1848 : la révolution entraîne des révoltes paysannes ; elle permet l'abolition du servage.
1918 : la Slovénie entre dans le royaume des Serbes, Croates et Slovènes, qui prend en 1929 le nom de Yougoslavie.
1920 : elle doit céder Klagenfurt à l'Autriche, et l'Istrie et les Alpes Juliennes à l'Italie.
1941 - 1945 : elle est partagée entre l'Allemagne, l'Italie et la Hongrie.
1945 : la Slovénie devient une des républiques fédérées de Yougoslavie.
1990 : l'opposition démocratique remporte les premières élections libres.
1991 : la Slovénie proclame son indépendance (reconnue par la communauté internationale en 1992).

SUÈDE

La moitié nord du pays, correspondant au Norrland, au climat rude (les températures moyennes en février varient de - 6 °C à - 12 °C), s'oppose à la Suède centrale, formant une dépression traversée par la ligne de partage des eaux entre le Skagerrak et la Baltique. Quant à la partie méridionale, aux températures plus douces, elle est bordée par les îles Gotland et Öland, où alternent lacs et forêts.

Superficie : 449 964 km²
Population (2002) : 8 823 000 hab.
Capitale : Stockholm 755 619 hab. (e. 2001), 1 626 000 hab. (e. 2001) dans l'agglomération
Nature de l'État et du régime politique : monarchie constitutionnelle à régime parlementaire
Chef de l'État : (roi) Charles XVI Gustave
Chef du gouvernement : (Premier ministre) Göran Persson
Organisation administrative : 21 provinces
Langue officielle : suédois
Monnaie : krona (couronne suédoise)

Suède

★ site touristique important
200 400 1000 1500 m

═══ autoroute
─── route
─── voie ferrée
✈ aéroport

● plus de 500 000 h.
● de 100 000 à 500 000 h.
● de 50 000 à 100 000 h.
• moins de 50 000 h.

98

DÉMOGRAPHIE

Densité : 20 hab./km²
Part de la population urbaine (2000) : 83,3 %
Structure de la population par âge (2000) : moins de 15 ans : 18,2 %, 15-65 ans : 64,4 %, plus de 65 ans : 17,4 %
Taux de natalité (2000) : 10 ‰
Taux de mortalité (2000) : 11 ‰
Taux de mortalité infantile (2000) : 3,4 ‰
Espérance de vie (2000) : hommes : 77,6 ans, femmes : 82,6 ans

ÉCONOMIE

PNB (2001) : 226 milliards de $
PNB/hab. (2001) : 25 400 $
PNB/hab. PPA (2001) : 24 670 dollars internationaux
IDH (2000) : 0,941
Taux de croissance annuelle du PIB (2001) : 1,2 %
Taux annuel d'inflation (2000) : 1 %
Structure de la population active (2000) : agriculture : 2,4 %, mines et industries : 24,6 %, services : 73 %

Structure du PIB (2000) : agriculture : 1,8 %, mines et industries : 28 %, services : 70,2 %
Dette publique brute (1998) : 75,5 % du PIB
Taux de chômage (2001) : 4,9 %

Agriculture
Cultures
avoine (2001) : 961 000 t.
betterave à sucre (2001) : 2 602 000 t.
blé (2001) : 2 345 000 t.
colza (2001) : 106 000 t.
orge (2001) : 1 633 000 t.
pommes de terre (2001) : 913 000 t.
Élevage
bovins (2001) : 1 652 000 têtes
ovins (2001) : 452 000 têtes
porcins (2001) : 1 891 000 têtes

Énergie et produits miniers
argent (2000) : 300 t.
cuivre (2000) : 76 000 t.
électricité nucléaire (2000) : 54 800 millions de kWh

électricité totale (2000) : 144 621 millions de kWh
fer (2001) : 12 090 000 t.
hydroélectricité (2000) : 77 820 millions de kWh
plomb (2001) : 95 000 t.
zinc (2001) : 161 000 t.

Productions industrielles
lait (2001) : 3 300 000 t.
beurre (2001) : 50 000 t.
fromage (2001) : 132 000 t.
sucre (2001) : 402 000 t.
fonte (1998) : 3 370 000 t.
aluminium (2001) : 102 000 t.
cuivre (2000) : 130 000 t.
plomb (2001) : 81 800 t.
automobiles (2001) : 248 000 unités
véhicules utilitaires (1998) : 119 000 unités
textiles artificiels (1998) : 26 000 t.
ciment (2000) : 2 150 000 t.
production de bois (2000) : 58 920 000 m³
papier (2000) : 10 786 000 t.

Tourisme	Défense	Apport journalier moyen en
Recettes touristiques (2000) : 4 107 millions de $	Forces armées (1999) : 52 700 hommes	calories (2000) : 3 109 (minimum FAO : 2 400)

Tourisme
Recettes touristiques (2000) :
4 107 millions de $

Commerce extérieur
Exportations de biens (2000) :
87 431 millions de $
Importations de biens (2000) :
72 216 millions de $

Défense
Forces armées (1999) :
52 700 hommes
Budget de la Défense (1999) :
1,9 % du PIB

Niveau de vie
Nombre d'habitants pour un
médecin (1996) : 322

Apport journalier moyen en
calories (2000) : 3 109
(minimum FAO : 2 400)
Nombre d'automobiles pour
1 000 hab. (1999) : 437
Nombre de téléviseurs pour
1 000 hab. (1998) : 531

REPÈRES HISTORIQUES

Des origines à la formation de la nation suédoise

V. 1800 av. J.-C. : peuplée dès le néolithique, la Suède établit des relations avec les pays méditerranéens.

***IX*e - *XI*e s. apr. J.-C. :** les Suédois, appelés *Varègues,* commercent surtout en Russie. Le christianisme progresse après le baptême du roi Olof Skötkonung (1008).

1157 : Erik le Saint entreprend une croisade contre les Finnois.

1250 - 1266 : Birger Jarl, fondateur de la dynastie des Folkung, établit sa capitale à Stockholm et renforce l'unité du pays.

1319 - 1363 : les Folkung unissent la Suède et la Norvège.

1389 : Marguerite Ire Valdemarsdotter, déjà reine du Danemark et de la Norvège, devient reine de Suède.

1397 : l'union de Kalmar unit le Danemark, la Norvège et la Suède sous l'autorité d'Erik de Poméranie, désigné comme héritier par Marguerite Ire Valdemarsdotter.

1440 - 1520 : l'opposition nationale suédoise se regroupe autour des Sture.

La période de grandeur

1523 - 1560 : Gustave Ier Vasa, qui a chassé les Danois, rend l'indépendance à son pays. Le luthéranisme devient religion d'État.

1568 - 1592 : Jean III Vasa entreprend la construction d'un empire suédois en Baltique.

1611 - 1632 : Gustave II Adolphe intervient victorieusement dans la guerre de Trente Ans.

1632 - 1654 : la reine Christine lui succède sous la régence d'Oxenstierna. Bénéficiant des traités de Westphalie (1648), la Suède est maîtresse de la Baltique.

1654 - 1660 : Charles X Gustave écrase les Danois.

1697 - 1718 : Charles XII, entraîné dans la guerre du Nord (1700 - 1721), fait perdre à son pays la maîtrise de la Baltique.

De l'ère de la liberté à nos jours

***XVIII*e s. :** les règnes de Frédéric Ier (1720 - 1751) et d'Adolphe-Frédéric (1751 - 1771) sont marqués par l'opposition entre le parti pacifiste des Bonnets et le parti des Chapeaux (militariste et profrançais).

1771 - 1792 : Gustave III règne en despote éclairé, puis (1789) restaure l'absolutisme.

1808 : Gustave IV Adolphe doit abandonner la Finlande à la Russie.

1810 : Charles XIII adopte comme successeur le maréchal français Bernadotte, qui s'allie avec l'Angleterre et la Russie contre Napoléon (1812).

1814 : par le traité de Kiel, la Norvège est unie à la Suède.

1818 - 1844 : Bernadotte devient roi sous le nom de Charles XIV.

1905 : la Suède doit accepter la sécession de la Norvège.

1907 - 1950 : sous le règne de Gustave V, le pays observe une stricte neutralité durant les deux guerres mondiales.

1973 : le roi Charles XVI Gustave succède à Gustave VI Adolphe.

1995 : la Suède adhère à l'Union européenne.

le maréchal Bernadotte roi de Suède !

Jean-Baptiste Bernadotte naît à Pau en 1763. Il est engagé à 17 ans. Colonel, puis général de division, il prend une part importante à la bataille de Fleurus (1794). Lieutenant de Bonaparte en Italie (1797), ambassadeur à Vienne (1798), il devient ministre de la Guerre (1799). Il passe pour un des meilleurs généraux de la République et pour un rival possible de Bonaparte. Maréchal en 1804, il participe brillamment aux campagnes de 1806 et 1807. Brouillé en 1809 avec Napoléon, qui lui a enlevé un commandement, il accepte sa nomination comme prince héritier par les États de Suède (1810) et se comporte dès lors en Suédois. En 1813, il décide de la victoire des Alliés sur Napoléon à Leipzig et obtient en récompense l'union de la Suède et de la Norvège (1815). Définitivement roi (Charles XIV) en 1818, à la mort de Charles XIII, il est le fondateur de la dynastie qui règne encore en Suède. Il meurt à Stockholm en 1844.

SUISSE

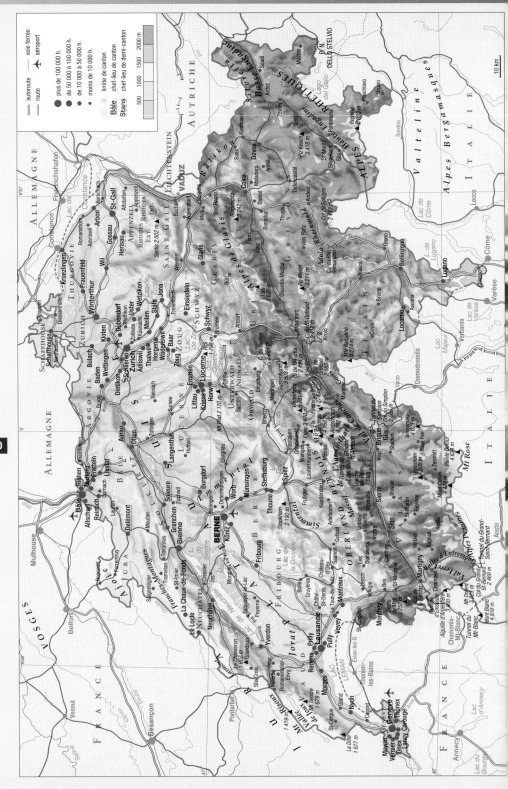

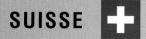

Essentiellement montagneuse, la Suisse se compose de trois ensembles : le Jura, le Plateau suisse, ou Mittelland, et les Alpes, qui occupent environ 60 % du territoire et surplombent les vallées du Rhône et du Rhin, ainsi que la plaine du Pô. Entre les Alpes et le Jura, le Plateau est plutôt un ensemble de collines et de vallées qui s'abaissent vers le sud.

Superficie : 41 284 km²
Population (2002) : 7 168 000 hab.
Capitale : Berne 122 469 hab. (e. 2001), 316 000 hab. (e. 2001) dans l'agglomération
Nature de l'État et du régime politique : république
Chef de l'État et du gouvernement : (président de la Confédération) Pascal Couchepin
Organisation administrative : 23 cantons (3 sont composés de 2 demi-cantons)
Langues officielles : allemand, français, italien et romanche
Monnaie : franc suisse

DÉMOGRAPHIE

Densité : 179 hab./km²
Part de la population urbaine (2000) : 67,7 %
Structure de la population par âge (2000) : moins de 15 ans : 16,7 %, 15-65 ans : 67,3 %, plus de 65 ans : 16 %
Taux de natalité (2000) : 10 ‰
Taux de mortalité (2000) : 9 ‰
Taux de mortalité infantile (2000) : 4,8 %
Espérance de vie (2000) : hommes : 75,9 ans, femmes : 82,3 ans

ÉCONOMIE

PNB (2001) : 267 milliards de $
PNB/hab. (2001) : 36 970 $
PNB/hab. PPA (2001) : 31 320 dollars internationaux
IDH (2000) : 0,928
Taux de croissance annuelle du PIB (2001) : 0,9 %
Taux annuel d'inflation (2000) : 1,58 %
Structure de la population active (2000) : agriculture : 4,5 %, mines et industries : 26,4 %, services : 69,1 %
Structure du PIB (1998) : agriculture : 2,6 %, mines et industries : 33,5 %, services : 63,9 %
Dette publique brute : n.d.
Taux de chômage (2001) : 2,5 %

Agriculture

Cultures
betterave à sucre (2001) : 1 056 000 t.
blé (2001) : 515 000 t.
maïs (2001) : 222 000 t.
orge (2001) : 251 000 t.
pommes (2001) : 170 000 t.
pommes de terre (2001) : 526 000 t.

Élevage
bovins (2001) : 1 611 000 têtes
ovins (2001) : 460 000 têtes
porcins (2001) : 1 556 000 têtes

Énergie et produits miniers
électricité nucléaire (2000) : 24 900 millions de kWh
électricité totale (2000) : 64 182 millions de kWh
hydroélectricité (2000) : 36 462 millions de kWh

Productions industrielles
lait (2001) : 3 927 000 t.
beurre (2001) : 37 400 t.
fromage (2001) : 162 300 t.
viande (2001) : 433 000 t.
sucre (2001) : 164 000 t.
vin (2001) : 1 174 000 hl
aluminium (2001) : 35 000 t.

filés de coton (1998) : 26 000 t.
textiles synthétiques (1998) : 87 000 t.
ciment (2000) : 3 600 000 t.
production de bois (2000) : 7 612 000 m³
papier (2000) : 1 616 000 t.

Tourisme
Recettes touristiques (2000) : 7 303 millions de $

Commerce extérieur
Exportations de biens (2000) : 93 294 millions de $
Importations de biens (2000) : 92 904 millions de $

Défense
Forces armées (1999) : 3 470 hommes
Budget de la Défense (1999) : 1,3 % du PIB

Niveau de vie
Nombre d'habitants pour un médecin (1996) : 312
Apport journalier moyen en calories (2000) : 3 293 (minimum FAO : 2 400)
Nombre d'automobiles pour 1 000 hab. (1999) : 486
Nombre de téléviseurs pour 1 000 hab. (1999) : 518

REPÈRES HISTORIQUES

Les origines et la Confédération
IXᵉ s. - Iᵉʳ s. av. J.-C. : à l'âge du fer, les civilisations de Hallstatt et de La Tène se développent.
58 av. J.-C. : le pays est conquis par César.
Vᵉ s. : l'Helvétie est envahie par les Burgondes et les Alamans, qui germanisent le Nord et le Centre.
VIIᵉ - IXᵉ s. : elle est christianisée.
888 : elle entre dans le royaume de Bourgogne.
1032 : elle est intégrée avec celui-ci dans le Saint Empire.
XIᵉ - XIIIᵉ s. : les Habsbourg acquièrent de grandes possessions dans la région.
Fin du XIIIᵉ s. : dans des circonstances devenues légendaires (Tell), les cantons défendent leurs libertés.
1291 : les trois cantons forestiers (Uri, Schwyz, Unterwald) se lient en un pacte perpétuel ; c'est l'acte de naissance de la Confédération suisse.
1353 : la Confédération comprend huit cantons après l'adhésion de Lucerne (1332), Zurich (1351), Glaris, Zoug (1352) et Berne (1353). Après les victoires de Sempach (1386) et de Näfels (1388), elle fait reconnaître son indépendance par les Habsbourg.
1499 : Maximilien Iᵉʳ signe la paix de Bâle avec les Confédérés ; le Saint Empire n'exerce plus qu'une suzeraineté nominale.
1513 : la Confédération compte treize cantons après l'adhésion de Soleure et Fribourg (1481), Bâle et Schaffhouse (1501) puis Appenzell (1513).
1516 : après leur défaite à Marignan, les

Suisses signent avec la France une paix perpétuelle.
1519 : la Réforme est introduite à Zurich par Zwingli.
1536 : Calvin fait de Genève la « Rome du protestantisme ».
1648 : les traités de Westphalie reconnaissent l'indépendance de la Confédération.

L'époque contemporaine
1798 : le Directoire impose une République helvétique, qui devient vite ingouvernable.
1803 : l'Acte de médiation, reconstituant l'organisation confédérale, est ratifié par Bonaparte.
1813 : il est abrogé.
1815 : un nouveau pacte confédéral entre vingt-deux cantons est ratifié par le congrès de Vienne, qui reconnaît la neutralité de la Suisse.
1845 - 1847 : sept cantons catholiques forment une ligue (le *Sonderbund*), qui est réprimée militairement.
1848 : une nouvelle Constitution instaure un État fédératif, doté d'un gouvernement central siégeant à Berne.
1874 : le droit de référendum est introduit.
1891 : celui d'initiative populaire l'est également.
1914 - 1918, 1939 - 1945 : la neutralité et la vocation humanitaire de la Suisse sont respectées.
1979 : un nouveau canton de langue française, le Jura, est créé.
1999 : une nouvelle Constitution est adoptée.
2002 : la Suisse vote en faveur de son entrée à l'ONU.

République tchèque

200   500   1000 m

autoroute — voie ferrée
route — aéroport

● plus de 1 000 000 h.
● de 100 000 à 1 000 000 h.
● de 50 000 à 100 000 h.
• moins de 50 000 h.

50 km

Le pays est constitué de la Bohème, quadrilatère de moyennes montagnes entourant la fertile plaine du Polabí, et de la Moravie

Superficie : 78 866 km²
Population (2002) : 10 250 000 hab.
Capitale : Prague 1 178 576 hab. (r. 2001)
Nature de l'État et du régime politique : république à régime parlementaire
Chef de l'État : (président de la République) Václav Klaus
Chef du gouvernement : (Premier ministre) Vladimír Špidla
Organisation administrative : 14 régions et 1 municipalité
Langue officielle : tchèque
Monnaie : koruna (couronne tchèque)

DÉMOGRAPHIE

Densité : 130 hab./km²
Part de la population urbaine (2000) : 74,7 %
Structure de la population par âge (2000) : moins de 15 ans : 16,4 %, 15-65 ans : 69,8 %, plus de 65 ans : 13,8 %
Taux de natalité (2000) : 9 ‰
Taux de mortalité (2000) : 11 ‰
Taux de mortalité infantile (2000) : 5,4 ‰
Espérance de vie (2000) : hommes : 72,1 ans, femmes : 78,7 ans

ÉCONOMIE

PNB (2001) : 54 milliards de $
PNB/hab. (2001) : 5 270 $
PNB/hab. PPA (2001) : 14 550 $ intern.
IDH (2000) : 0,849
Taux de croissance annuelle du PIB (2001) : 3,3 %
Taux annuel d'inflation (2000) : 3,9 %
Structure de la population active (2000) : agriculture : 5,1 %, mines et industries : 40 %, services : 54,9 %
Structure du PIB (2000) : agriculture : 4,1 %, mines et industries : 41,4 %, services : 54,5 %
Dette publique brute : n.d.
Taux de chômage (2001) : 8,2 %

Agriculture et pêche

Cultures
betterave à sucre (2001) : 3 518 000 t.
blé (2001) : 4 476 000 t.
colza (2001) : 985 000 t.
orge (2001) : 2 018 000 t.
pommes de terre (2001) : 1 590 000 t.
Élevage
bovins (2001) : 1 582 000 têtes
ovins (2001) : 90 000 têtes
porcins (2001) : 3 594 000 têtes

Énergie et produits miniers

électricité nucléaire (2000) : 12 700 millions de kWh
électricité totale (2000) : 69 589 M. de kWh
gaz naturel (2000) : 215 millions de m³
houille (1999) : 17 227 000 t.
hydroélectricité (2000) : 1 740 M. de kWh
lignite (2000) : 50 300 000 t.
pétrole (2001) : 366 000 t.

Productions industrielles

lait (2001) : 2 750 000 t.
beurre (2001) : 66 731 t.
sucre (2001) : 491 000 t.
vin (2001) : 520 000 hl
bière (2000) : 17 796 000 hl
acier (2001) : 6 315 000 t.
fonte (1998) : 4 982 000 t.
automobiles (2001) : 457 000 unités
véhicules utilitaires (1998) : 70 000 unités
filés de coton (1998) : 66 000 t.
laine (2001) : 220 t.
lin (2001) : 17 100 t.
textiles artificiels (1998) : 27 000 t.
textiles synthétiques (1998) : 25 000 t.
ciment (2000) : 4 093 000 t.
papier (2000) : 804 000 t.

Tourisme

Recettes touristiques (2000) : 2 869 millions de $

Commerce extérieur

Exportations de biens (2000) : 29 019 millions de $
Importations de biens (2000) : 32 115 M. de $

Défense

Forces armées (1999) : 57 700 hommes
Budget de la Défense (1999) : 2,3 % du PIB

Niveau de vie

Nombre d'habitants pour un médecin (1996) : 344
Apport journalier moyen en calories (2000) : 3 103 (minimum FAO : 2 400)
Nombre d'automobiles pour 1 000 hab. (1999) : 335
Nombre de téléviseurs pour 1 000 hab. (1999) : 487

REPÈRES HISTORIQUES

Fin du VIIIᵉ s. - début du Xᵉ s. : les Slaves, établis dans la région depuis le Vᵉ s., organisent l'empire de Grande-Moravie.
900 - 1306 : les Přemyslides règne sur le pays. Vassaux du Saint-Empire ; ils obtiennent le titre de roi en 1212.
1310 - 1347 : la dynastie de Luxembourg dirige le royaume, qui atteint son apogée sous Charles IV (1346 - 1378).
1526 : Ferdinand d'Autriche est proclamé roi de Bohème et de Hongrie.
1526 - 1648 : renouvelée à chaque élection royale, l'union avec l'Autriche est renforcée par la Constitution de 1627, qui donne, à titre héréditaire, la couronne de Bohème aux Habsbourg.
1618 - 1648 : le pays est ruiné par la guerre de Trente Ans.
XIXᵉ s. : les Tchèques participent à la révolution de 1848.
1918 : ils accèdent à l'indépendance et forment avec les Slovaques la république de Tchécoslovaquie.
1938 : à la suite des accords de Munich, le pays cède à l'Allemagne les Sudètes.
1939 : l'Allemagne occupe la Bohème-Moravie et y instaure son protectorat. La Slovaquie forme un État séparé.
1945 : Prague est libérée par l'armée soviétique.
Févr. 1948 : les communistes s'emparent du pouvoir.
1968 : l'intervention soviétique brise le mouvement de libéralisation du régime initié par Dubček.
1969 : la Tchécoslovaquie devient un État fédéral formé des Républiques tchèque et slovaque.
1989 : à la suite d'importantes manifestations, le rôle dirigeant du parti est aboli. Le dissident Havel est élu président.
1992 : le processus de partition de la Tchécoslovaquie en deux États indépendants est négocié par les gouvernements tchèque et slovaque.
1993 : la République tchèque devient indépendante.

102

DÉMOGRAPHIE

Densité : 84 hab./km²
Part de la population urbaine (1999) :
67,9 %
Structure de la population par âge (2000) :
moins de 15 ans : 17,8 %, 15-65 ans :
68,4 %, plus de 65 ans : 13,8 %
Taux de natalité (2000) : 9 ‰
Taux de mortalité (2000) : 15 ‰
Taux de mortalité infantile (2000) : 15,3 ‰
Espérance de vie (2000) : hommes :
62,7 ans, femmes : 73,5 ans

ÉCONOMIE

PNB (2001) : 35,2 milliards de $
PNB/hab. (2001) : 720 $
PNB/hab. PPA (2001) : 4 150 dollars
internationaux
IDH (2000) : 0,748
Taux de croissance annuelle du PIB (2001) :
9,1 %
Taux annuel d'inflation (1997) : 15,9 %
Structure de la population active (1998) :
agriculture : 26,1 %, mines et
industries : 27,4 %, services : 46,5 %
Structure du PIB (2000) : agriculture :
13,8 %, mines et industries : 38,5 %,
services : 47,7 %
Dette publique brute : n.d.
Taux de chômage (2000) : 11,7 %

Agriculture et pêche

Cultures
avoine (2001) : 1 100 000 t.
betterave à sucre (2001) : 15 489 000 t.
blé (2001) : 21 348 000 t.
maïs (2001) : 3 300 000 t.
millet (2001) : 600 000 t.
noix (2001) : 52 000 t.
orge (2001) : 10 156 000 t.
pommes (2001) : 750 000 t.
pommes de terre (2001) : 13 500 000 t.
seigle (2001) : 1 500 000 t.
tomates (2001) : 1 053 000 t.
tournesol (2001) : 2 245 000 t.
Élevage et pêche
bovins (2001) : 9 914 000 têtes
chevaux (2001) : 675 000 têtes
ovins (2001) : 995 000 têtes
pêche (1999) : 442 000 t.
porcins (2001) : 9 078 000 têtes

Énergie et produits miniers
électricité nucléaire (2000) :
74 800 millions de kWh
électricité totale (2000) :
163 570 millions de kWh
fer (2001) : 30 000 000 t.
gaz naturel (2000) : 16 800 millions de m³
houille (1999) : 81 659 000 t.
hydroélectricité (2000) : 11 490 millions
de kWh
manganèse (2001) : 930 000 t.
pétrole (2001) : 3 700 000 t.
uranium (2001) : 500 t.

Productions industrielles
lait (2001) : 13 405 000 t.
beurre (2001) : 160 000 t.
sucre (2001) : 1 947 000 t.
miel (2001) : 52 000 t.

La Russie exclue, l'Ukraine est, devant la France, le plus vaste État d'Europe. Sous un climat continental aux hivers modérés froids et aux étés chauds et humides, le territoire appartient au domaine de la steppe, boisée au nord et à tendance aride aux approches de la mer Noire.

Superficie : 603 700 km²
Population (2002) : 48 652 000 hab.
Capitale : Kiev 2 488 000 hab. (e. 2001)
Nature de l'État et du régime politique :
république à régime semi-présidentiel
Chef de l'État : (président de
la République) Leonid Koutchma
Chef du gouvernement : (Premier
ministre) Viktor Ianoukovitch
Organisation administrative : 24 régions,
2 municipalités et 1 république
Langue officielle : ukrainien
Monnaie : hrivna

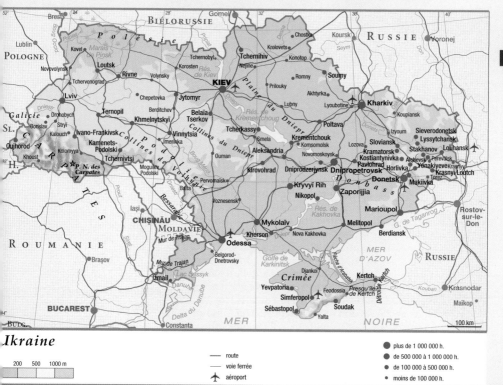

Ukraine

200 500 1000 m

— route
-- voie ferrée
✈ aéroport

● plus de 1 000 000 h.
● de 500 000 à 1 000 000 h.
● de 100 000 à 500 000 h.
· moins de 100 000 h.

UKRAINE

vin (2001) : 1 234 000 hl
acier (2001) : 33 110 000 t.
fonte (1998) : 20 777 000 t.
aluminium (2001) : 122 000 t.
plomb (2001) : 12 000 t.
construction navale (2001) : 12 000 tpl
filés de coton (1997) : 12 000 t.
lin (2001) : 10 000 t.

Tourisme
Recettes touristiques (1999) :
2 124 millions de $

Commerce extérieur
Exportations de biens (2000) :
15 722 millions de $
Importations de biens (2000) :
14 943 millions de $

Défense
Forces armées (1999) :
303 800 hommes
Budget de la Défense (1999) :
1,2 % du PIB

Niveau de vie
**Nombre d'habitants pour un
médecin (1995) :** 222
**Apport journalier moyen en
calories (2000) :** 2 871
(minimum FAO : 2 400)
**Nombre d'automobiles pour
1 000 hab. (1999) :** 104
**Nombre de téléviseurs pour
1 000 hab. (1998) :** 413

REPÈRES HISTORIQUES

IXᵉ - XIIᵉ s. : l'État de Kiev se développe.
XIIᵉ s. : la Galicie-Volhynie recueille les traditions kiéviennes.
1238 - 1240 : la conquête mongole ruine la région de Kiev.
XIIIᵉ - XIVᵉ s. : la Lituanie et la Pologne annexent toutes les régions où se développe la civilisation ukrainienne, hormis la Ruthénie subcarpatique, sous domination hongroise depuis le XIᵉ s.
XVᵉ - XVIᵉ s. : des communautés cosaques s'organisent sur le Don et le Dniepr.
1654 : l'hetman (chef) des Cosaques Khmelnitski se place sous la protection de la Moscovie.

1667 : l'Ukraine est partagée entre la Pologne et la Russie.
1709 : Pierre le Grand écrase à Poltava l'hetman Mazeppa, qui a tenté de constituer une Ukraine réunifiée et indépendante.
1793 - 1795 : à la suite des partages de la Pologne, toute l'Ukraine est sous la domination des Empires russe et autrichien.
Fin 1917 - début 1918 : une république soviétique est créée à Kharkov par les bolcheviques, et une république indépendante est proclamée à Kiev par les nationalistes.

1919 - 1920 : les armées russes blanches puis les Polonais interviennent en Ukraine.
1922 : la république soviétique d'Ukraine adhère à l'Union soviétique.
1939 - 1940 : l'URSS annexe les territoires polonais peuplés d'Ukrainiens, ainsi que la Bucovine du Nord et la Bessarabie.
1941 - 1944 : un régime d'occupation très rigoureux est imposé par les nazis.
1945 : l'Ukraine s'agrandit de la Ruthénie subcarpatique.
1954 : la Crimée lui est rattachée.
1991 : l'Ukraine accède à l'indépendance et adhère à la CEI.

---

la mer en couleurs

La mer Noire, mer intérieure qui baigne l'Ukraine (et la Russie, la Turquie, la Bulgarie et la Roumanie), n'est pas la seule mer du monde à avoir reçu un nom correspondant à une couleur. La mer Blanche (en russe *Beloïe more*) est formée par l'océan Arctique, à l'extrémité nord-ouest de la Russie. La mer Jaune est une mer bordière du Pacifique occidental, adjacente à la mer de Chine orientale, entre la Chine du Nord et la Corée. La plus connue est la mer Rouge, partie nord-ouest de l'océan Indien, qui communique avec le golfe d'Oman par le détroit de Bab al-Mandab. Il existe bien une « mer Bleue », mais il s'agit du nom d'une province de Chine, le Qinghai, au nord-est du Tibet, où naissent le Huang He, le Yangzi Jiang et le Mékong. Et point de mer Verte non plus (malgré des Baie Verte au Canada, au Nouveau-Brunswick et à Terre-Neuve) ! Mais une mer d'Émeraude offre ses merveilles à la sortie de la baie d'Antsiranana (Madagascar), et, en France, sur la Manche, vers Dinard et Saint-Malo, la Côte d'Émeraude est une région touristique très fréquentée. Enfin, on désigne souvent du nom de mer de Jade le lac Turkana, au Kenya.

Le Vatican englobe la place et la basilique Saint-Pierre, le palais du Vatican et ses annexes, les jardins du Vatican. S'ajoute à ce domaine la pleine propriété des bâtiments, à Rome et à Castel Gandolfo (droits extraterritoriaux).

Superficie : 0,44 km²
Population (2000) : 524 hab.
Capitale : Vatican 524 hab. (e. 2000)
Chef de l'État et du gouvernement : (pape) Jean-Paul II
Organisation administrative : pas de division
Langue officielle : italien
Monnaie : euro

DÉMOGRAPHIE

Densité : 1 194 hab./km²
Part de la population urbaine : n.d.
Structure de la population par âge : moins de 15 ans : n.d., 15-65 ans : n.d., plus de 65 ans : n.d.
Taux de natalité : n.d.
Taux de mortalité : n.d.
Taux de mortalité infantile : n.d.
Espérance de vie () : hommes : n.d., femmes : n.d.

ÉCONOMIE

PNB : n.d.
PNB/hab. : n.d.
PNB/hab. PPA : n.d.
IDH : n.d.
Taux de croissance annuelle du PIB : n.d.
Taux annuel d'inflation : n.d.

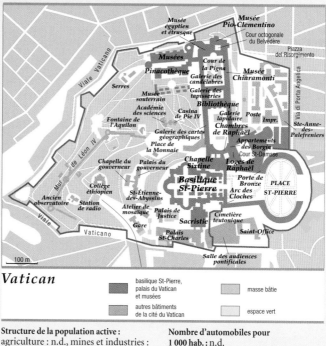

Vatican

basilique St-Pierre, palais du Vatican et musées

autres bâtiments de la cité du Vatican

masse bâtie

espace vert

Structure de la population active : agriculture : n.d., mines et industries : n.d., services : n.d.
Structure du PIB : agriculture : n.d., mines et industries : n.d., services : n.d.
Dette publique brute : n.d.
Taux de chômage : n.d.

Tourisme
Recettes touristiques : n.d.

Commerce extérieur
Exportations de biens : n.d.
Importations de biens : n.d.

Défense
Forces armées : n.d.
Budget de la Défense : n.d.

Niveau de vie
Nombre d'habitants pour un médecin : n.d.
Apport journalier moyen en calories : n.d.

Nombre d'automobiles pour 1 000 hab. : n.d.
Nombre de téléviseurs pour 1 000 hab. : n.d.

REPÈRES HISTORIQUES

756-1870 : le Vatican est la capitale d'un État temporel, les États pontificaux, constitués par la partie centrale de l'Italie, sous le gouvernement des papes.
1870 : les nationalistes s'emparent de Rome, qui devient la capitale du jeune royaume d'Italie. Les papes se considèrent désormais comme prisonniers au Vatican.
1929 : les accords du Latran, signés entre Pie XI et Mussolini, reconnaissent la souveraineté du Vatican.

la désignation du pape et le conclave

Longtemps réservée au clergé romain, l'élection du pape donna lieu fréquemment à des rivalités parfois sordides. Si bien que Nicolas II, en 1059, fit des cardinaux-évêques les seuls électeurs officiels du pontife romain. En 1179, le troisième concile de Latran étendit cette prérogative à l'ensemble des cardinaux mais, les ambitions de ces derniers et de leurs protecteurs respectifs provoquant blocages et abus, le deuxième concile de Lyon (1274) les obligea et à la clôture absolue et au secret : c'est l'origine du conclave (du latin médiéval *conclave*, pièce fermant à clef, du latin classique *clavis*, clef), mot qui désigne à la fois l'enceinte où sont enfermés les cardinaux et leur assemblée elle-même. Paul VI, en 1967, décréta que les cardinaux électeurs devaient avoir moins de 80 ans et simplifia encore le rituel des conclaves, qui se déroulent dans des locaux construits spécialement à cet effet avec, comme lieu électif, la chapelle Sixtine. La fumée blanche dégagée par la combustion des bulletins de vote annonce l'élection du nouveau pape et la fin du conclave. L'élu doit obtenir plus des deux tiers des voix, mais son acceptation est indispensable.

Asie

OCÉAN ARCTIQUE

Terre François-Joseph
Nouvelle-Zemble
Î. de la Rév. d'Octobre
Terre du Nord (Severnaïa Zemlya)
Archipel Nordenchelda
Î. Bolchevik
Î. Kotelnyï
Archipel de la Nouvelle-Sibérie
Î. de la Nouvelle-Sibérie
Bolchoï Liakhov
Î. Vrangel

MER DES TCHOUKTCHES
MER DE SIBÉRIE ORIENTALE
Plateau de l'Anadyr

MER DES LAPTEV
MER DE KARA
MER DE BARENTS

Péninsule de Taimyr
Monts Byrranga
Pén. de Iamal
Plaine de Sibérie septentrionale
Î. Balyy
Pén. de Gyda
Sibérie
Norilsk
Petchora
Cercle polaire arctique

Mts de Verkhoïansk
Mts Tcherski
Mt Pobeda 3 147 m
Plaine de la Kolyma
Mts de la Kolyma
Mts des Koriaks

Plateau de Sibérie centrale
Plaine de Sibérie occidentale
Iakoutsk
RUSSIE
Volcan Klioutchevskaïa 4 750 m
Péninsule du Kamtchatka
MER D'OKHOTSK
Petropavlovsk-Kamtchatski
Île Sakhaline
Îles Kouriles

Moscou
Samara
Volgograd
Astana
Novossibirsk
Krasnoïarsk
Irkoutsk
Tchita
Lac Baïkal
Khabarovsk
Harbin
Mts Iablonovoyï
Pt Khingan

MER CASPIENNE
MER D'ARAL
KAZAKHSTAN
Lac Balkach
Monts de l'Altaï
Oulan-Bator
MONGOLIE
Désert de Gobi
Mongolie Intérieure
Plateau Mongol
Gd Khingan
Vladivostok
Shenyang
MER DU JAPON
Sapporo
Hokkaido
JAPON
Asahi 2 290 m

MER NOIRE
GÉORGIE
Ankara
ARMÉNIE
AZERBAÏDJAN
Caucase
OUZBÉKISTAN
Almaty
Bichkek
KIRGHIZISTAN
Tian Shan
Ouroumtsi
Pékin (Beijing)
Tianjin
CORÉE DU NORD
Pyongyang
Séoul
CORÉE DU SUD
Pusan
Nagoya
Honshu
Tokyo
Shikoku
Osaka
Kyushu

TURQUIE
Beyrouth
SYRIE
Damas
LIBAN
Jérusalem
ISRAEL
Amman
JORDANIE
Tachkent
Douchambe
TADJIKISTAN
Bassin du Tarim
Kunlun
Qilian Shan
Xi'an
Taiyuan
Nankin
Wuhan
Shanghai
CHINE ORIENTALE
Îles Ryukyu

Achgabat
TURKMÉNISTAN
Elbourz
Téhéran
Ispahan
Hindu Kuch
Kaboul
Karakorum
K2 8 611 m
Muztag 7 724 m
Plateaux du Tibet
Mt Everest 8 848 m
Lhassa
Chengdu
Chongqing
Fuzhou
Taipei
TAÏWAN

Bagdad
IRAK
Koweït
KOWEÏT
IRAN
Islamabad
Lahore
AFGHANISTAN
PAKISTAN
Delhi
New Delhi
NÉPAL
Katmandou
Thimbu
BHOUTAN
Himalaya
Kunming
Canton
Hongkong
Macao

ARABIE SAOUDITE
Riyad
BAHREIN
QATAR
Al-Dawha
ÉMIRATS ARABES UNIS
Abu Dhabi
Mascate
OMAN
Karachi
Kanpur
Ahmadabad
BANGLADESH
Calcutta
Dacca
BIRMANIE
Hanoi
Hainan
MER DES PHILIPPINES

Djedda
ÉRYTHRÉE
Sanaa
YÉMEN
Aden
Socotra (YÉMEN)
Bombay
Deccan
INDE
Golfe du Bengale
Rangoun
THAÏLANDE
Bangkok
Vientiane
LAOS
VIÊT NAM
Manille
PHILIPPINES
Îles Visayas

SOUDAN
ÉGYPTE
Hyderabad
Bangalore
Madras
Îles Andaman
CAMBODGE
Phnom Penh
Ho Chi Minh-Ville
CHINE MÉRIDIONALE
Davao

ÉTHIOPIE
SOMALIE
MER D'OMAN
MER DES LAQUEDIVES LAQUEDIVES
Î. Laquedives
MER DE Bengale
Colombo
SRI LANKA
Malé
MALDIVES
Kuala Lumpur
Putrajaya
MALAISIE
BRUNEI
Bandar Seri Begawan
Bornéo
Manado
Sorong
Jayapura
Mt Jaya 5 030 m
MER DE BANDA

OUG.
KENYA
Kilimandjaro 5 895 m
TANZANIE
SEYCHELLES
Singapour
Sumatra
Palembang
INDONÉSIE
Ujung Pandang
Célèbes (Sulawesi)
Nouvelle-Guinée

ZAMBIE
MALAWI
MOZAMBIQUE
COMORES
Mayotte (FR.)
OCÉAN INDIEN
Jakarta
Bandung
Java
Surabaya
Bali
MER DE JAVA
TIMOR-ORIENTAL
MER DE TIMOR

ZIMBABWE
Antananarivo
MADAGASCAR
Î. de la Réunion (FR.)
Cap Ste-Marie
AUSTRALIE
Tropique du Capricorne

AFRIQUE DU SUD
Équateur
Tropique du Cancer
OCÉAN PACIFIQUE

1000km

Asie

200 500 1000 2000 4000 m

● plus de 5 000 000 h.
● de 1 000 000 à 5 000 000 h.

● de 100 000 à 1 000 000 h.
· moins de 100 000 h.

ASIE

AFGHANISTAN	KIRGHIZISTAN
ARABIE SAOUDITE	KOWEÏT
ARMÉNIE	LAOS
AZERBAÏDJAN	LIBAN
BAHREÏN	MALAISIE
BANGLADESH	MALDIVES
BHOUTAN	MONGOLIE
BIRMANIE	NÉPAL
BRUNEI	OMAN
CAMBODGE	OUZBÉKISTAN
CHINE	PAKISTAN
CHYPRE	PHILIPPINES
CORÉE DU NORD	QATAR
CORÉE DU SUD	SINGAPOUR
ÉMIRATS ARABES	SRI LANKA
UNIS	SYRIE
GÉORGIE	TADJIKISTAN
INDE	TAÏWAN
INDONÉSIE	THAÏLANDE
IRAN	TIMOR-ORIENTAL
IRAQ	TURKMÉNISTAN
ISRAËL	TURQUIE
JAPON	VIÊT NAM
JORDANIE	YÉMEN
KAZAKHSTAN	

ASIE
44 000 000 km²
3 700 millions d'habitants

AFRIQUE
30 310 000 km²
812 millions d'habitants

AMÉRIQUE
42 000 000 km²
843 millions d'habitants

EUROPE
10 500 000 km²
726 millions d'habitants

OCÉANIE
9 000 000 km²
30 millions d'habitants

AFGHANISTAN

L'Afghanistan est un pays en majeure partie montagneux (surtout au nord : Hindu Kuch) et aride (souvent moins de 250 mm de pluies), ouvert par quelques vallées (Amou-Daria au nord, Helmand au sud). Au pied des reliefs, relativement arrosés, se sont implantées les principales villes (Kaboul, Kandahar, Harat).

Superficie : 652 090 km²
Population (2002) : 23 294 000 hab.
Capitale : Kaboul 2 734 000 hab. (e. 2001)
Chef de l'État et du gouvernement : (président de l'administration de transition) Hamid Karzai
Organisation administrative : 30 provinces
Langues officielles : persan (dari) et pachto
Monnaie : afghani

DÉMOGRAPHIE

Densité : 35 hab./km²
Part de la population urbaine (2000) : 21,9 %
Structure de la population par âge (2000) : moins de 15 ans : 43,5 %, 15-65 ans : 53,7 %, plus de 65 ans : 2,8 %
Taux de natalité (2000) : 48 ‰
Taux de mortalité (2000) : 22 ‰
Taux de mortalité infantile (2000) : 161,3 ‰
Espérance de vie (2000) : hommes : 43 ans, femmes : 43,5 ans

ÉCONOMIE

PNB : n.d.
PNB/hab. : n.d.
PNB/hab. PPA : n.d.
IDH : n.d.
Taux de croissance annuelle du PIB : n.d.
Taux annuel d'inflation (1990) : 41 %
Structure de la population active : agriculture : n.d., mines et industries : n.d., services : n.d.
Structure du PIB : agriculture : n.d., mines et industries : n.d., services : n.d.
Dette publique brute : n.d.
Taux de chômage : n.d.

Agriculture

Cultures
blé (2000) : 1 469 000 t.
canne à sucre (2000) : 38 000 t.
maïs (2000) : 115 000 t.
orge (1998) : 330 000 t.
pistaches (1998) : 2 000 t.
raisin (1998) : 330 000 t.
riz (2000) : 156 000 t.

Élevage
bovins (2000) : 1 500 000 têtes
caprins (2000) : 2 200 000 têtes

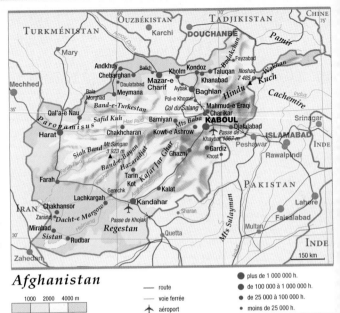

Afghanistan

— route
— voie ferrée
✈ aéroport

● plus de 1 000 000 h.
● de 100 000 à 1 000 000 h.
● de 25 000 à 100 000 h.
• moins de 25 000 h.

chameaux (1998) : 265 000 têtes
chevaux (1998) : 300 000 têtes
ovins (2000) : 14 300 000 têtes

Énergie et produits miniers
électricité totale (2000) : 375 M. de kWh
gaz naturel (1996) : 2 400 M. de m³
houille (1998) : 190 000 t.

Tourisme
Recettes touristiques (1998) : 1 million de $

Commerce extérieur
Exportations de biens (1997) : 148 M.de $

Importations de biens (1997) : 566 M. de $

Défense
Forces armées : n.d.
Budget de la Défense : n.d.

Niveau de vie
Nombre d'habitants pour un médecin (1993) : 7 000
Apport journalier moyen en calories : n.d.
Nombre d'automobiles pour 1 000 hab. (1996) : 1
Nombre de téléviseurs pour 1 000 hab. (1999) : 14

REPÈRES HISTORIQUES

L'Afghanistan antique et médiéval

Province de l'Empire iranien achéménide (vie - ive s. av. J.-C.), hellénisée après la conquête d'Alexandre (329 av. J.-C.) partic. en Bactriane, le région fait partie de l'empire Kushana(1er s. av. J.-C.-ve s. apr. J.-C.), influencé par le bouddhisme. Puis l'Afghanistan est progressivement intégré au monde musulman; commencée lors de la conquête de Harat par les Arabes (651), l'islamisation se poursuit sous les Ghaznévides (xe - xiie s.).
1221 - 1222 : la région est ravagée par les invasions mongoles.

L'époque moderne et contemporaine

xvie - xviie s. : le pays est dominé par l'Inde et l'Iran, qui se le partagent.
1747 : fondation de la première dynastie nationale afghane.
1839 - 1842 : première guerre anglo-afghane.
1878 - 1880 : deuxième guerre anglo-afghane.
1921 : traité d'amitié avec la Russie sovié-

tique et reconnaissance de l'indépendance de l'Afghanistan.
1973 : coup d'État qui renverse le roi Zaher Chah. Proclamation de la république.
1978 : coup d'État communiste.
1979 - 1989 : intervention militaire de l'URSS pour soutenir le gouvernement de Kaboul dans la lutte qui l'oppose aux moudjahidin.
1992 : les moudjahidin établissent un régime islamiste.
1996 : les talibans, soutenus par le Pakistan, s'emparent du pouvoir et imposent un islamisme radical.
2001 : après les attentats perpétrés sur leur territoire (11 septembre), les États-Unis, appuyés par la communauté internationale, interviennent militairement en Afghanistan contre le réseau islamiste al-Qaida et son chef Oussama Ben Laden, et contre les talibans, accusés de les soutenir. Sous le coup des bombardements américains et des assauts de l'Alliance du Nord, le régime des talibans s'effondre. Un gouvernement de transition multiethnique est mis en place.

108

ARABIE SAOUDITE

Superficie : 2 149 690 km²
Population (2002) : 21 700 000 hab.
Capitale : Riyad 4 761 000 hab. (e. 2001)
Nature de l'État et du régime politique :
monarchie
Chef de l'État et du gouvernement :
(roi) Fahd ibn Abd al-Aziz al-Saud
Organisation administrative :
13 provinces
Langue officielle : arabe
Monnaie : riyal saoudien

DÉMOGRAPHIE

Densité : 10 hab./km²
Part de la population urbaine (2000) : 85,7 %
Structure de la population par âge (2000) :
moins de 15 ans : 42,9 %, 15-65 ans :
54,1 %, plus de 65 ans : 3 %
Taux de natalité (2000) : 33 ‰
Taux de mortalité (2000) : 4 ‰
Taux de mortalité infantile (2000) : 20,6 ‰
Espérance de vie (2000) :
hommes : 71,1 ans, femmes : 73,7 ans

ÉCONOMIE

PNB (2000) : 150 milliards de $
PNB/hab. (2000) : 7 230 $
PNB/hab. PPA (2000) : 11 390 dollars
internationaux
IDH (2000) : 0,759
Taux de croissance annuelle du PIB (2001) :
1,2 %
Taux annuel d'inflation (2000) : -0,85 %
Structure de la population active :
agriculture : n.d., mines
et industries : n.d., services : n.d.
Structure du PIB (1998) : agriculture :
7 %, mines et industries : 47,6 %,
services : 45,4 %
Dette publique brute : n.d.
Taux de chômage : n.d.

Agriculture

Cultures
blé (2001) : 1 780 000 t.
dattes (2001) : 712 000 t.
sorgho (2001) : 200 000 t.
Élevage
bovins (2001) : 297 000 têtes

Occupant la majeure partie de la péninsule d'Arabie, l'Arabie saoudite est un pays vaste (près de quatre fois la superficie de la France) et doit son importance politique et économique au pétrole. Membre influent de l'OPEP, il est le premier producteur et surtout exportateur de pétrole, puisqu'il détient en effet environ le quart des réserves mondiales.

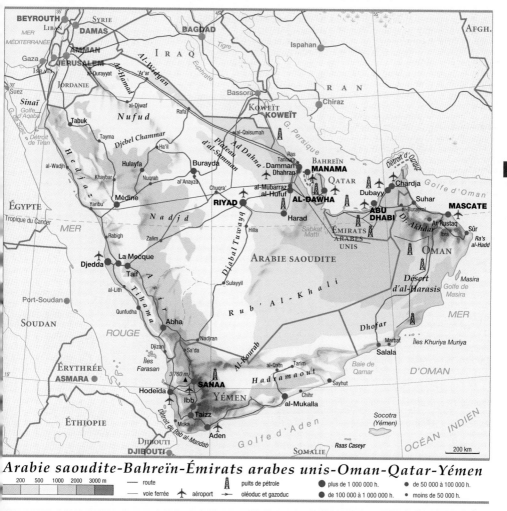

Arabie saoudite-Bahreïn-Émirats arabes unis-Oman-Qatar-Yémen

200   500   1000   2000   3000 m

— route   puits de pétrole   ● plus de 1 000 000 h.   ● de 50 000 à 100 000 h.
— voie ferrée   ✈ aéroport   → oléoduc et gazoduc   ● de 100 000 à 1 000 000 h.   • moins de 50 000 h.

ARABIE SAOUDITE

caprins (2001) : 4 305 000 têtes
chameaux (2001) : 400 000 têtes
chevaux (2001) : 3 000 têtes
ovins (2001) : 7 576 000 têtes

Énergie et produits miniers
électricité totale (2000) :
123 500 millions de kWh
gaz naturel (2000) : 47 000 millions de m³
or (2001) : 5 000 kg
pétrole (2001) : 422 900 000 t.

Productions industrielles
acier (2001) : 3 381 000 t.
ciment (2000) : 15 000 000 t.

Tourisme
Recettes touristiques (1998) :
1 462 millions de $

Commerce extérieur
Exportations de biens (2000) :
78 973 millions de $

Importations de biens (2000) :
27 797 millions de $

Défense
Forces armées (1999) : 126 500 hommes
Budget de la Défense (1999) : 10,9 % du PIB

Niveau de vie
**Nombre d'habitants pour un
médecin (1993) :** 769
**Apport journalier moyen en
calories (2000) :** 2 875
(minimum FAO : 2 400)
**Nombre d'automobiles pour
1 000 hab. (1996) :** 98
**Nombre de téléviseurs pour
1 000 hab. (1999) :** 263

REPÈRES HISTORIQUES

En 1932, l'Arabie saoudite naît de la réunion en un seul royaume des régions conquises par Abd al-Aziz ibn Saud, dit Ibn Séoud, depuis 1902.
1932 - 1953 : Ibn Séoud modernise le pays grâce aux fonds procurés par le pétrole, découvert en 1930 et exploité depuis 1945 par les Américains.
1953 - 1964 : son fils Saud est roi ; il cède en 1958 la réalité du pouvoir à son frère Faysal, qui le dépose en 1964.
1964 - 1975 : Faysal se fait le champion du panislamisme et le protecteur des régimes conservateurs arabes.
1975 - 1982 : son frère Khalid règne sur le pays.
1982 : son frère Fahd lui succède.
1991 : une force multinationale, déployée sur le territoire saoudien, intervient contre l'Iraq (guerre du Golfe.)

BAHREÏN

Situé sur le golfe Persique, Bahreïn est un archipel (les deux îles principales sont celles de Bahreïn, proprement dite, où se trouve la capitale Manama, et la petite île voisine de Muharraq).

Superficie : 694 km²
Population (2002) : 664 000 hab.
Capitale : Manama 150 000 hab. (e. 2001) dans l'agglomération
Nature de l'État et du régime politique : monarchie constitutionnelle
Chef de l'État : (roi) Hamad ibn Isa Al Khalifa
Chef du gouvernement : (Premier ministre) Khalifa ibn Salman Al Khalifa
Organisation administrative : 12 régions
Langue officielle : arabe
Monnaie : dinar de Bahreïn

DÉMOGRAPHIE
Densité : 935 hab./km²
Part de la population urbaine (2000) :
92,2 %
Structure de la population par âge (2000) :
moins de 15 ans : 28,2 %, 15-65 ans : 68,9 %, plus de 65 ans : 2,9 %
Taux de natalité (1999) : 19,8 ‰
Taux de mortalité (1999) : 2,9 ‰
Taux de mortalité infantile (2000) :
14,4 ‰
Espérance de vie (2000) : hommes : 72,1 ans, femmes : 76,3 ans

ÉCONOMIE
PNB (1999) : 6,25 milliards de $
PNB/hab. (1999) : 9 370 $
PNB/hab. PPA (1999) : 14 410 dollars internationaux
IDH (2000) : 0,831
Taux de croissance annuelle du PIB (2001) :
4,8 %
Taux annuel d'inflation (1998) : -0,37 %
Structure de la population active : n.d.
Structure du PIB (1995) : agriculture :

0,93 %, mines et industries : 43,32 %, services : 55,75 %
Dette publique brute : n.d.
Taux de chômage : n.d.

Agriculture
Cultures
dattes (2001) : 16 500 t.
tomates (2001) : 3 400 t.
Élevage
bovins (2001) : 11 000 têtes
caprins (2001) : 16 300 têtes
chameaux (2001) : 920 têtes
ovins (2001) : 17 500 têtes

Énergie et produits miniers
électricité totale (2000) : 5 765 millions de kWh
gaz naturel (2000) : 8 600 millions de m³
pétrole (2001) : 5 104 000 t.

Productions industrielles
lait (2001) : 14 400 t.
aluminium (2001) : 510 000 t.
ciment (2000) : 89 000 t.

Tourisme
Recettes touristiques (1999) : 408 millions de $

Commerce extérieur
Exportations de biens (2000) :
5 700,5 millions de $
Importations de biens (2000) :
4 373,4 millions de $

Défense
Forces armées (1999) : 11 000 hommes
Budget de la Défense (1999) : 5,2 % du PIB

Niveau de vie
**Nombre d'habitants pour un
médecin (1991) :** 769
Apport journalier moyen en calories : n.d.
**Nombre d'automobiles pour
1 000 hab. (1999) :** 250
**Nombre de téléviseurs pour
1 000 hab. (1999) :** 406

REPÈRES HISTORIQUES
1914 : les Britanniques établissent leur protectorat sur l'émirat.
1971 : Bahreïn acquiert son indépendance.
2002 : l'émirat devient une monarchie constitutionnelle.

ÉMIRATS ARABES UNIS

Le pays regroupe 7 émirats (Abu Dhabi, Dubayy, Chardja, Fudjayra, Adjman, Umm al-Qaywayn et Ras al-Khayma).

Superficie : 83 600 km²
Population (2002) : 2 701 000 hab.
Capitale : Abu Dhabi 398 695 hab. (r. 1995), 471 000 hab. (e. 2001) dans l'agglomération
Nature de l'État et du régime politique : monarchie
Chef de l'État : (président du Conseil suprême des souverains) Zayid ibn Sultan al-Nahyan
Chef du gouvernement : (Premier ministre) Maktum ibn Rachid al-Maktum
Organisation administrative : 7 Émirats
Langue officielle : arabe
Monnaie : dirham des EAU

DÉMOGRAPHIE
Densité : 31 hab./km²
Part de la population urbaine (1999) :
85,5 %
Structure de la population par âge (2000) :
moins de 15 ans : 26 %, 15-65 ans : 71,3 %, plus de 65 ans : 2,7 %
Taux de natalité (2000) : 17 ‰
Taux de mortalité (2000) : 3 ‰

Taux de mortalité infantile (2000) : 10,9 ‰
Espérance de vie (2000) : hommes :
74,1 ans, femmes : 78,4 ans

ÉCONOMIE

PNB (1998) : 49,2 milliards de $
PNB/hab. (1998) : 18 060 $
PNB/hab. PPA (1998) : 19 410 dollars
internationaux
IDH (2000) : 0,812
Taux de croissance annuelle du PIB (2001) :
5,1 %
Taux annuel d'inflation : n.d.
Structure de la population active : n.d.
Structure du PIB (1993) :
agriculture : 2 %, mines
et industries : 57 %, services : 41 %
Dette publique brute : n.d.
Taux de chômage (2000) : 2,3 %

Agriculture et pêche

Cultures
dattes (2001) : 318 000 t.
tomates (2001) : 331 000 t.
Élevage et pêche
bovins (2001) : 110 000 têtes
caprins (2001) : 1 200 000 têtes
chameaux (2001) : 200 000 têtes
ovins (2001) : 467 000 têtes
pêche (1999) : 118 000 t.

Énergie et produits miniers

chrome (2001) : 10 000 t.
électricité totale (2000) : 38 700 millions
de kWh
gaz naturel (2000) : 39 800 millions de m³
pétrole (2001) : 113 200 000 t.

Productions industrielles

aluminium (2001) : 500 000 t.
ciment (2000) : 6 000 000 t.

Tourisme

Recettes (1999) : 607 M. de $

Commerce extérieur

Exportations de biens (1997) : 30 423 M. de $
Importations de biens (1997) : 31 050 M. de $

Défense

Forces armées (1999) : 65 000 hommes
Budget de la Défense (1999) : 7,3 % du PIB

Niveau de vie

Nombre d'habitants pour un
médecin (1993) : 1 100
Apport journalier moyen en
calories (1999) : 3 192
(minimum FAO : 2 400)
Nombre d'automobiles pour
1 000 hab. (1996) : 11
Nombre de téléviseurs pour
1 000 hab. (1999) : 252

OMAN

Le pays est désertique dans sa plus grande
partie et possède une longue façade maritime. Seules les montagnes de l'Oman
(3 000 m), au nord, et les collines du Dhofar,
au sud, reçoivent quelques pluies.

Superficie : 212 457 km²
Population (2002) : 2 709 000 hab.
Capitale : Mascate 540 000 hab. (e. 2001)
Nature de l'État et du régime politique :
monarchie
Chef de l'État et du gouvernement :
(sultan) Qabus ibn Said
Organisation administrative : 8 régions
Langue officielle : arabe
Monnaie : rial omanais

DÉMOGRAPHIE

Densité : 12 hab./km²
Part de la population urbaine (2000) : 84 %
Structure de la population par âge (2000) :
moins de 15 ans : 44,1 %, 15-65 ans :
53,4 %, plus de 65 ans : 2,5 %
Taux de natalité (2000) : 28 ‰
Taux de mortalité (2000) : 3 ‰
Taux de mortalité infantile (2000) : 22,9 ‰
Espérance de vie (2000) : hommes :
70,2 ans, femmes : 73,2 ans

ÉCONOMIE

PNB (1995) : 10,53 milliards de $
PNB/hab. (1995) : 4 940 $
PNB/hab. PPA (1996) : 8 680 dollars
internationaux
IDH (2000) : 0,751
Taux de croissance annuelle du PIB (2001) :
7,3 %
Taux annuel d'inflation (2000) : -1,11 %
Structure de la population active : n.d.
Structure du PIB (1994) : agriculture :
3 %, mines et industries : 53 %,
services : 44 %
Dette publique brute : n.d.
Taux de chômage : n.d.

Agriculture et pêche

Cultures
bananes (2001) : 30 500 t.
dattes (2001) : 260 000 t.

pommes de terre (2001) : 16 000 t.
tabac (2001) : 1 270 t.
Élevage et pêche
bovins (2001) : 290 000 têtes
caprins (2001) : 980 000 têtes
chameaux (2001) : 98 000 têtes
ovins (2001) : 335 000 têtes
pêche (1999) : 109 000 t.
poulets (2001) : 3 400 000 têtes

Énergie et produits miniers

argent (2000) : 1 t.
cuivre (2001) : 24 281 t.
électricité totale (2000) : 8 100 millions
de kWh
gaz naturel (2000) : 8 500 millions de m³
or (2001) : 610 kg
pétrole (2001) : 47 400 000 t.

Tourisme

Recettes touristiques (1999) : 104 millions
de $

Commerce extérieur

Exportations de biens (2000) :
11 319 millions de $
Importations de biens (2000) :
4 593 millions de $

Défense

Forces armées (1999) : 43 500 hommes
Budget de la Défense (1999) : 10,6 % du
PIB

Niveau de vie

Nombre d'habitants pour un
médecin (1993) : 1 111
Apport journalier moyen en calories : n.d.
Nombre d'automobiles pour
1 000 hab. (1996) : 103
Nombre de téléviseurs pour
1 000 hab. (1999) : 575

QATAR

Péninsule désertique, le Qatar est très
riche en pétrole et surtout en gaz naturel.

Superficie : 11 000 km²
Population (2002) : 584 000 hab.
Capitale : al-Dawha 285 000 hab.
(e. 2001) dans l'agglomération
Nature de l'État et du régime politique :
monarchie
Chef de l'État et du gouvernement :
(émir) Hamad ibn Khalifa al-Thani
Premier ministre : Abdullah ibn Khalifa
al-Thani
Organisation administrative :
9 municipalités
Langue officielle : arabe
Monnaie : riyal du Qatar

DÉMOGRAPHIE

Densité : 53 hab./km²
Part de la population urbaine (2000) :
92,5 %
Structure de la population par âge (2000) :
moins de 15 ans : 26,7 %, 15-65 ans :
71,8 %, plus de 65 ans : 1,5 %

Taux de natalité (**1999**) : 14 ‰
Taux de mortalité (**1999**) : 3,08 ‰
Taux de mortalité infantile (**2000**) : 11,2 ‰
Espérance de vie (**2000**) : hommes :
69,4 ans, femmes : 72,1 ans

ÉCONOMIE

PNB (**1997**) : 9,51 milliards de $
PNB/hab. (**1995**) : 15 570 $
PNB/hab. PPA (**1996**) : 16 330 dollars
internationaux
IDH (**2000**) : 0,803
Taux de croissance annuelle du PIB (**2001**) :
7,2 %
Taux annuel d'inflation (**2000**) : -1,02 %
Structure de la population active :
agriculture : n.d., mines
et industries : n.d., services : n.d.
Structure du PIB (**1991**) : agriculture :
1 %, mines et industries : 45 %,
services : 54 %
Dette publique brute : n.d.
Taux de chômage : n.d.

Agriculture et pêche

Cultures
dattes (2001) : 16 500 t.
Élevage et pêche
bovins (2001) : 15 000 têtes
caprins (2001) : 179 000 têtes
chameaux (2001) : 50 000 têtes
chevaux (2001) : 3 780 têtes
ovins (2001) : 215 000 têtes
pêche (1999) : 4 210 t.
poulets (2001) : 4 000 000 têtes

Énergie et produits miniers

électricité totale (2000) : 9 200 millions
de kWh
gaz naturel (2000) : 28 500 millions de m³
pétrole (2001) : 36 000 000 t.

Productions industrielles

acier (2001) : 888 000 t.

Tourisme

Recettes touristiques : n.d.

Commerce extérieur

Exportations de biens (**1997**) :
5 560 millions de $
Importations de biens (**1997**) :
4 489 millions de $

Défense

Forces armées (**1999**) : 12 330 hommes
Budget de la Défense (**1999**) : 13,4 % du
PIB

Niveau de vie

Nombre d'habitants pour un
médecin (**1990**) : 667
Apport journalier moyen en calories : n.d.
Nombre d'automobiles pour
1 000 hab. (**1996**) : 217
Nombre de téléviseurs pour
1 000 hab. (**1998**) : 846

REPÈRES HISTORIQUES

1868 : le Qatar est lié à la Grande-Bretagne par un traité.
1979 : il accède à l'indépendance, avec à
sa tête l'émir Khalifa ibn Ahmad al-Thani
(1972 - 1995).
1995 : son fils Ahmad ibn Khalifa al-
Thani lui succède.

YÉMEN

Presque aussi vaste que la France, le
Yémen est en grande partie désertique. Un
haut plateau culminant à 3 760 m occupe
la partie occidentale du pays. C'est sur ces
hautes terres qu'est concentrée la majeure
partie de la population et que se situe la
capitale, Sanaa. Sur la côte méridionale,
Aden, le principal port, est la capitale économique du pays.

Superficie : 537 968 km²
Population (**2002**) : 19 911 000 hab.
Capitale : Sanaa 1 410 000 hab.
(e. 2001)
Nature de l'État et du régime politique :
république à régime semi-présidentiel
Chef de l'État : (président de la
République) Ali Abdallah al-Salih
Chef du gouvernement : (Premier
ministre) Abd al-Qadir Bajamal
Organisation administrative :
17 gouvernorats
Langue officielle : arabe
Monnaie : rial yéménite

DÉMOGRAPHIE

Densité : 37 hab./km²
Part de la population urbaine (**1999**) :
24,5 %
Structure de la population par âge (**2000**) :
moins de 15 ans : 50,1 %, 15-65 ans :
47,6 %, plus de 65 ans : 2,3 %
Taux de natalité (**2000**) : 40 ‰
Taux de mortalité (**2000**) : 11 ‰
Taux de mortalité infantile (**2000**) :
62,5 ‰
Espérance de vie (**2000**) : hommes :
60,7 ans, femmes : 62,9 ans

ÉCONOMIE

PNB (**2001**) : 8,3 milliards de $
PNB/hab. (**2001**) : 460 $
PNB/hab. PPA (**2001**) : 770 dollars
internationaux
IDH (**2000**) : 0,479
Taux de croissance annuelle du PIB (**2001**) :
3,3 %
Taux annuel d'inflation (**1998**) : 7,92 %
Structure de la population active (**1999**) :
agriculture : 54,1 %,
mines et industries : 11,1 %,
services : 34,8 %
Structure du PIB (**2000**) :
agriculture : 15,4 %,
mines et industries : 46,2 %,
services : 38,4 %
Dette publique brute : n.d.
Taux de chômage : n.d.

Agriculture

Cultures
bananes (2001) : 90 000 t.
blé (2001) : 153 000 t.
dattes (2001) : 29 800 t.
pommes de terre (2001) : 210 000 t.
raisin (2001) : 156 000 t.
sorgho (2001) : 382 000 t.
tomates (2001) : 262 000 t.

Élevage

bovins (2001) : 1 339 000 têtes
caprins (2001) : 4 252 000 têtes
ovins (2001) : 4 804 000 têtes

Énergie et produits miniers

électricité totale (2000) : 3 200 millions
de kWh
pétrole (2001) : 21 700 000 t.

Tourisme

Recettes touristiques (**2000**) : 76 millions
de $

Commerce extérieur

Exportations de biens (**1999**) :
2 478,3 millions de $
Importations de biens (**1999**) :
2 120,4 millions de $

Défense

Forces armées (**1999**) :
66 300 hommes
Budget de la Défense (**1999**) :
5,5 % du PIB

Niveau de vie

Nombre d'habitants pour un
médecin (**1990**) : 10 000
Apport journalier moyen en
calories (**2000**) : 2 038
(minimum FAO : 2 400)
Nombre d'automobiles pour
1 000 hab. (**1996**) : 14
Nombre de téléviseurs pour
1 000 hab. (**1999**) : 286

REPÈRES HISTORIQUES

Iᵉʳ millénaire av. J.-C. : divers royaumes se
développent en Arabie du Sud, dont ceux
de Saba et de l'Hadramaout.
VIᵉ s. apr. J.-C. : la région est occupée par
les Éthiopiens puis par les Perses Sassanides.
Après 628 : conquête musulmane.
1570 - 1635 : le Yémen est intégré à l'Empire ottoman, qui, après 1635, n'a plus
d'autorité réelle.
1839 : les Britanniques conquièrent Aden
et établissent leur protectorat sur le sud
du Yémen.
1871 : les Ottomans organisent, après la
conquête de Sanaa, le vilayet du Yémen.
1920 : l'indépendance du royaume gouverné par les imams zaydites est
reconnue.
1959 - 1963 : Aden et la plupart des sultanats du protectorat britannique forment
la fédération de l'Arabie du Sud, qui
devient indépendante en 1967.
1962 : au nord, la république est proclamée à l'issue d'un coup d'État. La
guerre civile oppose les royalistes aux
républicains (1962 - 1970).
1970 : au sud est instaurée une république démocratique et populaire, mar-
xiste-léniniste.
1990 : réunification des deux Yémens.

ARMÉNIE

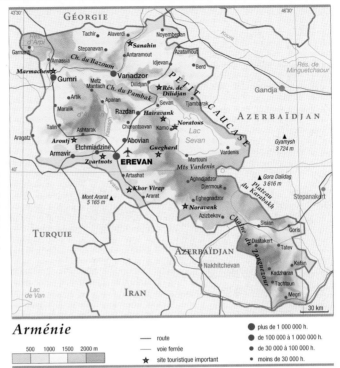

une superficie égale à celle de la Belgique, située dans le Petit Caucase, limitrophe de la Turquie, l'Arménie est un pays montagneux (90% du territoire au dessus de 1 000 m), coupé de dépressions, dont celle ouverte par l'Araxe, ou de bassins, dont l'un est occupé par le lac Sevan.

Superficie : 29 800 km²
Population (2002) : 3 790 000 hab.
Capitale : Erevan 1 420 000 hab.
(e. 2001) dans l'agglomération
Nature de l'État et du régime politique :
république à régime semi-présidentiel
Chef de l'État : (président de
la République) Robert Kotcharian
Chef du gouvernement : (Premier
ministre) Andranik Markarian
Organisation administrative :
1 municipalité et 10 régions
Langue officielle : arménien
Monnaie : dram arménien

DÉMOGRAPHIE

Densité : 118 hab./km²
Part de la population urbaine (2000) : 70 %
Structure de la population par âge (2000) :
moins de 15 ans : 23,7 %, 15-65 ans :
67,7 %, plus de 65 ans : 8,6 %
Taux de natalité (2000) : 11 ‰
Taux de mortalité (2000) : 6 ‰
Taux de mortalité infantile (2000) : 15,4 ‰
Espérance de vie (2000) : hommes :
70,3 ans, femmes : 76,2 ans

ÉCONOMIE

PNB (2001) : 2,13 milliards de $
PNB/hab. (2001) : 560 $
PNB/hab. PPA (2001) : 2 880 $ intern.
IDH (2000) : 0,754
Taux de croissance annuelle du PIB (2001) :
9,6 %
Taux annuel d'inflation (2000) : -0,81 %
Structure de la population active : n.d.
Structure du PIB (2000) : agriculture :
25,4 %, mines et industries : 35,6 %,
services : 39 %
Dette publique brute : n.d.
Taux de chômage (1997) : 36,4 %

Agriculture

Cultures
blé (2001) : 242 000 t.
pommes (2001) : 22 200 t.
pommes de terre (2001) : 364 000 t.
raisin (2001) : 117 000 t.
tomates (2001) : 158 000 t.

Élevage
bovins (2001) : 485 000 têtes
ovins (2001) : 497 000 têtes
porcins (2001) : 69 000 têtes

Énergie et produits miniers
cuivre (2000) : 7 000 t.
électricité nucléaire (2000) :
1 900 millions de kWh
électricité totale (2000) : 5 690 millions
de kWh
molybdène (2001) : 3 300 t.

Productions industrielles
vin (2001) : 35 000 hl
laine (2001) : 1 356 t.
ciment (2000) : 219 000 t.

Tourisme
Recettes touristiques (2000) : 45 millions
de $

Commerce extérieur
Exportations de biens (1999) :
247,31 millions de $
Importations de biens (1999) :
721,35 millions de $

Défense
Forces armées (1999) : 41 300 hommes
Budget de la Défense (1999) : 4 % du PIB

Niveau de vie
Nombre d'habitants pour un
médecin (1995) : 323
Apport journalier moyen en calories (2000) :
1 943 (minimum FAO : 2 400)
Nombre d'automobiles pour
1 000 hab. (1996) : 0
Nombre de téléviseurs pour
1 000 hab. (1999) : 238

REPÈRES HISTORIQUES

VIIᵉ s. av. J.-C. : les Arméniens, établis dans la région du lac de Van, fondent un État vassal des Mèdes puis des Perses.
189 av. J.-C. : soumise aux Séleucides depuis la fin du IVᵉ s. av J.-C., l'Arménie reconquiert son indépendance.
Iᵉʳ s. av. J.-C. : elle passe sous domination romaine puis parthe, et se convertit au christianisme dès la fin du IIIᵉ s.
640 : les Arabes envahissent le pays.
Milieu XIᵉ s. - début XVᵉ s. : la Grande Arménie est ravagée par les invasions turques et mongoles. La Petite Arménie, créée en Cilicie par Rouben (1080), soutient les croisés dans leur lutte contre l'islam, puis succombe sous les coups des Mamelouks (1375). Les Ottomans soumettent toute l'Arménie et la placent sous l'autorité du patriarche de Constantinople.
1813 - 1828 : les Russes conquièrent l'Arménie orientale.
1915 : 1 500 000 Arméniens sont victimes du génocide perpétré par le gouvernement jeune-turc.
1918 : la république d'Arménie est proclamée et reconnue par les Alliés, mais les troupes turques kémalistes et l'Armée rouge occupent le pays.
1922 : elle est intégrée à l'URSS et devient une république fédérée en 1936.
1988 : elle réclame le rattachement du Haut-Karabakh ; les gouvernements de l'URSS et de l'Azerbaïdjan s'y opposent.
1991 : l'Arménie devient indépendante.

Arménie

500 1000 1500 2000 m

● plus de 1 000 000 h.
● de 100 000 à 1 000 000 h.
● de 30 000 à 100 000 h.
• moins de 30 000 h.

— route
— voie ferrée
★ site touristique important

AZERBAÏDJAN

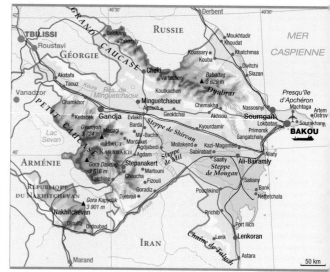

Azerbaïdjan

port pétrolier

| 0 | 500 | 1000 | 2000 m |

— route
— voie ferrée
✈ aéroport
↠ oléoduc

● plus de 1 000 000 h.
● de 100 000 à 1 000 000 h.
● de 30 000 à 100 000 h.
• moins de 30 000 h.

Au sud du Grand Caucase, largement ouvert sur la Caspienne, l'Azerbaïdjan correspond à la vaste plaine deltaïque de la Koura et de l'Araxe et à son pourtour montagneux. C'est un pays au climat méditerranéen, aride, chaud et sec.

Superficie : 86 600 km²
Population (2002) : 8 147 000 hab.
Capitale : Bakou 1 964 000 hab.
(e. 2001) dans l'agglomération
Nature de l'État et du régime politique :
république à régime présidentiel
Chef de l'État : (président de
la République) Gueïdar Aliev
Chef du gouvernement : (Premier
ministre) Artour Rasizade
Organisation administrative : 65 régions,
1 république autonome et
11 municipalités
Langue officielle : azéri
Monnaie : manat azerbaïdjanais

DÉMOGRAPHIE

Densité : 89 hab./km²
Part de la population urbaine (2000) : 57,3 %
Structure de la population par âge (2000) :
moins de 15 ans : 29 %, 15-65 ans :
64,2 %, plus de 65 ans : 6,8 %
Taux de natalité (2000) : 15 ‰
Taux de mortalité (2000) : 6 ‰
Taux de mortalité infantile (2000) : 29,3 ‰
Espérance de vie (2000) : hommes :
68,7 ans, femmes : 75,5 ans

ÉCONOMIE

PNB (2001) : 5,28 milliards de $
PNB/hab. (2001) : 650 $
PNB/hab. PPA (2001) : 3 020 $ intern.
IDH (2000) : 0,741
Taux de croissance annuelle du PIB (2001) :
9 %
Taux annuel d'inflation (2000) : 1,77 %
Structure de la population active (1998) :
agriculture : 29,3 %, mines et
industries : 14 %, services : 56,7 %
Structure du PIB (2000) : agriculture :
18,9 %, mines et industries : 37,9 %,
services : 43,2 %
Dette publique brute : n.d.
Taux de chômage (2001) : 1,3 %

Agriculture
Cultures
blé (2001) : 1 500 000 t.

orge (2001) : 295 000 t.
pommes (2001) : 291 000 t.
pommes de terre (2001) : 575 000 t.
raisin (2001) : 63 000 t.
tomates (2001) : 445 000 t.
Élevage
bovins (2001) : 1 999 000 têtes
buffles (2001) : 302 000 têtes
caprins (2001) : 416 000 têtes
chevaux (2001) : 64 000 têtes
ovins (2001) : 5 560 000 têtes
porcins (2001) : 18 600 têtes

Énergie et produits miniers
électricité totale (2000) : 17 561 millions
de kWh
gaz naturel (2000) : 5 300 millions de m³
pétrole (2001) : 14 900 000 t.

Productions industrielles
lait (2001) : 1 018 000 t.
viande (2001) : 114 000 t.
vin (2001) : 300 000 hl
acier (2000) : 25 000 t.

Tourisme
Recettes (1999) : 81 millions de $

Commerce extérieur
Exportations de biens (2000) :
1 858,3 millions de $
Importations de biens (2000) :
1 539 millions de $

Défense
Forces armées (1999) : 72 100 hommes
Budget de la Défense (1999) :
2,6 % du PIB

Niveau de vie
Nombre d'habitants pour un
médecin (1996) : 263
Apport journalier moyen en
calories (2000) : 2 468
(minimum FAO : 2 400)

Nombre d'automobiles pour
1 000 hab. (1999) : 38
Nombre de téléviseurs pour
1 000 hab. (1998) : 254

REPÈRES HISTORIQUES

Ancienne province de l'Iran, l'Azerbaïdjan est envahi au XIᵉ s. par les Turcs Seldjoukides.
1828 : l'Iran cède l'Azerbaïdjan septentrional à l'Empire russe.
1918 : une république indépendante est proclamée.
1920 : elle est occupée par l'Armée rouge et soviétisée.
1922 : elle est intégrée à l'URSS.
1923 - 1924 : la république autonome de Nakhitchevan et la région autonome de Haut-Karabakh sont instituées et rattachées à l'Azerbaïdjan.
1936 : l'Azerbaïdjan devient une république fédérée.
1988 : il s'oppose aux revendications arméniennes sur le Haut-Karabakh. Le nationalisme azéri se développe et de pogroms anti-arméniens se produisent.
1990 : les communistes remportent les premières élections libres.
1991 : l'Azerbaïdjan obtient son indépendance et adhère à la CEI.
1993 : l'armée arménienne du Haut-Karabakh prend le contrôle de cette région et occupe le sud-ouest de l'Azerbaïdjan.

BAHREÏN
➡ ARABIE SAOUDITE

114

...ué sur le golfe du Bengale, le Bangla-
...sh s'étend sur la plus grande partie du
...lta du Gange et du Brahmapoutre. C'est
...e région très chaude et très humide
...bissant de fréquentes inondations, sur-
...ut pendant l'été (saison de la mousson).

...perficie : 143 998 km²
...opulation (2002) : 143 364 000 hab.
...apitale : Dacca 3 690 066 hab.
..., 1991), 13 181 000 hab. (e. 2001) dans
...agglomération
...ature de l'État et du régime politique :
...publique à régime parlementaire
...hef de l'État : (président de
...République) Iajuddin Ahmed
...hef du gouvernement : (Premier
...inistre) Khaleda Zia
...rganisation administrative : 6 divisions
...dministratives
...angue officielle : bengali
...onnaie : taka

DÉMOGRAPHIE

...ensité : 903 hab./km²
...art de la population urbaine (2000) : 24,5 %
...tructure de la population par âge (2000) :
...oins de 15 ans : 38,7 %, 15-65 ans :
...8,2 %, plus de 65 ans : 3,1 %
...aux de natalité (2000) : 28 ‰
...aux de mortalité (2000) : 9 ‰
...aux de mortalité infantile (2000) : 67 ‰
...spérance de vie (2000) : hommes :
...0,6 ans, femmes : 60,8 ans

ÉCONOMIE

...NB (2001) : 49,9 milliards de $
...NB/hab. (2001) : 370 $
...NB/hab. PPA (2001) : 1 680 $ intern.
...DH (2000) : 0,478
...aux de croissance annuelle du PIB (2001) :
...,7 %
...aux annuel d'inflation (2000) : 2,38 %
...tructure de la population active : n.d.
...tructure du PIB (2000) : agriculture :
...4,6 %, mines et industries : 24,4 %,
...ervices : 51 %
...ette publique brute : n.d.
...aux de chômage (1996) : 2,5 %

Agriculture et pêche

Cultures
...rachide (2001) : 40 000 t.
...lé (2001) : 1 673 000 t.
...anne à sucre (2001) : 6 742 000 t.

colza (2001) : 260 000 t.
pommes de terre (2001) : 2 933 000 t.
riz (2001) : 39 112 000 t.
thé (2001) : 52 000 t.

Élevage et pêche
bovins (2001) : 23 900 000 têtes
buffles (2001) : 830 000 têtes
caprins (2001) : 34 100 000 têtes
ovins (2001) : 1 132 000 têtes
pêche (1999) : 1 544 000 t.
poulets (2001) : 140 000 000 têtes

Énergie et produits miniers
électricité totale (2000) : 13 493 millions
de kWh
gaz naturel (2000) : 10 300 millions de m³

Productions industrielles
lait (2001) : 2 112 000 t.
sucre (2001) : 107 000 t.
viande (2001) : 428 000 t.
thé (2001) : 52 000 t.
tabac (2001) : 37 000 t.
filés de coton (2001) : 18 000 t.
jute (1997) : 883 000 t.
textiles synthétiques : n.d.
ciment (2000) : 980 000 t.
papier (2000) : 46 000 t.

Tourisme
Recettes (2000) : 59 millions de $

Commerce extérieur
Exportations de biens (2000) :
6 399,2 millions de $
Importations de biens (2000) :
8 052,9 millions de $

Défense
Forces armées (1999) : 137 000 hommes
Budget de la Défense (1999) : 1,4 % du PIB

Niveau de vie
Nombre d'habitants pour un
médecin (1995) : 5 000
Apport journalier moyen en
calories (2000) : 2 103
(minimum FAO : 2 400)
Automobiles (2001) : 1 pour 2 430 hab.
Nombre de téléviseurs pour
1 000 hab. (1999) : 7

REPÈRES HISTORIQUES

1971 : le Pakistan oriental, issu du partage
du Bengale en 1947, obtient son indépendance et devient le Bangladesh.

Bangladesh

★ site touristique important — route
▬ limite de division — voie ferrée
Sylhet capitale de division ✈ aéroport

● plus de 1 000 000 h.
● de 100 000 à 1 000 000 h.
● de 30 000 à 100 000 h.
• moins de 30 000 h.

Cet État d'Asie, situé sur la bordure de l'Himalaya entre la Chine (Tibet) et l'Inde (Assam), est un pays de hautes terres, coupées de vallées nord-sud (vers le Brahmapoutre) où se concentre la population. Il est en majeure partie recouvert par la forêt. Le climat est tempéré ou très humide selon l'altitude.

Superficie : 47 000 km²
Population (2002) : 2 198 000 hab.
Capitale : Thimbu 32 000 hab. (e. 2001)
Nature de l'État et du régime politique : monarchie
Chef de l'État : (roi) Jigme Singye Wangchuck
Chef du gouvernement : (président du Conseil des ministres) Lyonpo Kinzang Dorji
Organisation administrative : 20 districts
Langue officielle : tibétain
Monnaies : ngultrum et roupie indienne

DÉMOGRAPHIE

Densité : 45 hab./km²
Part de la population urbaine (2000) : 7,1 %
Structure de la population par âge (2000) : moins de 15 ans : 42,7 %, 15-65 ans : 53,1 %, plus de 65 ans : 4,2 %
Taux de natalité (1999) : 38,4 ‰
Taux de mortalité (1999) : 9,46 ‰
Taux de mortalité infantile (2000) : 53,6 ‰
Espérance de vie (2000) : hommes : 62 ans, femmes : 64,5 ans

ÉCONOMIE

PNB (2001) : 0,529 milliards de $
PNB/hab. (2001) : 640 $
PNB/hab. PPA (2001) : 1 530 dollars internationaux
IDH (2000) : 0,494
Taux de croissance annuelle du PIB (2001) : 5,9 %
Taux annuel d'inflation (1997) : 6,5 %
Structure de la population active : agriculture : n.d., mines et industries : n.d., services : n.d.
Structure du PIB (2000) : agriculture : 33,2 %, mines et industries : 37,3 %, services : 29,5 %
Dette publique brute : n.d.
Taux de chômage : n.d.

Agriculture

Cultures
maïs (2001) : 70 000 t.
oranges (2001) : 58 000 t.
pommes de terre (2001) : 34 100 t.
riz (2001) : 50 000 t.
Élevage
bovins (2001) : 435 000 têtes
caprins (2001) : 42 100 têtes
ovins (2001) : 59 000 têtes
porcins (2001) : 75 000 têtes

Énergie et produits miniers
électricité totale (2000) : 1 876 millions de kWh

houille (2000) : 67 000 t.
hydroélectricité (2000) : 1 875 millions de kWh

Productions industrielles
lait (2001) : 32 000 t.
viande (2001) : 7 760 t.
ciment (2000) : 150 000 t.
production de bois (2000) : 134 000 m³

Tourisme
Recettes touristiques (2000) : 9 millions de $

Commerce extérieur
Exportations de biens (1995) : 3 349 millions de $
Importations de biens (1995) : 3 802 millions de $

Défense
Forces armées (1999) : 6 000 hommes
Budget de la Défense : n.d.

Niveau de vie
Nombre d'habitants pour un médecin (1994) : 5 000
Apport journalier moyen en calories (1995) : 2 058 (minimum FAO : 2 400)
Nombre d'automobiles pour 1 000 hab. : n.d.
Nombre de téléviseurs pour 1 000 hab. (1999) : 20

REPÈRES HISTORIQUES

Occupé au XVIIᵉ s. par des Tibétains, Bhoutan devient vassal de l'Inde à partir de 1865.
1910 - 1949 : le pays est contrôlé par les Britanniques.
1949 : il est soumis à un semi-protectorat indien.
1971 : le Bhoutan devient indépendant.

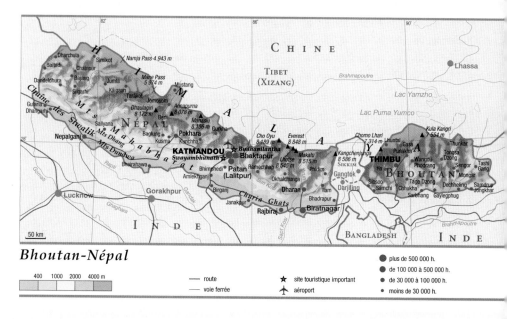

Bhoutan-Népal

400 1000 2000 4000 m

— route
— voie ferrée

★ site touristique important
✈ aéroport

● plus de 500 000 h.
● de 100 000 à 500 000 h.
● de 30 000 à 100 000 h.
● moins de 30 000 h.

50 km

NÉPAL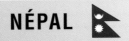

Népal est un État de l'Himalaya, esque exclusivement montagneux, clavé entre la Chine et l'Inde, dont il pend étroitement. Du nord au sud se ccèdent le haut Himalaya, où plus de 0 sommets dépassent 7 000 m (dont verest, le Makalu, le Dhaulagiri, l'Anna-urna), et le moyen Himalaya, qui group dans son étage tempéré (au-des-us de 2 000 m) la majeure partie de la pulation et les plaines forestières du rai.

perficie : 147 181 km²
pulation (2002) : 24 153 000 hab.
pitale : Katmandou 755 000 hab.
. 2001)
ture de l'État et du régime politique : onarchie constitutionnelle à régime rlementaire
ef de l'État : (roi) Gyanendra Bir kram
ef du gouvernement : (Premier inistre) Lokendra Bahadur Chand rganisation administrative : 5 régions ngue officielle : népalais
onnaie : roupie népalaise

DÉMOGRAPHIE

ensité : 171 hab./km²
art de la population urbaine (2000) : 1,9 %
ructure de la population par âge (2000) : oins de 15 ans : 41 %, 15-65 ans : 5,3 %, plus de 65 ans : 3,7 %
aux de natalité (2000) : 33 ‰
aux de mortalité (2000) : 10 ‰
aux de mortalité infantile (2000) : 70,9 ‰
spérance de vie (2000) : hommes : 0,1 ans, femmes : 59,6 ans

ÉCONOMIE

NB (2001) : 5,88 milliards de $
NB/hab. (2001) : 250 $

PNB/hab. PPA (2001) : 1 450 dollars internationaux
IDH (2000) : 0,49
Taux de croissance annuelle du PIB (2001) : 4,8 %
Taux annuel d'inflation (2000) : 1,54 %
Structure de la population active : agriculture : n.d., mines et industries : n.d., services : n.d.
Structure du PIB (2000) : agriculture : 40,3 %, mines et industries : 22,4 %, services : 37,3 %
Dette publique brute : n.d.
Taux de chômage : n.d.

Agriculture

Cultures
blé (2001) : 1 158 000 t.
canne à sucre (2001) : 2 212 000 t.
jute (1997) : 14 000 t.
maïs (2001) : 1 484 000 t.
millet (2001) : 283 000 t.
orge (2001) : 30 500 t.
pommes de terre (2001) : 1 314 000 t.
riz (2001) : 4 216 000 t.
tabac (2001) : 3 970 t.
Élevage
bovins (2001) : 6 983 000 têtes
buffles (2001) : 3 624 000 têtes
caprins (2001) : 6 478 000 têtes
ovins (2001) : 850 000 têtes
porcins (2001) : 913 000 têtes

Énergie et produits miniers
électricité totale (2000) : 1 454 millions de kWh
hydroélectricité (2000) : 1 315 millions de kWh

Productions industrielles
laine (2001) : 614 t.
production de bois (2000) : 1 260 000 m³

Tourisme
Recettes touristiques (1999) : 168 millions de $

Commerce extérieur
Exportations de biens (2000) : 785,7 millions de $
Importations de biens (2000) : 1 578,3 millions de $

Défense
Forces armées (1999) : 46 000 hommes
Budget de la Défense (1999) : 0,3 % du PIB

Niveau de vie
Nombre d'habitants pour un médecin (1995) : 13 633
Apport journalier moyen en calories (2000) : 2 436 (minimum FAO : 2 400)
Nombre d'automobiles pour 1 000 hab. : n.d.
Nombre de téléviseurs pour 1 000 hab. (1999) : 7

REPÈRES HISTORIQUES

IVᵉ - VIIIᵉ s. : les Newar de la vallée de Katmandou adoptent la civilisation indienne.
À partir du XIIᵉ s. : le reste du pays, sauf les vallées du Nord occupées par des Tibétains, est peu à peu colonisé par des Indo-Népalais.
1744 - 1780 : la dynastie de Gurkha unifie le pays.
1816 : elle doit accepter une sorte de protectorat de la Grande-Bretagne.
1846 - 1951 : une dynastie de Premiers ministres, les Rana, détient le pouvoir effectif.
1923 : la Grande-Bretagne reconnaît formellement l'indépendance du Népal.
1951 : Tribhuvana Bir Bikram rétablit l'autorité royale.
1991 : les premières élections multipartites ont lieu. Deux partis, le Congrès népalais et le Parti communiste, dominent la vie politique.
2001 : Birendra Bir Bikram ayant été assassiné, son frère Gyanendra Bir Bikram accède au trône.

117

BIRMANIE

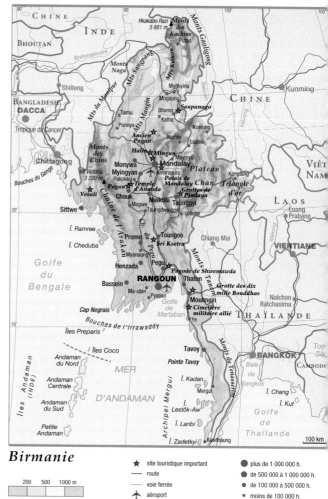

Birmanie

★ site touristique important
— route
— voie ferrée
✈ aéroport

● plus de 1 000 000 h.
● de 500 000 à 1 000 000 h.
● de 100 000 à 500 000 h.
• moins de 100 000 h.

Le cœur de ce pays, coupé par le tropique et situé dans le domaine de la mousson (pluies d'été), est une longue dépression drainée par l'Irrawaddy, plus humide au sud, dans la basse Birmanie, correspondant approximativement au delta du fleuve, qu'au nord, dans la haute Birmanie, autour de Mandalay. Le pourtour est montagneux : chaîne de l'Arakan à l'ouest, monts des Kachin au nord, plateau Chan et Tenasserim à l'est. Il est souvent très arrosé et boisé, difficilement pénétrable.

Superficie : 676 578 km²
Population (2002) : 48 956 000 hab.
Capitale : Rangoun 4 504 000 hab. (e. 2001)
Nature de l'État et du régime politique : république
Chef de l'État et du gouvernement : Than Shwe
Organisation administrative : 7 États et 7 régions
Langue officielle : birman
Monnaie : kyat

DÉMOGRAPHIE

Densité : 67 hab./km²
Part de la population urbaine (2000) : 27,7 %
Structure de la population par âge (2000) : moins de 15 ans : 33,1 %, 15-65 ans : 62,3 %, plus de 65 ans : 4,6 %
Taux de natalité (2000) : 25 ‰
Taux de mortalité (2000) : 12 ‰
Taux de mortalité infantile (2000) : 87,2 ‰
Espérance de vie (2000) : hommes : 53,8 ans, femmes : 58,8 ans

ÉCONOMIE

PNB : n.d.
PNB/hab. : n.d.
PNB/hab. PPA (1992) : 115 dollars internationaux
IDH (2000) : 0,552
Taux de croissance annuelle du PIB (2001) : 4,8 %
Taux annuel d'inflation (2000) : - 0,11 %
Structure de la population active : agriculture : n.d., mines et industries : n.d., services : n.d.
Structure du PIB (1999) : agriculture : 59,9 %, mines et

industries : 9 %, services : 31,1 %
Dette publique brute : n.d.
Taux de chômage : n.d.

Agriculture et pêche

Cultures
arachide (2001) : 731 000 t.
canne à sucre (2001) : 5 894 000 t.
caoutchouc (2001) : 35 700 t.
maïs (2001) : 350 000 t.
riz (2001) : 20 600 000 t.
Élevage et pêche
bovins (2001) : 11 218 000 têtes
buffles (2001) : 2 500 000 têtes
caprins (2001) : 1 439 000 têtes
chevaux (2001) : 120 000 têtes
ovins (2001) : 403 000 têtes
pêche (1999) : 946 000 t.
porcins (2001) : 4 139 000 têtes

Énergie et produits miniers

cuivre (2000) : 27 000 t.
électricité totale (2000) : 4 766 millions de kWh
étain (2000) : 220 t.

gaz naturel (1996) : 1 000 millions de m³
lignite (2000) : 50 000 t.
pétrole (2001) : 398 000 t.
plomb (2001) : 1 300 t.

Productions industrielles

lait (2001) : 633 000 t.
viande (2001) : 476 000 t.
sucre (2001) : 103 000 t.
cuivre (2001) : 26 711 t.
étain (2000) : 30 t.
plomb (2001) : 1 200 t.
filés de coton (2001) : 51 000 t.
jute (1997) : 47 000 t.
production de bois (2000) : 3 612 000 m³

Tourisme

Recettes touristiques (1999) : 35 millions de $

Commerce extérieur

Exportations de biens (2000) : 1 618,8 millions de $

portations de biens (2000) :
34,9 millions de $

Défense
rces armées (1999) : 429 000 hommes
dget de la Défense (1999) : 2 % du PIB

Niveau de vie
mbre d'habitants pour un
édecin (1993) : 12 900
pport journalier moyen en
ories (2000) : 2 842
ninimum FAO : 2 400)
mbre d'automobiles pour
)00 hab. (1996) : 1
mbre de téléviseurs pour
)00 hab. (1999) : 7

REPÈRES HISTORIQUES

Les royaumes des Thaïs (Chan), des Môn et des Birmans
ixe s. : les Birmans venant du Nord-Est atteignent la Birmanie centrale.
xie s. : ils y constituent un État autour de Pagan (fondée en 849), qui tombe aux mains des Sino-Mongols puis des Chan (1287 - 1299).
1347 - 1752 : les Birmans recréent un royaume dont la capitale est Toungoo.
1539 - 1541 : ils conquièrent le territoire môn et unifient le pays.
1752 : les Môn s'emparent d'Ava et mettent fin au royaume de Toungoo.
1752 - 1760 : Alaungpaya reconstitue l'Empire birman.

La domination britannique
1852 - 1855 : les Britanniques conquiè-rent Pegu et annexent la Birmanie à l'empire des Indes.
1942 - 1948 : envahie par les Japonais (1942), reconquise par les Alliés en 1944 - 1945, la Birmanie accède à l'indépendance (1948).

La Birmanie indépendante
1948 - 1962 : U Nu, Premier ministre de l'Union birmane (1948 - 1958 ; 1960 - 1962), est confronté à la guerre civile déclenchée par les communistes et à la rébellion des Karen (1949 - 1955).
1962 : le général Ne Win prend le pouvoir. Un régime socialiste et autoritaire est instauré.
1990 : l'opposition remporte les élections mais les militaires gardent le pouvoir.

BRUNEI ➡ MALAISIE

---

la route de Birmanie

On a donné le nom de « route de Birmanie » à l'itinéraire ferré et routier reliant Rangoun à Kunming (Yunnan), construit en 1938.
Elle était destinée à ravitailler la Chine nationaliste après le blocus naval de ses côtes par les Japonais. Sa partie routière, très montagneuse de Lashio à Kunming, fut achevée en 1939. Rendue inutilisable dès mars 1942 par l'occupation japonaise de Birmanie, elle fut d'abord remplacée par un acrobatique pont aérien de Lado, en Assam (terminus de la voie ferrée de Calcutta), à Kunming (débit 75 000 t par mois en 1945). La construction d'une bretelle joignant Ledo à Bhamo, sur l'ancien itiné-raire, suivit au plus près l'offensive sino-américaine du général Stilwell, entreprise à cet effet dès fin 1943. Mais la résistance japonaise ne permit au premier convoi terrestre d'atteindre Kunming que fin janvier 1945. Construite par des dizaines de milliers de coolies, la route de Birmanie demeure l'un des plus impressionnants aménagements en milieu montagnard.

CAMBODGE

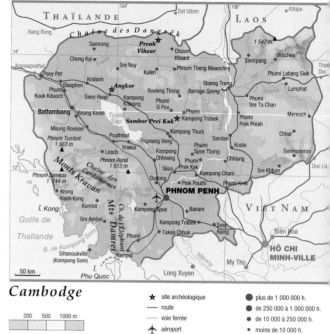

Cambodge

Le Cambodge est formé de plaines et de plateaux recouverts de forêts et de savanes, entourant une dépression centrale drainée par le Mékong. C'est dans cette zone que se concentre la population.

Superficie : 181 035 km²
Population (2002) : 13 776 000 hab.
Capitale : Phnom Penh 1 109 000 hab. (e. 2001)
Nature de l'État et du régime politique : monarchie constitutionnelle à régime parlementaire
Chef de l'État : (roi) Norodom Sihanouk
Chef du gouvernement : (Premier ministre) Hun Sen
Organisation administrative : 3 municipalités autonomes et 20 provinces
Langue officielle : khmer
Monnaie : riel

DÉMOGRAPHIE
Densité : 62 hab./km²
Part de la population urbaine (2000) : 15,9 %
Structure de la population par âge (2000) : moins de 15 ans : 43,9 %, 15-65 ans : 53,3 %, plus de 65 ans : 2,8 %
Taux de natalité (2000) : 30 ‰
Taux de mortalité (2000) : 12 ‰
Taux de mortalité infantile (2000) : 72,5 ‰
Espérance de vie (2000) : hommes : 53,6 ans, femmes : 58,6 ans

ÉCONOMIE
PNB (2001) : 3,33 milliards de $
PNB/hab. (2001) : 270 $
PNB/hab. PPA (2001) : 1 520 dollars internationaux
IDH (2000) : 0,543
Taux de croissance annuelle du PIB (2001) : 6,3 %
Taux annuel d'inflation (2000) : -0,79 %
Structure de la population active : n.d.
Structure du PIB (2000) : agriculture : 37,1 %, mines et industries : 20,5 %, services : 42,4 %
Dette publique brute : n.d.
Taux de chômage : n.d.

Agriculture et pêche
Cultures
bananes (2001) : 146 000 t.
canne à sucre (2001) : 167 000 t.
caoutchouc (2001) : 35 900 t.

riz (2001) : 4 099 000 t.
soja (2001) : 37 500 t.
tabac (2001) : 7 750 t.
Élevage et pêche
bovins (2001) : 2 869 000 têtes
buffles (2001) : 626 000 têtes
pêche (1999) : 284 000 t.
porcins (2001) : 2 118 000 têtes

Énergie et produits miniers
électricité totale (2000) : 132 millions de kWh

Productions industrielles
sucre (2001) : 9 100 t.
viande (2001) : 204 000 t.
production de bois (2000) : 179 000 m³

Tourisme
Recettes touristiques (2000) : 228 millions de $

Commerce extérieur
Exportations de biens (2000) : 1 327,1 millions de $
Importations de biens (2000) : 1 525,1 millions de $

Défense
Forces armées (1999) : 140 000 hommes
Budget de la Défense (1999) : 2,5 % du PIB

Niveau de vie
Nombre d'habitants pour un médecin (1994) : 10 000
Apport journalier moyen en calories (2000) : 2 070 (minimum FAO : 2 400)
Nombre d'automobiles pour 1 000 hab. (1997) : 5
Nombre de téléviseurs pour 1 000 hab. (1998) : 9

REPÈRES HISTORIQUES
vɪᵉ s. : le royaume du Funan (établi au Iᵉʳ s.) est conquis par les ancêtres des Khmers.
ɪxᵉ s. : Jayavarman II (802 - vers 836) instaure le culte du dieu-roi, d'inspiration shivaïte. Ses successeurs fondent un vaste empire.
xɪɪɪᵉ s. : la brillante civilisation du Cambodge décline et le bouddhisme triomphe.
1432 : sa capitale Angkor est abandonnée au profit de Phnom Penh.
Fin du xvɪᵉ s. : le Cambodge devient vassal du royaume siamois. Il sert par la suite de terrain de bataille entre Siamois et Vietnamiens (qui colonisent le delta du Mékong au xvɪɪɪᵉ s.).
1863 : établissement du protectorat français.
1953 : Norodom Sihanouk, roi depuis 1941, obtient l'indépendance totale du Cambodge.
1970 : devenu chef de l'État en 1960, il est renversé par un coup d'État militaire appuyé par les États-Unis.
1975 : les Khmers rouges prennent le pouvoir. Devenu le Kampuchéa démocratique, le pays est soumis à une dictature meurtrière dirigée par Pol Pot.
1978 : l'armée vietnamienne occupe le Cambodge. La République populaire du Kampuchéa est proclamée.
1989 : les troupes vietnamiennes quittent le pays, redevenu l'État du Cambodge.
1993 : la monarchie parlementaire est rétablie ; Norodom Sihanouk redevient roi.
1999 : le Cambodge est admis au sein de l'ASEAN.

n distingue une Chine occidentale
ride, voire désertique et presque vide),
rmée de vastes plateaux et de dépres-
ons (plateaux tibétains et mongols,
ssin du Tsaidam, du Tarim), qui sont
rnés de hautes chaînes (Himalaya, Kara-
rum, Tian Shan), et une Chine orien-
le, au relief plus morcelé, plus bas, des-
ndant par paliers vers la mer. Dans cette
rnière se juxtaposent plateaux, collines
plaines, et le climat, variant avec la lati-
de, introduit une division essentielle
tre une Chine du Nord et une Chine du
d, séparées par la chaîne des Qinling. La
hine orientale est presque entièrement
ns le domaine de la mousson, apportant
es pluies d'été, beaucoup plus abon-
antes au sud qu'au nord. C'est dans cette
gion que se concentre la quasi-totalité
e la population. Aujourd'hui, une qua-
antaine de villes dépassent le million
habitants. Shanghai, Pékin, Hongkong
Tianjin comptent parmi les grandes
étropoles mondiales.

uperficie : 9 596 961 km²
opulation (2002) : 1 294 377 000 hab.
apitale : Pékin 10 836 000 hab.
e. 2001)
ature de l'État et du régime politique :
publique, régime socialiste
hef de l'État : (président de
a République) Hu Jintao
hef du gouvernement :
Premier du Conseil d'État) Wen Jiabao
rganisation administrative :
2 provinces, 5 régions autonomes,
municipalités, 2 régions
dministratives spéciales
angue officielle : chinois
Ionnaie : yuan

DÉMOGRAPHIE

Densité : 133 hab./km²
art de la population urbaine (2000) :
2,1 %
tructure de la population par âge (2000) :
noins de 15 ans : 24,8 %, 15-65 ans :

68,3 %, plus de 65 ans : 6,9 %
Taux de natalité (2000) : 15 ‰
Taux de mortalité (2000) : 7 ‰
Taux de mortalité infantile (2000) : 36,5 ‰
Espérance de vie (2000) : hommes :
69,1 ans, femmes : 73,5 ans

ÉCONOMIE

PNB (2001) : 1 131 milliards de $
PNB/hab. (2001) : 890 $
PNB/hab. PPA (2001) : 4 260 dollars
internationaux
IDH (2000) : 0,726
Taux de croissance annuelle du PIB (2001) :
7,3 %
Taux annuel d'inflation (2000) : 0,26 %
Structure de la population active :
agriculture : n.d., mines et industries :
n.d., services : n.d.
Structure du PIB (2000) : agriculture :
15,9 %, mines et industries : 50,9 %,
services : 33,2 %
Dette publique brute : n.d.
Taux de chômage (2000) : 3,1 %

Agriculture et pêche

Cultures
agrumes (2001) : 9 633 000 t.
ananas (2001) : 1 284 000 t.
arachide (2001) : 14 553 000 t.
avoine (2001) : 650 000 t.
bananes (2001) : 5 393 000 t.
blé (2001) : 93 873 000 t.
canne à sucre (2001) : 79 700 000 t.
colza (2001) : 11 320 000 t.
miel (2001) : 256 000 t.
millet (2001) : 2 446 000 t.
noisettes (2001) : 11 000 t.
orge (2001) : 3 250 000 t.
patates douces (2001) : 115 122 000 t.
pommes (2001) : 21 559 000 t.
pommes de terre (2001) : 64 045 000 t.
raisin (2001) : 3 630 000 t.
riz (2001) : 181 515 000 t.
soja (2001) : 15 450 000 t.
tomates (2001) : 24 116 000 t.
tournesol (2001) : 2 000 000 t.
Élevage et pêche
bovins (2001) : 105 687 000 têtes
buffles (2001) : 22 769 000 têtes
chevaux (2001) : 8 768 000 têtes
ovins (2001) : 133 160 000 têtes
pêche (1999) : 41 513 000 t.
porcins (2001) : 454 420 000 têtes
poulets (2001) : 3 771 485 000 têtes

Énergie et produits miniers

argent (2000) : 1 600 t.
bauxite (2001) : 9 500 000 t.
cuivre (2000) : 590 000 t.
diamant (2001) : 1 185 000 carats
électricité totale (2000) :
1 307 650 millions de kWh
étain (2000) : 97 000 t.
fer (2001) : 72 600 000 t.
gaz naturel (2000) : 27 700 millions
de m³

houille (2000) : 690 000 000 t.
hydroélectricité (2000) :
220 100 millions de kWh
manganèse (2001) : 500 000 t.
molybdène (2001) : 28 200 t.
nickel (2000) : 51 000 t.
or (2001) : 185 000 kg
pétrole (2001) : 164 900 000 t.
phosphate (2001) : 21 000 000 t.
plomb (2001) : 600 000 t.
uranium (2001) : 500 t.
zinc (2001) : 1 600 000 t.

Productions industrielles

lait (2001) : 13 370 000 t.
sucre (2001) : 8 705 000 t.
vin (2001) : 10 800 000 hl
bière (2000) : 227 379 000 hl
viande (2001) : 65 482 000 t.
huile de palme (2001) : 217 000 t.
acier (2001) : 141 392 000 t.
fonte (1998) : 118 629 000 t.
aluminium (2001) : 3 250 000 t.
cuivre (2000) : 1 400 000 t.
étain (2000) : 92 000 t.
plomb (2001) : 1 180 000 t.
zinc (2001) : 2 080 000 t.
automobiles (2001) : 704 000 unités
véhicules utilitaires (1998) :
1 043 000 unités
filés de coton (2001) : 5 320 000 t.
jute (1997) : 365 000 t.
laine (2001) : 305 000 t.
sisal (2001) : 36 800 t.
soie (2001) : 62 001 t.
textiles artificiels (1998) : 166 000 t.
textiles synthétiques (1998) :
4 342 000 t.
caoutchouc synthétique (2001) :
1 052 000 t.
ciment (2000) : 583 190 000 t.
production de bois (2000) :
96 421 000 m³
papier (2000) : 35 439 000 t.

Tourisme

Recettes touristiques (2000) :
16 231 millions de $

Commerce extérieur

Exportations de biens (2000) :
249 131 millions de $
Importations de biens (2000) :
214 657 millions de $

Défense

Forces armées (1999) : 2 470 000 hommes
Budget de la Défense (1999) : 1,3 % du PIB

Niveau de vie

**Nombre d'habitants pour un
médecin (1995) :** 1 062
**Apport journalier moyen en
calories (2000) :** 3 029
(minimum FAO : 2 400)
**Nombre d'automobiles pour
1 000 hab. (1997) :** 102
**Nombre de téléviseurs pour
1 000 hab. (1999) :** 292

CHINE

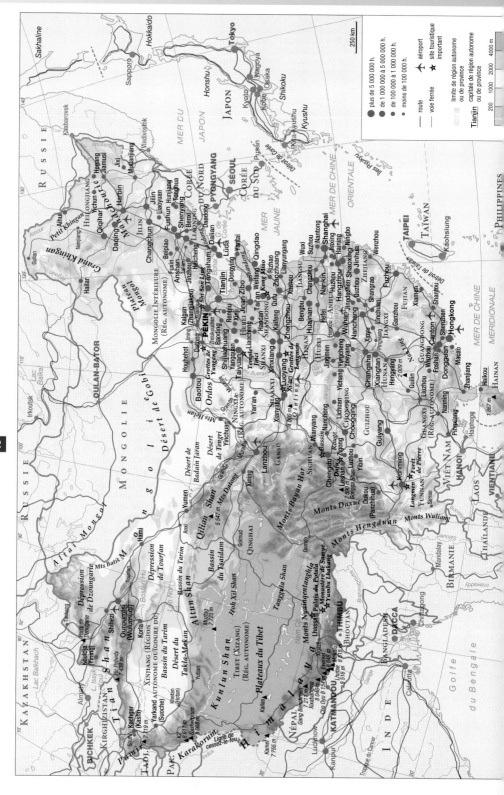

REPÈRES HISTORIQUES

existence de la dynastie légendaire des [Xi]a, entre le XXIe et le XVIIIe s. av. J.-C., est [att]estée par l'archéologie. La civilisation [du] bronze, née sous les Shang (XVIIIe s.-v. [10]25 av. J.-C.), se perpétue sous les Zhou [(]1025-256 av. J.-C.).

[...] - IIIe s. : période des Royaumes combat-[tan]ts, marquée par la désunion politique [mais] par l'épanouissement de la culture [an]tique avec Confucius.

[La] Chine impériale

[Ju]squ'à la conquête mongole
[22]1 - 206 av. J.-C. : l'empire Qin est fondé [pa]r Qin Shi Huangdi, qui unifie l'en-[se]mble des royaumes chinois.
[20]6 av. J.-C. - 220 apr. J.-C. : dynastie des [H]an, qui étendent leur empire en Mand-[ch]ourie, en Corée, en Mongolie, au Viêt [N]am et en Asie centrale. Ils fondent le [m]andarinat et remettent à l'honneur le [co]nfucianisme. Ils contrôlent la route de [la] soie et s'ouvrent aux influences étran-[gè]res, notamment au bouddhisme.
[22]0 - 581 : période de morcellement terri-[to]rial et de guerres. L'influence du boud-[dh]isme se développe. À la période des [Tr]ois Royaumes (220 - 265) succède celle [de]s dynasties du Nord et du Sud [(3]17 - 589).
[58]1 - 618 : dynastie Sui, qui réunifie le [pa]ys.
[61]8 - 907 : dynastie des Tang. La Chine [co]nnaît une administration remarquable [et] poursuit son expansion militaire avec [le]s empereurs Tang Taizong (627 - 649) et [Ta]ng Gaozong (650 - 683).
[90]7 - 960 : elle est à nouveau morcelée [pe]ndant la période des Cinq Dynasties.
[96]0 - 1279 : dynastie des Song, qui gou-[ve]rnent un territoire beaucoup moins [ét]endu que celui des Tang depuis que les [«] barbares du Nord » ont créé les empires [Li]ao (947 - 1124) et Jin (1115 - 1234). La [ci]vilisation scientifique et technique chi-[n]oise est très en avance sur celle de l'Oc-[ci]dent. Repliés dans le Sud à partir de [11]27, les Song sont éliminés par les Mon-[g]ols, qui conquièrent le pays.

1279 - 1368 : la dynastie mongole des Yuan gouverne la Chine, qui se soulève sous la conduite de Zhu Yuanzhang (Hongwu), fondateur de la dynastie Ming.

La Chine des Ming et des Qing
1368 - 1644 : dynastie des Ming. Ses empereurs renouent avec la tradition nationale mais instaurent des pratiques autocratiques. Yongle (1403 - 1424) conquiert la Mandchourie.
1644 - 1911 : dynastie Qing, fondée par les Mandchous, qui ont envahi le pays. Les Qing, avec les empereurs Kangxi (1662 - 1722), Yongzheng (1723 - 1736) et Qianlong (1736 - 1796), établissent leur domination sur un territoire plus étendu que jamais (protectorat sur le Tibet, 1751 ; progression en Mongolie et en Asie centrale).
1839 - 1842 : guerre de l'opium.
1851 - 1864 : insurrection des Taiping.
1875 - 1908 : l'impératrice Cixi détient le pouvoir. Vaincue par le Japon (1894 - 1895), la Chine doit céder à ce dernier le Liaodong et Taïwan (ancienne-ment Formose). La Russie, l'Allemagne, la Grande-Bretagne et la France se parta-gent le pays en zones d'influence.
1900 : la révolte des Boxers est réprimée.

La république de Chine
1911 : la république est instaurée.
1927 : les nationalistes du Guomindang, dirigés par Sun Yat-sen puis, après 1925, par Jiang Jieshi (Tchang Kaï-chek), rom-pent avec les communistes.
1934 - 1935 : les communistes gagnent le Nord au terme de la « Longue Marche ».
1937 - 1945 : le Japon, qui occupe la Chine du Nord depuis 1937, progresse vers le Sud en 1944.
1945 - 1949 : après la capitulation japo-naise, la guerre civile oppose nationalistes et communistes.

La République populaire de Chine jusqu'en 1976
1949 : création de la République populaire de Chine. Mao Zedong en assure la direc-tion. Zhou Enlai est Premier ministre et ministre des Affaires étrangères. Les natio-nalistes se sont repliés à Taïwan.
1956 : devant les résistances et les diffi-cultés économiques, Mao lance la cam-pagne des « Cent Fleurs », qui est un grand débat d'idées.
1958 : Mao impose lors du « Grand Bond en avant » la collectivisation des terres et la création des communes populaires ; c'est un échec économique.
1960 : l'URSS rappelle ses experts et pro-voque l'arrêt des grands projets indus-triels.
1966 : Mao lance la « Grande Révolution culturelle prolétarienne ». Au cours de dix années de troubles (1966 - 1976), les responsables du Parti communiste sont éliminés par les étudiants, organisés en gardes rouges, et par l'armée.
1969 : la détérioration des relations avec l'URSS aboutit à des incidents frontaliers.
1971 : admission de la République popu-laire de Chine à l'ONU, où elle remplace Taïwan. Rapprochement avec les États-Unis.

Les nouvelles orientations
1976 : mort de Mao Zedong ; arrestation de la « Bande des Quatre ».
1977 : Deng Xiaoping mène une politique de réformes économiques, d'ouverture sur l'étranger et de révision du maoïsme.
1979 : un conflit armé oppose la Chine au Viêt Nam.
1989 : la visite de Gorbatchev à Pékin consacre la normalisation des relations avec l'URSS. Les étudiants et la popula-tion réclament la libéralisation du régime. Deng Xiaoping fait intervenir l'armée contre les manifestants, qui sont victimes d'une répression sanglante (juin, notamment à Pékin, place Tian'-anmen).
1997 : la Grande-Bretagne rétrocède Hongkong à la Chine.
1999 : le Portugal rétrocède Macao à la Chine.

---

les provinces

La Chine est constituée de 22 provinces - hors Taïwan -, de 5 régions autonomes, de 4 municipalités autonomes et de 2 régions administratives spéciales.

Les provinces
Anhui (capitale Hefei) ; **Fujian** (Fuzhou) ; **Gansu** (Lanzhou) ; **Guangdong** (Canton) ; **Guizhou** (Guiyang) ; **Hainan** (Haikou) ; **Hebei** (Shijiazhuang) ; **Heilongjiang** (Harbin) ; **Henan** (Zhengzhou) ; **Hubei** (Wuhan) ; **Hunan** (Changsha) ; **Jiangsu** (Nankin) ; **Jiangxi** (Nan-chang) ; **Jilin** (Changchun) ; **Liaoning** (Shenyang) ; **Qinghai** (Xining) ; **Shaanxi** (Xi'an) ; **Shan-dong** (Jinan) ; **Shanxi** (Taiyuan) ; **Sichuan** (Chengdu) ; **Yunnan** ou **Yun-nan** (Kunming) ; **Zhe-jiang** (Hangzhou).

Les régions administratives spéciales
Hongkong ; Macao.

Les régions autonomes
Guangxi (capitale Nanning) ; **Mongolie-Intérieure** (Houhehot) ; **Ningxia** (Yinchuan) ; **Xinjiang** (Ouroumtsi) ; **Tibet** (Lhassa).

CHYPRE

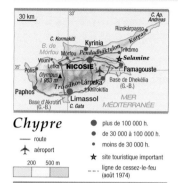

Chypre

● plus de 100 000 h.
● de 30 000 à 100 000 h.
● moins de 30 000 h.
— route
✈ aéroport
200   500 m
★ site touristique important
--- ligne de cessez-le-feu (août 1974)

Proche des côtes turque et syrienne, l'île de Chypre est en grande partie montagneuse, avec une dépression centrale où se situe sa capitale, Nicosie. Le climat est méditerranéen avec une tendance à l'aridité.

Superficie : 9 251 km²
Population (2002) : 797 000 hab.
Capitale : Nicosie 199 000 hab. (e. 2001)
Nature de l'État et du régime politique : république
Chef de l'État et du gouvernement : (président de la République) Tássos Papadhópoulos
Organisation administrative : 6 districts
Langues officielles : grec et turc
Monnaie : livre cypriote

DÉMOGRAPHIE

Densité : 85 hab./km²
Part de la population urbaine (2000) : 56,8 %
Structure de la population par âge (2000) : moins de 15 ans : 23,1 %, 15-65 ans : 65,4 %, plus de 65 ans : 11,5 %
Taux de natalité (1999) : 13,38 ‰
Taux de mortalité (1999) : 8,1 ‰
Taux de mortalité infantile (2000) : 7,7 ‰
Espérance de vie (2000) : hommes : 76 ans, femmes : 80,5 ans

ÉCONOMIE

PNB (2000) : 9,36 milliards de $
PNB/hab. (2000) : 12 370 $
PNB/hab. PPA (2000) : 20 780 dollars internationaux

IDH (2000) : 0,883
Taux de croissance annuelle du PIB (2001) : 3,6 %
Taux annuel d'inflation (2000) : 4,14 %
Structure de la population active : agriculture : n.d., mines et industries : n.d., services : n.d.
Structure du PIB (1999) : agriculture : 4,2 %, mines et industries : 22,4 %, services : 73,4 %
Dette publique brute : n.d.
Taux de chômage (2001) : 3,9 %

Agriculture
Cultures
olives (2001) : 22 000 t.
oranges (2001) : 45 000 t.
orge (2001) : 115 000 t.
pamplemousses (2001) : 35 000 t.
pommes de terre (2001) : 120 000 t.
tomates (2001) : 37 500 t.
Élevage
caprins (2001) : 379 000 têtes
ovins (2001) : 246 000 têtes
porcins (2001) : 419 000 têtes
poulets (2001) : 3 600 000 têtes

Énergie et produits miniers
électricité totale (2000) : 3 130 millions de kWh

Productions industrielles
vin (2001) : 444 000 hl
bière (2000) : 369 000 hl
ciment (2000) : 1 200 000 t.

Tourisme
Recettes touristiques (2000) : 1 894 millions de $

Commerce extérieur
Exportations de biens (2000) : 951 millio de $
Importations de biens (2000) : 3 556,5 millions de $

Défense
Forces armées (1999) : 10 000 hommes
Budget de la Défense (1999) : 6,1 % du PIB

Niveau de vie
Nombre d'habitants pour un médecin (1990) : 556
Apport journalier moyen en calories (2000) : 3 259 (minimum FAO : 2 400)
Nombre d'automobiles pour 1 000 hab. (1999) : 341
Nombre de téléviseurs pour 1 000 hab. (1998) : 157

REPÈRES HISTORIQUES

De l'Antiquité à l'époque moderne
Peuplée dès le VIIe millénaire, l'île Chypre est colonisée par les Grecs, pu par les Phéniciens.
IIIe - Ier s. av. J.-C. : l'île passe sous domination des Ptolémées, puis d Lagides.
58 av. J.-C. : Chypre devient une pr vince romaine.
395 apr. J.-C. : elle est englobée dar l'Empire byzantin.
1191 - 1489 : conquise par Richard Cœr de Lion, elle est cédée aux Lusignan.
1489 : elle devient vénitienne.
1570 - 1571 : elle est conquise par le Turcs.

L'époque contemporaine
1925 : passée sous administration britar nique (1878), elle est annexée par Grande-Bretagne (1914) qui l'érige e colonie.
1959 : l'indépendance est accordée.
1960 : la république est proclamée.
1974 : un coup d'État favorable à l'*Enôs* provoque un débarquement turc dans nord de l'île.
1983 : proclamation unilatérale d'ur « République turque de Chypre d Nord ».

Corée du Nord

500   1000   2000 m

— voie ferrée
— route
✈ aéroport

● plus de 2 000 000 h.
● de 500 000 à 2 000 000 h.
● de 100 000 à 500 000 h.
● moins de 100 000 h.

...cupant la partie nord de la péninsule ...réenne, la Corée du Nord est un pays ...ontagneux presque entièrement recou-...t par les forêts. Le climat est rude, les ...ers sont rigoureux et les précipitations ...rfois insuffisantes.

...perficie : 120 538 km²
...pulation (2002) : 22 586 000 hab.
...pitale : Pyongyang 3 164 000 hab.
...2001)
...ture de l'État et du régime politique :
...publique, régime socialiste
...ef de l'État : (chef de la Commission
...défense nationale) Kim Jong-il
...ef du gouvernement : (Premier du
...nseil d'administration) Hong Song-
...m
...ganisation administrative : 9 provinces
...3 municipalités
...ngue officielle : coréen
...onnaie : won nord-coréen

DÉMOGRAPHIE

...nsité : 199 hab./km²
...rt de la population urbaine (2000) : 60,2 %
...ructure de la population par âge (2000) :
...oins de 15 ans : 26,5 %, 15-65 ans :
...,6 %, plus de 65 ans : 5,9 %
...ux de natalité (2000) : 18 ‰
...ux de mortalité (2000) : 11 ‰
...ux de mortalité infantile (2000) : 39,1 ‰
...pérance de vie (2000) : hommes :
...,5 ans, femmes : 68 ans

ÉCONOMIE

...IB : n.d.
...IB/hab. : n.d.
...IB/hab. PPA : n.d.
...H (1995) : 0,766
...ux de croissance annuelle du PIB : n.d.
...ux annuel d'inflation : n.d.
...ructure de la population active : n.d.
...ructure du PIB : n.d.
...ette publique brute : n.d.
...ux de chômage : n.d.

Agriculture et pêche

...ltures
...ïs (2001) : 1 482 000 t.
...ommes de terre (2001) : 1 882 000 t.
...z (2001) : 2 060 000 t.
...ja (2001) : 350 000 t.
...evage et pêche
...vins (2001) : 650 000 têtes

caprins (2001) : 2 300 000 têtes
pêche (1999) : 279 000 t.
porcins (2000) : 2 970 000 têtes

Énergie et produits miniers

cuivre (2000) : 14 000 t.
électricité totale (2000) : 33 400 M. de kWh
fer (2001) : 3 000 000 t.
houille (1998) : 24 100 000 t.
hydroélectricité (2000) : 22 500 M. de kWh
lignite (2000) : 30 000 000 t.
plomb (2001) : 70 000 t.
zinc (2001) : 190 000 t.

Productions industrielles

soie (2001) : 150 t.
cuivre (2000) : 25 000 t.
zinc (2001) : 180 000 t.
plomb (2001) : 78 000 t.
phosphate (2001) : 350 000 t.
production de bois (2000) : 1 500 000 m³

Tourisme

Recettes touristiques : n.d.

Commerce extérieur

Exportations de biens (1997) : 907 millions de $
Importations de biens (1997) :
1 686 millions de $

Défense

Forces armées (1999) : 1 082 000 hommes
Budget de la Défense (1998) : 9,28 % du PIB

Niveau de vie

Nombre d'habitants pour un médecin (1990) : 370

Apport journalier moyen en calories (2000) : 2 185 (minimum FAO : 2 400)
Nombre d'automobiles pour 1 000 hab. : n.d.
Nombre de téléviseurs pour 1 000 hab. (1999) : 55

125

REPÈRES HISTORIQUES

Ier s. av. J.-C. : la Chine établit des commanderies en Corée.
IVe s. apr. J.-C. : introduction du bouddhisme.
918 : naissance de la dynastie Koryo.
1231 : invasion mongole.
1392 : naissance de la dynastie Li (ou Yi), qui adopte le confucianisme.
1637 : elle doit reconnaître la suzeraineté de la dynastie chinoise des Qing.
1910 : le Japon annexe le pays.
1945 : occupation par les troupes soviétiques et américaines.
1948 : la république de Corée est établie au sud du pays et la République populaire démocratique de Corée au nord. Kim Il-sung dirige la Corée du Nord jusqu'à sa mort en 1994.
1953 : à l'issue de la guerre de Corée (1950 - 1953), la division du pays est maintenue.
1991 : les deux Corées entrent à l'ONU et signent un accord de réconciliation.
2000 : rencontre historique de leurs chefs d'État à Pyongyang.

CORÉE DU SUD

Le pays bénéficie de conditions de relief et de climat assez favorables, avec une notable extension des plaines et des collines, des températures clémentes et une pluviosité suffisante.

Superficie : 99 268 km²
Population (2002) : 47 389 000 hab.
Capitale : Séoul 9 862 000 hab. (e. 2001) dans l'agglomération
Nature de l'État et du régime politique : république à régime semi-présidentiel
Chef de l'État : (président de la République) Boh Moo-hyun
Chef du gouvernement : (Premier ministre) Goh Kun
Organisation administrative : 9 provinces, 5 municipalités et la capitale
Langue officielle : coréen
Monnaie : won

DÉMOGRAPHIE

Densité : 473 hab./km²
Part de la population urbaine (2000) : 81,9 %
Structure de la population par âge (2000) :
moins de 15 ans : 20,8 %, 15-65 ans : 72,1 %, plus de 65 ans : 7,1 %
Taux de natalité (2000) : 13 ‰
Taux de mortalité (2000) : 6 ‰
Taux de mortalité infantile (2000) : 7,1 ‰
Espérance de vie (2000) : hommes : 71,8 ans, femmes : 79,1 ans

ÉCONOMIE

PNB (2001) : 448 milliards de $
PNB/hab. (2001) : 94 000 $
PNB/hab. PPA (2001) : 18 110 dollars internationaux
IDH (2000) : 0,882
Taux de croissance annuelle du PIB (2001) : 3 %
Taux annuel d'inflation (2000) : 2,26 %
Structure de la population active (2000) : agriculture : 10,9 %, mines et industries : 28 %, services : 61,1 %
Structure du PIB (2000) : agriculture : 4,8 %, mines et industries : 44,4 %, services : 50,8 %
Dette publique brute (1998) : 11 % du PIB
Taux de chômage (2001) : 3,9 %

Agriculture et pêche

Cultures
mandarines (1998) : 649 000 t.
pêches (2001) : 175 000 t.
riz (2001) : 7 316 000 t.
soja (2001) : 118 000 t.
tabac (2001) : 56 000 t.

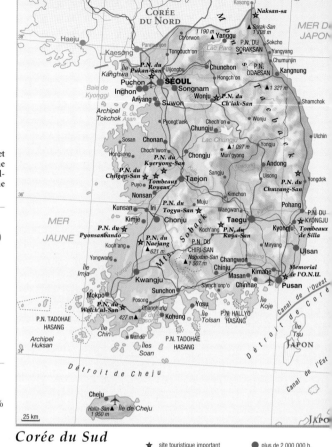

Corée du Sud

★ site touristique important
— route
— voie ferrée
✈ aéroport

● plus de 2 000 000 h.
● de 500 000 à 2 000 000 h.
● de 100 000 à 500 000 h.
• moins de 100 000 h.

200 500 1000 m

Élevage et pêche
bovins (2001) : 1 954 000 têtes
pêche (1999) : 2 423 000 t.
porcins (2001) : 8 720 000 têtes
poulets (2001) : 102 393 000 têtes

Énergie et produits miniers
argent (2000) : 591 t.
électricité nucléaire (2000) : 109 000 millions de kWh
électricité totale (2000) : 273 201 millions de kWh

Productions industrielles
viande (2001) : 1 589 000 t.
acier (2001) : 43 851 000 t.
ciment (2000) : 51 255 000 t.
fonte (1998) : 23 299 000 t.
automobiles (2001) : 2 471 000 unités
véhicules utilitaires (1998) : 369 000 unités
construction navale (2001) : 11 882 000 tpl
filés de coton (1998) : 275 000 t.
soie (2001) : 10 t.

textiles synthétiques (1998) : 2 497 000
production de bois (2000) : 1 592 000 m

Tourisme
Recettes touristiques (2000) : 6 609 millions de $

Commerce extérieur
Exportations de biens (2000) : 175 782 millions de $
Importations de biens (2000) : 159 181 millions de $

Défense
Forces armées (1999) : 683 000 hommes
Budget de la Défense (1999) : 2,8 % du PI

Niveau de vie
Nombre d'habitants pour un médecin (1996) : 909
Apport journalier moyen en calories (2000) : 3 093 (minimum FAO : 2 400)
Nombre d'automobiles pour 1 000 hab. (1999) : 167
Nombre de téléviseurs pour 1 000 hab. (1999) : 361

REPÈRES HISTORIQUES

s. av. J.-C. : la Chine établit des com-
nderies en Corée.
s. apr. J.-C. : introduction du boud-
isme.
3 : naissance de la dynastie Koryo.
31 : invasion mongole.
32 : naissance de la dynastie Li (ou Yi),
adopte le confucianisme.
37 : elle doit reconnaître la suzeraineté
la dynastie chinoise des Qing.

1910 : le Japon, qui a éliminé les Qing de
Corée en 1985, annexe le pays.
1945 : occupation par les troupes soviétiques et américaines.
1948 : la république de Corée est établie
au sud du pays et la République populaire démocratique de Corée au nord.
1953 : à l'issue de la guerre de Corée
(1950 - 1953), la division du pays est
maintenue.

1987 : un processus de démocratisation
s'engage en Corée du Sud, jusque là soumise à un régime autoritaire.
1991 : les deux Corées entrent à l'ONU et
signent un accord de réconciliation.
2000 : un dialogue s'engage entre les deux
Corées (rencontre historique des deux
chefs d'État, en juin, à Pyongyang). Le
président sud-coréen Kim Dae-jung
reçoit le prix Nobel de la paix.

ÉMIRATS ARABES UNIS ➡ ARABIE SAOUDITE

127

la Corée ancienne

L'histoire légendaire rapporte que l'ancien pays de Choson, situé dans le bassin du fleuve Taedong, c'est-à-dire au nord-ouest de la péninsule, a été fondé par Tangun, fils d'une ourse métamorphosée en femme et d'un certain Hang-ung. Le royaume de Choson fut très tôt au contact de la culture chinoise, comme en témoignent les récits légendaires, qui attribuent à un chef d'origine chinoise, Kija, la fondation d'une nouvelle dynastie en 1122 avant J.-C.

Après plusieurs tentatives, les Chinois parvinrent finalement à soumettre cette dynastie et établirent, un siècle avant notre ère, quatre commanderies. La plus importante, Luolang, occupait le bassin inférieur du fleuve Taedong, tandis que les trois autres (Zhenfan, Xuantu, Lindun) étaient installées respectivement au nord, à l'est et au sud de celle-ci. Cependant, ces commanderies ne purent résister longtemps aux pressions des populations locales, et Luolang, la plus puissante pourtant, disparut au début du Ier s. avant J.-C. C'est à cette époque que s'opérèrent de nouveaux remaniements territoriaux, qui aboutirent à la formation de trois royaumes distincts : celui de Koguryo, qui débordait au nord et au sud de part et d'autre du cours moyen du Yalu et conservait la vieille capitale Pyongyang ; celui de Paikche au sud-ouest, en relations étroites avec l'archipel japonais ; celui de Silla, au sud-est. Ces trois États se disputaient le bassin de la rivière Han, région riche en ressources naturelles et porte maritime vers la Chine. Koguryo se heurta rapidement aux Chinois et, en 384, prit ce qui restait des commanderies chinoises sous son contrôle. Mais le royaume de Silla finit par l'emporter. Il s'allia avec la Chine, qui, après avoir subi de graves échecs au début du VIIe s., parvint en 660 à détruire les forces de Paikche et des alliés japonais de celui-ci. Tout en reconnaissant la suzeraineté chinoise des Tang, il étendit peu à peu son influence sur une grande partie du territoire de Koguryo (668) et unifia la péninsule sous son hégémonie (735).

GÉORGIE

Géorgie

200	500	1000	2000 m

- limite de région
- route
- voie ferrée

- ● plus de 1 000 000 h.
- ● de 100 000 à 1 000 000 h.
- ● de 30 000 à 100 000 h.
- • moins de 30 000 h.

Enclavée entre les monts du Grand Caucase au nord et ceux du Petit Caucase au sud, la plaine de Colchide, ouverte sur la mer Noire, est drainée par le Rioni et la haute Koura, et se resserre vers l'est (bassins de Gori et de Tbilissi). Cette disposition du relief induit une diversité climatique et donc une variété des milieux naturels et des mises en valeur.

Superficie : 69 700 km²
Population (2002) : 5 213 000 hab.
Capitale : Tbilissi 1 406 000 hab.
(e. 2001) dans l'agglomération
Nature de l'État et du régime politique :
république à régime présidentiel
Chef de l'État et du gouvernement :
(président de la République)
Edouard Chevardnadze
Organisation administrative :
2 républiques autonomes et
12 régions
Langue officielle : géorgien
Monnaie : lari

DÉMOGRAPHIE

Densité : 71 hab./km²
Part de la population urbaine (2000) :
60,7 %
Structure de la population par âge (2000) :
moins de 15 ans : 20,5 %, 15-65 ans :
66,6 %, plus de 65 ans : 12,9 %
Taux de natalité (2000) : 9 ‰
Taux de mortalité (2000) : 9 ‰
Taux de mortalité infantile (2000) : 17,6 ‰
Espérance de vie (2000) : hommes :
69,5 ans, femmes : 77,6 ans

ÉCONOMIE

PNB (2001) : 3,1 milliards de $
PNB/hab. (2001) : 620 $
PNB/hab. PPA (2001) : 2 860 dollars
internationaux
IDH (2000) : 0,748
Taux de croissance annuelle du PIB (2001) :
4,5 %
Taux annuel d'inflation (2000) : 4,06 %

Structure de la population active :
agriculture : n.d., mines et industries :
n.d., services : n.d.
Structure du PIB (2000) : agriculture :
32,1 %, mines et industries : 13,2 %,
services : 54,7 %
Dette publique brute : n.d.
Taux de chômage (2001) : 11 %

Agriculture

Cultures
betterave à sucre (2001) : 23 000 t.
blé (2001) : 306 000 t.
maïs (2001) : 220 000 t.
orge (2001) : 15 000 t.
pommes de terre (2001) : 380 000 t.
raisin (2001) : 180 000 t.
thé (2001) : 30 000 t.
tournesol (2001) : 42 000 t.
Élevage
bovins (2001) : 1 177 000 têtes
ovins (2001) : 545 000 têtes
porcins (2001) : 443 000 têtes
poulets (2001) : 8 495 000 têtes

Énergie et produits miniers
électricité totale (2000) : 7 404 millions
de kWh
or (2001) : 2 000 kg
pétrole (2000) : 100 000 t.
zinc (2001) : 200 t.

Productions industrielles
vin (2001) : 950 000 hl
bière (2000) : 235 000 hl
sucre (2001) : 3 000 t.
acier (1999) : 105 000 t.

Tourisme
Recettes touristiques (1999) : 400 millions
de $

Commerce extérieur
Exportations de biens (2000) :
459 millions de $

Importations de biens (2000) :
970,5 millions de $

Défense
Forces armées (1999) : 26 900 hommes
Budget de la Défense (1999) : 1 % du PIB

Niveau de vie
Nombre d'habitants pour un
médecin (1996) : 263
Apport journalier moyen en
calories (2000) : 2 412
(minimum FAO : 2 400)
Nombre d'automobiles pour
1 000 hab. (1999) : 49
Nombre de téléviseurs pour
1 000 hab. (1998) : 474

REPÈRES HISTORIQUES

Colonisée par les Grecs et les Romains (Colchide) puis dominée par les Sassanides (Ibérie), la région est conquise par les Arabes (v. 650).
IXᵉ - XIIIᵉ s. : elle connaît une remarquable renaissance, atteint son apogée sous la reine Thamar (1184 - 1213), puis est ravagée par les Mongols.
XVIᵉ - XVIIIᵉ s. : la Géorgie perd des territoires au profit de l'Iran et de l'Empire ottoman et se place sous la protection de la Russie (1783).
1801 : elle est annexée par la Russie.
1918 : une république indépendante est proclamée.
1921 : l'Armée rouge intervient et un régime soviétique est instauré.
1922 : la Géorgie est intégrée à l'URSS.
1991 : elle accède à l'indépendance.
1993 : la Géorgie rejoint la CEI.
1995 : adoption d'une nouvelle Constitution.

Inde est constituée de trois grandes régions d'extensions inégales. Elle atteint l'Himalaya au nord, mais n'en possède qu'une frange. Le cœur du pays est la vaste plaine drainée ou irriguée par le Gange (et ses affluents), auquel vient se joindre le Brahmapoutre pour former le delta du Bengale, périodiquement ravagé par les cyclones et les inondations. La plaine gangétique est valorisée par les pluies de la mousson (de juin à septembre), moins abondantes vers le sud (au-delà du tropique), dans l'intérieur du Deccan qui est protégé par la barrière des Ghats occidentaux. Le Deccan, où la forêt claire a été presque totalement défrichée, est même localement sec. Les variations des précipitations y sont notables.

Superficie : 3 287 263 km²
Population (2002) : 1 041 144 000 hab.
Capitale : New Delhi 9 817 439 hab.
(r. 2001), 12 987 000 hab. (e. 2001) dans l'agglomération
Nature de l'État et du régime politique : république à régime parlementaire
Chef de l'État : (président de la République) Abdul Kalam
Chef du gouvernement : (Premier ministre) Atal Bihari Vajpayee
Organisation administrative : 28 États et territoires
Langues officielles : hindi et anglais
Monnaie : roupie indienne

DÉMOGRAPHIE

Densité : 310 hab./km²
Part de la population urbaine (2000) : 28,4 %
Structure de la population par âge (2000) : moins de 15 ans : 33,5 %, 15-65 ans : 61,5 %, plus de 65 ans : 5 %
Taux de natalité (2000) : 25 ‰
Taux de mortalité (2000) : 9 ‰
Taux de mortalité infantile (2000) : 64,7 ‰
Espérance de vie (2000) : hommes : 63,6 ans, femmes : 64,9 ans

ÉCONOMIE

PNB (2001) : 474 milliards de $
PNB/hab. (2001) : 460 $
PNB/hab. PPA (2001) : 2 450 dollars internationaux
IDH (2000) : 0,577
Taux de croissance annuelle du PIB (2001) : 4,1 %
Taux annuel d'inflation (2000) : 4,01 %

Structure de la population active :
agriculture : n.d., mines et industries : n.d., services : n.d.
Structure du PIB (2000) : agriculture : 24,9 %, mines et industries : 26,9 %, services : 48,2 %
Dette publique brute : n.d.
Taux de chômage : n.d.

Agriculture et pêche

Cultures
agrumes (2001) : 4 870 000 t.
ananas (2001) : 1 100 000 t.
arachide (2001) : 6 200 000 t.
bananes (2001) : 16 000 000 t.
blé (2001) : 68 763 000 t.
café (2001) : 301 000 t.
canne à sucre (2001) : 286 000 000 t.
caoutchouc (2001) : 630 000 t.
citrons (2001) : 1 400 000 t.
colza (2001) : 4 088 000 t.
coprah (2001) : 455 000 t.
coton (2001) : 6 100 000 t.
maïs (2001) : 11 836 000 t.
manioc (2001) : 7 000 000 t.
millet (2001) : 9 505 000 t.
noix (2001) : 31 000 t.
noix de cajou (1998) : 430 000 t.
oranges (2001) : 3 200 000 t.
pamplemousses (2001) : 130 000 t.
patates douces (2001) : 1 200 000 t.
pommes (2001) : 1 500 000 t.
pommes de terre (2001) : 25 000 000 t.
riz (2001) : 131 900 000 t.
soja (2001) : 5 600 000 t.
sorgho (2001) : 8 390 000 t.
tabac (2001) : 530 000 t.
thé (2001) : 855 000 t.
tomates (2001) : 8 500 000 t.

Élevage et pêche
bovins (2001) : 219 642 000 têtes
buffles (2001) : 94 132 000 têtes
caprins (2001) : 123 500 000 têtes
chameaux (2001) : 1 030 000 têtes
chevaux (2001) : 800 000 têtes
ovins (2001) : 58 200 000 têtes
pêche (1999) : 5 352 000 t.
porcins (2001) : 17 500 000 têtes
poulets (2001) : 413 400 000 têtes

Énergie et produits miniers
bauxite (2001) : 8 387 000 t.
chrome (2001) : 1 678 000 t.
électricité nucléaire (2000) : 14 800 millions de kWh
électricité totale (2000) : 547 120 millions de kWh
fer (2001) : 50 700 000 t.
gaz naturel (2000) : 26 100 millions de m³
houille (1999) : 277 493 000 t.
hydroélectricité (2000) : 75 750 millions de kWh
lignite (1999) : 24 000 000 t.
manganèse (2001) : 600 000 t.
pétrole (2001) : 36 100 000 t.
phosphate (2001) : 1 200 000 t.
plomb (2001) : 27 000 t.
uranium (2001) : 200 t.
zinc (2001) : 146 000 t.

Productions industrielles
beurre (2001) : 2 250 000 t.
lait (2001) : 83 970 000 t.
œufs (2001) : 1 905 750 t.
miel (2001) : 52 000 t.
sucre (2001) : 20 480 000 t.
acier (2001) : 27 291 000 t.
aluminium (2001) : 630 000 t.

REPÈRES HISTORIQUES

Les origines et l'Inde ancienne
2500 - 1800 av. J.-C. : la civilisation de l'Indus (Mohenjo-Daro) est à son apogée.
IIe millénaire av. J.-C. : les Aryens arrivent d'Asie centrale et colonisent l'Inde du Nord, qui adopte leur langue, le sanskrit, leur religion védique (à la base de l'hindouisme) et leur conception de la hiérarchie sociale (système des castes).
V. 560 - 480 av. J.-C. : l'Inde entre dans l'histoire à l'époque de la vie du Bouddha, contemporain de Mahavira, fondateur du jaïnisme.
V. 327 - 325 av. J.-C. : Alexandre le Grand atteint l'Indus et y établit des colonies grecques.
V. 320 - 176 av. J.-C. : l'Empire maurya est porté à son apogée par Ashoka (vers 269 - 232 av. J.-C.), qui étend sa domination de l'Afghanistan au Deccan et envoie des missions bouddhiques en Inde du Sud et à Ceylan.
Ier s. apr. J.-C. : l'Inde, morcelée, subit les invasions des Kushana.
320 - 550 : les Gupta favorisent la renaissance de l'hindouisme.
606 - 647 : le roi Harsha parvient à réunifier le pays.
VIIe - XIIe s. : l'Inde est à nouveau morcelée. Établis en Inde du Sud, les Pallava (VIIIe - IXe s.) puis les Cola (Xe -XIIe s.) exportent la civilisation indienne en Asie du Sud-Est. Le Sind est dominé par les Arabes (VIIIe s.), et la vallée de l'Indus tombe aux mains des Ghaznévides (XIe s.).

L'Inde musulmane
1206 - 1414 : le sultanat de Delhi est créé ; il s'étend de la vallée du Gange au Deccan ; l'Inde est placée pour cinq siècles et demi sous l'hégémonie musulmane.
XIVe - XVIe s. : des sultanats autonomes sont créés au Bengale, au Deccan et au Gujerat ; l'empire de Vijayanagar, au Sud, se mobilise pour la défense politique de l'hindouisme.
1497 - 1498 : le Portugais Vasco de Gama découvre la route des Indes.
1526 : Baber fonde la dynastie des Grands Moghols.
1526 - 1857 : ces derniers dominent l'Inde grâce à leur armée, à leur administration efficace et à leur attitude conciliante à l'égard de la majorité hindoue. Après les brillants règnes d'Akbar (1556 - 1605) et de Chah Djahan (1628 - 1658), celui d'Aurangzeb (1658 - 1707) prélude au déclin.
1600 : la Compagnie anglaise des Indes orientales est créée. ⇨

INDE

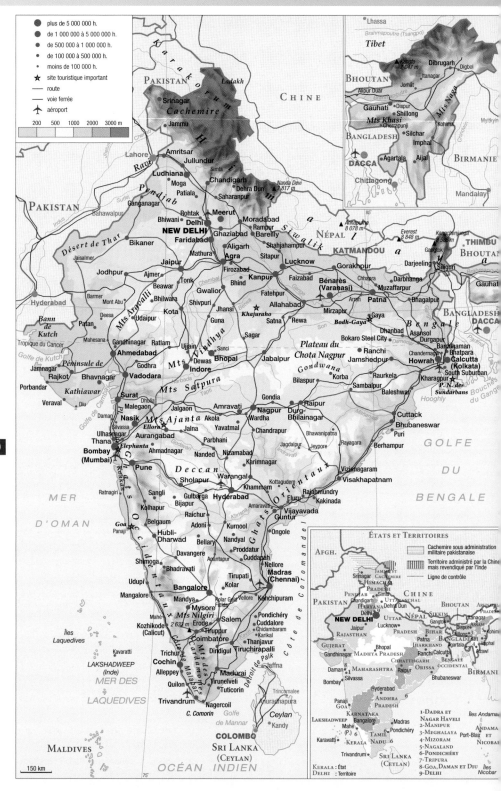

Légende:
- plus de 5 000 000 h.
- de 1 000 000 à 5 000 000 h.
- de 500 000 à 1 000 000 h.
- de 100 000 à 500 000 h.
- moins de 100 000 h.
- ★ site touristique important
- — route
- — voie ferrée
- ✈ aéroport

200 500 1000 2000 3000 m

150 km

Carte principale

Lhassa
Brahmapoutre (Tsangpo)
Tibet
CHINE
PAKISTAN
Ladakh
Karakorum
Srinagar
Cachemire
Jammu
H i m a l a y a
Lahore
Amritsar
Jullundur
Ludhiana
Moga
Patiala
Ganganagar
Ravi
Pendjab
Sutlej
Chandigarh
Dehra Dun
Nanda Devi 7 817 m
Simla
Saharanpur
Bhiwani
Rohtak
Meerut
Delhi
NEW DELHI
Faridabad
Ghaziabad
Moradabad
Rampur
Barellly
Shahjahampur
Aligarh
Sitapur
Bikaner
Désert de Thar
Jaisalmer
Mathura
Agra
Firozabad
Jaipur
Lucknow
Gorakhpur
NÉPAL
KATMANDOU
Everest 8 848 m
Annapurna 8 078 m
Kangchenjunga 8 586 m
Darjeeling
Siliguri
Gangtok
THIMBU
BHOUTAN
Jodhpur
Ajmer
Beawar
Tonk
Bhind
Kanpur
Faizabad
Bénarès (Varanasi)
Chhapra
Muzaffarpur
Darbhanga
Gauhati
Barmer
Mont Abu
Bhilwara
Gwalior
Fatehpur
Allahabad
Mirzapur
Patna
Bhagalpur
Bann de Kutch
Deesa
Patan
Kota
Udaipur
Jhansi
Guna
Satna
Rewa
Khajuraho
Bodh-Gaya
Gaya
Dhanbad
Asansol
Durgapur
BANGLADESH
DACCA
Mahesana
Gandhinagar
Ratlam
Ujjain
Sagar
Bokaro Steel City
Ranchi
Jamshedpur
Howrah
Calcutta (Kolkata)
Chandernagore
Bhatpara
Barddhaman
Ahmedabad
Godhra
Dewas
Bhopal
Indore
Jabalpur
Bilaspur
Korba
Raurkela
Sambalpur
Baleshwar
Kharagpur
South Suburban
Vadodara
Mts Satpura
Gondwana
P. N. des Sundarbans
Bouches du Gange
Hooghly
Surat
Dhulia
Malegaon
Jalgaon
Amravati
Nagpur
Durg
Bhilainagar
Raipur
Gondia
Cuttack
Bhubaneswar
Puri
Nasik
Mts Ajanta
Akola
Wardha
Chandrapur
Bhawanipatna
Jeypore
Berhampur
Ellora
Aurangabad
Jalna
Parbhani
Yavatmal
Jagdalpur
Rayagara
Vizianagaram
Visakhapatnam
Thana
Ulhasnagar
Ahmadnagar
Nanded
Nizamabad
Karimnagar
GOLFE DU BENGALE
Bombay (Mumbai)
Elephanta
Pune
Deccan
Warangal
Kottagudem
Sholapur
Khammam
Eluru
Rajahmundry
Ratnagiri
Sangli
Gulbarga
Hyderabad
Amaravati
Vijayavada
Kakinada
MER D'OMAN
Kolhapur
Bijapur
Raichur
Guntur
Ghats Orientaux
Goa
Panaji
Belgaum
Adoni
Kurnool
Ongole
Hubli-Dharwad
Bellary
Nandyal
Proddatur
Davangere
Anantapur
Cuddapah
Nellore
Shimoga
Bhadravati
Tirupati
Madras (Chennai)
Udupi
Bangalore
Kolar
Kanchipuram
Mangalore
Kolar Gold Fields
Vellore
Mandya
Mysore
Pondichéry
Îles Laquedives
Mahé
Mts Nilgiri 2 637 m
Salem
Cuddalore
Kozhikode (Calicut)
Erode
Tiruppur
Chidambaram
Karikal
Kavaratti
Coimbatore
Thanjavur
Tiruchirapalli
LAKSHADWEEP (Inde)
Trichur
Cochin
Dindigul
MER DES LAQUEDIVES
Alleppey
Madurai
Quilon
Tirunelveli
Tuticorin
Jaffna
Trivandrum
Nagercoil
C. Comorin
Golfe de Mannar
Ceylan
Kandy
Trincomalee
Anuradhapura
MALDIVES
COLOMBO
SRI LANKA (CEYLAN)
OCÉAN INDIEN
Mts Cardamomes
Côtes Malabar
Détroit de Palk
Côte de Coromandel

Encart Nord-Est

Lhassa
Brahmapoutre (Tsangpo)
BHOUTAN
Dibrugarh
Digboi
Itanagar
Kangto 7 047 m
Jorhât
Mts Naga
Alipur Duar
Gauhati
Dispur
Shillong
Mts Khasi
Cherrapunji
Kohima
Myitkyina
BANGLADESH
Silchar
Imphal
DACCA
Agartala
Aijal
BIRMANIE
Chittagong
Mandalay

Encart États et Territoires

ÉTATS ET TERRITOIRES
- Cachemire sous administration militaire pakistanaise
- Territoire administré par la Chine mais revendiqué par l'Inde
- Ligne de contrôle

AFGH.
PAKISTAN
Srinagar
JAMMU CACHEMIRE
HIMACHAL PRADESH
Chandigarh
Simla
PENDJAB
HARYANA
Dehra Dun
UTTARANCHAL
NEW DELHI
Delhi
Jaipur
Lucknow
CHINE
BHOUTAN
ARUNACHAL PRADESH
UTTAR PRADESH
NÉPAL
SIKKIM
Gangtok
Itanagar
RAJASTHAN
PRADESH
BIHAR
Patna
BANGLADESH
Dispur
Shillong
Kohima
GUJERAT
Gandhinagar
Bhopal
MADHYA PRADESH
JHARKHAND
Ranchi
Calcutta
Agartala
Aizwal
Daman
Silvassa
CHHATTISGARH
Raipur
BENGALE OCCIDENTAL
ORISSA
BIRMANI
Bombay
MAHARASHTRA
Bhubaneswar
Hyderabad
Panaji
GOA
ANDHRA PRADESH
Îles Andaman
LAKSHADWEEP
Bangalore
KARNATAKA
Madras
ANDAMAN ET NICOBAR
Mahé (P.)
Pondichéry
Port-Blair
Karavatti
KERALA
TAMIL NADU
Îles Nicobar
Trivandrum
SRI LANKA (CEYLAN)

1-DADRA ET NAGAR HAVELI
2-MANIPUR
3-MEGHALAYA
4-MIZORAM
5-NAGALAND
6-PONDICHÉRY
7-TRIPURA
8-GOA, DAMAN ET DIU
9-DELHI

KERALA : État
DELHI : Territoire

ivre (2000) : 243 000 t.
omb (2001) : 94 000 t.
ac (2001) : 230 000 t.
tomobiles (2001) : 548 000 unités
hicules utilitaires (1998) :
0 000 unités
nstruction navale (2001) : 6 000 tpl
és de coton (2001) : 1 750 000 t.
ne (2001) : 47 600 t.
ie (2001) : 15 197 t.
e (1997) : 1 720 000 t.
ctiles artificiels (1998) : 264 000 t.
ctiles synthétiques (1998) : 1 357 000 t.
nent (2000) : 95 000 000 t.
oduction de bois (2000) :
575 000 m³

Tourisme

cettes touristiques (2000) :
296 millions de $

Commerce extérieur

portations de biens (2000) :
132 millions de $
aportations de biens (2000) :
325 millions de $

Défense

rces armées (1999) : 1 303 000 hommes
udget de la Défense (1999) :
8 % du PIB

Niveau de vie

ombre d'habitants pour un
édecin (1993) : 2 500
pport journalier moyen en
lories (2000) : 2 428
minimum FAO : 2 400)
ombre d'automobiles pour
)00 hab. (1996) : 4
ombre de téléviseurs pour
)00 hab. (1999) : 75

REPÈRES HISTORIQUES

1664 : la Compagnie française des Indes orientales est fondée.
1674 : les Marathes, profitant du déclin moghol, constituent un royaume hindou, puis se rendent maîtres de l'Inde dans la première moitié du XVIIIᵉ s.
1742 - 1754 : Dupleix soumet à l'influence française le Carnatic et six provinces du Deccan.
1757 : Clive remporte la victoire de Plassey sur le nabab du Bengale.
1763 : le traité de Paris réduit l'Inde française à cinq comptoirs ; les Britanniques conservent Bombay, Madras et le Bengale.

La domination britannique

1772 - 1785 : W. Hastings organise la colonisation du Bengale.
1799 - 1819 : la Grande-Bretagne conquiert l'Inde du Sud, la vallée du Gange, Delhi, et bat les Marathes.
1849 : elle annexe le royaume sikh du Pendjab.
1857 - 1858 : révolte des cipayes.
1858 : la Compagnie anglaise des Indes orientales est supprimée, et l'Inde, rattachée à la Couronne britannique.
1876 : Victoria est couronnée impératrice des Indes.
1885 : fondation du parti du Congrès.
1906 : la Ligue musulmane est créée.
1920 - 1922 : Gandhi lance une campagne de désobéissance civile.
1929 : J. Nehru devient président du Congrès.
1935 : le *Government of India Act* accorde l'autonomie aux provinces.

L'Inde indépendante

1947 : l'indépendance est proclamée et l'Inde est divisée en deux États : l'Union indienne, à majorité hindoue, et le Pakistan, à majorité musulmane. Cette partition s'accompagne de massacres (de 300 000 à 500 000 victimes) et du déplacement de dix à quinze millions de personnes.
1947 - 1964 : J. Nehru, Premier ministre et président du Congrès, met en œuvre un programme de développement et prône le non-alignement.
1947 - 1948 : une guerre oppose l'Inde et le Pakistan pour le contrôle du Cachemire.
1948 : Gandhi est assassiné.
1950 : la Constitution fait de l'Inde un État fédéral, laïque et parlementaire, composé d'États organisés sur des bases ethniques et linguistiques.
1962 : un conflit oppose la Chine et l'Inde au Ladakh.
1965 : une deuxième guerre indo-pakistanaise éclate à propos du Cachemire. L'Inde se rapproche de l'URSS.
1966 : Indira Gandhi arrive au pouvoir.
1971 : une troisième guerre indo-pakistanaise est provoquée par la sécession du Bangladesh.
1984 : I. Gandhi, revenue au pouvoir en 1980, est assassinée par des extrémistes sikhs.
1992 : la destruction de la mosquée d'Ayodhya (Uttar Pradesh) par des militants nationalistes hindous entraîne de graves affrontements intercommunautaires.

 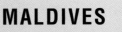
rchipel corallien de l'océan Indien, les aldives sont constituées par 19 atolls mprenant plus de 1 000 petites îles ralliennes, dont 200 environ sont habies. C'est le pays le plus bas du monde ltitude moyenne de 2 m).

uperficie : 298 km²
opulation (2002) : 309 000 hab.
apitale : Malé 84 000 hab. (e. 2001)
ature de l'État et du régime politique :
publique à régime semi-présidentiel
hef de l'État et du gouvernement :
résident de la République) Maumoon
bdul Gayoom
rganisation administrative : 1 municialité et 19 atolls administratifs
ngue officielle : divehi
onnaie : rufiyaa (roupie des Maldives)

DÉMOGRAPHIE

ensité : 954 hab./km²
art de la population urbaine (2000) : 26,1 %
ructure de la population par âge (2000) :
oins de 15 ans : 43,7 %, 15-65 ans :
2,8 %, plus de 65 ans : 3,5 %
aux de natalité (1999) : 28,96 ‰

Taux de mortalité (1999) : 5,32 ‰
Taux de mortalité infantile (2000) : 37,3 ‰
Espérance de vie (2000) : hommes : 68,3 ans, femmes : 67 ans

ÉCONOMIE

PNB (2001) : 0,578 milliards de $
PNB/hab. (2001) : 2 040 $
PNB/hab. PPA (2001) : 4 520 $ intern.
IDH (2000) : 0,743
Taux de croissance annuelle du PIB (2001) : 4,9 %
Taux annuel d'inflation (2000) : - 1,13 %
Structure de la population active : n.d.
Structure du PIB (1998) : agriculture : 16,4 %, mines et industries : n.d., services : n.d.
Dette publique brute : n.d.
Taux de chômage : n.d.

Agriculture et pêche

Cultures
coprah (2001) : 1 420 t.
Pêche
pêche (1999) : 134 000 t.

Énergie et produits miniers

électricité totale (2000) : 110 millions de kWh

Tourisme

Recettes (2000) : 344 millions de $

Commerce extérieur

Exportations de biens (2000) : 108,7 millions de $
Importations de biens (2000) : 342 millions de $

Défense

Forces armées (1995) : 700 hommes
Budget de la Défense : n.d.

Niveau de vie

Nombre d'habitants pour un médecin (1990) : 15 000
Apport journalier moyen en calories (2000) : 2 592 (minimum FAO : 2 400)
Nombre d'automobiles pour 1 000 hab. (1996) : 4
Nombre de téléviseurs pour 1 000 hab. (1998) : 38

REPÈRES HISTORIQUES

1887 : les Maldives passent sous protectorat britannique.
1965 : le pays accède à l'indépendance.
1968 : la république est proclamée.

INDONÉSIE

DÉMOGRAPHIE

Densité : 112 hab./km²
Part de la population urbaine (2000) : 40,9 %
Structure de la population par âge (2000) : moins de 15 ans : 30,8 %, 15-65 ans : 64,4 %, plus de 65 ans : 4,8 %
Taux de natalité (2000) : 22 ‰
Taux de mortalité (2000) : 7 ‰
Taux de mortalité infantile (2000) : 39,5 ‰
Espérance de vie (2000) : hommes : 65,3 ans, femmes : 69,3 ans

ÉCONOMIE

PNB (2001) : 145 milliards de $
PNB/hab. (2001) : 680 $
PNB/hab. PPA (2001) : 2 940 dollars internationaux
IDH (2000) : 0,684
Taux de croissance annuelle du PIB (2001) : 3,3 %
Taux annuel d'inflation (2000) : 3,72 %
Structure de la population active (1998) : agriculture : 45 %, mines et industries : 16,3 %, services : 38,7 %
Structure du PIB (2000) : agriculture : 16,9 %, mines et industries : 47,3 %, services : 35,8 %
Dette publique brute : n.d.
Taux de chômage (2000) : 6,1 %

Agriculture et pêche

Cultures
ananas (2001) : 300 000 t.
arachide (2001) : 1 000 000 t.
bananes (2001) : 3 600 000 t.
cacao (2001) : 340 000 t.
café (2001) : 377 000 t.
canne à sucre (2001) : 23 500 000 t.
caoutchouc (2001) : 1 650 000 t.
coprah (2001) : 930 000 t.
maïs (2001) : 9 090 000 t.
manioc (2001) : 16 158 000 t.
noix de cajou (1998) : 69 027 t.
palmiste (2001) : 1 760 000 t.
patates douces (2001) : 1 686 000 t.
riz (2001) : 50 096 000 t.
soja (2001) : 863 000 t.
tabac (2001) : 134 000 t.
thé (2001) : 172 000 t.
Élevage et pêche
bovins (2001) : 11 191 000 têtes
buffles (2001) : 2 287 000 têtes
caprins (2001) : 12 456 000 têtes
chevaux (2001) : 517 000 têtes
ovins (2001) : 7 427 000 têtes
pêche (1999) : 4 797 000 t.
poulets (2001) : 853 832 000 têtes

Énergie et produits miniers
argent (2000) : 26 t.
bauxite (2001) : 1 237 000 t.
cuivre (2000) : 1 012 000 t.
électricité totale (2000) : 92 575 millio de kWh
étain (2000) : 48 000 t.
gaz naturel (2000) : 63 900 millions de m³
houille (2000) : 76 800 000 t.
hydroélectricité (2000) : 13 000 millio de kWh
nickel (2000) : 98 000 t.
or (2001) : 130 000 kg
pétrole (2001) : 68 600 000 t.

Productions industrielles
sucre (2001) : 1 635 000 t.
huile de palme (2001) : 7 135 000 t.
aluminium (2001) : 180 000 t.
cuivre (2000) : 173 810 t.
étain (2000) : 50 000 t.
nickel (2000) : 10 111 t.
filés de coton (2001) : 9 660 t.
jute (1997) : 9 000 t.
textiles artificiels (1998) : 162 000 t.
textiles synthétiques (1998) : 862 000 t.
automobiles (2001) : 232 000 unités
véhicules utilitaires (1998) : 163 000 unités
papier (2000) : 6 977 000 t.
production de bois (2000) : 33 497 000 m3

Tourisme
Recettes touristiques (2000) : 5 749 millions de $

État insulaire (plus de 13 000 îles, dont moins de la moitié est habitée), l'Indonésie s'étant sur 5 000 km d'ouest en est et sur 2 000 km du nord au sud. La plupart des îles sont montagneuses, souvent volcaniques, et les plaines n'ont qu'une extension réduite. La latitude (proche de l'équateur) explique la chaleur constante (26-27 °C environ) et la forte humidité presque permanente. Associés, ces deux facteurs ont provoqué le développement de la forêt dense, qui recouvre plus de 60 % du territoire.

Superficie : 1 919 443 km²
Population (2002) : 217 535 000 hab.
Capitale : Jakarta 11 429 000 hab. (e. 2001) dans l'agglomération
Nature de l'État et du régime politique : république
Chef de l'État et du gouvernement : (présidente de la République) Megawati Sukarnoputri
Organisation administrative : 7 provinces, 1 district et 2 régions
Langue officielle : indonésien
Monnaie : rupiah (roupie indonésienne)

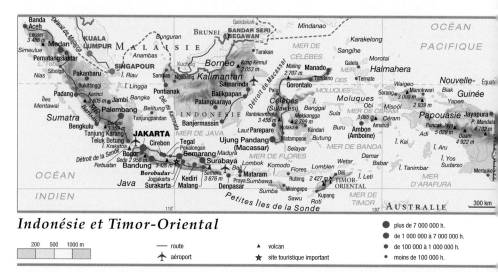

Indonésie et Timor-Oriental

200 500 1000 m

— route
✈ aéroport
▲ volcan
★ site touristique important

● plus de 7 000 000 h.
● de 1 000 000 à 7 000 000 h.
● de 100 000 à 1 000 000 h.
● moins de 100 000 h.

Commerce extérieur
portations de biens (2000) :
406 millions de $
portations de biens (2000) :
366 millions de $
Défense
rces armées (1999) :
7 000 hommes
dget de la Défense (1999) :
1 % du PIB
Niveau de vie
ombre d'habitants pour un
édecin (1994) : 5 000
port journalier moyen en
ories (2000) : 2 902
inimum FAO : 2 400)
ombre d'automobiles pour
00 hab. (1997) : 13
ombre de téléviseurs pour
00 hab. (1999) : 143

REPÈRES HISTORIQUES

Des origines aux Indes néerlandaises

D'abord morcelée en petits royaumes de culture indianisée, l'Indonésie est dominée du VIIe au XIVe s. par le royaume bouddhiste de Srivijaya.

XIIIe - XVIe s. : l'islamisation gagne tout l'archipel, à l'exception de Bali, qui reste fidèle à l'hindouisme ; l'empire de Majapahit règne sur l'archipel aux XIVe-XVe s.

1511 : les Portugais prennent Malacca.

1602 : la Compagnie hollandaise des Indes orientales est fondée.

1799 : la Compagnie perd son privilège et les Néerlandais pratiquent la colonisation directe.

Début du XXe s. : la pacification des Indes néerlandaises est réalisée.

1942 - 1945 : le Japon occupe l'archipel.

L'Indonésie indépendante

1945 : Sukarno proclame l'indépendance de l'Indonésie.

1949 : les Pays-Bas reconnaissent le nouveau statut.

1950 - 1967 : Sukarno tente d'instituer un socialisme « à l'indonésienne » et est confronté à divers mouvements séparatistes.

1963 - 1969 : la Nouvelle-Guinée occidentale est rétrocédée par les Pays-Bas et rattachée à l'Indonésie.

1966 - 1967 : Sukarno est éliminé au profit de Suharto. Régulièrement réélu à partir de 1968, Suharto applique une politique anticommuniste et se rapproche de l'Occident.

1975 - 1976 : l'annexion du Timor-Oriental déclenche une guérilla.

Depuis les années 1980 : l'islam fondamentaliste se propage.

1998 : sous la pression d'une opposition renforcée par la crise économique, Suharto démissionne.

1999 : l'opposition démocratique remporte les élections législatives. Mais le pays est en proie à la multiplication des troubles séparatistes et interconfessionnels (Aceh, Irian Jaya, Moluques).

2002 : l'indépendance du Timor-Oriental est proclamée.

TIMOR-ORIENTAL

tué au nord de la mer de Timor et appartenant à l'archipel de la Sonde, le Timor-riental est un pays montagneux.

perficie : 14 874 km²
pulation (2002) : 779 000 hab.
pitale : Dili 56 000 hab. (e. 2001)
ature de l'État et du régime politique :
publique à régime semi-présidentiel
ef de l'État (président de la
épublique) José Alexandre Gusmão,
t Xanana Gusmão
ef du gouvernement : (Premier
inistre) Mari Alkatiri
ngues officielles : tétum et portugais
onnaie : dollar des États-Unis

DÉMOGRAPHIE

ensité : 52 hab./km²
art de la population urbaine : n.d.
ructure de la population par âge : moins
e 15 ans : n.d., 15-65 ans : n.d., plus de
ans : n.d.
ux de natalité : n.d.
ux de mortalité : n.d.
ux de mortalité infantile : n.d.
pérance de vie : hommes : n.d.,
mmes : n.d.

ÉCONOMIE

PNB : n.d.
PNB/hab. : n.d.
PNB/hab. PPA : n.d.
IDH : n.d.
Taux de croissance annuelle du PIB : n.d.
Taux annuel d'inflation : n.d.
Structure de la population active :
agriculture : n.d., mines et industries :
n.d., services : n.d.
Structure du PIB : agriculture : n.d.,
mines et industries : n.d.,
services : n.d.
Dette publique brute : n.d.
Taux de chômage : n.d.

Tourisme
Recettes touristiques : n.d.
Commerce extérieur
Exportations de biens : n.d.
Importations de biens : n.d.
Défense
Forces armées : n.d.
Budget de la Défense : n.d.
Niveau de vie
Nombre d'habitants pour un médecin : n.d.
Apport journalier moyen en calories : n.d.
Nombre d'automobiles pour
1 000 hab. : n.d.
Nombre de téléviseurs pour
1 000 hab. : n.d.

133

REPÈRES HISTORIQUES

À partir du XVIIe s., les Portugais et les Hollandais se partagent l'île.

1950 : la partie néerlandaise est englobée par la république indépendante d'Indonésie.

1975 - 1976 : la partie portugaise (Timor-Oriental) est annexée par la république d'Indonésie : un mouvement de guérilla se développe.

1999 : à l'issue d'un référendum organisé sous l'égide de l'ONU, les Timorais de l'Est se prononcent massivement pour l'indépendance. Le territoire est placé sous administration provisoire de l'ONU.

2002 : le Timor-Oriental devient un État indépendant et adhère à l'ONU.

IRAN

Iran

Situé entre la Caspienne et l'océan Indien, l'Iran est un pays de hautes plaines steppiques et désertiques, au climat contrasté (chaud en été, froid en hiver). Ces plaines sont cernées au nord et à l'ouest par de puissants massifs (Elbourz, dépassant 5 600 m) et des chaînes (Zagros, étiré sur 1 800 km) humides et encore largement boisés dont le piémont est jalonné de villes (Téhéran, Ispahan, Chiraz).

Superficie : 1 633 188 km²
Population (2002) : 72 376 000 hab.
Capitale : Téhéran 7 038 000 hab.
(e. 2001)
Nature de l'État et du régime politique :
république à régime semi-présidentiel
Guide de la révolution islamique :
Ali Hoseini Khamenei
Chef de l'État et du gouvernement :
(président de la République)
Ali Mohammad Khatami
Organisation administrative : 28 provinces
Langue officielle : persan
Monnaie : rial iranien

DÉMOGRAPHIE

Densité : 41 hab./km²
Part de la population urbaine (2000) : 61,6 %
Structure de la population par âge (2000) :
moins de 15 ans : 37,4 %, 15-65 ans :
59,2 %, plus de 65 ans : 3,4 %
Taux de natalité (2000) : 22 ‰
Taux de mortalité (2000) : 6 ‰
Taux de mortalité infantile (2000) : 35,9 ‰
Espérance de vie (2000) : hommes :
68,8 ans, femmes : 70,8 ans

ÉCONOMIE

PNB (2001) : 113 milliards de $
PNB/hab. (2001) : 1 750 $
PNB/hab. PPA (2001) : 6 230 dollars
internationaux
IDH (2000) : 0,721
Taux de croissance annuelle du PIB (2001) :
4,8 %
Taux annuel d'inflation (2000) : 14,48 %
Structure de la population active :
agriculture : n.d., mines et industries :
n.d., services : n.d.
Structure du PIB (2000) : agriculture :
18,9 %, mines et industries : 22,3 %,
services : 58,8 %
Dette publique brute : n.d.
Taux de chômage : n.d.

Agriculture et pêche
Cultures
agrumes (2001) : 3 449 000 t.
amandes (2001) : 87 000 t.
betterave à sucre (2001) : 4 300 000 t.
blé (2001) : 9 459 000 t.
canne à sucre (2001) : 2 100 000 t.
citrons (2001) : 850 000 t.
coton (2001) : 503 000 t.
dattes (2001) : 900 000 t.
mandarines (1998) : 684 000 t.
noisettes (2001) : 11 000 t.
noix (2001) : 138 000 t.
oranges (2001) : 1 800 000 t.
orge (2001) : 1 400 000 t.
pêches (2001) : 270 000 t.
pistaches (2001) : 120 000 t.
pommes (2001) : 1 900 000 t.
raisin (2001) : 2 100 000 t.
riz (2001) : 2 200 000 t.
thé (2001) : 69 000 t.
tomates (2001) : 3 009 000 t.
Élevage et pêche
bovins (2001) : 7 000 000 têtes
caprins (2001) : 25 200 000 têtes
ovins (2001) : 53 000 000 têtes
pêche (1999) : 419 000 t.
poulets (2001) : 260 000 000 têtes

Énergie et produits miniers
bauxite (2001) : 130 000 t.
chrome (2001) : 105 000 t.
cuivre (2000) : 145 000 t.
électricité totale (2000) :
120 330 millions de kWh
gaz naturel (2000) : 60 200 millions de m³
hydroélectricité (2000) : 6 930 millions
de kWh

molybdène (2001) : 1 600 t.
pétrole (2001) : 182 900 000 t.
plomb (2001) : 15 000 t.
zinc (2001) : 85 000 t.

Productions industrielles
beurre (2001) : 119 697 t.
œufs (2001) : 600 000 t.
sucre (2001) : 911 000 t.
acier (2001) : 6 916 000 t.
aluminium (2001) : 140 000 t.
cuivre (2000) : 144 000 t.
plomb (2001) : 50 000 t.
laine (2001) : 73 907 t.
soie (2001) : 900 t.
production de bois (2000) : 1 060 000 m

Tourisme
Recettes (2000) : 850 millions de $

Commerce extérieur
Exportations de biens (2000) :
28 345 millions de $
Importations de biens (2000) :
15 207 millions de $

Défense
Forces armées (1999) : 513 000 hommes
Budget de la Défense (1999) :
2,5 % du PIB

Niveau de vie
Nombre d'habitants pour un
médecin (1993) : 3 333
Apport journalier moyen en
calories (2000) : 2 913
(minimum FAO : 2 400)
Nombre d'automobiles pour
1 000 hab. (1996) : 26
Nombre de téléviseurs pour
1 000 hab. (1999) : 157

Légende de la carte :
autoroute
route
voie ferrée
aéroport
site touristique important
puits de pétrole
oléoduc
● plus de 1 000 000 h.
● de 250 000 à 1 000 000
● de 50 000 à 250 000 h.
• moins de 50 000 h.
400   1000   2000   3000 m

REPÈRES HISTORIQUES

ran ancien

millénaire : les Aryens progressent du
rd-est à l'ouest de l'Iran.
s. av. J.-C. : leurs descendants, les
rses et les Mèdes, atteignent le Zagros.
rs 612 - 550 : après l'effondrement de
ssyrie, les Mèdes posent les bases de la
ssance iranienne.
) : l'Achéménide Cyrus II détruit l'Em-
e mède et fonde l'Empire perse, qui
mine l'ensemble de l'Iran et une partie
l'Asie centrale.
) - 479 : les guerres médiques entre-
ses par Darios Ier (522 - 486), puis par
rxès Ier (486 - 465), se soldent par la
faite des Achéménides.
) : après la mort de Darios III,
exandre le Grand est le maître de l'Em-
e perse.
2 av. J.-C. : Séleucos fonde la dynastie
eucide qui perd le contrôle de l'Iran.
) av. J.-C. - 224 apr. J.-C. : la dynastie
rthe des Arsacides règne sur les régions
niennes.
4 : les Sassanides renversent les Arsa-
es.

224 - 651 : l'Empire sassanide, fortement
centralisé, s'étend des confins de l'Inde à
ceux de l'Arabie.

L'Iran musulman

642 : conquête arabe.
661 : l'Iran est intégré à l'empire
musulman des Omeyyades, puis (750) à
celui des Abbassides. Il est islamisé.
xie - xve s. : il passe ensuite aux mains de
dynasties turques (Seldjoukides xiie-xiii^e
s.) et mongoles (xiiie-xve s.).
1501 - 1736 : la dysnastie séfèvide règne
sur l'Iran et fait du chiisme duodécimain
la religion d'État.
1587 - 1629 : les Séfévides sont à leur
apogée sous Abbas Ier.
1736 - 1747 : Nader Chah chasse les
Afghans, qui s'étaient emparés d'Ispahan
(1722), et entreprend de nombreuses
conquêtes.

L'Iran contemporain

1796 : la dynastie qadjar (1796 - 1925)
accède au pouvoir.
1813 - 1828 : l'Iran perd les provinces de

la Caspienne, annexées par l'Empire
russe.
1906 : l'opposition nationaliste, libérale
et religieuse obtient l'octroi d'une constitution.
1907 : un accord anglo-russe divise l'Iran
en deux zones d'influence.
1925 : Reza Khan, au pouvoir depuis
1921, impose la modernisation, l'occidentalisation et la sécularisation du pays.
1941 : Soviétiques et Britanniques occupent une partie de l'Iran. Reza Chah
abdique en faveur de son fils Mohammad
Reza.
1963 : le chah lance un programme de
modernisation.
1979 : l'opposition l'oblige à quitter le
pays. Une république islamique est
instaurée, dirigée par l'ayatollah Khomeyni.
1980 - 1988 : guerre avec l'Iraq.
1981 : L'Iran s'érige en guide de la « révolution islamique » à travers le monde.
1989 : après la mort de Khomeyni, Ali
Khamenei lui succède avec le titre de
« guide de la révolution islamique ».

Persépolis

Persépolis (nom grec de Parsa) est l'une des résidences des rois
perses Achéménides, située au sud-ouest de l'Iran, aux environs
de Chiraz. Fondée par Darios Ier (522 - 486 avant J.-C.) au début
de son règne, elle est agrandie et embellie par ses successeurs Xerxès Ier
et Ataxerxès Ier. Elle est détruite par le feu en 330 avant J.-C., lors de la
conquête d'Alexandre le Grand. Le site demeure ensuite inhabité.
Grandiose complexe palatial, Persépolis est l'exemple le plus parfait de
l'architecture achéménide. Les bâtiments se dressent sur une terrasse en
partie artificielle et en partie taillée dans la montagne. On accède à cette
terrasse par un escalier monumental à double révolution, débouchant
sur la porte de Xerxès. Au-delà se trouvent de grandioses salles d'au-
dience (apadana de Darios, salle aux Cent Colonnes) et des palais (de
Darios, de Xerxès). Le reste de la terrasse est occupée par des bâtiments
administratifs. Toutes ces constructions utilisent un parti pris architectural identique. Il s'agit de salles hypostyles dans la lignée des constructions de Cyrus à Pasargades. Si de nombreux éléments architecturaux
sont empruntés à la Grèce d'Asie (moulures, volutes des chapiteaux),
d'autres viennent d'Égypte ou de Mésopotamie. Le même éclectisme se
retrouve dans le décor sculpté (scènes mythologiques, porteurs d'of-
frandes, etc.). Tous ces emprunts cherchent à symboliser la fusion, sou-
haitée par les souverains achéménides, des différentes parties du monde
oriental.

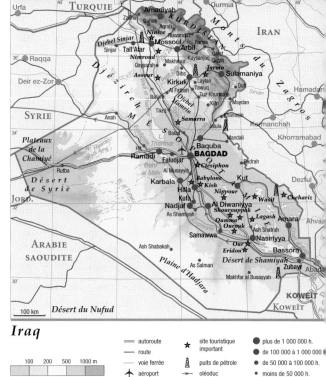

Iraq

	autoroute	★	site touristique important
	route		
	voie ferrée	⛽	puits de pétrole
✈	aéroport	→	oléoduc

100 200 500 1000 m

● plus de 1 000 000 h.
● de 100 000 à 1 000 000
● de 50 000 à 100 000 h.
· moins de 50 000 h.

Occupant la majeure partie de la Mésopotamie, entre le Tigre et l'Euphrate, l'Iraq est un pays au relief monotone, semidésertique, avec des étés torrides. Cette région est bordée à l'ouest par l'extrémité orientale du désert de Syrie et, au nord, au-delà de la Djézireh, par la terminaison du Taurus, à laquelle succède le piémont du Zagros.

Superficie : 438 317 km²
Population (2002) : 24 245 000 hab.
Capitale : Bagdad 4 958 000 hab.
(e. 2001) dans l'agglomération
Nature de l'État et du régime politique :
république
Chef de l'État et du gouvernement :
(président de la République) Saddam Husayn
Organisation administrative :
18 gouvernorats
Langue officielle : arabe
Monnaie : dinar irakien

136

DÉMOGRAPHIE

Densité : 53 hab./km²
Part de la population urbaine (2000) :
76,8 %
Structure de la population par âge (2000) :
moins de 15 ans : 41,6 %, 15-65 ans :
55,5 %, plus de 65 ans : 2,9 %
Taux de natalité (2000) : 31 ‰
Taux de mortalité (2000) : 9 ‰
Taux de mortalité infantile (2000) : 63,5 ‰
Espérance de vie (2000) : hommes :
63,5 ans, femmes : 66,5 ans

ÉCONOMIE

PNB (1990) : 48,66 milliards de $
PNB/hab. (1990) : 2 170 $
PNB/hab. PPA : n.d.
IDH (1999) : 0,567
Taux de croissance annuelle du PIB (1989) :
2,9 %
Taux annuel d'inflation : n.d.
Structure de la population active :
agriculture : n.d., mines et industries :
n.d., services : n.d.
Structure du PIB (1991) : agriculture :
23 %, mines et industries : 6 %,
services : 71 %
Dette publique brute : n.d.
Taux de chômage : n.d.

Agriculture et pêche

Cultures
agrumes (2001) : 321 000 t.
blé (2001) : 900 000 t.
canne à sucre (2001) : 65 000 t.
dattes (2001) : 400 000 t.
maïs (2001) : 60 000 t.
orge (2001) : 465 000 t.
pommes de terre (2001) : 150 000 t.
raisin (2001) : 265 000 t.
riz (2001) : 130 000 t.
tabac (2001) : 2 250 t.
Élevage et pêche
bovins (2001) : 1 350 000 têtes

buffles (2001) : 65 000 têtes
caprins (2001) : 1 600 000 têtes
chameaux (2001) : 7 600 têtes
chevaux (2001) : 47 000 têtes
ovins (2001) : 6 780 000 têtes
pêche (1999) : 26 800 t.
poulets (2001) : 23 000 000 têtes

Énergie et produits miniers

électricité totale (2000) : 27 300 millio.
de kWh
pétrole (2001) : 117 900 000 t.

Productions industrielles

laine (2001) : 13 000 t.
sucre (2001) : 2 000 t.

REPÈRES HISTORIQUES

De l'Antiquité à la conquête ottomane

L'Iraq actuel est constitué par l'ancienne Mésopotamie, berceau des civilisations de Sumer, d'Akkad, de Babylone et de l'Assyrie.
224 - 633 : les Sassanides dominent le pays où est située leur capitale, Ctésiphon.
633 - 642 : les Arabes le conquièrent.
661 - 750 : sous les Omeyyades, l'Iraq, islamisé, est le théâtre des luttes de ces derniers contre les Alides (mort de Husayn à Karbala, en 680).
750 - 1258 : les Abbassides règnent sur l'Empire musulman.

762 : ils fondent Bagdad.
1055 : les Turcs Seldjoukides s'empare de Bagdad.
1258 : les Mongols de Hulagu détruise Bagdad.
1258 - 1515 : le pays, ruiné, est domi par des dynasties mongoles ou tur mènes.
1401 : Bagdad est mise à sac par Tim Lang (Tamerlan).
1515 - 1546 : les Ottomans conquière l'Iraq.

Le royaume hachémite

1914 - 1918 : la Grande-Bretagne occu le pays.

Tourisme
ettes touristiques (1998) : 13 millions
$

Commerce extérieur
portations de biens (1997) :
09 millions de $
portations de biens (1997) :
5 millions de $

Défense
ces armées (1999) :
0 000 hommes
lget de la Défense (1993) : 15,29 %
PIB

Niveau de vie
mbre d'habitants pour un
decin (1993) : 1 667
port journalier moyen en
ories (2000) : 2 197
inimum FAO : 2 400)
mbre d'automobiles pour
00 hab. (1996) : 1
mbre de téléviseurs pour
00 hab. (1998) : 83

⤳ REPÈRES HISTORIQUES

1920 : elle obtient un mandat de la SDN.

1921 : l'émir hachémite Faysal devient roi d'Iraq (1921 - 1933).

1930 : le traité anglo-irakien accorde une indépendance nominale à l'Iraq.

1941 : un courant nationaliste arabe pro-allemand prend le pouvoir. La Grande-Bretagne occupe le pays et rétablit le roi, qui entre en guerre aux côtés des Alliés.

La république irakienne

1958 : après un coup d'État, la république est proclamée.

1961 : la rébellion kurde éclate.

1968 : le parti Baath s'empare du pouvoir par un putsch militaire.

1975 : un accord avec l'Iran entraîne l'arrêt de la rébellion kurde.

1979 : Saddam Husayn devient président de la République.

1980-1988 : guerre Iran-Iraq.

1990-1991 : guerre du Golfe. L'Iraq envahit puis annexe le Koweït (août 1990) et refuse de s'en retirer malgré la condamnation de l'ONU. À l'expiration de l'ultimatum fixé par l'ONU, une force multinationale, à prépondérance américaine, attaque l'Iraq (janvier 1991) et libère le Koweït (février).

Depuis 1996 : l'ONU assouplit l'embargo sur le pétrole, imposé à l'Iraq en 1990 , pour atténuer les pénuries frappant la population. Mais les relations de la communauté internationale avec le pouvoir irakien restent soumises à des crises récurrentes.

2003 : le régime irakien s'effondre à la suite d'une offensive militaire américano-britannique - contestée par une grande partie de la communauté internationale - contre l'Iraq. Le pays est provisoirement placé sous administration civile des États-Unis.

aux sources de la civilisation : la Mésopotamie

L'Iraq, qui doit son nom à l'expression arabe *Iraq al-Arabi,* introduite lors de la conquête musulmane du VIIe s., recouvre à peu près le terri- toire de l'ancienne Mésopotamie, où sont nées les premières civilisa- tions de l'Orient – auxquelles l'humanité doit, entre autres, l'invention de l'écriture.

Dans ce couloir fertile, formé par les vallées du Tigre et de l'Euphrate, des peuplements humains ont été détectés dès le IXe millénaire avant J.-C. Tour à tour, les Sumériens, les Akkadiens (fondateurs de Babylone au IIIe millé- naire avant J.-C.), les Assyriens (fondateurs de Ninive au IIe millénaire avant J.-C.), les Élamites (installés à Suse en 3500 avant J.-C.) ont occupé cette zone charnière du Moyen-Orient, successivement envahie par des peuples venus de Turquie (les Hittites) ou de Perse (les Mèdes et les Parthes), avant de passer sous domination arménienne, puis grecque, et d'être finalement incorporée à l'Empire romain.

ISRAËL

De la Méditerranée au fossé du Jourdain et à la mer Morte se succèdent, en retrait d'un littoral rectiligne, une plaine côtière puis une plus vaste région de collines (« mont » de Galilée et de Judée). Le climat, méditerranéen au nord (400 à 800 mm de pluies), devient plus sec vers le sud, semi-désertique même dans le Néguev, qui couvre plus de la moitié de la superficie.

Superficie : 21 056 km²
Population (2002) : 6 303 000 hab.
Capitale : Jérusalem 661 000 hab. (e. 2001)
Nature de l'État et du régime politique : république à régime parlementaire
Chef de l'État : (président de la République) Moshe Katzav
Chef du gouvernement : (Premier ministre) Ariel Sharon
Organisation administrative : 6 districts
Langues officielles : hébreu et arabe
Monnaie : shekel

138

DÉMOGRAPHIE

Densité : 296 hab./km²
Part de la population urbaine (2000) : 91,2 %
Structure de la population par âge (2000) : moins de 15 ans : 28,3 %, 15-65 ans : 61,8 %, plus de 65 ans : 9,9 %
Taux de natalité (2000) : 21 ‰
Taux de mortalité (2000) : 6 ‰
Taux de mortalité infantile (2000) : 5,9 ‰
Espérance de vie (2000) : hommes : 77,1 ans, femmes : 81 ans

ÉCONOMIE

PNB (2000) : 104 milliards de $
PNB/hab. (2000) : 16 710 $
PNB/hab. PPA (2000) : 19 330 $ intern.
IDH (2000) : 0,896
Taux de croissance annuelle du PIB (2001) : 9,3 %
Taux annuel d'inflation (2000) : 1,12 %
Structure de la population active (1998) : agriculture : 2,3 %, mines et industries : 26,1 %, services : 71,6 %
Structure du PIB : n.d.
Dette publique brute : n.d.
Taux de chômage (2001) : 9,3 %

Agriculture et pêche
Cultures
agrumes (2001) : 848 000 t.
bananes (2001) : 108 000 t.

Israël
— oléoduc
— autoroute
— route
✈ aéroport
★ site touristique important
Haïfa capitale de district
● plus de 250 000 h.
● de 100 000 à 250 000 h.
● de 50 000 à 100 000 h.
● moins de 50 000 h.
0 200 500 km

blé (2001) : 190 000 t.
coton (2001) : 53 000 t.
olives (2001) : 57 000 t.
orge (2001) : 9 600 t.
pamplemousses (2001) : 327 000 t.
pommes de terre (2001) : 433 000 t.
raisin (2001) : 145 000 t.
Élevage et pêche
bovins (2001) : 405 000 têtes
caprins (2001) : 308 000 têtes
ovins (2001) : 765 000 têtes
pêche (1999) : 28 300 t.
poulets (2001) : 33 600 000 têtes
Énergie et produits miniers
électricité totale (2000) : 38 876 millions de kWh
gaz naturel (1998) : 20 millions de m³
phosphate (2001) : 3 511 000 t.
Productions industrielles
lait (2001) : 1 329 000 t.
vin (2001) : 75 000 hl
filés de coton (2001) : 16 000 t.

laine (2001) : 1 288 t.
textiles synthétiques (1998) : 12 000 t.
Tourisme
Recettes touristiques (2000) : 3 100 millions de $
Commerce extérieur
Exportations de biens (2000) : 30 837 M. d[
Importations de biens (2000) : 34 187 M. de
Défense
Forces armées (1999) : 172 500 hommes
Budget de la Défense (1999) : 6,7 % du P[
Niveau de vie
Nombre d'habitants pour un médecin (1990) : 350
Apport journalier moyen en calories (2000) : 3 562 (minimum FAO : 2 400)
Nombre d'automobiles pour 1 000 hab. (1999) : 220
Nombre de téléviseurs pour 1 000 hab. (1999) : 328

REPÈRES HISTORIQUES

29 novembre 1947 : l'Assemblée génér[de l'ONU adopte une résolution sur [« plan de partage » de la Palestine, qui [rejeté par les nations arabes limitroph[
14 mai 1948 : l'État d'Israël est créé.
1948 - 1949 : Israël agrandit son territo[à l'issue de la première guerre israé[arabe.
1956 : la deuxième guerre israélo-ara[est provoquée par la nationalisation p[l'Égypte du canal de Suez.
1967 : au cours de la troisième guer[israélo-arabe (guerre des Six-Jour[Israël occupe le Sinaï, Gaza, la Cisj[danie et le Golan.
À partir de 1970 : Israël favorise l'impla[tation de colonies de peuplement j[dans les territoires occupés.
1973 : quatrième guerre israélo-ara[(guerre du Kippour).
1979 : aux termes du traité de W[shington, l'Égypte reconnaît une fro[tière définitive avec Israël, qui lui resti[(en 1982) le Sinaï.
1981 : annexion du Golan.
1982 - 1983 : Israël occupe le Liban j[qu'à Beyrouth puis se retire dans le s[du pays.
À partir de 1987 : les territoires occu[(Cisjordanie et Gaza) sont le théâtre d[soulèvement populaire palestinien (In[fada).
1993 : la reconnaissance mutuelle d'Isr[et de l'OLP est suivie par la signature [l'accord israélo-palestinien de Washi[ton.
1994 : conformément à cet accord, [régime d'autonomie est mis en plac[Gaza et à Jérico. Parallèlement, Isr[signe un traité de paix avec la Jordanie.
1995 : l'autonomie est étendue a[grandes villes arabes de Cisjordanie.
1996 : le raidissement de la politiq[israélienne entraîne un blocage du p[cessus de paix avec les Palestiniens.
2000 : l'armée israélienne se retire [Liban-Sud. Les relations israélo-pales[niennes connaissent un brusque et gra[regain de tension (reprise de l'Intifad[

e pays est formé essentiellement de
uatre îles (Honshu, Hokkaido, Shikoku
t Kyushu). De dimension moyenne
environ les deux tiers de la superficie de
a France), le Japon est densément peuplé
plus du double de la population fran-
aise). Le milieu naturel est peu favorable :
a montagne domine, les plaines ne cou-
rent que 16 % du territoire et la forêt en
ecouvre plus de la moitié. Le volcanisme
st parfois actif, alors que les séismes sont
ouvent accompagnés de raz de marée.
'hiver est rigoureux dans le Nord ; la
najeure partie de l'archipel, située dans le
omaine de la mousson, connaît un été
oux et humide.

uperficie : 377 829 km²
'opulation (2002) : 127 537 000 hab.
Capitale : Tokyo 7 967 614 hab.
r. 1995), 26 546 000 hab. (e. 2001) dans
'agglomération
Nature de l'État et du régime politique :
nonarchie constitutionnelle à régime
arlementaire
Chef de l'État : (empereur) Akihito
Chef du gouvernement : (Premier
ninistre) Koizumi Junichiro
Organisation administrative :
7 préfectures
Langue officielle : japonais
Monnaie : yen

DÉMOGRAPHIE

Densité : 340 hab./km²
'art de la population urbaine (2000) :
'8,8 %

Structure de la population par âge (2000) :
moins de 15 ans : 14,7 %, 15-65 ans :
68,1 %, plus de 65 ans : 17,2 %
Taux de natalité (2000) : 9 ‰
Taux de mortalité (2000) : 8 ‰
Taux de mortalité infantile (2000) :
3,3 ‰
Espérance de vie (2000) : hommes :
77,8 ans, femmes : 85 ans

ÉCONOMIE

PNB (2001) : 4 574 milliards de $
PNB/hab. (2001) : 35 990 $
PNB/hab. PPA (2001) : 27 430 dollars
internationaux
IDH (2000) : 0,933
Taux de croissance annuelle du PIB (2001) :
-0,3 %
Taux annuel d'inflation (2000) : -0,67 %
Structure de la population active (2000) :
agriculture : 5,1 %, mines et industries :
31,2 %, services : 63,7 %
Structure du PIB (2000) : agriculture :
1,4 %, mines et industries : 32,1 %,
services : 66,6 %
Dette publique brute (1998) : 97,3 % du
PIB
Taux de chômage (2001) : 5 %

Agriculture et pêche

Cultures
agrumes (2001) : 1 894 000 t.
betterave à sucre (2001) : 4 000 000 t.
blé (2001) : 700 000 t.
canne à sucre (2001) : 1 482 000 t.
igname (2001) : 200 000 t.
kakis (2001) : 281 800 t.
mandarines (1998) : 1 553 000 t.
patates douces (2001) : 1 073 000 t.
pêches (2001) : 175 000 t.
pommes (2001) : 895 000 t.
pommes de terre (2001) : 2 900 000 t.
riz (2001) : 11 320 000 t.
thé (2001) : 85 000 t.

Élevage et pêche
bovins (2001) : 4 530 000 têtes
caprins (2001) : 31 000 têtes
ovins (2001) : 11 000 têtes
pêche (1999) : 5 937 000 t.
porcins (2001) : 9 785 000 têtes
poulets (2001) : 292 437 000 têtes

Énergie et produits miniers
électricité nucléaire (2000) :
330 000 millions de kWh
électricité totale (2000) :
1 014 742 millions de kWh

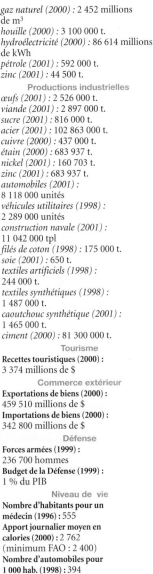

gaz naturel (2000) : 2 452 millions
de m³
houille (2000) : 3 100 000 t.
hydroélectricité (2000) : 86 614 millions
de kWh
pétrole (2001) : 592 000 t.
zinc (2001) : 44 500 t.

Productions industrielles
œufs (2001) : 2 526 000 t.
viande (2001) : 2 897 000 t.
sucre (2001) : 816 000 t.
acier (2001) : 102 863 000 t.
cuivre (2000) : 437 000 t.
étain (2000) : 683 937 t.
nickel (2001) : 160 703 t.
zinc (2001) : 683 937 t.
automobiles (2001) :
8 118 000 unités
véhicules utilitaires (1998) :
2 289 000 unités
construction navale (2001) :
11 042 000 tpl
filés de coton (1998) : 175 000 t.
soie (2001) : 650 t.
textiles artificiels (1998) :
244 000 t.
textiles synthétiques (1998) :
1 487 000 t.
caoutchouc synthétique (2001) :
1 465 000 t.
ciment (2000) : 81 300 000 t.

Tourisme
Recettes touristiques (2000) :
3 374 millions de $

Commerce extérieur
Exportations de biens (2000) :
459 510 millions de $
Importations de biens (2000) :
342 800 millions de $

Défense
Forces armées (1999) :
236 700 hommes
Budget de la Défense (1999) :
1 % du PIB

Niveau de vie
**Nombre d'habitants pour un
médecin (1996) :** 555
**Apport journalier moyen en
calories (2000) :** 2 762
(minimum FAO : 2 400)
**Nombre d'automobiles pour
1 000 hab. (1998) :** 394
**Nombre de téléviseurs pour
1 000 hab. (1999) :** 719

REPÈRES HISTORIQUES

es origines
Xᵉ millénaire : peuplement par des popu-
ations paléolithiques venues du contient nord-asiatique.
/IIᵉ millénaire : période pré-Jomon. Cul-
ure précéramique en voie de néolithisa-
ion.
/Iᵉ millénaire - IIIᵉ s. av. J.-C. : période
omon. Poteries décorées, outillage
ithique poli, mortiers en pierre.
IIᵉ s. av. J.-C. - IIIᵉ s. apr. J.-C. : période

Yayoi. Culture du riz, métallurgie du
bronze et du fer, tissage et tour de potier.
Dans le même temps arrivent, dans l'extrême nord des îles, des populations
venues de Sibérie, les Aïnous.
IIIᵉ - VIᵉ s. : période des kofuns. Grands
tumulus à chambre funéraire et décor
mural évoquant la vie quotidienne ;
autour, haniwa en terre cuite en forme
d'animaux, de guerriers. Architecture
religieuse shintoïste : Ise et Izumo.

L'État antique
Vᵉ - VIᵉ s. : l'État de Yamato bénéficie de
l'influence chinoise, qui lui parvient à
travers les relais coréens.
V. 538 : introduction du bouddhisme,
venu de Corée.
600 - 622 : le régent Shotoku Taishi crée le
sanctuaire d'Horyu-ji.
645 : le clan des Nakatomi élimine celui
des Soga et établit un gouvernement
imité de celui de la Chine des Tang.

JAPON

Inset map (Kyoto–Nagoya region):

Mts Hira, Fukuchiyama, Ayabe, Nagahama, Ogaki, Gifu, Ichinomiya, Sakhaline (RUSSIE), Ioujno-Sakhalinsk, Hikami, Kasuga, Kurama-Yama 570 m, Hikone, Ryozen-Yama 1 084 m, Nagoya, Lac Biwa, Fukuchiyama, Nishiwaki, Omihachiman, Gozaisho-Yama 1 238 m, Toyota, MER D'OKHOTSK, Kyoto, Otsu, Palais Impérial, Yokkaichi, Okazaki, Lac Hamana, Détroit de La Pérouse, Î. Rebun, HOKKAIDO, Ono, Sanda, Takatsuki, Hirakata, Shigaraki, Suzuka, Pén. de Chita, Î. Rishiri, Mombetsu, Itami, Nishinomiya, Suita, Amagasaki, Ueno, Nara, Naban, Tsu, B. d'Ise, Pén. d'Atsumi, Wakkanai, Péninsule de Shiretoko, Kobe, Osaka, Higashi-Osaka, Yao, Matsusaka, Cap Irago, OCÉAN PACIFIQUE, Asahikawa, Mts Daisetsu, Kitami, Plaine de Konsen, Akashi, Sakai, Kishiwada, Kongo-Zan 1 113 m, Kuroso-Yama 1 038 m, Ise, Takikawa, Asahi-dake 2 290 m, Obihiro, Nemuro

Inset map (Tokyo region):

Moroyama, Kasukabe, Ageo, Omiya, Koshigaya, Otaru, Sapporo, Tomakomai, Kushiro, P.N. Chichibu-Tama, Kawagoe, Urawa, Kawaguchi, Kashiwa, Abiko, Narita, Muroran, Ome, Tokorozawa, Tachikawa, Koganei, Palais Impérial, Matsudo, Ichikawa, Sakura, Î. Okushiri, Péninsule d'Oshima, Hakodate, Hachioji, Sagamihara, Funabashi, Chiba, G. d'Uchiura, Cap Erimo, Machida, Kawasaki, Tokyo Disneyland, Ichihara, Péninsule de Shimokita, Tanzawa-yama 1 567 m, Yokohama, Fujisawa, Kisarazu, Mobara, Aomori, Hachinohe, Hadano, Samukawa, Kamakura, Yokosuka, Hirosaki, Kuji, Odawara, Hiratsuka, Chigasaki, Futtsu, Ohara, Odate, Mts Kitakami, C. Manazuru, Mishima, Baie de Sagami, Péninsule de Boso, Katsuura, Akita, Morioka, Pén. d'Izu, P.N. Fuji-Hakone-Izu, Cap Su-no, Tateyama, Pte Nojima, OCÉAN PACIFIQUE, Sakata, Tsuruoka, Ishinomaki

Main map:

RUSSIE, CORÉE DU SUD, Pusan, Tsushima, Détroit de Corée, Île Sado, Niigata, HONSHU, Péninsule de Noto, Nagaoka, MER DU JAPON, Yamagata, Matsushima, Sendai, Aizu-Wakamata, Fukushima, Koriyama, Iwaki, Mts Echigo, P.N. Nikko, Nikko, Hitachi, Mito, Tsuchivra, Îles Oki, Dogo, Dozen, Izumo, Matsue, Yonago, Tottori, B. de Toyama, Joetsu, Takaoka, Kanazawa, Komatsu, Toyama, Nagano, Maebashi, Takasaki, Oyama, Kawagoe, Funabashi, Chiba, Fukui, Matsumoto, Kofu, TOKYO, Kawasaki, Yokohama, Côte du Sanin, Matsuyama, Himeji, Gifu, Nagoya, Kasugai, Fuji-Yama 3 776 m, Fuji, Yokosuka, Péninsule de Boso, Masuda, Okayama, Kyoto, Otsu, Uji, Suzuka, Toyota, Okazaki, Numazu, Shizuoka, Hiroshima, Fukuyama, Kurashiki, Kobe, Nara, Toyohashi, Hamamatsu, Yamaguchi, Iwakuni, Kure, Imabari, Takamatsu, Osaka, Sakai, Ise, Baie d'Ise, Îles Izu, Shimonoseki, Hofu, Nishima, Tokushima, Wakayama, Kita-kyushu, Ube, Matsuyama, Kochi, Péninsule de Kii, Fukuoka, Saga, Kurume, Beppu, Oita, Détroit de Kii, Nakamura, SHIKOKU, B. de Tosa, Î. Gôto, Sasebo, Omuta, Aso 1 592 m, Kuju 1 788 m, Nagasaki, Kumamoto, Nobeoka, Yatsushiro, KYUSHU, Détroit de Bungo, Fukuyama, Miyazaki, Miyakonojo, Kagoshima, Makurasaki, Pén. de Satsuma, Péninsule d'Osumi, Détroit d'Osumi, MER DE CHINE ORIENTALE, Îles Osumi, Î. Tanega, Î. Yaku, Archipel Nansei, Îles Tokara, Île Amami, Tokuno, OCÉAN PACIFIQUE, MER DE CHINE ORIENTALE

Inset map (Ryukyu):

MER DE CHINE ORIENTALE, Îles Osumi, Tanega, Yaku, Île Tokara, Île Amami, Tokuno, Île Okinawa, Naha, Minami-Daito, Daito, ÎLES RYUKYU

100 km

Légende

200 — 1000 — 2000 m

— route et autoroute
— voie ferrée

✈ aéroport
★ site touristique important

● plus de 5 000 000 h.
● de 1 000 000 à 5 000 000 h.
● de 500 000 à 1 000 000 h.
● de 100 000 à 500 000 h.
• moins de 100 000 h.

REPÈRES HISTORIQUES

0 - 794 : période de Nara. Six sectes ?uddhistes imposent leurs conceptions à la Cour, établie à Nara.
?4 - 1185 : période de Heian. La nouvelle ?pitale, Heiankyo (Kyoto), est fondée. ?s colons-guerriers s'établissent dans le ?rd de Honshu.
?8 - milieu du XIIe s. : les Fujiwara détien?ent le pouvoir.
?85 : les Taira sont vaincus par les Mina?oto.

?e shogunat

?92 : le chef du clan Minamoto, Yori?mo, est nommé général (*shogun*). Dé?rmais, il y a un double pouvoir central : ?lui de l'empereur (*tenno*) et de la Cour, ?celui du shogun et de son gouverne?ent (*bakufu*).
?85/1192 - 1333 : période de Kama?ura. Le bakufu, établi à Kamakura, est ?miné par Yoritomo et ses fils, puis par ?s Hojo.
?274 - 1281 : les tentatives d'invasion ?ongoles sont repoussées.
?38 - 1573 : période de Muromachi. Les ?oguns Ashikaga sont établis à Kyoto. ?s guerres civiles ensanglantent le pays : ?uerre des Deux Cours (1336 - 1392), ?uis d'incessants conflits entre seigneurs ?*aimyo*). Cependant, des marchands ?rtugais pénètrent au Japon (1542), que ?rançois Xavier, arrivé en 1549, com?ence à évangéliser.

1582 : après neuf ans de luttes, Oda Nobunaga écarte les Ashikaga.
1585 - 1598 : Toyotomi Hideyoshi, Premier ministre de l'empereur, unifie le Japon en soumettant les daimyo indépendants.
1603 - 1616 : Tokugawa Ieyasu s'installe à Edo (Tokyo), se déclare shogun héréditaire et établit des institutions stables.
1616 - 1867 : période d'Edo ou des Tokugawa. Le pays est fermé aux étrangers (sauf aux Chinois et aux Néerlandais) après la rébellion de 1637. La classe des marchands et les villes se développent.
1854 - 1864 : les Occidentaux interviennent militairement pour obliger le Japon à s'ouvrir au commerce international.

Le Japon contemporain

1867 : le dernier shogun, Yoshinobu, démissionne et l'empereur Mutsuhito (1867 - 1912) s'installe à Tokyo.
1868 - 1912 : ère Meiji. Les techniques et les institutions occidentales sont adoptées (Constitution de 1889) afin de faire du Japon une grande puissance économique et politique. C'est une période d'expansion extérieure : au terme de la guerre sino-japonaise (1894 - 1895), le Japon acquiert Formose ; sorti vainqueur de la guerre russo-japonaise (1905), il s'impose en Mandchourie et en Corée, qu'il annexe en 1910.

1912 - 1926 : ère Taisho. Pendant le règne de Yoshihito, le Japon entre dans la Première Guerre mondiale aux côtés des Alliés et obtient les possessions allemandes du Pacifique.
1926 - 1989 : ère Showa. Hirohito succède à son père Yoshihito.
1931 : le Japon occupe la Mandchourie.
1937 - 1938 : il occupe le nord-est de la Chine.
1940 : il signe un traité tripartite avec l'Allemagne et l'Italie.
Déc. 1941 : l'aviation japonaise attaque la flotte américaine à Pearl Harbor.
1942 : le Japon occupe la majeure partie de l'Asie du Sud-Est et le Pacifique.
Août 1945 : il capitule après les bombardements atomiques d'Hiroshima et de Nagasaki.
1946 : une nouvelle Constitution instaure une monarchie constitutionnelle.
1951 : le traité de paix de San Francisco restaure la souveraineté du Japon.
1960 : un traité d'alliance militaire avec les États-Unis est signé.
1960 - 1970 : le Japon devient une des premières puissances économiques du monde.
1978 : il signe avec la Chine un traité de paix et d'amitié.
1989 : à la mort d'Hirohito, son fils Akihito lui succède (ère Heisei).

les grandes îles du Japon

nom	superficie	nombre d'habitants*	ville(s) principale(s)
Hokkaido	78 500 km²	5 692 000	Sapporo
Honshu	230 000 km²	99 254 194	Tokyo, Osaka, Yokohama, Kyoto et Kobe
Kyushu	42 000 km²	13 446 000	Kitakyushu et Fukuoka
Shikoku	18 800 km²	4 154 000	Matsuyama

* recensement de 1995.

JORDANIE

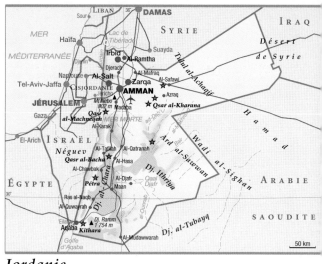

La Jordanie est un pays désertique, au sol aride et au climat chaud et sec. La dépression du Ghor et les hauteurs périphériques constituent les parties vitales du pays.

Superficie : 97 740 km²
Population (2002) : 5 196 000 hab.
Capitale : Amman 1 181 000 hab. (e. 2001)
Nature de l'État et du régime politique : monarchie constitutionnelle à régime parlementaire
Chef de l'État : (roi) Abd Allah II
Chef du gouvernement : (Premier ministre) Ali Abu al-Ragheb
Organisation administrative : 12 gouvernorats
Langue officielle : arabe
Monnaie : dinar jordanien

Jordanie

★ site touristique important
200   500   1000 m

— route
— voie ferrée
✈ aéroport

● plus de 1 000 000 h.
● de 100 000 à 1 000 000 h.
● de 50 000 à 100 000 h.
· moins de 50 000 h.

142

DÉMOGRAPHIE

Densité : 72 hab./km²
Part de la population urbaine (2000) : 74,2 %
Structure de la population par âge (2000) : moins de 15 ans : 40 %, 15-65 ans : 57,2 %, plus de 65 ans : 2,8 %
Taux de natalité (2000) : 29 ‰
Taux de mortalité (2000) : 4 ‰
Taux de mortalité infantile (2000) : 22,6 ‰
Espérance de vie (2000) : hommes : 69,7 ans, femmes : 72,5 ans

ÉCONOMIE

PNB (2001) : 8,79 milliards de $
PNB/hab. (2001) : 1 750 $
PNB/hab. PPA (2001) : 4 080 dollars internationaux
IDH (2000) : 0,717
Taux de croissance annuelle du PIB (2001) : 4,2 %
Taux annuel d'inflation (2000) : 0,67 %
Structure de la population active : agriculture : n.d., mines et industries : n.d., services : n.d.
Structure du PIB (2000) : agriculture : 2,2 %, mines et industries : 24,8 %, services : 73 %

Dette publique brute : n.d.
Taux de chômage (2000) : 13,2 %

Agriculture
Cultures
agrumes (2001) : 108 000 t.
bananes (2001) : 30 000 t.
blé (2001) : 19 300 t.
olives (2001) : 101 000 t.
orge (2001) : 20 000 t.
raisin (2001) : 21 000 t.
Élevage
bovins (2001) : 65 000 têtes
caprins (2001) : 640 000 têtes
chameaux (2001) : 18 000 têtes
ovins (2001) : 1 850 000 têtes

Énergie et produits miniers
électricité totale (2000) : 6 932 millions de kWh
phosphate (2001) : 5 843 000 t.

Productions industrielles
huile d'olive (2001) : 14 800 t.

Tourisme
Recettes touristiques (2000) : 722 millions de $

Commerce extérieur
Exportations de biens (1999) : 1 831,9 millions de $
Importations de biens (1999) : 3 403,9 millions de $

Défense
Forces armées (1999) : 103 880 hommes
Budget de la Défense (1999) : 6,3 % du PIB

Niveau de vie
Nombre d'habitants pour un médecin (1994) : 625
Apport journalier moyen en calories (2000) : 2 749 (minimum FAO : 2 400)
Nombre d'automobiles pour 1 000 hab. (1996) : 48
Nombre de téléviseurs pour 1 000 hab. (1999) : 83

REPÈRES HISTORIQUES

1949 : le royaume de Jordanie est créé pa[r] la réunion de l'émirat hachémite d[e] Transjordanie (créé en 1921) et de la Ci[s]jordanie (qui faisait partie de l'État arab[e] prévu par le plan de partage de la Pales[tine de 1947).
1952 : Husayn devient roi.
1967 : au terme de la 3ᵉ guerre israélo[-]arabe, Israël occupe Jérusalem-Est et l[a] Cisjordanie ; un pouvoir palestini[en] armé concurrence l'autorité royale.
1970 : les troupes royales intervienne[nt] contre les Palestiniens, qui sont expuls[és] vers le Liban et la Syrie.
1978 : à la suite des accords de Cam[p] David entre Israël et l'Égypte, la Jordan[ie] se rapproche des Palestiniens.
1994 : la Jordanie conclut un traité d[e] paix avec Israël.
1999 : le roi Husayn meurt ; son fils aî[né] lui succède sous le nom d'Abd Allah II.

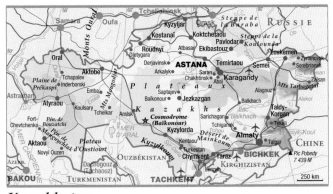

Kazakhstan

★ site touristique important

0   200   500   1000 m

— route
— voie ferrée
✈ aéroport

● plus de 1 000 000 h.
● de 500 000 à 1 000 000 h.
● de 100 000 à 500 000 h.
• moins de 100 000 h.

e Kazakhstan est le plus vaste pays d'Asie
entrale, grand comme cinq fois la France.
on territoire, dont le cœur est occupé par
e plateau central kazakh, atteint au nord
a plaine de Sibérie occidentale et au sud-
uest les semi-déserts des bords de la mer
l'Aral. Il comporte néanmoins une bor-
lure montagneuse dans sa partie orien-
ale. L'ensemble a un climat aride, rude en
iver.

uperficie : 2 724 900 km²
opulation (2002) : 16 026 000 hab.
apitale : Astana 287 000 hab. (e. 1993),
28 000 hab. (e. 2001) dans
agglomération
ature de l'État et du régime politique :
épublique à régime semi-présidentiel
hef de l'État : (président de
a République) Noursoultan Nazarbaev
hef du gouvernement : (Premier
inistre) Imangali Tasmagambetov
rganisation administrative : 14 régions
t 3 municipalités
angues officielles : kazakh et russe
Monnaie : tenge

DÉMOGRAPHIE

Densité : 6 hab./km²
Part de la population urbaine (2000) :
56,4 %
Structure de la population par âge (2000) :
moins de 15 ans : 27 %, 15-65 ans :
56,1 %, plus de 65 ans : 6,9 %
Taux de natalité (2000) : 15 ‰
Taux de mortalité (2000) : 10 ‰
Taux de mortalité infantile (2000) : 42,1 ‰
Espérance de vie (2000) : hommes :
59,6 ans, femmes : 70,7 ans

ÉCONOMIE

PNB (2001) : 20,1 milliards de $
PNB/hab. (2001) : 1 360 $
PNB/hab. PPA (2001) : 6 370 dollars
internationaux
IDH (2000) : 0,75
Taux de croissance annuelle du PIB (2001) :
13,2 %
Taux annuel d'inflation (2000) : 13,17 %
Structure de la population active :
agriculture : n.d., mines et industries :

n.d., services : n.d.
Structure du PIB (2000) : agriculture :
9,2 %, mines et industries : 42,9 %, ser-
vices : 47,9 %
Dette publique brute : n.d.
Taux de chômage (1999) : 3,9 %

Agriculture et pêche

Cultures
avoine (2001) : 254 000 t.
betterave à sucre (2001) : 280 000 t.
blé (2001) : 12 500 000 t.
coton (2001) : 420 000 t.
maïs (2001) : 346 000 t.
millet (2001) : 85 000 t.
orge (2001) : 2 330 000 t.
pommes de terre (2001) : 1 600 000 t.
raisin (2001) : 40 000 t.
riz (2001) : 300 000 t.
seigle (2001) : 67 000 t.
tournesol (2001) : 108 000 t.
Élevage et pêche
bovins (2001) : 4 107 000 têtes
chameaux (2001) : 99 000 têtes
chevaux (2001) : 976 000 têtes
ovins (2001) : 8 939 000 têtes
pêche (1999) : 27 000 t.
porcins (2001) : 1 076 000 têtes

Énergie et produits miniers
argent (2000) : 927 t.
bauxite (2001) : 3 668 000 t.
chrome (2001) : 2 046 000 t.
cuivre (2000) : 430 000 t.
électricité totale (2000) : 48 692 millions
de kWh
fer (2001) : 8 000 000 t.
gaz naturel (2000) : 10 700 millions
de m³
houille (2000) : 71 100 000 t.
manganèse (2001) : 350 000 t.
molybdène (2001) : 200 t.
pétrole (2001) : 39 700 000 t.
plomb (2001) : 37 700 t.
uranium (2001) : 2 018 t.
zinc (2001) : 344 000 t.

Productions industrielles
acier (2001) : 4 655 000 t.
cuivre (2000) : 394 722 t.
zinc (2001) : 267 900 t.
filés de coton (2001) : 130 000 t.
production de bois (1996) : 315 000 m³

Tourisme
Recettes touristiques (1999) : 363 millions
de $

Commerce extérieur
Exportations de biens (2000) :
9 615,4 millions de $
Importations de biens (2000) :
6 849,8 millions de $

Défense
Forces armées (1999) : 64 000 hommes
Budget de la Défense (1999) : 0,8 % du PIB

Niveau de vie
**Nombre d'habitants pour un
médecin (1996) :** 286
**Apport journalier moyen en
calories (2000) :** 2 991
(minimum FAO : 2 400)
**Nombre d'automobiles pour
1 000 hab. (1999) :** 66
**Nombre de téléviseurs pour
1 000 hab. (1999) :** 238

143

REPÈRES HISTORIQUES

À partir du xviiie s. : la région est progressivement intégrée à l'Empire russe.
1920 : elle est érigée en république autonome de Kirghizie, au sein de la RSFS de
Russie.
1925 : cette république prend le nom de
Kazakhstan.
1936 : elle devient une république
fédérale.
1991 : le Soviet suprême proclame l'indépendance du pays, qui adhère à la CEI.

KIRGHIZISTAN

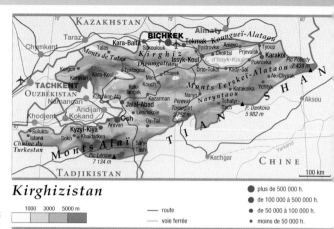

Kirghizistan

1000 3000 5000 m

—— route
—— voie ferrée

● plus de 500 000 h.
● de 100 000 à 500 000 h.
● de 50 000 à 100 000 h.
● moins de 50 000 h.

Enclavé et en grande partie montagneux (occupant une partie du Tian Shan), le Kirghizistan est un pays au climat continental avec de fortes amplitudes thermiques.

Superficie : 199 900 km²
Population (2002) : 5 047 000 hab.
Capitale : Bichkek 736 000 hab. (e. 2001)
Nature de l'État et du régime politique : république à régime semi-présidentiel
Chef de l'État : (président de la République) Askar Akaïev
Chef du gouvernement : (Premier ministre) Nikolai Tanaïev
Organisation administrative : 6 provinces
Langue officielle : kirghiz
Monnaie : som

DÉMOGRAPHIE

Densité : 24 hab./km²
Part de la population urbaine (2000) : 33,3 %
Structure de la population par âge (2000) : moins de 15 ans : 33,9 %, 15-65 ans : 60,1 %, plus de 65 ans : 6 %
Taux de natalité (2000) : 21 ‰
Taux de mortalité (2000) : 7 ‰
Taux de mortalité infantile (2000) : 37 ‰
Espérance de vie (2000) : hommes : 64,8 ans, femmes : 72,3 ans

ÉCONOMIE

PNB (2001) : 1,39 milliards de $
PNB/hab. (2001) : 280 $
PNB/hab. PPA (2001) : 2 710 dollars internationaux
IDH (2000) : 0,712
Taux de croissance annuelle du PIB (2001) : 5,3 %

Taux annuel d'inflation (2000) : 18,69 %
Structure de la population active (1998) : agriculture : 48,7 %, mines et industries : 9,1 %, services : 42,2 %
Structure du PIB (2000) : agriculture : 39,4 %, mines et industries : 26,4 %, services : 34,2 %
Dette publique brute : n.d.
Taux de chômage : n.d.

Agriculture

Cultures
betterave à sucre (2001) : 360 000 t.
blé (2001) : 1 191 000 t.
maïs (2001) : 199 000 t.
noisettes (2001) : 1 650 t.
orge (2001) : 280 000 t.
pommes de terre (2001) : 1 056 000 t.
tabac (2001) : 24 000 t.
Élevage
bovins (2001) : 985 000 têtes
chevaux (2001) : 346 000 têtes
ovins (2001) : 4 160 000 têtes
porcins (2001) : 117 000 têtes

Énergie et produits miniers

électricité totale (2000) : 14 677 millions de kWh
hydroélectricité (2000) : 13 558 millions de kWh
molybdène (2001) : 300 t.
or (2001) : 20 000 kg

Productions industrielles

filés de coton (2001) : 28 300 t.
sucre (2001) : 35 200 t.
soie (2001) : 800 t.
production de bois (2000) : 9 000 m³

Tourisme

Recettes touristiques (1998) : 8 millions de $

Commerce extérieur

Exportations de biens (2000) : 510,9 millions de $
Importations de biens (2000) : 502,1 millions de $

Défense

Forces armées (1999) : 9 000 hommes
Budget de la Défense (1999) : 2,2 % du PIB

Niveau de vie

Nombre d'habitants pour un médecin (1995) : 312
Apport journalier moyen en calories (2000) : 2 871 (minimum FAO : 2 400)
Nombre d'automobiles pour 1 000 hab. (1999) : 39
Nombre de téléviseurs pour 1 000 hab. (1998) : 47

REPÈRES HISTORIQUES

Conquise par les Russes, la région est intégrée au Turkestan organisée en 1865-1867.
1924 : elle est érigée en région autonome des Kara-Kirghiz, au sein de la RSFS de Russie.
1926 : elle devient la République autonome du Kirghizistan.
1936 : elle reçoit le statut de république fédérée.
1991 : le Soviet suprême proclame l'indépendance du pays, qui adhère à la CEI.

Koweït

- ⚬ plus de 100 000 h.
- autoroute
- ● de 50 000 à 100 000 h.
- route
- • moins de 50 000 h.
- ✈ aéroport
- ⛏ puits de pétrole
- 100 ___ 200 m
- ⚓ port pétrolier
- → pipeline

Situé sur le golfe Persique, le Koweït est une plaine désertique ponctuée de rares oasis. Sa capitale concentre plus de la moitié de la population.

Superficie : 17 818 km²
Population (2002) : 2 023 000 hab.
Capitale : Koweït 888 000 hab. (e. 2001) dans l'agglomération
Nature de l'État et du régime politique : monarchie
Chef de l'État : (émir) Djabir al-Ahmad al-Djabir al-Sabah
Chef du gouvernement : (Premier ministre) Saad al-Abdallah al-Salim al-Sabah
Organisation administrative : gouvernorats
Langue officielle : arabe
Monnaie : dinar koweïtien

DÉMOGRAPHIE

Densité : 111 hab./km²
Part de la population urbaine (2000) : 97,6 %
Structure de la population par âge (2000) : moins de 15 ans : 31,3 %, 15-65 ans : 66,5 %, plus de 65 ans : 2,2 %
Taux de natalité (2000) : 20 ‰
Taux de mortalité (2000) : 2 ‰

Taux de mortalité infantile (2000) : 10,8 ‰
Espérance de vie (2000) : hommes : 74,9 ans, femmes : 79 ans

ÉCONOMIE

PNB (2000) : 35,8 milliards de $
PNB/hab. (2000) : 18 030 $
PNB/hab. PPA (2000) : 18 690 dollars internationaux
IDH (2000) : 0,813
Taux de croissance annuelle du PIB (2001) : - 1 %
Taux annuel d'inflation (2000) : 1,8 %
Structure de la population active : agriculture : n.d., mines et industries : n.d., services : n.d.
Structure du PIB (1995) : agriculture : 0,4 %, mines et industries : 53,3 %, services : 46,3 %
Dette publique brute : n.d.
Taux de chômage (2001) : 0,78 %

Agriculture et pêche
Cultures
dattes (2001) : 10 400 t.

tomates (2001) : 41 100 t.
Élevage et pêche
bovins (2001) : 21 000 têtes
caprins (2001) : 130 000 têtes
chameaux (2001) : 9 000 têtes
ovins (2001) : 630 000 têtes
pêche (1999) : 6 540 t.
poulets (2001) : 32 463 000 têtes

Énergie et produits miniers
électricité totale (2000) : 31 200 millions de kWh
gaz naturel (2000) : 9 600 millions de m³
pétrole (2001) : 104 200 000 t.

Productions industrielles
lait (2001) : 44 500 t.
œufs (2001) : 22 500 t.

Tourisme
Recettes touristiques (1999) : 243 millions de $

Commerce extérieur
Exportations de biens (2000) : 19 576 millions de $
Importations de biens (2000) : 6 846 millions de $

Défense
Forces armées (1999) : 15 300 hommes
Budget de la Défense (1999) : 7,8 % du PIB

Niveau de vie
Nombre d'habitants pour un médecin (1990) : 5 000
Apport journalier moyen en calories (2000) : 3 132 (minimum FAO : 2 400)
Nombre d'automobiles pour 1 000 hab. (1996) : 359
Nombre de téléviseurs pour 1 000 hab. (1999) : 480

145

REPÈRES HISTORIQUES

1914 : le protectorat britannique est établi.
1961 : le Koweït accède à l'indépendance.
1990 : envahi en août par l'Iraq, il est libéré en février 1991 à l'issue de la guerre du Golfe.

les rois du pétrole

Le Koweït est, eu égard à sa superficie, un puissant État pétrolier. Voici ses « concurrents ».

rang	pays	valeur (en milliers de tonnes)	rang	pays	valeur (en milliers de tonnes)
1	Arabie saoudite	422 900	12	Émirats arabes unis	113 200
2	États-Unis	351 228	13	Nigeria	105 200
3	Russie	348 100	14	Koweït	104 200
4	Iran	182 900	15	Indonésie	68 600
5	Venezuela	176 200	16	Libye	67 000
6	Mexique	175 446	17	Brésil	66 300
7	Chine	164 900	18	Algérie	65 800
8	Norvège	161 451	19	Oman	47 400
9	Canada	126 723	20	Argentine	40 600
10	Iraq	117 900	21	Kazakhstan	39 700
11	Grande-Bretagne	117 862	22	Égypte	37 300

LAOS

Couvert surtout par la forêt ainsi que par la savane, le Laos est un pays enclavé, étiré entre le Viêt Nam et la Thaïlande. Il est formé de plateaux et de montagnes recevant des pluies en été (mousson). Ces régions sont traversées par le Mékong, qui a édifié quelques plaines alluviales. La vallée du Mékong concentre l'essentiel de la population.

Superficie : 236 800 km²
Population (2002) : 5 529 000 hab.
Capitale : Vientiane 663 000 hab. (e. 2001)
Nature de l'État et du régime politique : république, régime socialiste
Chef de l'État : (président de la République) Khamtay Siphandone
Chef du gouvernement : (Premier ministre) Boungnang Volachit
Organisation administrative : 17 provinces et 1 préfecture
Langue officielle : lao
Monnaie : kip

DÉMOGRAPHIE

Densité : 23 hab./km²
Part de la population urbaine (2000) : 23,5 %
Structure de la population par âge (2000) : moins de 15 ans : 42,7 %, 15-65 ans : 53,8 %, plus de 65 ans : 3,5 %
Taux de natalité (2000) : 37 ‰
Taux de mortalité (2000) : 13 ‰
Taux de mortalité infantile (2000) : 88 ‰
Espérance de vie (2000) : hommes : 53,3 ans, femmes : 55,8 ans

ÉCONOMIE

PNB (2001) : 0,165 milliards de $
PNB/hab. (2001) : 310 $
PNB/hab. PPA (2001) : 1 610 $ intern.
IDH (2000) : 0,485
Taux de croissance annuelle du PIB (2001) : 5,2 %
Taux annuel d'inflation (2000) : 25,09 %
Structure de la population active : n.d.
Structure du PIB (2000) : agriculture : 52,9 %, mines et industries : 22,8 %, services : 24,3 %
Dette publique brute : n.d.
Taux de chômage : n.d.

Agriculture et pêche
Cultures
agrumes (2001) : 70 000 t.
ananas (2001) : 35 000 t.

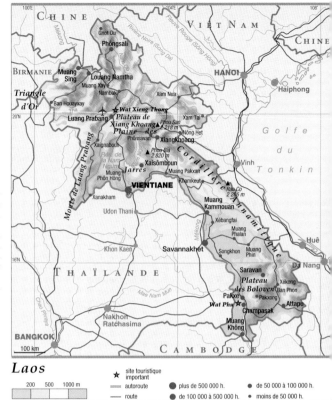

Laos

200   500   1000 m

★ site touristique important
≡ autoroute
— route

● plus de 500 000 h.
● de 100 000 à 500 000 h.
● de 50 000 à 100 000 h.
• moins de 50 000 h.

100 km

bananes (2001) : 23 000 t.
canne à sucre (2001) : 297 000 t.
maïs (2001) : 117 000 t.
manioc (2001) : 71 000 t.
patates douces (2001) : 118 000 t.
pommes de terre (2001) : 35 000 t.
riz (2001) : 2 202 000 t.

Élevage et pêche
bovins (2001) : 1 100 000 têtes
buffles (2001) : 1 008 000 têtes
caprins (2001) : 240 000 têtes
pêche (1999) : 60 000 t.
porcins (2001) : 1 500 000 têtes

Énergie et produits miniers
électricité totale (2000) : 1 020 millions de kWh
étain (2000) : 600 t.

Productions industrielles
production de bois (2000) : 567 000 m³

Tourisme
Recettes touristiques (2000) : 114 M. de $

Commerce extérieur
Exportations de biens (1999) : 338,2 millions de $
Importations de biens (1999) : 527,7 millions de $

Défense
Forces armées (1999) : 29 100 hommes
Budget de la Défense (1999) : 1,6 % du PIB

Niveau de vie
Nombre d'habitants pour un médecin (1993) : 4 450

Apport journalier moyen en calories (2000) : 2 266 (minimum FAO : 2 400)
Nombre d'automobiles pour 1 000 hab. (1996) : 3
Nombre de téléviseurs pour 1 000 hab. (1998) : 10

REPÈRES HISTORIQUES

Le pays lao a une histoire mal connue jusqu'au XIIIᵉ s.
1353 : Fa Ngum fonde un royaume la indépendant.
1574 - 1591 : suzeraineté birmane.
XVIIIᵉ s. : après la restauration du XVIIᵉ s., l pays est divisé en trois royaumes rivaux
1778 : le Siam impose sa domination.
1893 - 1904 : il signe plusieurs traité reconnaissant le protectorat français su le Laos.
1949 - 1954 : le Laos devient indépendar au sein de l'Union française (1949). I Pathet Lao, mouvement d'indépendanc soutenu par les communistes du Viêt minh, occupe le nord du pays.
1954 - 1957 : lors des accords de Genèv le Pathet Lao obtient le contrôle de plu sieurs provinces.
1964 - 1973 : le Laos est impliqué dans l guerre du Viêt Nam.
1975 : la République populaire démocra tique du Laos est proclamée.

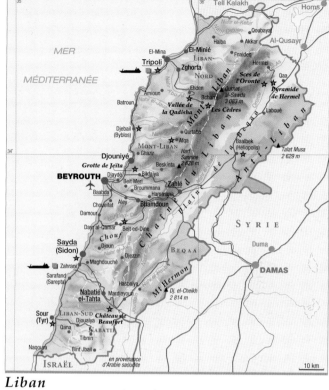

Le territoire est dominé par les massifs calcaires du mont Liban et de l'Anti-Liban (formant la frontière avec la Syrie), qui encadrent la dépression aride de la Beqaa. À l'ouest s'étire une plaine côtière étroite et discontinue (où se concentre l'essentiel de la population), bordée de plateaux étagés et intensément mise en valeur. Le climat, doux et humide sur la côte, devient plus rude et plus sec vers l'intérieur.

Superficie : 10 400 km²
Population (2002) : 3 613 000 hab.
Capitale : Beyrouth 2 115 000 hab. (e. 2001) dans l'agglomération
Nature de l'État et du régime politique : république à régime parlementaire
Chef de l'État : (président de la République) Émile Lahoud
Chef du gouvernement : (Premier ministre) Rafic Hariri
Organisation administrative : 6 gouvernorats
Langue officielle : arabe
Monnaie : livre libanaise

Liban

✈ aéroport international — route
⚓ port pétrolier — voie ferrée

200 500 1000 2000 2500 m

★ site touristique important
— oléoduc
▣ raffinerie de pétrole
— limite de gouvernorat
Zahlé chef-lieu de gouvernorat

● plus de 1 000 000 h.
● de 100 000 à 1 000 000 h.
● de 10 000 à 100 000 h.
• moins de 10 000 h.

147

DÉMOGRAPHIE

Densité : 316 hab./km²
Part de la population urbaine (2000) : 89,7 %
Structure de la population par âge (2000) : moins de 15 ans : 31,1 %, 15-65 ans : 62,8 %, plus de 65 ans : 6,1 %
Taux de natalité (2000) : 20 ‰
Taux de mortalité (2000) : 6 ‰
Taux de mortalité infantile (2000) : 17,2 ‰
Espérance de vie (2000) : hommes : 71,9 ans, femmes : 75,1 ans

ÉCONOMIE

PNB (2001) : 17,6 milliards de $
PNB/hab. (2001) : 4 010 $
PNB/hab. PPA (2001) : 4 640 dollars internationaux
IDH (2000) : 0,755
Taux de croissance annuelle du PIB (2001) : 2 %
Taux annuel d'inflation (1994) : 6,8 %
Structure de la population active : agriculture : n.d., mines et industries : n.d., services : n.d.

Structure du PIB (2000) : agriculture : 11,9 %, mines et industries : 22 %, services : 66,1 %
Dette publique brute : n.d.
Taux de chômage : n.d.

Agriculture et pêche
Cultures
agrumes (2001) : 369 000 t.
amandes (2001) : 35 000 t.
bananes (2001) : 110 000 t.
betterave à sucre (2001) : 330 000 t.
blé (2001) : 61 000 t.
oranges (2001) : 165 000 t.
pamplemousses (2001) : 58 000 t.
pommes (2001) : 120 000 t.
pommes de terre (2001) : 270 000 t.
tomates (2001) : 336 000 t.
Élevage et pêche
bovins (2001) : 74 000 têtes
caprins (2001) : 445 000 têtes
ovins (2001) : 380 000 têtes
pêche (1999) : 3 860 t.
poulets (2001) : 32 500 000 têtes

Énergie et produits miniers
électricité totale (2000) : 7 950 millions de kWh

Productions industrielles
huile d'olive (2001) : 6 300 t.
vin (2001) : 195 000 hl
production de bois (2000) : 7 150 m³
ciment (2000) : 3 200 000 t.

Tourisme
Recettes touristiques (2000) : 742 millions de $

Commerce extérieur
Exportations de biens (1999) : 677 millions de $
Importations de biens (1997) : 7 456 millions de $

Défense
Forces armées (1999) : 63 570 hommes
Budget de la Défense (1999) : 3,3 % du PIB

Niveau de vie
Nombre d'habitants pour un médecin (1993) : 526
Apport journalier moyen en calories (2000) : 3 155 (minimum FAO : 2 400)
Nombre d'automobiles pour 1 000 hab. (1996) : 298
Nombre de téléviseurs pour 1 000 hab. (1998) : 351

LIBAN

REPÈRES HISTORIQUES

Des origines à l'indépendance

À partir du IIIᵉ millénaire : la côte est occupée par les Cananéens, puis par les Phéniciens, qui fondent les cités-États de Byblos, Berytos (aujourd'hui Beyrouth), Sidon et Tyr.

Début du Iᵉʳ millénaire : les Phéniciens dominent le commerce méditerranéen.

VIIᵉ - Iᵉʳ s. av. J.-C. : le pays connaît les dominations assyrienne, égyptienne, perse, babylonienne puis grecque.

64 - 63 av. J.-C. - 636 : le Liban fait partie de la province romaine puis byzantine de Syrie.

636 : il est conquis par les Arabes.

VIIᵉ - XIᵉ s. : la côte et la montagne servent de refuge à diverses communautés chrétiennes, chiites, puis druzes.

1099 - 1289/1291 : les Latins du royaume de Jérusalem et du comté de Tripoli dominent le littoral, conquis ensuite par les Mamelouks d'Égypte.

1516 : le Liban est annexé à l'Empire ottoman.

1593 - 1840 : les émirs druzes, notamment Fakhr al-Din (1593 - 1633) et Chihab Bachir II (1788 - 1840), unifient la montagne libanaise et cherchent à obtenir son autonomie.

1858 - 1860 : des affrontements opposent les druzes aux maronites (qui sont en plein essor démographique et économique).

1861 : la France obtient la création de la province du Mont-Liban, dotée d'une certaine autonomie.

1918 : le Liban est libéré des Turcs. Il forme avec la plaine de la Beqaa le « Grand Liban ».

1920 - 1943 : il est placé par la SDN sous mandat français.

La République libanaise

1943 : l'indépendance est proclamée. Le « pacte national » institue un système politique confessionnel répartissant les pouvoirs entre les maronites, les sunnites, les chiites, les grecs orthodoxes, les druzes et les grecs catholiques.

1952 - 1958 : Camille Chamoun pratique une politique pro-occidentale.

1958 : les nationalistes arabes favorables à Nasser déclenchent la guerre civile, que fait cesser l'intervention américaine.

1958 - 1970 : la République est présidée par Fouad Chehab (1958 - 1964) puis par Charles Hélou.

1967 : les Palestiniens, réfugiés au Liban depuis 1948, s'organisent de façon autonome.

1970 - 1976 : sous la présidence de Soleiman Frangié, des affrontements avec les Palestiniens se produisent.

1976 : ils dégénèrent en guerre civile ; la Syrie intervient. S'affrontent alors une coalition de « gauche » (favorable aux Palestiniens, en majorité sunnite, druze puis chiite et dont les principales forces armées sont les fedayins, les milices druzes et celles du mouvement Amal) et une coalition de « droite » (favorable à Israël, en majorité maronite et dont les principales forces sont les Phalanges et l'Armée du Liban-Sud, alliée à Israël).

1978 : création d'une Force intérimaire des Nations unies au Liban (FINUL).

1982 : l'armée israélienne fait le blocus de Beyrouth, dont elle chasse les forces armées palestiniennes. Amine Gemayel succède comme président de la République à son frère Bachir, assassiné.

1984 : un gouvernement d'union nationale est constitué, appuyé par la Syrie.

1985 : l'armée israélienne se retire du Liban, à l'exception de la partie sud du territoire, dite « zone de sécurité » (en dépit de la résolution 425 du Conseil de sécurité demandant son retrait inconditionnel). La guerre civile se poursuit, compliquée par des affrontements à l'intérieur de chaque camp, surtout entre diverses tendances musulmanes : sunnites, chiites modérés du mouvement Amal, chiites partisans de l'Iran (Hezbollah). Ces derniers, à partir de 1985, prennent en otages des Occidentaux (notamment Français et Américains). Cette situation provoque le retour, en 1987, des troupes syriennes à Beyrouth-Ouest.

1988 : le mandat de Amine Gemayel s'achève sans que l'élection de son successeur ait eu lieu. Deux gouvernements sont mis en place : l'un, civil et musulman, dirigé par Selim Hoss ; l'autre, militaire et chrétien, à Beyrouth-Est, présidé par le général Michel Aoun, hostile à la présence syrienne.

1989 : Elias Hraoui devient président de la République.

1990 : une nouvelle Constitution entérine les accords, signés à Taïf en 1989, qui prévoient un rééquilibrage du pouvoir en faveur des musulmans. L'armée libanaise, aidée par la Syrie, met fin à la résistance du général Aoun.

1991 : le désarmement des milices et le déploiement de l'armée libanaise dans le Grand Beyrouth et le sud du pays (à l'exception de la « zone de sécurité », et malgré l'implantation du Hezbollah) marquent l'amorce d'une restauration de l'autorité de l'État, sous tutelle syrienne.

1995 : sous la pression de la Syrie, le mandat présidentiel de Elias Hraoui est prorogé de trois ans par le Parlement, sans élection.

1996 : les attaques opposant le Hezbollah et l'armée israélienne dans le sud du pays connaissent un nouveau paroxysme (avril).

2000 : l'armée israélienne se retire du Liban-Sud (mai).

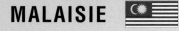

Malaisie-Brunei

200   500   1000 m

● plus de 1 000 000 h.
● de 100 000 à 1 000 000 h.
● de 50 000 à 100 000 h.
● moins de 50 000 h.

— route
— voie ferrée
✈ aéroport

e pays est formé d'une partie continentale (Malaisie occidentale ou péninsulaire) d'une partie insulaire (Malaisie orientale, correspondant à deux régions de Bornéo, le Sabah et le Sarawak). À une latitude équatoriale, possédant un climat constamment chaud et souvent humide, il est recouvert en majeure partie par la forêt. La population se concentre dans les plaines alluviales et les vallées bordant ou entaillant la montagne intérieure.

Superficie : 329 758 km²
Population (2002) : 23 036 000 hab.
Capitale : Kuala Lumpur 1 297 526 hab.
(. 2000)
Nature de l'État et du régime politique : monarchie constitutionnelle à régime parlementaire
Chef de l'État : (Yang di-Pertuan Agong) Tued Sirajuddin ibni al-Mahrum Syed Putra Jamalullail
Chef du gouvernement : (Premier ministre) Mahathir bin Mohamad
Organisation administrative : 13 États et territoires fédéraux
Langue officielle : malais
Monnaie : ringgit (dollar de la Malaisie)

DÉMOGRAPHIE

Densité : 67 hab./km²
Part de la population urbaine (2000) : 57,4 %
Structure de la population par âge (2000) : moins de 15 ans : 34,1 %, 15-65 ans : 61,8 %, plus de 65 ans : 4,1 %
Taux de natalité (2000) : 25 ‰
Taux de mortalité (2000) : 4 ‰
Taux de mortalité infantile (2000) : 10,3 ‰
Espérance de vie (2000) : hommes : 70,6 ans, femmes : 75,5 ans

ÉCONOMIE

PNB (2001) : 8,65 milliards de $
PNB/hab. (2001) : 3 640 $
PNB/hab. PPA (2001) : 8 340 dollars internationaux
IDH (2000) : 0,782
Taux de croissance annuelle du PIB (2001) : 0,5 %
Taux annuel d'inflation (2000) : 1,53 %
Structure de la population active (1998) : agriculture : 18,8 %, mines et

industries : 31,8 %, services : 49,4 %
Structure du PIB (2000) : agriculture : 11,1 %, mines et industries : 45,4 %, services : 43,5 %
Dette publique brute : n.d.
Taux de chômage (2001) : 3,9 %

Agriculture et pêche

Cultures
bananes (2001) : 560 000 t.
cacao (2001) : 100 000 t.
canne à sucre (2001) : 1 600 000 t.
caoutchouc (2001) : 700 000 t.
coprah (2001) : 21 000 t.
manioc (2001) : 370 000 t.
noix de coco (2001) : 713 000 t.
noix de cajou (1998) : 13 000 t.
palmiste (2001) : 3 370 000 t.
riz (2001) : 2 215 000 t.
thé (2001) : 5 000 t.
Élevage et pêche
bovins (2001) : 723 000 têtes
buffles (2001) : 155 000 têtes
caprins (2001) : 232 000 têtes
ovins (2001) : 175 000 têtes
pêche (1999) : 1 407 000 t.
porcins (2001) : 1 829 000 têtes
poulets (2001) : 125 000 000 têtes

Énergie et produits miniers

bauxite (2001) : 64 000 t.
électricité totale (2000) : 63 069 millions de kWh
étain (2000) : 6 307 t.
fer (2001) : 241 000 t.
gaz naturel (2000) : 44 200 millions de m³
or (2001) : 3 965 kg
pétrole (2001) : 35 100 000 t.

Productions industrielles

acier (2000) : 2 430 000 t.
étain (2000) : 6 307 t.
automobiles (2001) : 345 000 unités
véhicules utilitaires (1998) : 42 000 unités
construction navale (1998) : 25 000 tpl
filés de coton (1998) : 56 000 t.
textiles synthétiques (1998) : 338 000 t.
huile de palme (2001) : 11 660 000 t.
production de bois (2000) : 15 095 000 m³
viande (2001) : 1 106 374 t.

Tourisme

Recettes touristiques (2000) : 4 563 millions de $

Commerce extérieur

Exportations de biens (1999) : 84 052 millions de $
Importations de biens (1999) : 61 404 millions de $

Défense

Forces armées (1999) : 899 hommes
Budget de la Défense (1999) : 2,3 % du PIB

Niveau de vie

Nombre d'habitants pour un médecin (1994) : 2 500
Apport journalier moyen en calories (2000) : 2 919 (minimum FAO : 2 400)
Nombre d'automobiles pour 1 000 hab. (1999) : 170
Nombre de téléviseurs pour 1 000 hab. (1999) : 174

149

REPÈRES HISTORIQUES

La péninsule malaise subit très tôt l'influence de l'Inde. L'islam y pénètre dès le début du XIVᵉ siècle.
1511 : les Portugais s'emparent de Malacca.
1641 : les Néerlandais évincent les Portugais.
1795 : occupation britannique.
1830 : Malacca, Penang et Singapour constituent les établissements des Détroits, érigés en colonie en 1867.
1942 - 1945 : le Japon occupe la péninsule.
1948 : une première fédération de Malaisie est créée.
1957 : elle obtient son indépendance.
1963 : la fédération de Malaisie regroupe la Malaisie continentale, Singapour et les anciennes colonies britanniques de Sarawak et de Sabah. Le nouvel État est membre du Commonwealth.
1965 : Singapour se retire de la fédération.
1970 : la Malaisie est troublée par les conflits opposant les Malais et la communauté chinoise, ainsi que par l'afflux des réfugiés du Cambodge et du Viêt Nam.

BRUNEI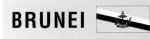

L'État de Brunei forme deux enclaves au nord-ouest de l'île de Bornéo (Tutong et Belait à l'ouest, Temburong à l'est). C'est une région basse et humide.

Superficie : 5 765 km²
Population (2002) : 341 000 hab.
Capitale : Bandar Seri Begawan 46 000 hab. (e. 2001)
Nature de l'État et du régime politique : monarchie
Chef de l'État et du gouvernement : (sultan) Hassanal Bolkiah
Organisation administrative : 4 districts
Langue officielle : malais
Monnaie : dollar de Brunei

DÉMOGRAPHIE

Densité : 57 hab./km²
Part de la population urbaine (2000) : 72,2 %
Structure de la population par âge (2000) : moins de 15 ans : 31,9 %, 15-65 ans : 64,9 %, plus de 65 ans : 3,2 %
Taux de natalité (1999) : 20,86 ‰
Taux de mortalité (1999) : 3,24 ‰
Taux de mortalité infantile (2000) : 8,6 ‰
Espérance de vie (2000) : hommes : 74,2 ans, femmes : 78,9 ans

ÉCONOMIE

PNB (1998) : 7,75 milliards de $
PNB/hab. (1998) : 24 100 $

PNB/hab. PPA (1998) : 24 910 dollars internationaux
IDH (2000) : 0,856
Taux de croissance annuelle du PIB (2001) : - 0,4 %
Taux annuel d'inflation (1992) : 2 %
Structure de la population active : agriculture : n.d., mines et industries : n.d., services : n.d.
Structure du PIB (1998) : agriculture : 2,8 %, mines et industries : 44,4 %, services : 52,8 %
Dette publique brute : n.d.
Taux de chômage : n.d.

Agriculture et pêche

Cultures
ananas (2001) : 750 t.
bananes (2001) : 600 t.
caoutchouc (2001) : 210 t.
manioc (2001) : 1 600 t.
noix de coco (2001) : 170 t.
riz (2001) : 500 t.
Élevage et pêche
bovins (2001) : 8 000 têtes
buffles (2001) : 6 000 têtes
caprins (2001) : 3 500 têtes
pêche (1999) : 3 310 t.
poulets (2001) : 4 700 000 têtes

Énergie et produits miniers

électricité totale (2000) : 2 220 millions de kWh
gaz naturel (2000) : 11 600 millions de m³
pétrole (2001) : 9 500 000 t.

Productions industrielles

lait (2001) : 110 t.
viande (2001) : 18 190 t.
production de bois (2000) : 217 000 m³

Tourisme

Recettes touristiques (1998) : 37 millions de $

Commerce extérieur

Exportations de biens (1997) : 2 330 millions de $
Importations de biens (1997) : 3 919 millions de $

Défense

Forces armées (1999) : 5 000 hommes
Budget de la Défense (1999) : 6 % du PIB

Niveau de vie

Nombre d'habitants pour un médecin (1991) : 1 429
Apport journalier moyen en calories (2000) : 2 832 (minimum FAO : 2 400)
Nombre d'automobiles pour 1 000 hab. (1998) : 291
Nombre de téléviseurs pour 1 000 hab. (1999) : 637

REPÈRES HISTORIQUES

1906 : le protectorat de la Couronne britannique est établi.
1984 : Brunei devient indépendant dans le cadre du Commonwealth.

---

le caoutchouc

Les Indiens Mayas et les Aztèques utilisaient déjà la sécrétion de cet « arbre qui pleure », *caochu*, pour confectionner des jouets, des balles et imperméabiliser leurs mocassins. En 1876, le Britannique Henry Wickham récolta et exporta hors du Brésil 70 000 graines. Des 2 600 qui allaient germer, il ne resterait que 22 plants, point de départ de la diffusion de l'hévéa à travers le Sud-Est asiatique et de toutes les plantations existant à ce jour.

Le caoutchouc naturel provient du latex d'un arbre d'origine amazonienne, *Hevea brasiliensis*. Le latex est contenu dans un réseau de fins canaux reliés entre eux, logés dans l'écorce de l'arbre, le « manteau laticifère ». Le latex, liquide blanc, laiteux, s'écoule de l'arbre après saignée pendant 2 à 4 heures ; il est recueilli dans un récipient. Produit très instable s'il n'est pas préservé par des produits chimiques appropriés, il coagule spontanément. Quelle que soit sa présentation, solide ou liquide, il est transporté en usine, où il subit un traitement chimique, mécanique et thermique.

Une plantation d'un hectare d'hévéas sélectionnés peut produire actuellement 2 000 kg par an, soit 5 à 7 kg par arbre suivant l'âge et la densité. L'exploitation d'un arbre commence 5 à 7 ans après sa plantation et dure 25 à 30 ans.

Si le caoutchouc naturel subit aujourd'hui la concurrence des élastomères de synthèse, il conserve une place privilégiée grâce à ses propriétés spécifiques, notamment : faible échauffement interne au roulement (pneus d'avion et de poids lourds) ; haute qualité d'amortissement des vibrations et du bruit ; haute résistance au déchirement et à la propagation d'entailles.

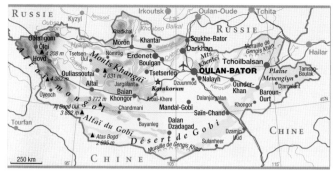

Mongolie

★ site touristique important   ── route
1000   2000   3000 m   ── voie ferrée
✈ aéroport

● plus de 500 000 h.
● de 50 000 à 500 000 h.
● de 10 000 à 50 000 h.
• moins de 10 000 h.

Enclavé, le pays a un climat continental accusé : très faibles précipitations, amplitudes thermiques annuelles élevées et fortes variations quotidiennes. Les massifs de la moitié occidentale (Khangaï et surtout Altaï), séparés par des lacs, sont les parties les plus arrosées. Le Sud et l'Est, constitués de dépressions, de plaines et de plateaux semi-désertiques ou désertiques, forment une partie du désert de Gobi.

Superficie : 1 566 500 km²
Population (2002) : 2 587 000 hab.
Capitale : Oulan-Bator 781 000 hab. (e. 2001)
Nature de l'État et du régime politique : république à régime semi-présidentiel
Chef de l'État : (président de la République) Natsagyn Bagabandi
Chef du gouvernement : (Premier ministre) Nambaryn Enkhbayar
Organisation administrative : 21 provinces et 1 municipalité
Langue officielle : khalkha
Monnaie : tugrik

DÉMOGRAPHIE

Densité : 2 hab./km²
Part de la population urbaine (2000) : 58,6 %
Structure de la population par âge (2000) : moins de 15 ans : 35,2 %, 15-65 ans : 61 %, plus de 65 ans : 3,8 %
Taux de natalité (2000) : 22 ‰
Taux de mortalité (2000) : 6 ‰
Taux de mortalité infantile (2000) : 58,2 ‰
Espérance de vie (2000) : hommes : 61,9 ans, femmes : 65,9 ans

ÉCONOMIE

PNB (2001) : 0,962 milliards de $
PNB/hab. (2001) : 400 $
PNB/hab. PPA (2001) : 1 800 dollars internationaux
IDH (2000) : 0,655
Taux de croissance annuelle du PIB (2001) : 1,1 %

Taux annuel d'inflation (1999) : 7,57 %
Structure de la population active : agriculture : n.d., mines et industries : n.d., services : n.d.
Structure du PIB (2000) : agriculture : 33,3 %, mines et industries : 18,5 %, services : 48,2 %
Dette publique brute : n.d.
Taux de chômage (1998) : 5,7 %

Agriculture et pêche

Cultures
blé (2001) : 139 000 t.
pommes de terre (2001) : 64 000 t.
Élevage et pêche
bovins (2001) : 2 477 000 têtes
caprins (2001) : 11 804 000 têtes
chameaux (2001) : 360 000 têtes
chevaux (2001) : 2 750 000 têtes
ovins (2001) : 15 667 000 têtes
porcins (2001) : 16 000 têtes

Énergie et produits miniers

cuivre (2000) : 125 000 t.
électricité totale (2000) : 2 770 millions de kWh
houille (2000) : 5 000 000 t.
lignite (2000) : 5 000 000 t.
molybdène (2001) : 1 450 t.
or (2001) : 12 092 kg

Productions industrielles

lait (2001) : 442 000 t.
laine (2001) : 22 000 t.
production de bois (2000) : 445 000 m³

Tourisme

Recettes touristiques (1999) : 28 millions de $

Commerce extérieur

Exportations de biens (1999) : 454,3 millions de $
Importations de biens (1999) : 510,7 millions de $

Défense

Forces armées (1999) : 9 100 hommes
Budget de la Défense (1999) : 2 % du PIB

Niveau de vie

Nombre d'habitants pour un médecin (1993) : 360
Apport journalier moyen en calories (2000) : 1 981 (minimum FAO : 2 400)
Nombre d'automobiles pour 1 000 hab. (1999) : 17
Nombre de téléviseurs pour 1 000 hab. (1998) : 61

REPÈRES HISTORIQUES

1911 : la Mongolie-Extérieure devient autonome.
1921 - 1945 : elle reçoit l'aide de la Russie soviétique.
1924 : la Mongolie-Extérieure devient une république populaire.
1945 : elle accède à l'indépendance.
1990 : le parti unique renonce au monopole du pouvoir.
1992 : une nouvelle Constitution consacre l'abandon de la référence au marxisme-léninisme.
1993 : première élection présidentielle au suffrage universel.

NÉPAL ➡ BHOUTAN

OMAN ➡ ARABIE SAOUDITE

151

OUZBÉKISTAN

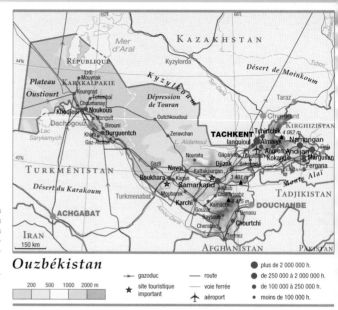

L'Ouzbékistan s'étend du pourtour de la mer d'Aral aux montagnes du Tian Shan et du Pamir. Le territoire est formé en majeure partie de déserts (dont le Kyzylkoum). Son climat, continental, est souvent aride.

Superficie : 447 400 km²
Population (2002) : 25 618 000 hab.
Capitale : Tachkent 2 157 000 hab.
(e. 2001) dans l'agglomération
Nature de l'État et du régime politique :
république
Chef de l'État : (président de
la République) Islam Karimov
Chef du gouvernement : (Premier
ministre) Otkir Soultanov
Organisation administrative :
12 divisions et 1 république
Langue officielle : ouzbek
Monnaie : soum ouzbek

152

DÉMOGRAPHIE

Densité : 54 hab./km²
Part de la population urbaine (1999) :
37,2 %
Structure de la population par âge (2000) :
moins de 15 ans : 36,3 %, 15-65 ans :
59 %, plus de 65 ans : 4,7 %
Taux de natalité (2000) : 22 ‰
Taux de mortalité (2000) : 6 ‰
Taux de mortalité infantile (2000) :
36,7 ‰
Espérance de vie (2000) : hommes :
66,8 ans, femmes : 72,5 ans

ÉCONOMIE

PNB (2001) : 1,38 milliards de $
PNB/hab. (2001) : 550 $
PNB/hab. PPA (2001) : 2 470 dollars
internationaux
IDH (2000) : 0,727
Taux de croissance annuelle du PIB (2001) :
4,5 %
Taux annuel d'inflation : n.d.
Structure de la population active :
agriculture : n.d., mines et industries :
n.d., services : n.d.
Structure du PIB (2000) : agriculture :
34,9 %, mines et industries : 23 %,
services : 42,1 %
Dette publique brute : n.d.
Taux de chômage (1995) : 0,4 %

Agriculture et pêche
Cultures
blé (2001) : 3 786 000 t.
coton (2001) : 3 275 000 t.
maïs (2001) : 118 000 t.
orge (2001) : 58 000 t.
pommes de terre (2001) : 800 000 t.
raisin (2001) : 650 000 t.
riz (2001) : 178 000 t.
seigle (2001) : 4 500 t.
tabac (2001) : 19 000 t.
Élevage et pêche
bovins (2001) : 5 344 000 têtes
caprins (2001) : 830 000 têtes
ovins (2001) : 8 100 000 têtes
pêche (1999) : 8 540 t.
porcins (2001) : 89 000 têtes

Énergie et produits miniers
cuivre (2000) : 65 000 t.
électricité totale (2000) : 44 075 millions
de kWh
gaz naturel (2000) : 52 200 millions
de m³
hydroélectricité (2000) : 5 750 millions
de kWh
lignite (1999) : 60 839 000 t.
or (2001) : 87 000 kg
pétrole (2001) : 7 300 000 t.
uranium (2001) : 2 400 t.
zinc (1993) : 50 000 t.

Productions industrielles
lait (2001) : 3 761 000 t.
sucre (2001) : 11 000 t.
viande (2001) : 512 000 t.
acier (2001) : 434 000 t.
filés de coton (2001) : 1 200 000 t.
laine (2001) : 16 000 t.
ciment (2000) : 3 400 000 t.
molybdène (2001) : 500 t.
zinc (2001) : 20 000 t.
soie (2001) : 1 200 t.
production de bois (2000) : 6 000 m³

Tourisme
Recettes touristiques (1998) : 21 millions
de $

Commerce extérieur
Exportations de biens (1997) :
2 893 millions de $
Importations de biens (1997) :
4 842 millions de $

Défense
Forces armées (1999) : 59 100 hommes
Budget de la Défense (1999) : 1,8 % du PIB

Niveau de vie
**Nombre d'habitants pour un
médecin (1995) :** 303
**Apport journalier moyen en
calories (2000) :** 2 371
(minimum FAO : 2 400)
**Nombre d'automobiles pour
1 000 hab. :** n.d.
**Nombre de téléviseurs pour
1 000 hab. (1999) :** 276

REPÈRES HISTORIQUES

1918 : une république autonome du Turkestan, rattachée à la république de Russie, est créée dans la partie occidentale de l'Asie centrale conquise par les Russes à partir des années 1860.
1924 : la république socialiste soviétique d'Ouzbékistan est instaurée sur le territoire de la république du Turkestan et la majeure partie des anciens khanats de Boukhara et de Khiva (Kharezm).
1929 : le Tadjikistan s'en sépare.
1991 : le Soviet suprême proclame l'indépendance de l'Ouzbékistan, qui adhère à la CEI.

Ouzbékistan

200 500 1000 2000 m

→ gazoduc
★ site touristique important
— route
— voie ferrée
✈ aéroport
● plus de 2 000 000 h.
● de 250 000 à 2 000 000 h.
● de 100 000 à 250 000 h.
• moins de 100 000 h.

PAKISTAN

Le nord du pays est formé de montagnes qui dépassent souvent 7 000 m (Hindu Kuch, Karakorum, et Himalaya proprement dit), puis la plaine alluviale de l'Indus et de ses affluents unit le Pendjab au Sind, qui constituent les parties vitales du Pakistan. L'Ouest est occupé par le Balouchistan (partiellement iranien).

Superficie : 796 095 km²
Population (2002) : 148 721 000 hab.
Capitale : Islamabad 529 000 hab. (r. 1998), 636 000 hab. (e. 2001) dans l'agglomération
Nature de l'État et du régime politique : république à régime parlementaire
Chef de l'État : (président de la République) Pervez Mucharraf
Chef du gouvernement : (Premier ministre) Mir Zafarullah Khan Jamali
Organisation administrative : 1 territoire fédéral, 4 provinces, 1 territoire, 2 zones administrées
Langues officielles : ourdou et anglais
Monnaie : roupie pakistanaise

DÉMOGRAPHIE

Densité : 195 hab./km²
Part de la population urbaine (2000) : 37 %
Structure de la population par âge (2000) : moins de 15 ans : 41,8 %, 15-65 ans : 54,5 %, plus de 65 ans : 3,7 %
Taux de natalité (2000) : 34 ‰
Taux de mortalité (2000) : 8 ‰
Taux de mortalité infantile (2000) : 86,5 ‰
Espérance de vie (2000) : hommes : 61,2 ans, femmes : 60,9 ans

ÉCONOMIE

PNB (2001) : 60 milliards de $
PNB/hab. (2001) : 420 $
PNB/hab. PPA (2001) : 1 920 $ intern.
IDH (2000) : 0,499
Taux de croissance annuelle du PIB (2001) : 3,6 %
Taux annuel d'inflation (2000) : 4,37 %
Structure de la population active : n.d.
Structure du PIB (2000) : agriculture : 26,3 %, mines et industries : 22,8 %, services : 50,9 %
Dette publique brute : n.d.
Taux de chômage (2000) : 5,9 %
Agriculture et pêche
Cultures
amandes (2001) : 32 000 t.

blé (2001) : 19 024 000 t.
canne à sucre (2001) : 43 606 000 t.
colza (2001) : 262 000 t.
coton (2001) : 5 415 000 t.
dattes (2001) : 550 000 t.
maïs (2001) : 1 600 000 t.
noix (2001) : 18 000 t.
oranges (2001) : 1 109 000 t.
riz (2001) : 6 750 000 t.
tabac (2001) : 85 000 t.
Élevage
bovins (2001) : 22 400 000 têtes
buffles (2001) : 23 300 000 têtes
caprins (2001) : 49 100 000 têtes
chameaux (2001) : 800 000 têtes
ovins (2001) : 24 200 000 têtes
Énergie et produits miniers
chrome (2001) : 64 000 t.
électricité nucléaire (2000) : 400 M. de kWh
électricité totale (2000) : 62 687 M. de kWh
gaz naturel (2000) : 19 000 millions de m³
houille (2000) : 3 116 000 t.
hydroélectricité (2000) : 22 132 M. de kWh
pétrole (2001) : 2 938 000 t.
Productions industrielles
lait (2001) : 26 284 000 t.
filés de coton (2001) : 1 829 000 t.
laine (2001) : 39 200 t.
beurre (2001) : 465 149 t.
sucre (2001) : 2 641 000 t.
viande (2001) : 1 782 000 t.
textiles synthétiques (1998) : 428 000 t.
ciment (2000) : 9 500 000 t.
production de bois (2000) : 2 680 000 m³

Tourisme
Recettes touristiques (2000) : 86 M. de $
Commerce extérieur
Exportations de biens (1998) : 8 658 M. de $
Importations de biens (1998) : 9 834 M. de $
Défense
Forces armées (1999) : 612 000 hommes
Budget de la Défense (1999) : 4,7 % du PIB
Niveau de vie
Nombre d'habitants pour un médecin (1993) : 2 000
Apport journalier moyen en calories (2000) : 2 452 (minimum FAO : 2 400)
Nombre d'automobiles pour 1 000 hab. (1999) : 5
Nombre de téléviseurs pour 1 000 hab. (1999) : 119

153

REPÈRES HISTORIQUES

1947 : lors de l'indépendance et de la partition de l'Inde, le Pakistan est créé. Il est constitué de deux provinces : le Pakistan occidental et le Pakistan oriental.
1947 - 1949 : un conflit oppose l'Inde au Pakistan à propos du Cachemire.
1956 : la Constitution établit la république islamique du Pakistan, fédération des deux provinces qui la composent.
1965 : la deuxième guerre indo-pakistanaise éclate.
1971 : le Pakistan oriental fait sécession et devient le Bangladesh. L'Inde intervient militairement pour le soutenir.

PHILIPPINES

Les Philippines sont un archipel montagneux et volcanique formé de plus de 7 000 îles et îlots, Luçon et Mindanao regroupant les deux tiers de la superficie et de la population totales.

Superficie : 300 000 km²
Population (2002) : 78 611 000 hab.
Capitale : Manille 1 581 052 hab.
(r. 2000), 10 069 000 hab. (e. 2001) dans l'agglomération
Nature de l'État et du régime politique : république à régime présidentiel
Chef de l'État et du gouvernement : (présidente de la République)
Maria Gloria Macapagal Arroyo
Organisation administrative : 15 régions
Langue officielle : tagal
Monnaie : peso philippin

DÉMOGRAPHIE

Densité : 253 hab./km²
Part de la population urbaine (2000) : 58,6 %
Structure de la population par âge (2000) : moins de 15 ans : 37,5 %, 15-65 ans : 59 %, plus de 65 ans : 3,5 %
Taux de natalité (2000) : 27 ‰
Taux de mortalité (2000) : 5 ‰
Taux de mortalité infantile (2000) : 29 ‰
Espérance de vie (2000) : hommes : 68 ans, femmes : 72 ans

ÉCONOMIE

PNB (2001) : 81 milliards de $
PNB/hab. (2001) : 1 050 $
PNB/hab. PPA (2001) : 4 360 $ intern.
IDH (2000) : 0,754
Taux de croissance annuelle du PIB (2001) : 3,2%
Taux annuel d'inflation (2000) : 4,36 %
Structure de la population active (1998) : agriculture : 39,9 %, mines et industries : 15,7 %, services : 44,4 %
Structure du PIB (2000) : agriculture : 15,9 %, mines et industries : 31,2 %, services : 52,9 %
Dette publique brute : n.d.
Taux de chômage (2001) : 9,8 %

Agriculture et pêche
ananas (2001) : 1 572 000 t.
arachide (2001) : 26 000 t.
bananes (2001) : 5 061 000 t.
cacao (2001) : 6 610 t.
café (2001) : 130 000 t.
canne à sucre (2001) : 28 238 000 t.
caoutchouc (2001) : 73 000 t.
coprah (2001) : 1 489 000 t.
maïs (2001) : 4 525 000 t.
manioc (2001) : 1 652 000 t.
patates douces (2001) : 545 000 t.

Philippines

200	1000	2000 m

— autoroute — route — voie ferrée ✈ aéroport
● plus de 1 000 000 h. ● de 250 000 à 1 000 000 h. ● de 100 000 à 250 000 h. • moins de 100 000 h.

riz (2001) : 12 955 000 t.
bovins (2001) : 2 495 000 têtes
buffles (2001) : 3 066 000 têtes
caprins (2001) : 6 950 000 têtes
pêche (1999) : 2 199 000 t.
porcins (2001) : 11 063 000 têtes
poulets (2001) : 115 606 000 têtes

Énergie et produits miniers
électricité totale (2000) : 40 667 millions de kWh.
houille (1999) : 1 200 000 t.
nickel (2000) : 23 500 t.
or (2001) : 30 000 kg

Productions industrielles
huile de palme (2001) : 57 000 t.
sucre (2001) : 1 868 000 t.
viande (2001) : 1 976 000 t.
cuivre (2000) : 135 000 t.
plomb (2001) : 24 000 t.
zinc (2001) : 74 129 t.
production de bois (2000) : 3 079 000 m³

Tourisme
Recettes touristiques (1999) : 2 534 M. de $

Commerce extérieur
Exportations de biens (2000) : 37 298 M. de $
Importations de biens (2000) : 30 381 M. de $

Défense
Forces armées (1999) : 106 000 hommes
Budget de la Défense (1999) : 2 % du PIB

Niveau de vie
Nombre d'habitants pour un médecin (1990) : 10 000
Apport journalier moyen en calories (2000) : 2 379 (min. FAO : 2 400)
Nombre d'automobiles pour 1 000 hab. (1998) : 10
Nombre de téléviseurs pour 1 000 hab. (1999) : 110

REPÈRES HISTORIQUES

VIIIᵉ millénaire - XIIIᵉ s. ap J.-C. : l'archipel est peuplé de Négritos, de Proto-Indonésiens et de Malais.
1521 : Magellan découvre l'archipel.
1565 : les Philippines passent sous la suzeraineté espagnole.
1896 : insurrection nationaliste.
1898 : les États-Unis, alliés aux insurgés, s'emparent de l'archipel à la faveur de la guerre hispano-américaine.
1944 - 1945 : les États-Unis reconquièrent le pays, après une brève occupation japonaise (1941 - 1942).
1946 : l'indépendance est proclamée.

QATAR ➜ ARABIE SAOUDITE

SINGAPOUR

Singapour

masse bâtie   espace vert   bâtiment

Proche de l'équateur, cette Cité-État est située au sud-est de la Malaisie occidenale. Singapour comprend 55 îles, dont la principale, Singapour, longue de 42 km, est reliée à la péninsule par un viaduc routier et ferroviaire. La population est très dense.

Superficie : 618 km²
Population (2002) : 4 189 000 hab.
Capitale : Singapour 4 108 000 hab.
(e. 2001)
Nature de l'État et du régime politique :
république à régime semi-présidentiel
Chef de l'État : (président de la
République) S. R. Nathan
Chef du gouvernement : (Premier
ministre) Goh Chok Tong
Organisation administrative :
Pas de division
Langues officielles : anglais, chinois,
malais et tamoul
Monnaie : dollar de Singapour

DÉMOGRAPHIE

Densité : 5 771 hab./km²
Part de la population urbaine (2000) :
100 %
Structure de la population par âge (2000) :
moins de 15 ans : 21,9 %, 15-65 ans :
70,9 %, plus de 65 ans : 7,2 %
Taux de natalité (2000) : 12 ‰
Taux de mortalité (2000) : 4 ‰
Taux de mortalité infantile (2000) : 4,6 ‰
Espérance de vie (2000) : hommes :
75,9 ans, femmes : 80,3 ans

ÉCONOMIE

PNB (2000) : 99 milliards de $
PNB/hab. (2000) : 24 740 $
PNB/hab. PPA (2000) : 24 910 dollars
internationaux
IDH (2000) : 0,885

Taux de croissance annuelle du PIB (2001) :
3,3 %
Taux annuel d'inflation (2000) : 1,36 %
Structure de la population active (1998) :
agriculture : 0,2 %, mines et industries :
29,2 %, services : 70,6 %
Structure du PIB (2000) : agriculture :
0,1 %, mines et industries : 34,3 %,
services : 70,6 %
Dette publique brute : n.d.
Taux de chômage (2001) : 3,4 %

Agriculture et pêche
Élevage et pêche
pêche (1999) : 9 080 t.
porcins (2001) : 190 000 têtes
poulets (2001) : 2 000 000 têtes

Énergie et produits miniers
électricité totale (2000) : 27 900 millions
de kWh

Productions industrielles
construction navale (2001) : 65 000 tpl

Tourisme
Recettes touristiques (2000) :
6 370 millions de $

Commerce extérieur
Exportations de biens (2000) :
138 931 millions de $

Importations de biens (2000) :
127 531 millions de $

Défense
Forces armées (1999) : 60 500 hommes
Budget de la Défense (1999) : 5 % du PIB

Niveau de vie
Nombre d'habitants pour un
médecin (1995) : 714
Apport journalier moyen en
calories (1995) : 3 121
(minimum FAO : 2 400)
Nombre d'automobiles pour
1 000 hab. (1999) : 97
Nombre de téléviseurs pour
1 000 hab. (1999) : 308

155

REPÈRES HISTORIQUES

1819 : Singapour est occupé par les Britanniques.
1942-1945 : l'île subit l'occupation japonaise.
1963 : elle devient l'un des États de la fédération de Malaisie.
1965 : le pays accède à l'indépendance.

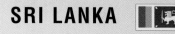

Île tropicale exposée à la mousson, le Sri Lanka est formé de plateaux et de collines entourant un massif montagneux central.

Superficie : 65 610 km²
Population (2002) : 19 287 000 hab.
Capitale : Colombo 681 000 hab.
(e. 2001)
Nature de l'État et du régime politique : république
Chef de l'État : (présidente de la République) Chandrika Bandaranaike Kumaratunga
Chef du gouvernement : (Premier ministre) Ranil Wickremasinghe
Organisation administrative : 9 provinces
Langues officielles : cinghalais et tamoul
Monnaie : roupie de Sri Lanka

DÉMOGRAPHIE

Densité : 285 hab./km²
Part de la population urbaine (2000) : 23,6 %
Structure de la population par âge (2000) : moins de 15 ans : 26,3 %, 15-65 ans : 67,4 %, plus de 65 ans : 6,3 %
Taux de natalité (2000) : 18 ‰
Taux de mortalité (2000) : 6 ‰
Taux de mortalité infantile (2000) : 20,1 ‰
Espérance de vie (2000) : hommes : 69,9 ans, femmes : 75,9 ans

ÉCONOMIE

PNB (2001) : 16,3 milliards de $
PNB/hab. (2001) : 830 $
PNB/hab. PPA (2001) : 3 560 dollars internationaux
IDH (2000) : 0,741
Taux de croissance annuelle du PIB (2001) : - 1,4 %
Taux annuel d'inflation (2000) : 6,18 %
Structure de la population active (1998) : agriculture : 41,6 %, mines et

industries : 22,5 %, services : 35,9 %
Structure du PIB (2000) : agriculture : 19,5 %, mines et industries : 27,5 %, services : 53 %
Dette publique brute : n.d.
Taux de chômage (2001) : 8,2 %

Agriculture et pêche

Cultures
bananes plantain (2001) : 780 000 t.
cacao (2001) : 3 700 t.
canne à sucre (2001) : 1 066 000 t.
caoutchouc (2001) : 88 000 t.
coprah (2001) : 44 000 t.
manioc (2001) : 249 000 t.
noix de cajou (1998) : 15 000 t.
patates douces (2001) : 52 000 t.
riz (2001) : 2 868 000 t.
thé (2001) : 295 000 t.

Élevage et pêche
bovins (2001) : 1 560 000 têtes
buffles (2001) : 690 000 têtes
caprins (2001) : 500 000 têtes
pêche (1999) : 280 000 t.
porcins (2001) : 68 000 têtes

Énergie et produits miniers
électricité totale (2000) : 6 619 millions de kWh

hydroélectricité (2000) : 4 510 millions de kWh

Productions industrielles
lait (2001) : 295 000 t.
filés de coton (1998) : 14 000 t.
production de bois (2000) : 676 000 m³

Tourisme
Recettes touristiques (2000) : 253 millions de $

Commerce extérieur
Exportations de biens (2000) : 5 439,6 millions de $
Importations de biens (2000) : 6 483,6 millions de $

Défense
Forces armées (1999) : 110 000 hommes
Budget de la Défense (1999) : 4 % du PIB

Niveau de vie
Nombre d'habitants pour un médecin (1993) : 10 000
Apport journalier moyen en calories (2000) : 2 405 (minimum FAO : 2 400)
Nombre d'automobiles pour 1 000 hab. (1998) : 15
Nombre de téléviseurs pour 1 000 hab. (1999) : 102

REPÈRES HISTORIQUES

IIIᵉ s. av. J.-C. : le bouddhisme est introduit à Ceylan, à partir de la capitale Anuradhapura.
Fin du Xᵉ s. apr. J.-C. : la monarchie d'Anuradhapura est renversée par un Cola.
1070 : l'île est reconquise par un prince cinghalais. À partir du XIVᵉ s., les Cinghalais refluent vers le sud, tandis que, au nord, les Tamoul constituent un royaume indépendant.
XVIᵉ s. : le Portugal occupe la côte tandis que le roi de Kandy domine le centre de Ceylan.
1658 : les Hollandais évincent les Portugais.
1796 : la Grande-Bretagne annexe l'île.
1948 : Ceylan accède à l'indépendance.
1948 - 1977 : les conservateurs et la gauche alternent au pouvoir.
Depuis 1974 : des organisations tamoules militent pour la création d'un État tamoul indépendant.
Depuis 1983 : les affrontements opposant Tamoul et Cinghalais se poursuivent.

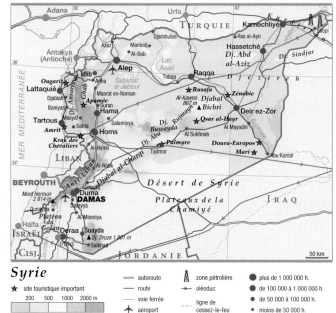

Syrie

★ site touristique important

| 200 | 500 | 1000 | 2000 m |

✈ aéroport

═══ autoroute
─── route
─── voie ferrée

⛽ zone pétrolière
─── oléoduc
--- ligne de cessez-le-feu

● plus de 1 000 000 h.
● de 100 000 à 1 000 000 h.
● de 50 000 à 100 000 h.
● moins de 50 000 h.

Une barrière montagneuse (djabal Ansariyya, prolongé au sud par les chaînons de l'Anti-Liban et de l'Hermon) sépare une étroite plaine littorale, au climat méditerranéen, des plateaux de l'Est, désertiques.

Superficie : 185 180 km²
Population (2002) : 17 040 000 hab.
Capitale : Damas 2 195 000 hab.
(e. 2001) dans l'agglomération
Nature de l'État et du régime politique : république à régime parlementaire
Chef de l'État : (président de la République) Bachar al-Asad
Chef du gouvernement : (Premier ministre) Muhammad Mustafa Miro
Organisation administrative : 14 gouvernorats
Langue officielle : arabe
Monnaie : livre syrienne

DÉMOGRAPHIE

Densité : 87 hab./km²
Part de la population urbaine (2000) : 54,5 %
Structure de la population par âge (2000) :
moins de 15 ans : 40,8 %, 15-65 ans : 56,1 %, plus de 65 ans : 3,1 %
Taux de natalité (2000) : 29 ‰
Taux de mortalité (2000) : 5 ‰
Taux de mortalité infantile (2000) : 22,3 ‰
Espérance de vie (2000) : hommes : 70,6 ans, femmes : 73,1 ans

ÉCONOMIE

PNB (2001) : 16,6 milliards de $
PNB/hab. (2001) : 1 000 $
PNB/hab. PPA (2001) : 3 440 dollars internationaux
IDH (2000) : 0,691
Taux de croissance annuelle du PIB (2001) : 2,8 %
Taux annuel d'inflation (2000) : -0,46 %
Structure de la population active :
agriculture : n.d., mines et industries : n.d., services : n.d.
Structure du PIB (2000) : agriculture : 24,1 %, mines et industries : 30,2 %, services : 45,7 %
Dette publique brute : n.d.
Taux de chômage (2001) : 11,2 %

Agriculture et pêche

Cultures
agrumes (2001) : 839 000 t.
amandes (2001) : 49 000 t.
betterave à sucre (2001) : 1 175 000 t.
blé (2001) : 4 745 000 t.
coton (2001) : 1 010 000 t.
olives (2001) : 497 000 t.
oranges (2001) : 465 000 t.
orge (2001) : 196 000 t.
pistaches (2001) : 37 436 000 t.
raisin (2001) : 389 000 t.
tabac (2001) : 28 900 t.
Élevage et pêche
bovins (2001) : 837 000 têtes
caprins (2001) : 979 000 têtes
chevaux (2001) : 30 000 têtes
ovins (2001) : 12 362 000 têtes
pêche (1999) : 14 000 t.

Énergie et produits miniers

électricité totale (2000) : 19 700 millions de kWh
pétrole (2001) : 27 300 000 t.
phosphate (2001) : 2 043 000 t.

Productions industrielles

sucre (2001) : 72 000 t.
huile d'olive (2001) : 95 000 t.
filés de coton (2001) : 353 000 t.
laine (2001) : 23 490 t.
production de bois (2000) : 34 500 m³

REPÈRES HISTORIQUES

La Syrie antique

IIᵉ millénaire : par vagues successives s'infiltrent Cananéens (dont les Phéniciens sont un rameau), Amorrites, Hourrites, Araméens (auxquels appartiennent les Hébreux) et Peuples de la Mer.
539 av. J.-C. : la prise de Babylone par Cyrus II met fin à la domination assyro-babylonienne et fait de la Syrie une satrapie perse.
332 : le pays est conquis par Alexandre le Grand. La Syrie est intégrée au royaume séleucide, dont la capitale, Antioche, est fondée en 301.
64 - 63 av. J.-C. : la Syrie devient une province romaine.
395 apr. J.-C. : elle est rattachée à l'Empire romain d'Orient.

La Syrie musulmane

636 : les Arabes, vainqueurs des Byzantins sur la rivière Yarmouk, conquièrent le pays.
661 - 750 : les Omeyyades font de la Syrie et de Damas le centre de l'Empire musulman.
VIIIᵉ s. : sous les Abbassides, Bagdad devient la capitale de l'empire au détriment de Damas.
1076 - 1077 : les Turcs Seldjoukides prennent Damas puis Jérusalem.
XIᵉ - XIIIᵉ s. : les croisés organisent la principauté d'Antioche (1098 - 1268), le royaume de Jérusalem (1099 - 1291) et le comté de Tripoli (1109 - 1289). Saladin (1171 - 1193) et ses successeurs ayyubides entretiennent des relations pacifiques avec les Francs.
1260 - 1291 : les Mamelouks arrêtent les Mongols, puis reconquièrent les dernières possessions franques de Palestine et de Syrie. Ils gouvernent la région jusqu'à la conquête ottomane (1516).

157

SYRIE

Tourisme

Recettes touristiques (2000) : 474 millions de $

Commerce extérieur

Exportations de biens (2000) :
5 146 millions de $
Importations de biens (2000) :
3 723 millions de $

Défense

Forces armées (1999) : 316 000 hommes
Budget de la Défense (1999) : 4,9 % du PIB

Niveau de vie

Nombre d'habitants pour un médecin (1990) : 1 250
Apport journalier moyen en calories (2000) : 3 038
(minimum FAO : 2 400)
Nombre d'automobiles pour 1 000 hab. (1996) : 9
Nombre de téléviseurs pour 1 000 hab. (1999) : 66

⊳ REPÈRES HISTORIQUES

La Syrie ottomane puis française

1516 : les Ottomans s'emparent de la Syrie, qu'ils conserveront jusqu'en 1918.
1831 - 1840 : ils sont momentanément chassés par Méhémet-Ali et Ibrahim Pacha.
1860 : la France intervient au Liban en faveur des maronites.
1916 : l'accord Sykes-Picot délimite les zones d'influence de la France et de la Grande-Bretagne au Moyen-Orient. Les Syriens rallient les forces anglo-françaises et hachémites.
1920 - 1943 : la France exerce le mandat que lui a confié la SDN, établissant une République syrienne (avec Damas et Alep), une république des Alaouites et un État druze.

La Syrie indépendante

1941 : le général Catroux, au nom de ▶ France libre, proclame l'indépendance d pays.
1943 - 1944 : le mandat français sur l Syrie prend fin.
1946 : les dernières troupes françaises e britanniques quittent le pays.
1958 - 1961 : l'Égypte et la Syrie former la République arabe unie.
1967 : la guerre des Six-Jours entraîn l'occupation du Golan par Israël.
À partir de 1976 : la Syrie intervien militairement au Liban et renforce, e 1985, sa tutelle sur le pays, consacrée e 1991 par un traité de fraternité syro libanais.

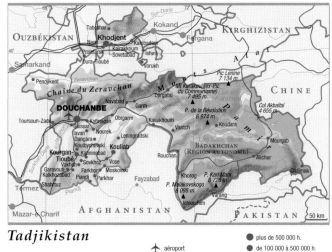

Tadjikistan

500 1000 2000 4000 m

✈ aéroport
— route
— voie ferrée

● plus de 500 000 h.
● de 100 000 à 500 000 h.
● de 50 000 à 100 000 h.
· moins de 50 000 h.

e Tadjikistan est un pays de hautes monta-
nes, particulièrement à l'est, où la chaîne
u Pamir (pic Ismaïl Samani, culminant à 7
95 m) forme la frontière avec la Chine et
omine des plateaux pouvant atteindre 4
00 m. Le climat est rude, les hivers sont
goureux et les étés souvent arides.

uperficie : 143 100 km²
opulation (2002) : 6 177 000 hab.
apitale : Douchanbe 522 000 hab.
e. 2001) dans l'agglomération
ature de l'État et du régime politique :
épublique
hef de l'État : (président de
. République) Imamoli Rakhmonov
hef du gouvernement : (président du
onseil des ministres) Akil Akilov
rganisation administrative : 3 régions et
République
angue officielle : tadjik
Ionnaie : somoni

DÉMOGRAPHIE

ensité : 43 hab./km²
art de la population urbaine (2000) :
7,5 %
tructure de la population par âge (2000) :
noins de 15 ans : 39,4 %, 15-65 ans :
6 %, plus de 65 ans : 4,6 %
aux de natalité (2000) : 19 ‰
aux de mortalité (2000) : 5 ‰
aux de mortalité infantile (2000) : 53,3 ‰
spérance de vie (2000) : hommes :
5,2 ans, femmes : 70,8 ans

ÉCONOMIE

NB (2001) : 1,05 milliards de $
NB/hab. (2001) : 170 $
NB/hab. PPA (2001) : 1 150 dollars
iternationaux
DH (2000) : 0,667
aux de croissance annuelle du PIB (2001) :
0,2 %
aux annuel d'inflation : n.d.
tructure de la population active :

agriculture : n.d., mines et industries :
n.d., services : n.d.
Structure du PIB (2000) : agriculture :
19,4 %, mines et industries : 25,7 %,
services : 54,9 %
Dette publique brute : n.d.
Taux de chômage (1997) : 2,7 %

Agriculture et pêche

Cultures
blé (2001) : 362 000 t.
maïs (2001) : 27 000 t.
noisettes (2001) : 1 100 t.
orge (2001) : 18 000 t.
pommes (2001) : 60 000 t.
pommes de terre (2001) : 305 000 t.
raisin (2001) : 50 000 t.
tabac (2001) : 7 200 t.
tomates (2001) : 154 000 t.
Élevage
bovins (2001) : 1 053 000 têtes
caprins (2001) : 575 000 têtes
chameaux (2001) : 42 000 têtes
ovins (2001) : 1 363 000 têtes
porcins (2001) : 900 têtes
poulets (2001) : 1 062 000 têtes

Énergie et produits miniers
électricité totale (2000) : 14 245 millions
de kWh
gaz naturel (1998) : 32 millions de m³
houille (1999) : 20 000 t.
pétrole (1996) : 31 000 t.

Productions industrielles
aluminium (2001) : 340 000 t.
filés de coton (2001) : 96 000 t.
soie (2001) : 300 t.

Tourisme
Recettes touristiques : n.d.

Commerce extérieur
Exportations de biens (1997) :
588 millions de $
Importations de biens (1997) :
633 millions de $

Défense
Forces armées (1999) : 6 000 hommes
Budget de la Défense (1993) : 4,4 % du PIB

Niveau de vie
**Nombre d'habitants pour un
médecin (1995)** : 423
**Apport journalier moyen en
calories (2000)** : 1 720
(minimum FAO : 2 400)
**Nombre d'automobiles pour
1 000 hab.** : n.d.
**Nombre de téléviseurs pour
1 000 hab. (1999)** : 328

159

REPÈRES HISTORIQUES

La frontière entre, d'une part, les régions
du sud-est de l'Asie centrale conquises
par les Russes (à partir de 1865) et le
khanat de Boukhara,et, d'autre part, l'Afghanistan est fixée de 1886 à 1895 par
une commission anglo-russe.
1924 : la république autonome du Tadjikistan est créée au sein de l'Ouzbékistan.
1925 : le Pamir septentrional lui est rattaché.
1929 : le Tadjikistan devient une république fédérée de l'URSS.
1991 : le Soviet suprême proclame l'indépendance du Tadjikistan, qui adhère à la
CEI.

TAÏWAN

Taïwan

200	1000	2000 m

— autoroute   ✈ aéroport

— route   ★ site touristique important

— voie ferrée

● plus de 1 000 000 h.
● de 100 000 à 1 000 000 h.
● de 50 000 à 100 000 h.
● moins de 50 000 h.

L'île, traversée par le tropique et abondamment arrosée par la mousson en été, est formée, à l'est, de montagnes élevées (la chaîne des Zhongyang culmine à près de 4 000 m) et, à l'ouest, de collines et de grandes plaines alluviales intensément mises en valeur.

Superficie : 36 000 km²
Population (2002) : 22 500 000 hab.
Capitale : Taipei 2 624 257 hab.
(r. 2000), 6 646 503 hab. (r. 2000) dans l'agglomération
Nature de l'État et du régime politique : république à régime semi-présidentiel
Chef de l'État : (président de la République) Chen Shui-bian
Chef du gouvernement : (président du Yuan exécutif Yu Shyi-kun
Organisation administrative : 2 municipalités spéciales, 5 municipalités, 16 districts
Langue officielle : chinois
Monnaie : dollar de Taïwan

DÉMOGRAPHIE

Densité : 611 hab./km²
Part de la population urbaine (1991) : 73 %
Structure de la population par âge (1993) : moins de 15 ans : 26 %, 15-65 ans : 67 %, plus de 65 ans : 7 %
Taux de natalité (1995) : 16 ‰
Taux de mortalité : n.d.
Taux de mortalité infantile (2000) : 6 ‰
Espérance de vie (2000) : hommes : 75 ans, femmes : 78 ans

ÉCONOMIE

PNB : n.d.
PNB/hab. : n.d.
PNB/hab. PPA : n.d.
IDH : n.d.
Taux de croissance annuelle du PIB (2001) : 4,6 %
Taux annuel d'inflation (1992) : 4,5 %
Structure de la population active : n.d.
Structure du PIB (1989) : agriculture : 5 %, mines et industries : 43 %, services : 52 %
Dette publique brute : n.d.
Taux de chômage : n.d.

Agriculture et pêche

Cultures
agrumes (2001) : 463 000 t.
ananas (2001) : 389 000 t.
arachide (2001) : 56 000 t.
bananes (2001) : 205 000 t.
canne à sucre (2001) : 123 000 t.
maïs (2001) : 107 000 t.
riz (2001) : 1 724 000 t.
soja (2001) : 320 t.
tabac (2001) : 9 200 t.
thé : n.d.
Élevage et pêche
bovins (2001) : 5 057 000 têtes
caprins (2001) : 7 219 000 têtes
pêche (2001) : 1 317 000 t.
porcins (2001) : 1 166 000 têtes
poulets (2001) : 376 196 000 têtes

Énergie et produits miniers

électricité nucléaire (2000) : 38 500 millions de kWh
électricité totale (2000) : 149 780 millions de kWh
gaz naturel (1998) : 870 millions de m³
houille (2000) : 83 000 t.
hydroélectricité (2000) : 8 712 millions de kWh
lignite (2000) : 83 000 t.
pétrole (1999) : 40 000 t.

Productions industrielles

acier (2001) : 17 078 000 t.
automobiles (2001) : 195 000 unités
véhicules utilitaires (1998) : 108 000 unités
textiles artificiels (1998) : 143 000 t.
textiles synthétiques (1998) : 3 157 000 t.
filés de coton (1998) : 364 000 t.
construction navale (2001) : 279 000 tpl
caoutchouc synthétique (2001) : 480 000 t.
production de bois (2001) : 26 401 000 m³

Tourisme

Recettes touristiques : n.d.

Commerce extérieur

Exportations de biens (1991) : 76 140 millions de $
Importations de biens (1991) : 63 078 millions de $

Défense

Forces armées (1999) : 370 000 hommes
Budget de la Défense (1999) : 2,5 % du P

Niveau de vie

Nombre d'habitants pour un médecin : n.
Apport journalier moyen en calories (1995) : 3 020 (min. FAO : 2 400
Nombre d'automobiles pour 1 000 hab. (1994) : 216
Nombre de téléviseurs pour 1 000 hab. : n.

REPÈRES HISTORIQUES

Depuis le XIIᵉ s., des marchands et d pirates chinois fréquentent l'île.
XVIIᵉ s. : celle-ci est peuplée par des imm grants chinois ; Hollandais et Espagno s'y établissent.
1683 : l'île passe sous le contrôle de empereurs Qing.
1895 : le traité de Shimonoseki cède Fo mose au Japon.
1945 : l'île est restituée à la Chine.
1949 : elle sert de refuge au gouverne ment du Guomindang, présidé par Jiar Jieshi (Tchang Kaï-chek).
1950 - 1971 : ce gouvernement représen la Chine au Conseil de sécurité de l'ON
1979 : l'île refuse l'« intégration pac fique » que lui propose la Chine populai
1991 : état de guerre avec la Chine est lev
1996 : première élection présidentielle a suffrage universel.
2000 : l'élection présidentielle, rempor par un indépendantiste, met fin à u demi-siècle de pouvoir du Guomindan

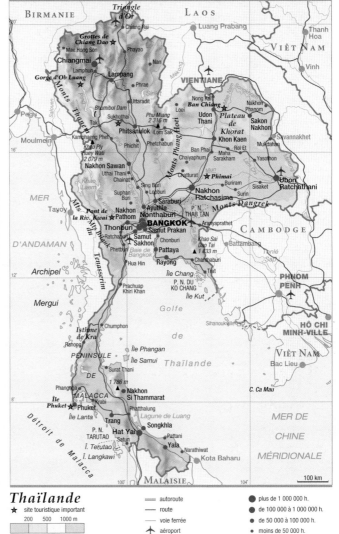

Thaïlande possède une superficie et
population comparables à celles de la
nce. Caractérisée par un climat tro-
al humide, elle s'articule autour d'une
ine centrale drainée par le Chao Phraya
de régions montagneuses abondam-
nt arrosées et recouvertes en grande
rtie par la forêt (teck).

perficie : 513 115 km²
pulation (2002) : 64 343 000 hab.
pitale : Bangkok 6 320 174 hab.
2000), 7 527 000 hab. (e. 2001) dans
gglomération
ture de l'État et du régime politique :
narchie constitutionnelle à régime
lementaire
ef de l'État : (roi) Bhumibol
ulyadej, roi sous le nom de Rama IX
ef du gouvernement : (Premier
nistre) Thaksin Shinawatra
ganisation administrative :
ouvernorat et 75 provinces
ngue officielle : thaï
onnaie : baht

DÉMOGRAPHIE

nsité : 119 hab./km²
rt de la population urbaine (2000) :
6 %
ucture de la population par âge (2000) :
oins de 15 ans : 26,7 %, 15-65 ans :
1 %, plus de 65 ans : 5,2 %
ux de natalité (2000) : 17 ‰
ux de mortalité (2000) : 7 ‰
ux de mortalité infantile (2000) :
8 ‰
érance de vie (2000) : hommes :
9 ans, femmes : 73,8 ans

ÉCONOMIE

IB (2001) : 121 milliards de $
B/hab. (2001) : 1 970 $
B/hab. PPA (2001) : 6 550 dollars
ernationaux
H (2000) : 0,762
ux de croissance annuelle du PIB (2001) :
% %
ux annuel d'inflation (2000) :
55 %
ucture de la population active (1998) :
riculture : 51,3 %, mines et
dustries : 17,7 %, services : 31 %
ucture du PIB (2000) : agriculture :

10,5 %, mines et industries : 40,1 %,
services : 49,5 %
Dette publique brute : n.d.
Taux de chômage (2000) :
2,4 %

Agriculture et pêche

Cultures
ananas (2001) : 2 300 000 t.
bananes (2001) : 1 720 000 t.
canne à sucre (2001) : 49 070 000 t.
caoutchouc (2001) : 2 380 000 t.
coprah (2001) : 55 000 t.
jute (1997) : 110 000 t.
mandarines (1998) : 630 000 t.
manioc (2001) : 18 283 000 t.
noix de cajou (1998) : 20 000 t.
palmiste (2001) : 118 000 t.
pêche (1999) : 3 608 000 t.
riz (2001) : 25 200 000 t.

soja (2001) : 325 000 t.
sorgho (2001) : 145 000 t.
tabac (2001) : 74 000 t.
Élevage et pêche
bovins (2001) : 6 300 000 têtes
buffles (2001) : 1 900 000 têtes
pêche (1999) : 3 608 000 t.
porcins (2001) : 8 300 000 têtes
poulets (2001) : 190 000 000 têtes

Énergie et produits miniers

électricité totale (2000) : 94 314 millions
de kWh
étain (2000) : 1 930 t.
gaz naturel (2000) : 17 800 millions
de m³
hydroélectricité (2000) : 5 966 millions
de kWh
lignite (2000) : 17 714 000 t.
pétrole (2001) : 7 100 000 t.

THAÏLANDE

Productions industrielles
œufs (2001) : 810 000 t.
étain (2000) : 21 357 t.
zinc (2001) : 74 129 t.
véhicules utilitaires (1998) :
180 000 unités
textiles artificiels (1998) : 46 000 t.
textiles synthétiques (1998) : 507 000 t.
huile de palme (2001) : 550 000 t.
soie (2001) : 1 000 t.
sucre (2001) : 5 155 000 t.
production de bois (2000) :
6 262 000 m³

Tourisme
Recettes touristiques (2000) :
7 119 millions de $

Commerce extérieur
Exportations de biens (2000) :
67 949 millions de $
Importations de biens (2000) :
56 192 millions de $

Défense
Forces armées (1999) :
301 000 hommes

Budget de la Défense (1999) :
1,5 % du PIB

Niveau de vie
**Nombre d'habitants pour un
médecin (1993) :** 4 420
Apport journalier moyen en

calories (2000) : 2 506
(minimum FAO : 2 400)
**Nombre d'automobiles pour
1 000 hab. (1996) :** 27
**Nombre de téléviseurs pour
1 000 hab. (1999) :** 289

REPÈRES HISTORIQUES

VIIᵉ s. : le royaume de Dvaravati, de culture bouddhique et peuplé de Môn, se développe.
XIᵉ - XIIᵉ s. : les Khmers conquièrent la région.
XIIIᵉ s. : les Thaïs, connus sous le nom de Syam (Siamois), fondent les royaumes de Sukhothai et de Lan Na (capitale Chiangmai).
V. 1350 : ils créent le royaume d'Ayuthia.
1569 - 1592 : le Siam est occupé par les Birmans.
XVIᵉ - XVIIᵉ s. : il entretient des relations avec l'Occident, notamment avec la France de Louis XIV.

1767 : les Birmans mettent à sac Ayuth[...]
1782 : Rama Iᵉʳ est couronné à Bangk[...] la nouvelle capitale, et fonde la dynas[...] Chakri.
1782 - 1851 : le Siam domine en partie[...] Cambodge, le Laos et la Malaisie.
1893 - 1909 : il doit reculer ses frontiè[...] au profit de l'Indochine française et de [...] Malaisie.
1932 : un coup d'État provoque l'abdi[...] tion de Rama VII (1935).
1938 : le pays prend le nom de Thaïlan[...]
1941 - 1944 : il s'allie au Japon.
1950 : Bhumibol Adulyadej est couron[...] roi sous le nom de Rama IX.

le Mékong

L e Mékong est le plus long fleuve du Sud-Est asiatique (environ 4 200 km) et l'un des plus puissants du monde, avec un bassin de 800 000 km² et un débit moyen annuel de l'ordre de 17 000 m³/s. Né sur le plateau du Tibet, à plus de 5 000 m d'altitude, il parcourt sur près de 2 000 km des gorges profondes et sauvages. À sa sortie de Chine, à 300 m d'altitude, il forme la frontière entre la Birmanie et le Laos. Il coule alors au Laos avant de servir de frontière sur 820 km, entre la Thaïlande et le Laos. Il est navigable de Vientiane à Savannakhet, puis il reçoit de Thaïlande son principal affluent (Chi et Mun réunis). Il pénètre au Cambodge, se sépare en plusieurs branches, dont l'une communique avec le Tonlé Sap. À Phnom Penh commence le delta, qui s'épanouit au Viêt Nam en deux bras principaux. Le Mékong est alimenté par la fonte des neiges dans son bassin supérieur et par la mousson en aval.
Offrant à la navigation des conditions médiocres – de nombreux rapides entravent son cours – le Mékong avec le réseau de ses affluents a néanmoins mis en relation les différentes populations et les régions qu'il traverse ; en favorisant les pénétrations culturelles et les échanges, il a permis l'établissement de civilisations plus évoluées que celles des montagnes, et la création d'États organisés, comme l'Empire khmer.

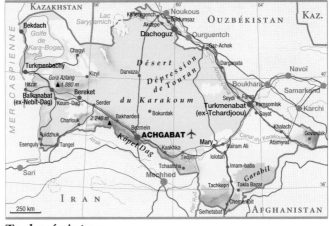

Turkménistan

- — route
- — voie ferrée
- ✈ aéroport

0 200 500 1000 m

- ● plus de 1 000 000 h.
- ● de 100 000 à 1 000 000 h.
- ● de 50 000 à 100 000 h.
- ● moins de 50 000 h.

naissant un climat continental carac-
sé par de fortes amplitudes ther-
ues, le Turkménistan est en grande
ie désertique (Karakoum).

erficie : 488 100 km²
ulation (2002) : 4 930 000 hab.
tale : Achgabat 558 000 hab.
001) dans l'agglomération
ure de l'État et du régime politique :
blique
f de l'État et du gouvernement :
sident de la République)
armourad Niazov
anisation administrative : 5 régions
gue officielle : turkmène
inaie : manat

DÉMOGRAPHIE

sité : 9 hab./km²
de la population urbaine (1999) :
%
cture de la population par âge (2000) :
ns de 15 ans : 37,6 %, 15-65 ans :
%, plus de 65 ans : 4,3 %
x de natalité (2000) : 21 ‰
x de mortalité (2000) : 7 ‰
x de mortalité infantile (2000) : 48,6 ‰
rance de vie (2000) : hommes :
ans, femmes : 70,4 ans

ÉCONOMIE

(2001) : 5,24 milliards de $
/hab. (2001) : 990 $
/hab. PPA (2001) : 4 580 dollars
rnationaux
(2000) : 0,741
x de croissance annuelle du PIB (2001) :
%
x annuel d'inflation : n.d.
cture de la population active :
culture : n.d., mines

et industries : n.d., services : n.d.
Structure du PIB (2000) :
agriculture : 27,3 %,
mines et industries : 50 %,
services : 22,7 %
Dette publique brute : n.d.
Taux de chômage : n.d.

Agriculture et pêche

Cultures
blé (2001) : 1 760 000 t.
coton (2001) : 1 100 000 t.
maïs (2001) : 20 000 t.
orge (2001) : 45 000 t.
pommes de terre (2001) : 30 000 t.
raisin (2001) : 135 000 t.
tabac (2001) : 3 000 t.
Élevage et pêche
bovins (2001) : 860 000 têtes
ovins (2001) : 6 000 000 têtes
pêche (1999) : 9 290 t.
porcins (2001) : 45 000 têtes
poulets (2001) : 4 800 000 têtes

Énergie et produits miniers

électricité totale (2000) : 9 256 millions
de kWh
gaz naturel (2000) : 43 800 millions
de m³
pétrole (2001) : 8 000 000 t.

Productions industrielles

ciment (2000) : 450 000 t.
filés de coton (2001) : 396 000 t.
soie (2001) : 4 700 t.

Tourisme

Recettes touristiques (1998) : 192 millions
de $

Commerce extérieur

Exportations de biens (1997) : 549 millions
de $
Importations de biens (1997) :
1 201 millions de $

Défense

Forces armées (1999) : 17 500 hommes
Budget de la Défense (1999) : 3,3 % du PIB

Niveau de vie

**Nombre d'habitants pour un
médecin (1995) :** 305
**Apport journalier moyen en
calories (2000) :** 2 675
(minimum FAO : 2 400)
**Nombre d'automobiles pour
1 000 hab. :** n.d.
**Nombre de téléviseurs pour
1 000 hab. (1998) :** 201

REPÈRES HISTORIQUES

1863 - 1885 : l'est de la Caspienne est
conquis par les Russes.
1897 : il est intégré au Turkestan.
1924 : la république socialiste soviétique
du Turkménistan est créée.
1991 : le Soviet suprême proclame l'indépendance du pays, qui adhère à la CEI.

TURQUIE

Langue officielle : turc
Monnaie : livre turque

DÉMOGRAPHIE

Densité : 85 hab./km²
Part de la population urbaine (1999) :
74,1 %
Structure de la population par âge (2000) :
moins de 15 ans : 30 %, 15-65 ans :
64,2 %, plus de 65 ans : 5,8 %
Taux de natalité (2000) : 20 ‰
Taux de mortalité (2000) : 6 ‰
Taux de mortalité infantile (2000) : 38,5 ‰
Espérance de vie (2000) : hommes :
68 ans, femmes : 73,2 ans

ÉCONOMIE

PNB (2001) : 168 milliards de $
PNB/hab. (2001) : 2 540 $
PNB/hab. PPA (2001) : 6 640 dollars
internationaux
IDH (2000) : 0,742
Taux de croissance annuelle du PIB (2001) :
- 7,4 %
Taux annuel d'inflation (2000) : 54,92 %
Structure de la population active (2000) :
agriculture : 34,9 %, mines et
industries : 24,6 %, services : 40,5 %
Structure du PIB (2000) : agriculture :
15,1 %, mines et industries : 29,6 %,
services : 55,3 %
Dette publique brute : n.d.
Taux de chômage (2001) : 8,5 %

Agriculture et pêche

Cultures
abricots(2001) : 517 000 t.
agrumes (2001) : 2 274 000 t.
amandes (2001) : 45 000 t.
betterave à sucre (2001) : 14 500 000 t.
beurre (2001) : 114 587 t.
blé (2001) : 19 007 000 t.
citrons (2001) : 500 000 t.
coton (2001) : 2 348 000 t.

lentilles (2001) : 520 000 t.
mandarines (1998) : 410 000 t.
miel (2001) : 71 000 t.
noisettes (2001) : 630 000 t.
noix (2001) : 136 000 t.
olives (2001) : 1 700 000 t.
oranges (2001) : 1 070 000 t.
orge (2001) : 6 600 000 t.
pamplemousses (2001) : 140 000 t.
pêches (2001) : 430 000 t.
pistaches (2001) : 35 000 t.
pommes (2001) : 2 400 000 t.
pommes de terre (2001) : 5 350 000 t.
raisin (2001) : 3 500 000 t.
seigle (2001) : 250 000 t.
tabac (2001) : 145 000 t.
thé (2001) : 143 000 t.
tomates (2001) : 8 425 000 t.
tournesol (2001) : 500 000 t.

Élevage et pêche
bovins (2001) : 10 800 000 têtes
ovins (2001) : 29 435 000 têtes
pêche (1999) : 638 000 t.
poulets (2001) : 258 168 000 têtes

Énergie et produits miniers

bauxite (2001) : 242 000 t.
chrome (2001) : 390 000 t.
électricité totale (2000) :
119 181 millions de kWh
fer (2001) : 2 100 000 t.
houille (1998) : 2 300 000 t.
hydroélectricité (2000) : 30 569 milli
de kWh
pétrole (2001) : 2 520 000 t.

Productions industrielles

lait (2001) : 9 676 000 t.
œufs (2001) : 715 000 t.
sucre (2001) : 2 072 000 t.
huile d'olive (2001) : 185 000 t.
viande (2001) : 1 319 000 t.
bière (2001) : 6 904 000 hl
acier (2001) : 15 079 000 t.
ciment (2000) : 35 825 000 t.

Excepté dans sa partie européenne (moins du trentième de la superficie totale), la Turquie est un pays de hautes terres. Les chaînes Pontiques, au nord, et le Taurus, au sud, enserrent le plateau anatolien, qui s'élève par gradins au-dessus de la mer Égée et cède la place, vers l'est, au massif arménien, affecté par le volcanisme (mont Ararat). En dehors du littoral, souvent méditerranéen, le climat est caractérisé par des hivers rudes et des étés chauds et, la plupart du temps, secs.

Superficie : 774 815 km²
Population (2002) : 68 569 000 hab.
Capitale : Ankara 2 984 099 hab.
(r. 1997), 3 208 000 hab. (e. 2001) dans l'agglomération
Nature de l'État et du régime politique : république à régime parlementaire
Chef de l'État : (président de la République) Ahmet Necdet Sezer
Chef du gouvernement : (Premier ministre) Recep Tayyip Erdoğan
Organisation administrative : 80 départements

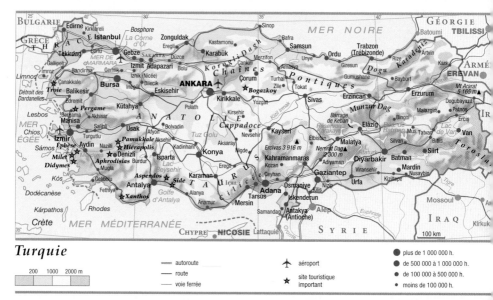

Turquie

200 1000 2000 m

═══ autoroute
─── route
─── voie ferrée

✈ aéroport
★ site touristique important

● plus de 1 000 000 h.
● de 500 000 à 1 000 000 h.
● de 100 000 à 500 000 h.
• moins de 100 000 h.

aoutchouc synthétique (2001) : 43 000 t.
extiles synthétiques (1998) : 757 000 t.
aine (2001) : 44 300 t.
lés de coton (2001) : 876 000 t.
vie (2001) : 22 t.
roduction de bois (2000) : 10 429 000 m³

Tourisme

ecettes touristiques (2000) :
636 millions de $

Commerce extérieur

Exportations de biens (1999) :
29 326 millions de $
Importations de biens (1999) :
39 768 millions de $

Défense

Forces armées (1999) : 609 700 hommes
Budget de la Défense (1999) :
4,8 % du PIB

Niveau de vie

Nombre d'habitants pour un médecin (1995) : 976
Apport journalier moyen en calories (2000) : 3 416 (minimum FAO : 2 400)
Nombre d'automobiles pour 1 000 hab. (1999) : 63
Nombre de téléviseurs pour 1 000 hab. (1999) : 332

REPÈRES HISTORIQUES

Anatolie antique

'Anatolie est peuplée dès les temps préistoriques. Elle possède à Çatal Höyük, a plus vieille agglomération urbaine du aonde (entre 6 500 et 5 500 av. J.-C.).
ers 3000 av. J.-C. : apparition de cités-tats avec lesquelles commercent Méso-otamiens et Syriens.
VIIIe - XIIes. av J.-C. : divers royaumes Hittites, Hourrites, Louvites) et les éta-issements grecs (Troie, Milet) se partaent l'Anatolie.
ers 1200 - 900 av. J.-C. : l'invasion des arbares du Nord ouvre une période oscure.
e s. av. J.-C. : l'Anatolie renaît avec les oyaumes d'Ourartou (IXe - VIe s. av J.-C.), e Phrygie et de Lydie (VIIe - VIe s. av J.-C.).
e moitié du IIe millénaire : les Grecs s'ins-llent en Asie Mineure.
ers 283 - 133 av. J.-C. : celle-ci revient ux Attalides de Pergame.

es Romains aux Byzantins

33 av. J.-C. : Attalos lègue ses posses-ons à Rome qui en fait la province Asie (129).
24 - 330 : Constantin fonde Constanti-ople sur le site de Byzance.
95 : à la mort de Théodose, l'Orient hoit à son fils Arcadius, et l'Occident, à n autre fils Honorius : ainsi naît l'Em-re byzantin.
67 - 1057 : l'Empire connaît son apogée us la dynastie macédonienne.
971 : les Seldjoukides, d'un clan de Turcs ghouz, battent l'armée byzantine à lalazgirt (Mantzikert). Les nomades ircs se répandent en Asie Mineure.
077 - 1307/1308 : les Seldjoukides créent sultanat de Rum.
243 : victoire des Mongols en Anatolie.

Empire ottoman

299 : Osman Ier Gazi se rend indépen-nt des Seldjoukides et fonde la dynastie tomane.
326 : son fils Ohran Gazi conquiert rousse, dont il fait sa capitale. Il crée rmée régulière des janissaires.
359 - 1389 : ses successeurs s'emparent

d'Andrinople, de la Thrace, de la Macé-doine et de la Bulgarie.
1402 : l'empire est ébranlé par l'assaut de Timur Lang.
1451 - 1481 : Mehmed II s'empare de Constantinople (1453), dont il fait sa capitale, avant de conquérir la Serbie (1459), l'empire de Trébizonde (1461), la Bosnie (1463), et de vassaliser la Crimée (1475).
1514 - 1517 : Selim Ier conquiert l'Ana-tolie orientale, la Syrie, l'Égypte.
1520 - 1566 : avec Soliman le Magnifique, l'Empire est à son apogée : domination établie sur la Hongrie (victoire de Mohács, 1526), sur l'Algérie, la Tunisie et la Tripolitaine, siège de Vienne (1529).
1571 : défaite de Lépante contre une coalition de princes chrétiens.
1699 : le traité de Karlowitz marque le premier recul des Ottomans.
1826 : suppression du corps des janis-saires.
1830 : l'Empire doit reconnaître l'indé-pendance de la Grèce et la perte de l'Al-gérie.
1839 : début de l'ère des réformes (Tan-zimat).
1840 : l'Égypte devient autonome.
1856 : le traité de Paris place l'Empire sous la garantie des puissances euro-péennes.
1878 : le congrès de Berlin consacre la perte de la Roumanie et de la Serbie.
1908 : les Jeunes-Turcs, nationalistes par-tisans d'une modernisation de l'État, prennent le pouvoir.
1912 - 1913 : guerres balkaniques à l'issue desquelles les Ottomans ne conservent plus en Europe que la Thrace orientale.
1918 : l'Empire s'engage dans la Première Guerre mondiale aux côtés de l'Alle-magne.

La Turquie moderne

1918 - 1920 : l'Empire est défait et occupé par les Alliés, qui imposent le traité de Sèvres.
1922 : Mustafa Kemal abolit le sultanat.
1923 : le traité de Lausanne fixe les fron-tières de la Turquie. La république est

instaurée ; Mustafa Kemal en devient le président et gouverne avec le parti répu-blicain du Peuple. Il entreprend la « révo-lution nationale » pour faire de la Tur-quie un État laïque, moderne et occidentalisé.
1924 : le califat est aboli.
1938 : à la mort de Mustafa Kemal, dit Atatürk, Ismet Inönü devient président de la République.
1947 : restée neutre jusqu'en 1945, la Tur-quie bénéficie du plan Marshall.
1950 : A. Menderes, à la tête du Parti démocratique, accède au pouvoir. Il rompt avec le dirigisme étatique et tolère le retour aux traditions islamiques.
1952 : la Turquie devient membre de l'OTAN.
1960 : le général Gürsel prend le pouvoir et demeure à la présidence de la Répu-blique de 1961 à 1966.
1961 - 1971 : des gouvernements de coalition sont formés par I. Inönü (1961 - 1965), puis S. Demirel (1965 - 1971).
1970 - 1972 : des troubles graves éclatent ; l'ordre est restauré par l'armée.
1974 : Bülent Ecevit, Premier ministre, fait débarquer les forces turques à Chypre.
1975 - 1980 : Demirel et Ecevit alternent au pouvoir.
1980 : l'aggravation des troubles, causés par la double agitation des marxistes et des intégristes musulmans, ainsi que par les séparatistes kurdes, provoque un coup d'État militaire, dirigé par Kenan Evren.
1983 : les partis politiques sont à nouveau autorisés et un gouvernement civil est formé par Turgut Özal.
1991 : les Kurdes accentuent leurs reven-dications.
1996 : vainqueurs des élections (décembre 1995), les islamistes dirigent le gouvernement.
1997 : sous la pression des tenants de la laïcité, ils doivent se retirer, et leur parti est dissous (1998).
1999 : le chef de la rébellion kurde, Abdullah Öcalan, est arrêté.

VIÊT NAM

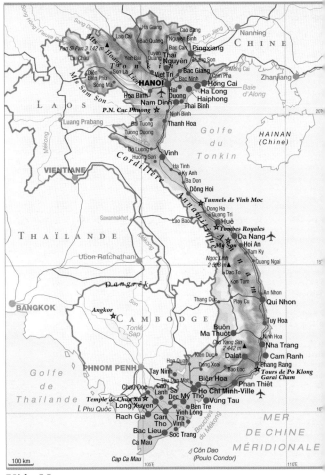

Le pays s'étire sur plus de 1 500 km. Une étroite bande de plateaux et de montagnes (l'Annam) sépare les deltas du fleuve Rouge (Tonkin) et du Mékong (Cochinchine). C'est dans les régions basses, chaudes et arrosées en été (par la mousson) que se concentre la majeure partie de la population.

Superficie : 331 689 km²
Population (2002) : 80 226 000 hab.
Capitale : Hanoi 3 822 000 hab. (e. 2001)
Nature de l'État et du régime politique : république, régime socialiste
Chef de l'État : (président de la République) Tran Duc Luong
Chef du gouvernement : (Premier ministre) Phan Van Khai
Organisation administrative : 61 provinces
Langue officielle : vietnamien
Monnaie : dông

DÉMOGRAPHIE

Densité : 238 hab./km²
Part de la population urbaine (1999) : 19,6 %
Structure de la population par âge (2000) : moins de 15 ans : 33,4 %, 15-65 ans : 61,3 %, plus de 65 ans : 5,3 %
Taux de natalité (2000) : 19 ‰
Taux de mortalité (2000) : 6 ‰
Taux de mortalité infantile (2000) : 33,6 ‰
Espérance de vie (2000) : hommes : 66,9 ans, femmes : 71,6 ans

ÉCONOMIE

PNB (2001) : 32,6 milliards de $
PNB/hab. (2001) : 410 $
PNB/hab. PPA (2001) : 2 130 dollars internationaux
IDH (2000) : 0,688
Taux de croissance annuelle du PIB (2001) : 5 %
Taux annuel d'inflation (2000) : -1,71 %
Structure de la population active : agriculture : n.d., mines et industries : n.d., services : n.d.
Structure du PIB (2000) : agriculture : 24,3 %, mines et industries : 36,6 %, services : 39,1 %
Dette publique brute : n.d.
Taux de chômage : n.d.

Viêt Nam

★ site touristique important
— route
— voie ferrée
✈ aéroport

● plus de 1 000 000 h.
● de 100 000 à 1 000 000 h.
● de 50 000 à 100 000 h.
○ moins de 50 000 h.

200 500 1000 2000 m

Agriculture et pêche
Cultures
ananas (2001) : 313 000 t.
arachide (2001) : 375 000 t.
bananes (2001) : 1 126 000 t.
café (2001) : 800 000 t.
canne à sucre (2001) : 15 089 000 t.
caoutchouc (2001) : 305 000 t.
coprah (2001) : 148 000 t.
coton (2001) : 27 300 t.
jute (1997) : 15 000 t.
maïs (2001) : 2 118 000 t.
manioc (2001) : 2 050 000 t.
noix de cajou (1998) : 53 251 t.
patates douces (2001) : 1 610 000 t.
riz (2001) : 31 925 000 t.
thé (2001) : 83 000 t.
Élevage et pêche
bovins (2001) : 4 200 000 têtes
buffles (2001) : 2 950 000 têtes
chevaux (2001) : 190 000 têtes

pêche (1999) : 1 795 000 t.
porcins (2001) : 20 200 000 têtes

Énergie et produits miniers
bois de chauffage (2001) : 26 615 186 m
chrome (2001) : 60 000 t.
électricité totale (2000) : 25 775 million de kWh
étain (2000) : 4 500 t.
houille (1998) : 13 100 000 t.
hydroélectricité (2000) : 15 275 million de kWh
pétrole (2001) : 17 100 000 t.

Productions industrielles
viande (2001) : 2 004 000 t.
acier (2000) : 306 000 t.
ciment (2000) : 12 500 000 t.
étain (2000) : 4 500 t.
filés de coton (2001) : 6 990 t.
soie (2001) : 900 t.
production de bois (2000) : 4 183 000 m

VIÊT NAM

Tourisme

:ettes touristiques (1998) : 86 millions
$

Commerce extérieur

portations de biens (1997) :
'58 millions de $

portations de biens (1997) :
814 millions de $

Défense

Forces armées (1999) :
484 000 hommes

Budget de la Défense (1997) : 9,15 % du PIB

Niveau de vie

Nombre d'habitants pour un médecin (1993) : 2 300

Apport journalier moyen en calories (2000) : 2 583
(minimum FAO : 2 400)

Nombre d'automobiles pour 1 000 hab. : n.d.

Nombre de téléviseurs pour 1 000 hab. (1999) : 184

REPÈRES HISTORIQUES

s origines

'empire du Viêt Nam

néolithique, le brassage des Muong, s Viêt et d'éléments chinois dans le ssin du fleuve rouge donne naissance peuple vietnamien.

3 av. J.-C. : le royaume du Nam Viêt est é.

¶ av. J.-C. : il est annexé à l'Empire chi- s des Han.

s. apr. J.-C. : le pays est pénétré par le uddhisme.

9 apr. J.-C. : Ngô Quyên fonde la pre- ère dynastie nationale.

3 - 980 : la dynastie des Dinh règne sur pays, appelé Dai Cô Viêt, encore vassal la Chine.

0 - 1225 : sous les dynasties impériales s Lê antérieurs (980 - 1009) puis des (1010 - 1225), le pays, devenu le Dai êt (1054), s'organise et adopte des uctures mandarinales et féodales. Il tend vers le sud au détriment du ampa.

¶5 - 1413 : sous la dynastie des Trân, les ongols sont repoussés (1257, 1287), is la Chine rétablit sa domination 06).

28 : Lê Loi reconquiert l'indépendance fonde la dynastie des Lê postérieurs 28 - 1789).

¶1 : le Dai Viêt remporte une victoire isive sur le Champa.

¶ - XVIIe s. : les clans seigneuriaux rivaux, c, Nguyên (qui gouvernent le Sud) et nh (qui dominent le Nord), s'affron- t. Les jésuites diffusent le catholicisme atinisent la langue vietnamienne.

¶3 - 1792 : les trois frères Tây Son diri- at la révolte contre les Nguyên et les nh.

L'empire du Viêt Nam et la domination française

Nguyên Anh, survivant de la famille Nguyên, reconquiert la Cochinchine, la région de Huê et celle de Hanoi avec l'aide des Français.

1802 : devenu empereur sous le nom de Gia Long, il fonde l'empire du Viêt Nam.

1859 - 1883 : la France conquiert la Cochinchine, qu'elle érige en colonie, et impose son protectorat à l'Annam et au Tonkin.

1885 : la Chine reconnaît ces conquêtes au traité de Tianjin.

1885 - 1896 : un soulèvement nationaliste agite le pays, qui est intégré à l'Union indochinoise, formée par la France en 1887.

1930 : Hô Chi Minh crée le Parti commu- niste indochinois.

1932 : Bao Dai devient empereur.

1941 : le Front de l'indépendance du Viêt Nam (Viêt-minh) est fondé.

1945 : les Japonais mettent fin à l'autorité française : Bao Dai abdique et une répu- blique indépendante est proclamée. La France reconnaît le nouvel État mais refuse d'y inclure la Cochinchine.

1946 - 1954 : la guerre d'Indochine oppose la France, qui a rappelé Bao Dai et reconnu l'indépendance du Viêt Nam au sein de l'Union française, au Viêt-minh.

1954 : la défaite française de Diên Biên Phu conduit aux accords de Genève, qui partagent le pays en deux de part et d'autre du 17e parallèle.

Nord et Sud Viêt Nam

1955 : dans le Sud, l'empereur Bao Dai est déposé par Ngô Dinh Diêm. La répu- blique du Viêt Nam est instaurée à Saigon. Elle bénéficie de l'aide améri- caine. Dans le Nord, la république démo- cratique du Viêt Nam (capitale Hanoi) est dirigée par Hô Chi Minh.

1956 : les communistes rallient les oppo- sants au régime de Ngô Dinh Diêm au sein du Viêt-cong.

1960 : le Front national de libération du Viêt Nam du Sud est créé.

1963 : assassinat de Ngô Dinh Diêm.

1964 : les États-Unis interviennent direc- tement dans la guerre du Viêt Nam aux côtés des Sud-Vietnamiens.

1973 - 1975 : en dépit des accords de Paris et du retrait américain, la guerre continue.

1975 : les troupes du Nord prennent Saigon.

Le Viêt Nam réunifié

1976 : le Viêt Nam devient une répu- blique socialiste que des milliers d'oppo- sants tentent de fuir (*boat people*).

1978 : le Viêt Nam signe un traité d'a- mitié avec l'URSS et envahit le Cam- bodge, dont le régime des Khmers rouges était soutenu par la Chine.

1979 : un conflit armé éclate avec la Chine.

1989 : les troupes vietnamiennes se reti- rent totalement du Cambodge.

1991 : la signature de l'accord de paix sur le Cambodge est suivie par la normalisa- tion des relations avec la Chine.

1992 : une nouvelle Constitution est adoptée.

1994 : l'embargo imposé par les États- Unis depuis 1975 est levé.

1995 : le Viêt Nam devient membre de l'ASEAN.

167

YÉMEN ➡ ARABIE SAOUDITE

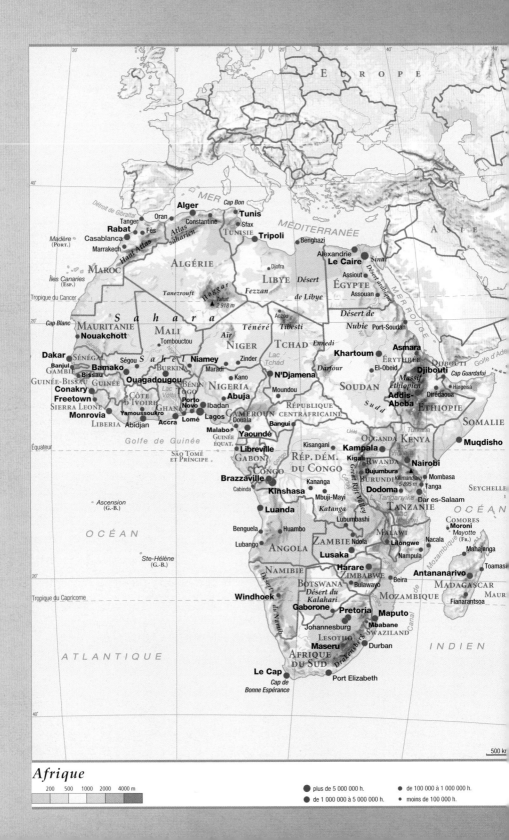

Afrique

200 500 1000 2000 4000 m

● plus de 5 000 000 h.   ● de 100 000 à 1 000 000 h.
● de 1 000 000 à 5 000 000 h.   • moins de 100 000 h.

AFRIQUE

AFRIQUE DU SUD
ALGÉRIE
ANGOLA
BÉNIN
BOTSWANA
BURKINA
BURUNDI
CAMEROUN
CAP-VERT
CENTRAFRICAINE
(RÉPUBLIQUE)
COMORES
CONGO
CONGO
(RÉPUBLIQUE
DÉMOCRATIQUE DU)
CÔTE D'IVOIRE
ÉGYPTE
ÉRYTHRÉE
ÉTHIOPIE
DJIBOUTI
GABON
GAMBIE
GHANA
GUINÉE
GUINÉE-BISSAU
GUINÉE ÉQUATORIALE
KENYA
LESOTHO

AFRIQUE
30 310 000 km²
812 millions d'habitants

AMÉRIQUE
42 000 000 km²
843 millions d'habitants

ASIE
44 000 000 km²
3 700 millions d'habitants

EUROPE
10 500 000 km²
726 millions d'habitants

OCÉANIE
9 000 000 km²
30 millions d'habitants

LIBERIA
LIBYE
MADAGASCAR
MALAWI
MALI
MAROC
MAURICE
MAURITANIE
MOZAMBIQUE
NAMIBIE
NIGER
NIGERIA
OUGANDA
RWANDA
SÃO TOMÉ
ET PRÍNCIPE
SÉNÉGAL
SEYCHELLES
SIERRA LEONE
SOMALIE
SOUDAN
SWAZILAND
TANZANIE
TCHAD
TOGO
TUNISIE
ZAMBIE
ZIMBABWE

AFRIQUE DU SUD

Chef de l'État et du gouvernement : (président de la République) Thabo Mbeki
Organisation administrative : 9 provinces
Langues officielles : afrikaans, anglais, ndebele, pedi, sotho, swazi, tsonga, tswana, venda, xhosa et zoulou
Monnaie : rand

DÉMOGRAPHIE

Densité : 33 hab./km²
Part de la population urbaine (2000) : 55 %
Structure de la population par âge (2000) : moins de 15 ans : 34 %, 15-65 ans : 62,4 %, plus de 65 ans : 3,6 %
Taux de natalité (2000) : 26 ‰
Taux de mortalité (2000) : 16 ‰
Taux de mortalité infantile (2000) : 59,2 ‰
Espérance de vie (2000) : hommes : 46,5 ans, femmes : 48,3 ans

ÉCONOMIE

PNB (2001) : 125 milliards de $
PNB/hab. (2001) : 2 900 $
PNB/hab. PPA (2001) : 9 510 dollars internationaux
IDH (2000) : 0,695
Taux de croissance annuelle du PIB (2001) : 2,2 %
Taux annuel d'inflation (2000) : 5,34 %
Structure de la population active : n.d.
Structure du PIB (2000) : agriculture : 3,2 %, mines et industries : 30,9 %, services : 66 %

Dette publique brute : n.d.
Taux de chômage : n.d.

Agriculture et pêche
Cultures
agrumes (2001) : 1 421 000 t.
blé (2001) : 2 504 000 t.
canne à sucre (2001) : 23 896 000 t.
maïs (2001) : 7 100 000 t.
oranges (2001) : 1 041 000 t.
pamplemousses (2001) : 207 000 t.
pêches (2001) : 218 000 t.
pommes de terre (2001) : 1 555 000 t.
production de bois (2000) : 18 616 000 m
raisin (2001) : 1 530 000 t.
sisal (2001) : 2 600 t.
tournesol (2001) : 527 000 t.
Élevage et pêche
bovins (2001) : 13 740 000 têtes
caprins (2001) : 6 550 000 têtes
ovins (2001) : 28 800 000 têtes
pêche (1999) : 592 000 t.
poulets (2001) : 119 000 000 têtes

Énergie et produits miniers
argent (2001) : 144 t.
chrome (2001) : 5 502 000 t.
cuivre (2000) : 105 000 t.
diamant (2001) : 11 170 000 carats
électricité nucléaire (2000) : 13 600 M. de kW
électricité totale (2000) : 194 383 M. de kW
fer (2001) : 22 240 000 t.
houille (2000) : 225 300 000 t.
manganèse (2001) : 1 479 000 t.
nickel (2000) : 36 600 t.

Par la latitude, l'Afrique du Sud échappe largement à la zone tropicale, et l'altitude (haut plateau intérieur entre 1 200 et 1 800 m, bordé de régions basses) modère les températures. Les précipitations sont plus abondantes sur le versant de l'océan Indien. La barrière du Drakensberg provoque la semi-aridité d'une grande partie du bassin de l'Orange.

Superficie : 1 221 037 km²
Population (2002) : 44 202 000 hab.
Capitale : Le Cap 2 993 000 hab. (e. 2001) dans l'agglomération
Capitale : Pretoria 525 583 hab. (e. 2000), 1 651 000 hab. (e. 2001) dans l'agglomération
Nature de l'État et régime politique : république à régime parlementaire

Afrique du Sud-Lesotho

★ site touristique important

500 1000 1500 2000 m

Le Cap capitale de province
─── limite de province

═══ autoroute
─── route
─── voie ferrée
✈ aéroport

● plus de 1 000 000 h.
● de 500 000 à 1 000 000 h.
● de 100 000 à 500 000 h.
• moins de 100 000 h.

or (2001) : 402 177 kg
phosphate (2001) : 2 550 000 t.
plomb (2001) : 51 000 t.
uranium (2001) : 898 t.

Productions industrielles
laine (2001) : 52 671 t.
sucre (2001) : 2 504 000 t.
vin (2001) : 7 610 000 hl
aluminium (2001) : 663 000 t.
cuivre (2000) : 105 000 t.
nickel (2000) : 29 616 t.
plomb (2001) : 50 000 t.
zinc (2001) : 110 000 t.

automobiles (2001) : 271 000 unités
véhicules utilitaires (1998) : 106 000 unités
filés de coton (2001) : 23 300 t.
sisal (2001) : 2 600 t.
textiles synthétiques (1998) : 145 000 t.
ciment (2000) : 8 900 000 t.
caoutchouc synthétique (2001) : 63 000 t.

Tourisme
Recettes (1999) : 2 526 millions de $

Commerce extérieur
Exportations de biens (2000) :
31 434 millions de $
Importations de biens (2000) : 27 202 M. de $

Défense
Forces armées (1999) : 63 389 hommes
Budget de la Défense (1999) : 4 % du PIB

Niveau de vie
**Nombre d'habitants pour un
médecin (1990) :** 1 640
**Apport journalier moyen en
calories (2000) :** 2 886
(minimum FAO : 2 400)
**Nombre d'automobiles pour
1 000 hab. (1999) :** 94
**Nombre de téléviseurs pour
1 000 hab. (1999) :** 129

REPÈRES HISTORIQUES

Peuplée très tôt dans la préhistoire, l'Afrique du Sud est occupée par les Bochiman, les Hottentots (XIIᵉ s.), puis les Bantous (XVIᵉ s.).

Période africaine et hollandaise
XVIᵉ s. : les Portugais découvrent le pays sans s'y fixer.
1652 : les Hollandais fondent Le Cap.
1685 : les colons (Boers) sont rejoints par les huguenots français, après la révocation de l'Édit de Nantes. L'esclavage se développe. Les Hottentots et les Bochiman sont exterminés.

La domination britannique
1814 : la colonie hollandaise du Cap passe sous administration britannique.
1834 : l'abolition de l'esclavage (1833) mécontente les Boers, qui migrent vers l'est et le nord (« Grand Trek »). Ceux-ci sont évincés du Natal par les Britanniques et établissent deux républiques, Transvaal et Orange, qui consolident leur indépendance après un premier conflit

avec la Grande-Bretagne (1877 - 1881). Les Xhosa s'opposent à la pénétration européenne (neuf guerres « cafres », 1779 - 1877) tandis que les Zoulous affrontent les Boers (bataille de Blood-driver, 1838) et les Britanniques, à Isandhlwana (1879).
1899 - 1902 : la guerre des Boers s'achève par la victoire des Britanniques sur le Transvaal et l'Orange, qui sont annexés.
1910 : création de l'Union sud-africaine (États du Cap, Natal, Orange et Transvaal), qui sera membre du Commonwealth.
1913 : premières lois de ségrégation raciale (apartheid).
1920 : l'ancienne colonie allemande du Sud-Ouest africain est confiée à l'Union sud-africaine par la SDN, puis par l'ONU.
1948 : le gouvernement du Dʳ Malan (Parti national, afrikaner) durcit les lois d'apartheid.

La république d'Afrique du Sud
1961 : l'Union se transforme en république indépendante, puis se retire du Commonwealth. Après 1966, B. J. Vorster et P. Botha poursuivent la politique d'apartheid, au prix d'un isolement grandissant du pays.
1976 : graves émeutes à Soweto.
1985 - 1986 : l'instauration de l'état d'urgence et la violence de la répression sont condamnées par plusieurs pays occidentaux.
1988 : l'Afrique du Sud conclut un accord avec l'Angola et Cuba, qui entraine un cessez-le-feu en Namibie.
1990 : Frederik De Klerk met en œuvre une politique d'ouverture vers la majorité noire. La Namibie accède à l'indépendance.
1994 : les premières élections multiraciales sont largement remportées par l'ANC de N. Mandela. Un gouvernement d'unité nationale est formé. .
1996 : une nouvelle Constitution est adoptée.

171

LESOTHO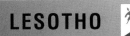

Le Lesotho est un pays montagneux totalement enclavé dans l'Afrique du Sud.

Superficie : 30 355 km²
Population (2002) : 2 076 000 hab.
Capitale : Maseru 271 000 hab. (e. 2001) dans l'agglomération
Nature de l'État et du régime politique : monarchie
Chef de l'État : (roi) Letsie III
Chef du gouvernement : (Premier ministre) Bethuel Pakalitha Mosisili
Organisation administrative : 10 districts
Langues officielles : sotho et anglais
Monnaie : loti

DÉMOGRAPHIE

Densité : 71 hab./km²
Part de la population urbaine (2000) : 28 %
Structure de la population par âge (2000) :
moins de 15 ans : 39,3 %, 15-65 ans :
56,5 %, plus de 65 ans : 4,2 %
Taux de natalité (2000) : 33 ‰
Taux de mortalité (2000) : 17 ‰

Taux de mortalité infantile (2000) : 111,2 ‰
Espérance de vie (2000) : hommes :
40,9 ans, femmes : 39,6 ans

ÉCONOMIE
PNB (2001) : 1,13 milliard de $
PNB/hab. (2001) : 550 $
PNB/hab. PPA (2001) : 2 670 $ intern.
IDH (2000) : 0,535
Taux de croissance annuelle du PIB (2001) : 4 %
Taux annuel d'inflation (2000) : 6,13 %
Structure de la population active : n.d.
Structure du PIB (2000) : agriculture :
16,9 %, mines et industries : 43,8 %,
services : 39,3 %
Dette publique brute : n.d.
Taux de chômage : n.d.

Agriculture
Cultures
maïs (2001) : 300 000 t.
Élevage
bovins (2001) : 510 000 têtes
caprins (2001) : 570 000 têtes
ovins (2001) : 730 000 têtes

Énergie et produits miniers
électricité totale : n.d.
Productions industrielles
lait (2001) : 23 800 t.

Tourisme
Recettes touristiques (1999) : 19 M. de $

Commerce extérieur
Exportations de biens (2000) : 211,1 M. de $
Importations de biens (2000) : 727,6 M. de $

Défense
Forces armées (1999) : 2 000 hommes
Budget de la Défense (1999) : 1,6 % du PIB

Niveau de vie
**Nombre d'habitants pour un
médecin (1990) :** 18 610
Apport journalier moyen en calories (2000) :
2 300 (minimum FAO : 2 400)
**Nombre d'automobiles pour
1 000 hab. (1996) :** 6
**Nombre de téléviseurs pour
1 000 hab. (1999) :** 16

REPÈRES HISTORIQUES

1868 : le royaume du Lesotho, créé au XIXᵉ s., devient protectorat britannique en 1868 sous le nom de Basutoland.
1966 : il acquiert son indépendance et reprend le nom de Lesotho.

ALGÉRIE

Le pays est formé au Nord par un ensemble de hautes terres dont la largeur s'amenuise vers l'Est. Les chaînons de l'Atlas saharien (djebel Amour, monts du Zab, Aurès) constituent la limite avec le désert. Le climat méditerranéen règne sur cet ensemble. Dans le Sud, l'Algérie possède une partie importante du Sahara. Cette vaste étendue désertique comprend des régions au relief varié : plateaux pierreux (regs), cuvettes tapissées de dunes (ergs) et massifs montagneux (Hoggar).

Superficie : 2 381 741 km²
Population (2002) : 31 403 000 hab.
Capitale : Alger 2 861 000 hab. (e. 2001) dans l'agglomération
Nature de l'État et du régime politique : république à régime semi-présidentiel
Chef de l'État : (président de la République) Abdelaziz Bouteflika
Chef du gouvernement : (Premier ministre) Ali Benflis
Organisation administrative : 48 wilayas
Langues officielles : arabe (off.) et tamazight (nat.)
Monnaie : dinar algérien

DÉMOGRAPHIE

Densité : 13 hab./km²
Part de la population urbaine (2000) : 60,3 %
Structure de la population par âge (2000) : moins de 15 ans : 34,8 %, 15-65 ans : 61,1 %, plus de 65 ans : 4,1 %
Taux de natalité (2000) : 25 ‰
Taux de mortalité (2000) : 5 ‰
Taux de mortalité infantile (2000) : 42,8 ‰
Espérance de vie (2000) : hommes : 68,7 ans, femmes : 71,8 ans

ÉCONOMIE

PNB (2001) : 50 milliards de $
PNB/hab. (2001) : 1 630 $
PNB/hab. PPA (2001) : 5 150 dollars internationaux
IDH (2000) : 0,697
Taux de croissance annuelle du PIB (2001) : 2,8 %
Taux annuel d'inflation (1999) : 2,65 %
Structure de la population active : agriculture : n.d., mines et industries : n.d., services : n.d.
Structure du PIB (2000) : agriculture :

8,6 %, mines et industries : 60,3 %, services : 31,2 %
Dette publique brute : n.d.
Taux de chômage (2000) : 29,8 %

Agriculture et pêche
Cultures
agrumes (2001) : 441 000 t.
amandes (2001) : 26 000 t.
blé (2001) : 2 011 000 t.
dattes (2001) : 370 000 t.
olives (2001) : 300 000 t.
oranges (2001) : 300 000 t.
orge (2001) : 500 000 t.
pommes de terre (2001) : 1 200 000 t.
raisin (2001) : 200 000 t.
Élevage et pêche
bovins (2001) : 1 700 000 têtes
caprins (2001) : 3 500 000 têtes
chameaux (2001) : 240 000 têtes
ovins (2001) : 19 300 000 têtes
pêche (1999) : 106 000 t.
poulets (2001) : 110 000 000 têtes

Énergie et produits miniers
électricité totale (2000) : 23 556 millions de kWh
fer (2001) : 760 000 t.
gaz naturel (2000) : 89 300 millions de m³
hydroélectricité (2000) : 100 millions de kWh

pétrole (2001) : 65 800 000 t.
phosphate (2001) : 875 000 t.

Productions industrielles
lait (2001) : 1 513 000 t.
viande (2001) : 536 000 t.
huile d'olive (2001) : 45 000 t.
acier (2000) : 400 000 t.
filés de coton (2001) : 20 t.
vin (2001) : 420 000 hl

Tourisme
Recettes touristiques (1998) : 24 millions de $

Commerce extérieur
Exportations de biens (1997) : 13 894 millions de $
Importations de biens (1997) : 8 688 millions de $

Défense
Forces armées (1999) : 124 000 hommes
Budget de la Défense (1999) : 3,8 % du PIB

Niveau de vie
Nombre d'habitants pour un médecin (1993) : 1 250
Apport journalier moyen en calories (2000) : 2 944 (minimum FAO : 2 400)
Nombre d'automobiles pour 1 000 hab. (1996) : 25
Nombre de téléviseurs pour 1 000 hab. (1999) : 107

REPÈRES HISTORIQUES

De l'Algérie antique à la régence d'Alger
Peuplée par les Berbères, l'Algérie est influencée par les civilisations phénicienne (fin du IIᵉ millénaire) puis carthaginoise (VIIᵉ-IIᵉ s. av. J.-C.). Les Berbères, les Maures et les Numides organisent des royaumes puissants en Numidie et en Mauritanie.
IIᵉ s. av. J.-C. : sous la domination romaine (victoire de Marius sur Jugurtha en 105 av. J.-C.), l'Algérie connaît un réel essor (Timgad, Tébessa). Elle est christianisée.
Vᵉ s. : les Vandales dévastent le pays.
VIᵉ - VIIᵉ s. : domination de Byzance.
VIIᵉ s. : arrivée des Arabes (raids d'Uqba ibn Nafi, 681 - 682). L'Algérie est islamisée et gouvernée de Damas par des califes omeyyades, puis de Bagdad par des califes abbassides. Les Berbères résistent à la domination arabe.
Xᵉ - XIᵉ s. : suzeraineté des Fatimides (dynastie chiite).
XIᵉ - XIIᵉ s. : deux dynasties berbères, les Almoravides puis les Almohades, dominent le Maghreb et une partie de l'Espagne.
XIIIᵉ - XVIᵉ s. : le pays est morcelé en de nombreuses principautés (dont une des plus importantes à Tlemcen, confédérations tribales ou ports libres. Le littoral s'ouvre à la civilisation andalouse.
1518 : face à la menace espagnole, les Algérois font appel aux corsaires turcs.

L'un d'eux, Barberousse, place Alger sous la protection ottomane.
1587 : l'Algérie forme la régence d'Alger. Elle est gouvernée par les deys à partir du XVIIᵉ s. et vit essentiellement de la course des navires corsaires en Méditerranée.

La colonisation française
Juillet 1830 : le gouvernement de Charles X fait occuper Alger.
1832 - 1847 : résistance d'Abd el-Kader, qui déclare la guerre à la France (1839) et qui est vaincu par le général Bugeaud.
1852 - 1870 : la conquête est achevée avec l'occupation de la Kabylie et des confins sahariens. De nombreux colons s'installent surtout après 1870 (environ 984 000 « pieds-noirs » en 1954).
1870 - 1940 : l'économie connaît un certain essor, mais la situation des indigènes ne s'améliore pas.
1ᵉʳ novembre 1954 : insurrection algérienne qui marque le début de la guerre d'Algérie
1962 : l'Algérie devient indépendante.

L'Algérie indépendante
1963 : A. Ben Bella, président de la nouvelle République, établit un régime socialiste à parti unique (FLN).
1965 : il est renversé par H. Boumediene, qui oriente la politique extérieure dans le sens du non-alignement.
1989 : le multipartisme est instauré.
Depuis 1992 : le pays est en proie aux violences liées au terrorisme islamiste.

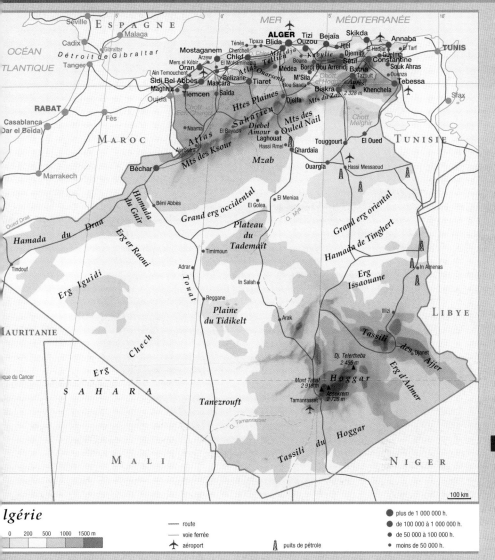

lgérie

0	200 500 1000 1500 m	

— route
— voie ferrée
✈ aéroport
⛽ puits de pétrole

● plus de 1 000 000 h.
● de 100 000 à 1 000 000 h.
● de 50 000 à 100 000 h.
· moins de 50 000 h.

173

Couchant et Levant

L'Algérie est un pays du Maghreb. Ce nom signifie en arabe « le Couchant ». Le Maroc et la Tunisie font aussi partie du Maghreb. Le Grand Maghreb recouvre, outre ces trois pays, la Libye et la Mauritanie. En 1989, les pays du Grand Maghreb ont créé une union économique, l'Union du Maghreb arabe (UMA). On désigne sous le nom de Machreq (« le Levant ») les pays arabes d'Asie et du nord-est de l'Afrique (Égypte, Libye).

ANGOLA

Angola

| 200 | 500 | 1000 | 1500 m |

— route
— voie ferrée
✈ aéroport

● plus de 2 000 000 h.
● de 100 000 à 2 000 000 h.
● de 50 000 à 100 000 h.
● moins de 50 000 h.

Occupant plus du double de la superficie de la France, l'Angola est formé d'un haut plateau, relativement arrosé et couvert de savanes, qui domine une étroite plaine côtière aride.

Superficie : 1 246 700 km²
Population (2002) : 13 937 000 hab.
Capitale : Luanda 2 819 000 hab. (e. 2001) dans l'agglomération
Nature de l'État et du régime politique : république à régime semi-présidentiel
Chef de l'État : (président de la République) José Eduardo Dos Santos
Chef du gouvernement : (Premier ministre) Fernando da Piedade Dias dos Santos
Organisation administrative : 18 provinces
Langue officielle : portugais
Monnaie : kwanza

174

DÉMOGRAPHIE

Densité : 10 hab./km²
Part de la population urbaine (2000) : 34,2 %
Structure de la population par âge (2000) : moins de 15 ans : 48,2 %, 15-65 ans : 49 %, plus de 65 ans : 2,8 %
Taux de natalité (2000) : 48 ‰
Taux de mortalité (2000) : 19 ‰
Taux de mortalité infantile (2000) : 117,7 ‰
Espérance de vie (2000) : hommes : 44,5 ans, femmes : 47,1 ans

ÉCONOMIE

PNB (2001) : 6,71 milliards de $
PNB/hab. (2001) : 500 $
PNB/hab. PPA (2001) : 1 550 dollars internationaux
IDH (2000) : 0,403
Taux de croissance annuelle du PIB (2001) : 3,2 %
Taux annuel d'inflation (2000) : 325,03 %
Structure de la population active : n.d.
Structure du PIB (2000) : agriculture : 5,7 %, mines et industries : 76,1 %, services : 18,2 %
Dette publique brute : n.d.
Taux de chômage : n.d.

Agriculture et pêche

Cultures
bananes (2001) : 300 000 t.
café (2001) : 4 260 t.
canne à sucre (2001) : 360 000 t.

maïs (2001) : 460 000 t.
manioc (2001) : 3 300 000 t.
millet (2001) : 105 000 t.
patates douces (2001) : 185 000 t.

Élevage et pêche
bovins (2001) : 4 042 000 têtes
caprins (2001) : 2 150 000 têtes
ovins (2001) : 350 000 têtes
pêche (1999) : 177 000 t.
porcins (2001) : 800 000 têtes

Énergie et produits miniers

diamant (2001) : 5 170 000 carats
électricité totale (2000) : 1 190 millions de kWh
hydroélectricité (2000) : 710 millions de kWh
pétrole (2001) : 36 000 000 t.

Productions industrielles

bière (2000) : 1 000 000 hl

Tourisme

Recettes touristiques (2000) : 18 millions de $

Commerce extérieur

Exportations de biens (1997) : 4 157 millions de $
Importations de biens (1997) : 2 268 millions de $

Défense

Forces armées (1999) : 107 500 hommes
Budget de la Défense (1999) : 9,4 % du PIB

Niveau de vie

Nombre d'habitants pour un médecin (1990) : 14 290

Apport journalier moyen en calories (2000) : 1 903 (minimum FAO : 2 400)
Nombre d'automobiles pour 1 000 hab. (1996) : 18
Nombre de téléviseurs pour 1 000 hab. (1999) : 15

REPÈRES HISTORIQUES

1482 : le Portugais Diogo Cão découvre pays.
1580 - 1625 : la traite est la première ac vité du pays.
1889 - 1901 : des traités fixent les limi de la colonie portugaise.
1961 : l'insurrection de Luanda inaugu la guerre d'indépendance, mais le mo vement nationaliste est divisé.
1975 : l'indépendance est proclamée.
1976 - 1988 : des troupes cubaines so tiennent le gouvernement dans sa lu contre la guérilla (Union nationale po l'indépendance totale de l'Angola, UNITA).
1991 : le multipartisme est instauré. U accord de paix est signé avec l'UNITA.
1992 : le parti gouvernemental rempo les premières élections libres. Mais refus de l'UNITA de reconnaître défaite entraîne une reprise de la gue civile, qui se poursuit malgré un nou accord de paix en 1994.
2002 : signature d'un cessez-le-feu en l'armée gouvernementale et l'UNITA.

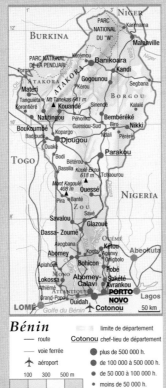

Le pays est formé d'une étroite bande de terre, étirée sur près de 700 km du golfe de Guinée au fleuve Niger. Le Sud, au climat équatorial, est le domaine des plaines, le Centre, plus sec, domaine de la savane, comprend des plateaux, tandis que le Nord est accidenté par les modestes hauteurs de l'Atakora.

Superficie : 112 622 km²
Population (2002) : 6 629 000 hab.
Capitale : Porto-Novo 225 000 hab. (e. 2001)
Nature de l'État et du régime politique : république à régime présidentiel
Chef de l'État et du gouvernement : (président de la République) Mathieu Kérékou
Organisation administrative : 12 départements
Langue officielle : français
Monnaie : franc CFA

DÉMOGRAPHIE
Densité : 54 hab./km²
Part de la population urbaine (2000) : 42,3 %
Structure de la population par âge (2000) : moins de 15 ans : 46,4 %, 15-65 ans : 50,9 %, plus de 65 ans : 2,7 %
Taux de natalité (2000) : 39 ‰
Taux de mortalité (2000) : 13 ‰
Taux de mortalité infantile (2000) : 80,6 ‰
Espérance de vie (2000) : hommes : 52,5 ans, femmes : 55,7 ans

ÉCONOMIE
PNB (2001) : 2,35 milliards de $
PNB/hab. (2001) : 360 $
PNB/hab. PPA (2001) : 1 030 dollars internationaux
IDH (2000) : 0,42
Taux de croissance annuelle du PIB (2001) : 5 %

Taux annuel d'inflation (2000) : 4,17 %
Structure de la population active : agriculture : n.d., mines et industries : n.d., services : n.d.
Structure du PIB (2000) : agriculture : 38 %, mines et industries : 14,4 %, services : 47,6 %
Dette publique brute : n.d.
Taux de chômage : n.d.

Agriculture
Cultures
arachide (2001) : 81 000 t.
igname (2001) : 1 773 000 t.
maïs (2001) : 663 000 t.
manioc (2001) : 2 800 000 t.
noix de cajou (1998) : 10 000 t.
sorgho (2001) : 165 000 t.
Élevage
bovins (2001) : 1 500 000 têtes
caprins (2001) : 1 183 000 têtes

ovins (2001) : 645 000 têtes
porcins (2001) : 470 000 têtes
poulets (2001) : 30 000 000 têtes

Énergie et produits miniers
électricité totale (2000) : 240 millions de kWh
pétrole (2001) : 50 000 t.

Productions industrielles
huile de palme (2001) : 15 000 t.
filés de coton (2001) : 141 000 t.
ciment (2000) : 520 000 t.

Tourisme
Recettes touristiques (1998) : 33 millions de $

Commerce extérieur
Exportations de biens (1999) : 421,5 millions de $
Importations de biens (1999) : 635,2 millions de $

Défense
Forces armées (1999) : 4 750 hommes
Budget de la Défense (1999) : 1,4 % du PIB

Niveau de vie
Nombre d'habitants pour un médecin (1994) : 10 000
Apport journalier moyen en calories (2000) : 2 258 (minimum FAO : 2 400)
Nombre d'automobiles pour 1 000 hab. (1996) : 7
Nombre de téléviseurs pour 1 000 hab. (1998) : 11

REPÈRES HISTORIQUES
Une migration adja-fon venue de Tado (Togo actuel) est à l'origine de la création du royaume d'Allada (XVIe s. ?) dont sont issus les royaumes de Porto-Novo et d'Abomey.
Vers 1720 : ce dernier (le Dan Homé ou Dahomey) conquiert le port de Ouidah qui lui donne accès au commerce atlantique.
XIXe s. : l'influence française s'accroît malgré les efforts du roi Glélé et de son fils Béhanzin, fait prisonnier en 1894.
1895 : la colonie du Dahomey est incluse dans l'Afrique-Occidentale française.
1946 : elle devient un territoire d'outre-mer.
1958 : elle est membre de la Communauté.
1960 : le pays accède à l'indépendance.
1975 : il prend le nom de République populaire du Bénin.

BOSTWANA

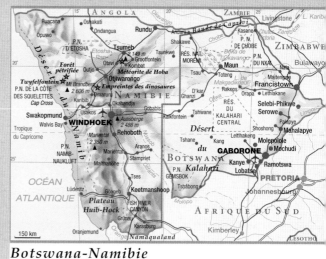

Le Botswana est en majeure partie désertique (désert du Kalahari) avec, au nordouest, le delta de l'Okavango, fleuve dont le pays tire l'essentiel de ses ressources.

Superficie : 581 730 km²
Population (2002) : 1 563 000 hab.
Capitale : Gaborone 225 000 hab.
(e. 2001)
Nature de l'État et du régime politique :
république à régime parlementaire
Chef de l'État et du gouvernement :
(président de la République) Festus
Mogae
Organisation administrative :
10 districts
Langue officielle : anglais
Monnaie : pula

DÉMOGRAPHIE

Densité : 3 hab./km²
Part de la population urbaine (2000) :
50,3 %
Structure de la population par âge (2000) :
moins de 15 ans : 42,1 %, 15-65 ans :
55,1 %, plus de 65 ans : 2,8 %
Taux de natalité (2000) : 32 ‰
Taux de mortalité (2000) : 20 ‰
Taux de mortalité infantile (2000) :
67,2 ‰
Espérance de vie (2000) : hommes :
36,5 ans, femmes : 35,6 ans

ÉCONOMIE

PNB (2001) : 5,86 milliards de $
PNB/hab. (2001) : 3 630 $
PNB/hab. PPA (2001) : 8 810 dollars
internationaux
IDH (2000) : 0,572
Taux de croissance annuelle du PIB (2001) :
4,9 %
Taux annuel d'inflation (2000) : 8,6 %
Structure de la population active : n.d.

Structure du PIB (2000) : agriculture :
3,6 %, mines et industries : 44,4 %,
services : 52 %
Dette publique brute : n.d.
Taux de chômage (1995) : 21,5 %

Agriculture

Cultures
sorgho (2001) : 11 300 t.
Élevage
bovins (2001) : 2 400 000 têtes
caprins (2001) : 2 250 000 têtes

Énergie et produits miniers

cuivre (2000) : 38 000 t.
diamant (2001) : 25 160 000 carats
électricité totale (2000) : 500 millions de
kWh
houille (2000) : 950 000 t.
nickel (2000) : 34 000 t.

Productions industrielles

bière (2000) : 390 000 hl
viande (2001) : 66 000 t.
lait (2001) : 105 000 t.
production de bois (2000) :
105 000 m³

Tourisme

Recettes touristiques (1999) : 234 millions
de $

Commerce extérieur

Exportations de biens (1999) :
2 671 millions de $
Importations de biens (1999) :
1 996,5 millions de $

Défense

Forces armées (1999) : 9 000 hommes
Budget de la Défense (1999) : 4,2 % du PIB

Niveau de vie

Nombre d'habitants pour un
médecin (1993) : 5 000
Apport journalier moyen en
calories (2000) : 2 255
(minimum FAO : 2 400)
Nombre d'automobiles pour
1 000 hab. (1999) : 30
Nombre de téléviseurs pour
1 000 hab. (1998) : 20

REPÈRES HISTORIQUES

1885 : le Bechuanaland devient un protectorat britannique.
1966 : il accède à l'indépendance et prend
le nom de Botswana.

NAMIBIE

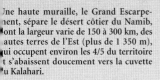

Une haute muraille, le Grand Escarpement, sépare le désert côtier du Namib, dont la largeur varie de 150 à 300 km, des hautes terres de l'Est (plus de 1 350 m), qui occupent environ les 4/5 du territoire et s'abaissent doucement vers la cuvette du Kalahari.

Superficie : 824 292 km²
Population (2002) : 1 819 000 hab.
Capitale : Windhoek 216 000 hab. (e. 2001) dans l'agglomération
Nature de l'État et du régime politique : république à régime semi-présidentiel
Chef de l'État et du gouvernement : (président de la République) Samuel Nujoma, dit Sam Nujoma
Organisation administrative : 13 régions
Langue officielle : anglais
Monnaie : dollar namibien

DÉMOGRAPHIE

Densité : 2 hab./km²
Part de la population urbaine (2000) : 30,9 %
Structure de la population par âge (2000) : moins de 15 ans : 43,7 %, 15-65 ans : 52,5 %, plus de 65 ans : 3,8 %
Taux de natalité (2000) : 36 ‰
Taux de mortalité (2000) : 17 ‰
Taux de mortalité infantile (2000) : 64,7 ‰
Espérance de vie (2000) : hommes : 44,3 ans, femmes : 44,1 ans

ÉCONOMIE

PNB (2001) : 0,352 milliard de $
PNB/hab. (2001) : 1 960 $
PNB/hab. PPA (2001) : 6 700 dollars internationaux
IDH (2000) : 0,61
Taux de croissance annuelle du PIB (2001) : 3,5 %
Taux annuel d'inflation (1999) : 8,6 %
Structure de la population active : n.d.

Structure du PIB (2000) : agriculture : 11 %, mines et industries : 28 %, services : 61 %
Dette publique brute : n.d.
Taux de chômage : n.d.

Agriculture et pêche

Cultures
maïs (2001) : 27 700 t.
millet (2001) : 65 000 t.
Élevage et pêche
bovins (2001) : 2 100 000 têtes
caprins (2001) : 1 700 000 têtes
ovins (2001) : 2 200 000 têtes
pêche (1999) : 299 000 t.
poulets (2001) : 2 350 000 têtes

Énergie et produits miniers

cuivre (2000) : 5 000 t.
diamant (2001) : 1 490 000 carats
électricité totale (2000) : 30 millions de kWh
or (2001) : 2 851 kg
plomb (2001) : 12 000 t.
uranium (2001) : 2 239 t.
zinc (2001) : 42 000 t.

Productions industrielles

cuivre (2000) : 13 488 t.

Tourisme

Recettes touristiques (1998) : 288 millions de $

Commerce extérieur

Exportations de biens (1998) : 1 278,3 millions de $
Importations de biens (1998) : 1 450,9 millions de $

Défense

Forces armées (1999) : 9 000 hommes
Budget de la Défense (1999) : 3,1 % du PIB

Niveau de vie

Nombre d'habitants pour un médecin (1993) : 4 320

Apport journalier moyen en calories (2000) : 2 649 (minimum FAO : 2 400)
Nombre d'automobiles pour 1 000 hab. (1996) : 46
Nombre de téléviseurs pour 1 000 hab. (1998) : 38

REPÈRES HISTORIQUES

Fin du xvᵉ - xvIIIᵉ s. : quelques Européens, Portugais puis Hollandais, s'aventurent sur les côtes. Cependant, l'intérieur est occupé par les Bantous (Herero et Hottentots), qui refoulent Bochimans et Namaqua.
1892 : l'Allemagne s'assure la domination de la région (sauf une enclave devenue colonie britannique en 1878), qu'elle baptise Sud-Ouest africain.
1904 - 1906 : elle doit lutter contre le soulèvement des Herero.
1914 - 1915 : l'Union sud-africaine (aujourd'hui Afrique du Sud) conquiert la région.
1920 : elle la reçoit en mandat de la SDN.
1922 : l'enclave britannique est rattachée au Sud-Ouest africain.
1949 : l'ONU refuse l'annexion de la région à l'Union sud-africaine, qui conserve son mandat sur elle et y étend le système de l'apartheid.
1966 : l'ONU révoque le mandat de l'Afrique du Sud.
1968 : l'ONU change le nom du Sud-Ouest africain en Namibie. L'Afrique du Sud ignore cette décision, mais ne peut empêcher la formation d'un parti indépendantiste, la SWAPO (South West Africa People's Organization).
1974 : celle-ci engage des opérations de guérilla contre l'Afrique du Sud.
1988 : des accords entre l'Afrique du Sud, l'Angola et Cuba entraînent un cessez-le-feu dans le nord de la Namibie et ouvrent la voie à l'indépendance du territoire.
1990 : la Namibie accède à l'indépendance.

BURKINA

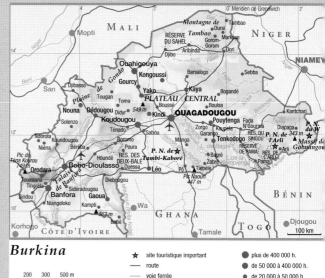

Enclavé au cœur du Sahel, le Burkina est un pays pauvre, souvent aride, domaine d'une agriculture médiocre.

Superficie : 274 000 km²
Population (2002) : 12 210 000 hab.
Capitale : Ouagadougou 862 000 hab. (e. 2001)
Nature de l'État et du régime politique : république à régime semi-présidentiel
Chef de l'État : (président du Faso) Blaise Compaoré
Chef du gouvernement : (Premier ministre) Paramanga Ernest Yonli
Organisation administrative : 45 provinces
Langue officielle : français
Monnaie : franc CFA

DÉMOGRAPHIE

Densité : 43 hab./km²
Part de la population urbaine (2000) : 18,5 %
Structure de la population par âge (2000) : moins de 15 ans : 48,7 %, 15-65 ans : 48,1 %, plus de 65 ans : 3,2 %
Taux de natalité (2000) : 44 ‰
Taux de mortalité (2000) : 19 ‰
Taux de mortalité infantile (2000) : 86,6 ‰
Espérance de vie (2000) : hommes : 47 ans, femmes : 49 ans

ÉCONOMIE

PNB (2001) : 2,4 milliards de $
PNB/hab. (2001) : 210 $
PNB/hab. PPA (2001) : 1 020 dollars internationaux
IDH (2000) : 0,325
Taux de croissance annuelle du PIB (2001) : 5,7 %
Taux annuel d'inflation (2000) : - 0,3 %
Structure de la population active : n.d.
Structure du PIB (2000) : agriculture : 34,5 %, mines et industries : 17,2 %, services : 48,3 %
Dette publique brute : n.d.
Taux de chômage : n.d.

Agriculture

Cultures
arachide (2001) : 169 000 t.
canne à sucre (2001) : 400 000 t.
coton (2001) : 395 000 t.
maïs (2001) : 518 000 t.
millet (2001) : 957 000 t.
sorgho (2001) : 1 372 000 t.
Élevage
bovins (2001) : 4 798 000 têtes
caprins (2001) : 8 647 000 têtes
ovins (2001) : 6 782 000 têtes

Énergie et produits miniers
électricité totale (2000) : 282 millions de kWh
or (2001) : 1 000 kg

Productions industrielles
sucre (2001) : 30 000 t.
filés de coton (2001) : 114 000 t.

Tourisme
Recettes touristiques (1998) : 42 millions de $

Commerce extérieur
Exportations de biens (1997) : 190 millions de $
Importations de biens (1997) : 506 millions de $

Défense
Forces armées (1999) : 10 000 hommes
Budget de la Défense (1999) : 2,9 % du PIB

Niveau de vie
Nombre d'habitants pour un médecin (1990) : 33 330
Apport journalier moyen en calories (2000) : 2 293 (minimum FAO : 2 400)
Nombre d'automobiles pour 1 000 hab. (1996) : 4
Nombre de téléviseurs pour 1 000 hab. (1998) : 11

REPÈRES HISTORIQUES

Le pays est peuplé en majorité par le Mossi, qui fondent au XVᵉ s. le royaume de Ouagadougou, d'où sont issus diverses époques d'autres royaumes mossi.

XVIIIᵉ s. : les Dioula du royaume de Kong (actuelle Côte d'Ivoire) unifient l'ouest du pays en créant le Gwiriko, autour de Bobo-Dioulasso.
1898 : après les explorations de Binger (1886-1888) et de Monteil (1890-1891), la France, victorieuse de Samory Touré, occupe Bobo-Dioulasso.
1919 : d'abord incluse dans le Haut-Sénégal-Niger (1904), la Haute-Volta devient colonie particulière.
1932 : elle est partagée entre le Soudan, la Côte d'Ivoire et le Niger.
1960 : la Haute-Volta acquiert son indépendance.
1966 - 1983 : elle est secouée par divers coups d'État militaires, dont celui de Thomas Sankara en 1983.
1984 : la Haute-Volta devient le Burkina.
1991 : le multipartisme est instauré.

Pays de hauts plateaux et proche de l'équateur, le Burundi a un climat tempéré par l'altitude, rarement inférieure à 1 000 m.

Superficie : 27 834 km^2
Population (2002) : 6 687 000 hab.
Capitale : Bujumbura 346 000 hab.
(e. 2001)
Nature de l'État et du régime politique :
république
Chef de l'État et du gouvernement : (président de la République) Pierre Buyoya
Organisation administrative :
15 provinces
Langues officielles : français et kirundi
Monnaie : franc du Burundi

DÉMOGRAPHIE

Densité : 239 hab./km^2
Part de la population urbaine (2000) : 9 %
Structure de la population par âge (2000) :
moins de 15 ans : 47,6 %, 15-65 ans :
49,5 %, plus de 65 ans : 2,9 %
Taux de natalité (2000) : 40 ‰
Taux de mortalité (2000) : 20 ‰
Taux de mortalité infantile (2000) :
111,5 ‰
Espérance de vie (2000) : hommes :
39,8 ans, femmes : 41,4 ans

ÉCONOMIE

PNB (2001) : 0,692 milliard de $
PNB/hab. (2001) : 100 $
PNB/hab. PPA (2001) : 590 $ intern.
IDH (2000) : 0,313
Taux de croissance annuelle du PIB (2001) :
2,4 %
Taux annuel d'inflation (2000) : 24,32 %
Structure de la population active : n.d.
Structure du PIB (2000) : agriculture :
50,7 %, mines et industries : 18,5 %,
services : 30,8 %
Dette publique brute : n.d.
Taux de chômage : n.d.

Agriculture et pêche

Cultures
bananes (2001) : 1 549 000 t.
canne à sucre (2001) : 200 000 t.
maïs (2001) : 124 000 t.
manioc (2001) : 713 000 t.
patates douces (2001) : 781 000 t.
Élevage et pêche
bovins (2001) : 315 000 têtes
caprins (2001) : 600 000 têtes
ovins (2001) : 230 000 têtes
pêche (1999) : 9 250 t.
porcins (2001) : 70 000 têtes

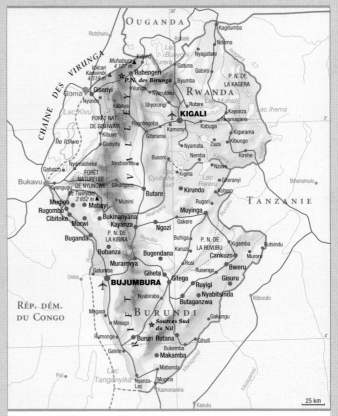

Burundi-Rwanda

500 1000 1500 m	

— route
✈ aéroport
★ site touristique important

● plus de 200 000 h.
● de 20 000 à 200 000 h.
• moins de 20 000 h.

Énergie et produits miniers
électricité totale (2000) : 148 millions de kWh
or (2001) : 415 kg

Productions industrielles
bière (2000) : 1 170 000 hl

Tourisme
Recettes touristiques (2000) : 1 million de $

Commerce extérieur
Exportations de biens (2000) :
49,1 millions de $
Importations de biens (2000) :
107,9 millions de $

Défense
Forces armées (1999) : 45 500 hommes
Budget de la Défense (1999) : 6,3 % du PIB

Niveau de vie
**Nombre d'habitants pour un
médecin (1993) :** 17 240
Apport journalier moyen en calories (2000) :
1 605 (minimum FAO : 2 400)
**Nombre d'automobiles pour
1 000 hab. :** n.d.
**Nombre de téléviseurs pour
1 000 hab. (1999) :** 15

REPÈRES HISTORIQUES

Le Burundi est un royaume africain fondé peut-être à la fin du XVIIe s.
1890 : le pays est annexé par l'Afrique-Orientale allemande.
1916 - 1962 : il est, avec le Ruanda-Urundi, sous mandat, puis sous tutelle belge.
1962 : le Burundi accède à l'indépendance.
1966 : la royauté y est abolie au profit de la république. La vie politique est dominée par des conflits intercommunautaires permanents entre les Hutu (85 % de la population) et les Tutsi, minoritaires mais qui, traditionnellement, détiennent le pouvoir.
1992 : une nouvelle Constitution instaure le multipartisme.
2001 : un gouvernement d'union nationale est mis en place, un accord prévoyant l'alternance au pouvoir d'un président tutsi et d'un président hutu.

RWANDA R

Petit pays enclavé, le Rwanda est formé de hauts plateaux où l'altitude modère les températures équatoriales.

Superficie : 26 338 km²
Population (2002) : 8 148 000 hab.
Capitale : Kigali 412 000 hab. (e. 2001)
Nature de l'État et du régime politique :
république
Chef de l'État : (président de
la République) Paul Kagame
Chef du gouvernement : (Premier ministre) Bernard Makuza
Organisation administrative :
12 préfectures
Langues officielles : anglais, français et rwanda
Monnaie : franc rwandais

DÉMOGRAPHIE

Densité : 294 hab./km²
Part de la population urbaine (2000) :
6,2 %
Structure de la population par âge (2000) :
moins de 15 ans : 44,3 %, 15-65 ans :
53,1 %, plus de 65 ans : 2,6 %
Taux de natalité (2000) : 44 ‰
Taux de mortalité (2000) : 22 ‰
Taux de mortalité infantile (2000) :
119,2 ‰
Espérance de vie (2000) : hommes :
40,2 ans, femmes : 41,7 ans

ÉCONOMIE

PNB (2001) : 1,88 milliard de $
PNB/hab. (2001) : 220 $
PNB/hab. PPA (2001) : 1 000 dollars internationaux
IDH (2000) : 0,403

Taux de croissance annuelle du PIB (2001) :
6,7 %
Taux annuel d'inflation (2000) : 3,9 %
Structure de la population active : n.d.
Structure du PIB (2000) : agriculture :
43,7 %, mines et industries : 21,2 %,
services : 35,1 %
Dette publique brute : n.d.
Taux de chômage : n.d.

Agriculture et pêche
Cultures
bananes plantain (2001) : 1 573 000 t.
manioc (2001) : 688 000 t.
patates douces (2001) : 1 137 000 t.
sorgho (2001) : 175 000 t.
Élevage et pêche
bovins (2001) : 800 000 têtes
caprins (2001) : 700 000 têtes
ovins (2001) : 260 000 têtes
pêche (1999) : 6 730 t.

Énergie et produits miniers
électricité totale (2000) : 113 millions de kWh
étain (2000) : 344 t.
or (2001) : 10 kg

Productions industrielles
bière (2000) : 400 000 hl
ciment (2000) : 70 000 t.

Tourisme
Recettes touristiques (1999) : 17 millions de $

Commerce extérieur
Exportations de biens (2000) :
69,1 millions de $
Importations de biens (2000) :
222,3 millions de $

Défense
Forces armées (1999) : 55 000 hommes

Budget de la Défense (1999) : 6,2 % du PIB
Niveau de vie
Nombre d'habitants pour un médecin (1990) : 50 000
Apport journalier moyen en calories (2000) : 2 077
(minimum FAO : 2 400)
Nombre d'automobiles pour 1 000 hab. (1996) : 1
Nombre de téléviseurs pour 1 000 hab. (1998) : 0

REPÈRES HISTORIQUES

xiv⁰ - xix⁰ s. : le Rwanda entre dans l'histoire avec la dynastie des rois Nyiginya, issus du groupe pastoral et guerrier des Tutsi.
Fin du xix⁰ s. : le pays est difficilement contrôlé par les Allemands.
1923 : la Belgique reçoit un mandat sur la région, qui prend le nom de Ruanda-Urundi.
1962 : le Rwanda devient indépendant. De graves conflits opposent les Hutu aux Tutsi, qui émigrent ou sont totalement évincés des affaires.
1973 : coup d'État du général Juvénal Habyarimana (hutu).
1991 : une nouvelle Constitution restaure le multipartisme.
1994 : la mort du président Habyarimana (probablement dans un attentat) ouvre un épisode sanglant de l'histoire du pays. La minorité tutsi est victime d'un véritable génocide, organisé par les milices extrémistes hutu, et les populations hutu, elles-mêmes victimes de tueries, fuient devant la progression du FPR (Front patriotique rwandais). Ce dernier prend le contrôle du pays, qui reste le théâtre d'affrontements intercommunautaires permanents.

Cameroun est formé de plaines (sur le [litt]oral), de hauteurs volcaniques isolées [(m]ont Cameroun : 4 070 m), de chaînes [m]assives au centre (Adamaoua), de col[lin]es et de plateaux aux extrémités sud et [no]rd. Toujours chaud, le climat devient [plu]s sec vers le nord.

[Su]perficie : 475 442 km²
[Po]pulation (2002) : 15 535 000 hab.
[Ca]pitale : Yaoundé 1 481 000 hab.
[(2001)
[Na]ture de l'État et du régime politique :
[ré]publique à régime semi-présidentiel
[Ch]ef de l'État : (président de
[la] République) Paul Biya
[Ch]ef du gouvernement : (Premier
[mi]nistre) Peter Mafany Musonge
[Or]ganisation administrative :
[10] régions
[La]ngues officielles : anglais et français
[Mo]nnaie : franc CFA

DÉMOGRAPHIE

[De]nsité : 32 hab./km²
[Par]t de la population urbaine (2000) :
[4]9 %
[Str]ucture de la population par âge (2000) :
[mo]ins de 15 ans : 43,1 %, 15-65 ans :
[5]2,2 %, plus de 65 ans : 3,7 %
[Tau]x de natalité (2000) : 37 ‰
[Tau]x de mortalité (2000) : 14 ‰
[Tau]x de mortalité infantile (2000) :
[7]3 ‰
[Espé]rance de vie (2000) : hommes :
[4]8 ans, femmes : 50,6 ans

ÉCONOMIE

[PI]B (2001) : 8,72 milliards de $
[PI]B/hab. (2001) : 570 $
[PI]B/hab. PPA (2001) : 1 670 dollars
[int]ernationaux
[ID]H (2000) : 0,512
[Tau]x de croissance annuelle du PIB (2001) :
[5] %
[Tau]x annuel d'inflation (2000) :
[1]4 %
[Str]ucture de la population active : n.d.
[Str]ucture du PIB (2000) : agriculture :
[4]3,8 %, mines et industries : 20,3 %,
[ser]vices : 35,9 %
[Det]te publique brute : n.d.
[Tau]x de chômage : n.d.

Agriculture et pêche
[Cul]tures
[ara]chide (2001) : 100 000 t.

bananes (2001) : 850 000 t.
bananes plantain (2001) :
1 400 000 t.
cacao (2001) : 115 000 t.
canne à sucre (2001) : 1 350 000 t.
caoutchouc (2001) : 60 000 t.
maïs (2001) : 850 000 t.
manioc (2001) : 1 700 000 t.
millet (2001) : 71 000 t.
palmiste (2001) : 66 000 t.
sorgho (2001) : 450 000 t.
Élevage et pêche
bovins (2001) : 5 900 000 têtes
caprins (2001) : 4 400 000 têtes
ovins (2001) : 3 800 000 têtes
pêche (1999) : 95 000 t.
porcins (2001) : 1 350 000 têtes
poulets (2001) : 30 000 000 têtes
Énergie et produits miniers
électricité totale (2000) : 3 623 millions
de kWh

hydroélectricité (2000) : 3 530 millions
de kWh
or (2001) : 1 000 kg
pétrole (2001) : 4 100 000 t.
Productions industrielles
huile de palme (2001) : 130 000 t.
aluminium (2001) : 81 000 t.
filés de coton (2001) : 97 000 t.
production de bois (2000) :
1 894 000 m³
Tourisme
Recettes touristiques (1998) : 40 millions
de $
Commerce extérieur
Exportations de biens (1997) :
1 814 millions de $
Importations de biens (1999) :
15 616 millions de $
Défense
Forces armées (1999) : 22 100 hommes
Budget de la Défense (1999) : 1,5 % du PIB

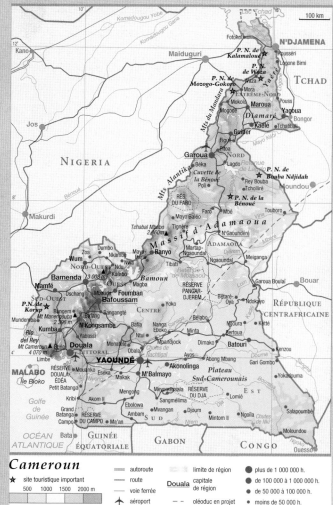

Cameroun

★ site touristique important
500 1000 1500 2000 m

═══ autoroute
──── route
──── voie ferrée
✈ aéroport

▓▓▓ limite de région
Douala capitale de région
— — oléoduc en projet

● plus de 1 000 000 h.
● de 100 000 à 1 000 000 h.
● de 50 000 à 100 000 h.
• moins de 50 000 h.

CAMEROUN

REPÈRES HISTORIQUES

Avant la colonisation

XIIIe s. : la première vague d'immigrants bantous arrive du sud (notamment les Douala), suivie par celle des Fang. Au nord se trouvent des locuteurs de langue soudanaise (Sao, Peul), venus de la vallée du Niger en deux vagues (XIe et XIXe s.). Au sud, les Bamiléké et les Bamoum fondent des chefferies et des royaumes. Les Pygmées sont les plus anciens habitants de la forêt.

L'époque coloniale et l'indépendance

1860 : les Européens (Britanniques, Allemands) interviennent ; des missionnaires arrivent et les premières factoreries s'installent.
1884 : G. Nachtigal obtient le premier traité de protectorat sur le Cameroun, qui devient colonie allemande.
1911 : un traité franco-allemand étend les possessions allemandes.

1916 : les Alliés expulsent les Allemand[s]
1919 et **1922 :** le Cameroun est divisé [en] deux zones, sous mandats britannique [et] français.
1946 : les mandats sont transformés [en] tutelles.
1959 : le Cameroun sous tutelle françai[se] acquiert la pleine autonomie interne.
1960 : il est proclamé indépendan[t]. Ahmadou Ahidjo devient président de [la] République.
1961 : après le rattachement du sud [de] l'ex-Cameroun britannique (le nord [est] réuni au Nigeria), la république devie[nt] fédérale.
1966 : Ahidjo, au pouvoir jusqu'en 198[ ] instaure un régime à parti unique.
1972 : la fédération devient une rép[u]blique unitaire.
1990 : le multipartisme est rétabli.
1995 : le Cameroun devient membre [du] Commonwealth.

CAP VERT ➤ SÉNÉGAL

une colonie allemande

Les Allemands prirent pied au Cameroun en 1860. L'explorateur Gustav Nachtigal signa des traités de protectorat avec divers chefs locaux en 1884, puis la conquête du pays commença. La France, qui voulait ménager l'Allemagne à la suite de l'affaire du Maroc, lui céda en 1911 une partie du territoire du Congo et de l'Oubangui-Chari (actuelle République centrafricaine). Mais dès le début de la Première Guerre mondiale, en 1914, Belges, Français et Britanniques attaquèrent le « Kamerun » à partir de leurs possessions respectives. Les Allemands durent se retirer en 1916, et la France et le Royaume-Uni se partagèrent le pays (les quatre cinquièmes du territoire allant à la première). Les traités signés à la fin de la guerre restituèrent à l'Afrique-Équatoriale française (A.-É.F.) les territoires cédés en 1911 et entérinèrent l'accord de 1916. La France et le Royaume-Uni reçurent un mandat de la S.D.N. pour administrer leur zone. Le Cameroun britannique fut de fait intégré au Nigeria, avec toutefois quelques modalités spécifiques, et le Cameroun français fut traité peu ou prou comme les colonies de l'A.-É.F. Malgré sa brièveté, la colonisation allemande est à l'origine de la mise en valeur du pays – surtout le Sud –, à travers d'importants travaux d'infrastructure, dont les chemins de fer, et l'installation de plantations variées (café, cacao, bananes, palmiers à huile, hévéas, etc.).

CENTRAFRICAINE (RÉPUBLIQUE)

République centrafricaine

— route
— voie ferrée
✈ aéroport

● plus de 100 000 h.
● de 40 000 à 100 000 h.
● de 20 000 à 40 000 h.
• moins de 20 000 h.

500   1000 m

Plus vaste que la France, le pays possède une faible densité de population. Assez abondamment arrosé au sud, proche de l'équateur, il est plus sec et plus chaud vers le nord, où domine la forêt claire ou la savane arborée.

Superficie : 622 984 km²
Population (2002) : 3 844 000 hab.
Capitale : Bangui 666 000 hab. (e. 2001)
Nature de l'État et du régime politique : république
Chef de l'État : (président de la République) François Bozizé
Chef du gouvernement : (Premier ministre) Abel Gumba
Organisation administrative : 1 municipalité et 16 préfectures
Langue officielle : français
Monnaie : franc CFA

DÉMOGRAPHIE

Densité : 6 hab./km²
Part de la population urbaine (2000) : 1,2 %
Structure de la population par âge (2000) : moins de 15 ans : 43 %, 15-65 ans : 53 %, plus de 65 ans : 4 %
Taux de natalité (2000) : 36 ‰
Taux de mortalité (2000) : 20 ‰
Taux de mortalité infantile (2000) : 93,3 ‰
Espérance de vie (2000) : hommes : 42,7 ans, femmes : 46 ans

ÉCONOMIE

PNB (2001) : 1,01 milliards de $
PNB/hab. (2001) : 270 $
PNB/hab. PPA (2001) : 1 180 dollars internationaux
IDH (2000) : 0,375
Taux de croissance annuelle du PIB (2001) : 1 %
Taux annuel d'inflation (1998) : - 1,89 %
Structure de la population active : n.d.
Structure du PIB (2000) : agriculture : 54,6 %, mines et industries : 19,8 %, services : 25,6 %
Dette publique brute : n.d.
Taux de chômage : n.d.

Agriculture

Cultures
arachide (2001) : 122 000 t.
bananes (2001) : 118 000 t.
bananes plantain (2001) : 83 000 t.
café (2001) : 13 000 t.
canne à sucre (2001) : 90 000 t.
coton (2001) : 30 000 t.
igname (2001) : 360 000 t.
maïs (2001) : 107 000 t.
manioc (2001) : 562 000 t.

Élevage
bovins (2001) : 3 100 000 têtes
caprins (2001) : 2 600 000 têtes
porcins (2001) : 680 000 têtes

Énergie et produits miniers
électricité totale (2000) : 104 millions de kWh
hydroélectricité (2000) : 83 millions de kWh

Productions industrielles
bière (2000) : 110 000 hl
diamant (2001) : 480 000 carats
production de bois (2000) : 1 011 000 m³

Tourisme
Recettes touristiques (1998) : 6 millions de $

Commerce extérieur
Exportations de biens (1997) : 270 millions de $
Importations de biens (1997) :163 millions de $

Défense
Forces armées (1999) : 4 150 hommes
Budget de la Défense (1999) : 4 % du PIB

Niveau de vie
Nombre d'habitants pour un médecin (1990) : 25 000
Apport journalier moyen en calories (2000) : 1 946 (minimum FAO : 2 400)

Nombre d'automobiles pour 1 000 hab. (1997) : 0
Nombre de téléviseurs pour 1 000 hab. (1999) : 6

REPÈRES HISTORIQUES

Le pays est peuplé anciennement par des Pygmées et par quelques Bantous puis, massivement au xixe s., par d'autres Bantous (Baya, Banda) venus du Soudan, du Congo et du Tchad pour fuir la traite esclavagiste.
1877 : la descente du Congo par Stanley ouvre la voie à l'exploration européenne.
1889 - 1910 : soucieuse de s'ouvrir les routes du Tchad et du Nil, la France crée le poste de Bangui, renforce son implantation avec la mission Marchand (1896 - 1898), constitue l'Oubangui-Chari en colonie (1905) et l'intègre dans l'Afrique-Équatoriale française.
1946 : l'Oubangui-Chari devient territoire d'outre-mer.
1960 : la République centrafricaine, proclamée en 1958, devient indépendante.
1965 : un coup d'État amène au pouvoir Bokassa, président à vie (1972), puis empereur (1976).
1979 : avec l'aide de la France, Bokassa est renversé, et la république, rétablie.

183

COMORES
➡ MADAGASCAR

Traversé par l'équateur, le pays s'étend sur la cuvette forestière humide et chaude qui correspond à la majeure partie du bassin du fleuve Congo et sur les plateaux ou hauteurs de l'Est.

Superficie : 2 344 858 km²
Population (2002) : 54 275 000 hab.
Capitale : Kinshasa 5 253 000 hab. (e. 2001)
Nature de l'État et du régime politique : république
Chef de l'État et du gouvernement : (président de la République) Joseph Kabila
Organisation administrative : 10 régions et 1 municipalité
Langue officielle : français
Monnaie : franc congolais

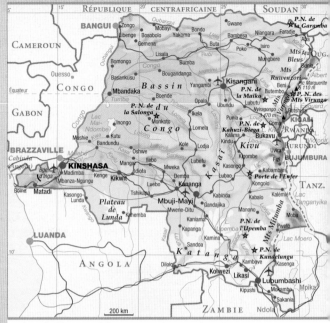

République démocratique du Congo

★ site touristique important   — route
500   1000   2000 m   — voie ferrée
✈ aéroport

● plus de 1 000 000 h.   ● de 100 000 à 500 000 h.
● de 500 000 à 1 000 000 h.   ● moins de 100 000 h.

DÉMOGRAPHIE

Densité : 22 hab./km²
Part de la population urbaine (2000) : 30,3 %
Structure de la population par âge (2000) : moins de 15 ans : 48,8 %, 15-65 ans : 48,3 %, plus de 65 ans : 2,9 %
Taux de natalité (2000) : 46 ‰
Taux de mortalité (2000) : 17 ‰
Taux de mortalité infantile (2000) : 77,2 ‰
Espérance de vie (2000) : hommes : 51 ans, femmes : 53,5 ans

ÉCONOMIE

PNB (1998) : 5,02 milliards de $
PNB/hab. (1998) : 100 $
PNB/hab. PPA (1998) : 680 $ intern.
IDH (2000) : 0,431
Taux de croissance annuelle du PIB (2001) : - 4,4 %
Taux annuel d'inflation (1997) : 176 %
Structure de la population active : n.d.
Structure du PIB (1997) : agriculture : 57,9 %, mines et industries : 16,8 %, services : 25,2 %
Dette publique brute : n.d.
Taux de chômage : n.d.

Agriculture et pêche
Cultures
arachide (2001) : 368 000 t.
bananes plantain (2001) : 527 000 t.
café (2001) : 36 900 t.
canne à sucre (2001) : 1 669 000 t.
igname (2001) : 255 000 t.
maïs (2001) : 1 169 000 t.
manioc (2001) : 15 436 000 t.
palmiste (2001) : 63 000 t.

patates douces (2001) : 228 000 t.
riz (2001) : 326 000 t.
Élevage et pêche
caprins (2001) : 4 067 000 têtes
pêche (1999) : 209 000 t.
porcins (2001) : 1 000 000 têtes
poulets (2001) : 20 552 000 têtes

Énergie et produits miniers
cuivre (2000) : 21 000 t.
diamant (2001) : 18 200 000 carats
électricité totale (2000) : 5 395 M. de kWh
étain (2000) : 50 t.
hydroélectricité (2000) : 5 295 M. de kWh
or (2001) : 50 kg
pétrole (2001) : 1 195 000 t.

Productions industrielles
huile de palme (2001) : 167 230 t.
bière (2000) : 968 000 hl
cuivre (2000) : 20 500 t.
ciment (2000) : 96 000 t.
production de bois (2000) : 3 653 000 m³

Tourisme
Recettes (1998) : 2 M. de $
Commerce extérieur
Exportations de biens (1997) : 1 744,1 M. de $
Importations de biens (1997) : 802,9 M. de $
Défense
Forces armées (1999) : 55 900 hommes
Budget de la Défense (1999) : 7,5 % du PIB
Niveau de vie
Nombre d'habitants pour un médecin (1990) : 10 000
Apport journalier moyen en

calories (2000) : 1 514 (minimum FAO : 2 400)
Nombre d'automobiles pour 1 000 hab. (1996) : 17
Nombre de téléviseurs pour 1 000 hab. (1998) : 2

REPÈRES HISTORIQUES

La région est occupée par les Pygmées et les Bantous.
XVIIᵉ - XVIIIᵉ s. : le royaume kuba est créé sur la rivière Kasaï, tandis qu'au Katanga le royaume luba est à son apogée ; le royaume lunda s'en détache vers 1750.
1885 : la conférence de Berlin reconnaît au roi des Belges Léopold II la propriété personnelle de l'État indépendant du Congo.
1908 : la Belgique assume l'héritage de Léopold II.
1960 : le Congo belge accède à l'indépendance sous le nom de république du Congo.
1965 : Sese Seko Mobutu accède par un coup d'État à la présidence de la République.
1971 : la république du Congo prend le nom de Zaïre.
1997 : Mobutu est contraint par une rébellion à abandonner le pouvoir. Le pays, rebaptisé République démocratique du Congo, reste menacé par les conflits internes et les ingérences des pays voisins.

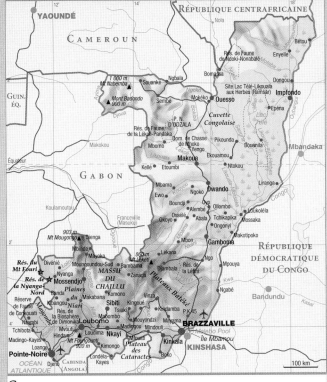

Congo

Vaste, mais cependant peu peuplé, sinon au sud des plateaux Batéké, où se concentre plus des deux tiers de la population, le pays, traversé par l'équateur, possède un climat chaud et humide qui explique l'extension de la forêt.

Superficie : 342 000 km²
Population (2002) : 3 205 000 hab.
Capitale : Brazzaville 1 360 000 hab. (e. 2001)
Nature de l'État et du régime politique : république à régime présidentiel
Chef de l'État et du gouvernement : (président de la République) Denis Sassou-Nguesso
Organisation administrative : 10 régions et la capitale
Langue officielle : français
Monnaie : franc CFA

DÉMOGRAPHIE

Densité : 9 hab./km²
Part de la population urbaine (2000) : 62,5 %
Structure de la population par âge (2000) : moins de 15 ans : 46,3 %, 15-65 ans : 50,4 %, plus de 65 ans : 3,3 %
Taux de natalité (2000) : 43 ‰
Taux de mortalité (2000) : 14 ‰
Taux de mortalité infantile (2000) : 65,8 ‰
Espérance de vie (2000) : hommes : 49,6 ans, femmes : 53,7 ans

ÉCONOMIE

PNB (2001) : 2,17 milliards de $
PNB/hab. (2001) : 700 $
PNB/hab. PPA (2001) : 580 $ intern.
IDH (2000) : 0,512
Taux de croissance annuelle du PIB (2001) : 2,9 %
Taux annuel d'inflation (2000) : -0,88 %
Structure de la population active : n.d.
Structure du PIB (2000) : agriculture : 5,3 %, mines et industries : 70,9 %, services : 23,8 %
Dette publique brute : n.d.
Taux de chômage : n.d.

Agriculture

Cultures
arachide (2001) : 23 400 t.
bananes (2001) : 83 000 t.
bananes plantain (2001) : 70 000 t.
canne à sucre (2001) : 454 000 t.
manioc (2001) : 845 000 t.
Élevage
caprins (2001) : 280 000 têtes

poulets (2001) : 1 900 000 têtes

Énergie et produits miniers
électricité totale (2000) : 354 millions de kWh
hydroélectricité (2000) : 352 millions de kWh
pétrole (2001) : 14 000 000 t.

Productions industrielles
huile de palme (2001) : 16 700 t.
sucre (2001) : 42 900 t.
production de bois (2000) : 1 251 000 m³

Tourisme
Recettes (2000) : 11 millions de $

Commerce extérieur
Exportations de biens (1997) : 1 938 millions de $
Importations de biens (1997) : 930 millions de $

Défense
Forces armées (1999) : 10 000 hommes
Budget de la Défense (1999) : 3,5 % du PIB

Niveau de vie
Nombre d'habitants pour un médecin (1990) : 3 333
Apport journalier moyen en calories (2000) : 2 223 (minimum FAO : 2 400)

Nombre d'automobiles pour 1 000 hab. (1996) : 14
Nombre de téléviseurs pour 1 000 hab. (1999) : 13

REPÈRES HISTORIQUES

XVᵉ s. - XVIIIᵉ s. : deux royaumes existent, celui des Téké, dans le Nord ; celui du Loango, dans le Sud.
1875 : le Français P. Savorgnan de Brazza explore la région.
1910 : la colonie du Moyen-Congo, créée dans le cadre du Congo français (1891), est intégrée dans l'A.-É.F. (capitale Brazzaville).
1940 : à Brazzaville, le gouverneur général Félix Éboué choisit la France libre.
1958 : le Congo devient république autonome. Il accède à l'indépendance en 1960.
À partir de 1963 : le régime s'oriente vers le socialisme.
1969 - 1977 : le pays devient la république populaire du Congo.
À partir de 1990 : un processus de démocratisation est engagé : retour au multipartisme, abandon des références au marxisme, nouvelle Constitution (1992).

Carte :
RÉPUBLIQUE CENTRAFRICAINE
CAMEROUN
GUIN. ÉQ.
GABON
RÉPUBLIQUE DÉMOCRATIQUE DU CONGO
BRAZZAVILLE
KINSHASA
Pointe-Noire
OCÉAN ATLANTIQUE
CABINDA (Angola)
MASSIF DU CHAILLU
Plateaux Batéké
Cuvette Congolaise

Légende :
— route
— voie ferrée
✈ aéroport
● plus de 1 000 000 h.
● de 100 000 à 1 000 000 h.
● de 50 000 à 100 000 h.
• moins de 50 000 h.
100 km

CÔTE D'IVOIRE

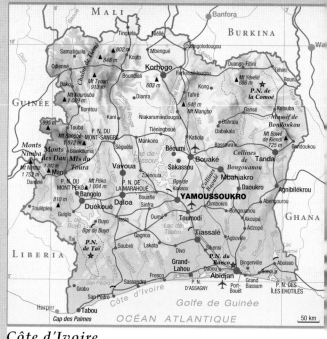

Côte d'Ivoire

★ site touristique important

| 200 | 300 | 400 | 500 m |

═══ autoroute
─── route
─── voie ferrée
✈ aéroport

● plus de 2 000 000 h.
● de 100 000 à 2 000 000 h.
● de 50 000 à 100 000 h.
• moins de 50 000 h.

Des plateaux recouverts par la savane apparaissent au nord, en arrière de la région littorale, bordée par des lagunes et occupée partiellement par la forêt dense.

Superficie : 322 463 km²
Population (2002) : 16 692 000 hab.
Capitale : Yamoussoukro 155 803 hab. (r. 1998)
Nature de l'État et du régime politique : république à régime présidentiel
Chef de l'État : (président de la République) Laurent Gbagbo
Chef du gouvernement : (Premier ministre) Seydou Diarra
Organisation administrative : 16 régions
Langue officielle : français
Monnaie : franc CFA

DÉMOGRAPHIE

Densité : 46 hab./km²
Part de la population urbaine (2000) : 46,4 %
Structure de la population par âge (2000) : moins de 15 ans : 42,1 %, 15-65 ans : 54,8 %, plus de 65 ans : 3,1 %
Taux de natalité (2000) : 37 ‰
Taux de mortalité (2000) : 17 ‰
Taux de mortalité infantile (2000) : 80,8 ‰
Espérance de vie (2000) : hommes : 47,7 ans, femmes : 48,1 ans

ÉCONOMIE

PNB (2001) : 10,3 milliards de $
PNB/hab. (2001) : 630 $
PNB/hab. PPA (2001) : 1 470 $ intern.
IDH (2000) : 0,428
Taux de croissance annuelle du PIB (2001) : 0,1 %
Taux annuel d'inflation (2000) : 2,46 %
Structure de la population active : n.d.
Structure du PIB (2000) : agriculture : 29,2 %, mines et industries : 22,4 %, services : 48,4 %
Dette publique brute : n.d.
Taux de chômage : n.d.

Agriculture et pêche

Cultures
ananas (2001) : 226 000 t.
arachide (2001) : 144 000 t.
cacao (2001) : 1 200 000 t.
café (2001) : 280 000 t.
canne à sucre (2001) : 1 300 000 t.
caoutchouc (2001) : 108 000 t.
igname (2001) : 3 000 000 t.
maïs (2001) : 693 000 t.
manioc (2001) : 1 900 000 t.

noix de cajou (1998) : 21 000 t.
palmiste (2001) : 51 000 t.
riz (2001) : 1 000 000 t.

Élevage et pêche
bovins (2001) : 1 409 000 têtes
caprins (2001) : 1 134 000 têtes
ovins (2001) : 1 451 000 têtes
pêche (1999) : 77 000 t.
poulets (2001) : 29 400 000 têtes

Énergie et produits miniers
diamant (2001) : 320 000 carats
électricité totale (2000) : 5 000 M. de kWh
or (2001) : 3 100 kg
pétrole (2001) : 498 000 t.

Productions industrielles
coprah (2001) : 16 400 t.
huile de palme (2001) : 204 863 t.
filés de coton (2001) : 125 000 t.
production de bois (2000) : 3 416 000 m³

Tourisme
Recettes (1998) : 108 millions de $

Commerce extérieur
Exportations de biens (2000) : 3 972,9 M. de $
Importations de biens (2000) : 2 175,5 M. de $

Défense
Forces armées (1999) : 13 900 hommes
Budget de la Défense (1999) : 1 % du PIB

Niveau de vie
Nombre d'habitants pour un médecin (1990) : 10 000
Apport journalier moyen en calories (2000) : 2 590 (minimum FAO : 2 400)

Nombre d'automobiles pour 1 000 hab. (1996) : 18
Nombre de téléviseurs pour 1 000 hab. (1998) : 70

REPÈRES HISTORIQUES

Les plus anciennes populations sont les Kru (au sud-ouest), puis les Sénoufo (au nord-est). Vers le xvᵉ s., les Kru se replient sous la poussée des Mandé, qui fonderont le royaume de Kong. Les Akan (Agni, Baoulé), implantés au début du xviiiᵉ s., fondent des chefferies ou royaumes (sud-est).
1893 : présents dès la fin du xviiᵉ s., les Français créent la colonie de Côte d'Ivoire, bientôt rattachée à l'A.-O.F.
1958 : territoire d'outre-mer depuis 1946, la Côte d'Ivoire devient république autonome.
1960 : elle accède à l'indépendance, avec pour président Félix Houphouët-Boigny, fidèle à la coopération avec la France.
1990 : une grave crise politique et sociale conduit le pouvoir à ouvrir le pays au multipartisme.
À partir de 1993 : après la mort d'Houphouët-Boigny, la situation économique, sociale et politique se dégrade.

DJIBOUTI ➡ ÉTHIOPIE

ÉGYPTE

Superficie : 1 001 449 km²
Population (2002) : 70 278 000 hab.
Capitale : Le Caire 6 735 172 hab.
(r. 1996), 9 586 000 hab. (e. 2001) dans
l'agglomération
Nature de l'État et du régime politique :
république à régime semi-présidentiel
Chef de l'État : (président de
la République) Hosni Moubarak
Chef du gouvernement : (président du
Conseil des ministres) Atef Ebeid
Organisation administrative :
26 gouvernorats
Langue officielle : arabe
Monnaie : livre égyptienne

DÉMOGRAPHIE

Densité : 68 hab./km²
Part de la population urbaine (2000) :
45,2 %
Structure de la population par âge (2000) :
moins de 15 ans : 35,4 %, 15-65 ans :
60,5 %, plus de 65 ans : 4,1 %
Taux de natalité (2000) : 25 ‰

Taux de mortalité (2000) : 6 ‰
Taux de mortalité infantile (2000) : 40,5 ‰
Espérance de vie (2000) : hommes :
66,7 ans, femmes : 69,9 ans

ÉCONOMIE

PNB (2001) : 99 milliards de $
PNB/hab. (2001) : 1 530 $
PNB/hab. PPA (2001) : 3 790 dollars
internationaux
IDH (2000) : 0,642
Taux de croissance annuelle du PIB (2001) :
3,3 %
Taux annuel d'inflation (2000) : 2,68 %
Structure de la population active : n.d.
Structure du PIB (2000) : agriculture :
16,6 %, mines et industries : 34 %,
services : 49,4 %
Dette publique brute : n.d.
Taux de chômage (1999) : 8,1 %

Agriculture et pêche

Cultures
agrumes (2001) : 2 504 000 t.
arachide (2001) : 187 000 t.
bananes (2001) : 736 000 t.

...ué à une latitude subtropicale, le pays
...nstitue l'extrémité orientale du Sahara.
...quasi-totalité de la population se
...ncentre dans la vallée du Nil, qui repré-
...nte moins de 5 % de la superficie du
...ys, dont le reste est formé de déserts
...rsemés d'oasis. La chaleur est torride en
...é, s'accroissant vers le sud, où disparais-
...nt pratiquement les précipitations, déjà
...ès faibles dans le delta, où elles avoisi-
...ent 50 mm par an.

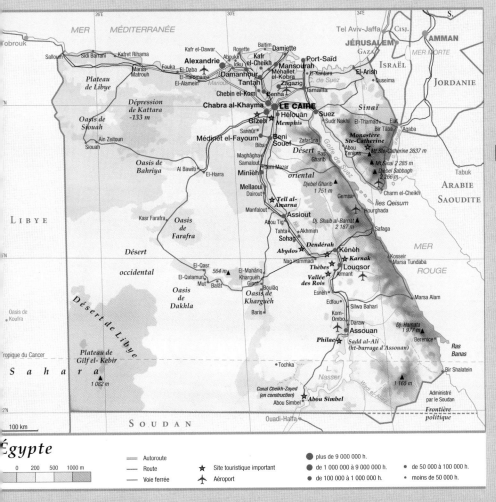

Égypte

═══ Autoroute	★ Site touristique important	● plus de 9 000 000 h.
── Route	✈ Aéroport	● de 1 000 000 à 9 000 000 h.	· de 50 000 à 100 000 h.
── Voie ferrée		● de 100 000 à 1 000 000 h.	· moins de 50 000 h.

0   200   500   1000 m

100 km

ÉGYPTE

blé (2001) : 6 255 000 t.
canne à sucre (2001) : 15 620 000 t.
citrons (2001) : 301 000 t.
coton (2001) : 528 000 t.
dattes (2001) : 1 102 000 t.
maïs (2001) : 6 450 000 t.
mandarines (1998) : 435 000 t.
olives (2001) : 289 000 t.
oranges (2001) : 1 714 000 t.
pommes de terre (2001) : 1 800 000 t.
raisin (2001) : 1 118 000 t.
riz (2001) : 5 700 000 t.
sorgho (2001) : 862 000 t.
tomates (2001) : 6 329 000 t.

Élevage et pêche
bovins (2001) : 3 636 000 têtes
buffles (2001) : 3 430 000 têtes
caprins (2001) : 3 527 000 têtes
chameaux (2001) : 120 000 têtes
ovins (2001) : 4 545 000 têtes

pêche (1999) : 607 000 t.
poulets (2001) : 88 000 000 têtes

Énergie et produits miniers
électricité totale (2000) : 69 592 millions de kWh
hydroélectricité (2000) : 15 938 millions de kWh
pétrole (2001) : 37 300 000 t.
phosphate (2001) : 1 020 000 t.

Productions industrielles
fromage (2001) : 465 000 t.
acier (2001) : 3 799 000 t.
aluminium (2001) : 193 000 t.
automobiles (2001) : 42 000 unités
filés de coton (2001) : 210 000 t.
lin (2001) : 14 000 t.
textiles synthétiques (1998) : 40 000 t.
ciment (2000) : 24 143 000 t.
papier (2000) : 440 000 t.

Tourisme
Recettes touristiques (2000) : 4 345 millions de $

Commerce extérieur
Exportations de biens (2000) : 7 061 millions de $
Importations de biens (2000) : 15 382 millions de $

Défense
Forces armées (1999) : 448 500 hommes
Budget de la Défense (1999) : 2,9 % du P

Niveau de vie
Nombre d'habitants pour un médecin (1994) : 556
Apport journalier moyen en calories (2000 3 346 (minimum FAO : 2 400)
Nombre d'automobiles pour 1 000 hab. (1996) : 22
Nombre de téléviseurs pour 1 000 hab. (1999) : 183

REPÈRES HISTORIQUES

Au IVe millénaire, l'Égypte est divisée entre deux royaumes : Basse-Égypte au nord et Haute-Égypte au sud.

L'Égypte des pharaons

3150 - 2700 av. J.-C. : époque thinite, Ire et IIe dynasties. Ménès (ou Narmer) unifie l'Égypte. Apparition du relief (palette de Narmer) et de l'écriture hiéroglyphique.

2700 - 2190 : Ancien Empire, IIIe - VIe dynastie. Memphis devient capitale de l'Égypte. Temps des pyramides : pyramide à degrés de Djoser à Saqqarah (IIIe dynastie) ; pyramides de Kheops, Khephren et Mykerinus à Gizeh (IVe dynastie). Nécropoles des dignitaires aux mastabas ornés de reliefs polychromes.

vers 2160 - vers 2060 : première période intermédiaire, VIIe ? - XIe dynastie. Période de troubles politiques et sociaux.

vers 2060 - 1785 : Moyen Empire, ou premier Empire thébain, fin de la XIe - XIIe dynastie. L'Égypte conquiert la Syrie et la Nubie. La XIIe dynastie favorise le culte d'Amon. Constructions du complexe funéraire de Deir el-Bahari, mise en valeur du Fayoum.

vers 1780 - vers 1550 : seconde période intermédiaire, XIIIe - XVIIe dynastie. Invasion des Hyksos venus d'Asie.

vers 1580 - 1085 : Nouvel Empire, ou second Empire thébain, XVIIIe - XXe dynastie. Avec Thèbes pour capitale, l'Égypte est une des grandes puissances du Proche-Orient. Sous les règnes de Thoutmosis III, d'Aménophis IV, initiateur du culte d'Aton (sous le nom d'Akhenaton), et de Ramsès II, elle connaît un épanouissement artistique inégalé avec la construction de grands ensembles architecturaux : Karnak, temples funéraires d'Hatshepsout, de Ramsès II et de Ramsès III à Deir el-Bahari, hypogées royaux de la Vallée des Rois ; aboutissement architectural du temple divin (Louqsor).

1085 - VIe s. av. J.-C. : Basse Époque, XXe - XXVIe dynastie. 1085 marque la fin de l'unité égyptienne. Des dynasties étrangères ou nationales alternent au pouvoir (XXIe - XXVe dynastie, dynastie saïte) ; grande activité architecturale (temples de Philae, Dendérah, Edfou). Le pays subit l'invasion assyrienne. En 525, le roi perse Cambyse conquiert l'Égypte.

VIe - IVe s. av. J.-C. : XXVIIe - XXXe dynastie. Des rois perses et indigènes se succèdent.

L'Égypte hellénistique, romaine et byzantine

332 : Alexandre Ier le Grand s'empare de l'Égypte.

305 - 30 : les Lagides, dynastie grecque, règnent sur le pays.

30 av. J.-C. - 395 apr. J.-C. : l'Égypte est dans la dépendance romaine. Le christianisme se développe.

395 - 639 : l'Égypte est dans la mouvance byzantine. Les chrétiens forment l'Église copte.

L'Égypte musulmane jusqu'à Méhémet-Ali

640 - 642 : les Arabes conquièrent le pays.

642 - 868 : intégrée à l'Empire musulman des Omeyyades puis des Abbassides, l'Égypte est islamisée. Les Coptes ne représentent plus qu'un quart de la population en 750.

868 - 905 : les Tulunides, affranchis de la tutelle abbasside, gouvernent le pays.

969 - 1171 : les Fatimides, dynastie chiite ismaélienne, fondent Le Caire et l'université d'al-Azhar (973).

1171 - 1250 : la dynastie ayyubide fondée par Saladin s'empare de la quasi-totalité des États latins du Levant et restaure le sunnisme.

1250 - 1517 : la caste militaire des Mamelouks domine le pays.

1517 : l'Égypte devient une province ottomane.

1798 - 1801 : elle est occupée par les troupes françaises commandées par Bonaparte.

L'Égypte moderne

1805 - 1848 : Méhémet-Ali, qui s'est déclaré pacha à vie, massacre les Mam louks (1811) et modernise le pays. conquiert le Soudan (1820).

1867 : Ismaïl Pacha obtient le titre khédive (vice-roi).

1869 : le canal de Suez est inaugur Endettée, l'Égypte doit accepter la tute des Français et des Britanniques, p celle de ces derniers seulement. Les B tanniques établissent une domination fait sur le pays dès 1882.

1914 - 1922 : mettant fin à la suzeraine ottomane, le protectorat britannique e établi.

1922 : il est supprimé, et l'Égypte devie un royaume.

1936 : le traité anglo-égyptien confirm l'indépendance de l'Égypte, qui accepte stationnement de troupes britanniqu sur son territoire.

1936 - 1952 : les Frères musulmans rad calisent le mouvement nationaliste, q se renforce encore après la défai infligée aux armées arabes par Isra (1948 - 1949).

L'Égypte républicaine

1953 : la république est proclamée.

1954 : Nasser devient le seul maître d pays.

1956 : il obtient des Soviétiques le fina cement du haut barrage d'Assouan nationalise le canal de Suez, ce qui pro voque un conflit avec Israël et l'interve tion militaire franco-britannique.

1958 - 1961 : l'Égypte et la Syrie forme la République arabe unie, présidée p Nasser.

1967 : la guerre des « Six-Jours » entrair la fermeture du canal de Suez et l'occup tion du Sinaï par Israël.

1970 : Sadate succède à Nasser.

1973 : « guerre du Kippour » : l'Égyp récupère le contrôle du canal de Suez.

1976 : l'Égypte rompt ses relations av l'URSS.

1979 : le traité de paix avec Israël est sig à Washington conformément aux accor de Camp David.

1982 : le Sinaï est restitué à l'Égypte.

ÉRYTHRÉE

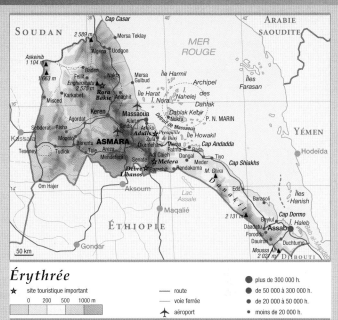

Érythrée

★ site touristique important

0   200   500   1000 m

— route
— voie ferrée
✈ aéroport

● plus de 300 000 h.
● de 50 000 à 300 000 h.
● de 20 000 à 50 000 h.
• moins de 20 000 h.

L'Érythrée se compose d'une étroite plaine côtière, aride et dominée par un plateau plus arrosé.

Superficie : 117 600 km²
Population (2002) : 3 993 000 hab.
Capitale : Asmara 503 000 hab. (e. 2001)
Nature de l'État et du régime politique : république à régime parlementaire
Chef de l'État et du gouvernement : (président de la République)
Issayas Afeworki
Organisation administrative : 6 provinces
Langues officielles : tigrigna et arabe
Monnaie : nakfa

DÉMOGRAPHIE

Densité : 32 hab./km²
Part de la population urbaine (2000) : 18,7 %
Structure de la population par âge (2000) : moins de 15 ans : 43,9 %, 15-65 ans : 53,2 %, plus de 65 ans : 2,9 %
Taux de natalité (2000) : 39 ‰
Taux de mortalité (2000) : 13 ‰
Taux de mortalité infantile (2000) : 82,4 ‰
Espérance de vie (2000) : hommes : 51,1 ans, femmes : 53,7 ans

ÉCONOMIE

PNB (2001) : 0,792 milliard de $
PNB/hab. (2001) : 190 $
PNB/hab. PPA (2001) : 970 dollars internationaux
IDH (2000) : 0,421
Taux de croissance annuelle du PIB (2001) : 9,7 %
Taux annuel d'inflation : n.d.
Structure de la population active : n.d.
Structure du PIB (1999) : agriculture : 17,1 %, mines et industries : 29,2 %, services : 53,7 %
Dette publique brute : n.d.
Taux de chômage : n.d.

Agriculture et pêche

Cultures
sorgho (2001) : 79 000 t.

Élevage et pêche

bovins (2001) : 2 200 000 têtes
caprins (2001) : 1 700 000 têtes
chameaux (2001) : 75 000 têtes
ovins (2001) : 1 570 000 têtes
pêche (1999) : 7 040 t.
poulets (2001) :
1 300 000 têtes

Énergie et produits miniers

électricité totale (2000) : 210 millions de kWh

Productions industrielles

lait (2001) : 70 000 t.
viande (2001) : 31 000 t.

Tourisme

Recettes touristiques (2000) : 36 millions de $

Commerce extérieur

Exportations de biens (1996) : 95 millions de $
Importations de biens (1996) : 514 millions de $

Défense

Forces armées (1999) : 200 000 hommes
Budget de la Défense (1999) : 30 % du PIB

Niveau de vie

Nombre d'habitants pour un médecin : n.d.
Apport journalier moyen en

calories (2000) : 1 665
(minimum FAO : 2 400)
Nombre d'automobiles pour 1 000 hab. (1996) : 2
Nombre de téléviseurs pour 1 000 hab. (1999) : 16

REPÈRES HISTORIQUES

L'Érythrée a longtemps constitué la seule province maritime de l'Éthiopie.
1890 : elle devient une colonie italienne.
1941 - 1952 : les Britanniques occupent la région, puis l'administrent après la guerre.
1952 : l'Érythrée est réunie à l'Éthiopie avec le statut d'État fédéré.
1962 : devenue une province de l'Éthiopie, elle s'oppose à la politique autoritaire du gouvernement d'Addis-Abeba, contre lequel se bat le Front populaire de libération de l'Érythrée (FPLE), fondé en 1970.
1991 : après la chute de Mengistu, le nouveau régime éthiopien accepte le principe d'un référendum d'autodétermination.
1993 : le pays accède à l'indépendance.
1998 - 2000 : un conflit frontalier oppose l'Érythrée à l'Éthiopie.

ÉTHIOPIE

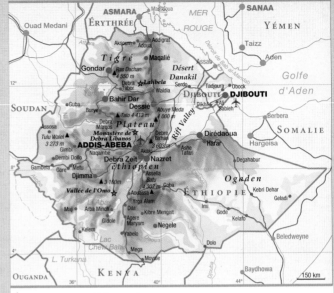

Éthiopie-Djibouti

★ site touristique important

| 0 | 500 | 1000 | 2000 | 3000 m |

— route
--- voie ferrée
✈ aéroport

● plus de 2 000 000 h.
● de 100 000 à 2 000 000 h.
● de 50 000 à 100 000 h.
• moins de 50 000 h.

En dehors des plateaux de l'Est (Ogaden) et de la dépression Danakil, plus au nord, l'Éthiopie est un pays essentiellement montagneux (Massif éthiopien), ce qui lui vaut, à cette latitude, de ne pas être désertique.

Superficie : 1 104 300 km²
Population (2002) : 66 039 000 hab.
Capitale : Addis-Abeba 2 753 000 hab. (e. 2001)
Nature de l'État et du régime politique : république à régime parlementaire
Chef de l'État : (président de la République) Girma Wolde-Giyorgis
Chef du gouvernement : (Premier ministre) Meles Zenawi
Organisation administrative : 9 États et 1 municipalité
Langue officielle : amharique
Monnaie : birr éthiopien

DÉMOGRAPHIE

Densité : 57 hab./km²
Part de la population urbaine (2000) : 17,6 %
Structure de la population par âge (2000) : moins de 15 ans : 45,2 %, 15-65 ans : 51,8 %, plus de 65 ans : 3 %
Taux de natalité (2000) : 44 ‰
Taux de mortalité (2000) : 20 ‰
Taux de mortalité infantile (2000) : 106,1 ‰
Espérance de vie (2000) : hommes : 42,8 ans, femmes : 43,8 ans

ÉCONOMIE

PNB (2001) : 6,77 milliards de $
PNB/hab. (2001) : 100 $
PNB/hab. PPA (2001) : 710 dollars internationaux
IDH (2000) : 0,327
Taux de croissance annuelle du PIB (2001) : 7,7 %
Taux annuel d'inflation (2000) : - 0,04 %
Structure de la population active : n.d.
Structure du PIB (2000) : agriculture : 52,3 %, mines et industries : 11,2 %, services : 36,5 %
Dette publique brute : n.d.
Taux de chômage (1998) : 29,49 %

Agriculture et pêche

Cultures
blé (2001) : 1 571 000 t.
café (2001) : 228 000 t.
canne à sucre (2001) : 2 400 000 t.

igname (2001) : 270 000 t.
maïs (2001) : 2 500 000 t.
miel (2001) : 29 000 t.
millet (2001) : 318 000 t.
orge (2001) : 1 107 000 t.
pommes de terre (2001) : 385 000 t.
sorgho (2001) : 1 538 000 t.

Élevage et pêche
bovins (2001) : 34 500 000 têtes
caprins (2001) : 17 000 000 têtes
chameaux (2001) : 1 070 000 têtes
chevaux (2001) : 2 750 000 têtes
ovins (2001) : 22 500 000 têtes
pêche (1999) : 15 900 t.
poulets (2001) : 55 800 000 têtes

Énergie et produits miniers
électricité totale (2000) : 1 630 millions de kWh
hydroélectricité (2000) : 1 600 millions de kWh
or (2001) : 5 200 kg

Productions industrielles
lait (2001) : 1 197 000 t.
viande (2001) : 654 000 t.
bière (2000) : 3 999 000 hl
filés de coton (2001) : 14 000 t.

ciment (2000) : 880 000 t.
production de bois (2000) : 2 459 000 m³
sisal (2001) : 700 t.

Tourisme
Recettes touristiques (2000) : 24 millions de $

Commerce extérieur
Exportations de biens (2000) : 486 millions de $
Importations de biens (2000) : 393,5 millions de $

Défense
Forces armées (1999) : 352 500 hommes
Budget de la Défense (1999) : 6,8 % du PIB

Niveau de vie
Nombre d'habitants pour un médecin (1990) : 33 330
Apport journalier moyen en calories (2000) : 2 022 (minimum FAO : 2 400)
Nombre d'automobiles pour 1 000 hab. (1999) : 1
Nombre de téléviseurs pour 1 000 hab. (1999) : 6

REPÈRES HISTORIQUES

Ier - IXe s. apr. J.-C. : le royaume d'Aksoum étend sa domination jusqu'au Nil Bleu. Christianisé par l'Église égyptienne (copte) au IVe s., il connaît sa période la plus brillante au VIe s. avant de sombrer sous les coups de l'islam au Xe s.

XVIe s. : les Portugais découvrent le pays et le libèrent (1543) de l'occupation musulmane imposée en 1527.

XVIIe - XVIIIe s. : le pays est pénétré par des populations païennes et sombre bientôt dans des luttes entre seigneurs féodaux.

190

REPÈRES HISTORIQUES

869 : après l'ouverture du canal de Suez, l'Éthiopie est convoitée par les puissances européennes.

889 - 1909 : Ménélik II bat les Italiens à Adoua (1896) et fonde Addis-Abeba.

917 : les Européens, maîtres des côtes, imposent Tafari comme régent.

930 : Tafari devient empereur (Hailé Sélassié Ier).

935 - 1936 : guerre contre l'Italie. Vaincue, l'Éthiopie constitue, avec l'Érythrée et la Somalie, l'Afrique-Orientale italienne.

941 : les troupes franco-anglaises libèrent le pays.

962 : l'Érythrée, réunie à l'Éthiopie en 1952 avec le statut d'État fédéré, forme alors une province. La rébellion s'y développe.

1974 : l'armée dépose le négus et instaure un régime de type socialiste.

1977 - 1998 : soutenue par l'URSS et Cuba, l'Éthiopie est engagée dans un conflit frontalier contre la Somalie à propos de l'Ogaden.

1987 : l'Éthiopie devient une république populaire et démocratique, à parti unique.

1991 : confronté à la montée de la guerre civile, Mengistu doit abandonner le pouvoir.

1993 : l'Érythrée accède à l'indépendance.

1998 - 2000 : un conflit frontalier oppose l'Éthiopie à l'Érythrée.

Dette publique brute : n.d.
Taux de chômage : n.d.

Agriculture et pêche
Cultures
tomates (2001) : 1 100 t.
Élevage et pêche
bovins (2001) : 269 000 têtes
caprins (2001) : 513 000 têtes
chameaux (2001) : 70 000 têtes
pêche (1999) : 350 t.
ovins (2001) : 465 000 têtes

Énergie et produits miniers
électricité totale (2000) : 180 millions de kWh

Tourisme
Recettes touristiques (1998) : 4 millions de $

Commerce extérieur
Exportations de biens (1997) : 144 millions de $
Importations de biens (1997) : 383 millions de $

Défense
Forces armées (1999) : 9 600 hommes
Budget de la Défense (1999) : 4,9 % du PIB

Niveau de vie
Nombre d'habitants pour un médecin (1990) : 4 180
Apport journalier moyen en calories (2000) : 2 050 (minimum FAO : 2 400)
Nombre d'automobiles pour 1 000 hab. (1996) : 17
Nombre de téléviseurs pour 1 000 hab. (1998) : 47

DJIBOUTI ★

À l'entrée de la mer Rouge, Djibouti est un petit pays au relief contrasté mais unifié par un climat chaud et aride.

Superficie : 23 200 km^2
Population (2002) : 651 000 hab.
Capitale : Djibouti 542 000 hab. (e. 2001) dans l'agglomération
Nature de l'État et du régime politique : république à régime présidentiel
Chef de l'État et du gouvernement : (président de la République) Ismaïl Omar Guelleh
Premier ministre : Dileita Mohamed Dileita
Organisation administrative : 5 districts
Langues officielles : arabe et français
Monnaie : franc de Djibouti

DÉMOGRAPHIE

Densité : 28 hab./km^2
Part de la population urbaine (2000) : 83,3 %
Structure de la population par âge (2000) : moins de 15 ans : 43,2 %, 15-65 ans : 53,6 %, plus de 65 ans : 3,2 %
Taux de natalité (1999) : 36,7 ‰
Taux de mortalité (1999) : 16,96 ‰
Taux de mortalité infantile (2000) : 117,1 ‰
Espérance de vie (2000) : hommes : 39,4 ans, femmes : 41,6 ans

ÉCONOMIE

PNB (2001) : 0,572 milliard de $
PNB/hab. (2001) : 890 $
PNB/hab. PPA (2001) : 2 120 dollars internationaux
IDH (2000) : 0,445
Taux de croissance annuelle du PIB (2001) : 1,9 %
Taux annuel d'inflation (1992) : 5,5 %
Structure de la population active : n.d.
Structure du PIB (2000) : agriculture : 3,7 %, mines et industries : 14,2 %, services : 82,1 %

REPÈRES HISTORIQUES

1896 : création de la « Côte française des Somalis ».

1946 : elle reçoit le statut de territoire d'outre-mer.

1967 : celui-ci devient le Territoire français des Afars et des Issas.

1977 : il accède à l'indépendance et prend le nom de république de Djibouti, présidée par Hassan Gouled Aptidon (qui reste à la tête de l'État jusqu'en 1999).

GABON

Vaste comme la moitié de la France et correspondant au bassin de l'Ogooué, le Gabon est un pays peu peuplé, au climat équatorial, chaud et humide. Il est recouvert par la forêt dense.

Superficie : 267 668 km²
Population (2002) : 1 294 000 hab.
Capitale : Libreville 573 000 hab. (e. 2001)
Nature de l'État et du régime politique : république à régime semi-présidentiel
Chef de l'État : (président de la République) Omar Bongo
Chef du gouvernement : (Premier ministre) Jean-François Ntoutoume-Emane
Organisation administrative : 9 provinces
Langue officielle : français
Monnaie : franc CFA

DÉMOGRAPHIE

Densité : 5 hab./km²
Part de la population urbaine (2000) : 81,4 %
Structure de la population par âge (2000) : moins de 15 ans : 40,2 %, 15-65 ans : 54 %, plus de 65 ans : 5,8 %
Taux de natalité (2000) : 36 ‰
Taux de mortalité (2000) : 16 ‰
Taux de mortalité infantile (2000) : 80 ‰
Espérance de vie (2000) : hommes : 51,8 ans, femmes : 54 ans

ÉCONOMIE

PNB (2001) : 0,399 milliard de $
PNB/hab. (2001) : 3 160 $
PNB/hab. PPA (2001) : 5 460 $ intern.
IDH (2000) : 0,637
Taux de croissance annuelle du PIB (2001) : 2,4 %
Taux annuel d'inflation (1997) : 4 %
Structure de la population active : n.d.
Structure du PIB (2000) : agriculture : 6,4 %, mines et industries : 53,2 %, services : 40,4 %
Dette publique brute : n.d.
Taux de chômage : n.d.

Agriculture et pêche
Cultures
arachide (2001) : 20 000 t.
cacao (2001) : 600 t.
canne à sucre (2001) : 235 000 t.
igname (2001) : 155 000 t.
manioc (2001) : 230 000 t.
Élevage et pêche
bovins (2001) : 36 000 têtes
ovins (2001) : 198 000 têtes
pêche (1999) : 53 000 t.
porcins (2001) : 213 000 têtes
poulets (2001) : 3 200 000 têtes

Gabon-Guinée équatoriale

— route
— voie ferrée
✈ aéroport

200 500 1000 m

→ oléoduc
marais

● plus de 400 000 h.
● de 50 000 à 400 000 h.
● de 20 000 à 50 000 h.
· moins de 20 000 h.

Énergie et produits miniers
électricité totale (2000) : 850 M. de kWh
hydroélectricité (2000) : 600 M. de kWh
manganèse (2001) : 830 000 t.
pétrole (2001) : 15 000 000 t.
uranium (1999) : 294 t.

Productions industrielles
huile de palme (2001) : 6 400 t.
ciment (2000) : 200 000 t.
production de bois (2000) : 2 584 000 m³

Tourisme
Recettes (2000) : 7 millions de $

Commerce extérieur
Exportations de biens (1999) : 2 498,8 M. de $

Importations de biens (2000) : 910,5 M. de $

Défense
Forces armées (1999) : 4 700 hommes
Budget de la Défense (1999) : 1,9 % du PI[...]

Niveau de vie
Nombre d'habitants pour un médecin (1993) : 2 000
Apport journalier moyen en calories (2000) : 2 564 (minimum FAO : 2 400)
Nombre d'automobiles pour 1 000 hab. (1996) : 17
Nombre de téléviseurs pour 1 000 hab. (1999) : 251

REPÈRES HISTORIQUES

Les premiers habitants sont probablement les Pygmées, vivant dans l'arrière-pays. Le groupe bantou le plus nombreux est celui des Fang, au nord.
1471 ou 1473 : les Portugais atteignent la côte.
XVIIᵉ - début du XIXᵉ s. : les Européens pratiquent la traite des Noirs, ainsi que le commerce de l'ivoire et de l'ébène.

1843 : la France s'établit définitiveme[nt] au Gabon, d'où les Fang venus du nor[d] est refoulent les populations locales.
1886 : le Gabon devient colonie français[e]. Il fusionne avec le Congo (1888 - 190[4]) puis est intégré dans l'A.-É.F. (1910).
1960 : le Gabon devient une Républiqu[e] indépendante.
1990 : instauration du multipartisme.

192

GUINÉE ÉQUATORIALE

Une partie du pays regroupe diverses îles, dont Bioko et Annóbon ; l'autre partie correspond au territoire oriental du Mbini, entre le Cameroun et le Gabon. La forêt couvre une grande partie du territoire.

Superficie : 28 051 km²
Population (2002) : 483 000 hab.
Capitale : Malabo 33 000 hab. (e. 2001)
Nature de l'État et du régime politique : république
Chef de l'État : (président de la République) Teodoro Obiang Nguema Mbasogo
Chef du gouvernement : (Premier ministre) Cándido Muatetema Rivas
Organisation administrative : 2 régions
Langues officielles : espagnol et français
Monnaie : franc CFA

DÉMOGRAPHIE

Densité : 16 hab./km²
Part de la population urbaine (2000) : 48,2 %
Structure de la population par âge (2000) : moins de 15 ans : 43,7 %, 15-65 ans : 52,4 %, plus de 65 ans : 3,9 %
Taux de natalité (1999) : 40,04 ‰
Taux de mortalité (1999) : 15,78 ‰
Taux de mortalité infantile (2000) : 98,8 ‰
Espérance de vie (2000) : hommes : 50,4 ans, femmes : 53,6 ans

ÉCONOMIE

PNB (2001) : 0,327 milliard de $
PNB/hab. (2001) : 700 $
PNB/hab. PPA (2001) : 5 640 $ intern.
IDH (2000) : 0,679
Taux de croissance annuelle du PIB (2001) : 55,5 %
Taux annuel d'inflation (1990) : 1,1 %
Structure de la population active : n.d.
Structure du PIB (2000) : agriculture : 8 %, mines et industries : 88 %, services : 4,9 %
Dette publique brute : n.d.
Taux de chômage : n.d.

Agriculture et pêche
Cultures
patates douces (2001) : 36 000 t.
production de bois (2000) : 364 000 m³
Élevage et pêche
bovins (2001) : 37 600 têtes
pêche (1999) : 7 000 t.

Énergie et produits miniers
électricité totale (2000) : 22 millions de kWh
pétrole (2001) : 9 000 000 t.

Productions industrielles
huile de palme (2001) : 4 500 t.

Tourisme
Recettes (1998) : 2 millions de $

Commerce extérieur
Exportations de biens (1997) : 295 M. de $
Importations de biens (1997) : 198 M. de $

Défense
Forces armées (1998) : 1 320 hommes
Budget de la Défense (1999) : 1,4 % du PIB

Niveau de vie
Nombre d'habitants pour un médecin : n.d.
Apport journalier moyen en calories (1995) : 2 230 (minimum FAO : 2 400)
Nombre d'automobiles pour 1 000 hab. (1996) : 3
Nombre de téléviseurs pour 1 000 hab. (1998) : 116

REPÈRES HISTORIQUES

1777 - 1778 : noyau de la Guinée équatoriale, les îles d'Annóbon et de Fernando Poo sont cédées à l'Espagne par le Portugal, qui les occupait depuis le XVe s.
XIXe s. : à partir de 1840, la province continentale (le Río Muni) est convoitée par la France et l'Espagne.
1900 : les frontières du pays sont définitivement fixées ; l'intérieur du Río Muni n'est occupé qu'en 1926.
1959 : la colonie devient une province espagnole.
1968 : elle accède à l'indépendance et est soumise à un régime despotique.
1979 : rétablissement des relations avec l'Espagne et l'Occident.
1992 : le pays s'engage sur la voie du multipartisme.

SÃO TOMÉ ET PRÍNCIPE ★★

À 300 km au large du Gabon, le pays est formé de deux îles, São Tomé, qui regroupe plus de 95 % de la population totale, et Príncipe (ou île du Prince). Le relief est montagneux, avec des sommets à 2 000 m. Le climat est chaud et humide.

Superficie : 964 km²
Population (2002) : 127 000 hab.
Capitale : São Tomé 67 000 hab. (e. 2001)
Nature de l'État et du régime politique : république à régime semi-présidentiel
Chef de l'État : (président de la République) Fradique de Menezes
Chef du gouvernement : (Premier ministre) Maria das Neves
Organisation administrative : 2 provinces
Langue officielle : portugais
Monnaie : dobra

DÉMOGRAPHIE

Densité : 152 hab./km²
Part de la population urbaine (2000) : 46,7 %
Structure de la population par âge (1993) : moins de 15 ans : 42 %, 15-65 ans : 53 %, plus de 65 ans : 5 %
Taux de natalité (1999) : 31,78 ‰
Taux de mortalité (1999) : 9,30 ‰
Taux de mortalité infantile (1998) : 48,5 ‰
Espérance de vie : n.d.

ÉCONOMIE

PNB (2001) : 0,043 milliard de $
PNB/hab. (2001) : 280 $
PNB/hab. PPA (2001) : 1 335 $ intern.
IDH (2000) : 0,632
Taux de croissance annuelle du PIB (2001) : 4 %
Taux annuel d'inflation (1992) : 27,4 %
Structure de la population active : n.d.
Structure du PIB (2000) : agriculture : 20,5 %, mines et industries : 17 %, services : 62,5 %
Dette publique brute : n.d.
Taux de chômage : n.d.

Agriculture et pêche
Cultures
bananes (2001) : 20 000 t.
café (2001) : 10 t.
coprah (2001) : 10 t.
maïs (2001) : 2 230 t.
Pêche
pêche (1999) : 3 760 t.

Énergie et produits miniers
électricité totale (2000) : 17 millions de kWh

Productions industrielles
huile de palme (2001) : 2 025 t.

Tourisme
Recettes touristiques (1998) : 2 M. de $

Commerce extérieur
Exportations de biens (1997) : 8 M. de $
Importations de biens (1997) : 57 M. de $

Défense
Forces armées : n.d.
Budget de la Défense : n.d.

Niveau de vie
Nombre d'habitants pour un médecin (1990) : 2 000
Apport journalier moyen en calories (2000) : 2 390 (minimum FAO : 2 400)
Nombre d'automobiles pour 1 000 hab. (1996) : 29
Nombre de téléviseurs pour 1 000 hab. (1998) : 227

REPÈRES HISTORIQUES

1471 : les deux îles sont découvertes par João de Santárem et Pêdro Escobar.
1493 : les premiers colons venus de Madère introduisent la canne à sucre et l'esclavage pour mettre en valeur de grandes plantations.
1975 : São Tomé et Príncipe accède à l'indépendance.

GAMBIE ➡ SÉNÉGAL

GHANA

Pays au climat tropical, le Ghana se compose d'un littoral formé d'une chaîne de grands plateaux, couverts par la forêt dense. Le Nord est recouvert par la savane.

Superficie : 238 533 km²
Population (2002) : 20 176 000 hab.
Capitale : Accra 1 925 000 hab. (e. 2001) dans l'agglomération
Nature de l'État et du régime politique : république
Chef de l'État et du gouvernement : (président de la République) John Kufuor
Organisation administrative : 10 régions
Langue officielle : anglais
Monnaie : cedi

DÉMOGRAPHIE

Densité : 84 hab./km²
Part de la population urbaine (2000) : 38,4 %
Structure de la population par âge (2000) : moins de 15 ans : 40,9 %, 15-65 ans : 55,9 %, plus de 65 ans : 3,2 %
Taux de natalité (2000) : 30 ‰
Taux de mortalité (2000) : 11 ‰
Taux de mortalité infantile (2000) : 62,1 ‰
Espérance de vie (2000) : hommes : 56 ans, femmes : 58,5 ans

ÉCONOMIE

PNB (2001) : 5,73 milliards de $
PNB/hab. (2001) : 290 $
PNB/hab. PPA (2001) : 1 980 dollars internationaux
IDH (2000) : 0,548
Taux de croissance annuelle du PIB (2001) : 4,2 %
Taux annuel d'inflation (2000) : 25,19 %
Structure de la population active : n.d.
Structure du PIB (2000) : agriculture : 35,3 %, mines et industries : 25,4 %, services : 39,3 %
Dette publique brute : n.d.
Taux de chômage : n.d.

Agriculture et pêche

Cultures
arachide (2001) : 205 000 t.
bananes plantain (2001) : 1 932 000 t.
cacao (2001) : 410 000 t.
canne à sucre (2001) : 140 000 t.
igname (2001) : 3 670 000 t.
maïs (2001) : 1 013 000 t.
manioc (2001) : 8 512 000 t.
millet (2001) : 169 000 t.

oranges (2001) : 300 000 t.
palmiste (2001) : 35 000 t.
riz (2001) : 249 000 t.
sorgho (2001) : 280 000 t.
tomates (2001) : 200 000 t.

Élevage et pêche
bovins (2001) : 1 302 000 têtes
caprins (2001) : 3 077 000 têtes
ovins (2001) : 2 743 000 têtes
pêche (1999) : 493 000 t.
porcins (2001) : 324 000 têtes
poulets (2001) : 20 472 000 têtes

Énergie et produits miniers

bauxite (2001) : 715 000 t.
diamant (2001) : 870 000 carats
électricité totale (2000) : 5 920 millions de kWh
hydroélectricité (2000) : 4 120 millions de kWh
manganèse (2001) : 260 000 t.
or (2001) : 68 700 kg

Productions industrielles

huile de palme (2001) : 108 000 t.

aluminium (2001) : 162 000 t.
ciment (2000) : 1 950 000 t.

Tourisme

Recettes touristiques (1999) : 304 millions de $

Commerce extérieur

Exportations de biens (2000) : 1 898,4 millions de $
Importations de biens (2000) : 2 741,3 millions de $

Défense

Forces armées (1999) : 7 000 hommes
Budget de la Défense (1999) : 0,6 % du PI

Niveau de vie

Nombre d'habitants pour un médecin (1990) : 25 000
Apport journalier moyen en calories (2000) : 2 699 (minimum FAO : 2 400)
Nombre d'automobiles pour 1 000 hab. (1996) : 5
Nombre de téléviseurs pour 1 000 hab. (1999) : 115

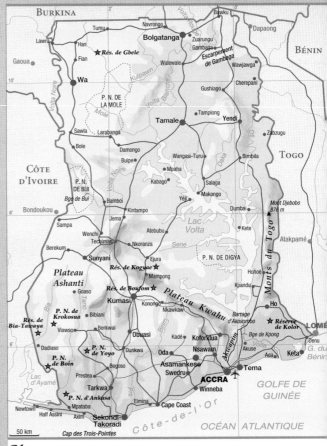

Ghana

★ site touristique important

—— autoroute
—— route
—— voie ferrée
✈ aéroport

● plus de 1 000 000 h.
● de 100 000 à 1 000 000 h.
● de 20 000 à 100 000 h.
· moins de 20 000 h.

REPÈRES HISTORIQUES

1471 : les Portugais atteignent la côte du futur Ghana, qui recevra ensuite le nom de Côte-de-l'Or, ou Gold Coast. Ils y construisent le fort d'Elmina et parviennent à garder pendant un siècle et demi le monopole du commerce de l'or.

VIIᵉ - XVIIIᵉ s. : ils sont évincés par les Hollandais, qui se partagent le littoral avec les Britanniques et d'autres marchands

européens. À partir du milieu du XVIIᵉ s., le commerce de l'or est supplanté par celui des esclaves. À l'intérieur s'édifient de puissants États akan : en 1701, à l'hégémonie denkyéra succède celle des Ashanti.

XIXᵉ s. : nombreuses guerres entre les Ashanti et les Britanniques, auxquels les Fanti se sont ralliés (conquête de Kumasi

par les Britanniques, 1896). La Grande-Bretagne domine seule le pays, qui passe petit à petit sous son protectorat. La traite étant abolie depuis 1807, l'expansion économique, remarquable, s'appuie sur les ressources minières et le cacao.

1957 : la Gold Coast devient indépendante, sous le nom de Ghana, dans le cadre du Commonwealth.

un autre Ghana

L e nom de « Ghana » fut aussi donné à un ancien royaume du Soudan occidental (Vᵉ - XIᵉ s.), qui s'étendait aux confins de la Mauritanie et du Mali actuels, en pays soninké. Situé en plein Sahel et tirant sa richesse du commerce du sel et de l'or (Ghana signifie « pays de l'or »), il connut son apogée au XIᵉ s. C'est à cette époque qu'il fut visité par le géographe andalou al-Bakri. Celui-ci, dans sa Description géographique du monde connu, évoque émerveillé le souverain du royaume, le Tounka Menin, capable de mettre en campagne 200 000 guerriers, et la capitale, appelé aussi Ghana, formée de deux villes séparées, celle du roi animiste et celle des marchands musulmans. Le royaume du Ghana fut détruit par les Almoravides qui s'emparèrent de sa capitale en 1076.

GUINÉE

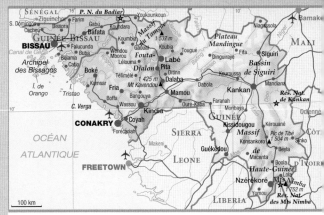

Guinée et Guinée-Bissau

★ site touristique important	— route
200 500 1000 m	— voie ferrée
	✈ aéroport

●	plus de 500 000 h.
●	de 50 000 à 500 000 h.
●	de 10 000 à 50 000 h.
●	moins de 10 000 h.

Le massif du Fouta-Djalon sépare la plaine côtière, très humide, et la haute Guinée intérieure, juxtaposant une région de dépression au nord (bassin de Siguiri) et des moyennes montagnes au sud-est (monts Nimba). Le climat est chaud, mais parfois tempéré par l'altitude, et comporte souvent une saison sèche marquée, expliquant la présence de la savane.

Superficie : 245 857 km²
Population (2002) : 8 382 000 hab.
Capitale : Conakry 1 092 936 hab. (r. 1996), 1 272 000 hab. (e. 2001) dans l'agglomération
Nature de l'État et du régime politique : république
Chef de l'État : (président de la République) Lansana Conté
Chef du gouvernement : (Premier ministre) Lamine Sidimé
Organisation administrative : 7 gouvernorats 1 municipalité et 33 préfectures
Langue officielle : français
Monnaie : franc guinéen

DÉMOGRAPHIE

Densité : 30 hab./km²
Part de la population urbaine (2000) : 32,8 %
Structure de la population par âge (2000) : moins de 15 ans : 44,1 %, 15-65 ans : 53,1 %, plus de 65 ans : 2,8 %
Taux de natalité (2000) : 39 ‰
Taux de mortalité (2000) : 17 ‰
Taux de mortalité infantile (2000) : 114,4 ‰
Espérance de vie (2000) : hommes : 48 ans, femmes : 49 ans

ÉCONOMIE

PNB (2001) : 3,04 milliards de $
PNB/hab. (2001) : 400 $
PNB/hab. PPA (2001) : 1 980 dollars internationaux
IDH (2000) : 0,414
Taux de croissance annuelle du PIB (2001) : 3,6 %
Taux annuel d'inflation (1992) : 17 %
Structure de la population active : n.d.
Structure du PIB (2000) : agriculture :

24 %, mines et industries : 37,1 %, services : 38,9 %
Dette publique brute : n.d.
Taux de chômage : n.d.

Agriculture et pêche

Cultures
arachide (2001) : 210 000 t.
bananes (2001) : 150 000 t.
bananes plantain (2001) : 430 000 t.
café (2001) : 20 500 t.
canne à sucre (2001) : 270 000 t.
manioc (2001) : 1 000 000 t.
palmiste (2001) : 53 000 t.
patates douces (2001) : 135 000 t.
riz (2001) : 870 000 t.
Élevage et pêche
bovins (2001) : 2 679 000 têtes
caprins (2001) : 1 012 000 têtes
ovins (2001) : 892 000 têtes
pêche (1999) : 87 000 t.
poulets (2001) : 11 855 000 têtes

Énergie et produits miniers

bauxite (2001) : 15 700 000 t.
diamant (2001) : 360 000 carats
électricité totale (2000) : 770 millions de kWh
or (2001) : 13 000 kg

Tourisme

Recettes touristiques (2000) : 12 millions de $

Commerce extérieur

Exportations de biens (1999) : 677,9 millions de $
Importations de biens (1999) : 583,4 millions de $

Défense

Forces armées (1999) : 9 700 hommes

Budget de la Défense (1999) : 1,6 % du PIB

Niveau de vie

Nombre d'habitants pour un médecin (1994) : 5 000
Apport journalier moyen en calories (2000) : 2 353 (minimum FAO : 2 400)
Nombre d'automobiles pour 1 000 hab. (1996) : 2
Nombre de téléviseurs pour 1 000 hab. (1999) : 44

REPÈRES HISTORIQUES

XIIᵉ s. : la haute Guinée, peuplée de Ma linké, appartient en partie à l'empire d Mali.
1461 - 1462 : l'arrivée des Portugais inau gure la traite des Noirs, qui persistera a delà de 1850.
XVIIIᵉ s. : les Peul, venus au XVIᵉ s. dan régions périphériques, instituent dans centre du pays un État théocratique, Fouta-Djalon.
Seconde moitié du XIXᵉ s. : la Franc entreprend la conquête de la région.
1889 - 1893 : la Guinée devient colon française, englobée dans l'A.-O.F. en 189
1958 : la Guinée opte pour l'indépen dance immédiate, rompant tout lien av la France. Le président Sékou Tour impose un régime autoritaire.
1984 : à la mort de Sékou Touré, le pa est confronté à de graves difficultés éc nomiques.
1990 : une nouvelle Constitution met fi au régime militaire et introduit le mul partisme.

GUINÉE-BISSAU

'ne plaine littorale très découpée, maré-
ageuse (mangrove), précède des plateaux
t des collines, plus secs, qui sont le
omaine de l'élevage.

uperficie : 36 125 km²
opulation (2002) : 1 256 000 hab.
apitale : Bissau 292 000 hab. (e. 2001)
ature de l'État et du régime politique :
épublique
hef de l'État : (président de
 République) Kumba Ialá
hef du gouvernement : (Premier
inistre) Mario Pires
rganisation administrative : 3 provinces
 1 secteur autonome
angue officielle : portugais
Monnaie : franc CFA

DÉMOGRAPHIE

ensité : 34 hab./km²
art de la population urbaine (2000) :
3,7 %
ructure de la population par âge (2000) :
oins de 15 ans : 43,5 %, 15-65 ans :
2,9 %, plus de 65 ans : 3,6 %
aux de natalité (2000) : 42 ‰
aux de mortalité (2000) : 20 ‰
aux de mortalité infantile (2000) :
21,2 ‰
spérance de vie (2000) : hommes :
4 ans, femmes : 46,9 ans

ÉCONOMIE

NB (2001) : 0,202 milliard de $
NB/hab. (2001) : 160 $

PNB/hab. PPA (2001) : 710 dollars
internationaux
IDH (2000) : 0,349
Taux de croissance annuelle du PIB (2001) :
0,2 %
Taux annuel d'inflation (2000) : 8,64 %
Structure de la population active : n.d.
Structure du PIB (2000) : agriculture :
58,8 %, mines et industries : 12,3 %,
services : 28,9 %
Dette publique brute : n.d.
Taux de chômage : n.d.

Agriculture et pêche

Cultures
arachide (2001) : 19 000 t.
noix de cajou (1998) : 38 000 t.
riz (2001) : 100 000 t.

Élevage et pêche
bovins (2001) : 515 000 têtes
caprins (2001) : 325 000 têtes
ovins (2001) : 285 000 têtes
pêche (1999) : 5 000 t.
porcins (2001) : 350 000 têtes

Énergie et produits miniers

électricité totale (2000) : 60 millions de
kWh

Tourisme

Recettes touristiques : n.d.

Commerce extérieur

Exportations de biens (1997) :
48,86 millions de $
Importations de biens (1997) :
62,49 millions de $

Défense

Forces armées (1999) : 9 250 hommes

Budget de la Défense (1999) :
1 % du PIB

Niveau de vie

Nombre d'habitants pour un
médecin (1990) : 7 260
Apport journalier moyen en
calories (2000) : 2 333
(minimum FAO : 2 400)
Nombre d'automobiles pour
1 000 hab. (1996) : 6
Nombre de téléviseurs pour
1 000 hab. : n.d.

REPÈRES HISTORIQUES

1446 : les Portugais découvrent le pays,
peuplé de Mandingues musulmans et de
populations animistes.
Fin du XVIᵉ s. : ils y installent des comptoirs.
1879 : la Guinée portugaise devient une
colonie, détachée administrativement du
Cap-Vert.
1941 : Bissau devient le chef-lieu de la
colonie.
1956 : Amilcar Cabral prend la tête du
mouvement nationaliste.
1962 : guérilla antiportugaise.
1973 : la république de Guinée-Bissau est
proclamée par Luís de Almeida Cabral,
frère d'Amilcar, lequel vient d'être assassiné.
1974 : l'indépendance du pays est
reconnue par le Portugal.
1991 : le régime, d'inspiration marxiste-
léniniste, instaure le multipartisme.

la présence portugaise en Afrique

Au XVᵉ s., le Portugal s'oriente vers l'expansion maritime, afin de se
procurer de l'or et des épices. Les premiers établissements sont
fondés sur les côtes de l'Afrique, sur le chemin des Indes, par le
cap de Bonne-Espérance. Madère est occupée en 1418, et les Açores, en
1432. La Guinée-Bissau est découverte en 1446 par Nuno Tristão. En
1460, le Cap-Vert est atteint par Antonio da Noli et Diogo Gomes. L'archipel de São Tomé et Príncipe est découvert en 1471 par João de Santárem et Pêdro Escobar. Dès 1482, l'expédition de Diogo Cão touche la
côte de l'Angola. Le Mozambique, où fait escale Vasco de Gama, est
exploré à partir de 1498. La pénétration dans le continent reste limitée.
La conférence de Berlin de 1885 reconnaît et limite les droits du Portugal en Afrique. En 1951, une loi organique décide la transformation
des territoires en provinces d'outre-mer. Mais, dès 1960, des rébellions
éclatent en Afrique. Après la révolution portugaise de 1974, le processus
d'accession à l'indépendance se développe au profit de la Guinée-Bissau
(1974), du Cap-Vert, de São Tomé et Príncipe, de l'Angola et du
Mozambique (1975). Les îles atlantiques sont assimilées aux provinces
métropolitaines.

KENYA

Les hauts massifs volcaniques du Sud-Ouest, humides, sont bien peuplés car l'altitude modère les températures de latitude équatoriale. Les bas plateaux et les plaines du Nord et du Nord-Est, steppiques, sont presque vides. Le pays est traversé par la zone d'effondrement de l'Afrique orientale (la Rift Valley), jalonnée de lacs.

Superficie : 580 367 km²
Population (2002) : 31 905 000 hab.
Capitale : Nairobi 2 343 000 hab.
(e. 2001)
Nature de l'État et du régime politique : république
Chef de l'État et du gouvernement : (président de la République)
Mwai Kibaki
Organisation administrative : 7 provinces et 1 municipalité
Langues officielles : anglais (off.)
et swahili (nat.)
Monnaie : shilling du Kenya

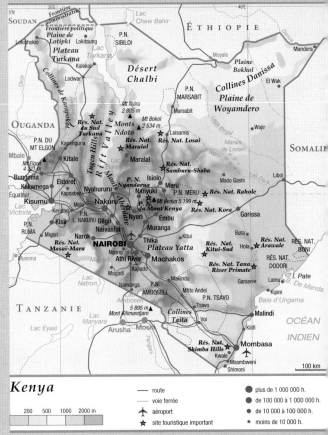

Kenya

— route
— voie ferrée
✈ aéroport
★ site touristique important

● plus de 1 000 000 h.
● de 100 000 à 1 000 000 h.
● de 10 000 à 100 000 h.
• moins de 10 000 h.

200 500 1000 2000 m

100 km

DÉMOGRAPHIE

Densité : 52 hab./km²
Part de la population urbaine (2000) : 33,1 %
Structure de la population par âge (2000) : moins de 15 ans : 43,5 %, 15-65 ans : 53,7 %, plus de 65 ans : 2,8 %
Taux de natalité (2000) : 35 ‰
Taux de mortalité (2000) : 14 ‰
Taux de mortalité infantile (2000) : 58,7 ‰
Espérance de vie (2000) : hommes : 48,7 ans, femmes : 49,9 ans

ÉCONOMIE

PNB (2001) : 10,3 milliards de $
PNB/hab. (2001) : 340 $
PNB/hab. PPA (2001) : 1 020 dollars internationaux
IDH (2000) : 0,513
Taux de croissance annuelle du PIB (2001) : 1,2 %
Taux annuel d'inflation (2000) : 5,86 %
Structure de la population active : n.d.
Structure du PIB (2000) :
agriculture : 19,9 %,
mines et industries : 18,7 %,
services : 61,4 %
Dette publique brute : n.d.
Taux de chômage : n.d.

Agriculture et pêche
Cultures
ananas (2001) : 280 000 t.
bananes (2001) : 210 000 t.
bananes plantain (2001) : 370 000 t.
blé (2001) : 180 000 t.
café (2001) : 75 000 t.
canne à sucre (2001) : 5 150 000 t.
maïs (2001) : 2 700 000 t.
manioc (2001) : 950 000 t.
miel (2001) : 24 940 t.
noix de cajou (1998) : 9 000 t.
patates douces (2001) : 535 000 t.
sorgho (2001) : 133 000 t.
thé (2001) : 240 000 t.
Élevage et pêche
bovins (2001) : 12 500 000 têtes
caprins (2001) : 9 000 000 têtes
chameaux (2001) : 830 000 têtes
ovins (2001) : 6 500 000 têtes
pêche (1999) : 206 000 t.
poulets (2001) :
032 000 000 têtes

Énergie et produits miniers
électricité totale (2000) : 4 616 millions de kWh
hydroélectricité (2000) : 3 250 millions de kWh

Productions industrielles
bière (2000) : 2 600 000 hl
sucre (2001) : 341 000 t.
production de bois (2000) : 1 977 000 m
sisal (2001) : 25 000 t.

Tourisme
Recettes touristiques (1999) : 304 million de $

Commerce extérieur
Exportations de biens (2000) : 1 773,4 millions de $
Importations de biens (2000) : 3 044 millions de $

Défense
Forces armées (1999) : 22 200 hommes
Budget de la Défense (1999) : 2,2 % du PIB

Niveau de vie
Nombre d'habitants pour un médecin (1990) : 20 000
Apport journalier moyen en calories (2000) : 1 965
(minimum FAO : 2 400)
Nombre d'automobiles pour 1 000 hab. (1996) : 11
Nombre de téléviseurs pour 1 000 hab. (1998) : 22

REPÈRES HISTORIQUES

...ays où l'on a découvert les plus anciens ...stes de préhominiens, le Kenya est ...ccupé à l'origine par des populations ...roches des Bochimans.

...0 av. J.-C. - xvıe s. apr. J.-C. : des popu-tions bantoues venues du nord se sub-...ituent à ce peuplement primitif ; les ...rabes puis les Portugais (après 1497) ...stallent des comptoirs sur le littoral.

...388 : la Grande-Bretagne obtient du sultan de Zanzibar une concession sur l'essentiel du pays.

1895 : le Kenya devient protectorat bri-tannique.

1920 : il forme une colonie de la Cou-ronne.

1925 : Jomo Kenyatta se place à la tête du mouvement nationaliste, qui exige la res-titution des terres aux Kikuyu.

1952 - 1956 : la « révolte des Mau-Mau » (rébellion des Kikuyu) est sévèrement réprimée ; Kenyatta est arrêté.

1961 : libération de Kenyatta.

1963 : le Kenya devient indépendant dans le cadre du Commonwealth.

1964 - 1978 : Kenyatta est président de la République.

1991 : abrogé en 1982, le multipartisme est rétabli.

LESOTHO ➡ AFRIQUE DU SUD

199

le mont Kenya

L e mont Kenya, avec ses 5 199 m, est un des géants de l'Afrique, après le Kilimandjaro (5 895 m) et avant le Ruwenzori (5 119 m au pic Marguerite). En fait, il présente deux sommets voisins : le Batian (sommet principal : 5 199 m) et le Nelion (sommet oriental, 5188 m). Il fut découvert par le missionnaire allemand J. L. Krapf en 1849, et le Batian fut gravi la première fois en 1899. Sur les flancs du mont Kenya, la forêt s'élève jusque vers 4 200 m.

LIBERIA

Le pays s'élève progressivement vers les monts Nimba. Le climat chaud et humide a favorisé le développement d'une forêt dense dans l'intérieur, couvrant un tiers du territoire.

Superficie : 111 369 km²
Population (2002) : 3 298 000 hab.
Capitale : Monrovia 491 000 hab.
(e. 2001)
Nature de l'État et du régime politique :
république
Chef de l'État et du gouvernement :
(président de la République)
Charles Taylor
Organisation administrative :
13 comtés
Langue officielle : anglais
Monnaie : dollar libérien

DÉMOGRAPHIE

Densité : 29 hab./km²
Part de la population urbaine (2000) :
44,9 %
Structure de la population par âge (2000) :
moins de 15 ans : 42,7 %, 15-65 ans :
54,4 %, plus de 65 ans : 2,9 %
Taux de natalité (2000) : 44 ‰
Taux de mortalité (2000) : 17 ‰
Taux de mortalité infantile (2000) :
79,3 ‰
Espérance de vie (2000) : hommes :
54,6 ans, femmes : 56,7 ans

ÉCONOMIE

PNB (1985) : 1,03 milliard de $
PNB/hab. (1985) : 460 $
PNB/hab. PPA : n.d.
IDH : n.d.
Taux de croissance annuelle du PIB (1989) :
0,7 %
Taux annuel d'inflation (1992) : 75 %
Structure de la population active : n.d.
Structure du PIB (1991) : agriculture :
41 %, mines et industries : 20 %,
services : 39 %
Dette publique brute : n.d.
Taux de chômage : n.d.

Agriculture et pêche

Cultures
canne à sucre (2001) : 250 000 t.
caoutchouc (2001) : 135 000 t.
manioc (2001) : 441 000 t.
riz (2001) : 183 000 t.
Élevage et pêche
caprins (2001) : 220 000 têtes

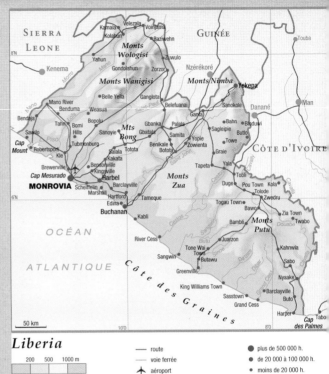

Liberia

200   500   1000 m

— route
— voie ferrée
✈ aéroport

● plus de 500 000 h.
● de 20 000 à 100 000 h.
● moins de 20 000 h.

50 km

ovins (2001) : 210 000 têtes
pêche (1999) : 15 500 t.
porcins (2001) : 130 000 têtes
poulets (2001) : 4 000 000 têtes

Énergie et produits miniers
diamant (2001) : 170 000 carats
électricité totale (2000) : 450 millions
de kWh
or (2001) : 1 000 kg

Productions industrielles
huile de palme (2001) : 42 000 t.

Tourisme
Recettes touristiques : n.d.

Commerce extérieur
Exportations de biens (1997) : 949 millions
de $

Importations de biens (1997) :
3 875 millions de $

Défense
Forces armées (1999) : 11 000 hommes
Budget de la Défense (1999) :
2,9 % du PIB

Niveau de vie
Nombre d'habitants pour un
médecin (1990) : 9 340
Apport journalier moyen en
calories (2000) : 2 076
(minimum FAO : 2 400)
Nombre d'automobiles pour
1 000 hab. (1996) : 3
Nombre de téléviseurs pour
1 000 hab. (1998) : 28

REPÈRES HISTORIQUES

xvᵉ - xviiiᵉ s. : la région est occupée par des populations de langues mandé et kru, pour l'essentiel.
1822 : la Société américaine de colonisation, fondée en 1816, commence à y établir des esclaves noirs libérés.
1847 : la république du Liberia, indépendante, est proclamée ; la capitale est nommée Monrovia en l'honneur du président américain J. Monroe.
1857 : fusion avec l'établissement voisin du Maryland.

1926 : début des grandes concessions a entreprises américaines.
1980 : un coup d'État militaire amène pouvoir le sergent-chef Samuel K. Doe
1984 : une Constitution, prévoyant retour à un régime civil, est approuv par référendum.
1990 : le développement de la guéri conduite notamment par Charles Tayl aboutit à la guerre civile (Doe est tué cours des combats).
1996 : le conflit prend fin.

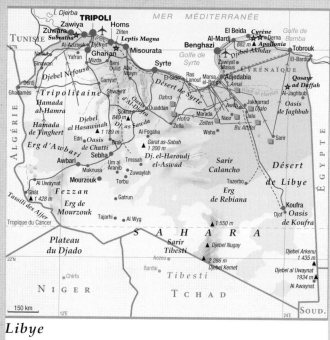

at et désertique, le pays est parsemé
oasis. Séparées par 500 km de côte aride
golfe de Syrte), les régions côtières de la
ripolitaine, à l'ouest, et de la Cyrénaïque,
l'est, sont moins arides et concentrent
essentiel de la population.

perficie : 1 759 540 km²
pulation (2002) : 5 529 000 hab.
apitale : Tripoli 1 776 000 hab.
. 2001)
ature de l'État et du régime politique :
publique
hef de l'État et du gouvernement :
eader révolutionnaire) Muammar
-Kadhafi ou Muammar al-Qadhdhafi
rganisation administrative :
municipalités
ngue officielle : arabe
onnaie : dinar libyen

DÉMOGRAPHIE

ensité : 3 hab./km²
rt de la population urbaine (2000) : 87,6 %
ructure de la population par âge (2000) :
oins de 15 ans : 33,9 %, 15-65 ans :
,7 %, plus de 65 ans : 3,4 %
ux de natalité (2000) : 27 ‰
ux de mortalité (2000) : 5 ‰
ux de mortalité infantile (2000) : 25,2 ‰
pérance de vie (2000) : hommes :
,2 ans, femmes : 73,3 ans

ÉCONOMIE

IB (1985) : 27,29 milliards de $
IB/hab. (1985) : 6 520 $
B/hab. PPA : n.d.
H (2000) : 0,773
ux de croissance annuelle du PIB (2001) :
5 %
ux annuel d'inflation (1992) : 7 %
ucture de la population active : n.d.
ucture du PIB (1991) : agriculture :
%, mines et industries : 48 %,
vices : 44 %
tte publique brute : n.d.
ux de chômage : n.d.

Agriculture et pêche
ltures
umes (2001) : 66 000 t.
andes (2001) : 31 000 t.
(2001) : 130 000 t.
tes (2001) : 133 000 t.
ves (2001) : 190 000 t.
e (2001) : 80 000 t.
mmes de terre (2001) : 210 000 t.
nates (2001) : 250 000 t.

Élevage et pêche
bovins (2001) : 220 000 têtes
caprins (2001) : 1 950 000 têtes
chameaux (2001) : 72 000 têtes
ovins (2001) : 5 100 000 têtes
pêche (1999) : 32 600 t.

Énergie et produits miniers
électricité totale (2000) : 19 400 M. de kWh
gaz naturel (2000) : 5 500 millions de m³
pétrole (2001) : 67 000 000 t.

Productions industrielles
huile d'olive (2001) : 6 000 t.
acier (2001) : 846 000 t.
laine (2001) : 8 625 t.

Tourisme
Recettes (1999) : 28 millions de $

Commerce extérieur
Exportations de biens (1999) :
6 758 millions de $
Importations de biens (1999) :
3 996 millions de $

Défense
Forces armées (1999) : 76 000 hommes
Budget de la Défense (1999) : 1,6 % du PIB

Niveau de vie
Nombre d'habitants pour un
médecin (1990) : 909
Apport journalier moyen en
calories (2000) : 3 305
(minimum FAO : 2 400)
Nombre d'automobiles pour
1 000 hab. (1996) : 145
Nombre de téléviseurs pour
1 000 hab. (1998) : 136

REPÈRES HISTORIQUES

XIIIᵉ s. av. J.-C. : les habitants de la région,
appelés « Libyens » par les Grecs, participent aux invasions des Peuples de la Mer
en Égypte.
VIIᵉ s. : les Grecs fondent en Cyrénaïque
les cinq colonies de la Pentapole.
106 - 19 av. J.-C. : l'ensemble du pays est
conquis par Rome.
642 - 643 : conquête arabe.
1517 : les Ottomans conquièrent la Cyrénaïque, puis la Tripolitaine (1551).
1934 : création de la colonie italienne de
Libye.
1940 - 1943 : à l'issue de la campagne de
Libye, la France administre le Fezzan ; la
Grande-Bretagne, la Tripolitaine et la
Cyrénaïque.
1951 : la Libye devient un royaume indépendant, dont Idris Iᵉʳ est le souverain.
1969 : le coup d'État des « officiers
libres » fait de Kadhafi le maître du pays.
Celui-ci nationalise les compagnies
pétrolières (1971), lance la révolution
culturelle islamique (1973). Il intervient
au Tchad (1973), où il a des prétentions
sur la bande d'Aozou et y intensifie son
engagement (1980 - 1987).
1986 : son soutien aux organisations ter-
roristes lui vaut de subir des bombardements de représailles américains.
1988 : la Libye rétablit ses relations diplomatiques avec le Tchad, auquel elle res-
titue (1994) la bande d'Aozou.

201

MADADASCAR

L'île est formée, au centre, de hauts plateaux, parfois surmontés de massifs volcaniques, au climat tempéré par l'altitude et qui retombent brutalement à l'est sur une étroite plaine littorale, chaude, humide et forestière. L'Ouest est occupé par des plateaux et des collines, au climat plus sec, qui sont le domaine de la forêt claire, de la savane et de la brousse.

Superficie : 587 041 km²
Population (2002) : 16 913 000 hab.
Capitale : Antananarivo 1 052 835 hab. (r. 1993), 1 689 000 hab. (e. 2001) dans l'agglomération
Nature de l'État et du régime politique : république à régime semi-présidentiel
Chef de l'État : (président de la République) Marc Ravalomanana
Chef du gouvernement : (Premier ministre) Jacques Sylla
Organisation administrative : 6 provinces
Langues officielles : malgache et français
Monnaie : franc malgache

DÉMOGRAPHIE

Densité : 27 hab./km²
Part de la population urbaine (2000) : 29,5 %
Structure de la population par âge (2000) : moins de 15 ans : 44,7 %, 15-65 ans : 52,3 %, plus de 65 ans : 3 %
Taux de natalité (2000) : 40 ‰
Taux de mortalité (2000) : 12 ‰
Taux de mortalité infantile (2000) : 91,5 ‰
Espérance de vie (2000) : hommes : 52,5 ans, femmes : 54,8 ans

ÉCONOMIE

PNB (2001) : 0,417 milliard de $
PNB/hab. (2001) : 260 $
PNB/hab. PPA (2001) : 870 dollars internationaux
IDH (2000) : 0,469
Taux de croissance annuelle du PIB (2001) : 6,7 %
Taux annuel d'inflation (2000) : 12,03 %
Structure de la population active : n.d.
Structure du PIB (2000) : agriculture : 34,9 %, mines et industries : 13,1 %, services : 52 %
Dette publique brute : n.d.
Taux de chômage : n.d.

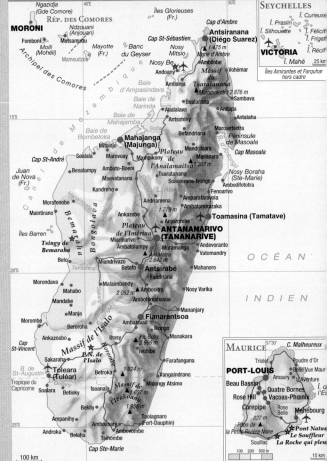

Madagascar-Comores-Maurice-Seychelles

★ site touristique important
━━ route
┈┈ voie ferrée
✈ aéroport

500 1000 1500 m

● plus de 1 000 000 h.
● de 100 000 à 1 000 000 h.
● de 50 000 à 100 000 h.
• moins de 50 000 h.

Agriculture et pêche

Cultures
bananes (2001) : 260 000 t.
café (2001) : 64 000 t.
canne à sucre (2001) : 2 200 000 t.
maïs (2001) : 150 000 t.
manioc (2001) : 2 228 000 t.
patates douces (2001) : 476 000 t.
pommes de terre (2001) : 293 000 t.
riz (2001) : 2 300 000 t.
Élevage et pêche
bovins (2001) : 10 300 000 têtes
caprins (2001) : 1 350 000 têtes
ovins (2001) : 790 000 têtes
pêche (1999) : 141 000 t.
porcins (2001) : 850 000 têtes
poulets (2001) : 19 000 000 têtes
Énergie et produits miniers
chrome (2001) : 52 000 t.
électricité totale (2000) : 820 M. de kWh

hydroélectricité (2000) : 520 millions de kWh

Productions industrielles
sucre (2001) : 63 000 t.
bière (2000) : 300 000 hl
ciment (2000) : 48 000 t.
sisal (2001) : 15 000 t.

Tourisme
Recettes touristiques (2000) : 116 million de $

Commerce extérieur
Exportations de biens (2000) : 824 millic de $
Importations de biens (2000) : 997 millic de $

Défense
Forces armées (1998) : 21 000 hommes
Budget de la Défense (1999) : 1,1 % du PIB

Niveau de vie

Nombre d'habitants pour un
médecin (1990) : 10 000
Apport journalier moyen en
calories (2000) : 2 007
minimum FAO : 2 400)
Nombre d'automobiles pour
000 hab. (1996) : 4
Nombre de téléviseurs pour
000 hab. (1998) : 22

REPÈRES HISTORIQUES

XIVe s. - XVIIe s. : à partir du XIVe s., des
commerçants arabes s'installent sur les
côtes de l'île, peuplée d'un mélange de
Négro-Africains et d'Indonésiens. Les
Européens ne parviennent pas à créer des
établissements durables.
VIIIe s. : le royaume merina (capitale
Antananarivo) s'étend sur la quasi-tota-
té de l'île.
817 : son souverain, Radama Ier
1810 - 1828), reçoit de la Grande-Bre-
agne le titre de roi de Madagascar.
885 : Rainilaiarivony doit accepter le
protectorat français.
895 - 1896 : l'expédition Duchesne
aboutit à la déchéance de la reine Ranava-
ona III et à l'annexion de l'île par la
France, qui abolit l'esclavage.
896 - 1905 : Gallieni, gouverneur, tra-
aille à la pacification.
947 - 1948 : une violente rébellion est
urement réprimée.
960 : la République malgache, pro-
lamée en 1958, obtient son indépen-
ance.
972 : à la suite de troubles importants, le
résident Tsiranana (au pouvoir depuis
958) doit se retirer.
975 : Didier Ratsiraka devient président
e la République démocratique de Mada-
ascar. Après l'échec d'une expérience
ocialiste de plus de dix ans, le régime est
onfronté à une opposition croissante,
ui accède au pouvoir en 1993.
997 - 2002 : D. Ratsiraka revient à la tête
e l'État.

COMORES

Situé dans l'océan Indien, au nord-ouest
de Madagascar, cet État comprend les îles
de Ngazidja (anc. Grande Comore), de
Moili (anc. Mohéli) et de Ndzouani (anc.
Anjouan). La quatrième île de l'archipel,
Mayotte, a choisi, en 1976, le maintien
dans le cadre français.

Superficie : 2 235 km²
Population (2002) : 748 000 hab.
Capitale : Moroni 49 000 hab. (e. 2001)
Nature de l'État et du régime politique :
république
Chef de l'État et du gouvernement :
(président de l'Union) Assoumani Azali
Organisation administrative :
3 gouvernorats
Langues officielles : arabe et français
Monnaie : franc comorien

DÉMOGRAPHIE

Densité : 365 hab./km²
Part de la population urbaine (2000) :
33,2 %
Structure de la population par âge (2000) :
moins de 15 ans : 43 %, 15-65 ans :
54,4 %, plus de 65 ans : 2,6 %
Taux de natalité (1999) : 33,74 ‰
Taux de mortalité (1999) : 8,50 ‰
Taux de mortalité infantile (2000) : 67 ‰
Espérance de vie (2000) : hommes :
59,4 ans, femmes : 62,2 ans

ÉCONOMIE

PNB (2001) : 0,217 milliard de $
PNB/hab. (2001) : 380 $
PNB/hab. PPA (2001) : 1 610 dollars
internationaux
IDH (2000) : 0,511
Taux de croissance annuelle du PIB (2001) :
1,9 %
Taux annuel d'inflation : n.d.
Structure de la population active : n.d.
Structure du PIB (2000) : agriculture :
40,9 %, mines et industries : 11,9 %,
services : 47,2 %

Dette publique brute : n.d.
Taux de chômage : n.d.

Agriculture et pêche

Cultures
bananes (2001) : 57 000 t.
manioc (2001) : 45 000 t.
Élevage et pêche
bovins (2001) : 52 000 têtes
caprins (2001) : 172 000 têtes
pêche (1999) : 12 200 t.

Énergie et produits miniers

électricité totale (2000) : 19 millions de
kWh

Tourisme

Recettes touristiques (1999) : 19 millions
de $

Commerce extérieur

Exportations de biens (1997) :
11 millions de $
Importations de biens (1997) :
157 millions de $

Défense

Forces armées : n.d.
Budget de la Défense : n.d.

Niveau de vie

Nombre d'habitants pour un médecin : n.d.
Apport journalier moyen en
calories (2000) : 1 753
(minimum FAO : 2 400)
Nombre d'automobiles pour
1 000 hab. (1996) : 13
Nombre de téléviseurs pour
1 000 hab. (1998) : 4

REPÈRES HISTORIQUES

1886 : établissement du protectorat français.
1958 - 1975 : les Comores forment un territoire français d'outre-mer.
1978 : la République fédérale islamique
est proclamée. Elle est confrontée à des
mouvements séparatistes.

MAURICE

Île, d'origine volcanique, humide, au
imat subtropical, a une population hété-
gène d'origine indienne (environ 70 %),
ropéenne, africaine et chinoise.

uperficie : 2 040 km²
opulation (2002) : 1 180 000 hab.
apitale : Port Louis 176 000 hab.
. 2001)
ature de l'État et du régime politique :
publique à régime parlementaire
hef de l'État : (président de
République) Karl Offmann
hef du gouvernement : (Premier

ministre) Anerood Jugnauth
Organisation administrative : 5 muni-
cipalités, 9 districts et 3 dépendances
Langue officielle : anglais
Monnaie : roupie mauricienne

DÉMOGRAPHIE

Densité : 568 hab./km²
Part de la population urbaine (2000) : 41,3 %
Structure de la population par âge (2000) :
moins de 15 ans : 25,6 %, 15-65 ans :
68,2 %, plus de 65 ans : 6,2 %
Taux de natalité (2000) : 17 ‰

Taux de mortalité (2000) : 7 ‰
Taux de mortalité infantile (2000) :
16 ‰
Espérance de vie (2000) : hommes :
68,4 ans, femmes : 75,8 ans

ÉCONOMIE

PNB (2001) : 4,59 milliards de $
PNB/hab. (2001) : 3 830 $
PNB/hab. PPA (2001) : 10 410 dollars
internationaux
IDH (2000) : 0,772
Taux de croissance annuelle du PIB (2001) :
7,2 %
Taux annuel d'inflation (2000) : 4,2 %
Structure de la population active :
agriculture : n.d., mines et industries :
n.d., services : n.d.
Structure du PIB (2000) : agriculture :

MADAGASCAR

6 %, mines et industries : 32,1 %,
services : 61,9 %
Dette publique brute : n.d.
Taux de chômage (1995) : 9,8 %

Agriculture et pêche
Cultures
canne à sucre (2001) : 5 500 000 t.
Élevage et pêche
pêche (1999) : 12 100 t.
poulets (2001) : 7 700 000 têtes

Énergie et produits miniers
électricité totale (2000) : 1 285 millions
de kWh
hydroélectricité (2000) : 115 millions de
kWh

Productions industrielles
sucre (2001) : 666 000 t.
bière (2000) : 390 000 hl

Tourisme
Recettes touristiques (2000) : 585 millions
de $

Commerce extérieur
Exportations de biens (2000) :
1 559,4 millions de $
Importations de biens (2000) :
1 953,3 millions de $

Défense
Forces armées (1999) :
2 140 hommes
Budget de la Défense (1999) :
0,2 % du PIB

Niveau de vie
**Nombre d'habitants pour un
médecin (1995) :** 1 111
**Apport journalier moyen en
calories (2000) :** 2 985
(minimum FAO : 2 400)
**Nombre d'automobiles pour
1 000 hab. (1999) :** 73
**Nombre de téléviseurs pour
1 000 hab. (1999) :** 230

SEYCHELLES

C'est un archipel comprenant une trentaine d'îles et une soixantaine d'îlots. L'île
principale est Mahé. Ce sont des îles coral-
liennes ou granitiques, au climat chaud,
saisonnièrement humide.

Superficie : 455 km²
Population (2002) : 76 000 hab.
Capitale : Victoria 30 000 hab. (e. 2001)
dans l'agglomération
Nature de l'État et du régime politique :
république à régime semi-présidentiel
Chef de l'État et du gouvernement :
(président de la République) France
Albert René
Organisation administrative :
23 districts
Langues officielles : anglais, créole et
français
Monnaie : roupie des Seychelles

DÉMOGRAPHIE
Densité : 189 hab./km²
Part de la population urbaine (2000) :
58,5 %
Structure de la population par âge (1993) :
moins de 15 ans : 35 %, 15-65 ans :
59 %, plus de 65 ans : 6 %
Taux de natalité (1999) : 18,23 ‰
Taux de mortalité (1999) : 7,05 ‰

Taux de mortalité infantile (1998) :
14,5 ‰
Espérance de vie : n.d.

ÉCONOMIE
PNB (2000) : 0,57 milliard de $
PNB/hab. (2000) : 7 050 $
PNB/hab. PPA (1999) : 10 381 dollars
internationaux
IDH (2000) : 0,811
Taux de croissance annuelle du PIB (2001) :
- 8,1 %
Taux annuel d'inflation (2000) :
6,29 %
Structure de la population active : n.d.
Structure du PIB (2000) :
agriculture : 3 %,
mines et industries : 21,6 %,
services : 75,4 %
Dette publique brute : n.d.
Taux de chômage : n.d.

Agriculture et pêche
Cultures
bananes (2001) : 1 970 t.
thé (2001) : 230 t.
Pêche
pêche (1999) : 38 000 t.

Énergie et produits miniers
électricité totale (2000) : 160 millions de
kWh

Tourisme
Recettes touristiques (2000) : 110 millions
de $

Commerce extérieur
Exportations de biens (1999) :
145,21 millions de $
Importations de biens (1999) :
377,60 millions de $

Défense
Forces armées (1999) : 450 hommes
Budget de la Défense (1999) :
1,7 % du PIB

Niveau de vie
**Nombre d'habitants pour un
médecin (1991) :** 172
**Apport journalier moyen en
calories (2000) :** 2 432
(minimum FAO : 2 400)
**Nombre d'automobiles pour
1 000 hab. (1996) :** 89
**Nombre de téléviseurs pour
1000 hab. (1999) :** 215

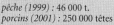

Formé de hauts plateaux dans le Nord et le Centre, plus contrasté dans le Sud, le pays s'étend sur 900 km du nord au sud, surtout sur la rive ouest du lac Malawi. Le climat est tropical, avec une saison sèche de mai à octobre.

Superficie : 118 484 km²
Population (2002) : 11 828 000 hab.
Capitale : Lilongwe 440 000 hab.
(r. 1998), 523 000 hab. (e. 2001) dans l'agglomération
Nature de l'État et du régime politique : république à régime présidentiel
Chef de l'État et du gouvernement : (président de la République)
Elson Bakili Muluzi
Organisation administrative : 3 régions
Langues officielles : anglais (off.) et chichewa (nat.)
Monnaie : kwacha

DÉMOGRAPHIE

Densité : 93 hab./km²
Part de la population urbaine (2000) : 15,4 %
Structure de la population par âge (2000) : moins de 15 ans : 46,3 %, 15-65 ans : 50,8 %, plus de 65 ans : 2,9 %
Taux de natalité (2000) : 46 ‰
Taux de mortalité (2000) : 24 ‰
Taux de mortalité infantile (2000) : 130,1 ‰
Espérance de vie (2000) : hommes : 39,6 ans, femmes : 39 ans

ÉCONOMIE

PNB (2001) : 1,78 milliard de $
PNB/hab. (2001) : 170 $
PNB/hab. PPA (2001) : 620 dollars internationaux
IDH (2000) : 0,4
Taux de croissance annuelle du PIB (2001) : - 1,5 %
Taux annuel d'inflation (2000) : 29,49 %

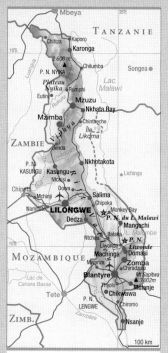

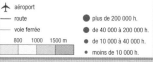

Malawi

✈ aéroport
— route
— voie ferrée

800	1000	1500 m

● plus de 200 000 h.
● de 40 000 à 200 000 h.
● de 10 000 à 40 000 h.
• moins de 10 000 h.

Structure de la population active : n.d.
Structure du PIB (2000) : agriculture : 41,5 %, mines et industries : 19,1 %, services : 39,4 %
Dette publique brute : n.d.
Taux de chômage : n.d.

Agriculture et pêche

Cultures
bananes plantain (2001) : 200 000 t.
canne à sucre (2001) : 1 900 000 t.
maïs (2001) : 2 500 000 t.
manioc (2001) : 900 000 t.
pommes de terre (2001) : 2 000 000 t.
tabac (2001) : 83 000 t.

Élevage et pêche
bovins (2001) : 750 000 têtes
caprins (2001) : 1 450 000 têtes
ovins (2001) : 110 000 têtes

pêche (1999) : 46 000 t.
porcins (2001) : 250 000 têtes

Énergie et produits miniers
électricité totale (2000) : 825 millions de kWh
houille (1999) : 54 000 t.

Productions industrielles
sucre (2001) : 213 000 t.
bière (2000) : 117 000 hl
production de bois (2000) : 520 000 m³

Tourisme
Recettes touristiques (2000) : 27 millions de $

Commerce extérieur
Exportations de biens (1997) : 683 millions de $
Importations de biens (1997) : 786 millions de $

Défense
Forces armées (1999) : 5 000 hommes
Budget de la Défense (1999) : 1,8 % du PIB

Niveau de vie
Nombre d'habitants pour un médecin (1993) : 50 360
Apport journalier moyen en calorie (2000) : 2 180 (minimum FAO : 2 400)
Nombre d'automobiles pour 1 000 hab. (1996) : 2
Nombre de téléviseurs pour 1 000 hab. (1999) : 3

REPÈRES HISTORIQUES

Le pays est occupé par des populations bantoues qui subissent à partir de 1840 les razzias des négriers du Zanzibar.
1859 : Livingstone découvre le lac Malawi.
1889 : un protectorat britannique d'Afrique-Centrale est constitué.
1907 : il prend le nom de Nyassaland.
1953 : la Grande-Bretagne fédère le Nyassaland et la Rhodésie. Le Nyassaland African Congress, parti dirigé par Hastings Kamuzu Banda, réclame l'indépendance.
1962 : le Nyassaland quitte la fédération.
1964 : il accède à l'indépendance sous le nom de Malawi.
1966 : la république est proclamée. Le président instaure un système de parti unique ; le Malawi entretient des relations étroites avec l'Afrique du Sud.
1993 : confronté à une contestation intérieure grandissante, le chef de l'État doit rétablir le multipartisme.
1994 : premières élections pluralistes.

MALI

Mali

★ site touristique important
— route
— voie ferrée
✈ aéroport

● plus de 800 000 h.
● de 50 000 à 800 000 h.
● de 20 000 à 50 000 h.
• moins de 20 000 h.

350   500   750 m

Vaste (plus du double de la superficie de la France), mais enclavé et situé, en majeure partie, dans la zone sèche sahélienne ou même saharienne, c'est l'un des pays les plus pauvres du monde.

Superficie : 1 240 192 km²
Population (2002) : 12 019 000 hab.
Capitale : Bamako 1 161 000 hab.
(e. 2001) dans l'agglomération
Nature de l'État et du régime politique :
république à régime semi-présidentiel
Chef de l'État : (président de la République) Amadou Toumani Touré
Chef du gouvernement : (Premier ministre) Ahmed Mohamed Ag Hamani
Organisation administrative : 8 régions et 1 district urbain
Langue officielle : français
Monnaie : franc CFA

206

DÉMOGRAPHIE
Densité : 9 hab./km²
Part de la population urbaine (2000) : 30 %
Structure de la population par âge (2000) :
moins de 15 ans : 46,1 %, 15-65 ans : 49,9 %, plus de 65 ans : 4 %
Taux de natalité (2000) : 46 ‰
Taux de mortalité (2000) : 20 ‰
Taux de mortalité infantile (2000) : 120,5 ‰
Espérance de vie (2000) : hommes : 51,1 ans, femmes : 53 ans

ÉCONOMIE
PNB (2001) : 0,228 milliard de $
PNB/hab. (2001) : 210 $
PNB/hab. PPA (2001) : 810 dollars internationaux
IDH (2000) : 0,386
Taux de croissance annuelle du PIB (2001) : 1,5 %
Taux annuel d'inflation (2000) : -0,68 %
Structure de la population active : n.d.
Structure du PIB (2000) : agriculture : 45,8 %, mines et industries : 17,1 %, services : 37,1 %
Dette publique brute : n.d.
Taux de chômage : n.d.

Agriculture et pêche
Cultures
arachide (2001) : 196 000 t.
canne à sucre (2001) : 300 000 t.
coton (2001) : 571 000 t.
maïs (2001) : 437 000 t.

millet (2001) : 863 000 t.
riz (2001) : 840 000 t.
sorgho (2001) : 517 000 t.
Élevage et pêche
bovins (2001) : 6 819 000 têtes
caprins (2001) : 9 900 000 têtes
chameaux (2001) : 467 000 têtes
ovins (2001) : 6 400 000 têtes
pêche (1999) : 99 000 t.

Énergie et produits miniers
électricité totale (2000) : 462 millions de kWh
or (2001) : 40 000 kg

Productions industrielles
sucre (2001) : 28 000 t.
filés de coton (2001) : 230 000 t.
production de bois (2000) : 413 000 m³

Tourisme
Recettes touristiques (2000) : 50 millions de $

Commerce extérieur
Exportations de biens (1997) : 561,6 millions de $
Importations de biens (1997) : 551,5 millions de $

Défense
Forces armées (1999) : 7 350 hommes
Budget de la Défense (1999) : 1,2 % du PIB

Niveau de vie
Nombre d'habitants pour un médecin (1993) : 21 180
Apport journalier moyen en

calories (2000) : 2 403
(minimum FAO : 2 400)
Nombre d'automobiles pour 1 000 hab. (1996) : 3
Nombre de téléviseurs pour 1 000 hab. (1998) : 12

REPÈRES HISTORIQUES

VIIᵉ - XVIᵉ s. : le pays est le berceau de grands empires du Ghana, du Mali, puis de l'empire Songhaï (capitale Gao).
XVIIᵉ - XIXᵉ s. : divers pouvoirs se succèdent, celui du Maroc, des Touareg, des Bambara et des Peul (capitale Ségou). À partir de 1857, les Français entreprennent l'occupation du pays.
1904 : la colonie du Haut-Sénégal-Niger est créée dans le cadre de l'A.-O.F.
1920 : amputé de la Haute-Volta, le Haut Sénégal-Niger devient le Soudan français.
1958 : la République soudanaise est proclamée.
1959 : avec le Sénégal, elle forme la fédération du Mali.
1960 : la fédération se dissout. L'ex-Soudan français devient la république du Mali.
1974 : une nouvelle Constitution établit un régime présidentiel et un parti unique.
À partir de 1990 : le gouvernement doit faire face à la rébellion touareg.
1992 : le multipartisme est restauré.

MAROC

Le Maroc offre des paysages variés. Les chaînes de l'Atlas séparent le Maroc oriental, plateau dominant la dépression de la Moulouya, du Maroc atlantique, formé de plateaux et de plaines (en bordure du littoral). Le Nord est occupé par la chaîne du Rif, qui retombe brutalement sur la Méditerranée. Le Sud appartient déjà au Sahara. La latitude et les reliefs expliquent la relative humidité du Maroc atlantique et l'aridité de la partie orientale et méridionale.

Superficie : 710 000 km² (avec l'ancien Sahara espagnol)
Population (2002) : 30 988 000 hab.
Capitale : Rabat 1 668 000 hab. (e. 2001) dans l'agglomération
Nature de l'État et du régime politique : monarchie constitutionnelle à régime parlementaire
Chef de l'État : (roi) Muhammad VI
Chef du gouvernement : (Premier ministre) Driss Jettou
Organisation administrative : 16 régions économiques
Langue officielle : arabe
Monnaie : dirham marocain

DÉMOGRAPHIE

Densité : 40 hab./km²
Part de la population urbaine (2000) : 56,1 %
Structure de la population par âge (2000) : moins de 15 ans : 34,7 %, 15-65 ans : 61,2 %, plus de 65 ans : 4,1 %
Taux de natalité (2000) : 24 ‰
Taux de mortalité (2000) : 6 ‰
Taux de mortalité infantile (2000) : 42,1 ‰
Espérance de vie (2000) : hommes : 66,8 ans, femmes : 70,5 ans

ÉCONOMIE

PNB (2001) : 34,6 milliards de $
PNB/hab. (2001) : 1 180 $
PNB/hab. PPA (2001) : 3 690 dollars internationaux
IDH (2000) : 0,602
Taux de croissance annuelle du PIB (2001) : 6,5 %

Maroc

500   1000   2000   3000 m

=== autoroute   —— voie ferrée   ★ site touristique important
— route   ✈ aéroport   →→ oléoduc

● plus de 1 000 000 h.
● de 500 000 à 1 000 000 h.
● de 100 000 à 500 000 h.
• de 50 000 à 100 000 h.
· moins de 50 000 h.

MAROC

Taux annuel d'inflation (2000) : 1,89 %
Structure de la population active : n.d.
Structure du PIB (2000) : agriculture : 13,5 %, mines et industries : 32,2 %, services : 54,3 %
Dette publique brute : n.d.
Taux de chômage (1999) : 22 %

Agriculture et pêche

Cultures
agrumes (2001) : 984 000 t.
amandes (2001) : 65 000 t.
blé (2001) : 3 316 000 t.
canne à sucre (2001) : 1 321 000 t.
dattes (2001) : 32 400 t.
mandarines (1998) : 462 000 t.
noix (2001) : 8 000 t.
olives (2001) : 420 000 t.
oranges (2001) : 708 000 t.
orge (2001) : 1 158 000 t.
pommes de terre (2001) : 1 080 000 t.
raisin (2001) : 273 000 t.
tomates (2001) : 881 000 t.

Élevage et pêche
bovins (2001) : 2 663 000 têtes
caprins (2001) : 5 372 000 têtes
ovins (2001) : 17 333 000 têtes
pêche (1999) : 748 000 t.

Énergie et produits miniers
argent (2000) : 289 t.
électricité totale (2000) : 14 243 millions de kWh
houille (1999) : 130 000 t.
hydroélectricité (2000) : 1 243 millions de kWh
phosphate (2001) : 21 766 000 t.
plomb (2001) : 83 000 t.
zinc (2001) : 123 000 t.

Productions industrielles
huile d'olive (2001) : 35 000 t.
plomb (2001) : 70 000 t.
automobiles (2001) : 12 500 unités
véhicules utilitaires : n.d.

filés de coton (2001) : 300 t.
laine (2001) : 40 000 t.
sisal (2001) : 2 200 t.
ciment (2000) : 7 200 000 t.

Tourisme
Recettes touristiques (2000) : 2 040 millions de $

Commerce extérieur
Exportations de biens (2000) : 7 419 millions de $
Importations de biens (2000) : 10 654 millions de $

Défense
Forces armées (1998) : 196 300 hommes
Budget de la Défense (1999) : 4,9 % du PIB

Niveau de vie
Nombre d'habitants pour un médecin (1994) : 2 500
Apport journalier moyen en calories (2000) : 2 964 (minimum FAO : 2 400)
Nombre d'automobiles pour 1 000 hab. (1999) : 41
Nombre de téléviseurs pour 1 000 hab. (1999) : 165

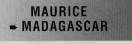

**MAURICE
→ MADAGASCAR**

REPÈRES HISTORIQUES

Le Maroc antique
IXᵉ - VIIIᵉ s. av. J.-C. : les Phéniciens créent des comptoirs sur le littoral.
Vᵉ s. av. J.-C. : ceux-ci passent sous le contrôle de Carthage.
Vᵉ s. av. J.-C. : création du royaume de Mauritanie.
40 apr. J.-C. : la Mauritanie est annexée par Rome.
435 - 442 : invasion des Vandales.

Le Maroc islamique
700 - 710 : les Arabes conquièrent le pays et imposent l'islam aux tribus berbères, chrétiennes, juives ou animistes.
789 - 985 : la dynastie idriside gouverne le pays.
1061 - 1147 : les Almoravides unifient le Maghreb et l'Andalousie en un vaste empire.
1147 - 1269 : sous le gouvernement des Almohades, une brillante civilisation arabo-andalouse s'épanouit.
1269 - 1465 : le Maroc est aux mains des Marinides, qui doivent renoncer à l'Espagne (1340).
1415 : les Portugais conquièrent Ceuta.
1472 - 1554 : sous les Wattassides, la vie urbaine recule. Le nomadisme, les particularismes tribaux et la dévotion pour les marabouts se développent.
1554 - 1659 : sous les Sadiens, les Portugais sont défaits à Alcaçar Quivir (1578) par al-Mansur.
1591 : Tombouctou est conquise.
1666 : Mulay al-Rachid fonde la dynastie alawite, qui règne dès lors sur le Maroc.
XVIIᵉ - XVIIIᵉ s. : le pays connaît des que-

relles successorales et une sévère décadence économique.
XIXᵉ s. : la Grande-Bretagne, l'Espagne et la France obligent les sultans à ouvrir le pays à leurs produits. Mais leur rivalité permet au Maroc de sauvegarder son indépendance.

Des protectorats français et espagnols à nos jours
1906 - 1912 : après les accords d'Algésiras, la France occupe la majeure partie du pays.
1912 : le traité de Fès établit le protectorat français. L'Espagne obtient une zone nord (le Rif) et une zone sud (Ifni).
1912 - 1925 : Lyautey, résident général, entreprend la pacification du pays.
1921 - 1926 : Abd el-Krim anime la guerre du Rif.
1933 - 1934 : fin de la résistance des Berbères du Haut Atlas ; la France contrôle l'ensemble du pays. Le sultan Muhammad V a un pouvoir purement religieux.
1944 : le parti de l'Istiqlal, soutenu par Muhammad V, réclame l'indépendance.
1953 - 1955 : ce dernier est déposé et exilé par les autorités françaises.
1956 : l'indépendance est proclamée ; le Maroc est érigé en royaume (1957).
1961 : Hasan II accède au trône.
1975 - 1979 : le Maroc recouvre l'ex-Sahara espagnol revendiqué par le Front Polisario.
1999 : Hasan II meurt ; son fils aîné devient roi sous le nom de Muhammad VI.

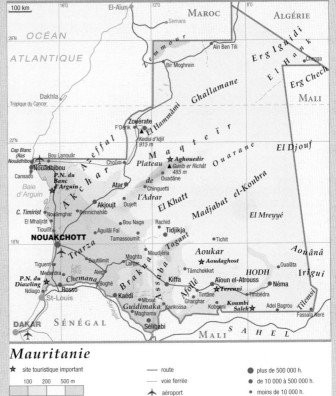

Mauritanie

★ site touristique important

100	200	500 m

— route
— voie ferrée
✈ aéroport

● plus de 500 000 h.
● de 10 000 à 500 000 h.
• moins de 10 000 h.

... pays, à peu près deux fois grand comme ... France, est en majeure partie saharien; ... températures y sont élevées et les ...uies n'atteignent pas 100 mm par an. ...ul le tiers sud, sahélien, reçoit environ ...0 mm d'eau par an.

...perficie : 1 025 520 km²
...pulation (2002) : 2 830 000 hab.
...apitale : Nouakchott 626 000 hab.
... 2001) dans l'agglomération
...ature de l'État et du régime politique : ...publique à régime semi-présidentiel
...hef de l'État : (président de la Répu-...ique) Maaouya Ould Sid Ahmed Taya
...hef du gouvernement : (Premier
...inistre) Cheikh el-Avia Ould
...ohamed Khouna
...rganisation administrative : 12 wilayas
...un district urbain
...angue officielle : arabe
...onnaie : ouguiya

DÉMOGRAPHIE

...ensité : 2 hab./km²
...art de la population urbaine (2000) :
...7,7 %
...ructure de la population par âge (2000) :
...oins de 15 ans : 44,1 %, 15-65 ans :
...2,7 %, plus de 65 ans : 3,2 %
...aux de natalité (2000) : 42 ‰
...aux de mortalité (2000) : 15 ‰
...aux de mortalité infantile (2000) :
...5,7 ‰
...spérance de vie (2000) : hommes :
...0,9 ans, femmes : 54,1 ans

ÉCONOMIE

...NB (2001) : 0,974 milliard de $
...NB/hab. (2001) : 350 $
...NB/hab. PPA (2001) : 1 680 dollars
...nternationaux
...DH (2000) : 0,438
...aux de croissance annuelle du PIB (2001) :
...,6 %
...aux annuel d'inflation (2000) : 3,25 %
...tructure de la population active : n.d.
...tructure du PIB (2000) : agriculture :
...2,4 %, mines et industries : 30,6 %,
...ervices : 47 %
...ette publique brute : n.d.
...aux de chômage : n.d.

Agriculture et pêche

...ultures
...attes (2001) : 22 000 t.
...êche (1999) : 47 800 t.

riz (2001) : 80 000 t.
sorgho (2001) : 84 000 t.

Élevage et pêche
bovins (2001) : 1 500 000 têtes
caprins (2001) : 5 100 000 têtes
chameaux (2001) : 1 230 000 têtes
ovins (2001) : 7 600 000 têtes
pêche (1999) : 47 800 t.
poulets (2001) : 4 100 000 têtes

Énergie et produits miniers
électricité totale (2000) : 154 millions de kWh
fer (2001) : 7 500 000 t.

Tourisme
Recettes touristiques (1999) : 28 millions de $

Commerce extérieur
Exportations de biens (1998) :
358,6 millions de $
Importations de biens (1998) :
318,7 millions de $

Défense
Forces armées (1999) : 15 650 hommes
Budget de la Défense (1999) :
2,7 % du PIB

Niveau de vie
Nombre d'habitants pour un
médecin (1993) : 10 000
Apport journalier moyen en
calories (2000) : 2 638
(minimum FAO : 2 400)

Nombre d'automobiles pour
1 000 hab. (1996) : 8
Nombre de téléviseurs pour
1 000 hab. (1999) : 96

REPÈRES HISTORIQUES

Fin du néolithique : le dessèchement de la région entraîne la migration des premiers habitants, négroïdes, vers le sud.
Début de l'ère chrétienne : pénétration de pasteurs berbères (notamment Sanhadja).
VIIIe - IXe s. : la Mauritanie est convertie à l'islam.
XIe s. : création de l'Empire almoravide, qui propage un islam austère.
XVe - XVIIIe s. : les Arabes Hassan organisent le pays en émirats ; les Européens s'installent sur les côtes.
1900 - 1912 : conquête française.
1920 : la Mauritanie devient colonie au sein de l'A.-O.F.
1960 : la République islamique de Mauritanie, proclamée en 1958, accède à l'indépendance
1979 : entraînée dans des difficultés croissantes par la décolonisation du Sahara espagnol, elle renonce à la zone qu'elle avait occupée en 1976.
1991 : le multipartisme est instauré.

MOZAMBIQUE

Mozambique-Swaziland

Pays en grande partie recouvert par la forêt et au climat humide, le Mozambique est formé d'une vaste plaine côtière, généralement bien arrosée, s'élevant vers l'intérieur.

Superficie : 801 590 km²
Population (2002) : 18 987 000 hab.
Capitale : Maputo 966 837 hab. (r. 1997)
Nature de l'État et du régime politique : république à régime semi-présidentiel
Chef de l'État et du gouvernement : (président de la République) Joaquim Alberto Chissano
Premier ministre : Pascoel Manuel Mocumbi
Organisation administrative : 10 provinces et 1 municipalité
Langue officielle : portugais
Monnaie : metical

DÉMOGRAPHIE

Densité : 25 hab./km²
Part de la population urbaine (2000) : 40,2 %
Structure de la population par âge (2000) : moins de 15 ans : 43,9 %, 15-65 ans : 52,9 %, plus de 65 ans : 3,2 %
Taux de natalité (2000) : 40 ‰
Taux de mortalité (2000) : 20 ‰
Taux de mortalité infantile (2000) : 127,7 ‰
Espérance de vie (2000) : hommes : 37,3 ans, femmes : 38,6 ans

ÉCONOMIE

PNB (2001) : 3,75 milliards de $
PNB/hab. (2001) : 210 $
PNB/hab. PPA (2001) : 1 000 dollars internationaux
IDH (2000) : 0,322
Taux de croissance annuelle du PIB (2001) : 13,9 %
Taux annuel d'inflation (1999) : 2,03 %
Structure de la population active : n.d.
Structure du PIB (2000) : agriculture : 24,4 %, mines et industries : 25,1 %, services : 50,5 %
Dette publique brute : n.d.
Taux de chômage : n.d.

Agriculture et pêche
Cultures
arachide (2001) : 109 000 t.
canne à sucre (2001) : 397 000 t.
jute (1997) : 5 000 t.
maïs (2001) : 1 143 000 t.

manioc (2001) : 5 362 000 t.
noix de cajou (1998) : 51 716 t.
riz (2001) : 167 000 t.
sisal (2001) : 600 t.
sorgho (2001) : 314 000 t.
Élevage et pêche
bovins (2001) : 1 320 000 têtes
pêche (1999) : 35 600 t.
poulets (2001) : 28 000 000 têtes

Énergie et produits miniers
bauxite (2001) : 8 000 t.
électricité totale (2000) : 7 017 millions de kWh
houille (2000) : 16 000 t.

Productions industrielles
bière (2000) : 480 000 hl
sucre (2001) : 40 000 t.
coprah (2001) : 19 100 t.

aluminium (2001) : 266 000 t.
ciment (2000) : 310 000 t.
production de bois (2000) : 1 319 000 m

Tourisme
Recettes touristiques : n.d.

Commerce extérieur
Exportations de biens (1998) : 244,6 millions de $
Importations de biens (1998) : 735,6 millions de $

Défense
Forces armées (1999) : 5 100 hommes
Budget de la Défense (1999) : 4,1 % du PIB

Niveau de vie
Nombre d'habitants pour un médecin (1990) : 50 000

port journalier moyen en
ories (2000) : 1 927
inimum FAO : 2 400)
mbre d'automobiles pour
00 hab. (1996) : 0
mbre de téléviseurs pour
00 hab. (1998) : 5

REPÈRES HISTORIQUES

- *xve s.* : le pays, peuplé de Bantous, est
ganisé en petites chefferies dirigées par
s dynasties héréditaires, les royaumes
aravi. Il exporte vers le sud l'ivoire
cal.
90 : les Portugais s'installent le long des
tes.
e - xviiie s. : l'influence portugaise s'af-
me dans les basses vallées orientales.
86 - 1893 : les frontières de la nouvelle
lonie portugaise sont fixées par des
cords avec l'Allemagne et la Grande-
etagne.
51 : le Mozambique devient « province
rtugaise » d'outre-mer.
64 : le Front de libération du Mozam-
que (Frelimo) entame la guérilla contre
domination portugaise.
75 : l'indépendance est proclamée. À
rtir de 1979, une rébellion armée anti-
mmuniste se développe avec le soutien
l'Afrique du Sud.
90 : une nouvelle Constitution instaure
pluralisme.
92 : accord de paix mettant fin à la
erre civile.
95 : le Mozambique devient membre
u Commonwealth.

SWAZILAND

Montagneux et verdoyant, le Swaziland
est un pays enclavé, entouré principalement par l'Afrique du Sud. Il jouxte aussi
le Mozambique.

Superficie : 17 364 km^2
Population (2002) : 947 000 hab.
Capitale : Mbabane 80 000 hab.
(e. 2001)
Nature de l'État et du régime politique :
monarchie
Chef de l'État : (roi) Mswati III
Chef du gouvernement : (Premier
ministre) Barnabas Sibusiso Dlamini
Organisation administrative :
4 districts
Langues officielles : swazi et anglais
Monnaie : lilangeni

DÉMOGRAPHIE

Densité : 58 hab./km^2
Part de la population urbaine (2000) :
26,4 %
Structure de la population par âge (2000) :
moins de 15 ans : 41,6 %, 15-65 ans :
54,9 %, plus de 65 ans : 3,5 %
Taux de natalité (2000) : 36 ‰
Taux de mortalité (2000) : 15 ‰
Taux de mortalité infantile (2000) :
91,7 ‰
Espérance de vie (2000) : hommes :
38,1 ans, femmes : 38,1 ans

ÉCONOMIE

PNB (2001) : 1,39 milliard de $
PNB/hab. (2001) : 1 300 $
PNB/hab. PPA (2001) : 4 690 dollars
internationaux
IDH (2000) : 0,577
Taux de croissance annuelle du PIB (2001) :
1,6 %
Taux annuel d'inflation (2000) : 12,21 %
Structure de la population active : n.d.
Structure du PIB (2000) : agriculture :
16,8 %, mines et industries : 44,3 %,
services : 38,9 %

Dette publique brute : n.d.
Taux de chômage : n.d.

Agriculture
Cultures
agrumes (2001) : 73 000 t.
maïs (2001) : 85 000 t.
oranges (2001) : 36 000 t.
production de bois (2000) : 330 000 m^3
Élevage
bovins (2001) : 615 000 têtes
caprins (2001) : 445 000 têtes

Énergie et produits miniers
électricité totale (2000) : 362 millions
de kWh

Productions industrielles
sucre (2001) : 552 000 t.

Tourisme
Recettes touristiques (1999) : 35 millions
de $

Commerce extérieur
Exportations de biens (2000) :
810,8 millions de $
Importations de biens (2000) :
921,3 millions de $

Défense
Forces armées : n.d.
Budget de la Défense : n.d.

Niveau de vie
Nombre d'habitants pour un
médecin (1990) : 18 820
Apport journalier moyen en calories (2000) :
2 620 (minimum FAO : 2 400)
Nombre d'automobiles pour
1 000 hab. (1997) : 33
Nombre de téléviseurs pour
1 000 hab. (1998) : 113

REPÈRES HISTORIQUES

1815 : fondation d'un royaume bantou
indépendant, le Swaziland.
1902 : le Swaziland passe sous protectorat
britannique.
1968 : il redevient indépendant.

NAMIBIE → BOSTWANA

NIGER

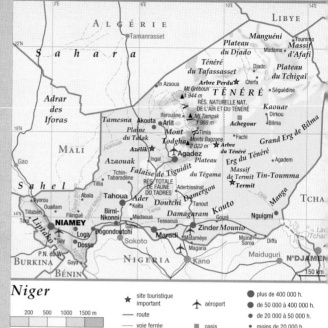

Niger

★ site touristique important   ✈ aéroport

— route   ■ oasis

— voie ferrée

● plus de 400 000 h.
● de 50 000 à 400 000 h.
● de 20 000 à 50 000 h.
● moins de 20 000 h.

200   500   1000   1500 m

En dehors de la vallée du Niger où se concentre la majorité de la population, le Niger est un pays désertique ou steppique, très vaste mais enclavé.

Superficie : 1 267 000 km²
Population (2002) : 11 640 000 hab.
Capitale : Niamey 821 000 hab. (e. 2001) dans l'agglomération
Nature de l'État et du régime politique : république à régime semi-présidentiel
Chef de l'État : (président de la République) Mamadou Tandja
Chef du gouvernement : (Premier ministre) Hama Amadou
Organisation administrative : 7 départements et 1 communauté urbaine
Langue officielle : français
Monnaie : franc CFA

212

DÉMOGRAPHIE

Densité : 8 hab./km²
Part de la population urbaine (2000) : 20,6 %
Structure de la population par âge (2000) : moins de 15 ans : 49,9 %, 15-65 ans : 48,1 %, plus de 65 ans : 2 %
Taux de natalité (2000) : 51 ‰
Taux de mortalité (2000) : 19 ‰
Taux de mortalité infantile (2000) : 125,7 ‰
Espérance de vie (2000) : hommes : 45,9 ans, femmes : 46,5 ans

ÉCONOMIE

PNB (2001) : 1,95 milliard de $
PNB/hab. (2001) : 170 $
PNB/hab. PPA (2001) : 770 dollars internationaux
IDH (2000) : 0,277
Taux de croissance annuelle du PIB (2001) : 7,6 %
Taux annuel d'inflation (2000) : 2,9 %
Structure de la population active : n.d.
Structure du PIB (2000) : agriculture : 38,8 %, mines et industries : 17,6 %, services : 43,6 %
Dette publique brute : n.d.
Taux de chômage : n.d.

Agriculture et pêche

Cultures
canne à sucre (2001) : 211 000 t.
manioc (2001) : 105 000 t.

millet (2001) : 2 414 000 t.
sorgho (2001) : 656 000 t.
Élevage et pêche
bovins (2001) : 2 260 000 têtes
caprins (2001) : 6 900 000 têtes
chameaux (2001) : 415 000 têtes
chevaux (2001) : 105 000 têtes
ovins (2001) : 4 500 000 têtes
pêche (1999) : 11 000 t.
poulets (2001) : 24 000 000 têtes

Énergie et produits miniers
électricité totale (2000) : 220 millions de kWh
étain (2000) : 20 t.
or (2001) : 1 000 kg
uranium (2001) : 3 096 t.

Productions industrielles
bière (2000) : 40 000 hl
ciment (2000) : 30 000 t.
production de bois (2000) : 411 000 m³

Tourisme
Recettes touristiques (1999) : 24 millions de $

Commerce extérieur
Exportations de biens (1997) : 128 millions de $
Importations de biens (1997) : 566 millions de $

Défense
Forces armées (1999) : 5 300 hommes
Budget de la Défense (1999) : 1,7 % du PIB

Niveau de vie
Nombre d'habitants pour un médecin (1993) : 35 140

Apport journalier moyen en calories (2000) : 2 088 (minimum FAO : 2 400)
Nombre d'automobiles pour 1 000 hab. (1996) : 4
Nombre de téléviseurs pour 1 000 hab. (1999) : 27

REPÈRES HISTORIQUES

L'occupation humaine de la région e[st] fort ancienne.
I[er] millénaire av. J.-C. : les Berbères s'i[n]troduisent par une des routes transsaha[]riennes, refoulant vers le sud les popula[]tions sédentaires ou se métissant ave[c] elles.
VII[e] s. apr. J.-C. : l'empire des Songha[] bientôt islamisé, se constitue.
X[e] s. : il a pour capitale Gao.
1591 : il est détruit par les Marocains.
XVII[e] - XIX[e] s. : Touareg et Peul contrôlent l[e] pays.
1897 : amorcée à partir de 1830, la péné[]tration française s'affirme.
1922 : la résistance des Touareg apaisée, l[e] Niger devient colonie de l'A.-O.F.
1960 : autonome depuis 1956, république depuis 1958, il accède à l'indépendance[.] Le président s'appuie sur un par[ti] unique.
1990 : le pouvoir engage la transition ver[s] le multipartisme. Parallèlement, il doi[t] faire face à la rébellion touareg et à un[e] situation économique catastrophique.

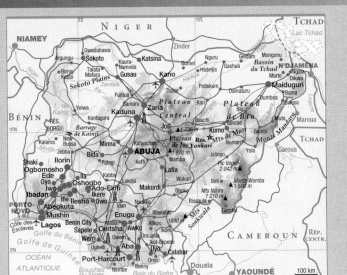

Nigeria

★ site touristique important

100 300 600 1000 m

═══ autoroute
──── route
↟ voie ferrée
✈ aéroport

⇒ oléoduc
ou gazoduc

⌂ puits
de pétrole

● plus de 1 000 000 h.
● de 250 000 à 1 000 000 h.
● de 100 000 à 250 000 h.
● moins de 100 000 h.

Nigeria se compose d'une région litto-
le humide, densément peuplée et urba-
isée (domaine de la forêt dense), et d'un
ord plus sec (domaine de la savane).

uperficie : 923 768 km²
opulation (2002) : 120 046 000 hab.
apitale : Abuja 420 000 hab. (e. 2001)
ature de l'État et du régime politique :
épublique
hef de l'État et du gouvernement :
président de la République) Olusegun
basanjo
rganisation administrative : 36 États et
territoire fédéral
angue officielle : anglais
onnaie : naira

DÉMOGRAPHIE

ensité : 121 hab./km²
art de la population urbaine (2000) : 44 %
tructure de la population par âge (2000) :
oins de 15 ans : 45,1 %, 15-65 ans :
1,9 %, plus de 65 ans : 3 %
aux de natalité (2000) : 40 ‰
aux de mortalité (2000) : 16 ‰
aux de mortalité infantile (2000) : 78,5 ‰
spérance de vie (2000) : hommes :
2 ans, femmes : 52,2 ans

ÉCONOMIE

NB (2001) : 37,1 milliards de $
NB/hab. (2001) : 290 $
NB/hab. PPA (2001) : 830 dollars
nternationaux
DH (2000) : 0,462
aux de croissance annuelle du PIB (2001) :
,8 %
aux annuel d'inflation (2000) : 6,94 %
tructure de la population active : n.d.
tructure du PIB (2000) : agriculture :
9,5 %, mines et industries : 46 %,
ervices : 24,5 %
ette publique brute : n.d.
aux de chômage : n.d.

Agriculture et pêche

ultures
grumes (2001) : 3 240 000 t.
nanas (2001) : 881 000 t.
rachide (2001) : 2 901 000 t.
ananes plantain (2001) : 1 902 000 t.
acao (2001) : 338 000 t.
aoutchouc (2001) : 107 000 t.
oton (2001) : 402 000 t.
gname (2001) : 26 201 000 t.
aïs (2001) : 5 598 000 t.
anioc (2001) : 33 854 000 t.

millet (2001) : 6 105 000 t.
noix de cajou (1998) : 25 000 t.
palmiste (2001) : 562 000 t.
patates douces (2001) : 2 468 000 t.
riz (2001) : 3 298 000 t.
soja (2001) : 429 000 t.
sorgho (2001) : 7 081 000 t.

Élevage et pêche

bovins (2001) : 19 830 000 têtes
caprins (2001) : 24 300 000 têtes
chevaux (2001) : 204 000 têtes
ovins (2001) : 20 500 000 têtes
pêche (1999) : 477 000 t.
porcins (2001) : 4 855 000 têtes
poulets (2001) : 130 000 000 têtes

Énergie et produits miniers

électricité totale (2000) : 15 900 M. de kWh
étain (2001) : 300 t.
gaz naturel (2000) : 11 000 millions de m³
houille (1999) : 30 000 t.
hydroélectricité (2000) : 5 700 M. de kWh
pétrole (2001) : 105 200 000 t.

Productions industrielles

huile de palme (2001) : 670 000 t.
filés de coton (2001) : 145 000 t.
plomb (2000) : 5 000 t
production de bois (2000) : 9 418 000 m³

Tourisme

Recettes (1998) : 142 millions de $

Commerce extérieur

Exportations de biens (1999) : 12 876 M. de $
Importations de biens (1999) : 8 588 M. de $

Défense

Forces armées (1999) : 76 500 hommes
Budget de la Défense (1999) :
0,6 % du PIB

Niveau de vie

Nombre d'habitants pour un
médecin (1993) : 5 000

Apport journalier moyen
en calories (2000) : 2 850
(minimum FAO : 2 400)
Nombre d'automobiles pour
1 000 hab. (1996) : 9
Nombre de téléviseurs pour
1 000 hab. (1999) : 68

REPÈRES HISTORIQUES

900 av. J.-C. - 200 apr. J.-C. : la civilisation de Nok s'épanouit.
VIIᵉ - XIᵉ s. : les Haoussa s'installent dans le
Nord, les Yoruba dans le Sud-Ouest.
XIᵉ - XVIᵉ s. : dans le Nord s'organisent les
brillants royaumes du Kanem (apogée au
XIVᵉ s.), puis du Kanem-Bornou (XVIᵉ s.).
Dans le Sud, Ife constitue le centre religieux et culturel commun du royaume
d'Oyo et de celui du Bénin, qui entre en
relation avec les Portugais au XVᵉ s.
1553 : l'Angleterre élimine le Portugal.
Début du XIXᵉ s. : les Peul musulmans,
dirigés par Ousmane dan Fodio, forment
un empire dans le nord du pays (Sokoto).
1851 : les Britanniques occupent Lagos.
1900 : le Nigeria passe sous la juridiction
du Colonial Office.
1960 : il accède à l'indépendance.
1967 - 1970 : les Ibo du Sud-Est, en majorité chrétiens, font sécession, formant la
république du Biafra, qui capitule en janvier 1970 à l'issue d'une guerre meurtrière. Dès lors, sauf une brève période de
retour à la démocratie (1979 - 1983), les
coups d'État militaires se succèdent.
1999 : avec le retour à un pouvoir civil, le
Nigeria retrouve sa place sur la scène
internationale.

OUGANDA

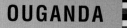

Traversé par l'équateur, le pays est formé par un haut plateau dominé par de hauts reliefs (Ruwenzori, Elgon). La savane domine, sauf dans le Nord-Est, steppique, et sur les massifs boisés.

Superficie : 241 038 km²
Population (2002) : 24 780 000 hab.
Capitale : Kampala 774 241 hab.
(r. 1991), 1 274 000 hab. (e. 2001) dans l'agglomération
Nature de l'État et du régime politique : république à régime semi-présidentiel
Chef de l'État et du gouvernement : (président de la République)
Yoweri Kaguta Museveni
Premier ministre : Apolo Nsibambi
Organisation administrative : 4 régions
Langue officielle : anglais
Monnaie : shilling ougandais

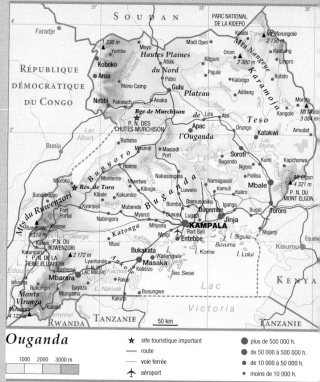

Ouganda

★ site touristique important
— route
— voie ferrée
✈ aéroport

● plus de 500 000 h.
● de 50 000 à 500 000 h.
● de 10 000 à 50 000 h.
• moins de 10 000 h.

1000   2000   3000 m

DÉMOGRAPHIE

Densité : 92 hab./km²
Part de la population urbaine (1999) : 13,9 %
Structure de la population par âge (2000) : moins de 15 ans : 49,2 %, 15-65 ans : 48,3 %, plus de 65 ans : 2,5 %
Taux de natalité (2000) : 45 ‰
Taux de mortalité (2000) : 19 ‰
Taux de mortalité infantile (2000) : 93,9 ‰
Espérance de vie (2000) : hommes : 45,3 ans, femmes : 46,8 ans

ÉCONOMIE

PNB (2001) : 6,29 milliards de $
PNB/hab. (2001) : 280 $
PNB/hab. PPA (2001) : 1 250 $ intern.
IDH (2000) : 0,444
Taux de croissance annuelle du PIB (2001) : 5,6 %
Taux annuel d'inflation (2000) : 2,83 %
Structure de la population active : n.d.
Structure du PIB (2000) : agriculture : 42,5 %, mines et industries : 19,1 %, services : 38,4 %
Dette publique brute : n.d.
Taux de chômage : n.d.

Agriculture et pêche

Cultures
arachide (2001) : 146 000 t.
bananes plantain (2001) : 9 533 000 t.
café (2001) : 197 000 t.
canne à sucre (2001) : 1 500 000 t.
maïs (2001) : 1 174 000 t.
manioc (2001) : 5 265 000 t.
millet (2001) : 584 000 t.
patates douces (2001) : 2 515 000 t.

pommes de terre (2001) : 508 000 t.
sorgho (2001) : 423 000 t.
tabac (2001) : 22 600 t.
thé (2001) : 32 900 t.

Élevage et pêche
bovins (2001) : 5 900 000 têtes
caprins (2001) : 6 200 000 têtes
ovins (2001) : 1 100 000 têtes
pêche (1999) : 226 000 t.
porcins (2001) : 1 550 000 têtes
poulets (2001) : 25 500 000 têtes

Énergie et produits miniers
électricité totale (2000) : 1 599 M. de kWh

Productions industrielles
sucre (2001) : 155 000 t.
bière (2000) : 850 000 hl
filés de coton (2001) : 12 800 t.

Tourisme
Recettes (1999) : 149 millions de $

Commerce extérieur
Exportations de biens (1999) : 500,1 M. de $
Importations de biens (1999) : 1 096,5 M. de $

Défense
Forces armées (1999) : 50 000 hommes
Budget de la Défense (1999) : 2,2 % du PIB

Niveau de vie
Nombre d'habitants pour un médecin (1990) : 25 000
Apport journalier moyen en calories (2000) : 2 359 (minimum FAO : 2 400)
Nombre d'automobiles pour 1000 hab. (1999) : 2
Nombre de téléviseurs pour 1 000 hab. (1998) : 28

REPÈRES HISTORIQUES

La population de l'actuel Ougand résulte du métissage ancien de bantous de peuples nilotiques
XVIe - XIXe s. : ces populations constituer de petits États faiblement structurés mais, au XVIIe s., le royaume du Bugand s'impose aux autres États.
1894 : la Grande-Bretagne établit so protectorat sur l'Ouganda.
1962 : l'Ouganda devient un État fédér indépendant.
1966 : Milton Obote devient chef d l'État et met fin à la fédération de royaumes.
1967 : la république est proclamée.
1971 - 1979 : régime tyrannique d'Id Amin Dada.
1980 : Obote retrouve le pouvoir.
1985 - 1986 : après plusieurs années d'a narchie, de rébellions tribales et de répres sion, deux coups d'État se succèdent.
1995 : la nouvelle Constitution maintien une démocratie autoritaire.

RWANDA ➡ BURUNDI

SAO TOMÉ ET PRINCIPE ➡ GABON

214

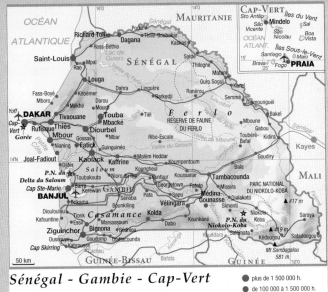

Sénégal - Gambie - Cap-Vert

50   100   200 m

— route   ★ site touristique important

—— voie ferrée   ✈ aéroport

● plus de 1 500 000 h.
● de 100 000 à 1 500 000 h.
● de 20 000 à 100 000 h.
• moins de 20 000 h.

n dehors du Sud-Est, contrefort du outa-Djalon, le Sénégal est formé de plaeaux peu élevés. La côte est sableuse. Les empératures, élevées dans l'intérieur, abaissent un peu sur le littoral, tandis ue les pluies diminuent du sud vers le ord. Les grandes forêts du sud font place la savane au centre et au sud-est, puis à la teppe au nord.

uperficie : 196 722 km²
opulation (2002) : 9 908 000 hab.
Capitale : Dakar 2 160 000 hab. (e. 2001)
Nature de l'État et du régime politique :
république à régime semi-présidentiel
Chef de l'État : (président de
a République) Abdoulaye Wade
Chef du gouvernement : (Premier
inistre) Idrissa Seck
Organisation administrative :
0 régions
Langue officielle : français
Monnaie : franc CFA

DÉMOGRAPHIE

Densité : 48 hab./km²
Part de la population urbaine (2000) :
47,4 %
Structure de la population par âge (2000) :
moins de 15 ans : 44,3 %, 15-65 ans :
53,2 %, plus de 65 ans : 2,5 %
Taux de natalité (2000) : 37 ‰
Taux de mortalité (2000) : 13 ‰
Taux de mortalité infantile (2000) :
56,8 ‰
Espérance de vie (2000) : hommes :
52,5 ans, femmes : 56,2 ans

ÉCONOMIE

PNB (2001) : 4,73 milliards de $
PNB/hab. (2001) : 480 $
PNB/hab. PPA (2001) : 1 560 dollars
internationaux
IDH (2000) : 0,431
Taux de croissance annuelle du PIB (2001) :
5,6 %
Taux annuel d'inflation (2000) : 0,73 %
Structure de la population active : n.d.
Structure du PIB (2000) : agriculture :
18,2 %, mines et industries : 26,8 %,
services : 55 %
Dette publique brute : n.d.
Taux de chômage : n.d.

Agriculture et pêche

Cultures
arachide (2001) : 1 062 000 t.
canne à sucre (2001) : 850 000 t.
millet (2001) : 600 000 t.
riz (2001) : 202 000 t.
sorgho (2001) : 140 000 t.
Élevage et pêche
bovins (2001) : 3 227 000 têtes
caprins (2001) : 3 995 000 têtes
chevaux (2001) : 492 000 têtes
ovins (2001) : 4 818 000 têtes
pêche (1999) : 418 000 t.
poulets (2001) : 45 000 000 têtes

Énergie et produits miniers

électricité totale (2000) : 1 320 millions
de kWh
phosphate (2001) : 1 700 000 t.

Productions industrielles

huile de palme (2001) : 5 600 t.
filés de coton (2001) : 15 000 t.
ciment (2000) : 1 000 000 t.
production de bois (2000) : 794 000 m³

Tourisme

Recettes touristiques (1999) : 166 millions
de $

Commerce extérieur

Exportations de biens (1999) :
1 027,1 millions de $
Importations de biens (1999) :
1 372,8 millions de $

Défense

Forces armées (1999) : 9 400 hommes
Budget de la Défense (1999) : 1,3 % du PIB

Niveau de vie

**Nombre d'habitants pour un
médecin (1990) :** 10 000
**Apport journalier moyen en
calories (2000) :** 2 257
(minimum FAO : 2 400)
**Nombre d'automobiles pour
1 000 hab. (1996) :** 10
**Nombre de téléviseurs pour
1 000 hab. (1998) :** 41

REPÈRES HISTORIQUES

Le pays, peuplé dès la préhistoire, a
connu le passage de populations successives et des métissages.
IXᵉ s. : formation du royaume de Tekrour,
progressivement islamisé et vassalisé par
le Mali.
XIVᵉ s. : constitution du royaume Dyolof.
Vers 1456 : les Portugais installent des
comptoirs sur la côte.
XVIᵉ s. : le royaume Dyolof se morcelle en
plusieurs États.
XVIIᵉ s. : la France fonde Saint-Louis
(1659) et occupe Gorée (1677).
1854 - 1865 : le général Faidherbe mène
une politique d'expansion.
1879 - 1890 : la France achève la conquête
du Sénégal.
1895 : le pays, intégré dans l'A.-O.F., dont
le gouvernement général est fixé à Dakar,
est doté d'un statut privilégié.
1958 : le Sénégal devient république autonome au sein de la Communauté.
1959 - 1960 : il forme avec le Mali une
fédération éphémère.
1960 : il devient indépendant. Son président, Léopold S. Senghor, instaure en
1963 un régime à parti unique, remplacé
par un régime tripartite en 1976.
À partir de 1980 : un mouvement sépara-
tiste se développe en Casamance.
1981 : Senghor se retire du pouvoir ; le
multipartisme est légalisé.
1982 - 1989 : le pays forme avec la
Gambie la confédération de Sénégambie.

215

SÉNÉGAL

GAMBIE

La Gambie est constituée, de part et d'autre du fleuve Gambie, d'une bande de terre de 20 à 50 km de largeur sur une longueur de 300 km.

Superficie : 11 295 km²
Population (2002) : 1 371 000 hab.
Capitale : Banjul 418 000 hab. (e. 2001) dans l'agglomération
Nature de l'État et du régime politique : république à régime semi-présidentiel
Chef de l'État et du gouvernement : (président de la République) Yahya Jammeh
Organisation administrative : 5 divisions et 1 municipalité
Langue officielle : anglais
Monnaie : dalasi

DÉMOGRAPHIE

Densité : 116 hab./km²
Part de la population urbaine (2000) : 32,5 %
Structure de la population par âge (2000) : moins de 15 ans : 40,3 %, 15-65 ans : 56,6 %, plus de 65 ans : 3,1 %
Taux de natalité (2000) : 39 ‰
Taux de mortalité (2000) : 13 ‰
Taux de mortalité infantile (2000) : 115 ‰
Espérance de vie (2000) : hommes : 45,7 ans, femmes : 48,5 ans

ÉCONOMIE

PNB (2001) : 0,44 milliard de $
PNB/hab. (2001) : 330 $
PNB/hab. PPA (2001) : 1 730 dollars internationaux
IDH (2000) : 0,405
Taux de croissance annuelle du PIB (2001) : 5,5 %
Taux annuel d'inflation (2000) : 0,84 %
Structure de la population active : n.d.
Structure du PIB (2000) : agriculture : 37,9 %, mines et industries : 12,7 %, services : 49,4 %
Dette publique brute : n.d.
Taux de chômage : n.d.

Agriculture et pêche

Cultures
arachide (2001) : 153 000 t.
millet (2001) : 105 000 t.
Élevage et pêche
bovins (2001) : 365 000 têtes
caprins (2001) : 145 000 têtes
ovins (2001) : 106 000 têtes
pêche (1999) : 30 000 t.
poulets (2001) : 586 000 têtes

Énergie et produits miniers
électricité totale (2000) : 75 millions de kWh

Productions industrielles
huile de palme (2001) : 2 500 t.

Tourisme
Recettes (1998) : 49 millions de $

Commerce extérieur
Exportations de biens (1997) : 116,52 millions de $
Importations de biens (1997) : 201,74 millions de $

Défense
Forces armées (1999) : 800 hommes
Budget de la Défense (1999) : 3,5 % du PI

Niveau de vie
Nombre d'habitants pour un médecin (1990) : 11 690
Apport journalier moyen en calories (2000) : 2 473 (minimum FAO : 2 400)
Nombre d'automobiles pour 1 000 hab. (1996) : 8
Nombre de téléviseurs pour 1 000 hab. (1999) : 3

REPÈRES HISTORIQUES

xiiie - xviie s. : vassale du Mali, l'actuell Gambie est découverte par les Portuga en 1455 - 1456.
xviie s. : les marchands européens d'es claves s'y installent.
xixe s. : la Gambie devient possession bri tannique.
1965 : indépendance dans le cadre d Commonwealth.
1970 : la république est proclamée.
1982 : confédération avec le Sénéga (Sénégambie).
1989 : la Sénégambie est suspendue.

216

CAP-VERT

État insulaire, à l'ouest du Sénégal, le Cap-Vert compte une dizaine d'îles habitées et de nombreux îlots.

Superficie : 4 033 km²
Population (2002) : 446 000 hab.
Capitale : Praia 82 000 hab. (e. 2001)
Nature de l'État et du régime politique : république à régime semi-présidentiel
Chef de l'État : (président de la République) Pedro Pires
Chef du gouvernement : (Premier ministre) José Maria Neves
Organisation administrative : 2 districts
Langue officielle : portugais
Monnaie : escudo du Cap-Vert

DÉMOGRAPHIE

Densité : 107 hab./km²
Part de la population urbaine (2000) : 62,2 %
Structure de la population par âge (2000) : moins de 15 ans : 39,3 %, 15-65 ans : 56,1 %, plus de 65 ans : 4,6 %
Taux de natalité (1999) : 35,53 ‰
Taux de mortalité (1999) : 6 ‰

Taux de mortalité infantile (2000) : 49,6 ‰
Espérance de vie (2000) : hommes : 67 ans, femmes : 72,8 ans

ÉCONOMIE

PNB (2001) : 0,596 milliard de $
PNB/hab. (2001) : 1 310 $
PNB/hab. PPA (2001) : 4 870 dollars internationaux
IDH (2000) : 0,715
Taux de croissance annuelle du PIB (2001) : 2,9 %
Taux annuel d'inflation (1998) : 4,38 %
Structure de la population active : n.d.
Structure du PIB (2000) : agriculture : 11,8 %, mines et industries : 17,6 %, services : 70,6 %
Dette publique brute : n.d.
Taux de chômage : n.d.

Agriculture et pêche

Cultures
canne à sucre (2001) : 14 000 t.
maïs (2001) : 21 500 t.
Élevage et pêche
caprins (2001) : 110 000 têtes
pêche (1999) : 10 400 t.
porcins (2001) : 200 000 têtes

Productions industrielles
bière (2000) : 5 520 hl

Tourisme
Recettes touristiques (1999) : 23 millions de $

Commerce extérieur
Exportations de biens (1999) : 32,69 millions de $
Importations de biens (1999) : 218,33 millions de $

Défense
Forces armées (1999) : 1 150 hommes
Budget de la Défense (1999) : 2,7 % du PIB

Niveau de vie
Nombre d'habitants pour un médecin (1990) : 5 130
Apport journalier moyen en calories (2000) : 3 278 (minimum FAO : 2 400)
Nombre d'automobiles pour 1 000 hab. (1996) : 7
Nombre de téléviseurs pour 1 000 hab. (1998) : 5

REPÈRES HISTORIQUES

1460 : l'archipel, découvert par le Portugais Diogo Gomes et le Génois Antonio da Noli, devient une possession portugaise.
1975 : il accède à l'indépendance.

Le pays au climat chaud et humide est
principalement formé de plaines et de plateaux.

Superficie : 71 740 km²
Population (2002) : 4 813 000 hab.
Capitale : Freetown 837 000 hab.
(e. 2001)
Nature de l'État et du régime politique :
république
Chef de l'État et du gouvernement :
(président de la République) Ahmad
Tejan Kabbah
Organisation administrative : 3 provinces
et 1 territoire
Langue officielle : anglais
Monnaie : leone

DÉMOGRAPHIE

Densité : 67 hab./km²
Part de la population urbaine (2000) :
36,6 %
Structure de la population par âge (2000) :
moins de 15 ans : 44,2 %, 15-65 ans :
52,9 %, plus de 65 ans : 2,9 %
Taux de natalité (2000) : 44 ‰
Taux de mortalité (2000) : 23 ‰
Taux de mortalité infantile (2000) :
146,3 ‰
Espérance de vie (2000) : hommes :
39,2 ans, femmes : 41,8 ans

ÉCONOMIE

PNB (2001) : 0,726 milliard de $
PNB/hab. (2001) : 140 $
PNB/hab. PPA (2001) : 480 dollars
internationaux
IDH (2000) : 0,275
Taux de croissance annuelle du PIB (2001) :
5,4 %
Taux annuel d'inflation (2000) : -0,84 %
Structure de la population active : n.d.
Structure du PIB (2000) : agriculture :
47,3 %, mines et industries : 29,7 %,
services : 23 %
Dette publique brute : n.d.
Taux de chômage : n.d.

Agriculture et pêche

Cultures
agrumes (2001) : 80 000 t.
cacao (2001) : 10 900 t.
café (2001) : 15 400 t.
manioc (2001) : 241 000 t.
riz (2001) : 199 000 t.
Élevage et pêche
bovins (2001) : 420 000 têtes
caprins (2001) : 200 000 têtes
ovins (2001) : 365 000 têtes
pêche (1999) : 59 000 t.
poulets (2001) : 6 000 000 têtes

Énergie et produits miniers

diamant (2001) : 600 000 carats
électricité totale (2000) : 245 millions de
kWh

Productions industrielles

sucre (2001) : 1 800 t.
huile de palme (2001) : 35 560 t.

Tourisme

Recettes touristiques (2000) : 12 millions
de $

Commerce extérieur

Exportations de biens (1997) : 215 millions
de $
Importations de biens (1997) : 239 millions
de $

Défense

Forces armées (1999) : 3 000 hommes
Budget de la Défense (1999) :
1,5 % du PIB

Niveau de vie

Nombre d'habitants pour un médecin : n.d.
Apport journalier moyen en
calories (2000) : 1 863
(minimum FAO : 2 400)
Nombre d'automobiles pour
1 000 hab. (1996) : 5
Nombre de téléviseurs pour
1 000 hab. (1998) : 13

Sierra Leone

200   500   1000 m

— route
— voie ferrée
✈ aéroport

⬤ plus de 400 000 h.
⬤ de 50 000 à 400 000 h.
● de 10 000 à 50 000 h.
· moins de 10 000 h.

217

REPÈRES HISTORIQUES

1462 : les Portugais découvrent la péninsule et s'y livrent au commerce (or,
esclaves).
XVIIᵉ s. : ils sont évincés par les Britanniques.
1787 : la société antiesclavagiste britannique achète la zone côtière et y accueille
des esclaves libérés de la Nouvelle-
Angleterre et des Antilles.
1808 : la Sierra Leone devient colonie de
la Couronne.
XIXᵉ s. : l'intérieur du pays constitue un
protectorat, distinct de la colonie.
1961 : la Sierra Leone devient indépendante dans le cadre du Commonwealth.
1971 : la république est proclamée.
À partir de 1992 : le pays connaît plusieurs coups d'État militaires. Il est ravagé
par les combats opposant rebelles et
forces gouvernementales.
2002 : un accord de paix est conclu avec la
rébellion.

SOMALIE ★

Au nord, des montagnes dominent le golfe d'Aden, tandis que la large plaine côtière de l'océan Indien se prolonge vers l'intérieur par un plateau. Le pays est semi-aride, sauf dans le Sud, que traversent deux fleuves, le Chébéli et le Djouba.

Superficie : 637 657 km²
Population (2002) : 9 557 000 hab.
Capitale : Muqdisho 1 212 000 hab. (e. 2001)
Chef de l'État : Abdoulkassim Salat Hassan
Chef du gouvernement : Hasan Abshir Farah
Organisation administrative : 18 régions
Langues officielles : somali et arabe
Monnaie : shilling somalien

DÉMOGRAPHIE

Densité : 16 hab./km²
Part de la population urbaine (2000) : 27,5 %
Structure de la population par âge (2000) :
moins de 15 ans : 48 %, 15-65 ans :
49,6 %, plus de 65 ans : 2,4 %
Taux de natalité (2000) : 51 ‰
Taux de mortalité (2000) : 17 ‰
Taux de mortalité infantile (2000) : 112,7 ‰
Espérance de vie (2000) : hommes :
47,4 ans, femmes : 50,5 ans

ÉCONOMIE

PNB (1990) : 0,83 milliard de $
PNB/hab. (1990) : 120 $
PNB/hab. PPA : n.d.
IDH : n.d.
Taux de croissance annuelle du PIB : n.d.
Taux annuel d'inflation (1992) : 36,3 %
Structure de la population active : n.d.
Structure du PIB (1992) : agriculture :
65 %, mines et industries : 9 %,
services : 26 %
Dette publique brute : n.d.
Taux de chômage : n.d.

Agriculture

Cultures
canne à sucre (2001) : 220 000 t.
maïs (2001) : 210 000 t.

Élevage
bovins (2001) : 5 200 000 têtes
caprins (2001) : 12 500 000 têtes
chameaux (2001) : 6 200 000 têtes
ovins (2001) : 13 200 000 têtes
poulets (2001) : 3 300 000 têtes

Énergie et produits miniers
électricité totale (2000) : 250 millions de kWh

Productions industrielles
lait (2001) : 2 190 000 t.
sucre (2001) : 22 000 t.
production de bois (2000) : 110 000 m³

Tourisme
Recettes touristiques : n.d.

Commerce extérieur
Exportations de biens (1997) : 178 M. de $
Importations de biens (1997) :
315 millions de $

Défense
Forces armées (1999) : pas d'armée régulière
Budget de la Défense (1999) : n.d.

Niveau de vie
Nombre d'habitants pour un
médecin (1990) : 14 290
Apport journalier moyen
en calories (2000) : 1 628
(minimum FAO : 2 400)
Nombre d'automobiles pour
1 000 hab. (1996) : 0
Nombre de téléviseurs pour
1 000 hab. (1998) : 14

Somalie

| | | 500 | 1000 | 1500 m |

— route
✈ aéroport

● plus de 1 000 000 h.
● de 200 000 à 1 000 000 h.
● de 50 000 à 200 000 h.
• moins de 50 000 h.

REPÈRES HISTORIQUES

IXe - XIIe s. apr. J.-C. : des commerçant[s] musulmans, puis des pasteurs, les Somal[is] peuplent le pays.
XVe - XVIe s. : les royaumes musulman[s] combattent l'Éthiopie chrétienne.
XIXe s. : la Somalie britannique (Somali-land, 1887) et la Somalie italienne (Somalia, 1905) sont constituées.
1950 : la tutelle de la Somalie, qui a été incluse dans l'Afrique-Orientale italienne en 1936, puis reconquise par la Grande-Bretagne en 1941, est confiée par l'ONU à l'Italie (hormis l'Ogaden [Éthiopie]).
1960 : la république est proclamée.
1977 - 1988 : un conflit oppose l'Éthiopie à la Somalie, qui revendique l'Ogaden.
1991 : le pays est déchiré par la guerre civile et ravagé par la famine. Une république indépendante (Somaliland) est proclamée dans le nord du pays.
2000 : les institutions de transition subissent l'hostilité des chefs de guerre.

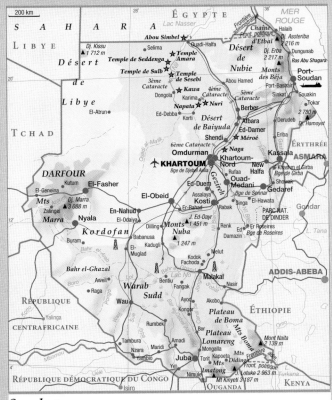

Soudan est le plus grand pays d'Afrique.
est en majeure partie plat. À part les monts
ba, les hauteurs se situent à la périphérie.
Nil, le traverse du sud au nord.

perficie : 2 505 813 km²
pulation (2002) : 32 559 000 hab.
pitale : Khartoum 2 853 000 hab.
. 2001) dans l'agglomération
ature de l'État et du régime politique :
publique à régime semi-présidentiel
ef de l'État et du gouvernement :
résident de la République)
mar Hasan Ahmad al-Bachir
ganisation administrative : 26 États
ngue officielle : arabe
onnaie : dinar soudanais

DÉMOGRAPHIE

ensité : 12 hab./km²
art de la population urbaine (2000) : 36,1 %
ructure de la population par âge (2000) :
oins de 15 ans : 40,1 %, 15-65 ans :
,5 %, plus de 65 ans : 3,4 %
ux de natalité (2000) : 34 ‰
ux de mortalité (2000) : 11 ‰
ux de mortalité infantile (2000) : 77,7 ‰
pérance de vie (2000) : hommes :
,6 ans, femmes : 58,4 ans

ÉCONOMIE

NB (2001) : 10,3 milliards de $
NB/hab. (2001) : 330 $
NB/hab. PPA (2001) : 1 610 $ intern.
DH (2000) : 0,499
ux de croissance annuelle du PIB (2001) :
3 %
ux annuel d'inflation (1999) : 15,99 %
ructure de la population active : n.d.
ructure du PIB (2000) : agriculture :
7,2 %, mines et industries : 18,1 %,
rvices : 44,7 %
ette publique brute : n.d.
ux de chômage : n.d.

Agriculture
ultures
rachide (2001) : 1 000 000 t.
anne à sucre (2001) : 5 000 000 t.
oton (2001) : 232 000 t.
attes (2001) : 177 000 t.
illet (2001) : 483 000 t.
amplemousses (2001) : 67 000 t.
roduction de bois (2000) : 2 173 000 m³
orgho (2001) : 2 488 000 t.
levage
ovins (2001) : 38 325 000 têtes
aprins (2001) : 39 000 000 têtes

chameaux (2001) : 3 200 000 têtes
ovins (2001) : 47 000 000 têtes
poulets (2001) : 37 500 000 têtes

Énergie et produits miniers
chrome (2001) : 20 500 t.
électricité totale (2001) : 1 970 M. de kWh
hydroélectricité (2000) : 1 000 M. de kWh
or (2001) : 5 800 kg
pétrole (2001) : 10 886 000 t.

Productions industrielles
sucre (2001) : 693 000 t.
filés de coton (2001) : 78 000 t.
jute (2001) : 137 000 t.
laine (2001) : 46 000 t.
ciment (2000) : 300 000 t.

Tourisme
Recettes touristiques (1999) : 2 millions de $

Commerce extérieur
Exportations de biens (2000) :
1 806,7 millions de $
Importations de biens (2000) :
1 366,3 millions de $

Défense
Forces armées (1999) : 104 500 hommes
Budget de la Défense (1999) : 4,9 % du PIB

Niveau de vie
Nombre d'habitants pour un
médecin (1990) : 11 110

Apport journalier moyen en calories (2000) :
2 348 (minimum FAO : 2 400)
Nombre d'automobiles pour
1 000 hab. (1996) : 9
Nombre de téléviseurs pour
1 000 hab. (1999) : 173

REPÈRES HISTORIQUES

Antiquité : l'histoire du Soudan se
confond avec celle de la Nubie.
V. 350 apr. J.-C. : Méroé est détruite par
les Éthiopiens.
VIIᵉ - XIVᵉ s. : converti au christianisme, le
pays paie tribut aux Arabes.
XVIᵉ - XIXᵉ s. : des sultanats se constituent ;
le traité dépeuple le pays.
1820 - 1840 : Méhémet-Ali, vice-roi
d'Égypte, conquiert la région.
1883 : la Grande-Bretagne, qui a occupé
l'Égypte en 1882, doit affronter l'insurrection du Mahdi.
1899 : le Soudan devient condominium
anglo-égyptien.
1956 : la république indépendante du
Soudan est proclamée.

SWAZILAND ➡ MOZAMBIQUE

TANZANIE

La partie continentale de l'État (l'ancien Tanganyika) est formée d'une plaine côtière, limitée par un vaste plateau coupé de fossés d'effondrement et dominé par de hauts massifs volcaniques (Kilimandjaro).

Superficie : 883 749 km²
Population (2002) : 36 820 000 hab.
Capitale : Dar es-Salaam 2 115 000 hab. (e. 2000)
Nature de l'État et du régime politique : république
Chef de l'État et du gouvernement : (président de la République) Benjamin William Mkapa
Premier ministre : Frederick Sumaye
Organisation administrative : 25 régions
Langues officielles : swahili et anglais
Monnaie : shilling tanzanien

DÉMOGRAPHIE

Densité : 36 hab./km²
Part de la population urbaine (2000) : 27,8 %
Structure de la population par âge (2000) : moins de 15 ans : 45 %, 15-65 ans : 52,6 %, plus de 65 ans : 2,4 %
Taux de natalité (2000) : 39 ‰
Taux de mortalité (2000) : 17 ‰
Taux de mortalité infantile (2000) : 72,7 ‰
Espérance de vie (2000) : hommes : 50,1 ans, femmes : 52 ans

ÉCONOMIE

PNB (2001) : 9,2 milliards de $
PNB/hab. (2001) : 270 $
PNB/hab. PPA (2001) : 540 $ intern.
IDH (2000) : 0,44
Taux de croissance annuelle du PIB (2001) : 5,6 %
Taux annuel d'inflation (2000) : 5,92 %
Structure de la population active : n.d.
Structure du PIB (2000) : agriculture : 45,1 %, mines et industries : 15,8 %, services : 39,1 %
Dette publique brute : n.d.
Taux de chômage : n.d.

Agriculture et pêche
Cultures
bananes (2001) : 800 000 t.
bananes plantain (2001) : 652 000 t.
café (2001) : 58 000 t.
canne à sucre (2001) : 1 500 000 t.
maïs (2001) : 2 616 000 t.
manioc (2001) : 5 650 000 t.
miel (2001) : 26 000 t.
noix de cajou (1998) : 70 000 t.
patates douces (2001) : 453 000 t.
production de bois (2000) : 2 314 000 m³

riz (2001) : 514 000 t.
sorgho (2001) : 736 000 t.
tabac (2001) : 24 300 t.
thé (2001) : 25 500 t.
Élevage et pêche
bovins (2001) : 14 400 000 têtes
caprins (2001) : 10 000 000 têtes
ovins (2001) : 4 250 000 têtes
pêche (1999) : 310 000 t.
poulets (2001) : 30 000 000 têtes

Énergie et produits miniers
diamant (2001) : 355 000 carats
électricité totale (2000) : 2 765 M. de kWh
lignite (2000) : 35 000 t.
or (2001) : 32 300 kg

Productions industrielles
lait (2001) : 781 000 t.
viande (2001) : 331 000 t.
sucre (2001) : 135 000 t.
bière (2000) : 1 800 000 hl
coprah (2001) : 20 400 t.
filés de coton (2001) : 81 000 t.
ciment (2000) : 833 000 t.
sisal (2001) : 20 500 t.

Tourisme
Recettes (2000) : 739 millions de $

Commerce extérieur
Exportations de biens (2000) : 665,7 millions de $
Importations de biens (2000) : 1 339,8 millions de $

Défense
Forces armées (1999) : 34 000 hommes
Budget de la Défense (1999) : 1,6 % du PIB

Niveau de vie
Nombre d'habitants pour un médecin (1990) : 33 330
Apport journalier moyen en calories (2000) : 1 906 (minimum FAO : 2 400)
Nombre d'automobiles pour 1 000 hab. (1996) : 1
Nombre de téléviseurs pour 1 000 hab. (1998) : 21

REPÈRES HISTORIQUES

XIIᵉ s. : le pays est peuplé de Bantous et [la] côte est animée par des ports prospère[s comme] Kilwa et Zanzibar.
1498 : découverte du pays par Vasco d[e] Gama.
1652 - fin du XVIIIᵉ s. : la domination arab[e] remplace celle du Portugal.
XIXᵉ s. : le sultanat d'Oman s'établi[t à] Zanzibar et sur la côte ; les Arab[es] contrôlent les routes commerciales d[e] l'intérieur, où s'aventurent des explora[teurs] britanniques.
1891 : l'Allemagne impose son protec[to]torat (Afrique-Orientale allemande).
1920 - 1946 : amputée de la région nord[-] ouest (Ruanda-Urundi), l'Afriqu[e] Orientale allemande, rebaptisée « ter[ri]toire du Tanganyika », est donnée par [la] SDN en mandat à la Grande-Bretagne.
1961 : l'indépendance est proclamée (el[le] exclut le sultanat de Zanzibar, qui res[te] protectorat britannique jusqu'en 1963[).]
1964 : la Tanzanie est créée, par réunio[n] de Zanzibar et du Tanganyika.

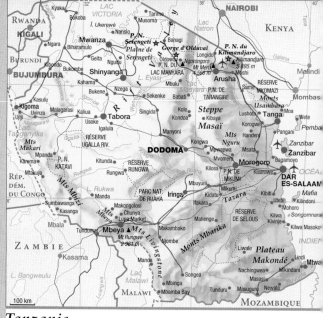

Tanzanie

★ site touristique important

✈ aéroport
— route
— voie ferrée

● plus de 1 000 000 h.
● de 100 000 à 1 000 000 h.
● de 50 000 à 100 000 h.
● moins de 50 000 h.

500 1000 2000 3000 m

100 km

Au nord, le Tchad s'étend sur le Sahara méridional, partiellement montagneux et volcanique (Tibesti).

Superficie : 1 284 000 km²
Population (2002) : 8 589 000 hab.
Capitale : N'Djamena 735 000 hab. (est. 2001)
Nature de l'État et du régime politique :
république à régime semi-présidentiel
Chef de l'État : (président de la
République) Idriss Déby
Chef du gouvernement : (Premier
ministre) Haroun Kabadi
Organisation administrative :
14 préfectures
Langues officielles : arabe et français
Monnaie : franc CFA

DÉMOGRAPHIE

Densité : 6 hab./km²
Part de la population urbaine (2000) :
23,8 %
Structure de la population par âge (2000) :
moins de 15 ans : 46,5 %, 15-65 ans :
50,4 %, plus de 65 ans : 3,1 %
Taux de natalité (2000) : 45 ‰
Taux de mortalité (2000) : 16 ‰
Taux de mortalité infantile (2000) :
116,1 ‰
Espérance de vie (2000) : hommes :
45,1 ans, femmes : 47,5 ans

ÉCONOMIE

PNB (2001) : 1,6 milliard de $
PNB/hab. (2001) : 200 $
PNB/hab. PPA (2001) : 930 dollars
internationaux
IDH (2000) : 0,365
Taux de croissance annuelle du PIB (2001) :
8,5 %
Taux annuel d'inflation (2000) :
3,8 %
Structure de la population active : n.d.
Structure du PIB (2000) :
agriculture : 39,2 %,
mines et industries : 13,8 %,
services : 47 %
Dette publique brute : n.d.
Taux de chômage : n.d.

Agriculture et pêche

Cultures
arachide (2001) : 333 000 t.
blé (2001) : 2 800 t.
canne à sucre (2001) : 355 000 t.
coton (2001) : 200 000 t.
igname (2001) : 230 000 t.
manioc (2001) : 342 000 t.
millet (2001) : 321 000 t.
riz (2001) : 69 000 t.
sorgho (2001) : 497 000 t.

Élevage et pêche
bovins (2001) : 5 900 000 têtes
caprins (2001) : 5 250 000 têtes
chameaux (2001) : 725 000 têtes
ovins (2001) : 2 400 000 têtes
pêche (1999) : 84 000 t.
poulets (2001) : 5 000 000 têtes

Énergie et produits miniers
électricité totale (2000) : 92 millions de kWh

Productions industrielles
bière (2000) : 80 000 hl
filés de coton (2001) : 70 000 t.

Tourisme
Recettes touristiques (1998) : 10 millions de $

Commerce extérieur
Exportations de biens (1997) : 134 millions de $
Importations de biens (1997) : 141 millions de $

Défense
Forces armées (1999) :
30 350 hommes
Budget de la Défense (1999) :
2,8 % du PIB

Niveau de vie
Nombre d'habitants pour un médecin (1993) : 29 410
Apport journalier moyen en calories (2000) : 2 046
(minimum FAO : 2 400)
Nombre d'automobiles pour 1 000 hab. (1996) : 3
Nombre de téléviseurs pour 1 000 hab. (1998) : 1

Carte

Tchad

200 500 1000 2000 m

- - - oléoduc en projet
—— route
✈ aéroport

● plus de 500 000 h.
● de 50 000 à 500 000 h.
● de 10 000 à 50 000 h.
· moins de 10 000 h.

100 km

REPÈRES HISTORIQUES

Les origines et l'époque coloniale

Des populations de chasseurs et éleveurs, qui ont laissé des gravures rupestres, vivent dans la région. Ils en sont chassés après 7000 av. J.-C. par l'assèchement du climat.

Fin du ixe s. apr. J.-C. : création du royaume du Kanem, rapidement islamisé. Après une première apogée au xiiie s., il renaît au xvie avec pour centre le Bornou. Il vassalise les autres royaumes, notamment celui, esclavagiste, du Baguirmi, apparu au xvie s. Les Arabes s'implantent dans le pays.

xixe s. : le lac Tchad est le point de convergence des explorateurs européens. Les ambitions des pays occidentaux se heurtent à celles des négriers arabes (notamment de Rabah) et l'emportent finalement : entre 1884 et 1899, les frontières du Tchad sont artificiellement fixées (accords franco-allemand et franco-bri-

tannique) ; entre 1895 et 1900, les missions françaises de Lamy, Foureau et Gentil éliminent les dernières résistances.

1920 : le Tchad devient colonie française.

1940 : avec son gouverneur, Félix Éboué, il se rallie à la France libre.

1958 : le Tchad devient république autonome, au sein de la Communauté.

L'État indépendant

1960 : l'indépendance du Tchad est proclamée.

1968 : le Nord islamisé fait sécession, conduit par le Front de libération nationale du Tchad (Frolinat).

1969 : la France apporte son aide au gouvernement contre la rébellion soutenue par la Libye.

1979 : une guerre civile touche tout le pays et particulièrement la capitale, N'Djamena.

1981 : un accord de fusion est signé entre la Libye et le Tchad.

1982 : les forces de Hissène Habré occu-

pent N'Djamena évacuée par la Lib[...] H. Habré devient président de la Rép[...] blique.

1983 : la France reporte son aide sur H[...] sène Habré, alors que la Libye occupe [...] palmeraies du nord du pays.

1984 : les forces françaises se retirent [...] vertu d'un accord franco-libyen, que [...] Libye ne respecte pas.

1986 : la France met en place un dispos[...] de protection militaire du Tchad au s[...] du 16e parallèle. Une partie de l'oppo[...] tion tchadienne se rallie au président.

1987 : les troupes de H. Habré remp[...] tent d'importantes victoires sur [...] Libyens (reconquête de Faya-Largeau).

1988 : le Tchad et la Libye rétablisse[...] leurs relations diplomatiques, mais [...] paix intérieure reste fragile.

1990 : H. Habré est renversé.

1994 : la bande d'Aozou, occupée par [...] Libye depuis 1973, est évacuée et rend[...] au Tchad.

---

le Sahara

Le Sahara est le plus grand désert du monde, couvrant plus de 8 millions de km² (recevant moins de 100 mm d'eau par an), entre l'Afrique du Nord méditerranéenne et l'Afrique noire, l'Atlantique et la mer Rouge. Au nord, l'Atlas saharien marque la limite septentrionale du désert, qui atteint la mer en Libye et en Égypte. Au sud, aucun relief ne permet de fixer une limite, et l'on considère que le Sahara s'achève dans la zone où apparaît le cram-cram, graminée typique du Sahel, qui nécessite des pluies d'été relativement régulières. Le Sahara s'étend sur une dizaine d'États : Maroc, Algérie, Tunisie, Libye, Égypte, Soudan, Tchad, Niger, Mali et Mauritanie.

Les températures maximales peuvent atteindre 50 °C, voire même 55° C. L'amplitude thermique entre le jour et la nuit est importante (15 à 30° C). En dehors des deux massifs volcaniques du Hoggar (au sud de l'Algérie, 2 918 m au mont Tahat) et du Tibesti (au nord du Tchad, 3 415 m à l'Emi Koussi), les paysages sont le plus souvent plats, pierreux (regs) ou sableux (ergs). Les cours d'eau sont des oueds temporaires, dont l'écoulement peut être souterrain. Seul le Nil traverse le désert.

Environ un million et demi de personnes vivent au Sahara. Le nomadisme, qui était le mode de vie de la moitié de la population, recule progressivement au fur et à mesure de l'emprise administrative et économique sur ce territoire. Des cultures sont pratiquées dans les oasis, qui, outre une importante production de dattes, fournissent des céréales et des légumes. Les ressources minières sont notables : pétrole et gaz naturel en Algérie et en Libye, phosphates au Sahara occidental, uranium au Niger, fer en Mauritanie. Elles constituent le principal facteur d'intégration économique des zones sahariennes.

...ré sur 600 km et large seulement d'une ...ntaine de kilomètres, le Togo est un pays ... climat tropical, de moins en moins ...mide du sud (forêts) au nord (savanes).

...perficie : 56 785 km²
...pulation (2002) : 4 780 000 hab.
...pitale : Lomé 732 000 hab. (e. 2001)
...ture de l'État et du régime politique :
...publique à régime semi-présidentiel
...ef de l'État : (président de la Répu-
...ique) Étienne Gnassingbé Eyadéma
...ef du gouvernement : (Premier
...inistre) Koffi Sama
...ganisation administrative : 5 régions
...ngue officielle : français
...onnaie : franc CFA

DÉMOGRAPHIE

...ensité : 82 hab./km²
...rt de la population urbaine (2000) :
...,3 %
...ructure de la population par âge (2000) :
...oins de 15 ans : 44,3 %, 15-65 ans :
...,6 %, plus de 65 ans : 3,1 %
...ux de natalité (2000) : 37 ‰
...ux de mortalité (2000) : 15 ‰
...ux de mortalité infantile (2000) :
...,8 ‰
...pérance de vie (2000) : hommes :
...,1 ans, femmes : 53,3 ans

ÉCONOMIE

...NB (2001) : 1,28 milliard de $
...NB/hab. (2001) : 270 $
...NB/hab. PPA (2001) : 1 420 dollars
...ternationaux
...H (2000) : 0,493
...ux de croissance annuelle du PIB (2001) :
...7 %
...ux annuel d'inflation (2000) : 1,89 %
...ructure de la population active : n.d.
...ructure du PIB (2000) : agriculture :

37,6 %, mines et industries : 22,2 %,
services : 40,2 %
Dette publique brute : n.d.
Taux de chômage : n.d.

Agriculture
Cultures
café (2001) : 17 000 t.
igname (2001) : 563 000 t.
maïs (2001) : 460 000 t.
manioc (2001) : 700 000 t.
sorgho (2001) : 142 000 t.
Élevage
bovins (2001) : 277 000 têtes
caprins (2001) : 1 425 000 têtes
ovins (2001) : 1 000 000 têtes
porcins (2001) : 289 000 têtes
poulets (2001) : 8 500 000 têtes

Énergie et produits miniers
électricité totale (2000) : 97 millions de kWh
phosphate (2001) : 1 060 000 t.

Productions industrielles
huile de palme (2001) : 6 800 t.
filés de coton (2001) : 60 000 t.
ciment (2000) : 560 000 t.

Tourisme
Recettes touristiques (1999) : 6 millions de $

Commerce extérieur
Exportations de biens (1999) :
391,5 millions de $
Importations de biens (1999) :
489,4 millions de $

Défense
Forces armées (1999) : 6 950 hommes
Budget de la Défense (1999) : 2,2 % du PIB

Niveau de vie
Nombre d'habitants pour un médecin (1991) : 10 000
Apport journalier moyen en calories (2000) : 2 329
(minimum FAO : 2 400)
Nombre d'automobiles pour 1 000 hab. (1996) : 19
Nombre de téléviseurs pour 1 000 hab. (1999) : 22

REPÈRES HISTORIQUES

Avant le XVe s., l'histoire du Togo, peuplé de populations mêlées, n'est dominée par aucun grand royaume.
XVe - XVIe s. : des missionnaires portugais arrivent, mais un protectorat de fait est exercé par le Danemark.
1884 : le protectorat allemand est établi sur le pays.
1914 : les Alliés le conquièrent aisément.
1919 : le Togo est partagé entre la France (qui obtient la côte de Lomé) et la Grande-Bretagne (qui obtient les terres de l'Ouest).
1922 : ce partage est confirmé par l'octroi de mandats de la SDN.
1946 : le pays passe sous la tutelle de l'ONU.
1956 - 1957 : le nord du Togo britannique est rattaché à la Côte-de-l'Or, qui devient l'État indépendant du Ghana. Le reste du pays forme une république autonome.

223

TUNISIE

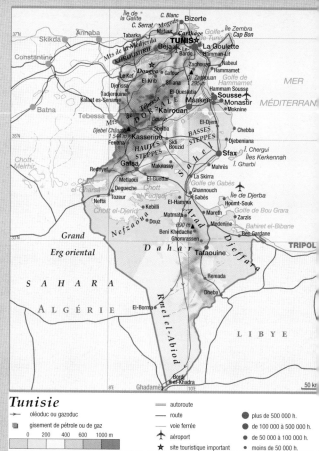

À la partie septentrionale, assez bien arrosée, essentiellement montagneuse, ouverte par la vallée de la Medjerda, s'opposent le Centre et le Sud, formés de plateaux et de plaines steppiques désertiques.

Superficie : 163 610 km²
Population (2002) : 9 670 000 hab.
Capitale : Tunis 1 927 000 hab. (e. 2001) dans l'agglomération
Nature de l'État et du régime politique : république à régime semi-présidentiel
Chef de l'État : (président de la République) Zine el-Abidine Ben Ali
Chef du gouvernement : (Premier ministre) Muhammad Ghannouchi
Organisation administrative : 23 gouvernorats
Langue officielle : arabe
Monnaie : dinar tunisien

Tunisie

➤ oléoduc ou gazoduc
🗺 gisement de pétrole ou de gaz

| 0 | 200 | 400 | 600 | 1000 m |

autoroute
route
voie ferrée
✈ aéroport
★ site touristique important

● plus de 500 000 h.
● de 100 000 à 500 000 h.
● de 50 000 à 100 000 h.
• moins de 50 000 h.

DÉMOGRAPHIE

Densité : 58 hab./km²
Part de la population urbaine (2000) : 65,5 %
Structure de la population par âge (2000) : moins de 15 ans : 29,7 %, 15-65 ans : 64,4 %, plus de 65 ans : 5,9 %
Taux de natalité (2000) : 17 ‰
Taux de mortalité (2000) : 6 ‰
Taux de mortalité infantile (2000) : 25,5 ‰
Espérance de vie (2000) : hommes : 69,6 ans, femmes : 72,2 ans

ÉCONOMIE

PNB (2001) : 20,1 milliards de $
PNB/hab. (2001) : 2 070 $
PNB/hab. PPA (2001) : 6 450 dollars internationaux
IDH (2000) : 0,722
Taux de croissance annuelle du PIB (2001) : 5 %
Taux annuel d'inflation (2000) : 2,93 %
Structure de la population active : n.d.
Structure du PIB (2000) : agriculture : 12,3 %, mines et industries : 28,8 %, services : 58,9 %
Dette publique brute : n.d.
Taux de chômage (2000) : 15,6 %

Agriculture et pêche

Cultures
agrumes (2001) : 271 000 t.
amandes (2001) : 60 000 t.
tomates (2001) : 750 000 t.

blé (2001) : 1 120 000 t.
dattes (2001) : 107 000 t.
olives (2001) : 750 000 t.
oranges (2001) : 115 000 t.
orge (2001) : 450 000 t.
pamplemousses (2001) : 50 000 t.
pêches (2001) : 73 000 t.
pistaches (2001) : 1 300 000 t.
pommes (2001) : 108 000 t.
pommes de terre (2001) : 330 000 t.
raisin (2001) : 135 000 t.

Élevage et pêche
bovins (2001) : 795 000 têtes
caprins (2001) : 1 450 000 têtes
chameaux (2001) : 231 000 têtes
ovins (2001) : 6 600 000 têtes
pêche (1999) : 93 000 t.

Énergie et produits miniers
électricité totale (2000) : 10 300 millions de kWh
fer (2001) : 97 000 t.
gaz naturel (1998) : 1 500 millions de m³
pétrole (2001) : 3 400 000 t.
phosphate (2001) : 8 000 000 t.
plomb (2001) : 6 500 t.
zinc (2001) : 37 900 t.

Productions industrielles
huile d'olive (2001) : 170 000 t.
vin (2001) : 314 000 hl
ciment (2000) : 5 409 000 t.

Tourisme
Recettes touristiques (2000) : 1 496 millions de $

Commerce extérieur
Exportations de biens (2000) : 31 664 millions de $
Importations de biens (1999) : 8 014 millions de $

Défense
Forces armées (1999) : 35 000 hommes
Budget de la Défense (1999) : 1,7 % du PIB

Niveau de vie
Nombre d'habitants pour un médecin (1994) : 1 667
Apport journalier moyen en calories (2000) : 3 299 (minimum FAO : 2 400)
Nombre d'automobiles pour 1 000 hab. (1996) : 30
Nombre de téléviseurs pour 1 000 hab. (1999) : 190

REPÈRES HISTORIQUES

a Tunisie antique

ers. 814 av. J.-C. : les Phéniciens fon-
ent Utique et Carthage.

46 av. J.-C. : Carthage est détruite et la
rovince romaine d'Afrique est consti-
ée.

03 - 235 apr. J.-C. : celle-ci connaît une
rande prospérité sous le règne des
vères.

e - ive s. : le christianisme est florissant.

9 - 533 : les Vandales occupent le pays.

33 : les Byzantins rétablissent leur domi-
ation sur la région de Carthage.

a Tunisie musulmane

9 - 705 : les Arabes conquièrent le pays
fondent Kairouan (670), où résident
s gouverneurs omeyyades de l'Ifriqiya.

0 - 909 : les Aghlabides gouvernent le
ys.

9 : ils sont éliminés par les Fatimides.

9 : ceux-ci conquièrent l'Égypte et lais-
nt l'Ifriqiya à leurs vassaux zirides.

econde moitié du xie s. : les invasions
s Banu Hilal ruinent le pays.

1160 - 1229 : les Almohades règnent sur la
Tunisie.

1229 - 1574 : sous les Hafsides, la capitale,
Tunis, se développe grâce au commerce et
aux établissements fondés par diverses
nations chrétiennes. Conquise par
Charles Quint en 1535, elle est reprise en
1556 - 1558 par les corsaires turcs.

1574 : la Tunisie est intégrée à l'Empire
ottoman ; la régence de Tunis est gouvernée par un dey, puis, à partir du
xviiie s., par un bey.

1869 : l'endettement conduit à la banque-
route, et une commission financière
anglo-franco-italienne est créée.

La Tunisie indépendante

1881 : le bey Muhammad al-Saduq
(1859 - 1882) signe le traité du Bardo, qui
établit le protectorat français sur la
Tunisie.

1920 : le Destour est fondé.

1934 : le Néo-Destour d'Habib Bourguiba, nationaliste et laïque, s'en sépare.

Nov. 1942 - mai 1943 : le pays est occupé
par les Allemands.

1956 : la Tunisie accède à l'indépendance.
Bourguiba promulgue le code du statut
personnel, moderniste et laïque.

1957 : il proclame la république, en
devient le président et sera régulièrement
réélu.

1963 : la France évacue Bizerte.

1964 : le Néo-Destour prend le nom de
Parti socialiste destourien. Les terres des
colons sont nationalisées.

1970 - 1978 : l'opposition syndicale et
étudiante au régime de parti unique de
Bourguiba (élu président à vie en 1975)
se développe ; des grèves et des émeutes
éclatent.

1983 : le multipartisme est instauré offi-
ciellement.

1987 : le gouvernement doit faire face à la
montée de l'islamisme. Bourguiba est
destitué.

1988 : le Parti socialiste destourien
devient le Rassemblement constitutionnel démocratique (RCD).

Carthage

L e site de l'antique Carthage se trouve près de Tunis. Fondée par
des colons phéniciens venus de Tyr, conduits selon la légende par
Didon (814 av. J.-C.), Carthage devint la capitale d'une république maritime très puissante. Elle se substitua à Tyr en Occident, créa
des colonies en Sicile, en Espagne, et envoya des navigateurs dans
l'Atlantique nord et sur les côtes occidentales d'Afrique. Elle soutint
contre Rome, sa rivale, de longues luttes connues sous le nom de guerres
puniques (264 - 146 av. J.-C.). Elle obsédait tant les Romains que le
consul Caton l'Ancien (234-149 av. J.-C.) terminait tous ses discours par
la formule (devenue fameuse) *Delunda Carthago,* « il faut détruire Carthage ». Vaincue, malgré les efforts d'Hannibal, par Scipion l'Africain
(201 av. J.-C.), Carthage fut détruite par Scipion Émilien (146 av. J.-C.).
Fondée à nouveau comme colonie romaine (ier s. av. J.-C.), elle devint la
capitale de l'Afrique romaine et de l'Afrique chrétienne. Prise en 439 par
les Vandales, la ville fut anéantie par les Arabes (vers 698).

ZAMBIE

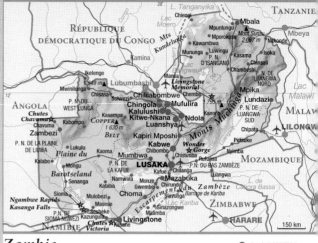

La Zambie, au climat tropical tempéré par l'altitude, est formée surtout de collines et de plateaux. Le Zambèze et ses affluents drainent la majeure partie du pays ; seul le Nord-Nord-Est appartient au bassin du Congo. La végétation naturelle est la forêt claire, souvent dégradée en savane.

Zambie

500 1000 1500 m

— route
— voie ferrée

★ site touristique important
✈ aéroport

● plus de 1 000 000 h.
● de 100 000 à 1 000 000 h.
● de 50 000 à 100 000 h.
· moins de 50 000 h.

150 km

Superficie : 752 618 km²
Population (2002) : 10 872 000 hab.
Capitale : Lusaka 1 718 000 hab. (e. 2001)
Nature de l'État et du régime politique : république à régime semi-présidentiel
Chef de l'État et du gouvernement : (président de la République) Levy Mwanawasa
Organisation administrative : 9 provinces
Langue officielle : anglais
Monnaie : kwacha

DÉMOGRAPHIE

Densité : 12 hab./km²
Part de la population urbaine (1999) : 39,5 %
Structure de la population par âge (2000) : moins de 15 ans : 46,5 %, 15-65 ans : 50,6 %, plus de 65 ans : 2,9 %
Taux de natalité (2000) : 40 ‰
Taux de mortalité (2000) : 21 ‰
Taux de mortalité infantile (2000) : 79,6 ‰
Espérance de vie (2000) : hommes : 42,6 ans, femmes : 41,7 ans

ÉCONOMIE

PNB (2001) : 3,34 milliards de $
PNB/hab. (2001) : 320 $
PNB/hab. PPA (2001) : 790 dollars internationaux
IDH (2000) : 0,433
Taux de croissance annuelle du PIB (2001) : 4,9 %
Taux annuel d'inflation (1997) : 24,8 %
Structure de la population active : n.d.
Structure du PIB (2000) : agriculture : 27,3 %, mines et industries : 24,1 %, services : 48,6 %
Dette publique brute : n.d.
Taux de chômage : n.d.

Agriculture et pêche
Cultures
canne à sucre (2001) : 1 800 000 t.
maïs (2001) : 900 000 t.
manioc (2001) : 950 000 t.
Élevage et pêche
bovins (2001) : 2 400 000 têtes
caprins (2001) : 1 270 000 têtes
pêche (1999) : 72 000 t.
poulets (2001) : 30 000 000 têtes

Énergie et produits miniers
argent (2000) : 5 t.
cuivre (2000) : 241 000 t.
électricité totale (2000) : 7 822 millions de kWh
or (2001) : 130 kg

Productions industrielles
sucre (2001) : 222 000 t.
cuivre (2000) : 225 000 t.

Tourisme
Recettes touristiques (2000) : 91 millions de $

Commerce extérieur
Exportations de biens (1997) : 1 178 millions de $
Importations de biens (1997) : 1 070 millions de $

Défense
Forces armées (1999) : 21 600 hommes
Budget de la Défense (1999) : 2,5 % du PIB

Niveau de vie
Nombre d'habitants pour un médecin (1993) : 11 430

Apport journalier moyen en calories (2000) : 1 912 (minimum FAO : 2 400)
Nombre d'automobiles pour 1 000 hab. (1996) : 15
Nombre de téléviseurs pour 1 000 hab. (1999) : 145

REPÈRES HISTORIQUES

Le pays, peuplé sans doute d'abord p[ar] des Pygmées puis par des Bantous, [est] divisé en chefferies jusqu'à l'arrivée d[es] Européens.
1853 - 1873 : Livingstone explore [la] région.
1899 : le pays est entièrement occupé p[ar] les Britanniques.
1911 : la zone d'occupation britanniq[ue] est divisée en deux régions, la Rhodé[sie] du Nord (actuelle Zambie) et la Rhodé[sie] du Sud (actuel Zimbabwe).
1924 : un an après l'accession à l'au[to]nomie de la Rhodésie du Sud, la Rhodé[sie] du Nord devient colonie de la Couronn[e.]
1953 - 1963 : une fédération d'Afriq[ue] Centrale est instaurée, unissant les de[ux] Rhodésies et le Nyassaland.
1964 : la Rhodésie du Nord accède à l'[in]dépendance sous le nom de Zambie da[ns] le cadre du Commonwealth.

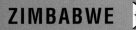

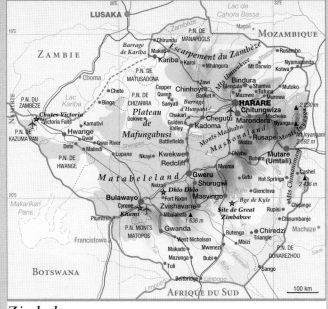

Zimbabwe

500 1000 1500 m

★ site touristique important
— route
— voie ferrée
✈ aéroport

● plus de 1 000 000 h.
● de 100 000 à 1 000 000 h.
● de 10 000 à 100 000 h.
• moins de 10 000 h.

...ys enclavé, le Zimbabwe est une région ...plateaux, domaine de la forêt claire et ...la savane.

...perficie : 390 757 km²
...pulation (2002) : 13 076 000 hab.
...pitale : Harare 1 868 000 hab.
...2001)
...ture de l'État et du régime politique :
...publique à régime parlementaire
...ef de l'État et du gouvernement :
...résident de la République) Robert
...briel Mugabe
...ganisation administrative :
... provinces
...ngue officielle : anglais
...onnaie : dollar du Zimbabwe

DÉMOGRAPHIE

...nsité : 30 hab./km²
...rt de la population urbaine (1999) :
...,6 %
...ructure de la population par âge (2000) :
...oins de 15 ans : 45,2 %, 15-65 ans :
...,6 %, plus de 65 ans : 3,2 %
...ux de natalité (2000) : 30 ‰
...ux de mortalité (2000) : 18 ‰
...ux de mortalité infantile (2000) : 55 ‰
...pérance de vie (2000) : hommes :
...,3 ans, femmes : 42,4 ans

ÉCONOMIE

...NB (2001) : 6,16 milliards de $
...NB/hab. (2001) : 480 $
...NB/hab. PPA (2001) : 2 340 $ internat.
...H (2000) : 0,551
...ux de croissance annuelle du PIB (2001) :
...,5 %
...ux annuel d'inflation (1998) : 31,82 %
...ructure de la population active : n.d.
...ucture du PIB (2000) : agriculture :
...,5 %, mines et industries : 25 %,
...rvices : 56,5 %
...ette publique brute : n.d.
...ux de chômage : n.d.

Agriculture

...ltures
...achide (2001) : 180 000 t.
...é (2001) : 275 000 t.
...nne à sucre (2001) : 4 100 000 t.
...ton (2001) : 330 000 t.
...aïs (2001) : 1 622 000 t.
...anioc (2001) : 175 000 t.
...bac (2001) : 196 000 t.
...evage
...vins (2001) : 5 550 000 têtes
...prins (2001) : 2 800 000 têtes

ovins (2001) : 535 000 têtes
porcins (2001) : 278 000 têtes
poulets (2001) : 20 000 000 têtes

Énergie et produits miniers

argent (2000) : 4 t.
chrome (2001) : 780 000 t.
diamant (2001) : 15 000 carats
électricité totale (2000) : 6 425 millions
de kWh
fer (2001) : 184 000 t.
houille (2000) : 3 808 000 t.
nickel (2000) : 8 200 t.
or (2001) : 18 050 kg

Productions industrielles

sucre (2001) : 585 000 t.
filés de coton (2001) : 128 000 t.
acier (2001) : 156 000 t.
cuivre (2000) : 2 000 t.
ciment (2000) : 1 000 000 t.

Tourisme

Recettes touristiques (1999) : 202 millions
de $

Commerce extérieur

Exportations de biens (1997) :
2 119 millions de $
Importations de biens (1997) :
3 090 millions de $

Défense

Forces armées (1999) : 40 000 hommes
Budget de la Défense (1999) :
3 % du PIB

Niveau de vie

Nombre d'habitants pour un
médecin (1990) : 10 000
Apport journalier moyen en

calories (2000) : 2 117
(minimum FAO : 2 400)
Nombre d'automobiles pour
1 000 hab. (1996) : 28
Nombre de téléviseurs pour
1 000 hab. (1999) : 180

REPÈRES HISTORIQUES

Peuplé par des Bochimans puis par des
Bantous, le pays fournit au xvᵉ s. le cadre
de l'empire du Monomotapa.
xvᵉ s. : les Portugais supplantant progressivement les musulmans dans le commerce des minerais.
1885 - 1886 : la Grande-Bretagne occupe
de vastes régions.
1911 : ces territoires sont morcelés entre
la Rhodésie du Nord (actuelle Zambie) et
la Rhodésie du Sud (actuel Zimbabwe).
1923 : la Rhodésie du Sud devient colonie
de la Couronne britannique, dotée de
l'autonomie interne.
1953 - 1963 : une fédération unit le Nyassaland et les deux Rhodésies.
1965 : le Premier ministre Ian Smith, chef
de la minorité blanche, proclame unilatéralement l'indépendance de la Rhodésie
du Sud.
1970 : instauration de la République rho-
désienne. La communauté internationale
condamne la politique raciale du nouvel
État.
1979 : un gouvernement multiracial est
constitué.
1980 : l'indépendance du Zimbabwe est
reconnue.

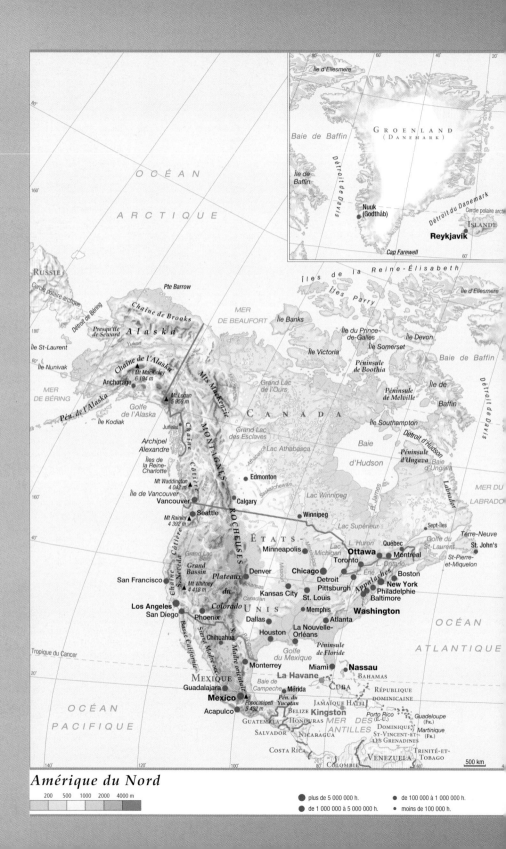

Amérique du Nord

200 500 1000 2000 4000 m

- plus de 5 000 000 h.
- de 1 000 000 à 5 000 000 h.
- de 100 000 à 1 000 000 h.
- moins de 100 000 h.

AMÉRIQUE

Colonne gauche	Encadré central	Colonne droite
NTIGUA-ET-BARBUDA		GUYANA
ARGENTINE		HAÏTI
BAHAMAS		HONDURAS
BARBADE		JAMAÏQUE
BELIZE		MEXIQUE
BOLIVIE		NICARAGUA
BRÉSIL		PANAMÁ
CANADA		PARAGUAY
CHILI		PÉROU
COLOMBIE		SAINT-KITTS-ET-NEVIS
COSTA RICA		SAINT-VINCENT-ET-LES GRENADINES
CUBA		
DOMINICAINE (RÉPUBLIQUE)		SAINTE-LUCIE
DOMINIQUE		SALVADOR
ÉQUATEUR		SURINAME
ÉTATS-UNIS		TRINITÉ-ET-TOBAGO
GRENADE		URUGUAY
GUATEMALA		VENEZUELA

AMÉRIQUE
42 000 000 km^2
843 millions d'habitants

AFRIQUE
30 310 000 km^2
812 millions d'habitants

ASIE
44 000 000 km^2
3 700 millions d'habitants

EUROPE
10 500 000 km^2
726 millions d'habitants

OCÉANIE
9 000 000 km^2
30 millions d'habitants

Amérique centrale et Amérique du Sud

200 500 1000 2000 4000 m

plus de 5 000 000 h.   de 100 000 à 1 000 000 h.
de 1 000 000 à 5 000 000 h.   moins de 100 000 h.

500 km

...ué au nord de la Guadeloupe, le pays est ...rmé par les îles d'Antigua, de Barbuda et ... Redonda. L'archipel a un climat tro-...cal.

...perficie : 442 km²
...pulation (2002) : 77 000 hab.
...pitale : Saint John's 24 000 hab.
... 2001)
...ture de l'État et du régime politique :
...onarchie constitutionnelle à régime
...rlementaire
...ef de l'État : (reine) Élisabeth II,
...présentée par le gouverneur général
...nes B. Carlisle
...ef du gouvernement : (Premier
...inistre) Lester Bird
...ganisation administrative : 7 paroisses
...ngue officielle : anglais
...onnaie : dollar des Caraïbes orientales

DÉMOGRAPHIE

...nsité : 153 hab./km²
...rt de la population urbaine (2000) :
...,8 %
...ucture de la population par âge (1993) :
...oins de 15 ans : 27 %, 15-65 ans :
...%, plus de 65 ans : 6 %
...ux de natalité (1999) : 20,38 ‰
...ux de mortalité (1999) : 4,98 ‰
...ux de mortalité infantile (1998) : 16,7 ‰
...pérance de vie : hommes : n.d.,
...mmes : n.d.

ÉCONOMIE

...IB (2001) : 0,621 milliard de $
...B/hab. (2001) : 9 070 $
...IB/hab. PPA (2001) : 9 870 $ intern.
...H (2000) : 0,8
...ux de croissance annuelle du PIB (2001) :
...,6 %
...ux annuel d'inflation (1992) : 4,5 %
...ucture de la population active : n.d.
...ucture du PIB (2000) : agriculture :
... %, mines et industries : 19,1 %,
...vices : 77 %
...tte publique brute : n.d.
...ux de chômage : n.d.

Agriculture et pêche

...vage et pêche
...vins (2001) : 15 700 têtes
...prins (2001) : 11 800 têtes
...ins (2001) : 12 200 têtes
...che (1999) : 3 190 t.
...rcins (2001) : 2 200 têtes
...ulets (2001) : 95 000 têtes

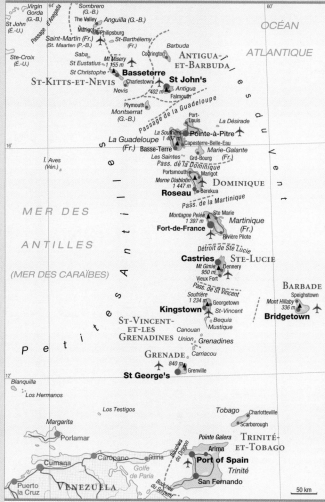

Petites Antilles

200   500   1500 m

— route
✈ aéroport

● plus de 100 000 h.
● de 30 000 à 100 000 h.
● de 10 000 à 30 000 h.
• moins de 10 000 h.

Énergie et produits miniers
électricité totale (2000) : 100 millions de kWh

Tourisme
Recettes touristiques (1999) : 291 millions de $

Commerce extérieur
Exportations de biens (1997) : 84 millions de $
Importations de biens (1997) : 300 millions de $

Défense
Forces armées (1999) : 150 hommes
Budget de la Défense (1999) : 0,6 % du PIB

Niveau de vie
Nombre d'habitants pour un médecin (1993) : 333

Apport journalier moyen en calories (2000) : 2 396 (minimum FAO : 2 400)
Nombre d'automobiles pour 1 000 hab. : n.d.
Nombre de téléviseurs pour 1 000 hab. (1998) : 440

REPÈRES HISTORIQUES

XVIIᵉ s. : les Britanniques colonisent Antigua.
1860 : ils annexent Barbuda.
1967 : Antigua et Barbuda forment un État associé à la Grande-Bretagne.
1981 : le pays accède à l'indépendance.

BARBADE

La Barbade, la plus orientale des Petites Antilles, tire ses ressources de la production de la canne à sucre et du tourisme.

Superficie : 430 km²
Population (2002) : 270 000 hab.
Capitale : Bridgetown 136 000 hab. (e. 2001) dans l'agglomération
Nature de l'État et du régime politique : monarchie constitutionnelle à régime parlementaire
Chef de l'État : (reine) Élisabeth II, représentée par le gouverneur général Clifford Husbands
Chef du gouvernement : (Premier ministre) Owen Arthur
Organisation administrative : 11 paroisses
Langue officielle : anglais
Monnaie : dollar de la Barbade

DÉMOGRAPHIE

Densité : 627 hab./km²
Part de la population urbaine (2000) : 50 %
Structure de la population par âge (2000) : moins de 15 ans : 20,7 %, 15-65 ans : 68,9 %, plus de 65 ans : 10,4 %
Taux de natalité (1999) : 13,62 ‰
Taux de mortalité (1999) : 8,74 ‰
Taux de mortalité infantile (2000) : 10,9 ‰
Espérance de vie (2000) : hommes : 74,5 ans, femmes : 79,5 ans

ÉCONOMIE

PNB (2000) : 2,47 milliards de $
PNB/hab. (2000) : 9 250 $
PNB/hab. PPA (2000) : 15 020 dollars internationaux
IDH (2000) : 0,871
Taux de croissance annuelle du PIB (2001) : - 2,1 %
Taux annuel d'inflation (2000) : 2,44 %
Structure de la population active : n.d.
Structure du PIB (2000) : agriculture : 6,3 %, mines et industries : 21 %, services : 72,7 %
Dette publique brute : n.d.
Taux de chômage (2001) : 9,9 %

Agriculture et pêche
Cultures
bananes (2001) : 500 t.
canne à sucre (2001) : 520 000 t.
maïs (2001) : 2 000 t.
patates douces (2001) : 5 100 t.
Élevage et pêche
bovins (2001) : 23 000 têtes
ovins (2001) : 41 000 têtes
pêche (1999) : 3 210 t.
porcins (2001) : 33 000 têtes
poulets (2001) : 3 500 000 têtes

Énergie et produits miniers
électricité totale (2000) : 740 millions de kWh
gaz naturel (2000) : 38 millions de m³
pétrole (1999) : 100 000 t.

Productions industrielles
sucre (2001) : 50 000 t.
bière (2000) : 69 000 hl

Tourisme
Recettes touristiques (2000) : 745 millions de $

Commerce extérieur
Exportations de biens (1999) : 262 millions de $
Importations de biens (1999) : 953,7 millions de $

Défense
Forces armées (1999) : 610 hommes
Budget de la Défense (1999) : 0,5 % du PIB

Niveau de vie
Nombre d'habitants pour un médecin (1990) : 1 120
Apport journalier moyen en calories (2000) : 3 022 (minimum FAO : 2 400)
Nombre d'automobiles pour 1 000 hab. (1999) : 229
Nombre de téléviseurs pour 1 000 hab. (1998) : 287

REPÈRES HISTORIQUES

XVIe s. : l'île est découverte par les Espagnols.
À partir de 1627 : la Barbade est progressivement occupée par les Britanniques.
1966 : le pays accède à l'indépendance dans le cadre du Commonwealth.

DOMINIQUE

La Dominique est constituée par une île volcanique.

Superficie : 751 km²
Population (2002) : 71 000 hab.
Capitale : Roseau 26 000 hab. (e. 2001)
Nature de l'État et du régime politique : république à régime parlementaire
Chef de l'État : (président de la République) Vernon Shaw
Chef du gouvernement : (Premier ministre) Pierre Charles
Organisation administrative : 10 paroisses
Langue officielle : anglais
Monnaie : dollar des Caraïbes orientales

DÉMOGRAPHIE

Densité : 94 hab./km²
Part de la population urbaine (1999) : 70,7 %
Structure de la population par âge (1993) : moins de 15 ans : 31 %, 15-65 ans : 62 %, plus de 65 ans : 7 %
Taux de natalité (1999) : 20,18 ‰
Taux de mortalité (1999) : 5,96 ‰
Taux de mortalité infantile (1998) : 15 ‰
Espérance de vie (2000) : hommes : n.d., femmes : n.d.

ÉCONOMIE

PNB (2001) : 0,224 milliards de $
PNB/hab. (2001) : 3 060 $
PNB/hab. PPA (2001) : 5 040 dollars internationaux
IDH (2000) : 0,779
Taux de croissance annuelle du PIB (2001) : 1 %
Taux annuel d'inflation (2000) : 0,85 %
Structure de la population active : n.d.
Structure du PIB (2000) : agriculture : 17,4 %, mines et industries : 23,5 %, services : 59,1 %
Dette publique brute : n.d.
Taux de chômage : n.d.

Agriculture et pêche
Cultures
bananes (2001) : 31 000 t.
bananes plantain (2001) : 7 900 t.
canne à sucre (2001) : 4 400 t.
coprah (2001) : 1 200 t.
oranges (2001) : 8 400 t.
Élevage et pêche
bovins (2001) : 13 400 têtes
caprins (2001) : 9 700 têtes
ovins (2001) : 7 600 têtes
pêche (1999) : 1 210 t.
porcins (2001) : 5 000 têtes

Énergie et produits miniers
électricité totale (2000) : 67 millions de kWh

Productions industrielles
coprah (2001) : 1 200 t.

Tourisme
Recettes touristiques (1999) : 49 millions de $

Commerce extérieur
Exportations de biens (1998) : 62,25 millions de $
Importations de biens (1998) : 98,81 millions de $

Défense
Forces armées : n.d.
Budget de la Défense : n.d.

Niveau de vie
Nombre d'habitants pour un médecin (1991) : 2 000
Apport journalier moyen en calories (2000) : 2 994 (minimum FAO : 2 400)
Nombre d'automobiles pour 1 000 hab. : n.d.
Nombre de téléviseurs pour 1 000 hab. (1998) : 211

REPÈRES HISTORIQUES

1763 : la Dominique devient une colonie britannique.
1978 : elle devient indépendante dans le cadre du Commonwealth.

GRENADE

…État est formé de l'île de la Grenade et
…les des Grenadines (dont Carriacou).

…perficie : 344 km²
…pulation (2002) : 103 000 hab.
…pitale : Saint George's 36 000 hab.
… 2001) dans l'agglomération
…ature de l'État et du régime politique :
…onarchie constitutionnelle à régime
…arlementaire
…ef de l'État : (reine) Élisabeth II,
…présentée par le gouverneur général
…aniel Williams
…ef du gouvernement : (Premier
…inistre) Keith Mitchell
…rganisation administrative : 6 paroisses
…ngue officielle : anglais
…onnaie : dollar des Caraïbes orientales

DÉMOGRAPHIE

…ensité : 272 hab./km²
…rt de la population urbaine (2000) :
…,9 %
…ructure de la population par âge (1993) :
…oins de 15 ans : 42 %, 15-65 ans :
… %, plus de 65 ans : 5 %
…ux de natalité (1999) : 25,26 ‰
…ux de mortalité (1999) : 7,12 ‰
…ux de mortalité infantile (1998) :
…,6 %
…pérance de vie : hommes : n.d.,
…mmes : n.d.

ÉCONOMIE

…NB (2001) : 0,368 milliard de $
…NB/hab. (2001) : 3 720 $
…NB/hab. PPA (2001) : 6 720 dollars
…ternationaux
…H (2000) : 0,747
…ux de croissance annuelle du PIB (2001) :
…5 %
…ux annuel d'inflation (1999) : 0,24 %
…ructure de la population active : n.d.
…ructure du PIB (2000) : agriculture :
…7 %, mines et industries : 23,9 %,
…rvices : 68,3 %
…ette publique brute : n.d.
…ux de chômage : n.d.

Agriculture et pêche
…ultures
…ananes (2001) : 5 000 t.
…nne à sucre (2001) : 6 750 t.
…ranges (2001) : 900 t.
…amplemousses (2001) : 2 000 t.
…levage et pêche
…ovins (2001) : 4 400 têtes
…aprins (2001) : 7 100 têtes
…ins (2001) : 13 100 têtes
…êche (1999) : 1 630 t.
…orcins (2001) : 5 300 têtes

Énergie et produits miniers
…ectricité totale (2000) : 110 millions
…e kWh

Productions industrielles
…ière (2000) : 20 000 hl

Tourisme
Recettes touristiques (1999) : 63 millions de $
Commerce extérieur
Exportations de biens (1997) : 49 millions de $
Importations de biens (1997) : 183 millions de $

Défense
Forces armées : n.d.
Budget de la Défense : n.d.

Niveau de vie
Nombre d'habitants pour un médecin (1993) : 1 667

Apport journalier moyen en calories (2000) : 2 764 (minimum FAO : 2 400)
Nombre d'automobiles pour 1 000 hab. : n.d.
Nombre de téléviseurs pour 1 000 hab. (1998) : 368

REPÈRES HISTORIQUES

1762 : d'abord colonisée par la France, la Grenade devient une colonie britannique.
1974 : elle devient indépendante.
1983 : l'intervention militaire des États-Unis met fin à un régime placé dans l'orbite de Cuba.

SAINTE-LUCIE

État insulaire de Petites Antilles, Sainte-Lucie est une île volcanique.

Superficie : 622 km²
Population (2002) : 151 000 hab.
Capitale : Castries 57 000 hab. (e. 2001) dans l'agglomération
Nature de l'État et du régime politique : monarchie constitutionnelle à régime parlementaire
Chef de l'État : (reine) Élisabeth II, représentée par le gouverneur général Perlette Louisy
Chef du gouvernement : (Premier ministre) Kenny Anthony
Organisation administrative : 11 quartiers
Langue officielle : anglais
Monnaie : dollar des Caraïbes orientales

DÉMOGRAPHIE

Densité : 251 hab./km²
Part de la population urbaine (2000) : 37,8 %
Structure de la population par âge (2000) : moins de 15 ans : 32,1 %, 15-65 ans : 62,2 %, plus de 65 ans : 5,7 %
Taux de natalité (1999) : 19,3 ‰
Taux de mortalité (1999) : 6,5 ‰
Taux de mortalité infantile (2000) : 13,1 ‰
Espérance de vie (2000) : hommes : 71,1 ans, femmes : 76,4 ans

ÉCONOMIE

PNB (2001) : 0,628 milliard de $
PNB/hab. (2001) : 3 970 $
PNB/hab. PPA (2001) : 5 200 dollars internationaux
IDH (2000) : 0,772
Taux de croissance annuelle du PIB (2001) : 0,5 %
Taux annuel d'inflation (1999) : 5,35 %
Structure de la population active : agriculture : n.d., mines et industries : n.d., services : n.d.
Structure du PIB (2000) : agriculture :

7,9 %, mines et industries : 19,6 %, services : 72,5 %
Dette publique brute : n.d.
Taux de chômage (1996) : 16,3 %

Agriculture et pêche
Cultures
bananes (2001) : 80 000 t.
Pêche
pêche (1999) : 1 720 t.

Énergie et produits miniers
électricité totale (2000) : 115 millions de kWh

Productions industrielles
coprah (2001) : 1 200 t.

Tourisme
Recettes touristiques (1999) : 311 millions de $

Commerce extérieur
Exportations de biens (1997) : 112 millions de $
Importations de biens (1997) : 260 millions de $

Défense
Forces armées : n.d.
Budget de la Défense : n.d.

Niveau de vie
Nombre d'habitants pour un médecin (1995) : 1 875
Apport journalier moyen en calories (2000) : 2 838 (minimum FAO : 2 400)
Nombre d'automobiles pour 1 000 hab. (1996) : 728
Nombre de téléviseurs pour 1 000 hab. (1998) : 362

REPÈRES HISTORIQUES

1814 : l'île devient colonie de la Couronne britannique.
1979 : Sainte-Lucie accède à l'indépendance, dans le cadre du Commonwealth.

ANTIGUA-ET-BARBUDA

SAINT-KITTS-ET-NEVIS

L'État est formé des îles de Saint-Kitts (176 km²) et de Nevis.

Superficie : 261 km²
Population (2002) : 46 000 hab.
Capitale : Basseterre 12 000 hab.
(e. 2001)
Nature de l'État et du régime politique : monarchie constitutionnelle à régime parlementaire
Chef de l'État : (reine) Élisabeth II, représentée par le gouverneur général Cuthbert Montroville Sebastian
Chef du gouvernement : (Premier ministre) Denzil Douglas
Organisation administrative : 2 États
Langue officielle : anglais
Monnaie : dollar des Caraïbes orientales

DÉMOGRAPHIE

Densité : 147 hab./km²
Part de la population urbaine (2000) : 34,1 %
Structure de la population par âge (1993) : moins de 15 ans : 32 %, 15-65 ans : 59 %, plus de 65 ans : 9 %
Taux de natalité (1999) : 19,22 ‰
Taux de mortalité (1999) : 11,7 ‰

Taux de mortalité infantile (1998) : 21 ‰
Espérance de vie (2000) : hommes : 68,2 ans, femmes : 71,6 ans

ÉCONOMIE

PNB (2001) : 0,283 milliard de $
PNB/hab. (2001) : 6 880 $
PNB/hab. PPA (2001) : 11 730 dollars internationaux
IDH (2000) : 0,814
Taux de croissance annuelle du PIB (2001) : 1,8 %
Taux annuel d'inflation (1999) : 3,91 %
Structure de la population active : n.d.
Structure du PIB (2000) : agriculture : 3,6 %, mines et industries : 26 %, services : 70,4 %
Dette publique brute : n.d.
Taux de chômage : n.d.

Agriculture et pêche
Cultures
canne à sucre (2001) : 188 000 t.
Pêche
pêche (1999) : 350 t.

Énergie et produits miniers
électricité totale (2000) : 95 millions de kWh

Productions industrielles
sucre (2001) : 20 000 t.

Tourisme
Recettes touristiques (1999) : 70 millions de $

Commerce extérieur
Exportations de biens (1997) : 36 millions de $
Importations de biens (1997) : 147 millior de $

Défense
Forces armées (1994) : 50 hommes
Budget de la Défense : n.d.

Niveau de vie
Nombre d'habitants pour un médecin (1990) : 1 111
Apport journalier moyen en calories (2000) : 2 685 (minimum FAO : 2 400)
Nombre d'automobiles pour 1 000 hab. : n.d.
Nombre de téléviseurs pour 1 000 hab. (1998) : 256

REPÈRES HISTORIQUES

1625-1713 : l'île de Saint-Kitts est colo nisée simultanément par les Français les Anglais, puis cédée en totalité à l'Ar gleterre.
1967 : elle forme un État associé au Com monwealth avec Nevis et Anguilla.
1983 : Saint-Kitts-et-Nevis accède à l'in dépendance, dans le cadre du Commor wealth.

SAINT-VINCENT-ET-LES-GRENADINES

234

État formé de l'île de Saint-Vincent (345 km²) et d'une partie des Grenadines.

Superficie : 388 km²
Population (2002) : 112 000 hab.
Capitale : Kingstown 28 000 hab.
(e. 2001) dans l'agglomération
Nature de l'État et du régime politique : monarchie constitutionnelle à régime parlementaire
Chef de l'État : (reine) Élisabeth II, représentée par le gouverneur général Frederick Ballantyne
Chef du gouvernement : (Premier ministre) Ralph Gonsalves
Organisation administrative : 6 paroisses
Langue officielle : anglais
Monnaie : dollar des Caraïbes orientales

DÉMOGRAPHIE

Densité : 294 hab./km²
Part de la population urbaine (2000) : 54,8 %
Structure de la population par âge (1993) : moins de 15 ans : 38 %, 15-65 ans : 57 %, plus de 65 ans : 5 %
Taux de natalité (1999) : 17,92 ‰
Taux de mortalité (1999) : 6,93 ‰
Taux de mortalité infantile (1998) : 21,5 ‰

Espérance de vie : hommes : n.d., femmes : n.d.

ÉCONOMIE

PNB (2001) : 0,312 milliards de $
PNB/hab. (2001) : 2 690 $
PNB/hab. PPA (2001) : 5 250 dollars internationaux
IDH (2000) : 0,733
Taux de croissance annuelle du PIB (2001) : 1,7 %
Taux annuel d'inflation (2000) : 0,2 %
Structure de la population active : n.d.
Structure du PIB (2000) : agriculture : 9,8 %, mines et industries : 25,5 %, services : 64,7 %
Dette publique brute : n.d.
Taux de chômage : n.d.

Agriculture et pêche
Cultures
bananes (2001) : 43 300 t.
canne à sucre (2001) : 20 000 t.
café (2001) : 170 t.
cacao (2001) : 175 t.
Pêche
pêche (1999) : 15 600 t.

Énergie et produits miniers
électricité totale (2000) : 87 millions de kWh

Tourisme
Recettes touristiques (1999) : 77 millions de $

Commerce extérieur
Exportations de biens (1997) : 42 millions de $
Importations de biens (1997) : 233 million de $

Défense
Forces armées : n.d.
Budget de la Défense : n.d.

Niveau de vie
Nombre d'habitants pour un médecin (1995) : 2 610
Apport journalier moyen en calories (2000) : 2 579 (minimum FAO : 2 400)
Nombre d'automobiles pour 1 000 hab. : n.d.
Nombre de téléviseurs pour 1 000 hab. (1998) : 228

REPÈRES HISTORIQUES

XVIIIe s. : les îles Saint-Vincent et l'archipe des Grenadines constituent une posses sion britannique.
1979 : l'ensemble accède à l'indépen dance dans le cadre du Commonwealth

ARGENTINE

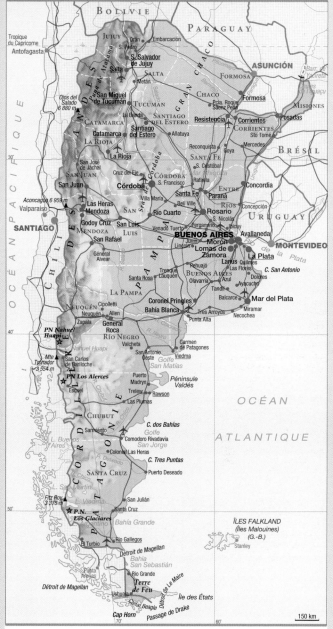

En dehors de sa bordure occidentale, montagneuse, appartenant à la cordillère des Andes, l'Argentine, grande comme cinq fois la France, est formée de plateaux au sud (Patagonie), de plaines à l'est (Pampa) et au nord (Chaco). Le climat, subtropical au nord, tempéré vers le Río de la Plata, devient froid en Patagonie et dans la Terre de Feu.

Superficie : 2 780 400 km²
Population (2002) : 37 944 000 hab.
Capitale : Buenos Aires 2 768 772 hab. (e. 2001), 12 106 000 hab. (e. 2001) dans l'agglomération
Nature de l'État et du régime politique : république à régime semi-présidentiel
Chef de l'État et du gouvernement : (président de la République) Eduardo Duhalde
Premier ministre : Alfredo Atanasof
Organisation administrative : 23 provinces et 1 district fédéral
Langue officielle : espagnol
Monnaie : peso argentin

DÉMOGRAPHIE

Densité : 13 hab./km²
Part de la population urbaine (2000) : 89,4 %
Structure de la population par âge (2000) : moins de 15 ans : 27,7 %, 15-65 ans : 62,6 %, plus de 65 ans : 9,7 %
Taux de natalité (2000) : 19 ‰
Taux de mortalité (2000) : 8 ‰
Taux de mortalité infantile (2000) : 20 ‰
Espérance de vie (2000) : hommes : 70,6 ans, femmes : 77,7 ans

ÉCONOMIE

PNB (2001) : 261 milliards de $
PNB/hab. (2001) : 6 960 $
PNB/hab. PPA (2001) : 11 690 dollars internationaux
IDH (2000) : 0,844
Taux de croissance annuelle du PIB (2001) : - 4,4 %
Taux annuel d'inflation (2000) : - 0,94 %
Structure de la population active : n.d.
Structure du PIB (2000) : agriculture : 4,8 %, mines et industries : 27,5 %, services : 67,7 %
Dette publique brute : n.d.
Taux de chômage (2000) : 15 %

235

Argentine

	limite de province		autoroute		voie ferrée		plus de 1 000 000 h.
S. Luis	capitale de province		route	✈	aéroport		de 500 000 à 1 000 000 h.
400 1000 2000 4000 m				★	site touristique important		de 100 000 à 500 000 h.
							moins de 100 000 h.

Agriculture et pêche

Cultures
agrumes (2001) : 2 706 000 t.
arachide (2001) : 563 000 t.
tournesol (2001) : 3 188 000 t.
blé (2001) : 15 300 000 t.
citrons (2001) : 1 180 000 t.
coton (2001) : 509 000 t.
maïs (2001) : 15 350 000 t.
mandarines (1998) : 410 000 t.
miel (2001) : 90 000 t.
olives (2001) : 95 000 t.

ARGENTINE

oranges *(2001)* : 861 000 t.
pamplemousses *(2001)* : 191 000 t.
pêches *(2001)* : 252 000 t.
pommes *(2001)* : 1 428 000 t.
pommes de terre *(2001)* : 2 050 000 t.
raisin *(2001)* : 2 458 000 t.
soja *(2001)* : 26 737 000 t.
sorgho *(2001)* : 2 905 000 t.
tabac *(2001)* : 101 000 t.
thé *(2001)* : 50 000 t.

Élevage et pêche
bovins *(2001)* : 50 167 000 têtes
chevaux *(2001)* : 3 600 000 têtes
ovins *(2001)* : 13 500 000 têtes
pêche *(1999)* : 1 026 000 t.
poulets *(2001)* : 110 000 000 têtes

Énergie et produits miniers
argent *(2000)* : 78 t.
électricité totale *(2000)* : 82 802 millions
de kWh
gaz naturel *(2000)* : 37 300 millions de m³

or *(2001)* : 30 630 kg
pétrole *(2001)* : 40 600 000 t.
plomb *(2001)* : 14 000 t.
uranium *(1999)* : 28 t.
zinc *(2001)* : 34 500 t.

Productions industrielles
lait *(2001)* : 9 600 000 t.
fromage *(2001)* : 420 000 t.
viande *(2001)* : 3 995 000 t.
huile d'olive *(2001)* : 8 000 t.
bière *(2000)* : 12 090 000 hl
vin *(2001)* : 15 796 000 hl
automobiles *(2001)* :
170 000 unités
cuivre *(2000)* : 16 000 t.
plomb *(2001)* : 28 500 t.
zinc *(2001)* : 43 000 t.
laine *(2001)* : 58 000 t.
caoutchouc synthétique *(2001)* :
48 000 t.
ciment *(2000)* : 7 150 000 t.

Tourisme
Recettes touristiques **(2000)** :
2 903 millions de $

Commerce extérieur
Exportations de biens **(2000)** :
26 409 millions de $
Importations de biens **(2000)** :
23 851 millions de $

Défense
Forces armées **(1999)** : 71 100 hommes
Budget de la Défense **(1999)** : 1,2 % du PIB

Niveau de vie
Nombre d'habitants pour un
médecin (1990) : 370
Apport journalier moyen en
calories (2000) : 3 181
(minimum FAO : 2 400)
Nombre d'automobiles pour
1 000 hab. (1997) : 137
Nombre de téléviseurs pour
1 000 hab. (1999) : 293

REPÈRES HISTORIQUES

**La domination espagnole
et l'indépendance**
1516 : l'Espagnol Díaz de Solís pénètre
dans le Río de la Plata.
1580 : fondation de Buenos Aires.
1776 : la région, d'abord dans la vice-
royauté du Pérou, est intégrée à la vice-
royauté du Río de la Plata, avec Buenos
Aires comme capitale.
xviii⁰ s. : le port et son arrière-pays, qui se
peuplent lentement, connaissent un essor
économique important.
1806 - 1807 : les milices locales repous-
sent deux offensives britanniques sur
Buenos Aires.
1810 : le vice-roi est déposé par une junte
de notables.
1816 : le congrès de Tucumán proclame
l'indépendance de l'Argentine.

**Les luttes politiques
et le développement
démographique et économique**
1820 - 1829 : les fédéralistes – dirigés par
des caudillos provinciaux – et les centralistes – à Buenos Aires – se livrent une
bataille acharnée.

1835 - 1852 : dictature du caudillo fédéraliste Juan Manuel de Rosas.
1853 : l'Argentine se dote d'une Constitution fédérale et libérale.
1862 : avec l'élection de Bartolomé Mitre
à la présidence, l'unité du pays est enfin
réalisée.
1862 - 1880 : les conditions du développement économique se mettent en place,
celui-ci étant fondé sur l'expansion de
l'élevage bovin et ovin et sur la construction d'un réseau de chemin de fer. Les
Indiens sont soumis ou éliminés.
1865 - 1870 : guerre de la Triple-Alliance
contre le Paraguay.
1874 - 1879 : guerres indiennes en Patagonie et dans la Pampa.
1880 - 1930 : parallèlement à l'arrivée
massive d'immigrants européens (en
majorité italiens), l'économie connaît un
essor remarquable, mais elle dépend
étroitement des capitaux et des marchés
étrangers (britanniques surtout). Face à
la domination de l'oligarchie libérale,
constituée de grands propriétaires ter-
riens et d'exportateurs, l'opposition des
classes moyennes et populaires (radica-

lisme) s'affirme. Le président Hipólito
Yrigoyen (1916 - 1922 et 1928 - 1930),
radical, impose une législation sociale
sans toucher aux structures agraires.

**Les régimes militaires
et le retour à la démocratie**
1929 : la crise mondiale favorise la mise
en place de régimes militaires conservateurs.
1943 : le président Ramón Castillo est
déposé par une junte d'officiers nationalistes, dont fait partie Juan Domingo
Perón. Devenu président de la République (1946 - 1955), celui-ci applique
avec sa femme, Eva Duarte, une doctrine
populiste dite « justicialiste ».
1955 : Perón est écarté par une junte militaire. Une période de crise permanente
s'ensuit.
1973 : Perón redevient président. À sa
mort (1974), sa deuxième femme, Isabel
lui succède.
1976 : une junte militaire, présidée par le
général Videla, impose un régime d'exception, marqué par une répression sanglante.
1982 : la défaite de la guerre des
Malouines ramène les civils au pouvoir.

**BAHAMAS
➡ ÉTATS-UNIS**

**BARBADE
➡ ANTILLES**

Belize-Guatemala

★ site touristique important

200 500 1500 3000 m

— route
— voie ferrée
✈ aéroport

● plus de 500 000 h.
● de 100 000 à 500 000 h.
● de 10 000 à 100 000 h.
• moins de 10 000 h.

e pays, montagneux au sud (monts Maya), bas et souvent marécageux au Nord, est chaud et humide, et recouvert à plus de 40 % de forêts.

Superficie : 22 696 km²
Population (2002) : 235 000 hab.
Capitale : Belmopan 9 000 hab. (e. 2001)
Nature de l'État et du régime politique : monarchie constitutionnelle à régime parlementaire
Chef de l'État : (reine) Élisabeth II, représentée par le gouverneur général Colville Young
Chef du gouvernement : (Premier ministre) Said Musa
Organisation administrative : districts
Langue officielle : anglais
Monnaie : dollar de Belize

DÉMOGRAPHIE

Densité : 10 hab./km²
Part de la population urbaine (2000) : 46,5 %
Structure de la population par âge (2000) : moins de 15 ans : 38,4 %, 15-65 ans : 57,4 %, plus de 65 ans : 4,2 %
Taux de natalité (1999) : 30,06 ‰
Taux de mortalité (1999) : 4,74 ‰
Taux de mortalité infantile (2000) : 30 ‰
Espérance de vie (2000) : hommes : 73 ans, femmes : 75,9 ans

ÉCONOMIE

PNB (2001) : 0,718 milliard de $
PNB/hab. (2001) : 2 910 $
PNB/hab. PPA (2001) : 5 350 dollars internationaux
IDH (2000) : 0,784
Taux de croissance annuelle du PIB (2001) : 2,5 %
Taux annuel d'inflation (2000) : 0,61 %
Structure de la population active : n.d.

Structure du PIB (2000) : agriculture : 21,4 %, mines et industries : 27 %, services : 51,6 %
Dette publique brute : n.d.
Taux de chômage (1996) : 13,8 %

Agriculture et pêche
Cultures
bananes (2001) : 85 000 t.
canne à sucre (2001) : 1 150 000 t.
maïs (2001) : 36 000 t.
oranges (2001) : 218 000 t.
Élevage et pêche
bovins (2001) : 45 000 têtes
pêche (1999) : 43 100 t.
porcins (2001) : 24 000 têtes
poulets (2001) : 1 350 000 têtes

Énergie et produits miniers
électricité totale (2000) : 192 millions de kWh

Productions industrielles
sucre (2001) : 106 000 t.
bière (2000) : 32 500 hl

Tourisme
Recettes touristiques (1999) : 112 millions de $

Commerce extérieur
Exportations de biens (2000) : 212,3 millions de $

Importations de biens (2000) : 403,7 millions de $

Défense
Forces armées (1999) : 1 050 hommes
Budget de la Défense (1999) : 1,3 % du PIB

Niveau de vie
Nombre d'habitants pour un médecin (1995) : 2 027
Apport journalier moyen en calories (2000) : 2 888 (minimum FAO : 2 400)
Nombre d'automobiles pour 1 000 hab. (1998) : 42
Nombre de téléviseurs pour 1 000 hab. (1998) : 183

REPÈRES HISTORIQUES

XVIIIe s. : la région est longtemps contestée entre la Grande-Bretagne et l'Espagne.
1862 : elle devient une colonie britannique.
1973 : le territoire prend le nom de Belize.
1981 : ce dernier accède à l'indépendance.
1991 : le Guatemala reconnaît le nouvel État.

GUATEMALA

Pays formé de montagnes, en partie volcaniques, au sud, et de bas plateaux au nord, le Guatemala est l'État le plus peuplé d'Amérique centrale.

Superficie : 108 889 km^2
Population (2002) : 11 995 000 hab.
Capitale : Guatemala 3 366 000 hab. (e. 2001)
Nature de l'État et du régime politique : république à régime présidentiel
Chef de l'État et du gouvernement : (président de la République) Alfonso Portillo Cabrera
Organisation administrative : 22 départements
Langue officielle : espagnol
Monnaie : quetzal

DÉMOGRAPHIE

Densité : 104 hab./km^2
Part de la population urbaine (2000) : 40,4 %
Structure de la population par âge (2000) : moins de 15 ans : 43,6 %, 15-65 ans : 52,9 %, plus de 65 ans : 3,5 %
Taux de natalité (2000) : 33 ‰
Taux de mortalité (2000) : 7 ‰
Taux de mortalité infantile (2000) : 41,2 ‰
Espérance de vie (2000) : hommes : 63 ans, femmes : 68,9 ans

ÉCONOMIE

PNB (2001) : 19,6 milliards de $
PNB/hab. (2001) : 1 670 $
PNB/hab. PPA (2001) : 3 850 dollars internationaux
IDH (2000) : 0,631
Taux de croissance annuelle du PIB (2001) : 1,8 %

Taux annuel d'inflation (2000) : 5,98 %
Structure de la population active : n.d.
Structure du PIB (2000) : agriculture : 22,8 %, mines et industries : 19,9 %, services : 57,3 %
Dette publique brute : n.d.
Taux de chômage : n.d.

Agriculture et pêche

Cultures
café (2001) : 276 000 t.
canne à sucre (2001) : 16 935 000 t.
caoutchouc (2001) : 47 500 t.
citrons (2001) : 131 000 t.
Élevage et pêche
bovins (2001) : 2 500 000 têtes
chevaux (2001) : 120 000 têtes
ovins (2001) : 552 000 têtes
pêche (1999) : 15 900 t.
porcins (2001) : 1 450 000 têtes
poulets (2001) : 35 000 000 têtes

Énergie et produits miniers

électricité totale (2000) : 5 929 millions de kWh
pétrole (2001) : 996 000 t.

Productions industrielles

sucre (2001) : 1 670 000 t.
ciment (2000) : 2 000 000 t.

Tourisme

Recettes touristiques (2000) : 518 millions de $

Commerce extérieur

Exportations de biens (2000) : 3 082,3 millions de $
Importations de biens (2000) : 4 508,2 millions de $

Défense

Forces armées (1999) : 31 400 hommes
Budget de la Défense (1999) : 0,6 % du PIB

Niveau de vie

Nombre d'habitants pour un médecin (1993) : 3 333
Apport journalier moyen en calories (2000) : 2 171 (minimum FAO : 2 400)
Nombre d'automobiles pour 1 000 hab. (1999) : 52
Nombre de téléviseurs pour 1 000 hab. (1998) : 61

REPÈRES HISTORIQUES

Le Guatemala est durant le Ier millénaire l'un des lieux où s'épanouit la civilisation maya.
1524 : conquête du territoire par les Espagnols.
1821 - 1823 : le Guatemala s'unit au Mexique sous l'autorité d'Agustín de Iturbide.
1824 - 1839 : il fait partie des Provinces Unies de l'Amérique centrale.
1839 : le pays reprend son indépendance sous la direction de Rafael Carrera.
1873 - 1885 : libéral, Justo Rufino Barrios modernise le pays.
1898 - 1920 : son successeur, Manuel Estrada, poursuit son œuvre, tandis que se constitue l'empire bananier de la United Fruit Company.
1931 - 1944 : dictature du général Jorge Ubico.
1951 - 1954 : le progressiste Jacobo Arbenz est renversé par des généraux appuyés par les États-Unis.
1970 - 1982 : le pays, ravagé en 1976 par des tremblements de terre, est confronté à une guerre civile larvée qu'animent des guérilleros de type castriste ou sandiniste.
À partir de 1987 : le Guatemala participe à l'effort de paix en Amérique centrale (signature d'accords en 1987 et en 1989 avec le Costa Rica, le Honduras, le Nicaragua et le Salvador).
1996 : un accord de paix est conclu entre le pouvoir central et la guérilla.

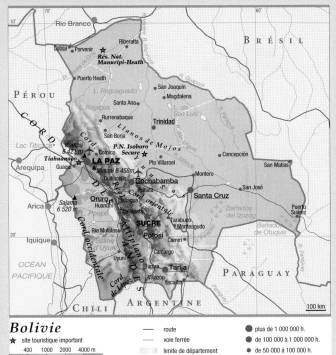

l'Est (Oriente), à la population très clair-semée, appartient à l'Amazonie forestière. L'Ouest, andin, région de hauts plateaux (3 000 et 4 000 m), concentre la majeure partie de la population (amérindienne ou métissée) et les principales villes (dont La Paz).

Superficie : 1 098 581 km²
Population (2002) : 8 706 000 hab.
Capitale : La Paz 1 499 000 hab. (e. 2001) dans l'agglomération
Nature de l'État et du régime politique : république à régime présidentiel
Chef de l'État et du gouvernement : (président de la République) Gonzalo Sánchez de Lozada
Organisation administrative : 9 départements
Langues officielles : espagnol (off.), aymara et quechua (nat.)
Monnaie : boliviano

DÉMOGRAPHIE

Densité : 8 hab./km²
Part de la population urbaine (2000) : 64,8 %
Structure de la population par âge (2000) : moins de 15 ans : 39,6 %, 15-65 ans : 56,4 %, plus de 65 ans : 4 %
Taux de natalité (2000) : 31 ‰
Taux de mortalité (2000) : 9 ‰
Taux de mortalité infantile (2000) : 55,6 ‰
Espérance de vie (2000) : hommes : 61,9 ans, femmes : 65,3 ans

ÉCONOMIE

PNB (2001) : 8,04 milliards de $
PNB/hab. (2001) : 940 $
PNB/hab. PPA (2001) : 2 380 $ intern.
IDH (2000) : 0,653
Taux de croissance annuelle du PIB (2001) : 1,2 %
Taux annuel d'inflation (2000) : 4,6 %
Structure de la population active : n.d.
Structure du PIB (2000) : agriculture : 22 %, mines et industries : 15,3 %, services : 62,7 %
Dette publique brute : n.d.
Taux de chômage (2000) : 7,4 %

Agriculture et pêche

Cultures
bananes (2001) : 688 000 t.
canne à sucre (2001) : 3 859 000 t.
maïs (2001) : 678 000 t.
pommes de terre (2001) : 902 000 t.
soja (2001) : 834 000 t.

Élevage et pêche
bovins (2001) : 6 725 000 têtes
chevaux (2001) : 322 000 têtes
ovins (2001) : 8 752 000 têtes
pêche (1999) : 6 450 t.
porcins (2001) : 2 800 000 têtes
poulets (2001) : 74 000 000 têtes

Énergie et produits miniers
argent (2000) : 434 t.
cuivre (2000) : 100 t.
électricité totale (2000) : 3 870 millions de kWh
étain (2000) : 9 400 t.
gaz naturel (2000) : 3 300 M. de m³
or (2001) : 12 395 kg
pétrole (2001) : 1 494 000 t.
plomb (2001) : 9 600 t.
zinc (2001) : 150 000 t.

Productions industrielles
viande (2001) : 409 000 t.
sucre (2001) : 361 000 t.
bière (2001) : 2 195 000 hl
ciment (2000) : 1 300 000 t.
production de bois (2000) : 468 000 m³

Tourisme
Recettes (2000) : 160 millions de $

Commerce extérieur
Exportations de biens (2000) : 1 229,6 M. de $
Importations de biens (2000) : 1 610,1 M. de $

Défense
Forces armées (1999) : 32 500 hommes
Budget de la Défense (1999) : 1,6 % du PIB

Niveau de vie
Nombre d'habitants pour un médecin (1993) : 2 500

Apport journalier moyen en calories (2000) : 2 218 (minimum FAO : 2 400)
Nombre d'automobiles pour 1 000 hab. (1996) : 32
Nombre de téléviseurs pour 1 000 hab. (1999) : 118

REPÈRES HISTORIQUES

1535 - 1538 : les conquérants espagnols, sous la conduite de Pizarro, s'établissent dans la région du Haut-Pérou, incorporée à l'État inca depuis 1438.
1544 : la découverte des mines d'argent du Potosí fait de la région la plus riche province de l'Empire espagnol.
1824 - 1825 : après la victoire d'Ayacucho, remportée par Sucre sur les partisans de l'Espagne, l'indépendance de la Bolivie est proclamée.
1836 - 1839 : le Pérou et la Bolivie constituent une confédération.
1879 - 1883 : guerre du Pacifique. La Bolivie perd, au profit du Chili, tout accès à la mer.
1932 - 1935 : vaincue lors de la guerre meurtrière du Chaco, la Bolivie doit céder cette région au Paraguay.
1952 : le Mouvement nationaliste révolutionnaire (MNR) parvient au pouvoir par une révolution, nationalise les mines et entreprend une réforme agraire.
1964 - 1982 : les coups d'État militaires et les régimes d'exception se succèdent jusqu'à l'élection d'un nouveau président.

BRÉSIL

En dehors de l'immense cuvette amazonienne, le Brésil est surtout un pays de plateaux, relevés en serras qui retombent directement sur l'Atlantique ou limitent un liseré de plaines côtières. Le climat, équatorial dans l'Amazonie, constamment chaude et humide, recouverte par la forêt dense permanente, devient plus sec vers le sud. Commence alors le domaine des campos, savanes parfois parsemées d'arbres, et de la steppe, notamment dans l'intérieur du Nordeste.

Superficie : 8 547 403 km²
Population (2002) : 174 706 000 hab.
Capitale : Brasília 2 043 169 hab.
(r. 2000)
Nature de l'État et du régime politique :
république à régime présidentiel
Chef de l'État et du gouvernement :
(président de la République) Luiz
Inácio Lula da Silva
Organisation administrative : 26 États
et 1 district fédéral
Langue officielle : portugais
Monnaie : real brésilien

DÉMOGRAPHIE

Densité : 20 hab./km²
Part de la population urbaine (2000) :
81,3 %
Structure de la population par âge (2000) :
moins de 15 ans : 28,8 %, 15-65 ans :
66,1 %, plus de 65 ans : 5,1 %
Taux de natalité (2000) : 20 ‰
Taux de mortalité (2000) : 7 ‰
Taux de mortalité infantile (2000) :
38,3 ‰
Espérance de vie (2000) : hommes :
64,7 ans, femmes : 72,6 ans

ÉCONOMIE

PNB (2001) : 529 milliards de $
PNB/hab. (2001) : 3 060 $
PNB/hab. PPA (2001) : 7 450 dollars
internationaux
IDH (2000) : 0,757
Taux de croissance annuelle du PIB (2001) :
1,5 %
Taux annuel d'inflation (2000) :
7,04 %
Structure de la population active : n.d.
Structure du PIB (2000) : agriculture :
7,4 %, mines et industries : 28,6 %,
services : 64 %

Dette publique brute : n.d.
Taux de chômage (1999) : 9,6 %

Agriculture et pêche
Cultures
agrumes (2001) : 18 473 000 t.
ananas (2001) : 1 442 000 t.
arachide (2001) : 198 000 t.
bananes (2001) : 5 744 000 t.
cacao (2001) : 187 000 t.
café (2001) : 1 780 000 t.
canne à sucre (2001) : 339 136 000 t.
citrons (2001) : 578 000 t.
igname (2001) : 235 000 t.
maïs (2001) : 41 411 000 t.
mandarines (1998) : 749 000 t.
manioc (2001) : 24 088 000 t.
noix de cajou (1998) : 45 478 t.
oranges (2001) : 16 924 000 t.
pamplemousses (2001) : 66 000 t.
patates douces (2001) : 485 000 t.
pêches (2001) : 183 000 t.
pommes (2001) : 706 000 t.
riz (2001) : 10 207 000 t.
soja (2001) : 37 675 000 t.
sorgho (2001) : 905 000 t.
tabac (2001) : 565 000 t.
tomates (2001) : 3 043 000 t.
Élevage et pêche
bovins (2001) : 171 786 000 têtes
buffles (2001) : 1 150 000 têtes
caprins (2001) : 8 700 000 têtes
chevaux (2001) : 5 850 000 têtes
ovins (2001) : 15 000 000 têtes
pêche (1999) : 775 000 t.
porcins (2001) : 29 424 000 têtes
poulets (2001) : 1 006 000 000 têtes

Énergie et produits miniers
bauxite (2001) : 13 900 000 t.
chrome (2001) : 420 000 t.
diamant (2001) : 1 000 000 carats
électricité totale (2000) :
342 302 millions de kWh
étain (2000) : 13 000 t.
fer (2001) : 125 000 000 t.
houille (2000) : 5 600 000 t.
hydroélectricité (2000) :
304 539 millions de kWh
manganèse (2001) : 1 430 000 t.
nickel (2000) : 45 000 t.
or (2001) : 52 400 kg
phosphate (2001) : 4 700 000 t.

Productions industrielles
lait (2001) : 22 718 000 t.
viande (2001) : 15 161 000 t.
sucre (2001) : 20 400 000 t.
huile de palme (2001) : 108 000 t.
palmiste (2001) : 130 000 t.
automobiles (2001) : 1 482 000 unités
véhicules utilitaires (1998) :
329 000 unités
acier (2001) : 26 718 000 t.
aluminium (2001) : 1 131 000 t.
fonte (1998) : 25 132 000 t.
cuivre (2000) : 185 345 t.

REPÈRES HISTORIQUES

La période coloniale
1500 : Pedro Álvares Cabral découvre le Brésil, qui devient possession portugaise.
1532 - 1560 : les tentatives françaises d'installation se terminent par la victoire des Portugais.
1624 - 1654 : attirés par la richesse sucrière du pays, les Hollandais occupent les côtes brésiliennes, avant d'être rejetés à la mer.
1720 - 1770 : la recherche de l'or provoque la création du Brésil intérieur, domaine des métis, qui laissent la côte aux Blancs. Les grandes plantations se développent (culture du coton, du cacao et du tabac) et assurent le renouveau économique du pays.
1775 : l'esclavage indien est aboli, l'appel de la main-d'œuvre noire est accru.
1808 - 1821 : la famille royale portugaise, en fuite devant les armées napoléoniennes, s'installe à Rio de Janeiro.
1815 : Jean VI élève le Brésil au rang de royaume.

L'Empire brésilien
1822 - 1889 : sous Pierre Iᵉʳ (1822 - 1831) et Pierre II (1831 - 1889), le Brésil, empire indépendant, connaît un considérable essor démographique (immigration) et économique (café, voies ferrées) ; ses frontières sont rectifiées après la guerre contre le Paraguay. L'abolition de l'esclavage noir mécontente l'aristocratie foncière (1888).

La république des « coronels » et l'ère Vargas
1889 : Pierre II est renversé par l'armée, et

une république fédéraliste est proclamée. La réalité du pouvoir appartient cependant aux oligarchies qui possèdent la terre et les hommes. La culture du café reste prépondérante, assurant la prospérité, mais la production du blé et du caoutchouc se développe.
1917 : le Brésil déclare la guerre à l'Allemagne.
1930 : la crise économique entraîne la chute du régime. Getúlio Vargas accède au pouvoir ; élu président en 1934, il instaure en 1937 un régime dictatorial.
1942 : la participation du Brésil à la Seconde Guerre mondiale aux côtés des Alliés stimule l'essor économique du pays.
1945 : Vargas est déposé par les militaires.
1950 : Vargas est réélu président. Mais l'opposition, liée aux intérêts étrangers, l'accule au suicide (1954).

Le Brésil contemporain
1956 - 1964 : des gouvernements réformistes se succèdent, en butte à l'emprise des sociétés multinationales.
1960 : Brasília devient la capitale du Brésil.
1964 - 1985 : à la suite d'un coup d'État militaire, les généraux accèdent au pouvoir. L'économie nationale est largement subordonnée à la domination nord-américaine.
1985 : les civils reviennent au pouvoir. Ils doivent faire face à une situation économique et financière particulièrement difficile.

lomb (2001) : 47 000 t.
nc (2001) : 199 000 t.
ain (2000) : 13 200 t.
ickel (2000) : 23 253 t.
lés de coton (2001) : 868 000 t.
te (2001) : 235 000 t.
sal (2001) : 183 000 t.
ie (2001) : 1 400 t.
xtiles artificiels (1998) :
5 000 t.
ment (2000) : 39 208 000 t.
apier (2000) : 6 473 000 t.

production de bois (2000) :
102 994 000 m³

Tourisme

Recettes touristiques (2000) :
4 228 millions de $

Commerce extérieur

Exportations de biens (2000) :
55 087 millions de $
Importations de biens (2000) :
55 783 millions de $

Défense

Forces armées (1999) : 287 600 hommes

Budget de la Défense (1999) :
1,5 % du PIB

Niveau de vie

**Nombre d'habitants pour un
médecin** (1995) : 714
**Apport journalier moyen en
calories** (2000) : 2 985
(minimum FAO : 2 400)
**Nombre d'automobiles pour
1 000 hab. :** n.d.
**Nombre de téléviseurs pour
1 000 hab.** (1999) : 333

241

Brésil

200   500   1000 m

autoroute	★ site touristique important	● plus de 3 000 000 h.
route		● de 1 000 000 à 3 000 000 h.
voie ferrée		● de 500 000 à 1 000 000 h.
	limite d'État fédéré	● de 100 000 à 500 000 h.
✈ aéroport	Manaus capitale d'État fédéré	• moins de 100 000 h.

300 km

CANADA

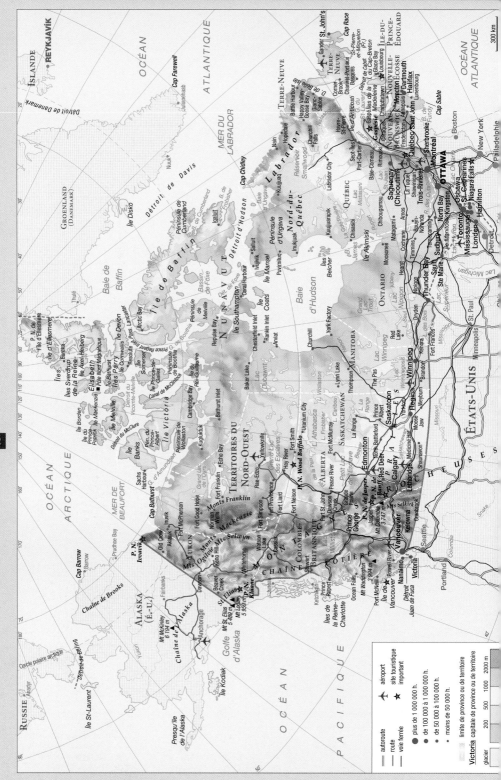

ays le plus vaste du monde après la
ussie, le Canada possède une population
ère supérieure à la moitié de celle de la
ance. Le paysage de plateaux domine
ans l'Est et le Centre. À l'ouest, les
ocheuses opposent une barrière aux
fluences pluvieuses et adoucissantes du
acifique, mais surtout la latitude
traîne une rigueur croissante de l'hiver
rs le nord. Les feuillus des basses terres
urentiennes cèdent rapidement la place
x conifères, auxquels succèdent la
undra, et parfois, dans l'extrême nord
1 pays, insulaire, les glaces.

perficie : 9 970 610 km²
pulation (2002) : 31 268 000 hab.
apitale : Ottawa 323 340 hab. (r. 1996),
094 000 hab. (e. 2001) dans
agglomération
ature de l'État et du régime politique :
onarchie constitutionnelle à régime
arlementaire
hef de l'État : (reine) Élisabeth II,
présentée par le gouverneur général
drienne Clarkson
hef du gouvernement : (Premier
inistre) Jean Chrétien
rganisation administrative :
provinces et 3 territoires
ngues officielles : anglais et français
onnaie : dollar canadien

DÉMOGRAPHIE

ensité : 3 hab./km²
rt de la population urbaine (2000) :
7,1 %
ructure de la population par âge (2000) :

moins de 15 ans : 19,1 %, 15-65 ans :
68,3 %, plus de 65 ans : 12,6 %
Taux de natalité (2000) : 11 ‰
Taux de mortalité (2000) : 8 ‰
Taux de mortalité infantile (2000) : 5,4 ‰
Espérance de vie (2000) : hommes :
76,2 ans, femmes : 81,8 ans

ÉCONOMIE

PNB (2001) : 662 milliards de $
PNB/hab. (2001) : 21 340 $
PNB/hab. PPA (2001) : 27 870 $ intern.
IDH (2000) : 0,94
Taux de croissance annuelle du PIB (2001) :
1,5 %
Taux annuel d'inflation (2000) : 2,75 %
Structure de la population active (2000) :
agriculture : 3,3 %, mines et industries :
22,6 %, services : 74,1 %
Structure du PIB (1998) : agriculture :
2,6 %, mines et industries : 33,2 %,
services : 64,2 %
Dette publique brute (1998) : 89,8 % du
PIB
Taux de chômage (2001) : 7,2 %

Agriculture et pêche

Cultures
avoine (2001) : 2 769 000 t.
blé (2001) : 20 568 000 t.
colza (2001) : 5 062 000 t.
maïs (2001) : 8 171 000 t.
miel (2001) : 31 733 t.
orge (2001) : 11 355 000 t.
pommes de terre (2001) : 4 030 000 t.
seigle (2001) : 194 000 t.
soja (2001) : 2 040 000 t.
tabac (2001) : 58 000 t.
Élevage et pêche
bovins (2001) : 12 996 000 têtes
pêche (1999) : 1 136 000 t.
porcins (2001) : 12 600 000 têtes

Énergie et produits miniers

argent (2000) : 1 161 t.
cuivre (2000) : 634 000 t.
diamant (2001) : 2 600 000 carats
électricité nucléaire (2000) :
68 700 millions de kWh
électricité totale (2000) :
576 218 millions de kWh
fer (2000) : 17 186 000 t.
gaz naturel (2000) : 180 338 millions
de m³

hydroélectricité (2000) :
352 750 millions de kWh
molybdène (2001) : 7 000 t.
nickel (2000) : 191 000 t.
or (2001) : 159 714 kg
pétrole (2001) : 126 723 000 t.
plomb (2001) : 149 400 t.
uranium (2001) : 12 520 t.
zinc (2001) : 1 009 000 t.

Productions industrielles

lait (2001) : 8 170 000 t.
fromage (2001) : 359 720 t.
viande (2001) : 4 121 000 t.
acier (2001) : 15 106 000 t.
aluminium (2001) : 2 583 000 t.
fonte (1998) : 8 937 000 t.
cuivre (2001) : 634 000 t.
nickel (2000) : 191 000 t.
plomb (2001) : 149 400 t.
zinc (2001) : 1 009 000 t.
automobiles (2001) : 1 275 000 unités
véhicules utilitaires (1998) :
1 079 000 unités
caoutchouc synthétique (2001) :
145 000 t.
papier (2000) : 20 921 000 t.
production de bois (2000) :
176 572 000 m³

Tourisme

Recettes touristiques (2000) :
10 768 millions de $

Commerce extérieur

Exportations de biens (2000) :
281 148 millions de $
Importations de biens (2000) :
244 538 millions de $

Défense

Forces armées (1999) :
59 100 hommes
Budget de la Défense (1999) :
1 % du PIB

Niveau de vie

Nombre d'habitants pour un
médecin (1996) : 476
Apport journalier moyen en
calories (2000) : 3 174
(minimum FAO : 2 400)
Nombre d'automobiles pour
1 000 hab. (1997) : 445
Nombre de téléviseurs pour
1 000 hab. (1999) : 715

243

REPÈRES HISTORIQUES

a Nouvelle-France
e premier peuplement du Canada est
nstitué par des tribus amérindiennes.
34 : Jacques Cartier prend possession
1 Canada au nom du roi de France.
35 - 1536 : il remonte le Saint-Laurent.
04 - 1605 : S. de Champlain entreprend
colonisation de l'Acadie (création de
rt-Royal).
08 : il fonde Québec.
27 : Richelieu crée la Compagnie des
nt-Associés, chargée de coloniser le
ys. Mais l'immigration est faible, et les
ançais et leurs alliés indiens doivent
re face aux incursions des Iroquois.

1663 - 1664 : Louis XIV réintègre le
Canada dans le domaine royal et le dote
d'une nouvelle administration.
1665 - 1672 : sous l'impulsion de l'inten-
dant Jean Talon, la Nouvelle-France
connaît un brillant essor et la colonisation se développe le long du Saint-
Laurent.
1672 : les Anglais, établis sur la côte
atlantique, se sentent menacés. Ils combattent les Français.
1713 : au traité d'Utrecht, les Français
perdent la baie d'Hudson, l'Acadie et l'essentiel de Terre-Neuve.
1756 - 1763 (guerre de Sept Ans) : les

Anglais s'emparent de Québec après la
défaite de Montcalm aux plaines
d'Abraham (1759) et prennent Montréal
(1760).
1763 : par le traité de Paris, la France cède
tout le Canada à la Grande-Bretagne.

Le Canada britannique
1783 : la signature du traité de Versailles,
reconnaissant l'indépendance des États-
Unis, provoque l'arrivée massive de loya-
listes américains.
1812 - 1814 : guerre avec les États-Unis :
les troupes de ces derniers sont repoussées.

CANADA

REPÈRES HISTORIQUES

1820 - 1836 : les parlementaires s'affirment, avec, dans le Haut-Canada, William Lyon Mackenzie et, dans le Bas-Canada, Louis Joseph Papineau. Ils exigent un vrai régime parlementaire contrôlant le budget et votant les lois.

1837 : le refus de Londres provoque une rébellion dans les deux colonies.

1840 : la révolte écrasée, le gouvernement britannique réunit les deux Canada sous un même parlement et impose l'anglais comme langue unique.

1848 : le français est restauré au rang de langue officielle.

La Confédération canadienne

1867 : l'Acte de l'Amérique du Nord britannique crée le dominion du Canada, qui regroupe l'Ontario (anciennement Haut-Canada), le Québec (anciennement Bas-Canada), la Nouvelle-Écosse et le Nouveau-Brunswick.

1870 : après la révolte des métis conduite par Louis Riel, la Confédération crée la province du Manitoba, tandis que la Colombie-Britannique (1871) et l'Île-du-Prince-Édouard (1873) se joignent à elle.

1905 : les provinces de la Saskatchewan et de l'Alberta sont instituées.

1896 - 1911 : le Premier ministre Wilfrid Laurier resserre les liens commerciaux avec la Grande-Bretagne tout en renforçant l'autonomie du dominion.

1914 - 1918 : le Canada accède au rang de puissance internationale par sa participation à la Première Guerre mondiale aux côtés des Alliés.

1921 - 1948 : William Lyon Mackenzie King, chef du Parti libéral, préside presque sans interruption aux destinées du pays.

1926 : la Conférence impériale reconnaît l'indépendance du Canada au sein du Commonwealth, sanctionnée par le Statut de Westminster (1931).

1940 - 1945 : le Canada déclare la guerre à l'Allemagne et développe une puissante industrie de guerre.

1949 : l'île de Terre-Neuve devient une province canadienne.

1948 - 1984 : sous la direction des libéraux, le Canada pratique une politique de rapprochement de plus en plus étroit avec les États-Unis. Mais la Confédération doit constamment faire face aux revendications autonomistes de la province francophone de Québec, qui trouvent leurs aboutissements dans un référendum sur l'indépendance du Québec (1980).

1982 : dans la foulée de l'échec des indépendantistes, le Premier ministre Pierre Elliott Trudeau obtient le rapatriement de la Constitution canadienne, qui pourra être modifiée sans l'autorisation du Parlement britannique. Les autochtones obtiennent d'importantes garanties, tandis que les revendications québécoises sont ignorées. Le Québec refuse d'adhérer à la loi constitutionnelle de 1982.

1984 : le conservateur Brian Mulroney accède au pouvoir.

1988 : il est reconduit à la tête du gouvernement après la victoire des conservateurs aux élections qui consacrent l'accord de libre-échange avec les États-Unis.

1989 : le Canada adhère à l'OEA.

1990 : l'échec du projet d'accord constitutionnel (dit « du lac Meech »), destiné à satisfaire les demandes minimales du Québec, ouvre une crise politique sans précédent, aggravée par des revendications territoriales amérindiennes.

1992 : un nouveau projet de réforme constitutionnelle (Charlottetown) comportant, entre autres, un nouveau statut pour les autochtones est rejeté par référendum.

1993 : lors des élections générales, le Bloc québécois, parti indépendantiste, arrive en deuxième position ; il constitue désormais l'opposition officielle.

1994 : l'accord de libre-échange (ALENA), négocié en 1992 avec les États-Unis et le Mexique, entre en vigueur.

1995 : le référendum sur la souveraineté du Québec, qui voit les partisans du maintien de la province dans l'ensemble canadien l'emporter d'extrême justesse sur les indépendantistes, ébranle fortement la Confédération.

1999 : les Territoires du Nord-Ouest voient leur partie orientale se détacher et former le Nunavut, peuplé majoritairement d'Inuits.

les Provinces

Provinces ou Territoires *	superficie (en km²)	nombre d'habitants**	capitale
Alberta	661 000	2 974 807	Edmonton
Colombie Britannique	950 000	3 907 738	Victoria
Île-du-Prince-Édouard	5 657	135 294	Charlottetown
Manitoba	600 000	1 119 583	Winnipeg
Nouveau-Brunswick	73 437	729 498	Fredericton
Nouvelle-Écosse	55 490	908 007	Halifax
Nunavut *	1 900 000	26 745	Iqaluit
Ontario	1 068 582	11 410 046	Toronto
Québec	1 540 680	7 237 479	Québec
Saskatchewan	652 000	978 933	Regina
Terre-Neuve	406 000	512 930	Saint John's
Territoires du Nord-Ouest *	1 480 000	37 360	Yellowknife
Yukon *	482 515	28 674	Whitehorse

** recensement de 2001.

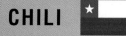

iré sur plus de 4 000 km du nord au sud, rge seulement de 100 à 200 km en oyenne, le Chili est formé d'une dépres-on centrale discontinue, entre les Andes roprement dites, à l'est, et une chaîne tière, à l'ouest. L'extension en latitude plique en partie la succession des cli-ats et des paysages végétaux : désert de Atacama au nord ; climat méditerranéen e la région de Santiago, océanique vers sorno, froid et humide plus au sud, où la rêt disparaît progressivement.

perficie : 756 626 km²
pulation (2002) : 15 589 000 hab.
apitale : Santiago 4 311 133 hab.
 1992), 5 551 000 hab. (e. 2001) dans gglomération
ature de l'État et du régime politique : publique à régime présidentiel
hef de l'État et du gouvernement : résident de la République) Ricardo gos Escobar
rganisation administrative : régions
ngue officielle : espagnol onnaie : peso chilien

DÉMOGRAPHIE
ensité : 20 hab./km²
rt de la population urbaine (2000) : ,6 %
ructure de la population par âge (2000) : oins de 15 ans : 28,5 %, 15-65 ans : ,3 %, plus de 65 ans : 7,2 %
ux de natalité (2000) : 17 ‰
ux de mortalité (2000) : 6 ‰
ux de mortalité infantile (2000) : ,6 ‰
pérance de vie (2000) : hommes : ans, femmes : 79 ans

ÉCONOMIE
NB (2001) : 67 milliards de $
NB/hab. (2001) : 4 350 $
NB/hab. PPA (2001) : 9 420 dollars ternationaux
H (2000) : 0,831
ux de croissance annuelle du PIB (2001) : 8 %
ux annuel d'inflation (2000) : 4 %
ructure de la population active (1998) : riculture : 14,4 %, mines et dustries : 25,5 %, services : 40,1 %

Structure du PIB (2000) :
agriculture : 10,5 %,
mines et industries : 33,5 %,
services : 56 %
Dette publique brute : n.d.
Taux de chômage (2001) : 7,9 %

Agriculture et pêche
Cultures
tomates (2001) : 1 157 000 t.
betterave à sucre (2001) :
3 169 000 t.
blé (2001) : 1 780 000 t.
citrons (2001) : 120 000 t.
maïs (2001) : 778 000 t.
noix (2001) : 12 500 t.
pêches (2001) : 311 000 t.
pommes (2001) : 1 075 000 t.
pommes de terre (2001) :
1 210 000 t.
raisin (2001) : 1 810 000 t.
Élevage et pêche
bovins (2001) : 4 150 000 têtes
chevaux (2001) : 650 000 têtes
ovins (2001) : 4 200 000 têtes
pêche (1999) : 5 325 000 t.
porcins (2001) : 2 500 000 têtes
poulets (2001) : 78 000 000 têtes

Énergie et produits miniers
argent (2000) : 1 242 t.
cuivre (2001) : 4 602 000 t.
électricité totale (2000) : 39 577 millions de kWh
fer (2001) : 5 900 000 t.
gaz naturel (1996) : 2 000 millions de m³
molybdène (2001) : 33 000 t.
or (2001) : 42 673 kg
pétrole (2001) : 349 000 t.
zinc (2001) : 31 500 t.

Productions industrielles
lait (2001) : 2 210 000 t.
sucre (2001) : 469 000 t.
viande (2001) : 956 000 t.
vin (2001) : 5 652 000 hl
bière (2000) : 3 025 000 hl
acier (2001) : 1 226 000 t.
cuivre (2000) : 2 668 300 t.
ciment (2000) : 3 491 000 t.

Tourisme
Recettes touristiques (2000) : 827 millions de $

Commerce extérieur
Exportations de biens (2000) :
18 159 millions de $
Importations de biens (2000) :
16 721 millions de $

Défense
Forces armées (1999) :
87 000 hommes
Budget de la Défense (1999) :
0,3 % du PIB

Niveau de vie
Nombre d'habitants pour un médecin (1993) : 2 150
Apport journalier moyen en calories (2000) : 2 881
(minimum FAO : 2 400)
Nombre d'automobiles pour 1 000 hab. (1999) : 88
Nombre de téléviseurs pour 1 000 hab. (1999) : 240

Chili
● plus de 1 000 000 h.
● de 100 000 à 1 000 000 h.
● de 50 000 à 100 000 h.
● moins de 50 000 h.
━ autoroute
━ route
━━ voie ferrée
✈ aéroport
▬ limite de région
★ site touristique important
glacier   400   1000   2000   4000 m
200 km

CHILI

REPÈRES HISTORIQUES

La période coloniale

Le Chili précolombien est peuplé de groupes ethniques qui résistent à la conquête inca, puis, pendant trois siècles, à la conquête espagnole.

1541 : Pedro de Valdivia fonde Santiago.

1553 : il est vaincu et tué par les Araucans.

1778 : le Chili, qui dépendait jusqu'alors de la vice-royauté du Pérou, devient capitainerie générale.

L'indépendance et le XIXe s.

1810 : une junte patriotique se forme à Santiago.

1814 : les insurgés chiliens, commandés par Bernardo O'Higgins et José Miguel Carrera, sont vaincus par les Espagnols à Rancagua.

1817 : San Martín bat les Espagnols à Chacabuco ; O'Higgins reçoit le titre de directeur suprême du Chili.

1818 : la victoire de Maipú libère définitivement le pays. La république est instaurée.

1823 - 1831 : une période d'anarchie succède à la dictature de O'Higgins.

1831 - 1871 : les conservateurs sont au pouvoir et promulguent une Constitution (1833).

1871 - 1891 : une coalition de libéraux et de radicaux dirige le pays et engage la guerre du Pacifique (1879 - 1884) contre le Pérou et la Bolivie ; vainqueur, le Chili s'empare de toute la façade maritime de la Bolivie et des provinces de Tarapacá, Tacna et Arica, appartenant au Pérou.

Le XXe s.

1891 - 1925 : la guerre civile de 1891 aboutit au triomphe du régime parlementaire sur le régime présidentiel. Pendant la Première Guerre mondiale, le Chili connaît une période de prospérité due à l'exploitation de ses richesses minières (cuivre, nitrates).

1925 : l'armée rétablit le régime présidentiel.

1938 - 1952 : l'entrée dans la vie politique des classes moyennes amène au pouvoir des gouvernements de front populaire, puis de centre gauche.

1964 - 1970 : à la réaction oligarchique du conservateur Jorge Alessandri (1958- 1964) succède le gouvernement du démocrate-chrétien Eduardo Frei.

1970 : le candidat de la gauche, Salvador Allende, remporte les élections présidentielles. Il entreprend la nationalisation des mines et des banques.

1973 : il est éliminé par une junte militaire. Le général Pinochet, « chef suprême de la nation », instaure un régime d'exception.

1980 : une nouvelle Constitution confirme le caractère autoritaire du régime, confronté à une contestation grandissante.

1988 : Pinochet organise un plébiscite visant à assurer la reconduction du régime en place. Le « non » l'emporte, mais Pinochet décide de rester à la tête de l'État jusqu'en 1990, terme légal de son mandat.

1998 : l'arrestation et la détention (jusqu'en 2000), à Londres, du général Pinochet relance le débat intérieur sur les années 1970 - 1980.

la Terre de Feu

C et archipel montagneux par lequel s'achèvent les Andes forme l'extrémité méridionale de l'Amérique du Sud, au-delà du détroit de Magellan, entre 53° et 56° de latitude S. Découvert par Magellan (1520), colonisé depuis le XIXe s., il est partagé entre le Chili et l'Argentine. La ville principale en est la célèbre Ushuaia, localité la plus méridionale du globe, en Argentine. Son nom lui a été donné par Magellan lui-même, au vu des colonnes de fumée qui s'élevaient des feux des Indiens. Mais c'est en fait une région peu peuplée, froide et humide, brumeuse, occupée en grande partie par la forêt. Si la faune terrestre est pauvre, la faune marine est très riche (baleines, dauphins, morses, phoques).

ux confins de l'Amérique centrale, largement ouverte sur la mer des Antilles et le
acifique, avec plus de la moitié de sa
uperficie recouverte par la forêt amazo-
ienne ou, surtout, par les savanes des
anos, la Colombie demeure cependant
abord un État andin.

uperficie : 1 138 914 km²
opulation (2002) : 43 495 000 hab.
apitale : Bogotá 4 945 448 hab.
. 1993), 6 957 000 hab. (e. 2001) dans
agglomération
ature de l'État et du régime politique :
épublique à régime présidentiel
hef de l'État et du gouvernement :
résident de la République) Álvaro
ribe Vélez
rganisation administrative :
2 départements et 1 district
angue officielle : espagnol
lonnaie : peso colombien

DÉMOGRAPHIE

ensité : 37 hab./km²
art de la population urbaine (2000) : 74,9 %
tructure de la population par âge (2000) :
oins de 15 ans : 32,8 %, 15-65 ans :
2,5 %, plus de 65 ans : 4,7 %
aux de natalité (2000) : 23 ‰
aux de mortalité (2000) : 6 ‰
aux de mortalité infantile (2000) : 25,6 ‰
spérance de vie (2000) : hommes :
9,2 ans, femmes : 75,3 ans

ÉCONOMIE

NB (2001) : 82 milliards de $
NB/hab. (2001) : 1 910 $
NB/hab. PPA (2001) : 5 984 dollars
nternationaux
DH (2000) : 0,772
aux de croissance annuelle du PIB (2001) :
,4 %
aux annuel d'inflation (2000) : 9,49 %
tructure de la population active (1998) :
griculture : 1 %, mines et industries :
6,5 %, services : 72,5 %
tructure du PIB (2000) : agriculture :
3,8 %, mines et industries : 30,5 %,
rvices : 55,7 %
ette publique brute : n.d.
aux de chômage (2001) : 14,7 %

Agriculture et pêche
ultures
nanas (2001) : 360 000 t.

bananes (2001) : 1 380 000 t.
bananes plantain (2001) : 2 827 000 t.
cacao (2001) : 45 200 t.
café (2001) : 560 000 t.
canne à sucre (2001) : 33 400 000 t.
igname (2001) : 226 000 t.
manioc (2001) : 1 982 000 t.
oranges (2001) : 360 000 t.
pommes de terre (2001) : 3 013 000 t.

Élevage et pêche
bovins (2001) : 28 332 000 têtes
chevaux (2001) : 2 600 000 têtes
ovins (2001) : 2 300 000 têtes
pêche (1999) : 171 000 t.
porcins (2001) : 2 750 000 têtes
poulets (2001) : 110 000 000 têtes

Énergie et produits miniers
argent (2001) : 8 t.
électricité totale (2000) : 43 342 millions
de kWh
houille (2000) : 38 142 000 t.
nickel (2000) : 59 000 t.
or (2001) : 21 813 kg
pétrole (2001) : 31 000 000 t.

Productions industrielles
lait (2001) : 5 980 000 t.
viande (2001) : 1 381 000 t.
sucre (2001) : 2 242 000 t.

huile de palme (2001) : 560 000 t.
palmiste (2001) : 113 000 t.
acier (2001) : 642 000 t.
nickel (2000) : 59 000 t.
filés de coton (2001) : 42 000 t.
ciment (2000) : 7 500 000 t.

Tourisme
Recettes touristiques (2000) :
1 028 millions de $

Commerce extérieur
Exportations de biens (2000) :
13 620 millions de $
Importations de biens (2000) :
11 077 millions de $

Défense
Forces armées (1999) : 153 000 hommes
Budget de la Défense (1999) :
2,3 % du PIB

Niveau de vie
Nombre d'habitants pour un
médecin (1993) : 1 111
Apport journalier moyen en
calories (2000) : 2 597
(minimum FAO : 2 400)
Nombre d'automobiles pour
1 000 hab. (1999) : 43
Nombre de téléviseurs pour
1 000 hab. (1999) : 199

COLOMBIE

REPÈRES HISTORIQUES

La colonisation

1500 : les Espagnols entreprennent la conquête du pays, habité par les Indiens Muisca (Chibcha).

1538 : Gonzalo Jiménez de Quesada fonde Bogotá.

1739 : la vice-royauté de Nouvelle-Grenade est créée. La colonie connaît une certaine prospérité grâce à l'exportation de produits miniers vers la métropole.

L'indépendance

1810 - 1815 : l'insurrection pour l'indépendance est réprimée par les Espagnols.

1817 - 1819 : Bolívar reprend la lutte et remporte la victoire de Boyacá (1819), ce qui lui permet, au congrès d'Angostura (décembre), de proclamer la république de Grande-Colombie (Venezuela et Nouvelle-Grenade), à laquelle il annexe l'Équateur en 1822.

1830 : à la mort de Bolívar, le Venezuela et l'Équateur font sécession.

Libéraux et conservateurs au pouvoir

1833 - 1849 : après la présidence autoritaire de Santander (1833 - 1837), les conservateurs, centralistes, exercent le pouvoir.

1849 - 1852 : les libéraux, fédéralistes et anticléricaux, accomplissent un certain nombre de réformes.

1861 - 1864 : sous la présidence de T. C. Mosquera, les biens du clergé sont confisqués et une Constitution fédérale est adoptée (1863).

1880 - 1888 : le président Núñez renoue avec l'Église (concordat de 1883) et dote le pays d'une Constitution unitaire (1886).

1899 - 1903 : la « Guerre des Mille Jours » ravage le pays.

Le xxe s.

1903 : la Colombie abandonne Panamá sous la pression des États-Unis.

1904 - 1930 : la stabilité politique accompagne l'expansion économique (café, pétrole).

1930 - 1948 : les libéraux reviennent au pouvoir et tentent une politique réformiste.

1948 - 1958 : l'assassinat du libéral Gaitán est suivi d'une guerre civile larvée.

1958 - 1970 : libéraux et conservateurs constituent un Front national et alternent au pouvoir, tandis qu'apparaît une guérilla d'inspiration castriste.

1978 : l'aggravation de la situation provoque l'adoption de lois d'exception.

1982 : malgré la promulgation d'une loi d'amnistie, le pouvoir doit faire face à la montée de la violence liée aux tensions politiques et au trafic de la drogue.

la Cordillère des Andes

La Cordillère des Andes s'étend sur sept pays (Argentine, Bolivie, Chili, Colombie, Équateur, Pérou et Venezuela). Elle culmine à la hauteur de 6 959 m à l'Aconcagua. Du Venezuela à la Terre de Feu, les Andes s'allongent sur près de 8 000 km en bordure du Pacifique, constituant le plus grand relief du monde entre des sommets à près de 7 000 m et des fosses océaniques d'une profondeur comparable.

Partie autrefois la plus humanisée de l'Amérique du Sud avec une population et une exploitation agricole adaptées à l'altitude, les Andes se sont partiellement dépeuplées au profit du littoral. Il y subsiste cependant de grandes villes (Bogotá, Quito, La Paz), des exploitations minières (fer et cuivre notamment, pétrole surtout dans l'avant-pays).

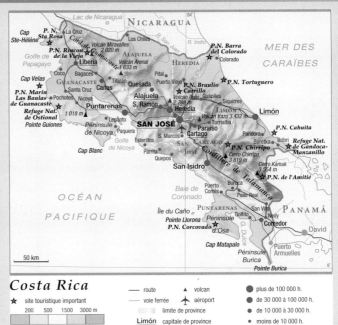

Costa Rica

★ site touristique important
200 500 1500 3000 m

— route ▲ volcan ● plus de 100 000 h.
— voie ferrée ✈ aéroport ● de 30 000 à 100 000 h.
limite de province ● de 10 000 à 30 000 h.
Limón capitale de province • moins de 10 000 h.

C'est un pays en partie forestier, montagneux au centre (foyer de peuplement) et formé de plaines en bordure de la mer des Antilles.

Superficie : 51 100 km²
Population (2002) : 4 200 000 hab.
Capitale : San José 983 000 hab. (e. 2001) dans l'agglomération
Nature de l'État et du régime politique : république à régime présidentiel
Chef de l'État et du gouvernement : (président de la République) Abel Pacheco de la Espriella
Organisation administrative : 7 provinces
Langue officielle : espagnol
Monnaie : colón costaricain

DÉMOGRAPHIE

Densité : 79 hab./km²
Part de la population urbaine (2000) : 51,9 %
Structure de la population par âge (2000) : moins de 15 ans : 32,4 %, 15-65 ans : 62,5 %, plus de 65 ans : 5,1 %
Taux de natalité (2000) : 20 ‰
Taux de mortalité (2000) : 4 ‰
Taux de mortalité infantile (2000) : 10,9 ‰
Espérance de vie (2000) : hommes : 75 ans, femmes : 79,7 ans

ÉCONOMIE

PNB (2001) : 15,3 milliards de $
PNB/hab. (2001) : 3 950 $
PNB/hab. PPA (2001) : 8 080 dollars internationaux
IDH (2000) : 0,82
Taux de croissance annuelle du PIB (2001) : 0,9 %
Taux annuel d'inflation (2000) : 10,99 %
Structure de la population active (1998) : agriculture : 20,1 %, mines et industries : 23 %, services : 56,9 %
Structure du PIB (2000) : agriculture : 9,4 %, mines et industries : 31,2 %, services : 59,4 %
Dette publique brute : n.d.
Taux de chômage (2001) : 6,1 %

Agriculture et pêche
Cultures
ananas (2001) : 475 000 t.
bananes (2001) : 2 270 000 t.
café (2001) : 181 000 t.
canne à sucre (2001) : 3 750 000 t.
riz (2001) : 300 000 t.
Élevage et pêche
bovins (2001) : 1 720 000 têtes
pêche (1999) : 35 000 t.
porcins (2001) : 430 000 têtes

Énergie et produits miniers
électricité totale (2000) : 6 887 millions de kWh

Productions industrielles
lait (2001) : 730 000 t.
viande (2001) : 190 000 t.
huile de palme (2001) : 130 000 t.
ciment (2000) : 1 150 000 t.

Tourisme
Recettes touristiques (2000) : 1 102 millions de $

Commerce extérieur
Exportations de biens (1999) : 6 667,7 millions de $
Importations de biens (2000) : 6 008,1 millions de $

Défense
Forces de sécurité (1999) : 8 400 hommes
Budget de la sécurité (1999) : 0,62 % du PIB

Niveau de vie
Nombre d'habitants pour un médecin (1993) : 1 111

Apport journalier moyen en calories (2000) : 2 783 (minimum FAO : 2 400)
Nombre d'automobiles pour 1 000 hab. (1999) : 88
Nombre de téléviseurs pour 1 000 hab. (1999) : 229

249

REPÈRES HISTORIQUES

1502 : le Costa Rica est découvert par Christophe Colomb.
1569 : il est rattaché à la capitainerie générale du Guatemala.
1822 - 1823 : sans insurrection, le pays accède à l'indépendance.
1824 - 1838 : il devient l'une des cinq républiques des Provinces-Unies de l'Amérique centrale, avant d'être un État souverain (1839).
1840 : l'expansion de la culture du café apporte la prospérité économique et permet une vie démocratique durable.
1871 : installation de l'United Fruit Company ; le pays passe sous la dépendance économique des États-Unis.
1949 - 1974 : la vie politique est dominée par la personnalité de José Figueres.
1987 et 1989 : des accords, visant à rétablir la paix en Amérique centrale, sont signés par le Costa Rica, le Guatemala, le Honduras, le Nicaragua et le Salvador.

CUBA

Située à moins de 250 km de la Floride, Cuba est la plus étendue des Antilles. C'est un pays de plaines et de plateaux calcaires, la montagne apparaissant au sud-est. La situation en latitude explique un climat tropical avec une température constante (voisine de 25°), des pluies relativement abondantes (1 200 mm), concentrées entre juin et décembre.

Superficie : 110 861 km²
Population (2002) : 11 272 000 hab.
Capitale : La Havane 2 268 000 hab. (r. 2001)
Nature de l'État et du régime politique : république, régime socialiste
Chef de l'État et du gouvernement : (président du Conseil d'État) Fidel Castro Ruz
Organisation administrative : 14 provinces et 1 municipalité spéciale
Langue officielle : espagnol
Monnaie : peso cubain

DÉMOGRAPHIE

Densité : 101 hab./km²
Part de la population urbaine (2000) : 75,3 %

Structure de la population par âge (2000) :
moins de 15 ans : 21,2 %,
15-65 ans : 69,2 %,
plus de 65 ans : 9,6 %
Taux de natalité (2000) : 13 ‰
Taux de mortalité (2000) : 7 ‰
Taux de mortalité infantile (2000) : 7,3 ‰
Espérance de vie (2000) : hommes : 74,8 ans, femmes : 78,7 ans

ÉCONOMIE

PNB : n.d.
PNB/hab. : n.d.
PNB/hab. PPA : n.d.
IDH (2000) : 0,795
Taux de croissance annuelle du PIB (2000) : 5,6 %
Taux annuel d'inflation : n.d.
Structure de la population active : n.d.
Structure du PIB (2000) :
agriculture : 6,7 %,
mines et industries : 46,4 %,
services : 46,9 %
Dette publique brute : n.d.
Taux de chômage : n.d.

Agriculture et pêche

Cultures
agrumes (2001) : 546 000 t.
ananas (2001) : 19 000 t.
bananes (2001) : 180 000 t.
bananes plantain (2001) : 380 000 t.
café (2001) : 15 000 t.
canne à sucre (2001) : 35 000 000 t.
maïs (2001) : 205 000 t.
manioc (2001) : 300 000 t.
oranges (2001) : 350 000 t.
pamplemousses (2001) : 170 000 t.
pommes de terre (2001) : 350 000 t.
riz (2001) : 350 000 t.
tabac (2001) : 35 000 t.
Élevage et pêche
bovins (2001) : 4 400 000 têtes
chevaux (2001) : 400 000 têtes
pêche (1999) : 122 000 t.

caprins (2001) : 240 000 têtes
ovins (2001) : 310 000 têtes
porcins (2001) : 2 700 000 têtes
poulets (2001) : 13 300 000 têtes

Énergie et produits miniers
chrome (2001) : 50 000 t.
électricité totale (2000) : 14 870 millions de kWh
hydroélectricité (2000) : 59 millions de kWh
nickel (2000) : 68 000 t.
pétrole (2001) : 2 191 000 t.

Productions industrielles
lait (2001) : 614 000 t.
viande (2001) : 252 000 t.
sucre (2001) : 3 592 000 t.
acier (2001) : 265 000 t.
nickel (2000) : 39 892 t.
filés de coton (1998) : 5 000 t.
ciment (2000) : 1 700 000 t.

Tourisme
Recettes touristiques (2000) : 1 756 millions de $

Commerce extérieur
Exportations de biens (1997) : 1 755 millions de $
Importations de biens (1997) : 2 642 millions de $

Défense
Forces armées (1999) : 58 000 hommes
Budget de la Défense (1999) : 4,3 % du PIB

Niveau de vie
Nombre d'habitants pour un médecin (1990) : 278
Apport journalier moyen en calories (2000) : 2 564 (minimum FAO : 2 400)
Nombre d'automobiles pour 1 000 hab. (1997) : 16
Nombre de téléviseurs pour 1 000 hab. (1999) : 246

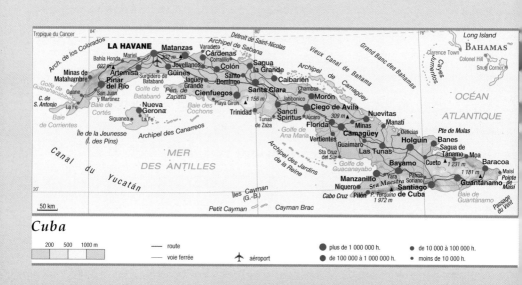

Cuba

200	500	1000 m	—— route	● plus de 1 000 000 h.	● de 10 000 à 100 000 h.
---	---	---	—— voie ferrée	● de 100 000 à 1 000 000 h.	• moins de 10 000 h.
			✈ aéroport		

REPÈRES HISTORIQUES

La période coloniale

1492 : peuplée à l'origine par les Indiens Arawak, l'île est découverte par Christophe Colomb.

1511 - 1513 : Cuba est conquise par Diego Velázquez. Dès les premiers temps de la colonisation, les esclaves noirs remplacent les Indiens, exterminés.

XVIIIe s. : riche colonie de plantation (tabac), l'île devient grand producteur de canne à sucre.

1818 : les Cubains obtiennent la liberté générale du commerce. Redoutant une révolte des esclaves noirs, l'élite créole reste fidèle à l'Espagne.

1868 - 1878 : les abus de l'administration coloniale provoquent une insurrection générale. L'île obtient une autonomie relative.

1880 : l'esclavage est aboli.

1895 : à l'instigation du poète Martí et des généraux Máximo Gómez et Antonio Maceo, la guerre d'indépendance est déclenchée.

1898 : à la suite de l'explosion de leur cuirassé *Maine* en rade de La Havane, les États-Unis entrent en guerre contre l'Espagne, qui doit renoncer à Cuba (traité de Paris).

1898 - 1901 : un gouvernement militaire américain s'installe dans l'île.

L'indépendance

1901 : la République cubaine reçoit une constitution de type présidentiel, mais reste étroitement dépendante des États-Unis, qui interviennent dans l'île en 1906, 1912 et 1917, en renforçant leur domination économique.

1925 - 1933 : le pays est gouverné par un dictateur, Gerardo Machado, qui est renversé par l'armée.

1933 - 1944 : le général Batista, protégé par les États-Unis, exerce la réalité du pouvoir jusqu'en 1940, puis devient président.

1952 : revenu au pouvoir à la suite d'un coup d'État, Batista suspend la Constitution.

1953 : après l'échec d'une première rébellion, Fidel Castro est emprisonné, puis s'exile.

1956 : Castro débarque à Cuba et prend le maquis dans la sierra Maestra.

1959 : l'offensive générale des guérilleros aboutit au départ de Batista. Manuel Urrutia est proclamé président de la République.

Le régime castriste

Devenu Premier ministre, Fidel Castro entreprend une politique de nationalisations qui provoque l'embargo des États-Unis sur le commerce cubain, tandis que l'URSS apporte son soutien au nouveau régime.

1961 : une tentative de débarquement de Cubains anticastristes, soutenue par les États-Unis, est repoussée (baie des Cochons).

1962 : l'installation de fusées soviétiques dans l'île provoque une crise internationale.

1965 - 1972 : le durcissement du régime (nationalisation du commerce privé ; entraînement militaire dans les écoles) s'accompagne d'une émigration massive ; Cuba adhère au Comecon et s'aligne sur la politique de l'URSS.

1976 : F. Castro devient président de la République cubaine et concentre en ses mains tous les pouvoirs. Cuba intervient militairement en Afrique (Angola, 1975 ; Éthiopie, 1977).

1979 : Cuba accède à la présidence du mouvement des pays non alignés, dont la conférence se tient à La Havane.

1980 : détente avec les États-Unis et nouvelle émigration de Cubains en Floride.

1989 - 1990 : Cuba se désengage du continent africain (retrait d'Éthiopie et d'Angola).

1994 : une nouvelle vague d'émigration de Cubains vers la Floride provoque des tensions avec les États-Unis. Affaibli par l'effondrement des pays de l'Est et par la désintégration de l'URSS, le régime persiste dans l'orthodoxie marxiste, malgré quelques concessions à l'économie de marché.

1998 : la visite du pape Jean-Paul II dans l'île marque le retour de Cuba sur la scène internationale.

1999 : à l'intérieur, le régime se durcit.

la crise de Cuba

On donne ce nom à la crise qui opposa en 1962 les États-Unis et l'URSS à propos de l'installation de fusées soviétiques à Cuba. Le président Kennedy, ayant acquis dès septembre la preuve de l'implantation de fusées offensives, décida le blocus des armes livrées à Cuba par les cargos soviétiques. Le monde était au bord de la guerre nucléaire. L'URSS émit des protestations véhémentes, mais N. Khrouchtchev proposa finalement une solution à la crise, prévoyant que l'URSS retirerait ses missiles sous le contrôle de l'ONU, que Cuba s'engagerait pour l'avenir à ne pas accepter d'armes offensives et les États-Unis à ne pas envahir Cuba. Le 28 octobre, la crise se dénoua sur ces bases, et les sites furent démantelés dès le 12 novembre ; le blocus fut levé le 20.

ÉQUATEUR

Équateur

— route
✈ aéroport
★ site touristique important

● plus de 1 000 000 h.
● de 100 000 à 1 000 000 h.
● de 30 000 à 100 000 h.
● moins de 30 000 h.

200 500 1000 2000 3000 m

Les Andes forment de hauts plateaux dominés par des volcans et séparent la plaine côtière, plus large et plus humide au nord, de la région orientale, amazonienne, recouverte par la forêt dense.

Superficie : 283 561 km²
Population (2002) : 13 112 000 hab.
Capitale : Quito 1 660 000 hab. (e. 2001)
Nature de l'État et du régime politique :
république à régime présidentiel
Chef de l'État et du gouvernement :
(président de la République) Lucio Gutiérrez
Organisation administrative :
21 provinces
Langue officielle : espagnol
Monnaie : dollar des États-Unis

DÉMOGRAPHIE

Densité : 47 hab./km²
Part de la population urbaine (2000) : 62,4 %
Structure de la population par âge (2000) :
moins de 15 ans : 33,8 %, 15-65 ans : 61,5 %, plus de 65 ans : 4,7 %
Taux de natalité (2000) : 24 ‰
Taux de mortalité (2000) : 6 ‰
Taux de mortalité infantile (2000) : 41,5 ‰
Espérance de vie (2000) : hommes : 68,3 ans, femmes : 73,5 ans

ÉCONOMIE

PNB (2001) : 16 milliards de $
PNB/hab. (2001) : 1 240 $
PNB/hab. PPA (2001) : 3 070 dollars internationaux
IDH (2000) : 0,732
Taux de croissance annuelle du PIB (2001) : 5,6 %
Taux annuel d'inflation (2001) : 37,7 %
Structure de la population active (1998) :
agriculture : 7,3 %, mines et industries : 21,4 %, services : 71,3 %
Structure du PIB (2000) : agriculture : 10 %, mines et industries : 40,2 %, services : 49,8 %
Dette publique brute : n.d.
Taux de chômage (2001) : 11 %

Agriculture et pêche

Cultures
bananes (2001) : 7 561 000 t.
bananes plantain (2001) : 476 000 t.

cacao (2001) : 107 000 t.
café (2001) : 146 000 t.
canne à sucre (2001) : 5 962 000 t.
maïs (2001) : 642 000 t.
palmiste (2001) : 46 300 t.
pommes de terre (2001) : 690 000 t.
riz (2001) : 1 377 000 t.

Élevage et pêche
bovins (2001) : 5 574 000 têtes
chevaux (2001) : 525 000 têtes
ovins (2001) : 1 976 000 têtes
pêche (1999) : 625 000 t.
porcins (2001) : 2 392 000 têtes
poulets (2001) : 138 429 000 têtes

Énergie et produits miniers
électricité totale (2000) : 10 395 millions de kWh
gaz naturel (1996) : 100 millions de m³
or (2001) : 2 297 kg
pétrole (2001) : 21 200 000 t.

Productions industrielles
huile de palme (2001) : 280 308 t.
ciment (2000) : 2 800 000 t.

Tourisme
Recettes touristiques (2000) : 402 millions de $

Commerce extérieur
Exportations de biens (2001) :
4 862 millions de $
Importations de biens (2001) :
5 325 millions de $

Défense
Forces armées (2001) :
59 500 hommes
Budget de la Défense (2001) : 1,92 % du PIB

Niveau de vie
Nombre d'habitants pour un médecin (1993) : 960

Apport journalier moyen en calories (2000) : 2 693 (minimum FAO : 2 400)
Nombre d'automobiles pour 1 000 hab. (1997) : 41
Nombre de téléviseurs pour 1 000 hab. (2000) : 218

REPÈRES HISTORIQUES

1534 : annexé par les Incas au XVᵉ s., le pays est conquis par Sebastián de Belalcázar.
1563 : les Espagnols créent l'*audiencia* de Quito, rattachée à la vice-royauté du Pérou, puis à celle de la Nouvelle-Grenade (1739).
1822 : le général Sucre libère le pays des forces espagnoles.
1830 : création de la République d'Équateur, dirigée par le général Juan Flores jusqu'en 1845.
1845 - 1859 : les libéraux accèdent au pouvoir.
1861 - 1895 : les conservateurs dominent la vie politique.
1895 - 1930 : de retour au pouvoir, les libéraux laïcisent l'État. L'Équateur devient le premier producteur mondial de cacao.
1934 : élection de José María Velasco Ibarra. Incarnant les aspirations des classes populaires, il est porté cinq fois au pouvoir jusqu'en 1972.
1941 - 1942 : la guerre contre le Pérou fait perdre à l'Équateur sa province amazonienne.
1972 : coup d'État militaire.
1979 : après une réforme constitutionnelle, les civils reviennent au pouvoir.

Les types de paysages sont à l'échelle d'un continent : le pays est presque aussi vaste que l'ensemble de l'Europe, de l'Atlantique à l'Oural. A l'Ouest, les Rocheuses, formées d'une série de chaînes nord-sud, dominant de hauts plateaux ou des bassins intérieurs. Elle représentent une barrière climatique, réduisant surtout les précipitations vers l'est, vers les Grandes Plaines. Celles-ci, correspondant approximativement au bassin de l'ensemble du Mississippi-Missouri, constituent un domaine encore plus vaste, étiré des Grands Lacs au golfe du Mexique, atteignant les Appalaches à l'est. Ce Midwest possède un climat continental aux hivers froids et aux étés parfois torrides, avec des précipitations croissant vers l'est. Des pluies abondantes, parfois liées au passage de cyclones, associées à des températures élevées, caractérisent le Sud-Est, subtropical (la Floride notamment).

Superficie : 9 151 670 km²
Population (2002) : 288 530 000 hab.
Capitale : Washington 572 059 hab. (r. 2000), 3 997 000 hab. (e. 2001) dans l'agglomération
Nature de l'État et du régime politique : république à régime présidentiel
Chef de l'État et du gouvernement : (président de la République) George W. Bush
Organisation administrative : 50 États, 1 district et 6 territoires extérieurs
Langue officielle : anglais
Monnaie : dollar des États-Unis

DÉMOGRAPHIE

Densité : 30 hab./km²
Part de la population urbaine (1999) : 77 %
Structure de la population par âge (2000) : moins de 15 ans : 21,7 %, 15-65 ans : 66 %, plus de 65 ans : 12,3 %
Taux de natalité (2000) : 15 ‰
Taux de mortalité (2000) : 9 ‰
Taux de mortalité infantile (2000) : 6,8 ‰
Espérance de vie (2000) : hommes : 74,6 ans, femmes : 80,4 ans

ÉCONOMIE

PNB (2001) : 9 901 milliards de $
PNB/hab. (2001) : 34 870 $
PNB/hab. PPA (2001) : 34 870 dollars internationaux
IDH (2000) : 0,939
Taux de croissance annuelle du PIB (2001) : 0,3 %
Taux annuel d'inflation (2001) : 2,3 %
Structure de la population active (2000) : agriculture : 2,6 %, mines et industries : 22,9 %, services : 74,5 %

les États des États-Unis

État	superficie (en km²)	nombre d'habitants*	capitale	État	superficie (en km²)	nombre d'habitants*	capitale
Alabama	131 427	4 447 100	Montgomery	Mississippi	121 489	2 844 658	Jackson
Alaska	1 481 354	626 932	Juneau	Missouri	178 415	5 595 211	Jefferson
Arizona	294 314	5 130 632	Phoenix	Montana	376 981	902 195	Helena
Arkansas	134 857	2 673 400	Little Rock	Nebraska	199 100	1 711 263	Lincoln
Californie	403 935	33 871 648	Sacramento	Nevada	284 449	1 998 257	Carson
Caroline du Nord	126 161	8 049 313	Raleigh	New Hampshire	23 227	1 235 786	Concord
Caroline du Sud	77 984	4 012 012	Columbia	New Jersey	19 211	8 414 350	Trenton
Colorado	268 628	4 301 261	Denver	New York	122 284	18 976 457	Albany
Connecticut	12 548	3 405 565	Hartford	Nouveau-Mexique	314 311	1 819 046	Santa Fe
Dakota du Nord	178 648	642 200	Bismarck	Ohio	106 056	11 353 140	Columbus
Dakota du Sud	196 541	754 844	Pierre	Oklahoma	177 848	3 450 654	Oklahoma City
Delaware	5 060	783 600	Dover	Oregon	248 632	3 421 399	Salem
Floride	139 670	15 982 378	Tallahassee	Pennsylvanie	116 075	12 281 054	Harrisburg
Géorgie	149 977	8 186 453	Atlanta	Rhode Island	2 706	1 048 319	Providence
Hawaii	16 635	1 211 537	Honolulu	Tennessee	106 752	5 689 283	Nashville
Idaho	214 315	1 293 953	Boise	Texas	678 055	20 851 820	Austin
Illinois	143 961	12 419 293	Springfield	Utah	212 752	2 233 169	Salt Lake City
Indiana	92 895	6 080 485	Indianapolis	Vermont	23 956	608 827	Montpelier
Iowa	144 772	2 926 324	Des Moines	Virginie	102 549	7 078 515	Richmond
Kansas	211 901	2 688 418	Topeka	Virginie-Occidentale	62 361	1 808 344	Charleston
Kentucky	102 896	4 041 769	Frankfort	Washington	172 349	5 894 121	Olympia
Louisiane	112 825	4 468 976	Baton Rouge	Wisconsin	140 663	5 363 675	Madison
Maine	79 931	1 274 923	Augusta	Wyoming	251 490	493 782	Cheyenne
Maryland	25 314	5 296 486	Annapolis	**District fédéral**			
Massachusetts	20 306	6 349 097	Boston	District de Columbia	159	572 059	Washington
Michigan	147 122	9 938 444	Lansing	**Dépendance**			
Minnesota	206 190	4 919 479	Saint Paul	Porto Rico	8 897	3 808 610	San Juan

* recensement de 2000.

ÉTATS-UNIS

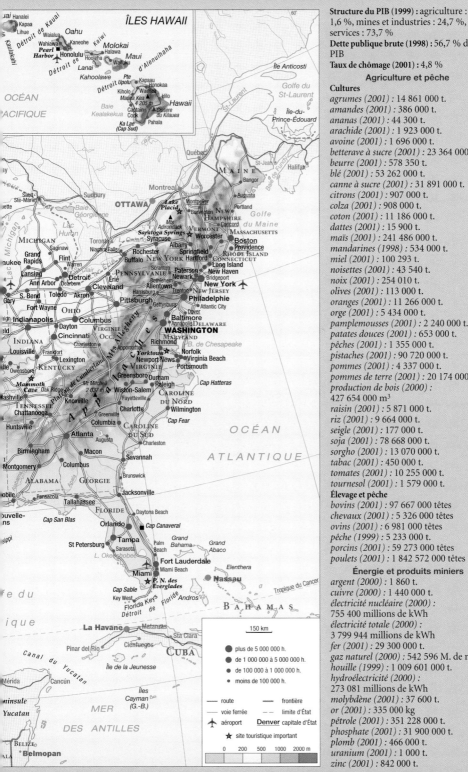

ÎLES HAWAII

Structure du PIB (1999) : agriculture : 1,6 %, mines et industries : 24,7 %, services : 73,7 %
Dette publique brute (1998) : 56,7 % du PIB
Taux de chômage (2001) : 4,8 %

Agriculture et pêche

Cultures
agrumes (2001) : 14 861 000 t.
amandes (2001) : 386 000 t.
ananas (2001) : 44 300 t.
arachide (2001) : 1 923 000 t.
avoine (2001) : 1 696 000 t.
betterave à sucre (2001) : 23 364 000 t.
beurre (2001) : 578 350 t.
blé (2001) : 53 262 000 t.
canne à sucre (2001) : 31 891 000 t.
citrons (2001) : 907 000 t.
colza (2001) : 908 000 t.
coton (2001) : 11 186 000 t.
dattes (2001) : 15 900 t.
maïs (2001) : 241 486 000 t.
mandarines (1998) : 534 000 t.
miel (2001) : 100 293 t.
noisettes (2001) : 43 540 t.
noix (2001) : 254 010 t.
olives (2001) : 113 000 t.
oranges (2001) : 11 266 000 t.
orge (2001) : 5 434 000 t.
pamplemousses (2001) : 2 240 000 t.
patates douces (2001) : 653 000 t.
pêches (2001) : 1 355 000 t.
pistaches (2001) : 90 720 000 t.
pommes (2001) : 4 337 000 t.
pommes de terre (2001) : 20 174 000 t.
production de bois (2000) : 427 654 000 m³
raisin (2001) : 5 871 000 t.
riz (2001) : 9 664 000 t.
seigle (2001) : 177 000 t.
soja (2001) : 78 668 000 t.
sorgho (2001) : 13 070 000 t.
tabac (2001) : 450 000 t.
tomates (2001) : 10 255 000 t.
tournesol (2001) : 1 579 000 t.

Élevage et pêche
bovins (2001) : 97 667 000 têtes
chevaux (2001) : 5 326 000 têtes
ovins (2001) : 6 981 000 têtes
pêche (1999) : 5 233 000 t.
porcins (2001) : 59 273 000 têtes
poulets (2001) : 1 842 572 000 têtes

Énergie et produits miniers
argent (2000) : 1 860 t.
cuivre (2000) : 1 440 000 t.
électricité nucléaire (2000) : 755 400 millions de kWh
électricité totale (2000) : 3 799 944 millions de kWh
fer (2000) : 29 300 000 t.
gaz naturel (2000) : 542 596 M. de m³
houille (1999) : 1 009 601 000 t.
hydroélectricité (2000) : 273 081 millions de kWh
molybdène (2001) : 37 600 t.
or (2001) : 335 000 kg
pétrole (2001) : 351 228 000 t.
phosphate (2001) : 31 900 000 t.
plomb (2001) : 466 000 t.
uranium (2001) : 1 000 t.
zinc (2001) : 842 000 t.

ÉTATS-UNIS

Productions industrielles
fromage (2001) : 4 073 000 t.
lait (2001) : 75 404 000 t.
oeufs (2001) : 5 096 040 t.
viande (2001) : 37 898 000 t.
sucre (2001) : 7 140 000 t.
vin (2001) : 23 800 000 hl
acier (2001) : 89 711 000 t.
fonte (1998) : 48 238 000 t.
aluminium (2001) : 2 637 000 t.
cuivre (2000) : 1 800 000 t.
étain : (2001) : 13 900 t.
plomb (2001) : 1 390 000 t.
zinc (2001) : 311 000 t.

automobiles (2001) : 4 879 000 unités
véhicules utilitaires (1998) :
6 488 000 unités
construction navale (2001) : 88 000 tpl
production de bois (2000) :
427 654 000 m³
textiles artificiels (1998) : 166 000 t.
textiles synthétiques (1998) : 4 244 000 t.

Tourisme
Recettes touristiques (2000) :
85 153 millions de $

Commerce extérieur
Exportations de biens (2001) :
721 750 millions de $

Importations de biens (2001) :
1 145 980 millions de $

Défense
Forces armées (2001) : 1 414 000 homme
Budget de la Défense (2001) : 3,84 % du PII

Niveau de vie
**Nombre d'habitants pour un
médecin (1996)** : 384
Apport journalier moyen en calories (2000) :
3 772 (minimum FAO : 2 400)
**Nombre d'automobiles pour
1 000 hab. (1997)** : 483
**Nombre de téléviseurs pour
1 000 hab. (2000)** : 854

REPÈRES HISTORIQUES

L'époque coloniale et l'indépendance

À partir du XVIᵉ s. : le territoire, occupé par des Amérindiens semi-nomades, est exploré par des navigateurs français, espagnols puis anglais.

XVIIᵉ s. : les Anglais y émigrent en masse, fuyant les bouleversements politiques et religieux de leur pays. Ils s'installent sur la côte est, alors que les Français poursuivent leur expansion le long du Mississippi, fondant la Louisiane. Par fondations successives ou par annexion des territoires hollandais, treize colonies britanniques sont créées.

XVIIIᵉ s. : colonies et métropole sont unies dans la lutte contre les Indiens et, surtout, contre la France.

1763 : le traité de Paris écarte définitivement la menace française et ouvre l'Ouest aux colons anglais.

1763 - 1773 : les colonies supportent mal l'autorité de la Grande-Bretagne et se révoltent contre les monopoles commerciaux de la métropole.

1774 : un premier congrès continental se réunit à Philadelphie.

1775 : le blocus de Boston inaugure la guerre de l'Indépendance, marquée par l'alliance avec la France.

4 juillet 1776 : le Congrès proclame l'indépendance des États-Unis.

1783 : la paix de Paris reconnaît l'existence de la République fédérée des États-Unis.

De l'indépendance à la guerre de sécession

1787 : une constitution fédérale, toujours en vigueur, est élaborée par la convention de Philadelphie.

1789 - 1797 : George Washington devient le premier président des États-Unis.

1803 : les États-Unis achètent la Louisiane à la France.

1812 - 1815 : les Américains sortent victorieux de la seconde guerre de l'Indépendance, suscitée par la Grande-Bretagne.

1819 : la Floride est achetée aux Espagnols.

1823 : le républicain James Monroe (1817 - 1825) réaffirme la volonté de neutralité des États-Unis et leur opposition à toute ingérence européenne dans le continent américain.

1846 - 1848 : à l'issue de la guerre contre le Mexique, les États-Unis annexent le Texas, le Nouveau-Mexique et la Californie.

1853 - 1861 : l'antagonisme entre le Sud, agricole et libre-échangiste, et le Nord, en voie d'industrialisation et protectionniste, est aggravé par le problème de l'esclavage, désavoué par le Nord.

1860 : le républicain Abraham Lincoln est élu à la présidence. Les sudistes font alors sécession et se constituent en États confédérés d'Amérique.

1861 - 1865 : les nordistes l'emportent dans la guerre de Sécession et abolissent l'esclavage. Lincoln est assassiné.

L'essor des États-Unis

1867 : l'Alaska est acheté à la Russie.

1869 - 1877 : Ulysses Grant devient président de l'Union.

1890 : massacre des Sioux par l'armée américaine, à Wounded Knee. Fin des « guerres indiennes », au cours desquelles les Indiens, pendant la seconde moitié du XIXᵉ s., se sont opposés à la conquête systématique de leur territoire par les Blancs.

1898 : les États-Unis aident Cuba à accéder à l'indépendance, mais lui imposent leur tutelle et annexent Guam, Porto Rico et les Philippines.

1901 - 1909 : le républicain Theodore Roosevelt radicalise l'action gouvernementale contre les trusts. Le Panamá naît sous la tutelle des États-Unis, qui se font céder la zone du canal (achevé en 1914).

1913 - 1921 : sous la présidence du démocrate Thomas W. Wilson, les États-Unis interviennent au Mexique (1914) et à Haïti (1915).

1917 : la guerre est déclarée à l'Allemagne.

1929 : le krach boursier de Wall Street (« jeudi noir ») inaugure une crise économique et sociale sans précédent.

1933 - 1945 : le démocrate Franklin D. Roosevelt accède à la présidence. Sa politique de New Deal (« Nouvelle Donne ») s'efforce de porter remède par des mesures dirigistes aux maux de l'économie américaine.

1941 - 1945 : les États-Unis entrent dans la Seconde Guerre mondiale et accom-

plissent un formidable effort écono mique et militaire.

1945 : ils ratifient la charte de l'ONU.

Les États-Unis depuis 1945

1945 - 1953 : sous la présidence du démo crate Harry S. Truman, les États-Un affirment leur volonté de s'opposer l'expansion soviétique. C'est le début c la guerre froide.

1948 : un plan d'aide économique à l'E rope (plan Marshall) est adopté.

1949 : la signature du traité de l'Atla tique Nord (OTAN) renforce l'allianc des puissances occidentales.

1950 - 1953 : guerre de Corée.

1961 - 1969 : les démocrates John F. Ker nedy (assassiné en 1963) et Lyndon Johnson s'efforcent de lutter contre pauvreté et la ségrégation raciale.

1962 : crise de Cuba.

1964 : les États-Unis interviennent dire tement au Viêt Nam.

1969 - 1974 : le républicain Richar Nixon se rapproche de la Chine (voyage Pékin) et améliore ses relations ave l'URSS (accords SALT).

1973 : il retire les troupes américaines d Viêt Nam, mais le scandale du Waterga l'oblige à démissionner.

1983 : intervention militaire à la Grenad

1989 : intervention militaire au Panam

1991 : les États-Unis s'engagent dans guerre du Golfe.

1994 : l'accord de libre-échange avec Canada et le Mexique (ALENA) entre e vigueur.

11 septembre 2001 : les États-Unis so frappés au cœur même de leur territoi par des attentats spectaculaires et meu triers, ayant pour cibles les tours jumell du World Trade Center (qui so détruites), à New York, et le Pentagone, Washington. Ces attaques, imputées l'homme d'affaires saoudien Oussam Ben Laden, réfugié en Afghanistan, et son réseau terroriste islamiste al-Qaid provoquent un grave traumatisme dar le pays. Les États-Unis ripostent notan ment par une intervention militaire e Afghanistan.

2003 : les États-Unis, appuyés principal ment par la Grande-Bretagne, lance une offensive militaire contre l'Iraq, san avoir obtenu l'aval de l'ONU.

BAHAMAS

pays compte environ sept cent îles,
nt deux (Grand Bahama et surtout New
·vidence qui possède la capitale)
·centrent la majeure partie de la popu-
·on.

·erficie : 13 878 km²
·ulation (2002) : 312 000 hab.
·itale : Nassau 220 000 hab. (e. 2001)
·s l'agglomération
·ure de l'État et du régime politique :
·narchie constitutionnelle à régime
·lementaire
·ef de l'État : (reine) Élisabeth II
·résentée par le gouverneur général
·Dumont
·ef du gouvernement : (Premier
·nistre) Perry Christie
·ganisation administrative : 21 districts
·gue officielle : anglais
·nnaie : dollar des Bahamas

DÉMOGRAPHIE

·nsité : 22 hab./km²
·t de la population urbaine (2000) :
·5 %
·ucture de la population par âge (2000) :
·ins de 15 ans : 29,6 %, 15-65 ans :
·%, plus de 65 ans : 5,4 %
·x de natalité (1999) : 19,12 ‰
·x de mortalité (1999) : 5,06 ‰
·x de mortalité infantile (2000) : 17,2 ‰
·érance de vie (2000) : hommes :
·2 ans, femmes : 73,9 ans

ÉCONOMIE

PNB (2000) : 4,53 milliards de $
PNB/hab. (2000) : 14 960 $
PNB/hab. PPA (2000) : 16 400 $ inter.
IDH (2000) : 0,826
Taux de croissance annuelle du PIB (2001) :
- 0,5 %
Taux annuel d'inflation (2001) : 2 %
Structure de la population active :
agriculture : n.d., mines et industries :
n.d., services : n.d.
Structure du PIB (1991) : agriculture :
3 %, mines et industries : 7 %, services :
90 %
Dette publique brute : n.d.
Taux de chômage (1998) : 7,7 %

Agriculture

Cultures
agrumes (2001) : 21 000 t.
bananes (2001) : 3 300 t.
canne à sucre (2001) : 45 000 t.
maïs (2001) : 380 t.
Élevage
caprins (2001) : 13 582 têtes
poulets (2001) : 3 450 000 têtes

Énergie et produits miniers
électricité totale (2000) : 1 540 millions
de kWh

Tourisme
Recettes touristiques (1999) :
1 503 millions de $

Commerce extérieur
Exportations de biens (2001) :
614,1 millions de $

Importations de biens (2001) :
1 764,7 millions de $

Défense
Forces armées (2001) : 860 hommes
Budget de la Défense (2001) : 0,64 % du
PIB

Niveau de vie
Nombre d'habitants pour un
médecin (1993) : 714
Apport journalier moyen en
calories (2000) : 2 443
(minimum FAO : 2 400)
Nombre d'automobiles pour
1 000 hab. (1996) : 159
Nombre de téléviseurs pour
1 000 hab. (2000) : 247

REPÈRES HISTORIQUES

1783 : objet d'une lutte entre la France,
l'Espagne et l'Angleterre, les Bahamas
sont définitivement attribuées à cette
dernière.
1973 : le pays accède à l'indépendance,
dans le cadre du Commonwealth.

GRENADE ➜ ANTILLES

GUATEMALA ➜ BELIZE

GUYANA

Guyana-Suriname

| 100 | 200 | 500 | 1000 m |

— route
✈ aéroport

● plus de 200 000 h.
● de 10 000 à 200 000 h.
• moins de 10 000 h.

Sous un climat tropical, chaud et humide, le pays est aux trois quarts couvert de forêts, coupées de fleuves puissants, qui servent de voies de communication. L'altitude s'élève vers le Sud (plus sec) et surtout dans l'Ouest.

Superficie : 214 969 km²
Population (2002) : 766 000 hab.
Capitale : Georgetown 280 000 hab.
(e. 2001) dans l'agglomération
Nature de l'État et du régime politique :
république à régime parlementaire
Chef de l'État : (président de
la République) Bharrat Jagdeo
Chef du gouvernement : (Premier
ministre) Samuel Hinds
Organisation administrative : 10 régions
Langue officielle : anglais
Monnaie : dollar de la Guyana

DÉMOGRAPHIE

Densité : 4 hab./km²
Part de la population urbaine (2000) :
38,2 %
Structure de la population par âge (2000) :
moins de 15 ans : 30,6 %, 15-65 ans :
64,4 %, plus de 65 ans : 5 %
Taux de natalité (1999) : 21,18 ‰
Taux de mortalité (1999) : 7,92 ‰
Taux de mortalité infantile (2000) : 52,5 ‰
Espérance de vie (2000) : hommes :
58 ans, femmes : 66,9 ans

ÉCONOMIE

PNB (2001) : 0,641 milliard de $
PNB/hab. (2001) : 840 $
PNB/hab. PPA (2001) : 3 750 dollars
internationaux
IDH (2000) : 0,708
Taux de croissance annuelle du PIB (2001) :
1,4 %
Taux annuel d'inflation (2001) : 2,7 %
Structure de la population active :
agriculture : n.d., mines et industries :
n.d., services : n.d.
Structure du PIB (1999) : agriculture :
35,1 %, mines et industries : 28,5 %,
services : 36,4 %

Dette publique brute : n.d.
Taux de chômage : n.d.

Agriculture et pêche

Cultures
canne à sucre (2001) : 3 000 000 t.
riz (2001) : 540 000 t.
Élevage et pêche
bovins (2001) : 220 000 têtes
pêche (1999) : 54 000 t.
poulets (2001) : 12 500 000 têtes

Énergie et produits miniers

bauxite (2001) : 1 985 000 t.
électricité totale (2000) : 505 millions
de kWh
or (2001) : 14 183 kg

Productions industrielles

bière (2000) : 118 000 hl
sucre (2001) : 284 000 t.

Tourisme

Recettes touristiques (1999) : 59 millions
de $

Commerce extérieur

Exportations de biens (1995) :
495,7 millions de $
Importations de biens (1995) :
536,5 millions de $

Défense

Forces armées (2001) : 1 600 hommes

Budget de la Défense (2001) : 0,74 % du
PIB

Niveau de vie

Nombre d'habitants pour un
médecin (1995) : 8 947
Apport journalier moyen en
calories (2000) : 2 582
(minimum FAO : 2 400)
Nombre d'automobiles pour
1 000 hab. : n.d.
Nombre de téléviseurs pour
1 000 hab. (2000) : 81

REPÈRES HISTORIQUES

1621 - 1791 : la Compagnie des Indes
occidentales, hollandaise, assure le développement des Guyanes (canne à sucre,
coton).
1814 : les Britanniques, qui l'occupaient
depuis 1796, reçoivent la partie occidentale des Guyanes, baptisée Guyanne britannique en 1831.
1953 : un statut d'autonomie est accordé
à la région.
1966 : le pays devient indépendant.
1970 : il constitue, dans le cadre du Commonwealth, une « république coopérative ».

SURINAME

territoire, au climat équatorial, occupe
'extrémité orientale du plateau des
uyanes, bordée au nord par une plaine
arécageuse. La forêt occupe 95 % du ter-
toire.

perficie : 163 265 km²
pulation (2002) : 421 000 hab.
pitale : Paramaribo 240 000 hab.
. 2001)
ature de l'État et du régime politique :
publique à régime parlementaire
ef de l'État et du gouvernement :
résident de la République) Ronald
enetiaan
rganisation administrative :
 districts
ngue officielle : néerlandais
onnaie : florin du Suriname

DÉMOGRAPHIE

ensité : 3 hab./km²
art de la population urbaine (2000) :
2,2 %
ructure de la population par âge (2000) :
oins de 15 ans : 30,5 %, 15-65 ans :
,9 %, plus de 65 ans : 5,6 %
ux de natalité (1999) : 23,68 ‰
ux de mortalité (1999) : 6,66 ‰
ux de mortalité infantile (2000) :
,7 ‰
spérance de vie (2000) : hommes :
,5 ans, femmes : 73,7 ans

ÉCONOMIE

PNB (2001) : 0,709 milliard de $
PNB/hab. (2001) : 1 690 $
PNB/hab. PPA (2001) : 3 310 dollars
internationaux
IDH (2000) : 0,756
Taux de croissance annuelle du PIB (2001) :
1,3 %
Taux annuel d'inflation (2001) :
42,3 %
Structure de la population active :
agriculture : n.d., mines et industries :
n.d., services : n.d.
Structure du PIB (2000) :
agriculture : 9,7 %,
mines et industries : 20,4 %,
services : 69,9 %
Dette publique brute : n.d.
Taux de chômage (1999) : 14 %

Agriculture

Cultures
bananes (2001) : 50 000 t.
riz (2001) : 165 000 t.
Élevage
bovins (2001) : 135 000 têtes
poulets (2001) : 3 860 000 têtes
Énergie et produits miniers
bauxite (2001) : 4 512 000 t.
électricité totale (2000) : 1 407 millions
de kWh
pétrole (1999) : 588 000 t.
Productions industrielles
huile de palme (2001) : 220 t.
aluminium (1999) : 10 000 t.

Tourisme
Recettes touristiques (1999) : 53 millions
de $

Commerce extérieur
Exportations de biens (2001) :
437 millions de $
Importations de biens (2001) :
297,2 millions de $

Défense
Forces armées (2001) : 1 840 hommes
Budget de la Défense (2001) : 5,26 % du
PIB

Niveau de vie
Nombre d'habitants pour un
médecin (1995) : 1 273
Apport journalier moyen en calories (2000) :
2 652 (minimum FAO : 2 400)
Nombre d'automobiles pour
1 000 hab. (1996) : 122
Nombre de téléviseurs pour
1 000 hab. (2000) : 253

REPÈRES HISTORIQUES

1667 : occupée par les Anglais, la région
est cédée aux Hollandais en échange de
La Nouvelle-Amsterdam.
XVIIIe s. : elle se développe grâce aux plantations de canne à sucre.
1796 - 1816 : occupation anglaise.
1863 : l'esclavage est aboli. Le pays se
peuple d'Indiens et d'Indonésiens.
1948 : il prend le nom de Suriname.
1975 : le Suriname accède à l'indépendance.
1982 : une guérilla se développe dans le
sud et l'est du pays.
1992 : un accord de paix est signé entre le
gouvernement et la guérilla.

l'Empire colonial néerlandais

La langue officielle du Suriname est le néerlandais, témoignage de la puissance coloniale passée des Pays-Bas. Au XVIIe s., grâce à leurs Compagnies des Indes orientales et des Indes occidentales, ceux-ci prirent pied dans l'archipel des Moluques, s'installèrent à Java (fonda-tion de Batavia, 1619), fondèrent des comptoirs à Malacca (1641), entreprirent la conquête de Ceylan (1638-1658) et envoyèrent des missions au Japon et à Formose. La paix de Breda (1667) consacra l'existence de l'Empire colonial hollandais d'Orient.

En Amérique, l'Empire hollandais atteignit son apogée dès le milieu du XVIIe s. Il comportait une partie du Brésil, enlevée aux Portugais, et d'anciennes positions espagnoles dans la mer des Antilles. Dans le nord, une série d'établissements formaient la Nouvelle-Néerlande (parmi les-quels La Nouvelle-Amsterdam, dont les Anglais feraient New York en 1664). Mais la restauration de l'indépendance portugaise (1640) et l'expansion anglaise ne laissèrent à la Hollande que ses possessions antillaises et le Suriname (paix de Breda, 1667).

En 1791, l'État néerlandais prit en charge directement l'administration en Guinée, en Guyane (Suriname) et aux Antilles. Au cours du XVIIe s., il étendit son hégémonie en Indonésie. Par la convention de Londres de 1814, l'Angleterre restitua aux Pays-Bas ses colonies, sauf Le Cap, une partie de la Guyane, Tobago et Ceylan.

Quelques îles des Antilles témoignent encore de ce que fut l'Empire néerlandais (Saint-Martin, Saint-Eustache). L'Indonésie est indépendante depuis 1945, le Suriname depuis 1975.

HAÏTI

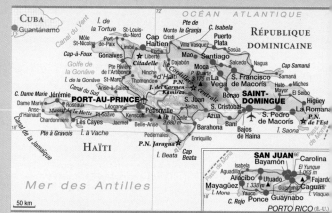

Tropical, le pays est plus arrosé à l'est qu'à l'ouest, souvent ravagé par des cyclones. Du nord au sud se succèdent chaînes montagneuses et fossés remblayés d'alluvions.

Haïti-République dominicaine

★ site touristique important
— route
✈ aéroport

● plus de 1 000 000 h.
● de 100 000 à 1 000 000 h.
● de 30 000 à 100 000 h.
• moins de 30 000 h.

200 500 1000 2000 m

Superficie : 27 750 km²
Population (2002) : 8 400 000 hab.
Capitale : Port-au-Prince 1 838 000 hab. (e. 2001) dans l'agglomération
Nature de l'État et du régime politique : république à régime semi-présidentiel
Chef de l'État : (président de la République) Jean-Bertrand Aristide
Chef du gouvernement : (Premier ministre) Yvon Neptune
Organisation administrative :
9 départements
Langues officielles : créole et français
Monnaie : gourde

DÉMOGRAPHIE

Densité : 296 hab./km²
Part de la population urbaine (2000) : 35,7 %
Structure de la population par âge (2000) : moins de 15 ans : 40,6 %, 15-65 ans : 55,7 %, plus de 65 ans : 3,7 %
Taux de natalité (2000) : 32 ‰
Taux de mortalité (2000) : 13 ‰
Taux de mortalité infantile (2000) : 61,3 ‰
Espérance de vie (2000) : hommes : 50,2 ans, femmes : 56,5 ans

ÉCONOMIE

PNB (2001) : 3,89 milliards de $
PNB/hab. (2001) : 480 $
PNB/hab. PPA (2001) : 1 450 dollars internationaux
IDH (2000) : 0,471
Taux de croissance annuelle du PIB (2001) : -1,7 %
Taux annuel d'inflation (2001) : 16,7 %
Structure de la population active :
agriculture : n.d., mines et industries : n.d., services : n.d.
Structure du PIB (2000) : agriculture : 28,4 %, mines et industries : 20,2 %, services : 51,4 %

Dette publique brute : n.d.
Taux de chômage : n.d.

Agriculture

Cultures
bananes (2001) : 290 000 t.
café (2001) : 28 000 t.
canne à sucre (2001) : 1 008 000 t.
igname (2001) : 197 000 t.
maïs (2001) : 180 000 t.
patates douces (2001) : 174 000 t.
sisal (2001) : 5 660 t.
Élevage
bovins (2001) : 1 440 000 têtes
caprins (2001) : 1 942 000 têtes
chevaux (2001) : 501 000 têtes
porcins (2001) : 1 001 000 têtes

Énergie et produits miniers
électricité totale (2000) : 522 millions de kWh

Tourisme
Recettes touristiques (1999) : 55 millions de $

Commerce extérieur
Exportations de biens (1998) : 299,3 millions de $
Importations de biens (1998) : 640,7 millions de $

Défense
Forces de sécurité (2001) : 5 330 hommes
Budget de la sécurité (2001) : 1,17 % du PIB

Niveau de vie
Nombre d'habitants pour un médecin (1995) : 10 855
Apport journalier moyen en calories (2000) : 2 056 (minimum FAO : 2 400)

Nombre d'automobiles pour 1 000 hab. (1996) : 4
Nombre de téléviseurs pour 1 000 hab. (2000) : 5

REPÈRES HISTORIQUES

1492 : peuplée d'Indiens Arawak, l'île est découverte par Christophe Colomb, qui lui donne le nom d'Hispaniola.
XVIIIe s. : la région devient la plus prospère des colonies françaises. Elle est peuplée à 90 % d'esclaves noirs, d'affranchis et de mulâtres.
1791 : Toussaint Louverture prend la tête de la révolte des esclaves.
1795 : l'Espagne cède la partie orientale de l'île à la France.
1804 : après avoir expulsé les Français, le Noir Jean-Jacques Dessalines se proclame empereur d'Haïti.
1806 - 1818 : tandis que l'Espagne réoccupe l'est de l'île, une sécession oppose le royaume du Nord à la république du Sud.
1822 : réunification de l'île.
1844 : la partie orientale reprend sa liberté pour former la République dominicaine.
1915 - 1934 : les États-Unis occupent militairement le pays.
1957 - 1971 : François Duvalier, président à vie (1964), exerce un pouvoir dictatorial.
1971 - 1986 : lui succède son fils, Jean-Claude Duvalier, obligé de s'exiler à la suite d'une grave crise politique.

260

DOMINICAINE (RÉPUBLIQUE)

l'Ouest, montagneux, ouvert par des [fo]ssés d'effondrement, s'oppose l'Est, [fo]rmé surtout de plaines et de collines.

[Su]perficie : 48 511 km²
[P]opulation (2002) : 8 640 000 hab.
[C]apitale : Saint-Domingue
[1] 629 000 hab. (e. 2001) dans
[l']agglomération
[N]ature de l'État et du régime politique :
[r]épublique à régime présidentiel
[C]hef de l'État et du gouvernement : (présid[ent] de la République) Hipólito Mejía
[O]rganisation administrative : 29 pro[v]inces et 1 district
[L]angue officielle : espagnol
[M]onnaie : peso dominicain

DÉMOGRAPHIE

[D]ensité : 176 hab./km²
[P]art de la population urbaine (2000) : 65 %
[St]ructure de la population par âge (2000) :
[m]oins de 15 ans : 33,5 %, 15-65 ans :
[6]2,2 %, plus de 65 ans : 4,3 %
[T]aux de natalité (2000) : 23 ‰
[T]aux de mortalité (2000) : 6 ‰
[T]aux de mortalité infantile (2000) : 36,3 ‰
[E]spérance de vie (2000) : hommes :
[6]4,4 ans, femmes : 70,1 ans

ÉCONOMIE

[P]NB (2001) : 19 milliards de $
[P]NB/hab. (2001) : 2 230 $
[P]NB/hab. PPA (2001) : 5 870 dollars
[i]nternationaux
[I]DH (2000) : 0,727
[T]aux de croissance annuelle du PIB (2001) :
[2],8 %
[T]aux annuel d'inflation (2001) : 8,9 %
[St]ructure de la population active :
[a]griculture : n.d., mines et industries :
[n].d., services : n.d.
[St]ructure du PIB (2000) : agriculture :
[1]1,1 %, mines et industries : 34,1 %,
[s]ervices : 54,8 %

Dette publique brute : n.d.
Taux de chômage (1997) : 15,9 %

Agriculture et pêche

Cultures
bananes (2001) : 445 000 t.
bananes plantain (2001) : 343 000 t.
cacao (2001) : 44 900 t.
café (2001) : 35 500 t.
canne à sucre (2001) : 4 645 000 t.
manioc (2001) : 124 000 t.
oranges (2001) : 67 000 t.
riz (2001) : 698 000 t.
tabac (2001) : 17 500 t.
tomates (2001) : 203 000 t.

Élevage et pêche
bovins (2001) : 2 107 000 têtes
chevaux (2001) : 330 000 têtes
pêche (1999) : 9 270 t.
porcins (2001) : 566 000 têtes
poulets (2001) : 47 380 000 têtes

Énergie et produits miniers

argent (1999) : 3 t.
électricité totale (2000) : 9 475 millions
de kWh
nickel (2000) : 40 000 t.
or (2000) : 650 kg

Productions industrielles

lait (2001) : 410 000 t.
viande (2001) : 338 000 t.
sucre (2001) : 482 000 t.
bière (2000) : 3 500 000 hl
ciment (2000) : 2 000 000 t.

Tourisme

Recettes touristiques (2000) :
2 918 millions de $

Commerce extérieur

Exportations de biens (2001) :
5 332,9 millions de $
Importations de biens (2001) :
8 784,2 millions de $

Défense

Forces armées (2001) : 24 500 hommes
Budget de la Défense (2001) : 0,69 % du
PIB

Niveau de vie

Nombre d'habitants pour un
médecin (1993) : 909
Apport journalier moyen en
calories (2000) : 2 325
(minimum FAO : 2 400)
Nombre d'automobiles pour
1 000 hab. (1996) : 27
Nombre de téléviseurs pour
1 000 hab. (1998) : 96

REPÈRES HISTORIQUES

1492 : Christophe Colomb atteint l'île d'Haïti, qu'il baptise Hispaniola.
XVIᵉ - XVIIIᵉ s. : la première colonisation espagnole entraîne la disparition des populations autochtones (Indiens Arawak).
1697 : l'île est partagée entre la France (Haïti) et l'Espagne.
1795 : la colonie espagnole est cédée à la France.
1822 - 1844 : l'ensemble de l'île est sous domination haïtienne.
1844 : la République dominicaine est proclamée.
1861 : pour parer la menace haïtienne, le retour de la république à l'Espagne est déclaré.
1865 : le pays accède définitivement à l'indépendance.
1916 - 1924 : le pays est occupé militairement par les États-Unis, qui favorisent l'arrivée au pouvoir de Rafael Leónidas Trujillo.
1930 - 1961 : celui-ci exerce une dictature absolue. Il est assassiné en 1961.
1962 - 1963 : Juan Bosch, élu président, est renversé par les militaires.
1965 : les États-Unis interviennent militairement.
1966 - 1978 : Joaquín Balaguer se maintient au pouvoir en s'appuyant sur l'armée. (Il est de nouveau président de la République de 1986 à 1996.)

261

HONDURAS

Honduras-Salvador

| 200 | 500 | 1500 m |

— route
— voie ferrée

★ site touristique important
✈ aéroport

● plus de 500 000 h.
● de 100 000 à 500 000 h.
● de 50 000 à 100 000 h.
• moins de 50 000 h.

Le Honduras est un pays montagneux en grande partie recouvert par la forêt, au climat relativement humide et tempéré.

Superficie : 112 088 km²
Population (2002) : 6 732 000 hab.
Capitale : Tegucigalpa 980 000 hab. (e. 2001)
Nature de l'État et du régime politique : république à régime présidentiel
Chef de l'État et du gouvernement : (président de la République) Ricardo Maduro Joest
Organisation administrative : 18 départements
Langue officielle : espagnol
Monnaie : lempira

DÉMOGRAPHIE

Densité : 58 hab./km²
Part de la population urbaine (2000) : 46,9 %
Structure de la population par âge (2000) : moins de 15 ans : 41,8 %, 15-65 ans : 54,8 %, plus de 65 ans : 3,4 %
Taux de natalité (2000) : 31 ‰
Taux de mortalité (2000) : 6 ‰
Taux de mortalité infantile (2000) : 33,1 ‰
Espérance de vie (2000) : hommes : 63,2 ans, femmes : 69,1 ans

ÉCONOMIE

PNB (2001) : 5,92 milliards de $
PNB/hab. (2001) : 900 $
PNB/hab. PPA (2001) : 2 450 dollars internationaux
IDH (2000) : 0,638
Taux de croissance annuelle du PIB (2001) : 2,6 %
Taux annuel d'inflation (2001) : 9,7 %
Structure de la population active (1998) : agriculture : 34,6 %, mines et industries : 23 %, services : 42,4 %
Structure du PIB (2000) : agriculture :

17,7 %, mines et industries : 31,6 %, services : 50,7 %
Dette publique brute : n.d.
Taux de chômage (2001) : 4,2 %

Agriculture

Cultures
bananes (2001) : 457 000 t.
bananes plantain (2001) : 240 000 t.
café (2001) : 206 000 t.
canne à sucre (2001) : 4 117 000 t.
maïs (2001) : 516 000 t.
palmiste (2001) : 22 300 t.
Élevage
bovins (2001) : 1 715 000 têtes
chevaux (2001) : 180 000 têtes
porcins (2001) : 480 000 têtes

Énergie et produits miniers

argent (2000) : 46 t.
électricité totale (2000) : 3 573 millions de kWh
plomb (2001) : 6 800 t.
zinc (2001) : 32 600 t.

Productions industrielles

huile de palme (2001) : 94 000 t.
sucre (2001) : 367 000 t.
bière (2000) : 870 000 hl
ciment (2000) : 1 280 000 t.

Tourisme

Recettes touristiques (2000) : 240 millions de $

Commerce extérieur

Exportations de biens (2001) : 1 930,9 millions de $
Importations de biens (2001) : 2 807,4 millions de $

Défense

Forces armées (2001) : 8 300 hommes
Budget de la Défense (2001) : 0,72 % du PIB

Niveau de vie

Nombre d'habitants pour un médecin (1993) : 2 330
Apport journalier moyen en calories (2000) : 2 395 (minimum FAO : 2 400)
Nombre d'automobiles pour 1 000 hab. (1999) : 52
Nombre de téléviseurs pour 1 000 hab. (2000) : 96

REPÈRES HISTORIQUES

1502 : Christophe Colomb reconnaît la côte du Honduras.
1523 : peuplé d'Indiens Miskito, le pays est conquis par Pedro de Alvarado.
1544 : il est rattaché à la capitainerie générale du Guatemala.
1821 : le Honduras est incorporé au Mexique d'Iturbide.
1824 - 1838 : le pays fait partie des Provinces-Unies d'Amérique centrale.
1838 : devenu indépendant, il voit son intégrité menacée par la présence britannique.
Fin du xixe - début du xxe s. : le Honduras est divisé entre des oligarchies locales rivales. Il subit l'emprise de l'United Fruit Company.
1932 - 1948 : dictature de Tiburcio Carías Andino.
1969 - 1970 : la « guerre du football » avec le Salvador favorise l'agitation intérieure.
1987 et 1989 : signature avec le Costa Rica, le Guatemala, le Nicaragua et le Salvador des accords visant à rétablir la paix dans la région.

SALVADOR

C'est le plus petit mais le plus densément peuplé (plus de 250 hab./km²) des États d'Amérique centrale. Ouvert seulement sur le Pacifique, c'est un pays montagneux et volcanique. Le climat, chaud et humide, a toutefois une saison sèche de 4 à 5 mois.

Superficie : 21 041 km²
Population (2002) : 6 520 000 hab.
Capitale : San Salvador 1 381 000 hab.
(e. 2001) dans l'agglomération
Nature de l'État et du régime politique :
république à régime présidentiel
Chef de l'État et du gouvernement :
(président de la République) Francisco
Flores Pérez
Organisation administrative : 14 départements
Langue officielle : espagnol
Monnaies : colón salvadorien et dollar
des États-Unis

DÉMOGRAPHIE

Densité : 299 hab./km²
Part de la population urbaine (2000) :
46,6 %
Structure de la population par âge (2000) :
moins de 15 ans : 35,6 %, 15-65 ans :
59,4 %, plus de 65 ans : 5 %
Taux de natalité (2000) : 26 ‰
Taux de mortalité (2000) : 6 ‰
Taux de mortalité infantile (2000) : 26,4 ‰
Espérance de vie (2000) : hommes :
67,7 ans, femmes : 73,7 ans

ÉCONOMIE

PNB (2001) : 13,1 milliards de $
PNB/hab. (2001) : 2 050 $

PNB/hab. PPA (2001) : 4 500 dollars internationaux
IDH (2000) : 0,706
Taux de croissance annuelle du PIB (2001) : 1,8 %
Taux annuel d'inflation (2001) : 0,1 %
Structure de la population active :
agriculture : n.d., mines et industries : n.d., services : n.d.
Structure du PIB (2000) : agriculture : 10,2 %, mines et industries : 30,2 %, services : 59,6 %
Dette publique brute : n.d.
Taux de chômage (1999) : 7 %

Agriculture

Cultures
café (2001) : 112 000 t.
canne à sucre (2001) : 4 589 000 t.
jute (1997) : 7 000 t.
maïs (2001) : 565 000 t.
sorgho (2001) : 149 000 t.
Élevage
bovins (2001) : 1 216 000 têtes
chevaux (2001) : 96 000 têtes
porcins (2001) : 150 000 têtes

Énergie et produits miniers
électricité totale (2000) : 3 690 millions de kWh

Productions industrielles
sucre (2001) : 492 000 t.
ciment (2000) : 1 064 000 t.

Tourisme
Recettes touristiques (2000) : 254 millions de $

Commerce extérieur
Exportations de biens (2001) :
2 901 millions de $

Importations de biens (2001) :
4 813,9 millions de $

Défense
Forces armées (2001) : 16 800 hommes
Budget de la Défense (2001) : 0,82 % du PIB

Niveau de vie
Nombre d'habitants pour un médecin (1993) : 1 429
Apport journalier moyen en calories (2000) : 2 503 (minimum FAO : 2 400)
Nombre d'automobiles pour 1 000 hab. (1997) : 30
Nombre de téléviseurs pour 1 000 hab. (2000) : 201

REPÈRES HISTORIQUES

XVIᵉ s. : la région est conquise par l'Espagne.
1822 : après la proclamation de l'indépendance (1821), le pays est rattaché de force au Mexique.
1823 - 1838 : il constitue une des Provinces-Unies d'Amérique centrale.
1841 : le Salvador devient une république.
Fin du XIXᵉ s. : la vie politique est marquée par l'opposition entre libéraux et conservateurs.
1931 - 1956 : succession de gouvernements autoritaires ou plus libéraux.
1969 : « guerre du football » avec le Honduras.
1972 : les militaires imposent leur candidat contre celui de l'opposition, José Napoléon Duarte. Dès lors sévissent guérilla et terrorisme.
1984 - 1989 : présidence de Duarte à l'issue des élections présidentielles.
1987 et 1989 : signature avec les pays voisins d'accords visant à rétablir la paix en Amérique centrale.
1992 : signature d'un accord de paix entre le gouvernement et la guérilla.

263

la guerre du football

Le Salvador, surpeuplé, envoie depuis longtemps ses travailleurs (300 000 en 1969) vers le Honduras. Un traité sur les migrations a été signé en 1965 mais n'a pas réglé ce problème, qui rebondit en 1967 à partir d'incidents de frontière dus à l'imprécision des limites entre les deux pays. La réforme agraire entreprise par le Honduras au détriment des immigrants salvadoriens explique l'explosion de juin 1969, où la passion sportive sert de prétexte aux défoulements politiques et nationalistes. L'équipe salvadorienne et l'équipe hondurienne se disputent l'honneur de participer aux finales de la Coupe du monde de football. Le 8 juin, les joueurs salvadoriens sont battus par ceux du Honduras. Le match retour du 15 juin se termine par une victoire salvadorienne : la réaction violente de la population hondurienne entraîne l'exode de milliers de Salvadoriens. La revanche a lieu à Mexico à la fin juin : le Salvador gagne et la situation de ses ressortissants en souffre d'autant. Le 14 juillet 1969, les troupes salvadoriennes entrent au Honduras pour une guerre de cent heures. Mais l'Organisation des États américains ordonne le cessez-le-feu immédiat, puis le repli des forces salvadoriennes.

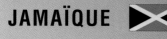

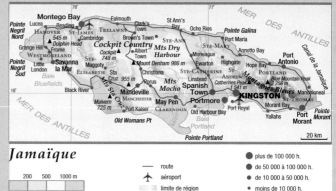

Jamaïque

	route
	aéroport
	limite de région

- plus de 100 000 h.
- de 50 000 à 100 000 h.
- de 10 000 à 50 000 h.
- moins de 10 000 h.

Île au climat tropical maritime constamment chaud, la Jamaïque est plus arrosée au nord qu'au sud et parfois ravagée par des cyclones. Montagneuse dans sa partie orientale (2 467 m dans les Montagnes Bleues), elle est formée de plateaux calcaires au centre et à l'ouest, et parsemée de plaines alluviales, souvent littorales.

Superficie : 10 990 km²
Population (2002) : 2 621 000 hab.
Capitale : Kingston 672 000 hab.
(e. 2001)
Nature de l'État et du régime politique :
monarchie constitutionnelle à régime parlementaire
Chef de l'État : (reine) Élisabeth II représentée par le gouverneur général Howard Cooke
Chef du gouvernement : (Premier ministre) Percival James Patterson
Organisation administrative : 14 paroisses
Langue officielle : anglais
Monnaie : dollar de la Jamaïque

264

DÉMOGRAPHIE

Densité : 226 hab./km²
Part de la population urbaine (2000) :
56,1 %
Structure de la population par âge (2000) :
moins de 15 ans : 31,5 %, 15-65 ans :
61,3 %, plus de 65 ans : 7,2 %
Taux de natalité (2000) : 21 ‰
Taux de mortalité (2000) : 6 ‰
Taux de mortalité infantile (2000) : 19,9 ‰
Espérance de vie (2000) : hommes :
73,7 ans, femmes : 77,8 ans

ÉCONOMIE

PNB (2001) : 7,26 milliards de $
PNB/hab. (2001) : 2 720 $
PNB/hab. PPA (2001) : 3 650 dollars internationaux

IDH (2000) : 0,742
Taux de croissance annuelle du PIB (2001) :
3 %
Taux annuel d'inflation (2001) : 5 %
Structure de la population active (1998) :
agriculture : 21 %, mines et industries :
18,2 %, services : 60,8 %
Structure du PIB (2000) : agriculture :
6,5 %, mines et industries : 31,3 %,
services : 62,2 %
Dette publique brute : n.d.
Taux de chômage (1996) : 16 %

Agriculture

Cultures
bananes (2001) : 130 000 t.
café (2001) : 2 700 t.
canne à sucre (2001) : 2 400 000 t.
igname (2001) : 145 000 t.
Élevage
bovins (2001) : 400 000 têtes
caprins (2001) : 440 000 têtes
porcins (2001) : 180 000 têtes

Énergie et produits miniers
bauxite (2001) : 12 370 000 t.
électricité totale (2000) : 6 740 millions de kWh

Productions industrielles
sucre (2001) : 205 000 t.
bière (2000) : 699 000 hl
aluminium (1996) : 3 302 000 t.
ciment (2000) : 500 000 t.

Tourisme
Recettes touristiques (2000) :
1 333 millions de $

Commerce extérieur
Exportations de biens (2001) :
1 454,4 millions de $
Importations de biens (2001) :
3 072,6 millions de $

Défense
Forces armées (2001) : 2 830 hommes
Budget de la Défense (2001) : 0,5 % du PIB

Niveau de vie
Nombre d'habitants pour un
médecin (1995) : 6 419
Apport journalier moyen en calories
(2000) : 2 693 (minimum FAO : 2 400)
Nombre d'automobiles pour
1 000 hab. (1996) : 39
Nombre de téléviseurs pour
1 000 hab. (2000) : 194

REPÈRES HISTORIQUES

1494 : l'île est découverte par Christophe Colomb.
1655 : faiblement colonisée par les Espagnols, elle est conquise par les Anglais, qui développent la culture de la canne à sucre.
xviiie s. : la Jamaïque devient le centre du trafic des esclaves noirs pour l'Amérique du Sud.
1833 : l'abolition de l'esclavage et des privilèges douaniers (1846) ruine les grandes plantations.
1866 - 1884 : l'île est placée sous l'administration directe de la Couronne.
1870 : la culture de la banane est introduite tandis qu'apparaissent de grandes compagnies étrangères (United Fruit Company).
1938 - 1940 : le mouvement autonomiste se développe.
1962 : la Jamaïque devient indépendante dans le cadre du Commonwealth.

Coupé par le tropique, le Mexique est un pays de hautes terres, où l'altitude modère les températures sur les plateaux du Centre, qui concentrent la majeure partie de la population. Le Nord est aride, semi-désertique, alors que le Sud, au climat tropical humide, est parfois recouvert de forêt. Le volcanisme est localement présent et les séismes sont fréquents.

Superficie : 1 970 577 km²
Population (2002) : 101 843 000 hab.
Capitale : Mexico 18 268 000 hab.
(e. 2001) dans l'agglomération
Nature de l'État et du régime politique :
république à régime présidentiel
Chef de l'État et du gouvernement :
(président de la République) Vicente Fox Quesada

Organisation administrative : 31 États et 1 district fédéral
Langue officielle : espagnol
Monnaie : peso mexicain

DÉMOGRAPHIE

Densité : 50 hab./km²
Part de la population urbaine (2000) : 74,4 %
Structure de la population par âge (2000) : moins de 15 ans : 33,1 %, 15-65 ans : 62,2 %, plus de 65 ans : 4,7 %
Taux de natalité (2000) : 25 ‰
Taux de mortalité (2000) : 5 ‰
Taux de mortalité infantile (2000) : 28,2 ‰
Espérance de vie (2000) : hommes : 70,4 ans, femmes : 76,4 ans

ÉCONOMIE

PNB (2001) : 550 milliards de $
PNB/hab. (2001) : 5 540 $
PNB/hab. PPA (2001) : 8 770 dollars internationaux
IDH (2000) : 0,796
Taux de croissance annuelle du PIB (2001) : - 0,3 %
Taux annuel d'inflation (2001) : 6,4 %
Structure de la population active (2000) : agriculture : 17,5 %, mines et industries : 26,9 %, services : 55,6 %
Structure du PIB (2000) : agriculture : 4,4 %, mines et industries : 28,4 %, services : 67,2 %

Dette publique brute : n.d.
Taux de chômage (2001) : 1,7 %

Agriculture et pêche

Cultures
agrumes (2001) : 5 907 000 t.
ananas (2001) : 535 000 t.
bananes (2001) : 1 977 000 t.
cacao (2001) : 44 700 t.
café (2001) : 330 000 t.
canne à sucre (2001) : 49 500 000 t.
citrons (2001) : 1 547 000 t.
coton (2001) : 277 000 t.
maïs (2001) : 18 616 000 t.
mandarines (1998) : 190 000 t.
miel (2001) : 55 783 t.
noix (2001) : 18 500 t.
oranges (2001) : 3 886 000 t.
orge (2001) : 770 000 t.
pamplemousses (2001) : 212 000 t.
pêches (2001) : 128 000 t.
production de bois (2000) : 8 105 000 m³
raisin (2001) : 419 000 t.
riz (2001) : 259 000 t.
sisal (2001) : 46 500 t.
sorgho (2001) : 6 567 000 t.
tabac (2001) : 40 600 t.
tomates (2001) : 2 183 000 t.

Élevage et pêche
bovins (2001) : 30 600 000 têtes
caprins (2001) : 9 100 000 têtes
chevaux (2001) : 6 255 000 têtes
ovins (2001) : 6 150 000 têtes
pêche (1999) : 1 251 000 t.

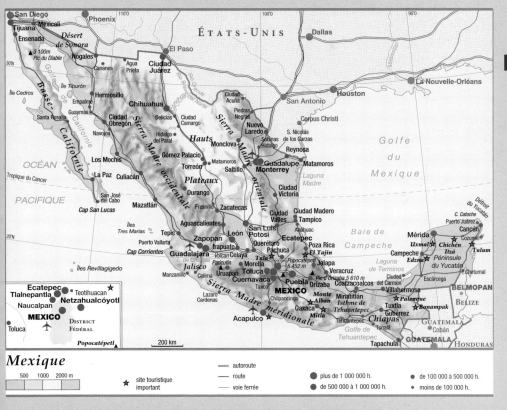

Mexique

500   1000   2000 m

★ site touristique important

━━━ autoroute
━━━ route
┅┅┅ voie ferrée

● plus de 1 000 000 h.
● de 500 000 à 1 000 000 h.
● de 100 000 à 500 000 h.
● moins de 100 000 h.

200 km

MEXIQUE

porcins (2001) : 17 750 000 têtes
poulets (2001) : 495 700 000 têtes

Énergie et produits miniers
argent (2000) : 2 621 t.
cuivre (2000) : 365 000 t.
électricité totale (2000) :
194 367 millions de kWh
fer (2001) : 6 900 000 t.
gaz naturel (2000) : 38 358 millions
de m³
manganèse (2001) : 100 000 t.
molybdène (2001) : 7 000 t.
or (2001) : 26 300 kg
pétrole (2001) : 175 446 000 t.
plomb (2001) : 135 000 t.
zinc (2001) : 400 000 t.

Productions industrielles
oeufs (2001) : 1 881 645 t.
viande (2001) : 4 636 000 t.

coprah (2001) : 83 000 t.
sucre (2001) : 5 236 000 t.
bière (2000) : 52 500 000 hl
acier (2001) : 13 495 000 t.
aluminium (2001) : 65 000 t.
cuivre (2000) : 415 600 t.
plomb (2001) : 150 000 t.
zinc (2001) : 250 000 t.
automobiles (2001) : 1 209 000 unités
véhicules utilitaires (1998) :
475 000 unités
textiles synthétiques (1998) : 583 000 t.
ciment (2000) : 31 677 000 t.
filés de coton (2001) : 98 000 t.
caoutchouc synthétique (2001) :
173 000 t.

Tourisme
Recettes touristiques (2000) :
8 295 millions de $

Commerce extérieur
Exportations de biens (2001) :
158 443 millions de $
Importations de biens (2001) :
168 398 millions de $

Défense
Forces armées (2001) : 192 770 hommes
Budget de la Défense (2001) : 0,53 % du
PIB

Niveau de vie
Nombre d'habitants pour un
médecin (1996) : 666
Apport journalier moyen en
calories (2000) : 3 165
(minimum FAO : 2 400)
Nombre d'automobiles pour
1 000 hab. (1999) : 102
Nombre de téléviseurs pour
1 000 hab. (2000) : 283

les États du Mexique

État	superficie (en km²)	nombre d'habitants*	capitale
Aguascalientes	5 589	944 285	Aguascalientes
Basse-Californie du Nord	69 921	2 487 367	Mexicali
Basse-Californie du Sud	73 475	424 041	La Paz
Campeche	50 812	690 689	Campeche
Chiapas	75 634	3 920 892	Tuxtla Gutiérrez
Chihuahua	247 087	3 052 907	Chihuahua
Coahuila de Zaragoza	149 982	2 298 070	Saltillo
Colima	5 191	542 627	Colima
Durango	123 181	1 448 661	Durango
Guanajuato	30 941	4 663 032	Guanajuato
Guerrero	64 281	3 079 649	Chilpancingo de los Bravos
Hidalgo	20 905	2 235 591	Pachuca de Soto
Jalisco	80 836	6 322 002	Guadalajara
Mexico	21 355	13 096 686	Toluca de Lerdo
Michoacán de Ocampo	59 928	3 985 667	Morelia
Morelos	4 950	1 555 296	Cuernavaca
Nayarit	27 621	920 185	Tepic
Nuevo León	64 210	3 834 141	Monterrey
Oaxaca	95 364	3 438 765	Oaxaca
Puebla	34 072	5 076 686	Puebla
Querétaro de Arteaga	11 449	1 404 306	Querétaro
Quintana Roo	50 483	874 963	Chetumal
San Luis Potosí	63 068	2 299 360	San Luis Potosí
Sinaloa	58 328	2 536 844	Culiacán
Sonora	182 052	2 216 969	Hermosillo
Tabasco	25 267	1 891 829	Villahermosa
Tamaulipas	79 384	2 753 222	Ciudad Victoria
Tlaxcala	4 016	962 646	Tlaxcala
Veracruz-Llave	72 815	6 908 975	Jalapa Enríquez
Yucatán	43 379	1 658 210	Mérida
Zacatecas	73 252	1 353 610	Zacatecas
District			
District fédéral	1 749	8 605 239	

* recensement de 2000.

MEXIQUE

REPÈRES HISTORIQUES

**Du Mexique précolombien
à la période coloniale**
V. 10000 av. J.-C. : chasseurs-cueilleurs.
5200 et 3400 av. J.-C. : Tehuacán, première utilisation du maïs.
2000 - 1000 av. J.-C. : période préclassique. Villages d'agriculteurs ; origines de la civilisation maya.
1500 - 300 av. J.-C. : civilisation des Olmèques.
250 apr. J.-C. - 950 : période classique. Civilisations de Teotihuacán, d'El Tajín, des Zapotèques avec pour capitale Monte Albán, puis Mitla. Épanouissement des Mayas.
950 - 1500 : période postclassique. Incursions des Chichimèques. Hégémonie des Toltèques avec Tula.
1168 : Tula est détruite par des Chichimèques.
XIIIᵉ s. : suprématie des Mixtèques. Épanouissement des Totonaques et de Cempoala, ainsi que des Huaxtèques. Renaissance maya. Dernière vague d'envahisseurs chichimèques, dont sont issus les Aztèques qui ont fondé (1325 ou 1345) Tenochtitlán, aujourd'hui Mexico.

1519 - 1521 : Cortés détruit l'Empire aztèque et devient gouverneur de la Nouvelle-Espagne. La colonie devient une vice-royauté en 1535. Les épidémies et le travail forcé déciment une grande partie de la population indienne. La domination espagnole s'accompagne d'une conversion massive au catholicisme.
XVIIᵉ - XVIIIᵉ s. : le Mexique s'enrichit par l'exploitation des mines d'argent, tandis que l'agriculture et l'élevage se développent.

De l'indépendance à nos jours
1810 - 1815 : conduites par les prêtres Hidalgo et Morelos, les classes pauvres se soulèvent contre les Espagnols et les créoles.
1821 : l'indépendance du Mexique est proclamée. Agustín de Iturbide devient empereur (1822).
1823 : après l'abdication de ce dernier, le général Santa Anna instaure la république.
1836 : le Texas fait sécession et devient une république indépendante.
1846 - 1848 : après la guerre avec les États-Unis, le Mexique perd la Californie, le Nouveau-Mexique et l'Arizona.
1862 - 1867 : la France intervient au Mexique et crée un empire catholique au profit de Maximilien d'Autriche (1864).
1867 : la république est restaurée.
1876 : le général Porfirio Díaz s'empare du pouvoir et gouverne autoritairement jusqu'en 1911 *(porfiriat)*.
1914 - 1917 : la révolution ouvre une longue période de troubles. Des revendications agraires, ouvrières et nationalistes se mêlent à la lutte pour le pouvoir que se livrent les différents chefs des factions, appuyés ou non par les États-Unis : Pancho Villa, Emiliano Zapata, Venustiano Carranza et Álvaro Obregón.
1934 - 1940 : sous la présidence de Lázaro Cárdenas sont établies les bases d'un système politique au centre duquel se trouve le parti dénommé, depuis 1946, Parti révolutionnaire institutionnel (PRI). Ce parti maintiendra son hégémonie sur le pays jusqu'en 2000.
1994 : tandis que la zone de libre-échange (ALENA), créée avec les États-Unis et le Canada en 1992, est instaurée, le gouvernement est confronté à la révolte des paysans indiens dans l'État de Chiapas.

NICARAGUA

L'intérieur, montagneux, est ouvert par les dépressions occupées par les lacs Nicaragua (8 262 km²) et Managua. Cette région sépare deux plaines littorales : l'une, étroite mais fertile, donne sur le Pacifique, et l'autre, plus large, surtout forestière, sur la mer des Antilles.

Superficie : 130 000 km²
Population (2002) : 5 347 000 hab.
Capitale : Managua 1 039 000 hab. (e. 2001)
Nature de l'État et du régime politique : république à régime présidentiel
Chef de l'État et du gouvernement : (président de la République) Enrique Bolaños Geyer
Organisation administrative : 16 départements et 2 régions autonomes
Langue officielle : espagnol
Monnaie : córdoba oro

DÉMOGRAPHIE

268

Densité : 34 hab./km²
Part de la population urbaine (2000) : 64,7 %
Structure de la population par âge (2000) : moins de 15 ans : 42,6 %, 15-65 ans : 54,4 %, plus de 65 ans : 3 %
Taux de natalité (2000) : 30 ‰
Taux de mortalité (2000) : 5 ‰
Taux de mortalité infantile (2000) : 35,7 ‰
Espérance de vie (2000) : hommes : 67,2 ans, femmes : 71,9 ans

ÉCONOMIE

PNB (2000) : 2,05 milliards de $
PNB/hab. (2000) : 400 $
PNB/hab. PPA (2000) : 2 080 $ intern.
IDH (2000) : 0,635
Taux de croissance annuelle du PIB (2001) : 3 %
Taux annuel d'inflation (2001) : 7,4 %
Structure de la population active : agriculture : n.d., mines et industries : n.d., services : n.d.
Structure du PIB (2000) : agriculture : 32,3 %, mines et industries : 22,6 %, services : 45,1 %
Dette publique brute : n.d.
Taux de chômage (2000) : 9,8 %

Agriculture et pêche
Cultures
café (2001) : 78 000 t.
canne à sucre (2001) : 3 992 000 t.
maïs (2001) : 386 000 t.
riz (2001) : 280 000 t.
Élevage et pêche
bovins (2001) : 2 280 000 têtes
chevaux (2001) : 248 000 têtes
pêche (1999) : 24 800 t.
porcins (2001) : 400 000 têtes

Énergie et produits miniers
argent (2000) : 3 t.
électricité totale (2000) : 2 233 millions de kWh
or (2001) : 3 650 kg

Productions industrielles
sucre (2001) : 334 000 t.

Tourisme
Recettes touristiques (2000) : 116 millions de $

Commerce extérieur
Exportations de biens (2001) : 601,9 millions de $
Importations de biens (2001) : 1 629,5 millions de $

Défense
Forces armées (2001) : 14 000 hommes
Budget de la Défense (2001) : 1,11 % du PIB

Niveau de vie
Nombre d'habitants pour un médecin (1993) : 1 490
Apport journalier moyen en calories (2000) : 2 227 (minimum FAO : 2 400)
Nombre d'automobiles pour 1 000 hab. (1999) : 3
Nombre de téléviseurs pour 1 000 hab. (2000) : 69

Nicaragua

★ site touristique important
— route
— voie ferrée
✈ aéroport
▲ volcan

● plus de 500 000 h.
● de 50 000 à 500 000 h.
● de 10 000 à 50 000 h.
• moins de 10 000 h.

REPÈRES HISTORIQUES

XVIᵉ s. : reconnu par les Espagnols dès 1521, le Nicaragua est rattaché à la capitainerie générale du Guatemala.
1821 : l'indépendance du pays est proclamée. Jusqu'en 1838, le Nicaragua fait partie des Provinces-Unies d'Amérique centrale.
XIXᵉ s. : la vie politique est marquée par la lutte entre conservateurs et libéraux et par la rivalité entre intérêts anglais et américains.
1912 - 1926 : les Américains occupent le pays, puis favorisent, face à la guérilla d'Augusto César Sandino, l'arrivée au pouvoir du chef de la garde nationale.
1934 : Sandino est assassiné.
1936 - 1956 : Anastasio Somoza s'empare du pouvoir et impose sa dictature jusqu'à son assassinat.
1956 - 1979 : le Nicaragua vit sous la domination du clan Somoza.
1979 : l'opposition, rassemblée dans le Front sandiniste de libération nationale, abat la dictature de Somoza et établit un régime de tendance socialiste appuyé par Cuba et l'URSS.
1983 : les États-Unis soutiennent les contre-révolutionnaires (« contras »).
1984 : le sandiniste Daniel Ortega est élu à la présidence de la République.
1987 et 1989 : le Nicaragua signe avec les États voisins des accords visant à rétablir la paix dans la région.
1990 : l'opposition accède au pouvoir. Elle met en œuvre une politique de réconciliation nationale vis-à-vis des sandinistes.

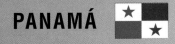

Le Panamá comprend des zones montagneuses et forestières ainsi qu'une plaine côtière agricole, mais c'est la zone du canal (reliant les océans Pacifique et Atlantique) qui est la région vitale du pays.

Superficie : 75 517 km²
Population (2002) : 2 942 000 hab.
Capitale : Panamá 1 202 000 hab.
(e. 2001) dans l'agglomération
Nature de l'État et du régime politique :
république à régime présidentiel
Chef de l'État et du gouvernement :
(président de la République) Mireya
Moscoso Rodríguez
Organisation administrative : 9 provinces
et 1 territoire spécial
Langue officielle : espagnol
Monnaie : balboa

DÉMOGRAPHIE

Densité : 37 hab./km²
Part de la population urbaine (2000) :
57,7 %
Structure de la population par âge (2000) :
moins de 15 ans : 31,3 %, 15-65 ans :
63,2 %, plus de 65 ans : 5,5 %
Taux de natalité (2000) : 21 ‰
Taux de mortalité (2000) : 5 ‰
Taux de mortalité infantile (2000) : 18,6 ‰
Espérance de vie (2000) : hommes :
72,6 ans, femmes : 77,3 ans

ÉCONOMIE

PNB (2001) : 9,53 milliards de $
PNB/hab. (2001) : 3 290 $
PNB/hab. PPA (2001) : 5 720 dollars
internationaux
IDH (2000) : 0,787
Taux de croissance annuelle du PIB (2001) :
0,3 %
Taux annuel d'inflation (2000) : 0,7 %

Structure de la population active (1998) :
agriculture : 19,3 %, mines et
industries : 18,5 %, services : 62,2 %
Structure du PIB (2000) : agriculture :
6,7 %, mines et industries : 17 %,
services : 76,3 %
Dette publique brute : n.d.
Taux de chômage (1999) : 11,8 %

Agriculture

Cultures
bananes (2001) : 489 000 t.
canne à sucre (2001) : 1 789 000 t.
riz (2001) : 279 000 t.
Élevage
bovins (2001) : 1 342 000 têtes
chevaux (2001) : 166 000 têtes
porcins (2001) : 278 000 têtes

Énergie et produits miniers
électricité totale (2000) : 4 894 millions
de kWh

Productions industrielles
sucre (2001) : 155 000 t.

Tourisme
Recettes touristiques (2000) : 576 millions
de $

Commerce extérieur
Exportations de biens (2001) :
5 883,7 millions de $
Importations de biens (2001) :
6 709,5 millions de $

Défense
Forces de sécurité (2001) : 11 800 hommes
Budget de la sécurité (2001) : 1,3 % du PIB

Niveau de vie
Nombre d'habitants pour un
médecin (1993) : 556
Apport journalier moyen en
calories (2000) : 2 488
(minimum FAO : 2 400)

Nombre d'automobiles pour
1 000 hab. (1997) : 79
Nombre de téléviseurs pour
1 000 hab. (2000) : 194

REPÈRES HISTORIQUES

XVIᵉ s. : colonisé par l'Espagne dès 1510, le Panamá devient la base de départ pour la colonisation du Pérou.
1739 : il est rattaché à la vice-royauté de Nouvelle-Grenade.
1819 : le pays reste lié à Bogotá après l'indépendance de la Grande-Colombie.
1881 - 1889 : Ferdinand de Lesseps entreprend le percement d'un canal interocéanique ; faute de capitaux suffisants, les travaux sont suspendus.
1903 : le Panamá proclame son indépendance et la république est établie, à la suite d'une révolte encouragée par les États-Unis. Souhaitant reprendre le projet du canal, ceux-ci se font concéder une zone large de 10 miles allant d'un océan à l'autre.
1914 : le canal est achevé.
1959, 1964, 1966 : la tutelle américaine provoque la montée du nationalisme, et des émeutes secouent Panamá.
1968 - 1981 : le général Omar Torrijos domine la vie politique du pays. Il conclut en 1978 avec les États-Unis un traité prévoyant le retour de la zone du canal sous pleine souveraineté panaméenne à la fin de 1999.
1983 : le général Noriega devient l'homme fort du régime. Il est renversé en 1989 à la suite d'une intervention militaire américaine.
1999 : les États-Unis restituent définitivement à Panamá la zone du canal.

269

Panamá

— route
— voie ferrée
✈ aéroport

● plus de 500 000 h.
● de 250 000 à 500 000 h.
● de 50 000 à 250 000 h.
• moins de 50 000 h.

PARAGUAY

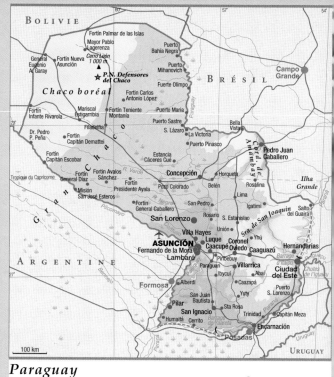

Paraguay

★ site touristique important

100	200	500 m

◆ marais
— route
--- voie ferrée
✈ aéroport

● plus de 500 000 h.
● de 100 000 à 500 000 h.
● de 10 000 à 100 000 h.
· moins de 10 000 h.

Le Chaco, vaste plaine semi-aride, très peu peuplée, occupe la moitié ouest. Le reste du pays, entre les ríos Paraguay et Paraná – plus humide (plus de 1 200 mm de pluies par an) –, est formé de plateaux et de plaines.

Superficie : 406 752 km²
Population (2002) : 5 779 000 hab.
Capitale : Asunción 1 302 000 hab. (e. 2001) dans l'agglomération
Nature de l'État et du régime politique : république à régime semi-présidentiel
Chef de l'État et du gouvernement : (président de la République) Nicanor Duarte Frutos
Organisation administrative : 17 départements et la capitale
Langues officielles : espagnol et guarani
Monnaie : guarani

DÉMOGRAPHIE

Densité : 14 hab./km²
Part de la population urbaine (2000) : 56 %
Structure de la population par âge (2000) : moins de 15 ans : 39,5 %, 15-65 ans : 57 %, plus de 65 ans : 3,5 %
Taux de natalité (2000) : 30 ‰
Taux de mortalité (2000) : 5 ‰
Taux de mortalité infantile (2000) : 37 ‰
Espérance de vie (2000) : hommes : 68,6 ans, femmes : 73,1 ans

ÉCONOMIE

PNB (2001) : 7,35 milliards de $
PNB/hab. (2001) : 1 300 $
PNB/hab. PPA (2001) : 4 400 $ intern.
IDH (2000) : 0,74
Taux de croissance annuelle du PIB (2001) : 0,8 %
Taux annuel d'inflation (2001) : 7,7 %
Structure de la population active : n.d.
Structure du PIB (2000) : agriculture : 20,6 %, mines et industries : 27,4 %, services : 52 %
Dette publique brute : n.d.
Taux de chômage (1996) : 8,2 %

Agriculture

Cultures
blé (2001) : 359 000 t.
canne à sucre (2001) : 3 854 000 t.
maïs (2001) : 883 000 t.
manioc (2001) : 3 854 000 t.
oranges (2001) : 202 000 t.

pamplemousses (2001) : 47 900 t.
soja (2001) : 3 585 000 t.
Élevage
bovins (2001) : 9 737 000 têtes
chevaux (2001) : 400 000 têtes
ovins (2001) : 402 000 têtes
porcins (2001) : 2 700 000 têtes

Énergie et produits miniers
électricité totale (2000) : 53 056 millions de kWh
hydroélectricité (2000) : 52 978 millions de kWh

Productions industrielles
bière (2000) : 2 200 000 hl
sucre (2001) : 130 000 t.
ciment (2000) : 650 000 t.
filés de coton (2001) : 98 000 t.

Tourisme
Recettes touristiques (2000) : 66 millions de $

Commerce extérieur
Exportations de biens (2001) : 2 408,5 millions de $
Importations de biens (2001) : 2 954,2 millions de $

Défense
Forces armées (2001) : 18 600 hommes
Budget de la Défense (2001) : 0,9 % du PIB

Niveau de vie
Nombre d'habitants pour un médecin (1994) : 3 333

Apport journalier moyen en calories (2000) : 2 533 (minimum FAO : 2 400)
Nombre d'automobiles pour 1 000 hab. (1996) : 14
Nombre de téléviseurs pour 1 000 hab. (2000) : 218

REPÈRES HISTORIQUES

Début du XVIᵉ s. : peuplé par les Indiens Guarani, le bassin du Paraguay est exploré par les Espagnols.
1585 : les jésuites colonisent une partie de la région placée sous leur seule autorité (1604). Les Indiens sont rassemblés dans des « réductions » (villages indigènes interdits aux colons).
1767 : les jésuites sont expulsés ; les réductions sont ravagées et les Indiens dispersés.
1813 : l'indépendance (vis-à-vis de Buenos Aires et de Madrid) est proclamée. Le pays connaît dès lors une succession de dictatures.
1865 - 1870 : une guerre contre l'Argentine, l'Uruguay et le Brésil ruine le pays.
1932 - 1935 : guerre du Chaco contre la Bolivie. Ce conflit, dont le Paraguay sort victorieux, est suivi d'une série de dictatures militaires, dont celle du général Stroessner, de 1954 à 1989.
À partir des années 1990 : le pays s'engage sur la voie de la démocratisation.

PÉROU

Pérou

★ site touristique important
⛽ puits de pétrole

200 400 1000 2000 3000 m

━ autoroute
━ route
━ voie ferrée
✈ aéroport

● plus de 1 000 000 h.
● de 250 000 à 1 000 000 h.
● de 100 000 à 250 000 h.
• moins de 100 000 h.

Le Pérou est formé de trois grandes régions : la plaine côtière, qui est aride malgré sa latitude ; la montagne andine (altitude supérieure à 4 000 m), qui enserre de hauts bassins et un haut plateau (Altiplano) ; enfin, la plaine amazonienne, forestière, drainée par le haut Amazone et ses affluents, qui couvre plus de la moitié du pays.

Superficie : 1 285 216 km²
Population (2002) : 26 523 000 hab.
Capitale : Lima 7 594 000 hab. (e. 2001) dans l'agglomération
Nature de l'État et du régime politique : république à régime semi-présidentiel
Chef de l'État : (président de la République) Alejandro Toledo
Chef du gouvernement : (président du Conseil des ministres) Luis Solari
Organisation administrative : 24 départements et la province constitutionnelle de Callao
Langues officielles : espagnol et aymara, quechua
Monnaie : sol

DÉMOGRAPHIE

Densité : 20 hab./km²
Part de la population urbaine (2000) : 72,8 %
Structure de la population par âge (2000) : moins de 15 ans : 33,4 %, 15-65 ans : 61,8 %, plus de 65 ans : 4,8 %
Taux de natalité (2000) : 23 ‰
Taux de mortalité (2000) : 7 ‰
Taux de mortalité infantile (2000) : 37,4 ‰
Espérance de vie (2000) : hommes : 67,3 ans, femmes : 72,4 ans

ÉCONOMIE

PNB (2001) : 52 milliards de $
PNB/hab. (2001) : 2 000 $
PNB/hab. PPA (2001) : 4 680 dollars internationaux
IDH (2000) : 0,747
Taux de croissance annuelle du PIB (2001) : 0,2 %
Taux annuel d'inflation (2001) : 2 %
Structure de la population active (1998) : agriculture : 5,3 %, mines et industries : 20,3 %, services : 74,4 %
Structure du PIB (2000) : agriculture : 7,9 %, mines et industries : 27,2 %, services : 64,9 %

Dette publique brute : n.d.
Taux de chômage (2001) : 7,9 %

Agriculture et pêche

Cultures
bananes plantain (2001) : 1 450 000 t.
blé (2001) : 182 000 t.
cacao (2001) : 22 000 t.
café (2001) : 158 000 t.
canne à sucre (2001) : 7 950 000 t.
citrons (2001) : 224 000 t.
maïs (2001) : 1 418 000 t.
mandarines (1998) : 89 000 t.
oranges (2001) : 278 000 t.
orge (2001) : 180 000 t.
patates douces (2001) : 273 000 t.
pommes (2001) : 158 000 t.
pommes de terre (2001) : 2 799 000 t.
riz (2001) : 2 019 000 t.
tomates (2001) : 189 000 t.

Élevage et pêche
bovins (2001) : 4 930 000 têtes
caprins (2001) : 2 000 000 têtes
chevaux (2001) : 700 000 têtes

ovins (2001) : 14 500 000 têtes
pêche (1999) : 8 438 000 t.
porcins (2001) : 2 800 000 têtes
poulets (2001) : 90 000 000 têtes

Énergie et produits miniers

argent (2000) : 2 438 t.
cuivre (2001) : 554 000 t.
électricité totale (2000) : 19 679 millions de kWh
étain (2000) : 37 410 t.
fer (2001) : 2 700 000 t.
hydroélectricité (2000) : 16 014 millions de kWh
molybdène (2001) : 7 500 t.
or (2001) : 138 022 kg
pétrole (2001) : 4 900 000 t.
plomb (2001) : 271 000 t.
zinc (2001) : 1 056 000 t.

Productions industrielles

bière (2000) : 8 310 000 hl
acier (2001) : 765 000 t.
cuivre (2000) : 451 726 t.
plomb (2001) : 116 000 t.

PÉROU

272

zinc (2001) : 201 498 t.
ciment (2000) : 3 800 000 t.
filés de coton (2001) : 48 000 t.
textiles synthétiques (1998) : 41 000 t.

Tourisme
Recettes touristiques (2000) :
1 001 millions de $

Commerce extérieur
Exportations de biens (2001) :
7 106 millions de $
Importations de biens (2001) :
7 198 millions de $

Défense
Forces armées (2001) : 110 000 hommes
Budget de la Défense (2001) : 1,58 % du
PIB

Niveau de vie
**Nombre d'habitants pour un
médecin (1993) :** 940
**Apport journalier moyen en
calories (2000) :** 2 624
(minimum FAO : 2 400)
**Nombre d'automobiles pour
1 000 hab. (1999) :** 27
**Nombre de téléviseurs pour
1 000 hab. (2000) :** 148

REPÈRES HISTORIQUES

Le Pérou fut le centre de nombreuses civilisations amérindiennes (Chavín, Moche, Chimú, Nazca, Paracas).

XIIᵉ - XVIᵉ s. : les Incas étendent leur domination sur les plateaux andins, faisant épanouir une remarquable civilisation.

1532 : Francisco Pizarro s'empare de Cuzco et fait exécuter l'Inca Atahualpa (1533).

1537 : la puissance inca est définitivement brisée.

1544 : la découverte des gisements d'argent de Potosí permet un enrichissement rapide de la société coloniale.

1569 - 1581 : le vice-roi Francisco Toledo organise le système colonial et entreprend l'intégration de la population indienne.

Après 1630 : le déclin de la production d'argent et la chute démographique provoquent une longue dépression économique.

1780 - 1782 : une grave révolte indienne dirigée par Gabriel Condorcanqu (Túpac Amaru), secoue le pays.

1821 : San Martín proclame l'indépendance du Pérou, consacrée par la victoir de Sucre à Ayacucho (1824). Le pay connaît alors une succession de coup d'État militaires.

1836 - 1839 : éphémère confédération d Pérou et de la Bolivie.

1879 - 1883 : la guerre du Pacifique contr le Chili se termine par la défaite d Pérou, qui doit céder la province littoral de Tarapacá.

1980 - 1992 : guérilla maoïste du « Sentie lumineux ».

1998 : un accord règle le litige frontalie opposant depuis plusieurs décennies l Pérou à l'Équateur.

SAINTE-LUCIE → ANTILLES	**SALVADOR → HONDURAS**
SAINT-KITTS-ET-NEVIS → ANTILLES	**SURINAME → GUYANA**
SAINT-VINCENT-ET-LES-GRENADINES → ANTILLES	**TRINITÉ-ET-TOBAGO → VENEZUELA**

Machu Picchu

Non loin de Cuzco, cette ancienne ville inca est accrochée à 2 045 m d'altitude au-dessus de la vallée du río Urubamba. Ignorée des conquérants espagnols, elle n'a été découverte qu'en 1911, par l'Américain Hiram Bingham. Sa fonction exacte – capitale religieuse, forteresse ou dernière capitale – reste problématique. Elle a, semble-t-il, été élevée après 1450 et planifiée comme une unité comportant cultures en terrasses, quartiers d'habitation, palais et temples, ainsi qu'un système complexe de bassins. Temples et palais en pierre taillée sont les édifices les plus notables ; également construites en pierre, les maisons étaient probablement recouvertes d'un enduit argileux.

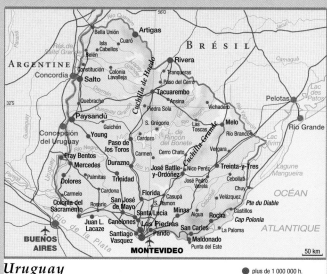

Plaines et collines constituent l'essentiel des paysages. Le pays, largement ouvert sur l'Atlantique et le Río de la Plata, un des plus longs estuaires du monde, fait la transition entre le plateau brésilien et la pampa argentine. Le climat est tempéré et les pluies sont plus abondantes au nord (1 300 mm) qu'au sud (900 mm).

Uruguay

— route
— voie ferrée
✈ aéroport

● plus de 1 000 000 h.
● de 50 000 à 1 000 000 h.
● de 10 000 à 50 000 h.
· moins de 10 000 h.

200 m

50 km

Superficie : 175 016 km²
Population (2002) : 3 385 000 hab.
Capitale : Montevideo 1 329 000 hab. (e. 2001)
Nature de l'État et du régime politique : république à régime semi-présidentiel
Chef de l'État et du gouvernement : (président de la République) Jorge Batlle Ibáñez
Organisation administrative : 19 départements
Langue officielle : espagnol
Monnaie : peso uruguyen

DÉMOGRAPHIE

Densité : 19 hab./km²
Part de la population urbaine (1999) : 91 %
Structure de la population par âge (2000) : moins de 15 ans : 24,8 %, 15-65 ans : 62,3 %, plus de 65 ans : 12,9 %
Taux de natalité (2000) : 16 ‰
Taux de mortalité (2000) : 10 ‰
Taux de mortalité infantile (2000) : 13,1 ‰
Espérance de vie (2000) : hommes : 71,6 ans, femmes : 78,9 ans

ÉCONOMIE

PNB (2001) : 19 milliards de $
PNB/hab. (2001) : 5 670 $
PNB/hab. PPA (2001) : 8 710 dollars internationaux
IDH (2000) : 0,831
Taux de croissance annuelle du PIB (2001) : - 3,1 %
Taux annuel d'inflation (2001) : 4,4 %
Structure de la population active : agriculture : n.d., mines et industries : n.d., services : n.d.

Structure du PIB (2000) : agriculture : 6 %, mines et industries : 27,3 %, services : 66,7 %
Dette publique brute : n.d.
Taux de chômage (2001) : 15,3 %

Agriculture et pêche

Cultures
blé (2001) : 144 000 t.
canne à sucre (2001) : 160 000 t.
maïs (2001) : 263 000 t.
pommes de terre (2001) : 109 000 t.
riz (2001) : 1 030 000 t.
Élevage et pêche
bovins (2001) : 10 800 000 têtes
ovins (2001) : 13 032 000 têtes
pêche (1999) : 103 000 t.
poulets (2001) : 13 500 000 têtes

Énergie et produits miniers

électricité totale (2000) : 7 527 millions de kWh

Productions industrielles

lait (2001) : 1 422 000 t.
laine (2001) : 54 425 t.
vin (2001) : 1 100 000 hl

Tourisme

Recettes touristiques (2000) : 652 millions de $

Commerce extérieur

Exportations de biens (2001) : 2 143,6 millions de $
Importations de biens (2001) : 2 914,5 millions de $

Défense

Forces armées (2001) : 23 900 hommes
Budget de la Défense (2001) : 1,97 % du PIB

Niveau de vie

Nombre d'habitants pour un médecin (1990) : 350
Apport journalier moyen en calories (2000) : 2 878 (minimum FAO : 2 400)
Nombre d'automobiles pour 1 000 hab. (1997) : 158
Nombre de téléviseurs pour 1 000 hab. (2000) : 530

273

REPÈRES HISTORIQUES

xvie s. : les Espagnols explorent le littoral.
Vers 1726 : ils fondent la forteresse de Montevideo.
1821 : après l'échec du soulèvement de José Artigas, le pays est rattaché au Brésil.
1828 : l'Uruguay accède à l'indépendance et forme un État tampon entre ses deux puissants voisins, l'Argentine et le Brésil.
1838 - 1865 : la vie politique est marquée par les luttes entre les *colorados* (libéraux) et les *blancos* (conservateurs), et par la « grande guerre » (1839 - 1851) contre l'Argentine.
1919 : une constitution libérale est mise en place.
1933 - 1942 : frappé par la crise économique mondiale, l'Uruguay connaît la dictature du président Terra.
Dans les années 1960 : la guérilla urbaine des Tupamaros se développe.
1976 : les militaires s'emparent du pouvoir.
1984 : le pouvoir civil est rétabli.

VENEZUELA

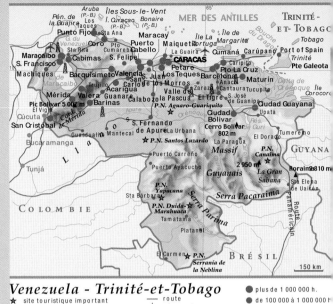

Venezuela - Trinité-et-Tobago

★ site touristique important — route
200 400 1000 2000 m ✈ aéroport

🛢 puits de pétrole

● plus de 1 000 000 h.
● de 100 000 à 1 000 000 h.
● de 50 000 à 100 000 h.
• moins de 50 000 h.

Les Andes forment deux cordillères qui culminent au pic Bolivar (5 007 m) et encadrent le golfe de Maracaibo. Le centre est constitué par les Llanos, bassin drainé par certains des affluents de l'Orénoque, et bordé au nord par les chaînes Caraïbes, parrallèles à la côte. Le climat est tropical avec des pluies plus importantes au sud, domaine de la forêt amazonienne.

Superficie : 912 050 km²
Population (2002) : 25 093 000 hab.
Capitale : Caracas 3 177 000 hab. (e. 2001) dans l'agglomération
Nature de l'État et du régime politique : république à régime présidentiel
Chef de l'État et du gouvernement : (président de la République) Hugo Chávez Frías
Organisation administrative : 22 États, 1 district fédéral et les dépendances fédérales (constituées de 72 îles)
Langue officielle : espagnol
Monnaie : bolívar

274

DÉMOGRAPHIE

Densité : 27 hab./km²
Part de la population urbaine (1999) : 86,6 %
Structure de la population par âge (2000) : moins de 15 ans : 34 %, 15-65 ans : 61,6 %, plus de 65 ans : 4,4 %
Taux de natalité (2000) : 22 ‰
Taux de mortalité (2000) : 4 ‰
Taux de mortalité infantile (2000) : 18,9 ‰
Espérance de vie (2000) : hommes : 70,9 ans, femmes : 76,7 ans

ÉCONOMIE

PNB (2001) : 117 milliards de $
PNB/hab. (2001) : 4 760 $
PNB/hab. PPA (2001) : 5 890 dollars internationaux
IDH (2000) : 0,77
Taux de croissance annuelle du PIB (2001) : 2,8 %
Taux annuel d'inflation (2001) : 12,5 %
Structure de la population active : agriculture : n.d., mines et industries : n.d., services : n.d.
Structure du PIB (2000) : agriculture : 5 %, mines et industries : 36,4 %, services : 58,6 %

Dette publique brute : n.d.
Taux de chômage (1999) : 14,9 %

Agriculture

Cultures
ananas (2001) : 300 000 t.
bananes (2001) : 1 050 000 t.
bananes plantain (2001) : 700 000 t.
cacao (2001) : 18 000 t.
canne à sucre (2001) : 8 857 000 t.
maïs (2001) : 1 200 000 t.
manioc (2001) : 571 000 t.
oranges (2001) : 500 000 t.
riz (2001) : 690 000 t.
sisal (2001) : 10 500 t.
Élevage
bovins (2001) : 16 000 000 têtes

caprins (2001) : 4 000 000 têtes
chevaux (2001) : 500 000 têtes
porcins (2001) : 5 400 000 têtes
poulets (2001) : 115 000 000 têtes

Énergie et produits miniers

bauxite (2001) : 4 400 000 t.
diamant (2001) : 125 000 carats
électricité totale (2000) : 80 754 millions de kWh
fer (2001) : 11 100 000 t.
houille (1999) : 6 593 000 t.
hydroélectricité (2000) : 62 283 millions de kWh
or (2001) : 9 076 kg
pétrole (2001) : 176 200 000 t.

REPÈRES HISTORIQUES

1498 : la contrée est découverte par Christophe Colomb.
XVIIIe s. : la culture du cacao et du café enrichit le pays, qui accède (1777) au rang de capitainerie générale.
1811 - 1812 : Miranda proclame l'indépendance du Venezuela ; vaincu, il est livré aux Espagnols.
1821 - 1830 : après la victoire de Carabobo, Bolívar organise la fédération de la Grande-Colombie (Venezuela, Colombie, puis Équateur).
1830 - 1848 : après la démission de Bolívar, le Venezuela fait sécession. José Antonio Páez exerce une dictature militaire.
1858 - 1870 : le pays est agité par la guerre civile.

1870 - 1887 : A. Guzmán Blanco laïcise l'État et modernise l'économie.
1910 - 1935 : la longue dictature de Juan Vicente Gómez s'accompagne de l'essor pétrolier (1920).
1935 - 1941 : sous la présidence de López Contreras s'amorce un processus de démocratisation.
1948 - 1958 : l'armée impose le général Marco Pérez Jiménez comme président.
1959 - 1964 : Rómulo Betancourt consolide les institutions démocratiques malgré l'opposition des militaires conservateurs et d'une guérilla castriste.
1974 - 1979 : sous la présidence de Carlos Andrés Pérez Rodríguez, l'industrie pétrolière est nationalisée.

Productions industrielles
ucre (2001) : 800 000 t.
cier (2001) : 3 958 000 t.
luminium (2001) : 570 000 t.
iment (2000) : 8 600 000 t.

Tourisme
ecettes touristiques (1999) : 656 millions
e $

Commerce extérieur
Exportations de biens (2001) :
6 726 millions de $
Importations de biens (2000) :
5 491 millions de $

Défense
Forces armées (2001) : 82 300 hommes
Budget de la Défense (2001) : 1,49 % du PIB

Niveau de vie
Nombre d'habitants pour un médecin (1993) : 640
Apport journalier moyen en calories (2000) : 2 256
(minimum FAO : 2 400)
Nombre d'automobiles pour 1 000 hab. (1996) : 69
Nombre de téléviseurs pour 1 000 hab. (2000) : 185

Élevage
bovins (2001) : 35 000 têtes
caprins (2001) : 59 000 têtes
porcins (2001) : 41 000 têtes

Énergie et produits miniers
électricité totale (2000) : 5 153 millions de kWh
gaz naturel (2000) : 12 600 millions de m³
pétrole (2001) : 6 500 000 t.

Tourisme
Recettes touristiques (1999) : 210 millions de $

Commerce extérieur
Exportations de biens (1998) :
2 258 millions de $
Importations de biens (1998) :
2 998,9 millions de $

Défense
Forces armées (2001) : 2 700 hommes
Budget de la Défense (2001) : 0,81 % du PIB

Niveau de vie
Nombre d'habitants pour un médecin (1995) : 1 520
Apport journalier moyen en calories (2000) : 2 777
(minimum FAO : 2 400)
Nombre d'automobiles pour 1 000 hab. (1996) : 90
Nombre de téléviseurs pour 1 000 hab. (2000) : 340

TRINITÉ-ET-TOBAGO

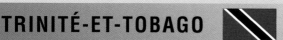

'État est composé de deux îles, la Trinité
4 827 km² et 96 % de la population totale)
t Tobago. Sous un climat tropical humide
lus arrosé à l'est qu'à l'ouest, la Trinité a
n relief plat en dehors d'une chaîne mon-
agneuse au nord.

uperficie : 5 130 km²
opulation (2002) : 1 306 000 hab.
Capitale : Port of Spain 54 000 hab.
e. 2001) dans l'agglomération
ature de l'État et du régime politique :
épublique à régime parlementaire
Chef de l'État : (président de la
République) George Maxwell
Richards
hef du gouvernement : (Premier
inistre) Patrick Manning
rganisation administrative : 11 régions
t 5 municipalités
angue officielle : anglais
Monnaie : dollar de Trinité-et-Tobago

DÉMOGRAPHIE
ensité : 253 hab./km²
art de la population urbaine (2000) :
4,1 %
tructure de la population par âge (2000) :

moins de 15 ans : 25 %, 15-65 ans :
68,3 %, plus de 65 ans : 6,7 %
Taux de natalité (2000) : 15 ‰
Taux de mortalité (2000) : 7 ‰
Taux de mortalité infantile (2000) : 12,5 ‰
Espérance de vie (2000) : hommes :
72,5 ans, femmes : 77,2 ans

ÉCONOMIE
PNB (2001) : 7,25 milliards de $
PNB/hab. (2001) : 5 540 $
PNB/hab. PPA (2001) : 9 080 dollars
internationaux
IDH (2000) : 0,805
Taux de croissance annuelle du PIB (2001) :
4,5 %
Taux annuel d'inflation (2001) : 2,5 %
Structure de la population active (1998) :
agriculture : 8,1 %, mines et industries :
28,2 %, services : 63,7 %
Structure du PIB (2000) : agriculture :
1,6 %, mines et industries : 43,2 %, ser-
vices : 55,2 %
Dette publique brute : n.d.
Taux de chômage (1999) : 13,1 %

Agriculture
Cultures
canne à sucre (2001) : 1 500 000 t.

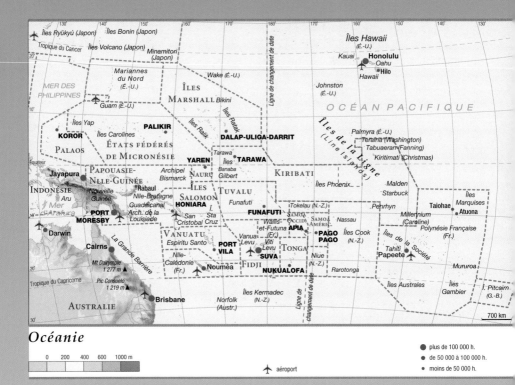

Océanie

0 200 400 600 1000 m

✈ aéroport

● plus de 100 000 h.
● de 50 000 à 100 000 h.
• moins de 50 000 h.

Mélanésie

300 km

– – – frontière internationale maritime
· · · · frontière non définie
✈ aéroport

● plus de 10 000 h.
• moins de 10 000 h.

OCÉANIE

AUSTRALIE

FIDJI

KIRIBATI

MARSHALL

MICRONÉSIE

NAURU

NOUVELLE-ZÉLANDE

PALAOS

PAPOUASIE-
NOUVELLE-GUINÉE

SALOMON

SAMOA

TONGA

TUVALU

VANUATU

OCÉANIE	
9 000 000 km²	
30 millions d'habitants	
AFRIQUE	
30 310 000 km²	
812 millions d'habitants	
AMÉRIQUE	
42 000 000 km²	
843 millions d'habitants	
ASIE	
44 000 000 km²	
3 700 millions d'habitants	
EUROPE	
10 500 000 km²	
726 millions d'habitants	

AUSTRALIE

Capitale : Canberra 298 847 hab. (r. 1996)
Nature de l'État et du régime politique : monarchie constitutionnelle à régime parlementaire
Chef de l'État : (reine) Élisabeth II représentée par le gouverneur général Peter Hollingworth
Chef du gouvernement : (Premier ministre) John Howard
Organisation administrative : 6 États et 2 territoires
Langue officielle : anglais
Monnaie : dollar australien

DÉMOGRAPHIE

Densité : 2 hab./km^2
Part de la population urbaine (2000) : 84,7 %
Structure de la population par âge (2000) : moins de 15 ans : 20,5 %, 15-65 ans : 67,2 %, plus de 65 ans : 12,3 %
Taux de natalité (2000) : 13 ‰
Taux de mortalité (2000) : 7 ‰
Taux de mortalité infantile (2000) : 5,2 ‰

Espérance de vie (2000) : hommes : 76,4 ans, femmes : 82 ans

ÉCONOMIE

PNB (2001) : 383 milliards de $
PNB/hab. (2001) : 19 770 $
PNB/hab. PPA (2001) : 25 780 dollars internationaux
IDH (2000) : 0,939
Taux de croissance annuelle du PIB (2001) : 2,8 %
Taux annuel d'inflation (2000) : 4,5 %
Structure de la population active (2000) : agriculture : 4,9 %, mines et industries 22 %, services : 73,1 %
Structure du PIB (2000) : agriculture : 3,5 %, mines et industries : 26,1 %, services : 70,4 %
Dette publique brute (1998) : 33,6 % du PIB
Taux de chômage (2001) : 6,7 %

Agriculture et pêche

Cultures
amandes (2001) : 18 000 t.
avoine (2001) : 1 300 000 t.

Vaste comme quinze fois la France, l'Australie est encore globalement peu peuplée. Pays de plaines et de plateaux, si l'on excepte sa bordure orientale montagneuse, traversée en son milieu par le tropique, l'Australie possède un climat à dominante aride dans l'intérieur, tropicale au nord-est, tempérée au sud-est, méditerranéenne, enfin, au sud-ouest.

Superficie : 7 741 220 km^2
Population (2002) : 19 536 000 hab.

Australie

— route
— voie ferrée
✈ aéroport

★ site touristique important
▓ limite d'État
Perth capitale d'État

● plus de 2 000 000 h.
● de 1 000 000 à 2 000 000 h.
● de 100 000 à 1 000 000 h.
● moins de 100 000 h.

200   500   1000 m

300 km

urre (2001) : 166 000 t.
é (2001) : 23 760 000 t.
nne à sucre (2001) : 31 039 000 t.
lza (2001) : 1 900 000 t.
ton (2001) : 1 660 000 t.
anges (2001) : 470 000 t.
ge (2001) : 7 459 000 t.
mmes (2001) : 310 000 t.
mmes de terre (2001) : 1 250 000 t.
roduction de bois (2000) :
4 042 000 m³
isin (2001) : 1 425 000 t.
z (2001) : 1 239 000 t.
rgho (2001) : 2 107 000 t.
mates (2001) : 425 000 t.

evage et pêche
vins (2001) : 27 588 000 têtes
evaux (2001) : 220 000 têtes
vins (2001) : 120 000 000 têtes
che (1999) : 250 000 t.
rcins (2001) : 2 433 000 têtes
ulets (2001) : 98 000 000 têtes

Énergie et produits miniers
gent (2000) : 2 060 t.
uxite (2001) : 53 285 000 t.
rome (2001) : 11 800 t.
uvre (2000) : 829 000 t.
iamant (2001) : 23 800 000 carats
ectricité totale (2000) :
)2 676 millions de kWh
ain (2000) : 9 146 t.
r (2001) : 112 592 000 t.
z naturel (2000) : 31 103 millions
e m³
gnite (2000) : 67 800 000 t.
anganèse (2001) : 948 000 t.
ickel (2000) : 168 000 t.
r (2001) : 285 030 kg
trole (2001) : 31 521 000 t.
hosphate (2001) : 1 893 000 t.
omb (2001) : 714 000 t.

uranium (2001) : 7 720 t.
zinc (2001) : 1 519 000 t.

Productions industrielles
fromage (2001) : 444 000 t.
miel (2001) : 18 852 t.
viande (2001) : 3 890 000 t.
sucre (2001) : 4 610 000 t.
vin (2001) : 10 700 000 hl
aluminium (2001) : 1 798 000 t.
fonte (1998) : 7 723 000 t.
cuivre (2000) : 558 000 t.
étain (2000) : 1 470 t.
nickel (2001) : 111 815 t.
plomb (2001) : 303 000 t.
zinc (2001) : 564 000 t.
automobiles (2001) : 286 000 unités
véhicules utilitaires (1998) :
27 000 unités
filés de coton (2001) : 755 000 t.
laine (2001) : 700 000 t.
ciment (2000) : 7 500 000 t.

Tourisme
Recettes touristiques (2000) :
8 442 millions de $

Commerce extérieur
Exportations de biens (2001) :
63 673 millions de $
Importations de biens (2001) :
61 761 millions de $

Défense
Forces armées (2001) : 50 920 hommes
Budget de la Défense (2001) : 1,9 % du PIB

Niveau de vie
Nombre d'habitants pour un
médecin (1996) : 400
Apport journalier moyen en calories
(2000) : 3 176 (minimum FAO : 2 400)
Nombre d'automobiles pour
1 000 hab. (1996) : 487
Nombre de téléviseurs pour
1 000 hab. (2000) : 738

REPÈRES HISTORIQUES

Le pays est occupé partiellement par des populations dites « australoïdes » (Aborigènes), dont les traces d'activité remontent à près de 40 000 ans.
XVIIᵉ s. : l'Australie est atteinte par les Hollandais.
1770 : Cook explore la côte méridionale.
1788 : début de la colonisation britannique en Nouvelle-Galles du Sud à partir de Port Jackson (Sydney). L'Australie est tout d'abord une terre de déportation pour les détenus (convicts).
XIXᵉ s. : la colonisation s'étend à tout le continent. Le sol est exploité par des cultivateurs et des éleveurs de moutons mérinos.

1851 : la ruée vers l'or accélère l'immigration britannique, le chemin de fer se développe, ainsi que l'exportation du blé.
1823-1859 : les six colonies (actuels États) sont successivement créées et dotées de gouvernements responsables devant les Parlements (1851 - 1880).
1901 : le *Commonwealth of Australia* est proclamé. Le pays participe activement aux deux guerres mondiales aux côtés des Alliés.
Depuis 1945 : l'Australie s'affirme le partenaire privilégié des États-Unis dans la zone Pacifique. Elle développe des relations économiques avec le Japon, la Corée du Sud, la Chine et les pays de l'ASEAN.

FIDJI

Le pays est formé par un archipel comptant plus de 300 îles, dont les deux principales sont Viti Levu et Vanua Levu.

Superficie : 18 274 km²
Population (2002) : 832 000 hab.
Capitale : Suva 203 000 hab. (e. 2001)
Nature de l'État et du régime politique :
république à régime parlementaire
Chef de l'État : (président de la
République) Josefa Iloilo
Chef du gouvernement : (Premier
ministre) Laisenia Qarase
Organisation administrative : 4 divisions
et 1 dépendance
Langues officielles : anglais, fidjien et
hindoustani
Monnaie : dollar fidjien

DÉMOGRAPHIE

Densité : 45 hab./km²
Part de la population urbaine (2000) :
46 %
Structure de la population par âge (2000) :
moins de 15 ans : 33,3 %, 15-65 ans :
63,3 %, plus de 65 ans : 3,4 %
Taux de natalité (1999) : 21,73 ‰
Taux de mortalité (1999) : 6,22 ‰
Taux de mortalité infantile (2000) :
17,5 ‰
Espérance de vie (2000) : hommes :
68,1 ans, femmes : 71,5 ans

ÉCONOMIE

PNB (2001) : 1,76 milliards de $
PNB/hab. (2001) : 2 130 $
PNB/hab. PPA (2001) : 5 140 dollars
internationaux
IDH (2000) : 0,758
Taux de croissance annuelle du PIB (2001) :
2,6 %
Taux annuel d'inflation (2001) : 2,3 %
Structure de la population active :
agriculture : n.d., mines et industries :
n.d., services : n.d.
Structure du PIB (2000) : agriculture :
17,7 %, mines et industries : 29,3 %,
services : 53 %
Dette publique brute : n.d.
Taux de chômage (1995) : 5,4 %

Agriculture et pêche

Cultures
canne à sucre (2001) : 3 500 000 t.
manioc (2001) : 32 600 t.
riz (2001) : 16 100 t.
Élevage et pêche
bovins (2001) : 340 000 têtes
caprins (2001) : 246 000 têtes
pêche (1999) : 38 500 t.
porcins (2001) : 137 000 têtes
poulets (2001) : 3 700 000 têtes

Énergie et produits miniers

argent (2000) : 1 t.
électricité totale (2000) : 515 millions
de kWh
or (2001) : 3 858 kg

Productions industrielles

lait (2001) : 52 000 t.
beurre (2001) : 1 800 t.
viande (2001) : 21 700 t.
sucre (2001) : 293 000 t.

Tourisme

Recettes touristiques (2000) : 171 million
de $

Commerce extérieur

Exportations de biens (1999) :
537,7 millions de $
Importations de biens (1999) :
653,3 millions de $

Défense

Forces armées (2001) : 3 500 hommes
Budget de la Défense (2001) : 1,67 % du
PIB

Niveau de vie

Nombre d'habitants pour un
médecin (1990) : 2 030
Apport journalier moyen en
calories (2000) : 2 861
(minimum FAO : 2 400)
Nombre d'automobiles pour
1 000 hab. (1996) : 37
Nombre de téléviseurs pour
1 000 hab. (2000) : 113

REPÈRES HISTORIQUES

1874 : les îles Fidji sont annexées par les Britanniques.
1970 : le pays accède à l'indépendance dans le cadre du Commonwealth.

NAURU

État proche de l'équateur, constitué par un atoll de la Micronésie situé au sud des Marshall.

Superficie : 21 km²
Population (2002) : 10 000 hab.
Capitale : Yaren 13 000 hab. (e. 2001)
dans l'agglomération
Nature de l'État et du régime politique :
république à régime parlementaire
Chef de l'État et du gouvernement :
(président de la République) Derog
Gioura
Organisation administrative : 14 districts
Langues officielles : nauruan, anglais
Monnaie : dollar australien

DÉMOGRAPHIE

Densité : 549 hab./km²
Part de la population urbaine (1995) : 100 %
Structure de la population par âge : n.d.

ÉCONOMIE

PNB (1993) : 0,11 milliards de $
PNB/hab. (1993) : 12 000 $
PNB/hab. PPA : n.d.
IDH : n.d.
Taux de croissance annuelle du PIB : n.d.
Taux annuel d'inflation : n.d.
Structure de la population active : agriculture : n.d., mines et industries : n.d., services : n.d.
Structure du PIB : agriculture : n.d., mines et industries : n.d., services : n.d.
Dette publique brute : n.d.
Taux de chômage : n.d.

Agriculture et pêche

Cultures
noix de coco (2001) : 1 600 t.
Élevage et pêche
pêche (1999) : 250 t.
porcins (2001) : 2 800 têtes
poulets (2001) : 5 000 têtes

Énergie et produits miniers

électricité totale (1999) : 30 millions de
kWh
phosphate (2001) : 266 000 t.

Productions industrielles

huile de palme : n.d.
palmiste : n.d.

Tourisme

Recettes touristiques : n.d.

Commerce extérieur

Exportations de biens : n.d.
Importations de biens : n.d.

Défense

Forces armées : n.d.
Budget de la Défense : n.d.

Niveau de vie

Nombre d'habitants pour
un médecin : n.d.
Apport journalier moyen en
calories (1995) : 3 202
(minimum FAO : 2 400)
Nombre d'automobiles pour
1 000 hab. : n.d.
Nombre de téléviseurs pour
1 000 hab. : n.d.

REPÈRES HISTORIQUES

1968 : l'État de Nauru devient indépendant, dans le cadre du Commonwealth.
1999 : il est admis au sein de l'ONU.

SALOMON

État des Salomon est composé d'une quarantaine d'îles et d'îlots. Les pluies sont très abondantes, et la forêt dense couvre la majeure partie du territoire.

Superficie : 28 896 km²
Population (2002) : 479 000 hab.
Capitale : Honiara 78 000 hab. (e. 2001)
Nature de l'État et du régime politique : monarchie constitutionnelle à régime parlementaire
Chef de l'État : (reine) Élisabeth II représentée par le gouverneur général John Lapli
Chef du gouvernement : (Premier ministre) Allan Kemakeza
Organisation administrative : 1 territoire et 7 provinces
Langue officielle : anglais
Monnaie : dollar des îles Salomon

DÉMOGRAPHIE

Densité : 15 hab./km²
Part de la population urbaine (2000) : 19,7 %
Structure de la population par âge (2000) : moins de 15 ans : 44,8 %, 15-65 ans : 52,6 %, plus de 65 ans : 2,6 %
Taux de natalité (1999) : 34,1 ‰
Taux de mortalité : 4,2 ‰
Taux de mortalité infantile (2000) : 20,7 ‰

Espérance de vie (2000) : hommes : 67,9 ans, femmes : 70,7 ans

ÉCONOMIE

PNB (2001) : 0,253 milliard de $
PNB/hab. (2001) : 580 $
PNB/hab. PPA (2001) : 1 680 $ intern.
IDH (2000) : 0,622
Taux de croissance annuelle du PIB (2001) : - 3 %
Taux annuel d'inflation (2001) : 7 %
Structure de la population active : n.d.
Structure du PIB (1991) : agriculture : 49 %, mines et industries : 9 %, services : 42 %
Dette publique brute : n.d.
Taux de chômage : n.d.

Agriculture et pêche

Cultures
bananes (2001) : 290 t.
igname (2001) : 29 500 t.
manioc (2001) : 2 300 t.
patates douces (2001) : 79 000 t.
Élevage et pêche
bovins (2001) : 12 500 têtes
pêche (1999) : 82 000 t.
porcins (2001) : 67 000 têtes

Énergie et produits miniers
électricité totale (2000) : 32 millions de kWh
or (2001) : 300 kg

Productions industrielles
huile de palme (2001) : 30 000 t.
palmiste (2001) : 8 000 t.
coprah (2001) : 11 000 t.

Tourisme
Recettes touristiques (1999) : 6 M. de $

Commerce extérieur
Exportations de biens (1999) : 164,57 M. de $
Importations de biens (1999) : 110,04 M. de $

Défense
Forces armées : n.d.
Budget de la Défense : n.d.

Niveau de vie
Nombre d'habitants pour un médecin (1990) : 7 420
Apport journalier moyen en calories (2000) : 2 277 (minimum FAO : 2 400)
Nombre d'automobiles pour 1 000 hab. : n.d.
Nombre de téléviseurs pour 1 000 hab. (2000) : 23

REPÈRES HISTORIQUES

1899 : l'archipel est partagé entre la Grande-Bretagne (partie orientale) et l'Allemagne (Bougainville et Buka).
1942 - 1945 : violents affrontements entre Américains et Japonais.
Depuis 1975 : l'ancienne partie allemande, sous tutelle australienne à partir de 1921, dépend de la Papouasie-Nouvelle-Guinée.
1978 : la partie britannique, qui constitue l'État actuel, accède à l'indépendance.

VANUATU

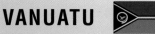

Quatre-vingts îles, dont une soixantaine sont inhabitées, composent l'archipel. Le climat tropical humide explique l'extension de la forêt, qui couvre environ 75 % du territoire. Trois volcans y sont toujours en activité.

Superficie : 12 189 km²
Population (2002) : 207 000 hab.
Capitale : Port-Vila 31 000 hab. (e. 2001) dans l'agglomération
Nature de l'État et du régime politique : république à régime parlementaire
Chef de l'État : (président de la République) John Bani
Chef du gouvernement : (Premier ministre) Edward Natapei
Organisation administrative : 6 provinces
Langues officielles : anglais, bichlamar et français
Monnaie : vatu

DÉMOGRAPHIE

Densité : 16 hab./km²
Part de la population urbaine (1999) : 19,8 %
Structure de la population par âge (2000) : moins de 15 ans : 42 %, 15-65 ans : 54,8 %, plus de 65 ans : 3,2 %
Taux de natalité (1999) : 30,96 ‰

Taux de mortalité (1999) : 7,36 ‰
Taux de mortalité infantile (2000) : 28,5 ‰
Espérance de vie (2000) : hommes : 67,5 ans, femmes : 70,5 ans

ÉCONOMIE

PNB (2001) : 0,212 milliard de $
PNB/hab. (2001) : 1 050 $
PNB/hab. PPA (2001) : 2 710 $ intern.
IDH (2000) : 0,542
Taux de croissance annuelle du PIB (2001) : - 0,5 %
Taux annuel d'inflation (2001) : 2 %
Structure de la population active (2000) : agriculture : 65 %, mines et industries : 30 %, services : 5 %
Structure du PIB (2000) : agriculture : 20,2 %, mines et industries : 9,9 %, services : 69,9 %
Dette publique brute : n.d.
Taux de chômage : n.d.

Agriculture et pêche

Cultures
arachide (2001) : 1 800 t.
bananes (2001) : 13 000 t.
maïs (2001) : 700 t.
Élevage et pêche
bovins (2001) : 151 000 têtes
pêche (1999) : 95 000 t.

Énergie et produits miniers
électricité totale (2000) : 39 M. de kWh

Productions industrielles
lait (2001) : 3 100 t.
viande (2001) : 9 140 t.

Tourisme
Recettes touristiques (2000) : 58 M. de $

Commerce extérieur
Exportations de biens (2001) : 19,89 M. de $
Importations de biens (2001) : 77,96 M. de $

Défense
Forces armées : n.d.
Budget de la Défense : n.d.

Niveau de vie
Nombre d'habitants pour un médecin (1991) : 10 000
Apport journalier moyen en calories (2000) : 2 587 (minimum FAO : 2 400)
Nombre d'automobiles pour 1 000 hab. (1996) : 22
Nombre de téléviseurs pour 1 000 hab. (2000) : 12

REPÈRES HISTORIQUES

1606 : l'archipel est découvert par les Portugais.
1906 : la commission navale franco-britannique, instaurée en 1887 à la suite de la rivalité entre les deux pays, aboutit à l'établissement d'un condominium.
1980 : l'archipel, qui prend le nom de *Vanuatu*, accède à l'indépendance.

KIRIBATI

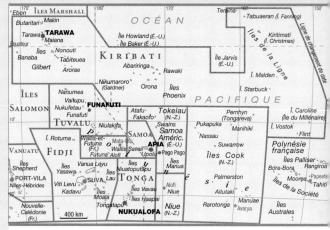

Kiribati-Samoa-Tonga-Tuvalu

● **TARAWA** : capitale d'État

● plus de 10 000 h.
● moins de 10 000 h.

Le pays englobe notamment l'archipel des Gilbert et les Line Islands. Traversé par l'équateur et la ligne de changement de date, l'État est « dispersé » sur près de 5 millions de km², s'étirant sur environ 4 000 km d'ouest en est.

Superficie : 726 km²
Population (2002) : 77 000 hab.
Capitale : Tarawa 32 000 hab. (e. 2001)
Nature de l'État et du régime politique : république à régime semi-présidentiel
Chef de l'État et du gouvernement : (Beretitenti) Tion Otang
Organisation administrative : 3 groupes d'îles
Langue officielle : anglais
Monnaie : dollar australien

DÉMOGRAPHIE

Densité : 93 hab./km²
Part de la population urbaine (2000) : 37,3 %
Structure de la population par âge : n.d.
Taux de natalité (1999) : 30,28 ‰
Taux de mortalité (1999) : 7,74 ‰
Taux de mortalité infantile (1998) : 58 ‰
Espérance de vie () : hommes : n.d., femmes : 63 ans

ÉCONOMIE

PNB (2001) : 0,077 milliard de $
PNB/hab. (2001) : 830 $
PNB/hab. PPA (1999) : 3 186 dollars internationaux
IDH : n.d.
Taux de croissance annuelle du PIB (2001) : 1,5 %

Taux annuel d'inflation (2001) : 7,7 %
Structure de la population active : n.d.
Structure du PIB (1998) :
agriculture : 20,7 %,
mines et industries : 6,1 %,
services : 73,2 %
Dette publique brute : n.d.
Taux de chômage : n.d.

Agriculture et pêche

Cultures
bananes (2001) : 4 500 t.
noix de coco (2001) : 96 000 t.
Élevage et pêche
pêche (1999) : 48 200 t.
porcins (2001) : 13 000 têtes
poulets (2001) : 400 000 têtes

Énergie et produits miniers
électricité totale (2000) : 7 millions de kWh

Productions industrielles
viande (2001) : 1 210 t.
coprah (2001) : 3 770 t.

Tourisme
Recettes touristiques (1999) : 2 millions de $

Commerce extérieur
Exportations de biens (1997) : 11 millions de $
Importations de biens (1997) : 93 millions de $

Défense
Forces armées : n.d.
Budget de la Défense : n.d.

Niveau de vie
Nombre d'habitants pour un médecin : n.d
Apport journalier moyen en calories (2000) : 2 957
(minimum FAO : 2 400)
Nombre d'automobiles pour 1 000 hab. : n.d.
Nombre de téléviseurs pour 1 000 hab. (2000) : 36

REPÈRES HISTORIQUES

1979 : ancienne colonie britannique, l'État de Kiribati devient indépendant dans le cadre du Commonwealth.
1999 : il est admis au sein de l'ONU.

SAMOA

État insulaire d'Océanie, formé essentiellement des îles Savaii et Upolu, et de quelques îlots, c'est un archipel volcanique, montagneux, couvert d'une forêt dense. Les collines et les plaines littorales sont cependant bien mises en valeur.

Superficie : 2 831 km²
Population (2002) : 159 000 hab.
Capitale : Apia 35 000 hab. (e. 2001) dans l'agglomération
Nature de l'État et du régime politique : monarchie

Chef de l'État : (O le Ao le Malo) Malietoa Tanumafili II
Chef du gouvernement : (Premier ministre) Tuilaepa Sailele Malielegaoi
Organisation administrative : 11 districts
Langues officielles : samoan et anglais
Monnaie : tala

DÉMOGRAPHIE

Densité : 63 hab./km²
Part de la population urbaine (2000) : 21,5 %

Structure de la population par âge (2000) : moins de 15 ans : 41,2 %, 15-65 ans : 54,2 %, plus de 65 ans : 4,6 %
Taux de natalité (1999) : 30,3 ‰
Taux de mortalité (1999) : 6,4 ‰
Taux de mortalité infantile (2000) : 25,9 ‰
Espérance de vie (2000) : hommes : 66,9 ans, femmes : 73,5 ans

ÉCONOMIE

PNB (2001) : 0,26 milliard de $
PNB/hab. (2001) : 1 520 $
PNB/hab. PPA (2001) : 5 450 dollars internationaux
IDH (2000) : 0,715
Taux de croissance annuelle du PIB (2001) : 6,5 %
Taux annuel d'inflation (2001) : 4 %

ructure de la population active : n.d.
ructure du PIB (2000) : agriculture :
6,6 %, mines et industries : 26,6 %,
rvices : 56,8 %
ette publique brute : n.d.
aux de chômage : n.d.

Agriculture et pêche

ultures
anas (2001) : 5 700 t.
ananes (2001) : 20 000 t.
angues (2001) : 2 500 t.
oix de coco (2001) : 140 000 t.
evage et pêche
ovins (2001) : 28 000 têtes
che (1999) : 9 750 t.
orcins (2001) : 170 000 têtes
oulets (2001) : 450 000 têtes

Énergie et produits miniers
électricité totale (2000) : 103 millions
de kWh

Productions industrielles
viande (2001) : 5 140 t.
production de bois (2000) : 61 000 m³

Tourisme
Recettes touristiques (2000) : 40 millions
de $

Commerce extérieur
Exportations de biens (1999) :
18,15 millions de $
Importations de biens (1999) :
115,66 millions de $

Défense
Forces armées : n.d.
Budget de la Défense : n.d.

Niveau de vie
Nombre d'habitants pour un
médecin (1990) : 3 570
Apport journalier moyen en calories
(1995) : 2 828 (minimum FAO : 2 400)
Nombre d'automobiles pour
1 000 hab. : n.d.
Nombre de téléviseurs pour
1 000 hab. (2000) : 61

REPÈRES HISTORIQUES

1920 : le pays passe sous tutelle néo-zélandaise.
1962 : les Samoa occidentales deviennent indépendantes et entrent dans le Commonwealth en 1970.
1997 : elles prennent le nom de Samoa.

TONGA

'est un archipel d'environ 170 îles et
ots, le plus souvent construits sur des
lateaux de corail soulevés. Plus des deux
ers des habitants vivent sur l'île de Ton-
atapu, où se trouve la capitale.

uperficie : 747 km²
opulation (2002) : 98 000 hab.
apitale : Nukualofa 33 000 hab.
. 2001) dans l'agglomération
ature de l'État et du régime politique :
onarchie
hef de l'État : (roi) Taufa'ahau Tupou IV
hef du gouvernement : (Premier
inistre) Lavaka'ata Ulukalala
rganisation administrative : 5 divisions
angues officielles : tongan et anglais
onnaie : pa'anga

DÉMOGRAPHIE
ensité : 141 hab./km²
art de la population urbaine (2000) : 46 %
tructure de la population par âge : n.d.
aux de natalité (1999) : 25,7 ‰
aux de mortalité (1999) : 6,84 ‰
aux de mortalité infantile (1998) : 21,3 ‰
spérance de vie (1990) : hommes :
1 ans, femmes : 69,4 ans

ÉCONOMIE
NB (2001) : 0,154 milliard de $
NB/hab. (2001) : 1 530 $
NB/hab. PPA (1999) : 4 281 $ intern.
DH : n.d.
aux de croissance annuelle du PIB (2001) : 3 %
aux annuel d'inflation (2001) : 7 %
tructure de la population active :
griculture : n.d., mines et industries :
d., services : n.d.
ructure du PIB (2000) : agriculture :
8,5 %, mines et industries : 15,1 %,
rvices : 56,4 %
ette publique brute : n.d.
aux de chômage : n.d.

Agriculture et pêche
ultures
ananes (2001) : 700 t.
itrons (2001) : 2 500 t.

igname (2001) : 4 400 t.
manioc (2001) : 9 070 t.
noix de coco (2001) : 57 685 t.
patates douces (2001) : 5 500 t.
Élevage et pêche
bovins (2001) : 11 300 têtes
caprins (2001) : 12 500 têtes
chevaux (2001) : 11 400 têtes
pêche (1999) : 3 660 t.
porcins (2001) : 81 000 têtes
poulets (2001) : 300 000 têtes

Énergie et produits miniers
électricité totale (2000) : 30 millions
de kWh

Productions industrielles
lait (2001) : 370 t.
viande (2001) : 2 180 t.
oeufs (2001) : 28 t.

Tourisme
Recettes (2000) : 9 millions de $

Commerce extérieur
Exportations de biens (2001) :
6,657 millions de $
Importations de biens (2001) :
63,7 millions de $

Défense
Forces armées (1991) : 300 hommes
Budget de la Défense : n.d.

Niveau de vie
Nombre d'habitants pour un
médecin (1991) : 2 000
Apport journalier moyen en calories
(1995) : 2 946 (minimum FAO : 2 400)
Nombre d'automobiles pour
1 000 hab. (1996) : 10
Nombre de téléviseurs pour
1 000 hab. (2000) : 66

REPÈRES HISTORIQUES

1970 : : ancien protectorat britannique, les îles Tonga deviennent indépendantes dans le cadre du Commonwealth.
1999 : elles sont admises au sein de l'ONU.

TUVALU

Tuvalu est un petit archipel de 9 atolls.

Superficie : 26 km²
Population (2002) : 9 000 hab.
Nature de l'État et du régime politique :
monarchie constitutionnelle à régime
parlementaire
Chef de l'État : (reine) Élisabeth II
représentée par le gouverneur général
Tomasi Puapua
Chef du gouvernement : (Premier
ministre) Saufatu Sopoanga
Organisation administrative : 8 atolls
Langues officielles : anglais et tuvaluan
Monnaie : dollar australien

DÉMOGRAPHIE
Densité : 488 hab./km²
Part de la population urbaine (1995) : 46 %
Structure de la population par âge : n.d.
Taux de natalité (1990) : 30 ‰

Taux de mortalité (1990) : 10 ‰
Taux de mortalité infantile : n.d.
Espérance de vie (1990) : hommes :
60 ans, femmes : 63 ans

ÉCONOMIE
Agriculture et pêche
Cultures
bananes (2001) : 250 t.
Élevage et pêche
pêche (1999) : 400 t.
porcins (2001) : 13 200 têtes
Productions industrielles
viande (2001) : 130 t.

REPÈRES HISTORIQUES

1978 : l'archipel devient indépendant dans le cadre du Commonwealth.
2000 : Tuvalu est admis au sein de l'ONU.

MARSHALL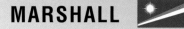

L'archipel comprend deux groupes d'îles, les Ratak (îles « de l'Aurore », ou « du Soleil levant ») et les Ralik (îles «du Soleil couchant »). Les principaux atolls sont Jaluit, Kwajalein, Eniwetok et Bikini.

Superficie : 181 km²
Population (2002) : 63 000 hab.
Capitale : Majuro 25 000 hab. (e. 2001) dans l'agglomération
Nature de l'État et du régime politique : république
Chef de l'État et du gouvernement : (président de la République) Kessai H. Note
Organisation administrative : 2 groupes d'îles
Langue officielle : anglais
Monnaie : dollar des États-Unis

DÉMOGRAPHIE
Densité : 355 hab./km²

Part de la population urbaine (1999) : 71,3 %
Structure de la population par âge (1993) :
moins de 15 ans : 51 %,
15-65 ans : 46 %,
plus de 65 ans : 3 %
Taux de natalité (1993) : 43 ‰
Taux de mortalité : n.d.
Taux de mortalité infantile (1996) : 26 ‰
Espérance de vie (2000) :
hommes : 59,1 ans,
femmes : 63 ans

ÉCONOMIE
PNB (2001) : 0,115 milliard de $
PNB/hab. (2001) : 2 190 $
PNB/hab. PPA : n.d.
IDH : n.d.
Taux de croissance annuelle du PIB (2000) : 0,5 %
Taux annuel d'inflation : n.d.
Structure de la population active :
agriculture : n.d., mines et industries : n.d., services : n.d.
Structure du PIB (2000) :
agriculture : 12,5 %,
mines et industries : 15,8 %,
services : 71,7 %
Dette publique brute : n.d.
Taux de chômage : n.d.

Agriculture et pêche
Cultures
noix de coco (2001) : 15 000 t.
Pêche
pêche (1999) : 400 t.

Énergie et produits miniers
électricité totale : n.d.

Tourisme
Recettes touristiques (1999) : 4 millions de $

Commerce extérieur
Exportations de biens (1995) : 17 millions de $
Importations de biens (1995) : 74 millions de $

Défense
Forces armées : n.d.
Budget de la Défense : n.d.

Niveau de vie
Nombre d'habitants pour un médecin : n.d.
Apport journalier moyen en calories : n.d.
Nombre d'automobiles pour 1 000 hab. : n.d.
Nombre de téléviseurs pour 1 000 hab. : n.d.

REPÈRES HISTORIQUES
1885 - 1914 : les îles Marshall sont une possession allemande.
1920 - 1944 : elles passent sous mandat japonais.
1947 : l'ONU les place sous tutelle américaine.
1986 : elles deviennent un État librement associé aux États-Unis.
1991 : elles sont admises au sein de l'ONU.

États fédérés de Micronésie

limite d'État fédéré   Kolonia capitale d'État fédéré   ● plus de 10 000 h.
YAP nom d'État fédéré   ✈ aéroport   ● moins de 10 000 h

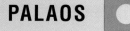

alaos est un archipel d'environ 350 îles et
tolls, dont plus de la moitié sont inha-
ités. Le climat est chaud (température
oyenne supérieure à 27 °C), ensoleillé,
algré d'abondantes pluies d'été.

uperficie : 459 km²
opulation (2002) : 20 000 hab.
apitale : Koror 14 000 hab. (e. 2001)
ature de l'État et du régime politique :
épublique
hef de l'État et du gouvernement :
résident de la République) Thomas
emengesau
rganisation administrative : 16 régions
angues officielles : palauan et anglais
onnaie : dollar des États-Unis

DÉMOGRAPHIE

ensité : 40 hab./km²
art de la population urbaine (1999) :
2,1 %
tructure de la population par âge (2000):
oins de 15 ans : 26,8 %, 15-65 ans :
8,6 %, plus de 65 ans : 4,6 %

Taux de natalité (2000) : 19,32 %
Taux de mortalité (2000) : 7,11 %
Taux de mortalité infantile (1998) :
16,21 %
Espérance de vie (2000) : hommes :
65 ans, femmes : 69 ans

ÉCONOMIE

PNB (2001) : 0,131 milliard de $
PNB/hab. (2001) : 6 730 $
PNB/hab. PPA : n.d.
IDH : n.d.
Taux de croissance annuelle du PIB (2000) :
5,4 %
Taux annuel d'inflation : n.d.
Structure de la population active :
agriculture : n.d., mines et industries :
n.d., services : n.d.
Structure du PIB : agriculture : n.d.,
mines et industries : n.d., services : n.d.
Dette publique brute : n.d.
Taux de chômage : n.d.

Agriculture et pêche
Pêche
pêche (1999) : 1 800 t.

Énergie et produits miniers
électricité totale : n.d.

Tourisme
Recettes touristiques : n.d.

Commerce extérieur
Exportations de biens (1995) : 12 millions
de $
Importations de biens (1995) : 63 millions
de $

Défense
Forces armées : n.d.
Budget de la Défense : n.d.

Niveau de vie
Nombre d'habitants pour un médecin : n.d.
Apport journalier moyen en calories : n.d.
Nombre d'automobiles pour 1 000 hab. : n.d.
Nombre de téléviseurs pour 1 000 hab. : n.d.

REPÈRES HISTORIQUES

1947 : l'archipel est placé par l'ONU sous
tutelle américaine.
1994 : il devient indépendant et est admis
au sein de l'ONU.

MICRONÉSIE
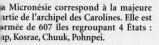

a Micronésie correspond à la majeure
artie de l'archipel des Carolines. Elle est
ormée de 607 îles regroupant 4 États :
ap, Kosrae, Chuuk, Pohnpei.

uperficie : 702 km²
opulation (2002) : 106 000 hab.
apitale : Palikir 6 000 hab. (e. 2001)
ature de l'État et du régime politique :
épublique
hef de l'État et du gouvernement :
résident de la République) Joseph
rusemal
rganisation administrative : 4 États
angue officielle : anglais
onnaie : dollar des États-Unis

DÉMOGRAPHIE

ensité : 168 hab./km²
art de la population urbaine (2000) :
9,7 %
ructure de la population par âge : moins
e 15 ans : n.d., 15-65 ans : 56,96 %,
lus de 65 ans : 3,12 %
aux de natalité (1999) : 26,82 ‰
aux de mortalité (1999) : 6,12 ‰
aux de mortalité infantile (1998) : 28,5 ‰

Espérance de vie (2000) : hommes :
64,4 ans, femmes : 68,8 ans

ÉCONOMIE

PNB (2001) : 0,258 milliard de $
PNB/hab. (2001) : 2 150 $
PNB/hab. PPA : n.d.
IDH : n.d.
Taux de croissance annuelle du PIB (2000) :
3 %
Taux annuel d'inflation : n.d.
Structure de la population active :
agriculture : n.d., mines et industries :
n.d., services : n.d.
Structure du PIB : agriculture : n.d.,
mines et industries : n.d., services : n.d.
Dette publique brute : n.d.
Taux de chômage : n.d.

Agriculture et pêche
Cultures
bananes (2001) : 2 000 t.
maïs (2001) : 40 t.
manioc (2001) : 11 800 t.
patates douces (2001) : 3 000 t.
riz (2001) : 90 t.
Élevage et pêche
bovins (2001) : 13 900 têtes

pêche (1999) : 11 900 t.
porcins (2001) : 32 000 têtes

Énergie et produits miniers
électricité totale (1996) : 40 millions
de kWh

Tourisme
Recettes touristiques (1997) :
2 128 millions de $

Commerce extérieur
Exportations de biens (1995) : 70 millions
de $
Importations de biens (1995) : 164 millions
de $

Défense
Forces armées : n.d.
Budget de la Défense : n.d.

Niveau de vie
Nombre d'habitants pour un médecin : n.d.
Apport journalier moyen en calories : n.d.
Nombre d'automobiles pour
1 000 hab. : n.d.
Nombre de téléviseurs pour
1 000 hab. (2000) : 20

REPÈRES HISTORIQUES

1947 : l'archipel est placé par l'ONU sous
tutelle américaine.
1986 : il devient un État librement associé
aux États-Unis.
1991 : il est admis au sein de l'ONU.

NOUVELLE-ZÉLANDE

Nouvelle-Zélande

★ site touristique important
— route
— voie ferrée
✈ aéroport

500 1000 2000 m

● plus de 500 000 h.
● de 100 000 à 500 000 h.
● de 50 000 à 100 000 h.
· moins de 50 000 h.

À 2 000 km au sud-est de l'Australie, la Nouvelle-Zélande est presque tout entière située dans la zone tempérée de l'hémisphère austral. Le pays est formé de deux grandes îles. L'île du Nord concentre 75 % de la population (et les deux principales villes, Auckland et Wellington) sur 42 % de la superficie totale. L'île du Sud a un relief plus contrasté, dominé par les Alpes néo-zélandaises.

Superficie : 270 534 km²
Population (2002) : 3 837 000 hab.
Capitale : Wellington 167 190 hab. (r. 2001), 345 000 hab. (e. 2001) dans l'agglomération
Nature de l'État et du régime politique : monarchie constitutionnelle à régime parlementaire
Chef de l'État : (reine) Élisabeth II représentée par le gouverneur général Silvia Cartwright
Chef du gouvernement : (Premier ministre) Helen Clark
Organisation administrative : 2 îles
Langues officielles : anglais et maori
Monnaie : dollar néo-zélandais

DÉMOGRAPHIE

Densité : 14 hab./km²
Part de la population urbaine (2000) : 86,9 %
Structure de la population par âge (2000) : moins de 15 ans : 23 %, 15-65 ans : 65,3 %, plus de 65 ans : 11,7 %
Taux de natalité (2000) : 15 ‰
Taux de mortalité (2000) : 7 ‰
Taux de mortalité infantile (2000) : 6,2 ‰
Espérance de vie (2000) : hommes : 75,3 ans, femmes : 80,7 ans

ÉCONOMIE

PNB (2001) : 47,6 milliards de $
PNB/hab. (2001) : 12 380 $
PNB/hab. PPA (2001) : 19 130 $ inter.
IDH (2000) : 0,917
Taux de croissance annuelle du PIB (2001) : 1,4 %
Taux annuel d'inflation (2000) : 2,6 %
Structure de la population active (2000) : agriculture : 8,7 %, mines et industries : 23,2 %, services : 68,1 %
Structure du PIB (1996) : agriculture : 7,8 %, mines et industries : 27,7 %, services : 64,5 %
Dette publique brute : n.d.
Taux de chômage (2001) : 5,3 %

Agriculture et pêche

Cultures
blé (2001) : 364 000 t.
pommes (2001) : 485 000 t.
pommes de terre (2001) : 500 000 t.
Élevage et pêche
bovins (2001) : 9 370 000 têtes
ovins (2001) : 43 987 000 têtes
pêche (1999) : 687 000 t.
porcins (2001) : 395 000 têtes
Énergie et produits miniers
électricité totale (2000) : 35 823 millions de kWh
gaz naturel (2000) : 6 151 millions de m³
houille (1999) : 1 140 000 t.
or (2001) : 8 600 kg
pétrole (2001) : 1 731 000 t.
Productions industrielles
lait (2001) : 13 162 000 t.
beurre (2001) : 352 000 t.
fromage (2001) : 280 615 t.
viande (2001) : 1 349 000 t.
aluminium (2001) : 322 000 t.
automobiles (1999) : 481 000 unités
laine (2001) : 250 100 t.

Tourisme

Recettes touristiques (2000) : 2 068 millions de $

Commerce extérieur

Exportations de biens (2001) : 13 920 millions de $
Importations de biens (2001) : 12 446 millions de $

Défense

Forces armées (2001) : 8 710 hommes
Budget de la Défense (2001) : 1,43 % du PIB

Niveau de vie

Nombre d'habitants pour un médecin (1996) : 476
Apport journalier moyen en calories (2000) : 3 252 (minimum FAO : 2 400)
Nombre d'automobiles pour 1 000 hab. (1999) : 481
Nombre de téléviseurs pour 1 000 hab. (2000) : 522

REPÈRES HISTORIQUES

1642 : l'archipel, peuplé de Maoris est découvert par le Hollandais Tasman.

1769 - 1770 : James Cook en explore le littoral.

1814 : des missionnaires catholiques et protestants entreprennent l'évangélisation du pays.

1841 : un gouverneur britannique est nommé. La brutale politique d'expansion menée par la Grande-Bretagne provoque les guerres maories (1843 - 1847, 1860 - 1870).

1852 : une Constitution donne à la colonie une large autonomie.

1870 : le retour au calme et la découverte de l'or (1861) favorisent la prospérité du pays.

1889 : le suffrage universel est instauré.

1891 - 1912 : les libéraux mènent une politique sociale avancée.

1907 : la Nouvelle-Zélande devient un dominion britannique.

1914 - 1918 : elle participe aux combats de la Première Guerre mondiale.

1929 : le pays est durement touché par la crise mondiale.

1945 : après avoir pris une part active à la défaite japonaise, la Nouvelle-Zélande entend être un partenaire à part entière dans l'Asie du Sud-Est et dans le Pacifique.

1951 : elle signe le traité établissant l'ANZUS.

1965 - 1971 : soutenant les États-Unis, elle envoie des troupes en Corée et au Viêt Nam.

1974 : après l'entrée de la Grande-Bretagne dans le Marché commun européen, la Nouvelle-Zélande doit diversifier ses activités et chercher des débouchés vers l'Asie, notamment vers le Japon. À partir des années 1980, elle prend la tête du mouvement antinucléaire dans le Pacifique sud.

1985 : sa participation à l'ANZUS est suspendue. Travaillistes et conservateurs alternent au pouvoir.

287

les Maoris

Peuple polynésien, les Maoris sont arrivés en Nouvelle-Zélande en deux vagues principales (v. 800 et v. 1300). Installés d'abord sur les côtes, où ils chassaient un grand oiseau du genre dinornis, le moa (d'où le nom de « chasseurs de moa » que donnent les archéologues à la période archaïque de la préhistoire maorie), ils colonisèrent, pendant la période dite « classique » (v. 1300), l'intérieur montagneux des îles. Ils pratiquaient l'agriculture, organisés en tribus et en clans autour de villages élaborés. La colonisation britannique, commencée en 1840, provoqua des réactions violentes parmi les Maoris, qui refusèrent de vendre leurs terres aux colons. Après une trêve (traité de Waitangi), la résistance s'organisa, mais les Maoris durent abandonner toutes leurs meilleures terres et ils furent décimés par les maladies (il n'étaient plus alors que 40 000). Ils reçurent le droit de vote en 1876, puis leurs chefs obtinrent tout au long du xxe s. et surtout après 1950, quand leur nombre s'accrut en raison d'une forte natalité, des aides spécifiques dans le domaine de l'agriculture, de la santé et de l'éducation. En forte expansion démographique (avec un fort degré de métissage), ils sont aujourd'hui près de 430 000. Ayant conservé une vigoureuse conscience de leur identité culturelle, ils sont désormais indissociables de l'identité néo-zélandaise.

PAPOUASIE-NOUVELLE-GUINÉE

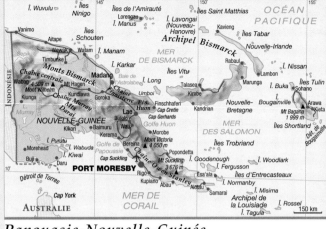

Papouasie-Nouvelle-Guinée

| 200 | 500 | 1000 m |

✈ aéroport
— route

● plus de 100 000 h.
● de 25 000 à 100 000 h.
● moins de 25 000 h.

Le pays est formé essentiellement par la moitié est de l'île de la Nouvelle-Guinée, à laquelle s'ajoutent plusieurs îles. C'est un territoire montagneux au nord, marécageux au sud, humide, en grande partie couvert par la forêt et habité par des tribus éparses.

Superficie : 462 840 km²
Population (2002) : 5 032 000 hab.
Capitale : Port Moresby 259 000 hab. (e. 2001) dans l'agglomération
Nature de l'État et du régime politique : monarchie constitutionnelle à régime parlementaire
Chef de l'État : (reine) Élisabeth II représentée par le gouverneur général Silas Atopare
Chef du gouvernement : (Premier ministre) Michael Somare
Organisation administrative : 19 provinces et le district de la capitale
Langue officielle : anglais
Monnaie : kina

DÉMOGRAPHIE

Densité : 10 hab./km²
Part de la population urbaine (2000) : 17,4 %
Structure de la population par âge (2000) : moins de 15 ans : 40,1 %, 15-65 ans : 57,5 %, plus de 65 ans : 2,4 %
Taux de natalité (2000) : 32 ‰
Taux de mortalité (2000) : 9 ‰
Taux de mortalité infantile (2000) : 62,1 ‰
Espérance de vie (2000) : hommes : 56,8 ans, femmes : 58,7 ans

ÉCONOMIE

PNB (2001) : 3,03 milliards de $
PNB/hab. (2001) : 580 $
PNB/hab. PPA (2001) : 2 150 $ intern.
IDH (2000) : 0,535
Taux de croissance annuelle du PIB (2001) : - 3,4 %
Taux annuel d'inflation (2001) : 10,2 %
Structure de la population active : agriculture : n.d., mines et industries : n.d., services : n.d.
Structure du PIB (2000) : agriculture : 25,9 %, mines et industries : 43,6 %, services : 30,5 %

Dette publique brute : n.d.
Taux de chômage : n.d.

Agriculture et pêche

Cultures
bananes (2001) : 710 000 t.
cacao (2001) : 42 500 t.
café (2001) : 84 000 t.
canne à sucre (2001) : 367 000 t.
igname (2001) : 230 000 t.
noix de coco (2001) : 1 032 000 t.
patates douces (2001) : 485 000 t.
Élevage et pêche
pêche (1999) : 54 000 t.
porcins (2001) : 1 600 000 têtes

Énergie et produits miniers

argent (2000) : 73 t.
cuivre (2000) : 201 000 t.
électricité totale (2000) : 1 650 millions de kWh
or (2001) : 74 000 kg
pétrole (2001) : 2 700 000 t.

Productions industrielles

sucre (2001) : 44 000 t.
huile de palme (2001) : 296 000 t.
palmiste (2001) : 75 000 t.
coprah (2001) : 68 000 t.

Tourisme

Recettes touristiques (1999) : 76 millions de $

Commerce extérieur

Exportations de biens (2001) : 1 812,9 millions de $
Importations de biens (2001) : 932,4 millions de $

Défense

Forces armées (2001) : 3 100 hommes
Budget de la Défense (2001) : 0,87 % du PIB

Niveau de vie

Nombre d'habitants pour un médecin (1993) : 12 750
Apport journalier moyen en calories (2000) : 2 175 (minimum FAO : 2 400)
Nombre d'automobiles pour 1 000 hab. (1996) : 7
Nombre de téléviseurs pour 1 000 hab. (2000) : 17

REPÈRES HISTORIQUES

xvie s. : l'île est découverte par les Espagnols et les Portugais.
1975 : la Papouasie-Nouvelle-Guinée devient indépendante dans le cadre du Commonwealth.

SALOMON
➡ MICRONÉSIE

SAMOA ➡ FIDJI

TONGA ➡ FIDJI

TUVALU ➡ FIDJI

VANUATU
➡ MICRONÉSIE

INDEX

ABRÉVIATIONS : **Afghan.** : Afghanistan ; **Afr. S.** : Afrique du Sud ; **Allem.** : Allemagne ; **Arabie s.** : Arabie saoudite ; **Austr.** : Australie ; **Autr.** : Autriche ;
Biélor. : Biélorussie ; **C. d'Iv.** : Côte d'Ivoire ; **Corée N.** : Corée du Nord ; **Corée S.** : Corée du Sud ; **Esp.** : Espagne ; **EU** : Etats-Unis ; **GB** : Grande-Bretagne ;
Guad. : Guadeloupe ; **Guatem.** : Guatemala ; **Irl. N.** : Irlande du Nord ; **Jam.** : Jamaïque ; **Kazakh.** : Kazakhstan ; **Macéd.** : Macédoine ; **Mozamb.** : Mozambique ;
NZ : Nouvelle-Zélande ; **Parag.** : Paraguay ; **riv.** : rivière ; **Serb.-Mont.** : Serbie-Monténégro ; **Urug.** : Uruguay ; **Vénéz.** : Vénézuéla.

A

289

291

293

D

303

307

317

N° de projet : 101 000 45
Imprimerie : Gráficas Estella
Dépôt légal : septembre 2003
Imprimé en Espagne (Printed in Spain)
520218-01

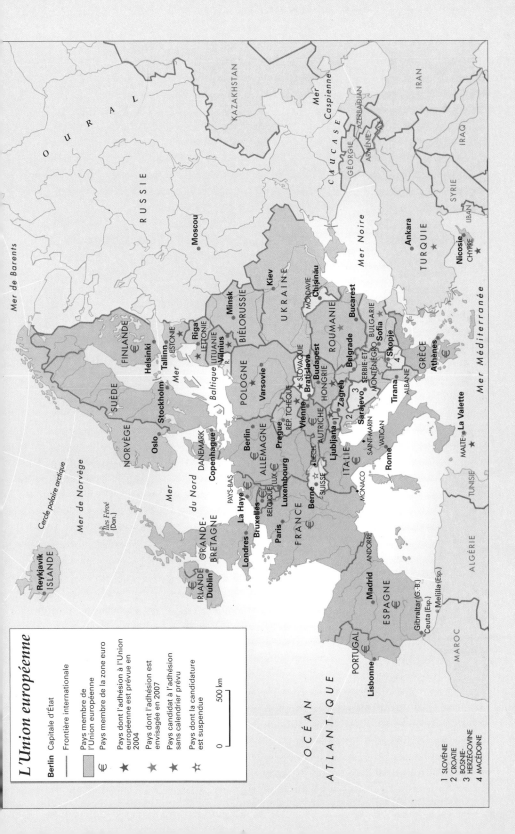

L'Union européenne

Berlin Capitale d'État

— Frontière internationale

Pays membre de
l'Union européenne

€ Pays membre de la zone euro

★ Pays dont l'adhésion à l'Union
européenne est prévue en
2004

★ Pays dont l'adhésion est
envisagée en 2007

★ Pays candidat à l'adhésion
sans calendrier prévu

☆ Pays dont la candidature
est suspendue

0 _____ 500 km

1 SLOVÉNIE
2 CROATIE
3 BOSNIE-
  HERZÉGOVINE
4 MACÉDOINE

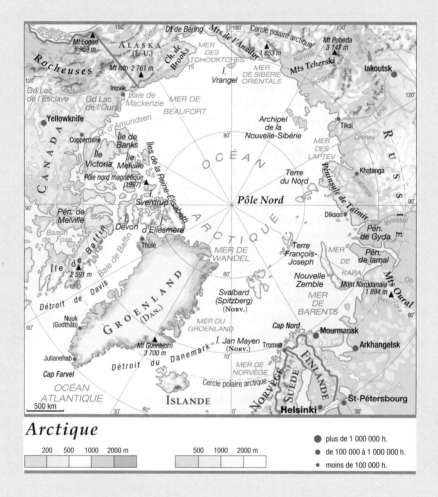

Arctique

Mt Logan
5 959 m
ALASKA
(É.-U.)
Dt de Béring
Mts de l'Anadir
Cercle polaire arctique
Mt Pobeda
3 147 m
Rocheuses
Mt Isto 2 761 m
Ch. de Brooks
MER DES TCHOUKTCHES
Mts Tcherski
Iakoutsk
Yukon
Kolyma
Î. Vrangel
MER DE SIBÉRIE ORIENTALE
Indigirka
Gd Lac de l'Esclave
Mackenzie
inuvik
Baie de Mackenzie
MER DE BEAUFORT
Archipel de la Nouvelle-Sibérie
Tiksi
Olenek
Léna
Gd Lac de l'Ours
Yellowknife
Coppermine
Gd d'Amundsen
Île de Banks
OCÉAN
MER DES LAPTEV
Khatanga
CANADA
Île Victoria
Île Melville
Îles de la Reine-Élisabeth
Terre du Nord
Péninsule de Taïmir
RUSSIE
Pôle nord magnétique (1997)
Sverdrup
Pôle Nord
Dikson
Iénisseï
Pén. de Melville
Î. Devon
Î. d'Ellesmere
ARCTIQUE
Pén. de Gyda
Bassin de Foxe
Thulé
MER DE WANDEL
Terre François-Joseph
Pén. de Iamal
Île de Baffin
2 591 m
Baie de Baffin
MER DE WANDEL
Nouvelle Zemble
MER DE KARA
Mont Narodanaia 1 894 m
Mts Oural
Détroit de Davis
GROENLAND
(DAN.)
Svalbard (Spitzberg) (NORV.)
MER DE BARENTS
Ob
Petchora
Nuuk (Godthåb)
MER DU GROENLAND
Cap Nord
Mourmansk
Julianehab
Mt Gunnbjorn 3 700 m
Î. Jan Mayen (NORV.)
Tromsø
Arkhangelsk
Cap Farvel
Détroit du Danemark
MER DE NORVÈGE
NORVÈGE
FINLANDE
St-Pétersbourg
OCÉAN ATLANTIQUE
500 km
ISLANDE
Cercle polaire arctique
SUÈDE
Helsinki

200 500 1000 2000 m
500 1000 2000 m

● plus de 1 000 000 h.
● de 100 000 à 1 000 000 h.
● moins de 100 000 h.